이사야서부터 말라기서까지

이사야서부터 말라기서까지

구약 선지서의 전체적, 주제적-신학적 구조와 메시지

ⓒ 최영헌, 2025

초판 1쇄 발행 2025년 4월 15일

지은이	최영헌
펴낸이	이기봉
편집	좋은땅 편집팀
펴낸곳	도서출판 좋은땅
주소	서울특별시 마포구 양화로12길 26 지월드빌딩 (서교동 395-7)
전화	02)374-8616~7
팩스	02)374-8614
이메일	gworldbook@naver.com
홈페이지	www.g-world.co.kr

ISBN   979-11-388-4146-7 (03230)

제2종교개혁 시리즈 1

구약 선지서의 전체적, 주제적-신학적 구조와 메시지

이사야서부터 말라기서까지

최영헌 지음

From Isaiah to Malachi

The Structure and Message of the Prophetic Books of the Old Testament,
a Holistic and Thematic-Theological Approach

좋은땅

추천사 1

이승진 교수

합동신학대학원대학교 설교학

설교학자의 입장에서 선지서 설교를 지도하는 것이 성경의 다른 장르에 비하여 훨씬 어렵다. 첫째 이유는 비평학자들이 선지서의 역사적 배경 사건들을 부정하고 후대의 문학적인 창작품이나 수사적인 상상력으로 치부하기 때문이다. 둘째 이유는 설령 선지서의 역사적 배경 사건들을 인정하더라도, (이사야서부터 말라기서까지) 선지서 전체를 관통하는 (또는 bird-eye-view로 펼쳐보는) 일관된 신학적 주제로 통합하지 못하기 때문이다.

시드니 알파크루시스 대학교(Alphacrucis University College, Sydney) 최영헌 교수의 『이사야서부터 말라기서까지』는 부제에서도 밝히듯이 구약 선지서 전체의 신학적 메시지와 문맥 구조를 하나님의 통전적인 말씀계시와 사건계시로 엮어내고 있다. 이러한 차원으로 선지서를 해설하는 주석서가 많지 않은 실정이다. 그러나 선지서를 교회 강단에서 하나님의 말씀으로 선포하려면, 설교자는 선지서 전체를 위에서 아래로 내려다볼 수 있는 거시적인 시각과 아울러 구체적인 역사적 배경 속에서 진행되는 모든 선지서 본문의 신학적 주제들을 이사야서부터 말라기서까지 통전적으로 파악해야 한다.

본서는 이 점에 특화되어 있어서, 본서를 읽다 보면 복잡한 신학논문에서 간간이 느끼는 차가운 지성과 함께 설교문에서나 맛볼 수 있는 하나님 말씀을 향한 뜨거운 열정을 함께 느낄 수 있을 것이다. 따라서 교회 강단에서 선지서를 살아 계시고 인류 역사를 섭리하시는 하나님의 말씀으로 설교하려는 모든 설교자들과 목회자들, 그리고 신학생들과 일반 성도들에게 필독서로 추천한다.

선지서 연구자들에게 이 책을 꼭 추천하는 두번째 이유는, 저자가 선지서 연구에 관한 국내외의 보수적인 신학자들뿐만 아니라 비평적인 신학자들의 견해를 총망라하여 연구한 다음에 저자의 통전적인 선지서 전망 안으로 탁월하게 통합하고 있기 때문이다. 1980년대까지 한국 구약학계의 선지서 연구는 주로 외국 신학자들의 연구에 의존적이었다. 그러나 2천년대가 시작된 이후로 오히려 한국 구약학계에도 외국 신학자에 결코 뒤지지 않은 학문적 실력을 갖춘 탁월한 구약학자들이 방대한 연구논문들을 쏟아내 놓고 있다. 최영헌 교수의 선지서 연구 결과물은, 한국 구약학계의 여러 탁월한 신학자들의 연구가 외국 신학자들에게 결코 뒤지지 않고 오히려 선지서의 계시적 차원을 더 풍성하게 드러내고 있음을 잘 보여준다.

추천사 2

김진수 교수

합동신학대학원대학교 구약학

최영헌 교수의 저서 『이사야서부터 말라기서까지』는 구약 선지서 해석의 새로운 방법을 제시한 역작이다. 그간 구약 선지서 해석은 서구에서 발달한 역사비평학의 영향 아래 많은 혼란을 겪었다. 역사비평학이 가져온 가장 큰 피해는 성경을 통일된 글로 읽지 못하도록 한 것이다. 성경을 긴 역사적 형성과정의 산물로 보고 그 과정을 추적하는 일에 몰두한 나머지 성경은 철저하게 분해되고 파편화되었다. 현재 우리가 가진 성경은 서로 다른 편집자의 다양한 편집의도를 반영하는 누적된 편집의 결과물로 간주되는 경우가 다반사다. 최영헌 교수의 저서는 이런 잘못된 성경해석 방법에 강력한 제동을 걸고 성경을 파편화하지 않고 통일된 전체로 읽는 길을 제시한다.

다행스럽게도 오늘날에는 성경의 통일성을 중시하고 그것을 드러내는 일에 관심을 기울이는 학자들과 연구들이 많아졌다. 지난 세기를 거치면서 성경의 형성과정에 대한 통시적 연구보다 현재형태의 최종본문이 가진 문학적 특징과 신학적 의미에 관심을 기울이는 공시적 연구가 매우 활발해지고 있다. 수사비평이나 문예비평 또는 텍스트 언어학 등의 이름으로 그런 연구가 진행되고 있으며 차일즈(B. S. Childs)를 통해 제창된 정경적 접근법도 그 가운데 하나이다. 하지만 최영헌 교수는 여기에 만족하지 않고 성경 텍스트가 하나의 전체로서 갖는 주제적, 신학적 통일성을 드러내는 일에 큰 관심을 기울인다.

저자는 특별히 거시적 차원에서 각 성경의 전체적 구성을 탐구하는 일의 중요성을 강조한다. 성경의 각 책을 제대로 읽고 해석하기 위해서는 미시적 차원에서 단어의 의미와 용례를 살피고 문장의 짜임새와 특징을 분석해야 한다. 하지만 이에 못지않게 중요한 것이 거시적 차원에서 각 성경의 구성과 짜임새를 파악하는 일이다. 즉 나무를 볼 뿐만 아니라 숲도 보아야 한다. 저자는 나무를 보기 전에 먼저 숲을 보아야 한다고 하며 전체를 바라보는 안목의 중요성을 매우 강조한다. 그리고 그 방법을 구체적으로 제시한다. 이사야부터 말라기까지 선지서의 각 책이 전체적으로 어떻게 구성되었는지를 매우 철저하고도 설득력 있게 분석한다. 이를 통해 선지서의 각 책이 가진 구조적 통일성과 그 속에 담긴 신학적 의도를 놀랍도록 선명하게 드러낸다.

구약에서 선지서의 각 책들은 구성적인 측면에서나 주제적인 측면에서 이해하기가 쉽지 않다. 차제에 최영헌 교수의 『이사야서부터 말라기서까지』는 향후 선지서를 연구하는 데 매우 중요한 지침을 제공할 것이라고 생각한다. 특히 선지서의 각 책이 하나의 전체로서 가지는 문학적 구성에 대해 저자가 제시하는 설명은 선지서를 문학적으로나 신학적으로 통일성 있게 읽도록 안내하는 좋은 길잡이가 될 것이라고 확신한다.

목차

머리말

나는 본서에서 구약 선지서 각 책의 유기적 전체성에 유의하여 그 각각의 큰 그림 보기를 꾀하였다. 이러한 연구는 마치 항공기를 타고 하늘을 날면서 숲 전체를 보는 것에 비교할 수 있다. 나는 달리 책의 메시지를 찾는 것이 아니라 이러한 각 책의 문학적 주제들과 신학적 요소들의 배열의 규칙성을 따른 전체 구성을 보면서 그 메시지를 정리하려 하였다. 이러한 연구는 자료사, 장르사, 전승사, 편집사, 그리고 근래의 역사비평의 아류에 속하는 정경비평을 넘어선다.

본서의 이러한 연구 초점 속에서 나는 예를 들자면 다음과 같은 새로운 연구 결과들을 제시하였다.

- 혼잡 주제, 무지 주제 같은 것들이 공통적으로 이사야서의 거대 병행 단락들 (1-4장; 5-27장; 28:1-56:8; 56:9-66장)의 서두에 온다는 것, 메시아 주제는 이 단락들의 중후반부에 규칙적으로 놓인다는 것, 둠(Duhm)의 세 이사야 이론이 왜 오류인지를 밝혔다.
- '시드기야 텍스트' (시드기야 주제)가 예레미야서의 거시구조 분석에 너무나 중요하다는 것, 이 책의 중간에 나타나는 이중 서론에 대한 이해가 필요하다는 것, 21:11-25장의 주제들의 분석이 예레미야서 이해에 얼마나 중요한지를 규명하였다.
- 애가는 답관체 (acrostic style)라는 형식을 넘어 구조가 존재하는데 이를 알기 위해서는 예레미야서의 앞부분의 주제들을 따른 구조를 참조하는 것이 필요하다는 것을 제시하였다.
- 에스겔서의 내용은 크게 두 부분으로 이해될 수 있다는 것 (이 책의 거시구조는 요한계시록의 거시구조와 너무나 닮음), 성전 측량과 더불어 나타나는 규례 (법) 및 기업을 제시하는 40-48장은 주제들의 병행을 세심히 따져볼 때 병행 구조가 파악된다는 것을 밝혔다.
- 내러티브 서술 기법, 주제들의 반복과 확장을 유의하는 것이 다니엘서의 거시구조 이해에 중요하다는 것, 다니엘서는 주제들의 병행과 발전을 따라 1-4장과 5-12장으로 분석됨을 규명하였다.
- 12소선지서들에 대하여도 본문의 객관적 증거들을 통해 주제들의 병행에 따른 새로운 구조 분석을 제시하였는데, 특히 난해하기로 유명한 호세아 4-14장의 구조에 대한 새로운 연구 결과를 내놓았고 스가랴서가 왜 크게 1-6장, 7-14장으로 나누어지는지를 밝혔다.

부족하나마 나는 본서가 우리 주님 안에 지체된 주의 종들의 선지서 이해에 작은 도움이 되길 바란다. 이러한 말씀을 상고하는 가운데 나의 기도 제목은 주님이 이땅에 제2의 종교개혁을 일으켜 주시는 것이다. 모든 영광은 하나님께 올려드리며 본서는 필자의 어머니 정진자 집사님과 여동생 최명아 집사에게 헌정한다.

2024년 2월 1일 새벽 시드니
최영헌

서론: 선지서 이해의 한 열쇠 (關鍵)

구조 파악의 중요성

욥기에는 '리워야단'이라는 동물이 나온다. 이것이 어떤 동물을 가리키는지는 차치하고 눈에 띄는 것은 하나님의 이 동물에 대한 묘사이다. 여호와께서는 리워야단이 엄청나게 힘 센 동물임과 아울러 '훌륭한 몸틀'을 지닌 동물임을 말씀하신다 (욥 41:12¹). 여기서 '그의 우아한 몸틀' (his graceful frame, NASB; its graceful form, NIV)은 히브리어 '힌 에르코' (חין ערכו')의 번역이다. 이 구절에 대해서 영어역들은 '그의 우아한 [몸]비율' (his graceful proportions, NKJV; Holman), '그의 질서정연한 체형' (his orderly frame, NASB 1995; ISV), '그의 구조의 아름다움' (the beauty of his structure, Darby Bible Translation) 등등으로 다양하게 옮긴다. 즉, 하나님은 당신의 창조에 있어 어떤 동물의 몸을 만드실 때 특정한 질서를 부여하신다는 것이다. 하나님은 몸의 꼴 (체형), 즉 특정한 몸의 짜임새 혹은 틀을 그 동물에게 부여하심으로 그 동물이 하나의 개체로 살게 하실 뿐 아니라 몸을 특정한 방식으로 움직이도록 하셔서 어떤 목적을 달성케 하신다.

한편, 역대상 28장에는 다윗이 성전의 설계도에 대하여 솔로몬에게 설명하는 대목이 나온다. 여기서 '설계' (개역개정. 28:11, 12, 19)는 '타브니트' (תבנית)인데 이 단어를 KJV와 ASV(American Standard Version)는 'pattern' (패턴)으로, NASB와 NRSV는 'plan' (계획)으로 번역하였다. 다윗은 "여호와의 손이 내게 임하여 이 모든 일의 설계를 그려 나에게 알려 주셨느니라" (28:19 "הכל בכתב מיד יהוה עלי השכיל כל מלאכות התבנית")라고 하였고 이것은 성령의 역사에 의한 것임을 밝힌다 (28:12 "היה ברוח עמו"). 흥미로운 것은, '설계'에 해당하는 '타브니트'라는 단어는 이미 출 25:9, 40; 26:30에도 보인다는 사실이다. 즉 다윗보다도 수백 년 전에 이미 하나님은 시내산에서 모세에게 성막 (המשכן)의 설계도를 보여주셨다는 것이다. 더욱이 흥미로운 것은, 성전 설계도와 관련해서 성령이 언급되었듯이, 성막의 건조에 있어서도 성령이 언급되었다는 사실이다. 하나님은 브살렐에게 하나님의 영을 충만하게 하여 주셨고 (출 31:2-5; 35:30-33), 브살렐은 이 성령의 감동으로 성막에서 사용할 법궤와 상과 등잔대와 분향할 제단과 번제단과 놋 물두멍과 성막 울타리 등을 만든 것이다 (출 37-38장). 이로써 우리가 알 수 있는 것들이 몇 가지가 있으니, 즉 첫째로, 하나님의 성전은 의도적 계획에 따른 것이라는 사실이다. 하나님은 성전 뿐만 아니라 그 안에서 사용할 기물들에 대해서도 계획 (도면)을 갖고 계셨다. 둘째로, 바로 성령께서 그 구조를 다윗에게 알려주셨고, 모세 때에도 같은 성령께서 지혜를 주셔서 브살렐로 하여

---

1 개역한글: "내가 악어의 지체와 큰 힘과 훌륭한 구조에 대하여 잠잠치 아니하리라." 개역개정: "내가 그것의 지체와 그것의 큰 용맹과 늠름한 체구에 대하여 잠잠하지 아니하리라." 우리말성경: "그 사지와 그 힘과 그 튼튼한 뼈대를 내가 말하지 않을 수 있겠느냐" 여기서 '늠름한'이나 '튼튼한' 보다는 '훌륭한'이나 '질서정연한'이나 '우아한'이, '체구'보다는 '구조'나 '뼈대'가 더 나은 번역 같다 (필자의 믿줄).

금 그 구조대로 기물들을 제작하게 하셨다는 것이다. 셋째로, 우리가 충분히 짐작할 수 있는 것은, 그 성전과 그 속의 기물들의 디자인은 그 각각의 용도와 의미와 연결되어 있다는 것이다.[2]

본서의 첫 페이지에서 필자가 '리워야단'과 '성전'의 구조를 말하는 이유는 무엇인가? 나는 이 두 가지 예를 선지서 이해에 적용하고 싶은 것이다. 나는 구약 선지서가 하나님의 계획에 의한 것이라 믿는다. 열이면 아홉은 어렵다고 하는 선지서—그러나 우리가 선지서의 구조나 계획이나 패턴이나 디자인, 곧 선지서라는 '몸통의 틀'을 알면 그 의미를 보다 쉽게 알 수 있지 않을까. 선지서들이 아무렇게나 만들어진 것이 아니라 리워야단처럼, 성전처럼 하나님의 어떤 계획에 의해 질서화되고 디자인된 것들이라면, 하나님의 사람들에게 성령이 역사하심으로 (딤후 3:16 "πᾶσα γραφὴ θεόπνευστος") 특정한 디자인을 알려주시고 바로 이 특정한 디자인을 통해 하나님이 특정한 의미들을 전달하려 하셨다면, 이 선지서들에 대한 구조 연구는 벌써 충분히 그 중요성을 지닌다고 할 것이다.

요컨대, 본서는 구약 각 선지서들의 구조에 대한 본격적 연구다.[3] 이 책이 다루는 범위는 이사야서부터 말라기까지요 본서가 다루는 내용은 각 책의 구조와 신학이다. 이미 필자는 "계시록과 선지서"[4]에서 일부 구약 선지서들의 구조와 종말론, 그 책들의 요한계시록과의 관련성에 대해 다룬 바 있다. 그리하여 선지서와 계시록의 종말론에 관심 있는 독자들께서는 본서와 아울러 "계시록과 선지서"를 참조하시길 바란다. 각 선지서의 역사적 배경, 저자, 독자에 대한 연구의 중요성은 필자가 지지하는 바나 본서는 본문 중심의 연구임을 밝힌다. 말하자면 필자의 연구는 본문 중심의 공시적 (共時的) 연구이며, 필자는 본서에서 구약 선지서 각 책의 최종본문에 대한 거시구조와 그 구조에 따른 메시지를 논한다.

'전체'로서의 본문의 구조의 중요성

우리가 이렇게 구조 연구의 중요성을 인식하면서 한 가지 유념해야 하는 것이 있다. 이 구조 연구는 '먼저 숲을 보아야' 한다는 것이다. 나무 하나하나를 뜯어보는 것이 아니라 나무들이 모여 어떻게 전체의 숲을 이루고 있는가를 보는 것이다. 즉, 구조를 본다는 것은, 예를 들어, 리워야단을 볼 때 그 다리만 보는 것이 아니며, 성전을 볼 때 지성소만 보는 것이 아니다. 그것은 리워야단 전체를 보는 것이다. 그것은 성전 전체를 한 눈에 보는 것이다. 이러한 전체적 조망으로 각 부분의 연결성과 그러한 배열의 원리가 드러나며 이로 인해 각 부분의 기능이 이해

---

2 에스겔서의 새 성전 환상 속에 나오는 표현들도 유의해 볼 만하다. "성전의 제도와 구조 (צוּרַת הַבַּיִת וּתְכוּנָתוֹ)" (겔 43:11. 개역개정)를 한글개역은 "제도와 식양", 새번역은 "설계…배치도"라고 번역하였다. 영어역들의 경우, KJV는 the form of the house, and the fashion thereof로, NASB는 the plan of the house, its layout으로, NRSV는 the plan of the temple, its arrangement로 번역하였다. 에스겔서에 쓰인 히브리어 단어 "צוּרָה" (쭈라)에 대한 번역이 약간씩은 다르지만 (제도, 설계, 계획, 형태, 디자인 등) 역대상에서 쓰인 "타브니트"와 동의어로 보인다. 그리고 "쭈라"에 부대하여 나타나는 단어 "תְּכוּנָה" (테쿠나)는 fashion (식양), arrangement, layout, disposition (배열, 배치) 등의 뜻을 지닌 것으로 보인다.

3 본서에서 필자의 연구의 초점은 '거시구조'이나 최근 노갈스키 등이 주장하는 바, 곧 12소선지서 전체를 하나로 보는 그러한 거시구조 연구에 대해서 필자는 신빙성이 적은 연구로 본다. James D. Nogalski & Marvin A. Sweeney (eds.), Reading and Hearing the Book of the Twelve, Symposium (Atlanta, GA: SBL, 2000).

4 최영헌, 계시록과 선지서: 주제적 구조, 선지서의 시점 이동 그리고 종말 사건들 (서울: CLC, 2023).

되며 또 결국은 그러한 조직화의 목적이 드러나게 된다.

'하나의 전체로서' (as a whole) 한 선지서는 여러 어학적, 문학적 요소들에 의하여 특정한 짜임새와 배열의 꼴을 이루고 있는데, 이는 어떤 의미 곧 그 책이 하나의 전체로서 전달하고자 하는 메시지 (곧, 저자의 의도)와 연결되어 있다. '하나의 전체로서의' 책은 형식과 내용이 하나를 이루고 있다. 하나의 완결된 선지서는 하나의 전체를 이루고 있기 때문에 구조 연구에 있어서는 전체를 보는 것이 부분을 보는 것에 우선한다. 전체 ('숲')를 보는 것과 부분 ('나무들')들을 보는 것이 사실 모두 중요하나 둘 중에 전체가 더 중요하다. 왜냐하면 현실적으로 구조와 메시지가 하나를 이룬 특정 선지서는 본래적으로 '하나의 유기적 전체' (有機的 全體)로 독자에게 제시되어 있기 때문이다. 부분은 전체의 통일성 안에서만 그것의 구조적 의미를 갖기 때문이다. 하나의 선지서, 예를 들어, 이사야서가 하나의 유기적 전체를 이루므로, 이는 그 자체로 역동성 (dynamic)을 띤 메시지를 담고 있다. 부분을 먼저 연구하면 한 권 전체로서 역동성을 지닌 그 선지서의 메시지를 간과하거나 오해하기 쉽다.

전체성을 보지 못하도록 한 역사비평

과거 이백 년 동안 역사비평은 한 책의 전체성을 보지 못하도록 하였다. 공시적 연구로서, 제법 본문을 중시하는 수사修辭비평 (그 본문의 문학성을 탐구하든, 그 본문의 설득의 기술을 조사하든), 서사敍事비평, 구조주의비평 등도 이러한 통시적 접근이 주를 이루는 역사비평의 영향으로 전체를 우선적으로 고려하지는 않았다. 즉 역사비평이 전체 본문 연구에서 시작하였어도 결국은 그것의 오리지날 형태를 찾는 데 주력하였고, 그 전체를 이루는 각 개별 본문들이 어떻게 역사적으로 성장해 왔는가를 밝히는 것을 목표로 삼았다. 이러한 역사비평이 그동안 구약학계에 너무나 큰 영향력을 발휘하였기에, 공시적 실재로서의 본문 자체에 연구의 초점을 두었던 수사비평, 서사비평, 구조주의비평 등도 전체보다는 부분 연구에 머물러 있게 되었다. 혹은, 부분이나 전체에 대한 우선성에 대한 명확한 인식 없이 이 공시적 접근법들이 시행된 것이다.

본문이 편집의 흔적들을 지녔다는 점을 인지하고 본문이 최종 형태가 되기까지 어떤 과정을 거쳤을까를 질문하는 것은 세속 문학비평가에게만 아니라 성경의 문학성을 논구하는 성경학자에게도 자연스러운 일인 것이 분명하다. 문제는 이러한 질문으로 본문 연구를 시작한 역사비평 학자들은 본문 (완결된 하나의 선지서나 역사서나, 어떤 책이든 간에)의 전체성에 대한 충분한 고려 없이 그들의 연구를 진행함으로 전체로서의 본문이 말하는 것과는 아무런 상관도 없는 결론들을 독자들에게 제시하였고 또한 강요하였다. 그들의 공통적인 가정들은 1) 한 책에 들어 있는 여러 이질적인 자료들, 2) 그 자료들에 대한 여러 다양한 저자들, 3) 그 다양한 저자들이 속한 다양한 역사적 시기들, 4) 원래 자료 (구전 자료든 성문화된 자료든)에 이질적인 자료들이 덧붙여진 과정 곧 성장 단계들 등과 같은 것들이었다. 비교적 최종 본문에 그 중요성을 둔 최근의 정경비평도 이러한 역사비평의 유산을 거의 그대로 물려 받아서 그 최종 본문의 신학을 논함으로 인해 본래 그 본문이 나타내고자 한 메시지와는 전혀 상관 없는 여러 신학들을 독자들에게 제시하는 데 그치게 되었다.

우리가 진실로 심각하게 고려할 사항은 과거 이백 년 동안 이러한 질문으로 본문 연구를 하였던 역사비평 학자들 (정경비평을 포함)은 대부분 하나님 말씀 (계시)인 성경의 특성과 하나의 전체적 실재로서 디자인된 본문으로서의 각 성경책을 인정하지 않고 인정할 수도 없었던 자연주의자들이었다는 사실이다. 역사비평의 시작점에 있었던 드 베테 (Wilhelm Martin Leberecht de Wette), 벨하우젠 (Julius Wellhausen), 궁켈 (Hermann Gunkel) 등부터 근래의 그 역사비평의 유산을 거의 그대로 답습하고 있는 샌더스 (James A. Sanders), 차일즈 (Brevard S. Childs) 등까지 이들은 거의 자연주의자들이다. 예를 들어, 하나님의 특별 계시 속에 있는 초자연성을 부정하고 자연주의 세계관에 머물러 있음으로 예언의 진정성 (authenticity of prophecy)을 받아들이지 못한 (그리고 받아들일 수 없었던) 베른하르트 둠 (Bernhard Duhm)은 최소한 세 명의 다른 저자들에 의한, 오랜 시간에 걸쳐 자라난 세 권의 합본으로서의 이사야서를 상상하였다. 이 '세 권' (및 기타 자료)이 발견되지 않은 사실 (Cf. 1QIsaa=The Great Isaiah Scroll)은 제쳐 두고, 이사야서에 대한 그의 문학비평 (예로, 제3이사야가 제2이사야 보다 글쓰기가 서툴다는 판단[5])과 특정 시대 상황에 끼워맞춘 문서 연대 측정 (예로, 56-66장의 본문에 나타나는 '안식일' [사 56:4, 6 및 느 13:15-22 참조]에 대한 언급을 따라 그 본문의 시대를 느헤미야 때로 측정한다든지[6])은 둠의 선지서에 대한 문학적 감식력의 초보성과 문서의 연대 평가에 있어서의 자의성을 증명하였다. 사 56:1-8은 40:1에서 시작된 내용이 마감되는 자리이지 56-66장의 서두 부분이 아니다. 56:9 이하에서 선지자는 그가 살고 있는 현재 상황에서 여러 번에 걸쳐 유다의 죄를 다루는데, 40장 이하는 보다 많은 부분을 여호와 하나님 앞에 우상은 아무 것도 아니라는 내용, 그리고 이 여호와께서 포로된 유다를 돌이키실 내용에 할애하고 있으므로 둠은 양자의 문체가 다르다고, 다시 말해, 소위 '제3이사야'의 문체가 소위 '제2이사야'의 문체보다 못하다고 결론을 내리게 되었다.

사실, 우리가 주의 깊게 분석하여 보면 이사야 1-4장, 5-27장, 28:1-56:8, 56:9-66장이 모두 이사야 당시의 백성의 '죄'에서 시작한다. 28:1-56:8이 죄론에서 시작한다. 다만 우리가 알아야 할 깃은 28장의 시적이 이스라엘의 죄로 시작하되 이것이 35장에서 임시적 마감을 이루고, 36장에서 다시 28장보다 좀 나중의 역사적 시점을 다루되 이것이 56:8까지로 뻗쳐 있음이다.

---

5 "Duhm thinks that Trito-Isaiah, in matters of style, is below Deutero-Isaiah." Edward J. Young, *Studies in Isaiah* (London: The Tyndale Press, 1955), 40ff; Bernhard Duhm, *Das Buch Jesaia*, Göttingen, 1892.

6 Ibid. "Chapters 56-66 were composed by someone who probably lived in Jerusalem just before the time of Nehemiah's activity." 또한, 둠이 소위 제2이사야에 있는 '네 종의 노래들'에 대하여 이것들은 제2이사야와 폐 다르고 선지자의 저작이 아니라 율법 교사의 저작이라고 한 점, 제2이사야 예언의 여백에 기록되었을 것이라고 한 점은 이사야 예언에 있어 메시아가 어떤 신학적 위치를 차지하는지에 대한 그의 무지를 적나라하게 드러낸다고 할 수 있다. 종=메시아에 대한 예언은 원래 이사야가 예언한 것이다 (신약 기자들이 그렇게 인용하고 있다. 만약 아니라면 신약 기자들이 사깃군들인 것이다). 둠은 '네 종의 노래들'이 제2이사야의 본문 가장자리에 적혀 있었을 것이라고 하나, 이런 사본은 지금까지 어떤 사본 (예. 쿰란사본들)에서도 발견된 적이 없다. "The Servant of the Four Passages is quite different from that of Deutero-Isaiah. He is not a prophet, but a teacher of the Law…Quite likely these poems belonged to an original work and were written in the margins of in blank spaces in Deutero-Isaiah's prophecy." Ibid.

즉, 36-39장은 히스기야 때의 사건을 보도하는데, 이 장들에서 히스기야는 하나님을 의지한 반면, 역시 교만하여 자기 가진 것을 자랑하다가 바벨론에게 포로되어 갈 것이라는 예언을 이사야에게서 받게 된다. 이러한 가까운 미래 사건은 40장-56:8에서 포로에서부터의 회복과 장차메시아로 인한 종말론적인 회복으로 시점이 뻗쳐진다. 따라서, 그 이전의 장들에서부터 40장이하를 두부 자르듯 분리하여 소위 제2이사야로 처리하는 문서비평에 대해서는 근본적인 재고가 필요하다. 선지자의 시점은 28:1-56:8의 범위에서 현실에서 가까운 미래로, 그리고 먼 미래의 메시아 시대와 그 이후의 시대까지로 뻗쳐지기 때문이다. 40장이 포로에서 회복될 가까운 미래사이기 때문에 56:9부터 현재 시점의 죄론이 시작되는 분위기와 어울리지 않는 것은 당연하다. 그런데 이것을 가지고 제2이사야와 제3이사야가 서로 다른 저자의 작품이라고 속단하여문체의 우열까지 가림은 가히 앙천대소 (仰天大笑)할 일이다. 이사야 28:1-56:8까지의 이러한시점 이동과 주제 및 내용의 변화는 신명기의 그것과 아주 비슷하다. 신명기에서 모세는 출애굽부터 광야 여정의 끝까지를 정리-회고하면서 이제 가나안에 들어갈 현재의 이스라엘에게 꼭필요한 말씀들을 전달하면서, 미래의 그들의 우상숭배와 또 먼 미래의 포로될 것, 그리고 회개및 포로에서 돌아오게 될 것까지를 내다본다. 이러한 특징은 이사야서나 신명기뿐만 아니라 다른 선지서들에 있어서도 아주 유사하게 나타나는 특성이라 하지 않을 수 없다. 모세의 예언의진정성을 부정하는 자는 신 12-26장 (이 단락 구분도 잘못된 것임)을 요시야의 시기로 측정하며, 이사야의 예언을 부정하는 자는 사 56:1-8을 느헤미야 시기로 측정한다. 모세의 예언의 진정성을 부정하는 자는 신명기의 포로 관련 언급을 포로기 혹은 포로후기로 측정하고, 이사야의예언의 진정성을 부정하는 자는 이사야서의 메시아 시대 예언을 이사야의 새시대에 대한 여망이나 종말적 기대에 대한 기존 자료의 재해석으로 본다. 즉 자유주의자들은 선지서들의 공통된이와 같은 특성에 무지하고, 무엇보다 선지자가 '하나님의 사람'으로서 그야말로 성령 충만한자로 미래사를 초자연적인 능력으로 내다볼 수 있는 자임을 아예 받아들일 생각을 하지 않고또 할 수도 없기에 이사야서를 크게 오해하는 것이다. 그들은 제2, 제3 이사야라는 가상의 시나리오의 덫에 그 발목이 걸려 피를 흘리고 죽어가면서도 헤어 나오지 못한다.

56:1-8은 느헤미야 시대를 가리키지 않고 구원의 은혜가 이방인이나 고자에게도 미칠먼 미래의 때를 시사하고 있다고 우리는 판단한다. 또한 둠이 무지하여 56:1 ("...너희는 정의를지키며 의를 행하라") 이하의 시대는 '행위의 의'를 중시하는 새시대라고 억지로 성경을 풀지만(뒤의 이사야서의 구조에 대한 나의 논의를 참조하라), 또한 이러한 둠의 이설 (異說)을 물려받아 현금의 '바울에 대한 새관점'을 주장하는 자들이 56:1을 행위구원에 대한 증거본문으로 삼으며 로마가톨릭교로 돌아가려 하나, 56:1 이하는 우리가 하나님의 의 ('나의 구원'='나의 공의')의시행을 기다리며 죄를 회개하는 가운데 의의 길로 돌이킬 것을 말씀하는 것이지 결코 새로운신학 곧 '행위의 의'를 주장하는 것이 아니다.

'선무당' 둠이 쓴 어쭙잖은 삼류소설을 읽고 실로 수많은 선무당들이 양산되었다. 문제는 생각보다 아주 심각하다. 둠의 역사비평으로 이사야서가 잘못 읽혀짐에 따라, 부분적이건전체적이건 본문 중심의 연구를 하는 학자들이 이미 세 이사야설에 세뇌된 상태에서 이사야서 본문을 읽게 되었다. 사실, 이것이 둠이 기소될 수밖에 없는 이유다. 둠 스스로는 당연히 그럴 수 없었겠지만 그리하여 형량이 어느 정도 줄 수도 있겠지만, 그가 선무당이면서도 (자기 자신이 선무당인지 모름) 한 시대를 선지자인양 행세하여[7] 많은 순진한 사람들을 이끌어 선무당들을 양산했기 때문에 여전히 참 선지생도들로 남아 있던 어떤 자들마저 둠이 마시게 한 술에 취하여 이사야서의 메시지를 그릇 풀게 되었다 (사 28:7).[8] 자기 임자를 모르는 소처럼 (사 1:3), 두 눈을 멀쩡히 뜨고 있었으나 못 보는 이스라엘처럼 (42:19), 둠도 모르는 자였고 못 보는 자였다. 그가 이사야서에 손을 댔어도 '이것은 제 분야가 아니니 모르겠습니다'라고 하고, 건강한 두 눈의 시력을 가졌으나 '이것은 저의 시력으로는 볼 수 없는 영역이네요'라고 솔직하게 말하였더라면 죄가 없었을 것이다. 그러나 그는 모르는 것을 안다고 하였고 볼 수 없는 것을 본다고 하여 큰 죄를 짓게 되었다 (요 9:41). 그는 흑암으로 광명을 삼으며 광명으로 흑암을 삼은 사람이었다 (사 5:20). 혼자 구덩이에 빠지지 않고 많은 사람들 (예. 브레바드 차일즈[9])을 이끌어 함께 그 구덩이에 빠지게 하였다 (마 15:14).

정경에 속한 '전체로서의 하나의 본문' (예. '출애굽기-레위기-민수기' 전체,[10] '이사야서' 전체, '역대기' 전체 등)은 특정 메시지 (진리)를 전하는 '생명을 주는 영원한 인격적 현실적 존재 (實在)'이다. 해석자에게 본문 전체는 부분보다 우선성을 지닌다. 전체를 조망하는 가운데 부분들의 위치와 의미를 따지고, 다시 부분들 연구로 전체를 조망하고, 이러한 연구들을 순환적으로 시행함은 마땅하나 전체를 보는 것이 부분을 보는 것보다 우선한다. 부분에 골몰하다 보면 전체를 보지 못하므로 '숲 (삼림) 전체를 보고 난 후에 개별 수목들을 보는 것' (先看全體的森林然後再看個別的樹木)이 필요하다고 할 것이다. 자료들과 그것들의 장르들을 연구하는 것은 가치가 있으나, 선지적 본문에 대해 무지한 자가 파편화 (fragmentation)를 통해 본문의 유기적

---

7 그는 성서학자가 아니라 종교학 교수로 만족했어야만 했을 사람이었다.

8 영은 점잖게 "[Duhm's] views were so novel and startling that their widespread influence is easily understandable."라고 말한다. Ibid. 나는 이것을 다음과 같이 점잖지 못하게 '오역'한다: "둠의 견해들은 너무나 기발하였고 사람들로 놀라 자빠지게 하는 것들이라 마치 염병인 듯 급속도로 퍼져나갔다."

9 차일즈는 이사야서 세시의 소지연집을 부정하고 제 이사야설을 인정하는 상태 (이전에서 그는 둠의 충복이다)에서 그의 정경비평을 진행한다. 그가 신앙공동체의 권위 있는 최종 본문으로서의 이사야서를 언급하나, 그가 말하는 '정경'과 '권위'와 '신앙'이 무엇에 근거해 있는지를 조사해보면 우리는 아연실색하게 된다. 그가 말하는 '신앙'은 하나님의 계시의 초월성, 8세기 선지자 이사야의 미래에 오실 메시아 예수에 대한 예언 (그는 '종'을 단체든 개인이든 이스라엘로 해석), 이사야서가 전체적으로 일정한 신학적 메시지를 전달할 등을 부정하기에 정통 기독교의 신앙과는 거리가 먼 신앙임이 드러난다. 오늘날 소위 '신복음주의자들'이 이 '신앙'을 따라가므로 그들은 차일즈의 충복임을 자증한다. B. S. 차일즈, 구약 정경 개론, 김갑동 역 (서울: 대한기독교출판사, 1987), 317-20; Introduction to the Old Testament as Scripture (PA: Fortress, 1980).

10 필자의 이해에 따르면 출애굽기는 독립된 책이 아니다. 레위기도, 민수기도 각각 독립된 책으로 볼 수 없다. 출애굽기부터 민수기까지는 하나의 유기적 전체를 이루고 있다. 이것을 세 개의 두루마리로 나눈 것은 아마도 어떤 실용적 필요에서였을 것이다. 필자는 하나로 되어 있는 출-레-민 본문을 세 책으로 나누어 출애굽기의 구조와 신학, 레위기의 구조와 신학, 민수기의 구조와 신학으로 이해하는 것은 오류로 본다. 왜냐하면 이 책들은 원래 세 부분이 아니라 하나로 되어 있고 그것이 전하는 메시지도 하나에 의해서 이해되어야 한다고 생각하기 때문이다. 필자가 보기에 오경은 원래 다섯 권으로 되어 있던 것이 아니다. 시편이 '송영'에 의해 5권으로 나뉜다고 해서 (실제로 5권으로 나누는 것은 오류) 이것을 모세 5경과 짝을 이루는 것으로, 마태복음이 5부로 나뉜다고 하면서 모세5경을 본떴다고 보는 것은 오류로 보인다.

전체성을 바라보지 못하게 하고 전체로서의 선지적 본문이 주는 역동적 메시지를 간과하도록 함은 큰 범과이다. 지금까지의 역사비평 종사자들은 이 점을 깊이 회개해야 한다 (욜 2:12).

선지서의 구조적 특징

그러면 선지서의 구조와 관련하여 우리가 말할 수 있는 것들은 무엇인가. 이에 대하여 우리는 몇 가지로 제시할 수 있다. 첫째로는 점진적 병행단락들 (literary segments in progressive parallel)이다. 전체로서의 하나의 선지서는 '몇 가지 주요 주제들을 가지고 하나의 단락을 형성'한 후, 그것에 약간 변화를 주어 또하나의 단락을 형성하되 이번에는 어떤 시공적 진전을 이룬다. 이런식으로 또 하나 그리고 또 하나의 병행단락을 형성한다.

단락 구성에 있어 어떤 주제들은 더 많이 반복되며 전체 책 흐름에 있어 중요한 사상을 전달하기 위해 사용되고 또 다른 주제들은 그러한 주요 주제들을 더욱 잘 드러내기 위해 보조적으로 사용된다. 메시지가 보다 추상적인 어떤 사상을 가리킨다면 주제들은 그러한 사상을 드러내기 위해 사용한 구체적인 언어적 재료들이라고 할 수 있을 것이다. 저자(혹은 편저자)는 이러한 주제들을 반복하거나 형태론적으로 바꾸어 제시하되 어떤 중요한 전략적인 지점에 이것들을 배치함으로 저자의 사상을 전달하려고 한다. 여기서 필자가 사용하는 '주제'라는 말을 앞으로의 논의를 위해 정의하는 것이 좋을 것이다.

필자가 말하는 '주제'(theme)는 특정한 장소에 배치됨으로 어떤 책의 전체를 이루는 데 기여하는 문법적·문학적 구성 요소다. 단어, 구, 절, 혹은 어떤 절들의 묶음 등 다양한 문법적 단위들이 그 책이 말하고자 하는 특정한 의미(topic)를 지시하고 있을 때 필자는 그것을 하나의 '주제'라고 본다. 이 주제는 똑같은 형태(morphologically identical)로 반복될 수 있고, 어떤 때는 같은 의미장(semantic field)에 속하는 단어(들)나 절(들)로 대치될 수도 있다. 예를 들어 이사야서에 나타나는 '포도주'(곧 '술취함')의 주제는 1:22; 5:11; 28:7; 56:12에 똑같은 단어('포도주')로 나타나는 반면, '불순(不純)'(혹은 '혼잡')의 주제는 "네 은은 찌끼가 되었고"(1:22); "좋은 포도 맺기를 바랐더니 들포도를 맺혔도다"(5:2); "모든 상에는 토한 것, 더러운 것이 가득하고 깨끗한 곳이 없도다"(28:8); "무녀의 자식, 간음자와 음녀의 씨 너희는 가까이 오라"(57:3) 등으로 다양하게 나타난다.

필자는 이러한 주제들 중에 '주요 주제들' (major themes)을 다음과 같이 정의한다. 즉, 주요 주제란 저자가 그의 특정 사상을 강조하기 위해 그 책에서 축자(逐字)적으로 혹은 변화를 주어 수다히 반복을 하는 주제들로서, 이것은 한 책의 내용 전개 및 구조화에 없어서는 안 될 필수적인 문학적 요소를 말한다. 필자가 관찰한 것은 주요 주제들이 하나의 집합을 이루어 하나의 단락(a section)을 이루고 그 다음 단락은 다시 이 주요 주제들의 집합(혹은 덩어리; group or cluster)으로 구성된다는 것이다. 그리고 이런 식으로 제3, 제4...의 단락이 병행(parallel)을 이루며 형성된다는 것이다. 이 때 어떤 주제들은 후속 단락에서 강조되고 확장되기도 하며 또 다른 주제들은 희미하게 되기도 한다.

사실, 하나의 문학적 단위(혹은 문단)라는 것은 어떤 전달하고자 하는 사상을 위해 여러 문법적 문학적 요소들로 응집된 하나의 총체를 뜻한다. 예를 들어 사 1:18-20은 회개 권고의 내용이 "여호와께서 말씀하시되...여호와의 입의 말씀이니라"의 전형적인 예언 전달의 프레임에 담긴 아주 작은 문학적 단위라고 할 수 있다. 또 예를 들어, 이사야 6장은 내러티브 형태로 주어진 이사야의 환상, 즉 성전의 신현에 대한 선지자의 반응, 여호와의 선지자 파송, 그리고 여호와의 예언의 말씀 등의 계기적인 내용을 담은 보다 큰 문학 단위이다. 학자들 중에는 6장을 따로 떼어 이사야서 전체의 단락들 중의 하나의 단락(a division)으로 보는 사람도 있다. 그러나 필자는 6장이 이사야서 전체에 있어서 주요 주제들을 모두 포함하고 있지 않다면 단락(a section)으로 보지 않고, 다만 하나의 문학적 기초 단위(a unit)로 보고자 한다(사 1:18-20은 말할 것도 없이 하나의 유닛으로 봄). 또 만약 유닛들이 모여서 응집력 있는 보다 큰 단위를 이루더라도 그것이 아직 모든 주요 주제들을 포함하고 있지 못하다면 필자는 그것을 단락(a section)이 아닌 하위단락(a subsection)으로 보고자 한다. 예를 들어서 이사야 6장은 하나의 문학적 기초 단위가 될 수 있고, 이것에 아하스 왕 때의 내러티브-예언(주로 이사야의 아들들의 이름을 통한)인 7-8장을 더하여 하나의 문단(a division)으로 볼 수 있다. 왜냐하면 6-8장은 모두 내러티브-예언을 담은 같은 문학형식의 장들이고 또한 공히 이스라엘이 심판 받을 것에 대한 내용을 지니기 때문이다. 그러나 필자는 이것을 아직 하나의 단락(a section)이 아닌 하위 단락(a subsection)으로 보고자 한다. 왜냐하면 이사야서의 한 단락을 구성하는 데는 이것에 여러 주요 주제들이 여전히 빠져 있다고 생각하기 때문이다.

단락(a section)의 정의에 있어 추가적으로 언급하고자 하는 것들이 2가지가 있다. 그 중 하나는 완전단락과 불완전단락이다. 주요 주제들을 다 포함하는 단락은 완전단락(a complete section) 그리고 주요 주제들을 한 두 개 결여하고 있지만 완전단락에 가까운 단락을 불완전단락(an incomplete section)이라고 부른다. 아직 불완전단락일 때 필자는 그것을 단락(a section)이라고 부르지 않는다. 불완전단락들이 합쳐짐으로 비로소 완전단락이 되었을 때 필자는 그것을 단락(a section)이라고 부른다. 어떤 단락이 완전단락인가 불완전 단락인가를 쉽게 판정하는 방법은 서로 이웃하는 두 단락들을 비교해 보는 것이다. 그러면 그 단락에 있어 어떤 주요 주제가 빠져 있는지 그렇지 않은지가 쉽게 눈에 띄게 된다. 추가적으로 언급하고자 하는 다른 하나는 단락(a section)을 이루는 주요 주제들의 배열 순서이다. 이 주요 주제들의 순서는 다소간 바뀔 수 있는데, 중요한 신학적 주제인 '죄'와 관련된 주제들은 대개 앞에 배열되고, '심판'이나 '구원'에 관한 주제들은 대개 뒤에 배열된다는 것이다.

마지막으로, 어떤 단락이(필자가 곧이어 논할) 신학적 준거와 관련하여 우주적 심판-구원, 곧 역사의 끝을 지시하는 묵시적 차원으로 나아가 종료되었을 때 필자는 그것을 '부'(部; a part)로 정하고자 한다. 반대로, 어떤 단락이 비록 그 책이 지닌 주요 주제들을 다 포함하고 있어도 아직 우주적 심판-구원의 차원으로 나아가지 않았을 때는 아직 부가 아니며, 그 단락이 그 차원으로 아직 나아가지 않았어도 그 뒤에 연속하는 단락이 그 차원으로 마쳤다면 그것을 '부'로 부르고자 한다.

필자의 정의들을 따라 문단(literary division or delimitation)을 계층적으로 정리하면 다음과 같이 된다.

(1)   기초 단위(a unit): 하나의 주제를 전달하는 문법적-문학적 최소체 (a minimal body);

(2)   하위단락(a subsection): 하나 이상의 유닛이 모여서 이루어짐;

(3)   불완전단락(an incomplete section): 하나 이상의 하위단락이 모여서 이루어짐, 한 두 개의 주요 주제들이
       결여되어 있음;

(4)   완전단락 혹은 단락(a complete section = a section): 여러 하위 단락들이 모여 이루어짐, 둘 이상의 불완
       전 단락이 모여 이루어짐, 모든 주요 주제들을 갖추고 있음;

(5)   부(a part): 하나 이상의 단락이 모여 이루어짐, 우주적 심판/구원으로 종결.

또한 예를 들어, 어떤 책이 구조화에 필수적인 주요 주제들(단락마다 위치가 다소 변동
되어 나타나는) a, b, c, d, e로 이루어졌고, 전체가 4개의 단락(section)으로 이루어졌으며 세 번
째 단락은 2개의 불완전단락(incomplete section)으로 이루어졌다면 다음과 같을 수 있다. 제1
단락(주요 주제들 a, b, c, d, e); 제2단락(주요 주제들 a, b, d, c, e); 제3단락 제1불완전단락(주
요 주제들 a, b, d, e); 제2불완전단락(주요 주제들 a, c, d, e); 제4단락(주요 주제들 a, d, c, b, e).
이러한 전개는 선지서에서 많이 관찰될 수 있는 구조의 문학적 측면이므로 이를 기억하고 있으
면 선지서의 형식-내용의 윤곽을 파악하는 데 많은 도움을 입는다.[11]

어떤 선지서는 그 전체가 하나의 '부' [part]로 이루어진 것이 있고 (나훔서와 하박국서),
크게 두 개의 부로 이루어진 경우도 있고 (에스겔서 1-32장과 33-48장; 다니엘서 1-4장과 5-12
장; 호세아서 1-2장과 3-14장; 오바댜서 1:1-9와 1:10-21; 요나서 1-2장과 3-4장; 스바냐서 1-2
장과 3장; 학개서 1:1-2:9와 2:10-23; 스가랴서 1-6장과 7-14장; 말라기서 1:1-2:9와 2:10-4:6 [신
약의 계시록 1-9장과 10-22장]), 또 어떤 경우에는 세 개의 부로 (아모스서 1:1-3:15와 4:1-7:9와
7:10-9:15; 미가서 1-2장과 3-5장과 6-7장; 예레미야애가 1장과 2-3장과 4-5장), 또 어떤 경우에
는 네 개의 부로 (이사야서 1-4장과 5-27장과 28:1-56:8과 56:9-66장) 이루어진 경우도 있고, 그
리고 또 어떤 경우에는 점진적 병행을 이루기는 하되 보다 복잡한 짜임새를 드러내는 경우 (예
레미야서; 물론 크게 보아 1:1-21:10; 21:11-52장으로 볼 수 있음)도 있다.

둘째로는 '수미쌍관' (inclusio, 인클루시오)이다. 이것은 봉투구조라고도 지칭한다. 대
개 한 권의 선지서는 전체로 볼 때 앞부분과 뒷부분이 서로 대응한다. 즉 비슷한 어떤 단어, 구
절들을 통한 주제적 유사성을 전시함으로 우리는 수미쌍관이 이루어짐을 인지한다.

셋째로는 특정 신학적 주제들 곧 의로우신 하나님의 '죄'에 대한 '심판'과 긍휼에 의한
'회복'의 순차적 배열이다. 거룩하신 하나님은 죄에 대해 심판하시며, 그러나 그분은 그분의 긍
휼에 의해 죄인들에게 다시 회개의 기회를 주시고 회복의 소망을 주신다. 악인들에게 하나님께
서 하시는 조치는 심판인데 이 심판이 남은 자들=의인들에게는 징계와 정화로 작용한다. 그리
고 악인들이 심판 받음으로 멸망에 이르는 반면 의인들은 회개를 통해 의의 회복에 이르게 된
다. 다음의 신학적 주제들은 하나로 연결되어 단락을 이룬다. 보통 이 단락의 중후반부에 메시

---

11 최영헌, *계시록과 선지서*, 23-7.

아 주제가 들어가 있다. 이 단락은 그 다음에 거듭거듭 병행단락들을 휴대한다.

A 하나님의 거룩하심, 이스라엘의 죄됨, (메시아 예시) 심판과 징계, 멸망과 회복
A' 하나님의 거룩하심, 이스라엘의 죄됨, 메시아, 심판과 징계, 멸망과 회복
A"....

넷째로는 하나님의 '이스라엘' 및 '이방'에 대한 심판과 구원의 섭리다. 이것이 선지서 구조 이해에 또한 중요하다. 하나님의 구원사에 있어서 그분의 심판과 구원은 서로 밀접하게 연결되어 있으면서 선지서의 구조 형성에 기여한다. 특히 언약 백성 이스라엘에 대한 우호/적대에 따라 이방의 운명이 결정되며, 또한 배역한 이스라엘의 범과에 대한 심판과 달리 이스라엘의 남은 자에게는 이방의 공격은 정화의 기회로 작용하며 하나님의 회복에로 연결된다. 이와 같은 이스라엘과 이방, 심판/징계와 멸망/구원의 연결성을 역사비평가들은 자료비평, 양식비평, 전승사비평에 의해 파편화시킴으로 선지서 이해를 제대로 하지 못하도록 장벽을 쌓았다. 그들이 자료들을 파편화함을 통해 한 행동은 이스라엘 역사의 재구성 즉 이스라엘의 종교역사 가설을 세운 것이다. 그러나 이러한 시도는 전혀 증명되지 않은 가설로 남아 있다. 나는 이것을 '허구의 집'이라 부른다. 지금도 자유주의자들은 이 '모래 위에 세운 집'에 안주하고 있다. 아래에서 필자는 도표를 사용해서 하나님의 심판과 회복을 단절이 아니라 연결로 보아야 함을 전시하였다.

출애굽기에서 여호수아서까지에서
이집트가 이스라엘을 학대함 (죄)에 대해
　　　하나님이 이집트를 심판하심/이는 이스라엘에게는 구원으로 작용함
가나안이 우상숭배로 찌들음 (죄)에 대해
　　　하나님이 이스라엘로 가나안을 심판하심/이는 이스라엘에게는 땅의 약속에 대한 성취로 작용함
　　　이스라엘을 대적하는 가나안은 심판하시나/이스라엘에게 우호적인 이방 족속들은 구원하여 주심

선지서늘에서
이스라엘이 우상숭배로 언약을 깸 (죄)에 대해
　　　하나님이 바벨론으로 배역한 이스라엘을 심판하시고/ 이스라엘의 남은 자는 징계-정화-회복하심
바벨론이 이스라엘을 잔인하게 학대함 (죄)에 대해
　　　하나님이 메대-바사를 통해 바벨론을 심판하심/하나님은 고레스를 통해 이스라엘이 고토로 돌아가게 하심
　　　이스라엘을 대적하는 바벨론과 열방을 심판하시나/하나님을 바라보는 열방의 남은 자들은 구원하심

이러한 일반적 면모를 따라 우리는 이스라엘과 이방에 행하시는 심판과 구원이 왜 그렇게 이루어졌는가에 대한 이유를 찾을 수 있다. 보다 구체적인 예를 하나 들어보겠다. 이 이스라

엘-이방에 대한 하나님의 구원사적 섭리가 어떤 주제, 예를 들면 '앗시리아에 대한 심판'이라는 하나의 주제로 단절된 것이 아니라 여러 관련 주제들이 병행을 이루어 하나의 전체를 이룸을 알 수 있다. 이사야 5-27장은 이를 보여주는 하나의 좋은 보기가 되겠다.

a 5:1-14:23
유다의 죄-앗수르 통해 유다 심판-앗수르 심판-메시아-종말론적 심판과 구원-바벨론 심판
  a' 14:24-21:10
                          앗수르 심판-열국 심판-메시아-종말론적 심판과 구원-바벨론 심판
    a" 21:11-27장
                          열국 심판-유다 심판-(메시아)-갈대아(바벨론) 심판-종말론적 심판과 구원

다섯 째로는 선지서의 저자인 선지자의 시각의 시공(時空)적 이동이다. 선지자의 눈은 현재에서 가까운 미래로, 또 먼 미래로 갔다가 다시 현재나 가까운 미래로 돌아왔다가 다시 먼 미래로 이동한다. 이것을 여러번 반복하기도 한다. 먼 미래에 대해 말한다면, 선지자의 삶의 자리에서 이 때는 메시아의 초림 때를 가리키기도 하고 더 멀리는 메시아의 재림 때를 가리키기도 한다. 초림과 재림을 명확히 구분하기 어려운 때를 시사하기도 한다. 선지서의 시공 이동을 잘 살펴서 그 시공이 몇 번의 병행을 거치기도 하며 이로 인해 꽤 긴 분량의 본문이 하나의 단락을 이루기도 한다는 점을 이해할 필요가 있다. 다시 이사야 5-27장으로 이 선지서의 시공 이동을 보자. 5-27장이 어떻게 하나의 거대단락을 이루게 되는가를 우리는 아래의 도표를 통해 이해할 수 있다. 보통 거대단락의 마지막은 아주 먼 미래의 열방들의 구원과 회복으로 마감된다.

a 5:1-14:23 현재- 가까운 미래(앗수르 침입)-아주 먼 미래(메시아 시대)-먼 미래(바벨론 멸망)
  a' 14:24-21:10 가까운 미래(앗수르 심판)-아주 먼 미래(메시아 시대)-먼 미래(바벨론 멸망)
    a" 21:11-27장 가까운 미래(열국 심판; 유다 심판)-먼 미래(바벨론 심판)-아주 먼 미래(메시아 [재림] 시대)

여섯 째로는 선지서에 나오는 여호와의 날, 회개 권면 (혹은 회개 예시), 애곡, 선지자의 기도 등의 위치에 대한 인식이다. 한 단락에 있어 여호와의 날은 보통은 먼저 심판과 징계의 날로 제시된다. 이는 캄캄함, 나팔이나 호각 소리, 많고 강한 적군의 침입, 화재나 온역이나 칼이나 기근과 같은 재앙과 동반된다. 물론 여호와의 날은 보통 단락의 끝에서는 회복과 구원의 날로 제시된다. 여호와의 날의 심판으로 선지자와 백성의 애통/애곡이 나타나게 되며, 선지자는 이러한 비극을 예견하며 회개를 촉구한다. 선지자는 애곡하면서 여호와께는 탄원의 기도를 드리며, 이스라엘에게 긍휼을 베푸시기를 간청한다. 이러한 여러 주제들이 심판의 문맥에 나타나며 끝에는 위에서 언급한대로 땅의 소출의 풍성, 물의 풍부, 장수, 희락, 인구의 증대, 평화, 자연의 회복, 가축들의 늘어남 등이 나타나는데 하나님과의 관계가 회복되며 여러 언약들에서 주신 하나님의 약속들이 성취된다.

전체 숲을 본 다음 '나무들 보기'

필자는 여기서 호세아서를 예로 거시구조 분석 후에는 미시구조 연구로의 진전이 필요함을 말하고 싶다. 물론 호세아서의 거시 구조는 필자가 뒤에서 자세히 논하였으므로 여기서는 간단히 언급한다. 호세아서는 1장의 내러티브에서 나타난 주제들이 2장의 설교에서의 주제들로 이어지고, 3장의 내러티브에서의 주제들이 4-14장의 설교에서의 주제들로 연결되어 있어 필자는 1-2장과 3-14장으로 호세아서의 '숲'을 이해한다 (뒤에서 자세히 설명함). 필자의 시각은 종래의 역사비평[12]과는 근본적으로 다르다. 나는 이러한 '전체로서 있는 그대로의 숲' (the Book of Hosea as a whole it is) 보기를 마친 후에야 나무 보기로 이동한다.

호세아서의 미시구조의 예로 필자는 호세아서의 첫 내러티브 단락 (1:1 표제 외에 1:2-2:1)을 택하였다. 이 본문에는 구조와 관련하여 독자들과 함께 상고할 것들이 몇 가지 있기 때문이다. 먼저 호세아 1장의 미시적 구조를 살펴보자. 현재 한글 개역개정을 보면 호세아 1:2-9에 '호세아의 아내와 자식들'이라고 소제목을, 1:10-2:1에는 '이스라엘이 회복되리라'는 소제목을 달아놓았다. 잘못된 것 같다!—나는 이것이 재고되어야 한다고 본다 (본서 호세아의 구조 참조). 이스라엘의 회복은 1:10-2:1에만 나타나지 않는다. 그 이전의 절들에서도 (!) 회복이 나타난다. 그리고 1:10을 뒤의 절들에 묶을 것이 아니라 앞의 절들 (즉, 8-10절)과 묶어야 하고, 1:11-2:1을 하나로 묶어야 할 것이다.

왜 그런가? 그것은 어떤 특정한 단어를 선지자가 재차 사용 (이 단어가 인명, 행동, 지명을 가리키는 말이거나 유사음을 가진 다른 단어일 수 있음)함으로 하나님의 심판 메시지 (혹은 죄와 심판과 구원 메시지)를 전한다는 것이다. 나는 이것을 '같은 말 가지 뻗기'라고 스스로 이름을 붙여 보았다. '이스르엘'이란 이름을 가지고 한번은 '이스르엘'의 피를 예후의 집에 갚겠다는 심판의 예언을, 다른 한번은 '이스르엘' 골짜기에서 이스라엘의 활을 꺾으리라는 회복의 예언을 전한다.

1장의 4절과 5절을 무심코 붙여서, "...내가...이스라엘 족속의 나라를 폐할 것임이니라. 그날에 내가...이스라엘의 활을 꺾으리라"로 읽으면 아무 의심 없이 '심판' 내용으로 판정할 것이다. 그러나 하반설의 "이스라엘의 활을 꺾을 것이다"는 언급은 더 이상 전쟁의 도구가 그들의 손에 들려지지 않게 됨도 의미한다. 즉, 전쟁이 끝나고 평화의 시대가 도래하리라는 것의 우회적 표현으로 볼 수 있는 것이다 (호 2:18 참조). 나의 논의를 도표로는 아래와 같이 표현할 수 있을 것이다.

                  A 라는 말을 통한 예언(심판)

A 라는 말

                  A 라는 말을 통한 예언(구원)

---

12 대표적으로 Gale A. Yee, *Composition and Tradition in the Book of Hosea: A Redaction Critical Investigation* (Atlanta, GA: Scholar's Press, 1987).

그리고 1:4-5절을 분석한다면 아래와 같이 된다고 본다.

조금 후에 내가 이스르엘 의 피를 예후의 집에 갚으며
이스라엘 족속의 나라를 폐할 것임이니라 (4절: 심판)

이스르엘

그 날에 내가 이스르엘 골짜기에서
이스라엘의 활을 꺾으리라 (5절: 구원)

위에서 이미 말한 것처럼, 개역개정에 1:2-9에 대하여 '호세아의 아내와 자식들', 1:10-2:1
에 대하여는 '이스라엘이 회복되리라'고 소제목을 달아 놓았으나 필자의 분석은 아래와 같다.[13]

2절: "음란" (זְנוּנִים)이 3번 나옴

음란, 음란(아내와 자녀들의 특성)

음란(이스라엘의 음란 [죄] 지적)

3-5절: "이스르엘" (יִזְרְעֶאל)이 3번 나옴

이스르엘(첫 아들 이름)

이스르엘(이스라엘 나라를 폐할 것이라는 심판 예언)

이스르엘(이스라엘의 활을 꺾음으로 전쟁을 없이하고 평화를 도래케 하시리라는 구원 예언)

6-7절: "로루하마" (לֹא רֻחָמָה)혹은 "라함" (רֻחַם)이 합하여 3번 나옴

로루하마(첫 딸 이름)

로루하마(긍휼히 여기지 않으시겠다는, 용서하지 않으시겠다는 심판 예언)

라함(긍휼히 여기셔서 인간 군사력이 아닌 하나님 여호와로 구원하시겠다는 구원 예언)

8-10절: "로암미" (לֹא עַמִּי)가 합하여 3번 나옴

로암미(둘째 아들 이름)

로암미(너희는 내 백성이 아니요 나는 너희 하나님이 되지 않으실 것이라는 심판 예언)

로암미→브네 엘 하이 (너희는 사신 하나님의 자녀 בְּנֵי אֵל־חָי 라 할 것이라는 구원 예언)

1장 11절과 2장 1절: "이스르엘" (יִזְרְעֶאל), "암미" (עַמִּי), "루하마" (רֻחָמָה) 합하여 3번 나옴

이스르엘(이스라엘의 날이 클 것이라는 구원 예언)

암미(너희 형제에게는 암미 [내 백성]라 할 것이라는 구원 예언)

루하마(너희 자매에게는 루하마 [긍휼]라 할 것이라는 구원 예언)

죄 (1:2) 다음에 심판과 구원이 이렇게 3번 나오며 (1:3-10) 마지막은 구원을 한번 더 강
조하면서 (1:11-2:1) 마치기 때문에 1:2-2:1은 하나의 완결된 문학 단위를 이루고 있는 것이 틀

---

13 1:2-2:1에 대한 분석 비교. 최기수, "구조주의 비평을 통한 호세아 1장 연구," *구약논단* 21 (2006): 108-24.

림 없다. 그러나 개역개정은 정확한 분석도 제시하지 못하고 1:10-2:1을 하나의 소단락으로 보도록 인도하고 있는 것이 현실이다. 물론 나는 여기서 필자의 분석을 절대적이라고 주장하는 것이 아니다. 더 깊이 연구해야 할 것이며, 기존의 분석도 존중해야 하리라 본다. 그러나 나의 주장은 소단락에서도 하나님의 죄의 지적과 심판과 구원이 전체로서 하나의 본문을 구성하고 있다는 것이다. 특히, 이스르엘과 암미와 루하마를 한번 더 사용하면서 회복만을 우리에게 전달하는 단락 (1:11-2:1)에서 이러한 회복의 관건이 바로 '한 우두머리' (ראש אחד) 곧 하나님이 세우시는 메시아 (호 3:5)라는 것이 이 본문에서 너무나 중요하다고 본다.

이러한 하나님의 심판과 구원에 있어서 메시아의 중요성을 필자는 다음의 분석의 예를 통해 첨언하고 싶다. 이사야서 5-27장의 거시적 단락 속에는 몇 개의 메시아 구절들이 들어 있는데 이 메시아 구절들은 이 거시단락의 소단락들 속에 아주 전략적으로 배치되어 있다. 이 중에 7:14[14]이하의 본문을 한번 살펴 보자. 이 본문은 소단락 7-12장 속에 들어가 있다 (본서 1장을 주의깊게 읽으시기 바람). 그런데 이 메시아 예언은 유다의 죄-심판-구원을 몇 번의 병행을 이루어 진행해 나아가는 중 아주 전략적 위치에 놓여 있다 (메시아 예언의 위치에 대해서는 후술). 그리고 특이한 것은 7:14의 '임마누엘' (עמנו אל)도 심판과 구원 두 신학적 주제로 가지뻗기가 되어 있다는 것이다! 7:14에서 '임마누엘' 징조가 호세아 1장의 아이들의 이름들에서처럼 심판과 구원의 이중 예언을 위해 사용되었다. 이러한 '같은 말 가지 뻗기' 기법을 이해할 때에야 8:8의 호격으로 나타나는 "임마누엘이여!"와 8:10 끝의 "이는 하나님이 우리와 함께 하심이라 (임마누엘)"가 사용된 의도를 알 수 있게 된다. 즉, '임마누엘'은, 한번은 심판으로 이어지는데, 8:6-8에, "이 백성이 천천히 흐르는 실로아 물을 버리고 르신과 르말리야의 아들을 기뻐하나니 그러므로 주 내가 흉용하고 창일한 큰 하수 곧 앗수르 왕과 그의 모든 위력으로 그들 위에 덮을 것이라. 그 모든 곬에 차고 모든 언덕에 넘쳐 흘러 유다에 들어와서 창일하고 목에까지 미치리라. 임마누엘이여! 그의 펴는 날개가 네 땅에 편만하리라." 여기서 "임마누엘이여!"는 심판의 컨텍스트에서의 탄식이요, 그 다음에 이어지는 "그의 펴는 날개"에서 '그'는 바로 유다를 침략할 '앗수르 왕'을 의미하는 것이다. 이 구절을 "임마누엘! 하나님께서 날개를 펴서 이땅을 보호하신다."라고 번역한 표준새번역은 오역으로 보인다. 이렇게 한번은 심판을 위해 '임마누엘'이 쓰이는데 이번에는 구원을 위해 '임마누엘'이 또 쓰인다. 8:9-10을 보라. "너희 민족들아, 훤화하라. 필경 패망하리라. 너희 먼 나라 백성들아, 말을 내어라. 시행되지 못하리라. 이는 하나님이 우리와 함께 하심이니라 (임마누엘)"라고 되어 있다. 즉, 이 구절은 심판 메시지 같지만 사실은 하나님이 당신의 백성과 함께 하시기 때문에 그 백성을 대적하는 열방을 심판하신다는 메시지이므로 결국은 구원을 나타내는 예언으로 봄이 옳은 것이다.

---

14 사 7:14의 '알마'와 '임마누엘'에 대한 해석에 관하여는 김진수, "이사야 7:14에 예언된 '임마누엘 탄생'의 이해," 신학정론 38(1) (2020): 157-83를 보라.

> 이 백성이 천천히 흐르는 실로아 물을 버리고 르신과 르말리야의 아들을
> 기뻐하나니 그러므로 주 내가 흉용하고 창일한 큰 하수 곧 앗수르 왕과
> 그의 모든 위력으로 그들 위에 덮을 것이라. 그 모든 곬에 차고 모든
> 언덕에 넘쳐 흘러 유다에 들어와서 창일하고 목에까지 미치리라.
> 임마누엘이여 그의 펴는 날개가 네 땅에 편만하리라 (8:6-8)

임마누엘 (7:14)

> 너희 민족들아 훤화하라 필경 패망하리라 너희 먼 나라 백성들아
> 말을 내어라 시행되지 못하리라
> 이는 하나님이 우리와 함께 하심이니라 (임마누엘) (8:9-10)

7:14의 해석에 대해서는 본서의 이사야서의 구조 다음에 오는 부록 (소논문)을 참조하라. 독자들은 여기서의 '임마누엘'이라는 아들이 당시에 이루어질 예언이면서도 먼 후일에 오실 메시아에 대한 예언 곧 이중적 성취의 측면을 가지되, 이 '아들'은 9:6의 신-인 (神-人)이신 메시아 예언 (즉, 더이상 이중성을 띄지 않고 메시아 자신을 명시적으로 가리킴)과 연결됨을 보게 될 것이다.

이 메시아는 병행단락들 중에서 초기의 병행 단락에서 이사야서의 죄론과 심판-구원론의 흐름 속에서 이렇게 '예시적 존재'로 나타나다가 보다 나중의 병행 단락에서 '확연한 존재'로 제시된다. 이 신학적 주제들의 계기적인 흐름 속에 아주 전략적 위치에 이 메시아가 놓인다는 것이다. 물론 이 메시아는 이러한 위치에 놓임으로 하나님의 구속 계획과 하나님 나라의 성취의 '핵'임을 드러낸다. 비평학자들은 이러한 배열의 특징에 대하여 무지하였다 (일례로 자연주의자 둠은 이사야서의 메시아 예언에 대하여 그 구조적 위치와 의미에 대해서는 그야말로 '낫놓고 기역자 모르는 자'였다). 따라서 우리는 이러한 예언 문맥의 유기성을 충분히 이해하지 않으면 안된다. 역사비평식 절단내기로는 결코 하나님의 구원사에 대한 적절한 이해에 도달할 수 없기 때문이다.

선지서의 신학 이해의 기본 사항들

위에서 간략히 제시한 선지서의 구조적 특성들로 알 수 있는 것은 그러한 구조는 그러한 구조를 통해 주려는 뚜렷한 메시지들과 연결되었다는 것이다. '뚜렷한 메시지들'이라 함은 관련 주제들이 응집하여 하나의 단일한 하나님의 구원 계획을 일러준다함이지 자유주의자들의 주장처럼 결코 여러 잡다한 신학들이 혼합되어 있다는 말이 아니다. 선지서들 각각의 신학에 대해서는 이제 곧 각 선지서를 다루며 상론 (詳論)하겠지만, 여기서는 기본 사항들 몇 가지들만 아래와 같이 언급한다.

첫째로, 선지서들의 각 주요 단락의 첫 부분을 차지하는 것은 언약주 하나님 (God, the Lord of the covenant)과 그 언약을 깬 이스라엘 (왕, 제사장, 선지자, 백성)의 죄에 대한 선지자

의 지적이다. 언약주 하나님의 신실성과 거룩성과 사랑에 반하는 이스라엘의 불신실과 불순종과 불의가 여러 주제들과 모티프들에 의해 나타난다. 이는 기본적으로 이스라엘이 시내산에서 언약주 여호와와 맺은 언약 (그리고 모압 들판에서 갱신된 언약)을 파기한 내용이다. 따라서 선지서의 메시지 이해를 위해서는 이 시내산 언약에 대한 선이해를 요한다.

둘째로, 이러한 선지자의 죄의 지적의 설교는 미래사 예언과 이어져 있는데, 이 예언은 과거의 언약들에 근거하므로 사실은 예기된 일들이라 할 수 있다. 시내산-모압 들판의 언약의 약정들 (법들의 형태로 제시됨)은 그 순종 여부에 따라 복과 저주가 휴대되어 있었고, 그것이 이제 불순종에 따른 저주로 실현될 것이라는 것이다. 이 저주의 실현은 가까운 미래, 먼 미래, 아주 먼 미래에 일어날 일들로 연결되어 나타남으로 여기서 아주 먼 미래에 일어날 일들을 자유주의자들처럼 '묵시'라는 장르로 독립시켜 거론할 아무런 이유가 없다.

셋째로, 과거의 언약들에는 하나님 편에서 구원과 회복의 조치를 이루시겠다는 약속들이 포함되어 있다. 그리고 이것은 선지자들의 설교-미래사 예언에 있어 중요한 요소로 나타난다. 약속들 중의 약속 곧 최고의 약속은 이러한 언약 파기자들을 위해 아브라함과 다윗의 '씨'를 통해 구원과 회복을 이루시겠다는 것이다. 그를 통해 그리고 그를 통해 맺어질 새 언약으로 말미암아 하나님의 구원과 의가 시행될 것이며 이스라엘과 열방의 '남은 자들'은 회복=영생을 맛보게 된다. 그의 근원과 정체 (origin and identity), 성품 (personality), 탄생 (birth), 사역 (work), 고난과 속량의 죽음 (suffering and redemptive death), 부활 (resurrection), 공평과 의의 통치 (reign in justice and righteousness), 유다와 이스라엘을 연합시키심 (unifying Judah and Israel), 이스라엘과 열방의 남은 자들을 모으심 (gathering the remnants of Israel and nations), 다시 오심 (second coming), 뱀을 멸하심 (killing the serpent), 죽음을 멸하심 (destroying the death), 우주적 심판과 회복 (cosmic judgment and restoration) 등이 이 메시아와 관련되었다. 이 왕을 통해 왕이신 여호와의 통치가 완성된다.

선지서 구조 이해의 기준이 되는 성경본문

본서에서 필자가 기준으로 삼는 본문은 BHS (Biblia Hebraica Stuttgartencia; 히브리 맛소라 본문 Masoretic Text)인데 LXX (칠십인역)를 기준으로 하지 않는 이유는 특히 예레미야서의 연구를 통해 LXX (혹은 LXX가 번역 대상으로 삼은 히브리어 본문=Vorlage)가 문학적-신학적 구조에 있어서 BHS보다 덜 일관적이라는 이유 때문이다 (이는 잠언에서도 그러하다).[15]

참고문헌

김진수. "이사야 7:14에 예언된 '임마누엘 탄생'의 이해." *신학정론* 38(1) (2020): 157-83.

차일즈, B. S. *구약 정경 개론*. 김갑동 역. 서울: 대한기독교출판사, 1987; *Introduction to the Old Testament as Scripture*. PA: Fortress, 1980.

최기수. "구조주의 비평을 통한 호세아 1장 연구." *구약논단* 21 (2006): 108-24.

---

15 최영헌, *계시록과 선지서*, 22.

최영헌. *계시록과 선지서: 주제적 구조, 선지서의 시점 이동 그리고 종말 사건들*. 서울: CLC, 2023.

Duhm, Bernhard. *Das Buch Jesaia*. Göttingen, 1892.

Nogalski, James D. and Marvin A. Sweeney (eds.). *Reading and Hearing the Book of the Twelve*. Symposium. Atlanta, GA: SBL, 2000.

Yee, Gale A. *Composition and Tradition in the Book of Hosea: A Redaction Critical Investigation*. Atlanta, GA: Scholar's Press, 1987.

Young, Edward J. *Studies in Isaiah*. London: The Tyndale Press, 1955.

제1장 이사야서의 주제적-신학적 구조와 메시지
— 이사야서의 전체 구조 속에서의 메시아 예언들의 위치, 제시 방식 및 메시아상

1. 들어가는 말

역사비평학을 넘어서, 전체로서의 이사야서(The Book of Isaiah as a whole)에 대한 공시적 연구들이 늘어가는 시대가 되었다. 필자는 본장에서 (선지자 이사야와 그가 처한 역사적 배경[16]에 대해서 다루기보다는) 이러한 최종 본문 중심의 구조적 연구를 통해 책의 전체 메시지를 찾는 학문적 경향이[17] 어떻게 나타나게 되었는가를 리뷰하면서 이와 관련한 대표적 연구를 몇 가지 소개하려 한다. 물론, 본장의 목적은 여기에 그치는 것은 아니다. 필자는 이사야서 전체 구조를 문학적, 신학적 측면에서 분석해 보면서, 지금까지 거의 손대지 않은 연구, 곧 그 구조 속에 메시아 예언은 어느 부분에 놓였는가를 살펴보려 한다. 이러한 메시아 예언들은 어떠한 방식으로 제시되었는가? 이들은 여기저기 임의적 장소에 놓였는가, 아니면 전략적 위치에 질서 있게 배열되었는가? 만약 질서 있게 배열되었다면 어떤 신학적 의도에서 그렇게 놓인 것인가? 이런 질문들은 지금까지 이사야서 연구(Isaianic Studies)에서 거의 이루어지지 않았다. 자유주의 학자들은 말할 것도 없이 이런 연구를 거의 하지 않았다. 왜냐하면 이사야서 속의 메시아 예언들을 후대의 어떤 저자들의 삽입으로 보아 문학적 신학적 통일성을 부인했기 때문이었고, 이 예언들이 메시아 예수님에게 이루어졌다는 사실을 처음부터 거부했기 때문이었다. 그들은 보통 이스라엘 역사 상의 다윗 같은 인물이 앞으로 나타날 것을 성경 저자 혹은 편집자가 소망하면서 역사 상의 다윗을 메시아적으로 해석 혹은 재해석하여 제시하였다고 본다. 그들은 성경 저자 혹은 편집자가 왕국이 망하고 왕이 사라진 어려운 시절을 겪는 유대인들에게 소망을 심어주기 위해 메시아 대망 사상을 만들어 문서화시켰다고 보는 것이다. 자유주의자들은 신약의 저

---

16 이사야와 그의 역사적 배경에 대해 다음과 같이 말할 수 있을 것이다. 즉, 선지자 이사야는 '여호와 그가 구원하신다'(ישעיהו)라는 뜻이다. 기원전 8세기 (745-695 BC) 경에 하나님의 말씀을 에브라임 (북 이스라엘)과 유다 (남 유다)에 전하였다. 본서 1장 1절에 의하면 그는 '아모츠의 아들'(בן-אמוץ)로 소개되었고, 당시의 유다 왕들은 웃시야와 요담과 아하스와 히스기야 עזיהו יותם אחז יחזקיהו) 였다. 이사야의 아내는 '그 여선지자' (8:3. הנביאה)로 소개된다. 두 아들들의 이름은 하나님의 구원과 심판 메시지를 담고 있다. 그 아들들은 각각 쉐아르 야슈브 (7:3. '남은 자가 돌아올 것이다'; שאר ישוב)와 마헤르 살랄 하쉬 바즈 (8:1-4. '노략이 신속함/ 약탈이 빠름'; מהר שלל חש בז)이다. 이사야 선지자와 그 아들들의 이름은 자체로 하나님의 메시지를 담고 있다. 8세기 전반은 북 이스라엘이나 남 유다나 정치적 경제적 안정시기였으나 중후반은 앗시리아의 팽창으로 인해 위기가 찾아왔다. 앗시리아 왕들, 디글랏빌레셀 ('불' Pul), 살만에셀 5세, 사르곤 2세, 산헤립, 에살핫돈 등이 북 이스라엘뿐만 아니라 남 왕국 유다를 유린하였다. 아하스 왕과 관련 있는 왕은 디글랏 빌레셀이며, 사르곤 2세는 이사야 20장 내용과 관련이 있다 (721년에 군대장관을 보내 아스돗 정복). 갈대아의 군주인 므로닥 발라단 (사 39:1)이 엘람과 연합하여 앗시리아에 대항하였고, 산헤립의 위협에 히스기야는 친애굽 정책을 폈다 (사 30:1-7). 히스기야 왕 14년 (701) 산헤립은 팔레스틴으로 진격하였다. 여호와를 모독한 랍사게와 그의 18만 5천 대군은 하나님의 심판으로 일시에 괴멸한다.

17 길강호, "이사야서 연구의 최근 동향," *복음과 실천* 29(1), 2002: 81-105.

자들도 이런 선상에서 메시아를 '재해석'했다고 이해한다. 즉 역사적 실제 예수는 몽상에 사로 잡힌 평범한 청년에 불과하였는데, 초대교회 공동체(혹은 그 공동체에 속한 신약 저자)가 그들의 신앙을 진작시키기 위해, 애석하게 십자가 형을 받아 세상을 떠난 그를 미화하고 영웅으로 부각시키되, 구약의 여러 구절들을 끌어와서 그럴 듯하게 메시아 예수로 각색했다는 것이다. 그리하여 실제 예수야 어떠했든지 간에 우리의 알 바가 아니고, (실제적 육신의 부활, 지옥과 천국, 마귀와 하나님 같은 존재는 없는 것이나) 다만 영생과 부활에 대한 '신앙'만 갖게 된다면 그것으로 족하다는 것이다. 이렇게 혹은 이와 비슷하게 자연주의-계몽주의-실존주의 성경학자들은 메시아에 대한 나름대로의 초상을 이미 갖고 있기 때문에 그들의 이사야서 논문들이나 주석들에는 이사야서의 전체 구조 속에서 메시아 예언이 어디에 오는가, 어떤 방식으로 제시되는가 등과 관련된 연구가 거의 보이지 않는 것이다.

그렇다고 해서 보수적 성경학자들 모두가 이 주제를 심각하게 다루었는가 하면 그렇지도 않다. 그런 학자들은 소수에 불과한데, 이에 대해서는 다음 섹션에서 더 논할 것이다. 다만, 필자는 본장의 목적을 여기서 이렇게 정리하고자 한다. 이사야의 전체 구조는 어떠한가? 그 구조 속에서 메시아는 어디에 오는가? 여기에는 어떤 패턴이 있는가? 메시아 예언은 어떻게 제시되는가? 특정 구조를 통해 이사야서는 우리에게 무엇을 말씀하고 있는가?

2. '전체로서 이사야서 읽기'의 배경

이사야서를 어떤 부분만 연구하거나, 그 부분들이 어떻게 역사적으로 점점 더 큰 덩어리가 되었는가 (accretion)를 연구하던 것에서부터 근래에는 하나의 전체로서 이사야서를 (the Book of Isaiah as a whole), 특히 그 구조 (혹은 구성=composition)를 연구하는 쪽으로 변화가 이루어졌다. 이 경향의 배경을 필자는 크게 세 가지로 나누어 아래와 같이 설명한다. 단, 이 설명을 하며 관련 학자들의 주장도 소개한다. 너무나 많은 학자들의 너무나 많은 설들이 있기에 필자는 본 연구의 논의에 필요하다 싶은 몇 분만 골라서 소개하고, 필자 자신의 이사야서 구조 분석을 제시하면서 또 간간이 관련되는 학자들의 설을 언급할 것이다.

첫째로, 보수주의 학자들의 하나의 전체로서 이사야서를 보는 시각이다. 이들은 사실 이런 거시적 연구 방법론을 새로 만든 것은 아니다. 이들은 처음부터 이사야서 1-66장이 기원전 8세기의 단일한 저자 이사야에 의하여 기록되었다고 보았기 때문에 이사야서가 전체로서 통일체를 이루고 있다는 점을 벌써 기정사실로 인정하고 있었다. 그래서 이들은 아이히혼 (J. G. Eichhorn),[18] 되더라인 (J. C. Döderlein)[19]이나 둠 (B. Duhm)[20]과 같은 비평학자들이 이사야서를 최소한 둘이나 셋의 저자들에 의한 두 권이나 세 권의 책의 합본으로 주장하였을 때 이들 자신들도 이미 인정하고 있던 구조 곧 1-39장과 40-66장의 거시적 구분 속에서, 이 책의 앞부분

---

18 J. G. Eichhorn, *Einleitung ins alte Testament*, iii (Leipzig, 1783).

19 J. C. Döderlein, *Esaias* (Neurenberg, 1789), xii-xv.

20 B. Duhm, *Das Buch Jesaia* (Göttingen, 1892).

(1-39장)에 나타나는 주제나 사상이 뒷부분(40-66장)에도 동일하게 나타난다는 점을 통해 이사 야서가 한 권의 통일된 책이라는 점을 증명하려 하였다. 이들은 책의 통일성뿐만 아니라 40-66 장의 내용들 중에 포로기가 끝날 무렵 혹은 포로기 이후로 보이는 내용들(예. 고레스)에 대해 서도 기원전 8세기 선지자가 성령의 능력에 힘입어 충분히 미래 일들을 예언할 수 있다고 봄으 로 단일저자설을 견지하였다. 이들은 또한 Duhm이 소위 제2이사야(40-55장)에 나타나는 '종의 노래들'을 기원전 8세기의 이사야의 저작이 아닌 다른 자료로 본 것에 대해서도 반박하였다. 구 체적으로 말한다면, Duhm은 그 노래들을 제2이사야(540 BC)의 작품도 아닌 그보다 후대(500- 450 BC)의 것으로 (제3이사야 시기 인 450 BC까지 내려가지는 않으나) 보았으나[21] 보수주의 학자들(예를 들어 알리스 [O. T. Allis],[22] 영 [E. J. Young],[23] 오스왈트 [J. Oswalt], 모티어 [J. A. Motyer][24] 등)은 기원전 8세기의 이사야가 메시아 예수님에 대하여 예언한 말씀들로 인정하였 다. 이점에서 보면, 보수주의 이사야 연구가들은 예언(약속)-성취의 틀에서 구약과 신약의 신 학적 통일성도 견지한 것이다.

보수적 학자들 중에 Motyer는 이사야서의 전체적 구조적 통일성뿐만 아니라 그 전체 구조를 메시아 예언 중심으로 바라본 학자다. 그의 분석이 필자의 논의와 관련되기에 여기서 잠시 소개한다. 그는 먼저 이사야서를 메시아 주제에 의하여 세 부분으로 나눈다. 1-37장은 "왕 의 책," 38-55장은 "종의 책," 그리고 56-66장은 "기름부음 받은 정복자의 책"으로 본다. 여기서 알 수 있는 것은, 다른 학자들은 보통 36-39장을 한 덩어리로 구분하는데, 그는 의도적으로 중 간에서 끊어 38-39장(36-37장 보다 역사적으로 신행한다고 봄)을 40장 이하의 역사적 프롤로 그로 본다는 것이다. 왜냐하면 38-39장에 장차 유다가 바벨론의 공격을 받아 멸망할 내용이 들 어 있어 40장 이하의 서론으로 볼 수 있기 때문이고, 역사비평가들이 40장 이후를 이사야서의

---

21 E. J. Young, *Studies in Isaiah* (London: Tyndale, 1954), 39-47: Young의 Duhm 의 주장에 대한 자세한 비평 이 본서에 담겨있다. 본고에서 이후에 Duhm의 주장에 대한 인용은 Young의 본저작에서 재인용한 것임을 밝힌다. Duhm 의 논의에 대해서는 추가적으로, Gary V. Smith, *Isaiah 40-66*, The New American Commentary (Nashville, TN: B & H Publishing Group, 2009), 31을 보라.

22 O. T. Allis, *The Unity of Isaiah* (Philadelphia: Presbyterian and Reformed, 1950).

23 E. J. Young, *The Book of Isaiah: The English Text, with Introduction, Exposition, and Notes*, 3 vols (Grand Rapids: Eerdmans, 1965).

24 J. A. Motyer, *The Prophecy of Isaiah: An Introduction & Commentary* (Downers Grove, Il: InterVarsity Press, 1993), 13-16. "While specialist study cannot agree about the place to be given to Isaiah of Jerusalem in the book that has always borne his name, it is now more acceptable than at any time in the last one hundred years to speak of a single literature. Throughout Old Testament study it is being recognized that, whatever view be taken of the prehistory of a text, *it is the task of scholarship to pursue a holistic study. This means wrestling with the text as received, being unwilling to assume that ancient editors ordered their work with scant understanding of what they were doing and searching out the message that emerges from the totality considered as a unit of Holy Scripture.*" Ibid., 30 (Italics mine). "이 사야서 전문가들에게 있어 늘 책의 이름을 이사야로 부르게 된 현재 이사야서에서 어느 부분이 진짜 예루살렘의 이사야의 저작인지에 대해서는 서로 의견이 다르나, 이제 지난 100년 동안은 이사야서를 하나의 단일한 문헌으로 말하는 것이 어느 때보다도 가능해지게 되었다. 본문에 대한 선역사를 어떻게 보는지 간에, 구약학을 통틀어 이사야서를 하나의 전체로 연 구하는 것이 학자들의 과제가 된 것이다. 이는 고대의 성경 편집자들이 그들의 문헌을 질서화한 것 곧 그들의 했던 문헌화 작업을 짐짓 어줍잖게 이해하고 성경의 한 단위로 사려되는 이사야서의 총체에서 나오는 메시지를 짐짓 어줍잖게 규명하 려는 시도에 반기를 드는 가운데, 주어진 본문 그대로와 씨름한다는 것을 뜻한다." (필자의 졸역 [의역])

전반부에서 분리하여 다른 시대, 다른 저자의 작품으로 보는 것을 반대하기 위한 그의 의도 때문이다. Motyer는 왕이요 종이요 동시에 정복자이신 이 메시아의 각각의 모습 속에 공통적인 다음과 같은 특징들이 보인다고 주장한다: "첫째로, 각각에는 메시아가 성령과 말씀을 부여 받은 분임이 보인다. 둘째로, 각각에 의(righteousness)의 개념이 연결되어 있다. 셋째로, 각각의 메시아 초상은 이스라엘 역사의 다윗 왕의 모습과 관련되어 있다. 넷째로, 각각의 메시아 초상은 이스라엘 뿐 아니라 열방의 회복을 이루시는 분이다. 다섯째로, 각각의 메시아 초상으로 볼 때 이 분은 분명히 인간인데 동시에 참 하나님이시라는 것이다. 특히 Motyer는 38-55장의 종으로 나타나는 메시아(42:1-4; 49:1-6; 50:4-9; 52:13-53:12)와 56-66장의 기름부음 받은 정복자로 나타나는 메시아(59:21; 61:1-3; 61:10-62:7; 63:1-6) 사이에는 연속적(continuous), 병행적(parallel), 그리고 대조적(contrasting) 측면이 있다고 하였다."[25] 이러한 그의 분석은 기독론적 포커스를 따른 구조 이해인데, 일단은 메시아 예언의 중요성과 내용에 대한 통찰력을 제공하는 것은 틀림 없으나, 이사야서 전체의 내용들을 아우르는 보다 철저한 구조 분석은 아니기에 이 점이 아쉽다 할 것이다. Duhm의 구분을 따라, 그가 56-66장을 하나로 보는 것도 재검토할 필요가 있다.

둘째로, 필자는 문학적 연구의 발전 때문에 이사야서를 하나의 전체로 연구하는 경향이 늘어났다고 본다. 러시아 형식주의(Russian Formalism), 신비평(New Criticism), 구조주의 문학비평(Structural-literary Criticism), 수사비평(Rhetorical Criticism), 서사비평(Narrative Criticism) 등은 정도의 차이는 있으나, 본문 외적 요소들보다도 자충족체로서의 본문 자체가 그 자체의 요소들을 가지고 무엇을 말하는지를 질문해왔다. 근년의 문학적 접근에 의해서 전체로서의 이사야서 읽기를 시도한 학자는 콘라드 (E. W. Conrad)가 대표적이다. 그는 자신의 독서 전략을 다음과 같이 말한다.

> 나의 읽기는 그 본문의 특정 장르를 가정하지 않고 그 본문이 하나의 전체임을 가정하며 그 전체가 무엇인지 발견하기를 추구한다. 고로 나는 그 본문의 부분들이 그 본문 밖의 세계(그 본문의 역사적 배경 혹은 문서 발달사)가 아니라 그 본문 자체의 문학적 세계에 관련되는 것에 관심한다. 나는 소위 그 본문의 최종 형태를 다룰 것인데 그러나 그 본문이 그러한 최종 형태가 된 과정이 아니라 그 본문의 형태 자체에 초점을 맞출 것이다.[26]

Conrad는 이러한 거시적 독서 전략을 성공적으로 이끌 수 있는 구체적인 독서 방법들을 제시한다. 그는 이사야서에 "반복하여 나타나는 수사적 테크닉들과 패턴들"은 이 책의 "구조적 통일성"을 보여주는 "단서"라고 한다. 그리고 그는 이 반복에 대해서는, "어휘의 반복, 모티프의 반복, 주제의 반복, 내러티브의 순서(sequence)의 반복, 그리고 수사적 질문이나 대명사의 바뀜들과 연설(address) 형태에 있어서의 반복" 등이 있다고 하였다. 그는 "이 반복은 본문 속에

---

25 Ibid., 1-15.

26 E. W. Conrad, *Reading Isaiah*, Overtures in Biblical Theology (Minneapolis: Fortress 1991), 29f(필자의 졸역).

서 응집성(cohesion)을 만들어 주는데, 그러나 이 반복은 늘 문자적 반복은 아니고 다양성을 띤 반복, 곧 변이로 나타나는데 이 변이가 운동성(movement)과 진전성(progression)을 제시하게 된다"[27]고 한다. 이러한 그의 방법론은 필자가 보기에 아무런 반대 없이 구조 연구에 그대로 받아들일 수 있는, 본문 안의 객관적 문학적 요소에 유의하는 통찰이다. Conrad는 여기에 텍스트의 화용론적 측면 속의 하나의 부수적(peripheral) 관심사가 있음을 더 언급한다. 그것은 곧 본문 속에 코드화된 암시된(implied) 청중과 독자이다.

    이 두 가지 방법론적 초석에 의해 그는 그의 독특한 이사야서 읽기를 우리에게 선보인다. 그는 아하스 왕 내러티브와 히스기야 왕 내러티브의 순서적, 주제적 유사성에 먼저 주목한다. 이 두 내러티브 반복은 이사야서 전체 구조에 중요한 요소로 작용한다고 그는 주목한다. 그런데 이 두 내러티브는 이사야 선지자의 '옛 비전'(6-39장) 속에 들어있는 것이다. 이 옛 비전의 책은 그 내용상 듣지 못하는 이 및 맹인(6:9-10)같이 선지자 이사야의 말씀을 받아들이지 않는 공동체가 있던 시대상을 보여주는데, 따라서 이 책은 읽지 못하도록(30:8) 서판에 새겨진 채 묶여 봉인된 책(8:16-20)이라고 한다. 한편, 앞의 1-5장과 40-66장은 중간의 이 옛 비전의 테두리(framework)를 형성하는데 이 시기는 6-39장과는 다른 시대의 다른 공동체 즉 '우리'라는 존재가 처한 즉 현재의 새로운 상황으로 본다. 1-5장에는 심판을 겪었어도 여전히 예배도 제대로 드리지 않고 사회정의도 실현하지 않는 대적자들을 서술하며, 한편으로는 심판 후에 남겨져 세계 평화가 이루어지는 미래의 모습(2:1-4)을 회구하는 남은 자들('우리'로 표현; 1:10)이 있다. 이러한 1-5장의 상황이 6장 이하의 상황에 대한 컨텍스트로 기능한다는 것이다. 또한 36-39장의 내러티브 곧 7장과 유사하면서도 7장과는 달리 앗수르의 공격에서부터 구원에 이르는 히스기야의 긍정적 모습을 보여주는 이 내러티브는 그 이후의 내용 곧 40-66장(특히 41:8-13, 14-16; 43:1-4, 5-6; 44:1-5의 군사 위협 상황 속의 위로, 이는 먼저 10:24-27에도 보였음)의 바벨론에서부터 구원 받을 것을 기대하도록 만든다고 한다. 옛 비전(6-39장) 속의 13-23장에 이어지는 장들에 보이는 평화스런 모습, 28-33장에 이어지는 장들에 보이는 평화스런 모습도 암시된 독자가 나타나는 40-66장의 평화의 내용('우리'로 표현; 59:9-15; 63:7-64:12; 66:18-21)을 기대하도록 만드는 역할을 하다고 본다.[28] 물론 1장에서 대적자들이 있는 것처럼 65-66장에도 가증한 예배를 드리는 대적자들(심판의 고난을 맛보았음에도 여전히 악을 행하는 자들)이 나타남으로 남은 자들과 갈등 관계를 표한다.

    Conrad에게 하고 싶은 질문들은, 6-39장을 소위 '옛 비전'으로 보는 그의 분석이 옳은가(6장의 맹인, 못 듣는 이 같은 백성의 모습은 이미 1장에도 똑같이 보이지 않는가)? 1-5장 (특히 초입)과 40-66장(특히 말미)에 '우리'가 나타난다고 해서 이 앞뒤의 장들을 6-39장(옛 비전)의 테두리로 볼 수 있는가? '우리'라는 대명사가 암시된 독자나 청중을 알려주기 위한 것인가? 본문 자체의 문학성을 분석한다고 했는데 본문 외의 삶의 상황과 관련 있는 양식(혹은 장르)은 왜 언

---

27 Ibid., 30.

28 Ibid., passim.

급하는가?[29] 모티프와 주제들의 반복과 변이를 통해 나타나는 패턴들로 이사야서 전체의 구조를 지금 그가 분석한 것 보다 더 적절히 분석할 수는 없는가? 이사야서의 메시아 예언들은 이사야서의 구조에서 어떤 위치에서 어떤 방식으로 나타나는가?

셋째로, 정경비평이 하나의 전체로서 이사야서에 대한 연구에 큰 영향을 주었다는 것을 부인할 수 없다. 차일즈 (B. S. Childs)는 이사야서에 대한 그의 정경비평 입장을 다음과 같이 언급한다 (다섯 가지 언급들 중 세 가지만 정리함): "첫째, 이사야서의 통일성에 깊이 관심이 있으나 보수주의자들의 단일저자설은 동의할 수 없다. 39장 이후는 8세기 선지자 이사야가 나타나지 않는다. 많은 학자들처럼, 8세기 선지자가 미래 (40장 이하의 내용)를 투시했을 가능성에 대해서는 강하게 의심한다. 신학적으로 공정히 다루어 이사야서는 통일성 뿐만 아니라 다양성이 있음을 인정해야 함이 요청된다. 둘째, 이사야서에는 다수의 편집층이 존재함을 인정하나 기원전 7세기, 6세기, 5세기 등으로 세분하여 각 자료들의 절대적 연대를 매기는 것은 하나님이 이스라엘에 관여하신 방식들에서 나타난 최종적으로 받아들여진 형태 속에서 일관된 증언으로서 이사야서의 정경적 권위를 인지하는 데에는 실패하도록 한다. 정경적 본문이 권위가 있는 것이지 그 과정도 그 해석자에 대한 자기 이해도 권위가 있는 것이 아니다. 셋째, 협의적으로 구조주의적 범주들로 정의되는 주해로 들어가도록 강요하는 시도를 하거나 공시적 분석을 유일한 합법적 역할로 제한하는 해석자들에 대해서는 비판적으로 본다. 공시적 측면뿐만 아니라 통시적 측면도 함께 유지되어야 할 것이다. 신학적 이유들 때문에 포스트모던의 문학적 분석의 많은 부분에 대해 저항한다. 성경 본문은 문학적 수단을 통해 제시되었지만 그 본문의 의미는 그 자체에 스스로 내재된 것이 아니다. 따라서 많은 현대의 문학적 제안들에 대해서는 아주 비판적으로 본다."[30]

이러한 Childs의 이사야서에 대한 정경비평은 간단히 말하면 역사비평과 함께 가는, 최종 본문의 신학적 측면을 강조한 입장으로서, 이사야서의 단일 저작설을 부인하고, 예언의 진정성을 거부하며, 본문 자체에서만 의미가 도출되는 것이 아니라는 하나의 해석학이다.[31] 따라서 그의 이사야서 구조는 Duhm의 세 이사야 구분(1-39장; 40-55장;56-66장)을 그대로 수용하되[32] 그 각각의

---

29 참고. "This objectivist 'literary', 'structuralist' and text-oriented description stands in tension with his occasional use of standard form criticism. Relying on his earlier form-critical study of the 'fear not' formula as originally part of 'woe oracles', Conrad selectively finds evidence of an important historical retention in this otherwise predominantly synchronic literary description..." "이러한 '문학적', '구조주의적' 그리고 '본문 중심적' 객관주의자로서의 입장은 어떤 때에는 [콘래드]가 사용하는 양식비평의 기준과 긴장을 나타낸다. 콘라드가 초기에 양식비평을 할 때 의존한 것은 '두려워말라'라는 상투문구'가 [역사적으로] 원래 '화로다!'라는 신탁들'의 일부분이었다는 것이었으나, [이제] 그는 [초기와 딴판으로 강한 공시적 문학적 입장을 표하는 가운데 역사적 흔적을 보유한 본문의 증거를 자기 입맛대로만 처리한다. 필자의 졸역/의역) G. T. Sheppard, "The 'Scope' of Isaiah as a Book of Jewish and Christian Scriptures" in eds. Roy F. Melugin and Marvin A. Sweeney, *New Visions of Isaiah* (Sheffield: Sheffield Academic Press, 1996), 264.

30 B. S. Childs, *Isaiah: A Commentary* (Louisville; London: Westminster John Knox Press, 2001), 3ff.

31 차일즈의 주장에 대한 적절한 비판은 팔머 로벗슨, *선지자와 그리스도*, 한정건 역 (서울: 개혁주의신학사, 2007), 211-3 (254-8도 참고); O. Palmer Robertson, *The Christ of the Prophets* (Presbyterian & Reformed, 2004)을 보라. 로벗슨은 같은 책에서 브루그만의 주장에 대하여서도 제대로 비판하고 있고 (Ibid., 210-1), 딜라드와 롱만의 자유주의적 경향에 대해서도 일침을 가하고 있다 (Ibid., 246-52).

32 Smith, *Isaiah 40-66*, 39: "He [Childs] agrees with the critical view that the book has three distinct parts, although he does not accept the idea that a separate prophet called Trito-Isaiah wrote the literature in chaps. 56-66." (제3

단절이 아닌, 그것들의 전체(곧 최종형태)로서의 신학을 다룬다. 그리하여 우리의 과제는 Childs 가 논한 이사야서의 전체 신학이 옳은가를 판단하려면, Duhm의 역사비평에 의한 세 이사야 구 분이 적절한 것이었는지를 다시 비평적으로 검토해야 한다. 따라서 필자는 1892년으로 돌아가 Duhm과 만나서 대화를 하는 가운데 하나의 전체로서 이사야서의 구조를 문학적, 신학적 측면에 서 보다 철저히 분석해 보려 한다. 만약 Duhm의 세 이사야론이 타당하다면 Childs의 신학적 논의 도 받아들일 수 있을 것이다. 만약 Duhm의 세 이사야론[33]이 타당하지 않다면 Childs가 세운 것은 결국 사상누각 같은 것이기에 그의 신학적 논의는 재검토되어어야 한다고 할 수밖에는 없다.

3. 하나의 전체로서 이사야서의 구조 및 그 구조 속의 메시아 예언

필자는 문학적 신학적 요소들을 통해 하나의 전체로서의 이사야서의 구조를 분석한다. 최종 본문은 하나의 유기적 전체를 이루는데 이것은 정교하고 일관된 구조로 이루어졌다고 필 자는 본다. 본문을 먼저 전체로 보지 않으면 부분들의 구조와 의미를 이해할 수 없다는 것, 전 체에 일관된 구조적 원리에 대한 통찰 없이 부분부분 서로 다른 척도에 따른 구조 이해는 결 국 임의적 구조 분석이 되어 바른 메시지 인식에 이를 수 없다는 것이 필자의 관점이다. 또한 Conrad가 강조한 '반복과 변이'를 주의 깊게 연구할 필요가 있다고 본다. 구조 분석과 더불어 필자는 Duhm의 주장을 비평적으로 다루면서, 메시아 예언들의 위치, 그 제시 방법에 대해 함 께 언급할 것이다.

3.1 문학적 주제들을 통한 분석

이사야서를 읽으면서 먼저 발견하는 것은 특정 주제들(themes)이 하나의 시리즈를 이 루고 (1-4장), 그것이 그 다음 섹션에서 변화를 띠며 병행을 이루는데(Conrad가 말하는 반복과 변이), 이때 어떤 주제들은 더 확장되기도 한다(5-27장)는 것이다. 이것은 또 변화를 주면서 그 다음 섹션에서 반복되고 (28장-56:8), 그리고 마지막으로 앞에서 다루었던 것이 한번 더 반복되 면서 책 전체가 마무리되는데 이때는 책의 서두와 종을 (inclusio)이 이루어신나(56:9-66장). 이 점에서 보면 40장부터 새로운 단락으로 이해하는 기존의 구조 분석은 일관성을 결여한 구조 분 석으로 생각된다.

이사야라는 별도의 저자가 56-66장을 썼다는 생각을 받아들이지는 않지만, 그차일즈는 이사야서를 세 개의 뚜렷한 부분 들로 이루어졌다는 비평적 견해에 동의한다. 필자의 졸역).

33 Otto Eissfeldt, *The Old Testament: An Introduction* (New York: Harper & Row, 1934, 1955, 1964; Eng. 1965); Claus Westermann, *Isaiah 40-66: A Commentary*, OTL (Philadelphia: The Westminster Press, 1966; Eng. 1969); R. N. Whybray, *Isaiah 40-66*, The New Century Bible Commentary (Grand Rapids: Marshall, Morgan & Scott, 1975, 1981); Klaus Baltzer, *Deutero-Isaiah: A Commentary, Isaiah 40-55 in Dramatic Voice*, trans. Margaret Kohl (Minneapolis: Fortress, 1999; Eng. 2001); Michael E. W. Thompson, *Isaiah Chapters 40-66* (Eugene, Oregon: WIPF & Stock, 2001) Joseph Blenkinsopp, *Isaiah 1-39*, Anchor Yale Bible 19 (New Haven: Yale University Press, 2000); idem, *Isaiah 40-55* (New Haven: Yale University Press, 2007); idem, *Isaiah 56-66* (New Haven: Yale University Press, 2003) 등이 1-39장; 40-55장; 56-66장의 구분을 받아들인다. 물론 이외에도 헤아릴 수 없이 많은 사람들이 이 구분을 비평적 검토 없이 수용하고 있다.

3.1.1 첫번째 대병행 단락 1-4장

이사야서 전체의 서론은 1-4장으로 보는 것이 적당하다. 왜냐하면 1-4장에 등장한 주요 주제들이 일단 4장으로 마감되고, 5장부터는 1-4장에 나타났던 주제들이 모습을 약간 바꾸어 다시 나타나기 때문이다. 1-4장의 주요 주제들로서 그 이후의 장들에서 반복되면서 이사야서 전체의 메시지의 윤곽을 형성하는 것들로서는 주제(1)- 알지 못함(무지),[34] 위선적 제사,[35] 뇌물,[36] 물 섞인 포도주(혼잡)[37] 등, 주제(2)- 여호와 앞에 우상은 아무 것도 아니며 교만한 우상 숭배자들은 심판을 받게 됨,[38] 주제(3)- 사람, 다른 나라 등 이 세상 것들을 의지함,[39] 주제(4)- 시온이 황무케 됨,[40] 주제(5)- 남은 자,[41] 주제(6)- 열방에 관한 말씀,[42] 주제(7)- 여호와의 싹(메시아),[43] 주제(8)- 종말론적 시온(새 예루살렘)의 회복[44] 등이 있다.

3.1.2 두번째 대병행 단락 5-27장

이러한 주제들은 5-27장에서 변이를 주면서 반복된다. 주제(1)- 들포도 맺은 포도원 (혼잡), 뇌물, 무지 (못 듣는 자, 맹인), 술취함 등이 5장에 나타남으로 1-4장과 병행되는 하나의 단락이 새로이 시작됨을 알린다. 만약 1-4장에 5장까지를 더하여 묶어버리면[45] 이러한 병행을 꾀하고 있는 (편)저자의 의도를 무시하게 된다. 주제(2)- 6장에서 저자는 구원자이시며 왕이신 여호와, 거룩하신 여호와에 대한 환상을 보도한다. 이와 같은 신론(theology; 언약주 성부에 대한 기술)은 다음 장들에서 나타나는 앗수르의 우상들과 대조를 이룬다. 만약 이것을 양식비평에 의해 선지자 소명 기사로만 볼 때에는 왜 이 기사가 거기에 놓여 있는지의 이유를 지나치게 된다.[46] 6장 그리고 7장 이후의 내러티브는 28장-56:8 사이에 놓인 내러티브인 36-39장의 내용과

---

34 사 1:3 (הִתְבּוֹנֵן לֹא עַמִּי לֹא יִשְׂרָאֵל)

35 사 1:14 (נַפְשִׁי שָׂנְאָה וּמוֹעֲדֵיכֶם חָדְשֵׁיכֶם)

36 사 1:23 (שֹׁחַד אֹהֵב כֻּלּוֹ)

37 사 1:22 (בַּמַּיִם מָהוּל סָבְאֵךְ לְסִיגִים הָיָה כַּסְפֵּךְ)

38 사 2:5-22

39 사 3:1-3

40 사 1:7 (אֵשׁ שְׂרֻפוֹת עָרֵיכֶם שְׁמָמָה אַרְצְכֶם)

41 사 1:9 (שָׂרִיד לָנוּ הוֹתִיר צְבָאוֹת יְהֹוָה לוּלֵי)

42 사 2:2-4, 6

43 사 4:2 (וּלְכָבוֹד לִצְבִי יְהֹוָה צֶמַח יִהְיֶה הַהוּא בַּיּוֹם)

44 사 4:3-6

45 1:2-31과 5:1-7의 동심적 배열에 대해서는, 에리히 쳉어, *구약성경 개론*, 이종한 옮김 (왜관: 분도출판사, 744; Erich Zenger et al., *Einleitung in das Alte Testament* (Stuttgart: W. Kohlhammer GmbH, 2004).

46 사 6장에 대한 자유주의자들의 내러티브 비평에 대하여는 우택주, 정원제, "제3이사야서의 배경에서 본 이사야 6장의 내러티브 비평," *신학논단* 65 (2011): 121-45를 보라. 특히, 139-40쪽의 "이사야는 부유한 사독 제사장집단을 표상하며 스랍들은 가난한 레위인들을 표상한다…이사야 6장의 소명기사는 제3이사야의 편집자인 레위인들의 지위를 격상시켜 주기 위한 수사적 기제로 활용되었을 수 있다."는 해석은 일고의 가치도 없어 보인다. 웃시야 죽던 해의 이야기를 포로 후기로 가정한 제3이사야 (허구적 인물)의 상황으로 해석하는 것이 가능한가; 스랍들(천사들)이 레위인들을 표상한다고 해석하는 것이 가능한가 (이런 해석은 구약시대와 신약시대 전체를 통틀어 처음 나온 해석인듯!); 이사야 6장의 내용을 빈 자와 부자간의 계급투쟁적 해석으로 끌고 가는 것이 온당한가 (해석자가 맑시스트인지 의심스러움); 포로후기에 사독 계열과 레위인들 간에 어떤 갈등이 있었다는 것은 역사적 증거가 있는가 등등의 질문들이 나온다.

적절한 유비를 이룬다. 그것은 곧 구원자이시며 왕이신 여호와, 거룩하신 여호와께서 앗수르의 우상들, 인간적 권세를 꺾으신다는 내용에 다름 아니다. 주제(3)- 아하스왕이 앗수르의 군대를 의지하는 것이 이 속에 들어가 있다. 그가 위선적 경건을 나타내는 것은 1-4장의 단락에 보였던 위선적 예배와 견줄 수 있을 것이다. 주제(4)- 이러한 앗수르의 우상과 교만, 인간 권세를 의지한 유다는 오히려 앗수르의 공격으로 황무하게 될 것이다. 주제(5)- 유다의 황폐한 상황 속에서 여전히 소수의 남은 자들이 있을 것이다. 주제(6)- 앗수르는 범죄한 북이스라엘과 남유다를 심판하는 하나님의 도구로 나타난다. 그러나 앗수르는 심판주이신 여호와 앞에 교만을 나타냈고 그들에게도 심판이 선고된다. 1-4장에서 나타났던 주제들 중에서 5-27장에서 확장된 주제는 이방 나라들에 대한 심판과 회복의 주제이다. 앗수르 다음에 올 바벨론도 교만에 의해 멸망을 받고 그러나 바벨론 멸망과 동시에 이스라엘은 회복에 이르게 된다. 앗수르 다음에 13장부터 바벨론이 온 것은 다분히 앗수르 다음에 패권을 차지하는 바벨론을 의식한 배열이라 하겠다. 이는 마치 예레미야서에서 남왕국 멸망 후에 사람들이 예레미야와 함께 애굽으로 내려가게 된 내용 (렘 43-44장)에 이어 애굽에 대한 심판의 말씀 (렘 46장)을 배치함으로 다분히 연결성을 고려한 것과 같다 하겠다 (중간의 45장의 바룩에 관한 말씀은 45-52장의 서론을 위해 놓인 말씀으로 보임). 열방 중에서 애굽을 먼저 언급한 예레미야 맛소라 본문이 배열상의 논리성을 나타냄으로 칠십인역 예레미야 보다 구조적으로 완전하다고 생각된다. 아무튼 이러한 열방에 대한 심판과 회복은 사 13-27장의 말미에서 우주적 심판과 회복으로 확대된다. 28장부터는 다시 5-27장의 서두처럼 유다와 에브라임의 죄의 주제들이 나타남으로 새로운 시작을 알린다. 주제(7)- 메시아 주제는 다윗 계열의 '아들'에 대한 예언으로 나타난다 (7:14; 9:6-7 등등). 주제(8)- 사실, 종말론적 시온의 회복은 5-27장의 하위 단락들의 끝에서도 보인다. 11, 12장에서 앗수르에 대한 심판 후에 메시아 시대의 시온의 회복이 잠깐 나오고 다시 13-27장의 하위 단락들 속에서 종말론적인 백성의 심판과 회복이 또 얼마간 나온다. 그러나 이러한 하위단락들을 하나하나 독립성 있는 단락으로 이해하기 보다 거시적으로 이해하는 것이 필요하다. 왜냐하면 그렇게 그것들을 독립적으로 보면 8세기 유다에서 시작하여 우주적 종말론으로 마무리되는(5장에서 시작한 것이 27장에 가서야 일단락되는) 전체성을 분삽시 무하게 되기 때문이나.

3.1.3 세번째 대병행 단락 28장-56:8

이어서 오는 단락은 28장-56:8이다. 앞단락의 주제들이 다시 변이를 주며 나타난다. 주제(1)- 술취함, 술취함으로 토한 것이 가득한 상(혼잡), 무지(맹인, 술취함, 잠, 무지) 등의 주제들이 28장에 나타남으로 새로운 병행 단락의 시작을 알린다. 여기서 술취함이 강조되고 있다. 한편, 1-4장의 위선적 예배는 5-27장에서 아하스의 위선적 경건, 28장-56:8에서는 히스기야의 참된 경건 (여호와를 의지하여 기도함)으로 이어지고 있다고 하겠다. 앞 단락들인 1-4장과 5-27장의 서두에 이런 주제들이 왔는데 여기서도 마찬가지인 것이다. 28장에 이런 주제들이 왔으므로, 그리고 그 다음에 주제(2)와 주제(3)이 앞 단락들에서와 유사한 순서로 나타났음으로 28장부터를 이사야서의 3번째 단락으로 봄이 합당한 것이다. 주제(2)- 애굽의 교만함과 우상들을 여호와께서 멸하실 것이다. 주제(3)- 이러한 애굽을 의지하는 유다가 책망을 받고 있는 것은 30-32장에서다. 28-35장은, 뒤에서 자세히 보겠지만, 28-29장, 30-32장, 그리고 33-35장의 세 부분으로 나누어진다. 30-32장은 애굽을 의지함 주제로 두 병행 단락 즉, a 30장, a' 31-32장으로 볼 수 있다. 30-32장에서 애굽은 구원자이신 하나님(혹은 여호와의 영, 30:1)과 대조되어 있고 애굽 사람들은 신이 아니고 그들의 말들은 영이 아니다(특히 31:3). 이것은 5-27장의 전반부에서 아하스가 앗수르를 의지하는 것 그리고 앗수르가 자기의 우상을 의지하는 것과 병행을 이루며, 더 거슬러 올라가서 1-4장의 2-3장에 나오는 우상 및 유다가 의지하는 여러 가지 것들과도 연결된다고 할 수 있겠다. 애굽을 의지함의 주제는 36-39장의 랍사게의 말 속에 히스기야가 애굽을 의지한다는 말이 나타남으로 이어진다. 즉, 28-35장의 내용이 독립적이 아니고 36-39장과 연결된다는 것을 알 수 있다. 한편 히스기야는 하나님을 의지하여 기도하였고(36-37장), 병들었을 때에도 여호와께 기도하여 생명을 연장 받았으나 보물들을 바벨론 사신들에게 과시함으로 교만을 드러내었다. 이로 인하여 유다의 바벨론 포로가 예시되는데 이는 40장 이하의 포로 회복과 연결된다. 40장-56:8에서는 마르는 풀이나 시드는 꽃과 같은 인생이 의지의 대상이 아님을 드러내고 있다. 이 단락에서 주로 강조되는 것이 바로 주제(2)와 주제(3)이다. 36-39장에서는 여호와 하나님 앞에 앗수르의 신들과 군대가 아무것도 아님이 강조되었고, 40장 이하에서는 여호와 하나님에게 있어서 바벨론 및 열방과 그들의 우상들은 아무것도 아님이 강조되었다. 즉, 40장 이하에서는 어떤 특정한 나라의 우상에서 세상 우상들, 나라들로 주제의 확장이 이루어진 것이다.

28장-56:8의 긴 단락에서의 이 주제는 5-27장에서 선보인 것과 아주 긴밀하게 대응된다고 볼 수 있다. 5-27장의 긴 단락에서 6장의 경우는 구원자이신 여호와 (곧 유다가 의지할 분은 오직 여호와)가 강조되었고 7-8장은 아하스가 앗수르를 의지함, 앗수르가 자기의 우상을 의지함, 13-14장은 바벨론과 그 왕이 자기 우상을 의지함, 애굽이 자기 우상을 의지함, 그리고 후속하는 하위 단락의 말미에서 세상 사람들이 그들 자신을 의지함의 주제가 나타나는 것이다. 이를 도표로 나타내면 다음과 같다.

5-27장	28장-56:8

5장   만군의 여호와
6장   구원주 여호와; 만군의 여호와
7-8장   아하스의 앗수르 의지
          앗수르의 자기 우상 의지
13-27장 바벨론의 자기 우상 의지
          애굽의 자기 우상 의지
          열국의 자기 우상 의지
	28-35장 유다의 애굽 의지
	          (28장 만군의 여호와)
	36-39장 히스기야의 구원주 여호와 의지
	          히스기야의 애굽 의지
	          (랍사게의 말)
	          앗수르의 자기 우상 의지
	40장-56:8 바벨론의 자기 우상 의지
	          열국의 자기 우상 의지

주제(4)- 에브라임과 유다의 죄로 그들이 심판 받을 것이 28-35장에 나타나되 특히 애굽을 의지한 것에 대한 응분의 대가가 주어질 것이며, 36-39장에서는 히스기야가 보물을 과시함으로 유다의 멸망이 예언된다. 주제(5)- 남은자 사상은 36-39장의 내러티브에서 보이고 40장 이후의 포로 회복의 컨텍스트에서 남은 자를 돌아오게 하시는 역사가 예언된다. 주제(6)- 애굽과 앗수르 심판 예언이 나타나는 28-35장, 앗수르 멸망의 성취가 보이는 36-37장, 유다가 바벨론에 포로될 것이 예언되는 38-39장 (이는 40장 이하와 연결), 바벨론 멸망이 예언되는 40장 이하는 이방 나라들의 멸망 주제의 진전을 보여준다. 한편 열방과 섬들이 회복될 것이 특히 40장 이후에 나타나며 주요 하위 단락들의 말미를 장식한다. 주제(7)- 메시아는 28-35장의 주요 하위 단락들과 40장-56:8의 주요 하위단락들의 말미에 일정한 위치에서 나타나는 것이 흥미롭다 (이것은 앞으로 더 자세히 논함). 1-4장에서는 '싹'으로, 5-27장에서는 '아들'(혹은 '왕')로, 28장-56:8에서는 '종' (혹은 '왕')으로 메시아가 나타나는데, 바로 이 메시아로 말미암아 종말론적인 심판과 구원이 이루어질 것이 강조되는 것이다. 주제(8)-종말론적 시온의 회복은 종말론적 열방의 회복과 더불어 나타난다. 특히, 28-35장의 말미와 40장-56:8의 각 하위단락의 말미에 이 주제가 나타나는데 아주 비슷한 언어로 나타남으로 28-35장과 40장-56:8이 연결되어 있음을 알린다.

3.1.4 네번째 대병행 단락 56:9-66장

앞단락에 출현했던 일련의 주요 주제들이 56:9-66장에서 변화를 주며 재현된다. 주제(1)- 무지, 맹인, 취한 자, 무녀의 자식(혼잡) 등의 죄들이 보인다. 여기에 위선적 금식, 위선적 안식일 성수 주제가 이어지고 있다. 주제(2)- 여호와 하나님이 구원자이심이 계속 강조되고 있고, 몰렉 숭배와 그에 대한 탄핵이 보인다. 주제(3)- 여호와를 의뢰하지 않고 우상에게 부르짖는 자들에게 심판이 예고된다(57:13). 특히 몰렉에게 나아가거나 사신을 원방에 보내거나(57:9) 하는 것은 다 여호와를 의지하지 않는 행위로 나타난다. 주제(4)- 이러한 (1)-(3)의 죄들로 인한 멸망은 당연한 것이고, 주제(5)- 통회하고 겸손한 자(다시 말해 남은 자)에게 하나님은 긍휼을 베푸실 것이다. 주제(6)- 이 장들에서는 열방 대신 악인에 대한 심판이 나오고 열방의 내표인 에돔에 대한 심판이 나온다. 에돔은 34장과 63장에 나타나는데, 34장은 28-35장의 뒷부분이고, 63장은 56:9-66장의 뒷부분이다. 그러므로 이로 볼 때, 하나님을 대적하는 열방의 대표국이 단락의 마지막 혹은 하위단락의 마지막에 온다는 것을 알 수 있다. 열방의 대표국은 에돔만으로 나타나지 않는다. 사실 5-27장의 마지막에는 모압; 28장-56:8의 하위 단락인 28-35장의 마지막에는 에돔, 40장-56:8의 마지막에는 바벨론, 56:9-66장의 마지막에는 에돔(63장)이 열방의 종말론적 대표로 나타난다. 주제(7)- 이 단락에서 메시아는 '종'(혹은 '선지자'. 61장)으로 혹은 '전사'(63:1-6에서 '에돔에서 오는 이'를 기독론적으로 해석할 경우)로 나타난다. 앞 단락들과 마찬가지로 종말론적 심판과 구원의 관건이 되시는 분이 바로 이 메시아이다. 주제(8)-종말론적 시온의 회복과 멸망은 역시 이 단락의 마지막에 옴으로 대단원을 마감한다. 56:9-66장의 언어들은 여러 면에서 1-4장의 언어들과 조응을 이룬다. 이것은 전체를 닫는 기법이다.

이상의 논의를 도표로 제시한다면 다음과 같이 된다.

1-4장: 무지, 혼잡 등(1장 이하)-블레셋 사람같이 술객이 됨, 우상숭배, 교만 등(2:5 이하)-다른 것들을 의지함 (3장)의 순서
5-27장: 무지, 혼잡 등(5장 이하)-구원자 하나님(6장), 아하스의 앗수르를 의지함(7장)-앗수르의 우상 및 교만 멸망(10:5이하)-바벨론을 비롯한 이방 나라들의 우상 멸망(13장 이하)등의 순서
28장-56:8: 무지, 혼잡 등(28장이하)-애굽 의지, 우상 멸망(28-35장)-히스기야의 여호와를 의지함, 앗수르의 우상과 교만 멸망(36-39장)-여호와께서 구원자이시고 열방과 우상은 아무것도 아님(40장-56:8)등의 순서
56:9-66장: 무지, 혼잡 등(56:9 이하)-여호와께서 구원자이심, 몰렉 멸망(57:3이하)-여호와 의뢰 않고 원방에 사신 보냄, 우상 숭배자 멸망(59:9,13)-돼지고기, 가증한 것, 쥐를 먹는 자 멸망(66장) 등의 순서

이 도표를 통해 인식할 수 있는 한 가지는, 가운데를 차지하는 5-27장과 28장-56:8의 두 단락이 내용상 대응을 이루는 부분들이 많아 이사야서의 사실상 두 큰 기둥을 이룬다는 것이다. 실상이 이러하므로 Brownlee 이래로 유행하였던 두 갈래 대응 (Bifid) 구조[47]가 대응점들을 꽤 나타내는 것을 우리는 이해할 수 있다. 그러나 이 두 갈래 대응구조는 28-35장이 한 단락으로 이어져 있는 것을 쿰란의 이사야 사본을 참고하여 중간에 잘라 버리기 때문에 1-5장과 34-35장, 32-33장과 60-66장 곧 서로 잘 대응되지 않는 장들을 억지로 대응시키게 된다.

또한 이 도표를 통해 질문할 수 있는 것은, 과연 특정 어휘들이나 본문을 어떤 역사적 정황과 자의적으로 연결지어 만든 역사비평가들의 1-39장 및 40-66장 (혹은 1-39장, 40-55장, 56-66장)의 구분이 맞는가 하는 것이다. Duhm의 구분은 사실상 문학적 주제들을 따라 일관성 있게 제시하는 필자의 구조와 심한 충돌을 보인다. 이상에서 보았듯이 메시아 예언도 일정한 위치에 나타남으로 편저자의 의도적 배치임을 추측할 수 있는데 Duhm은 이 부분에 있어서는 아주 취약한 분석력을 보여주고 있다. 필자의 문학적 요소들을 따른 구분은 신학적 요소들을 통한 분석 (아래)과도 충분한 조화를 이루는데, Duhm의 분석은 그렇지 않다.

3.2 신학적 요소들을 통한 분석
이사야서의 단락의 일관성은 신학적 요소들에 의한 접근에 의해 더 확연해진다. 신학적 요소들이란 첫째는 하나님/죄, 심판/구원, 메시아, 그리고 종말론적 심판/구원과 같이 순차적으로 연결되어 있는 신학적 주제들을 말한다. 즉 구조적 중요성을 나타내는 첫번째 신학적

---

47 W. H. Brownlee, *The Meaning of the Qumran Scrolls for the Bible* (New York: Oxford University, 1964), 247-59; A. Gileadi, "A Holistic Structure of the Book of Isaiah" (Ph.D. diss., Brigham Young University, 1981), 15. Brownlee는 다음과 같이 본다:
  1-5장 (유다의 파멸과 회복)과 34-35장 (낙원의 파멸과 회복)
  6-8장 (내러티브)과 36-39장 (내러티브)
  9-12장 (축복과 심판의 대리자)과 40-45장 (축복과 심판의 대리자)
  13-23장 (열방을 치는 설교)과 46-48장 (바벨론을 치는 설교)
  24-27장 (하나님 백성의 심판과 구원)과 49-55장 (종을 통한 구속과 이스라엘의 영광)
  28-31장 (윤리적 설교)과 56-59장 (윤리적 설교)
  32-33장 (유다와 다윗 왕국의 회복)과 60-66장 대칭 (낙원의 회복)

요소는, 언약주이신 아버지 하나님의 속성과 상위되는 언약 백성의 범과가 큰 단락의 서두에 늘 자리하고 그 마지막에는 종말론적 우주적 심판과 구원이 온다는 사실이다. 여기서 유의할 점 한 가지는, 이 큰 단락의 중간중간에 이러한 계기성(sequence)과 유사한 계기성을 이루는 하위단락들이 존재하는데 우리가 주의할 것은 아직 종말론적 우주적 심판과 구원이 있기 전에 하위단락의 끝이 큰 단락의 종료지점인 듯 보여도 거기서 끊으면 안된다는 것이다 (예를 들어 5-27장이 연결되어 있기 때문에 5-12장의 말미가 종말론이 온다고 해서 완전하 단락의 끝으로 보면 안됨; 5-12장은 소단락으로는 묶을 수 있으나 완전히 독립된 단락으로 보면 이러한 신학적 흐름이 끊어져 버림). 또한 흥미로운 점은 이러한 하위 단락들에 있어서도 메시아에 대한 언급은 언제나 중후반부에 온다는 것이다. 신학적 요소들에 의한 구조 분석에서 두번째로 중요한 요소는 구원사에 있어서 이스라엘과 이방을 운용하시는 하나님의 섭리다. 이상 두 가지 구조적으로 중요한 신학적 요소들은 서로 맞물려 있기 때문에 본 연구는 이 둘을 함께 취급할 것이다.

3.2.1 1-4장의 신학적 특징과 구조

1-4장은 유다의 죄에서 시작하고 마지막 4장에서는 종말적 구원으로 끝을 맺는다. 이 단락은 물론 이러한 신학적 기준을 따라 1:2-2:4에서 나누어지고 2:5-4장까지가 나누어진다.

1:2-2:4 유다의 죄-심판-구원(1:27 메시아 예시; 시온 회복+열방 회복)
 +2:5-4장 우상 심판, 유다가 의지하는 것 심판, 메시아(4:2), 종말론적 시온 회복

이 도표에서 1:1-2:4와 2:5-4장의 두 단락을 보면 그 끝이 종말론적 심판/구원으로 마무리된다(a와 a'로 볼 수 있음). 그러나 이미 앞에서 보았듯이 잠시 2:1-4에서 종말론적인 내용을 다룸으로 하나의 독립된 단락으로 끝맺는 것 같지만 사실은 계속 이어지는 우상(vs. 하나님), 유다가 의지하는 것 등의 주제들을 다 포괄해서 하나로 볼 때[48] 그 뒤에 오는 병행 단락들 5-27장, 28장-56:8, 56:9-66장이 잘 이해되므로 1:2-2:4를 a로, 2:5-4장을 b로 보는 것이 적절하다. 이 두 단락의 끝에 오는 내용 둘을 합해 보면, 구원에 들어오는 것은 종말론적 이스라엘 뿐 아니라 열방을 포함한다(2:1-4; 4장)는 것을 알 수 있다. 그리고 메시아(4:2)는 이런 종말론적 회복에 있어서 핵심 역할을 하는 것이 관찰된다. 이 메시아는 *먼저 1:27에 예시*되었는데,[49] 여기에 나타

---

48 비교. 1:2-2:4만을 이사야서의 첫 단락으로 보는 견해에 대해서는, 박경철, "이사야서 최종 형태 구성의 신학-이스라엘의 정의와 민족들의 구원: 이사야서 최종형태에 나타난 제의, 성전, 종말론, 사회 정의 주제들과의 관련 속에서 살펴 본 이스라엘과 민족들," *헤르메네이아 투데이* 31, 2005: 7. 박경철이 분석한 이사야서의 대표 주제들에서는 '우상 위에 뛰어나신 하나님', '유다가 의지하는 것', '메시아', '남은 자' 등 이사야서에서 너무나 중요한 주제들을 누락시키고 있다.

49 사 57:14-21를 내가 주해한다면 이 본문에 직접적으로 메시아 예언이 나타나지 않아도 메시아와 관련시켜 주해할 것이다. 더욱이 사 57:14-21을 1-2장의 배경에서 읽는다면, 나는 1:27이 메시아를 예시하고 있음을 다루는 것이 필요하다고 본다. 필자의 이해로는 57:14의 "…돋우고 돋우어 길을 수축하여 내 백성의 길에서 거치는 것을 제하여 버리라"는 40:3-4와 연결된다고 보는데 이는 이스라엘의 죄 문제와 관련이 있다고 보인다. 만약 이 죄 문제(40:2, 57:17)를 하나님이 처리함으로 이스라엘이 위로를 얻게 된다면(40:1, 57:18), 그리고 이 문제에 대한 하나님의 유일한 해결 방도가 곧 공평과 의 (1:27)의 본질이요 본체이신 메시아의 사역으로 말미암는다면(사 42:1-4, 59:20, 61:1-3; 특히 그의 고난을 통해서, 비.

난 의와 공평은[50] 뒤에 나타나는 다윗 계열의 왕(9:7 등)의 사역, 종(42:1, 6 등)의 사역과 연결되는 개념인데 모두 구원론적 언급으로 이해된다. 이렇게 보통 죄-심판-구원이라는 단락의 중후반부에 오는 메시아와 종말론적 그림은 앞으로 전개될 병행 단락들의 각 하위 단락들에서 거의 똑같이 나타나기 때문에 구조 이해에 크게 중요하다.

3.2.2 5-27장의 신학적 특징과 구조

5-27장의 단락을 보면, 5장에서는 다시 유다의 죄로 시작하고, 유다에 대한 심판으로 이어지며, 심판의 도구가 되었던 앗수르와 바벨론의 심판으로 이어지는데, 마지막은 우주적으로 심판과 구원이 확대되어 종결된다. 어떤 이들은 이스라엘에 대한 내용이 나타나는 1-12장을 하나로 보는데 (그 다음의 13-23장은 이방에 대한 내용으로 봄) 편의상 이렇게 볼 수 있는 것은 인정하나 이는 바람직하지 못하다. 왜냐하면 이렇게 되면 첫째, 일련의 주제들이 하나의 단락을 형성하여 이사야서의 서론 역할을 하는 단락 1-4장의 구분이 여기에 묻혀버린다. 둘째, 선지자들의 저술 혹은 배열의 습관을 무시하게 된다. 구약의 다른 책들도 그렇지만 선지서는 이스라엘의 죄에서 시작하여 종말론적 열방과 종말론적 이스라엘의 구원으로 일단 맺음하고 이스라엘의 죄에서 다시 시작하는 경향이 있다. 1-12장을 묶어버리면 이러한 선지자들의 저술 혹은 편집의 습관이 무시되는 것이다. 셋째, 5장의 이스라엘의 죄를 알리는 포도원과 27장의 종말론적인 회복된 포도원이 하나의 인클루시오로 작용하는 것을 외면하게 된다.

또 아주 많은 학자들은 5-12장 (유다), 13-23장 (이방 나라들),[51] 24-27장 (소위 '이사야

사 50:6, 52:13-53:12), 57:14-21의 주해-신학에서 메시아는 언급되어야만 하지 않을까. 특히 사 57장이 죄 문제로 시작하고, 59장도 죄 문제로 시작하며, 두 장 공히 하나님의 취하실 구원 행동으로 최종 해결점을 제시하되, 59장은 보다 구체적으로 이 하나님의 구원 행동이 59:20의 "구속자 גאל"를 통해서 이루어진다고 함으로 57장을 보다 자세히 설명한다면, 우리는 57:14-21의 주해-신학을 논할 때 인접해 있는 본문 59장의 주해-신학을 참조해야 하지 않을까. Cf. 송병현, "이사야의 복음: 1-2장을 배경으로 읽는 사 57장 14-21절,"『헤르메네이아 투데이』 15, 2001: 56-76. 또한, 만약 내가 이사야의 '신론'을 말한다면, 나는 '메시아' 사상이 첨언된 신론을 말하고 싶다. 왜냐하면 이사야의 신론은 언제나 기독론과 견실히 연결되었고 이 메시아를 통해 하나님의 목적이 달성된다는 것이 이사야서 전체의 핵심이기 때문이다. 보다 구체적으로, 이스라엘의 거룩한 자(1:4; …60:14)는 거룩한 종(11:3-5; 32:1; 53:9 ; 53:11)을 일으키셔서 그분의 일을 이루시기 때문이며, 바로 이 거룩한 종의 사역의 결과로 많은 사람들이 거룩하게(4:3-4; 27:9; 35:8; 45:25; 53:11; 60:21; 62:12; 66:20-21) 될 것이기 때문이다. Cf. 장세훈, "이사야서의 중심 신학: 이스라엘의 거룩한 자,"『헤르메네이아 투데이』 16, 2001: 82-9. 물론 '신론'은 '기독론'과 구별된 논의이므로 별도로 논함은 충분히 가능한 일이다.

50 Young, *The Book of Isaiah*, vol. 1, 89f.: "*Mishpat* is the exercise of justice upon the part of God (cf. 4:4; 5:16; 28:17), and *tzedaqah* that which is manifested in His exercise of justice. If Zion is to be redeemed, God's righteous justice must appear in judgement. In the deliverance of Zion all the claims which absolute justice might have advanced against Zion will be satisfied, and a righteous gift of grace will also be seen (cf. Dan. 9:24; Isa. 53:11; Ps. 143:2)." Young에게 있어 이 구절은 기독론적 함의와 함께 구원론의 의미를 지닌 것이 그의 주해로부터 명백하다. (미슈파트는 하나님 편에서의 정의의 시행 [비교. 4:4; 5:16; 28:17]이고, 쩨다카는 그분의 정의의 시행 속에 나타난 것이다. 시온이 구속되어야만 한다면, 하나님의 의로운 정의가 심판 속에 나타나야 한다. 시온을 구원함에 있어서는 완전한 정의가 시온을 송사하며 나아가 요구하는 모든 사항들이 만족되어야 할 것이고 또한 은혜라는 의로운 선물이 나타나야 할 것이다 [비교. 단 9:24; 사 53:11; 시 143:2]. 필자의 사역/의역).

51 Duhm은 '맛싸'라는 타이틀이 붙은 예언들이기 때문에 13-23장까지를 구별된 단락으로 보았다. 이사야서의 다른 곳에서는 이 타이틀이 붙은 곳이 없다는 것이다. 그러나 이렇게 양식비평적으로 문서를 끊어버리면 전후의 유기적인 연결성이 상실된다. Young, *Studies in Isaiah*, 39ff.

묵시록')으로 나누는데 나는 이 구분이 반드시 재검토되어야 한다고 생각한다. 편의상 이렇게 단락 구분할 수 있으나 이렇게 구분하면 첫째, 위에서 이미 언급한 바 있듯이, 구원사적 경륜으로 볼 때 5-27장의 유기적 전체성을 약화시키게 된다. 초기 역사비평가들처럼 이 각각의 텍스트를 다른 시대의 다른 저자로 볼 때는 이것이 더욱 심해진다. 잘 관찰해 보면 5-27장은 유기적 전체를 이룬다. 처음에는 이스라엘의 심판이 많다가 (이방에 대한 내용이 상대적으로 적음), 점점 이것은 줄고 중간에는 열방에 대한 심판이 많아지다가 (이스라엘의 구원은 약간씩 나타남), 마지막에는 종말론적 온 세계의 심판과 구원이 많은 분량을 차지한다. 12장이 유다의 종말론적 구원으로 끝나고 13장부터는 바벨론 및 이방 나라들이 나타나기에 이 두 장 사이에서 끊어버리기 쉽지만, 이렇게 하면 10-12장을 앗수르의 멸망-유다의 구원, 13-14장을 바벨론의 멸망-유다의 구원으로 이어서 볼 수 있다는 사실을 놓치게 된다. 왜냐하면 시간적으로 볼 때 앗수르의 멸망 다음에는 바벨론의 멸망이 오기 때문이다. 나의 분석으로 볼 때 5장-14:23, 14:24-21:10, 21:11-27장의 각각의 끄트머리에는 '(앗수르 심판)-바벨론 심판'과 '종말적 심판/구원'의 내용이 함께 나타난다. 즉 각 하위 단락의 끄트머리의 내용이 병행을 이룬다는 것이다. 나는 이 하위 단락들을 개별적으로 독립적으로 보지 않고 5-27장 전체를 유기적으로 연결된 것으로 본다. 둘째, 따라서, 24-27장을 소위 '이사야 묵시록'으로 보는 것[52]도 오류다(예언과 묵시를 서로 다른 장르로 보는 것도 오류; 서로 다른 장르로 볼 것이 아니라 선지자의 시점이 가까운 미래에서 먼 미래로 왔다 갔다 하는 것을 이해해야 함). 왜냐하면 24-27장을 '이사야 묵시록'으로 본다면 종말론적 세상의 멸망과 구원의 내용을 담은 앞의 두 병행 단락 (5장-14:23과 14:24-21:10) 각각의 끄트머리 내용도 같은 '묵시록'으로 다루어야 되기 때문이다. 사실, 양식비평가들이 이렇게 제멋대로 파편화 작업을 했기에 단락의 유기적 전체성이 크게 망실되었다. 셋째, 5-27장을 유기적 전체로 보아야 하는 이유는 이 단락에서 앗수르 심판, 바벨론 심판과 그에 따른 이스라엘의 포로 회복의 주제와 이 단락에서 강조된 애굽의 심판/구원 주제 등이 또 하나의 유기적 전체를 이루고 있는 단락 28장-56:8장에서 다소 변화된 모습이기는 하지만 너무나도 유사하게 재현되고 있기 때문이다. 넷째, 각 하위 단락은 특정 부분, 곧 죄-심판-구원의 내용에서 중후반부에 메시아 예언을 위치시키고 있다. 아들로 나타나는 이 인물(7:14)이 아들 뿐만 아니라 왕(9:6, 7)으로, 그리고 성령을 통한 그의 사역으로 전 세계가 구원의 은혜를 누리게 될 것(11장)이 이 단락에 보인다.[53] 그는 공평과 의로 통치할 분(16:5)이며 그의 어깨(참. 9:6)에 다윗의 열쇠를 가지신 분(22:22)이다. 주의 깊게 살펴보면, 메시아 예언 다음에 유다와 열방의 멸망과 구원이 나타난다. 이 메시아가 하나님의 심판과 구원의 관건인 것이다. 이 메시아 주제는 각 단락의 병행을 위해 중요하게 사용되며 이 병행들은 5-27장의 유기적 전체성 속에서 보아야 충분히 살아난다. 다음의 도표를 참조하면 지금까지의 각 단락에 대한 단편적 독립적 이해에서 벗어나, 5-27장을

---

52 수많은 자유주의자들뿐만 아니라 일부 복음주의자들도 24-27장을 따로 떼어 묵시로 본다. 예. 윌리엄 반 게메렌, *예언서 연구* (서울: 솔로몬, 2016), 376.

53 이사야서의 구원론은 기독론과 먼저 깊이 연결되어 있고, 이사야서의 성령의 사역론은 기독론과 떼려야 뗄 수 없는 관계에 놓여 있다.

전체적 유기적으로 이해하는 데에 도움을 받을 수 있다. 위에서 언급한 두 가지의 신학적 측면들로 5-27장의 전체적 유기적 이해가 쉬워진다.

유다와 북이스라엘의 죄-심판-여호와의 날 (5장)
(웃시야왕 죽던 해 6:1)
유다의 죄-심판(6장)
(아하스왕때 르신과 베가 침입 7:1)
유다의 죄-심판; 앗수르를 통해(7장-8:10); 에브라임과 다메섹 심판 예언, 메시아=아들(7:14)
유다의 죄-심판(8:11-22)/종말론적 회복, 메시아=아들=왕(9:1-7)
유다의 죄-심판; 앗수르를 통해(9:8-10:4)
　　　앗수르도 그 교만으로 멸망/이스라엘 남은자 회복(10:5-27)
　　(앗수르왕의 아얏, 아나돗 등 침공 10:28)
　　유다 공격 당함;앗수르에게(10:28-34)
　　/메시아, 열방 멸망, 종말론적 구원 감사 노래(11-12장)

바벨론도 그 교만으로 멸망(13장-14:23)
그 심판은 메대를 통해/ 이스라엘은 포로에서 돌아옴(14:1-2)
⋯⋯⋯⋯⋯⋯⋯⋯⋯⋯⋯⋯⋯⋯⋯
앗수르 멸망/이스라엘 회복(14:24-27)
(아하스왕의 죽던 해 14:28)
블레셋 멸망/시온 회복(14:28-32)
모압 멸망(15:1-16:14)/다윗 계열의 왕 세움(16:5)
다메섹과 에브라임 멸망 예언 및 열방 멸망(17:1-14)
구스 및 *세상 거민 멸망*(18:1-6)/그들이 여호와께 예물 드림(18:7)
애굽 멸망(19:1-17)/ *애굽 회복 및 애굽, 이스라엘, 앗수르 회복(19:18-25)*
(앗수르왕 사르곤이 아스돗을 쳐서 취하던 해 20:1)
애굽과 구스 멸망 예언(20:1-6)
바벨론 멸망; 메대를 통해(21:1-10)
⋯⋯⋯⋯⋯⋯⋯⋯⋯⋯⋯⋯⋯⋯⋯
두마 멸망(21:11-12)
아라비아 멸망(21:13-17)
유다 공격 당함 예언; 엘람과 기르를 통해(22:1-14);
(히스기야 때 앗수르에게 공격 당할 것 시사 22:11)
/셉나 파직, 엘리아김 등용 (다윗 계열로 메시아 예시) 및 파멸 예언(22:15-25)
두로, 시돈, 다시스 멸망(23:1-18)/*열방 멸망*(v. 11)
갈대아 땅 멸망(v. 13)
/유다-세상의 멸망(24장)
/종말적 심판(모압)과 구원에 대한 선지자의 노래(25장)
/종말에 유다 백성이 부를 노래(26장-27:1)
/종말적 포도원의 노래(27:2-13); 앗수르와 애굽에서 모으심

이것을 두 가지 신학적 측면들, 즉 죄-심판-구원의 순서와 유다의 죄-심판(이방 나라 통해)-이방 나라 심판 (또 다른 이방 나라 통해; 유다는 회복)-메시아-종말론적 심판과 구원의 순서에 의해 단순화하면 다음과 같은 도표가 된다. 아래에서 마지막 단락은 메시아가 구체적으로 나타나지 않는다. 다만 엘리야김이 다윗 계열의 왕으로서 하나님의 복을 받는 대목이 오실 메시아를 시사한다(참. 계 3:7)고 하겠고, 그러나 엘리야김도 결국 하나님을 배반하기 때문에 (22:15-25) 진정한 메시아를 예표하는 인물로 보기는 어렵다. 메시아 예언의 위치의 일관성을 가지고 추측해 볼 수 있는 것은 이사야서 전체의 편저자가 이 예언이 시사하는 메시아의 위격에 대해 처음부터 알고 있었을 것임에 틀림 없다는 것이다. 본질적으로 메시아 예언은 '재해석' 된 것이 아니라, 처음부터 그러한 메시아에 대한 예언이 있었던 것이다.

a 5:1-14:23
 유다의 죄-앗수르 통해 유다 심판-앗수르 심판-메시아-종말론적 심판과 구원-바벨론 심판
  a' 14:24-21:10
                          앗수르 심판-열국 심판-메시아-종말론적 심판과 구원-바벨론 심판
  a" 21:11-27장
                          열국 심판-유다 심판-(메시아)-갈대아(바벨론) 심판-종말론적 심판과 구원

     이 도표는 또한 선지자의 시공(여기서는 시간을 중심으로 본다. 공간은 유다에서 열방으로, 그리고 온 세계로 범위가 넓어짐)에 대한 퍼스펙티브를 잘 보여준다.

a 5:1-14:23 현재- 가까운 미래(앗수르 침입)-아주 먼 미래(메시아 시대)-먼 미래(바벨론 멸망)
 a' 14:24-21:10 가까운 미래(앗수르 심판)-아주 먼 미래(메시아 시대)-먼 미래(바벨론 멸망)
  a" 21:11-27장 가까운 미래(열국 심판; 유다 심판)-먼 미래(바벨론 심판)-아주 먼 미래(메시아 [재림] 시대)

     흥미 있는 것은 처음 두 하위 단락에서는 먼 미래(바벨론 멸망)가 가장 나중에 왔는데 마지막 하위난락에서는 아주 먼 미래(메시아 [재림] 시대)가 가장 미지막에 옴으로 하나의 안걸을 보여준다. 메시아 재림을 시사하는 것은, 우주적 심판, 마귀(뱀)를 죽이심, 종말론적 예루살렘 회복, 죽음을 제하심 (곧 성도들의 [육체적] 부활) 등이다.
     만약 우리가 Duhm처럼 1-12장; 13-23장; 그 다음에 24-35장을 '유다와 예루살렘-다른 나라들-종말론'의 도식을 가지고 70인역 예레미야나 에스겔의 체제와 유사한 구조로 본다면, 5-27장 다음에 오는 28장의 내용 곧 다시 북이스라엘과 남유다의 죄로 시작하는 측면을 무시하게 된다.[54] 이로 보건대, Duhm은 이사야서의 문학적 신학적 특성에 대해 제한된 이해를 가지고

---

54 Young, *Studies in Isaiah*, 39-47: "It thus appears that there is a basic, three-fold division. Chapters 1-12 deal with Judah and Jerusalem; 13-23 have to do with foreign nations and 24-35 are eschatological. How is this arrangement to be explained? We note that it appears also in the LXX of Jeremiah and in Ezekiel. Ezekiel, therefore, was the originator of this scheme, and it was imitated by the one who gave to Isaiah 1-35 its present form." (그리하여 하나의 기본적인 세 단락의 구분이 나타난다. 1-12장은 유다와 예루살렘을 다루고, 13-23장은 이방 나라들을 다루며 24-35장은 종말론적이다.

있었고, 그는 현저히 떨어지는 분석력을 지니고 있었던 듯하다. 이러한 Duhm의 주장이 그럴 듯하여 그것을 거의 무비판적으로 수용한 Childs의 정경비평도 심각하게 재고해야 할 것이다.

3.2.3 28장-56:8의 신학적 특징과 구조

우리가 28장-56:8의 내용을 신학적 측면에서 검토하면 5-27장이 현재의 죄에서 시작하듯 이 단락 역시 현재의 죄에서 시작하는 것을 쉽게 알 수 있다. 36-39장은 28장보다 '진전된 현재'이며 가까운 미래(바벨론 포로)를 바라보며 종료되고 있다. 40장 이후는 먼 미래의 심판과 회복(바벨론 심판; 유다 포로회복)에서 아주 먼 미래(메시아 시대)의 심판과 회복으로 진전되고 있다. 앞에서 약간 언급하였으나, 28장-56:8의 연결성을 좀더 자세히 본다면, 28-35장에서 30:2, 3은 언약백성이 하나님 아닌 애굽에 손을 벌리는 내용이 나오고, 이는 36-39장의 36:6의 히스기야의 애굽 의뢰와 연결되고, 39:6, 7의 바벨론에 의한 멸망 예언은 40장 이후의 바벨론에서의 귀환과 연결된다. 또한 5-27장의 끝은 재림 메시아의 상황인데, 40-56:8의 각 하위 단락의 끝도 만민의 회복 (예. 55:5; 56:7, 8)으로 끝남으로 이 두 큰 단락이 병행을 이룬다. 그리하여 1-39장과 40-55장으로 나누는 것은 바람직하지 않아 보인다.[55]

먼저 28-35장은 위에서 잠깐 보았듯이 28-29장, 30-32장 (a 30장; a' 31-32장), 33-35장으로 나눌 수 있다. 각 단락은 죄에서 시작하고 심판, 구원으로 전개되되, 메시아가 각 단락의 후반부에 보이고 종말론적 심판, 구원으로 마무리된다. 다만 가운데 단락인 30-32장을 a와 a'로 볼수 있는 것은 이 두 단락이 모두 애굽을 의지하는 죄로 시작하기 때문이다. 죄-심판-구원 및 유다-이방의 구원 경륜을 따라 28-35장을 보면 다음 도표와 같이 정리된다.

```
28:1-15 죄
        16절 메시아(한 돌)  17-22절 심판
             23-29절 구원
             ........................
             29:1-16 심판
             17-24절 구원

a 30:1-7 죄 (애굽을 의지함)
        8-17절 죄, 심판
        20절 메시아(스승)  18-26절 구원
             27-33절 심판, 구원

a' 31:1-4 죄 (애굽을 의지함)
        5-9절 회개권면(5-6), 심판, 구원
        32:1-8 메시아(한 왕)  9-14절 심판
             15-20절 구원

33:1-24 죄   17절 메시아(왕)    심판, 구원
             ........................
             34장  심판
             35장  구원
```

이러한 배열을 어떻게 설명할 것인가? 우리는 70인역 예레미야서와 에스겔서에서 이러한 배열을 보게 된다. 그리하여 이러한 배열 계획은 에스겔이 원조였고, 사 1-35장을 현재 형태로 제시한 자는 그것을 흉내냈다. 필자의 사역/의역).

55 참. 김창대, *이사야서의 해석과 신학: 시온이 공의와 의로 빛나게 하라* (서울: CLC, 2019), 18-26.

이 도표를 정리하자면, '죄-심판/구원-메시아-종말론적 심판/구원'이 각 단락에서 반복된다고 볼 수 있다. 눈에 띄는 것은 각 단락에 메시아가 한번씩 끼어 있다는 사실이다. 33:17은 메시아가 아닌 여호와로 볼 수 있으나(참. 33:22), 육안으로 그를 본다고 했으므로 여호와라기보다는 메시아일 가능성이 크다.[56]

36-39장의 역사적 내러티브는 36-37장과 38-39장으로 볼 수 있다. 두 개의 큰 사건은 각각 앗수르 멸망의 성취와 유다 포로 예고의 내용을 전한다. 물론 이 내용의 저변에는 더 근본적인 신학적 주제 곧 여호와께서 구원주이시다는 주제가 떠받치고 있다. 36-39장에서 36-37장은 앞에서 말했듯이 28-35장의 애굽을 의지함이나 앗수르 심판과 연결되고 38-39장은 40장이하의 바벨론 주제로 이어진다. 필자의 이런 분석은 앞에서 소개한 Motyer의 분석과 일치한다.

한편, 40:1-56:8에 대하여 필자는 1차적으로 하나님의 구원사적 관점에서 보아 4개의 단락으로 나누어진다고 생각한다. 그 네 단락들은 40:1-42:17; 42:18-46:7; 46:8-49:26; 50:1-56:8이다. 그 배열의 원리를 먼저 기술한다면 다음과 같다.

(1) 1단계: 이스라엘의 죄악됨 (혹은 연약성)과 그에 상응하는 심판이 이루어졌음을 언급하며 아울러 이들에 대한 위로 (혹은 회복)가 이루어질 것을 선포한다. 동시에 지금까지 이스라엘을 심판하는 데에 사용된 이방 나라 (혹은 열방, 혹은 그 열방이 섬기던 우상들)는 여호와의 심판을 받게 될 것이 나타난다. 즉 이스라엘에 대한 위로는 이방 혹은 우상에 대한 심판의 이중적 측면을 지니는데 이 둘이 합하여 하나의 단락을 이루게 된다. 이것을 A라고 하자.

(2) 2단계: A의 내용에 변이를 주나 기본적으로는 A를 반복한 단락이 나타난다. 여기서 주의할 것은 이스라엘의 죄악됨에서 출발한다는 것이다. 그들의 죄악됨과 그에 대한 심판, 그러나 그들에 대한 회복이 언급되고 다른 한편으로는 이스라엘을 심판하는 데에 사용된 이방 나라 (혹은 열방, 혹은 그 열방이 섬기던 우상들)가 멸망에 이르게 된다. 따라서 이 단락은 A'의 성격이 강하다.

(3) 3단계: A'에서 죄에서 시작한 심판과 구원의 메시지는 이번에는 죄에 대한 언급은

---

56 E. J. Young, *The Book of Isaiah: The English Text, with Introduction, Exposition, and Notes*, vol. II: Chapters 19 to 39 (Grand Rapids: Eerdmans, 1969), 421: "…He will be a victorious king, in a sense that was not true of the actual kings of Judah. The king is not Hezekiah nor any mere human king. The whole context refers to something greater than the bestowal of honor that Hezekiah received (2 Chron. 32:23). It is a king of the redeemed Israel, who reigns when the outward enemy has been punished and when the sinners of Zion have been judged. He is and can only be the Messiah. This does not conflict with what is stated in verse 22, that the Lord Himself is king. The Messiah is a manifestation of the rule of the Lord…" 참고, 오토 카이저, *국제성서주석*, 20, *이사야 (II)*, 한국신학연구소 학술부 역 (천안: 한국신학연구소, 1991), 458-9: "17절이 원래의 구절일까에 대한 의심을 무시해버릴 경우, 우리는 이 구절에 삽입되어 있는 구원에 대한 묘사의 첫머리에 고지된 왕의 모습이 하느님의 나타남인가 아니면 메시아에 대한 목격인가를 결정하기란 매우 어렵다. 우리는 이 모습이 메시아에 대한 목격이라는 해석을 뒷받침하기 위해 어린 왕의 아름다움을 묘사하고 있는 시편 45편 3절 이하와 그 밖에 하느님을 본 사람은 죽는다(참조. 출애 33,20; 이사 6,5)는 기본명제를 참조할 필요가 있다. 그렇지만 22절이 하느님을 왕이라고 강조하면서 고백하는 것은 이런 해석과 모순된다…즉 의인들은 '태워버리는 불' 곁에서 머물면서 그들에게 구원과 생명을 주신 하느님을 볼 수 있고 반드시 보아야 한다."

생략되고 심판과 구원에 강조점이 주어진 상태로 단락이 이루어진다. 이 단락은 죄론에서 시작하지 않기 때문에 엄밀한 의미에서는 A″라고 보기 어렵다. A′에 직접 이어진 것으로서 그 신학적 주제들 중에서 심판과 구원이 주로 강조된 것으로 볼 수 있기 때문이다. 그러나 역시 A와 A′처럼 구원과 심판이 공통 요소로 나타나기에 A″로 보는 것도 가능하다. 이것이 어려운 점이다. (3단계에 해당하는 내용은 때에 따라서 생략되기도 한다)

(4) 4단계: 2단계에서 시작된 죄론-구원론적 언급이 3단계에서는 주로 구원론적 언급으로 확장되고 있다고 한다면 4단계에서는 주로 메시아에 대한 예언, 그 메시아로 인한 종말론적 보편적 구원-심판이 나타나는 것이 특징이다. 여기서 필자가 '보편적' 구원이라고 하는 것은 자유주의자들이 말하는 만인구원론을 의미하는 것이 아니라 '전세계 이방인 남은 자들까지' 구원에 들어오기 때문에 사용하는 용어다. *전세계 이방인 남은 자들까지 구원을 받음으로 하나의 섹션이 마무리된다는 것을 기억해 두면 그 다음에 오는 병행단락의 1-4단계가 잘 이해될 수 있다.* 메시아 주제가 강조되고 있기 때문에 지금까지의 내용 전개와 비교하여 아주 새롭다는 느낌을 이 단락이 갖게 한다. 그래서 이 단락을 B로 볼 수 있고, 그러나 종말론적 보편적인 성격을 지니지만 여전히 구원-심판 주제를 함유함으로 이것을 A‴로 볼 수 없는 것은 아니다. 이 4단계에 해당하는 내용은 하나님의 구원사에 있어 결말을 제시한다. 이것은 단락의 말미를 이루는 것이다. (이 4단계에 해당하는 단락이 두 번 나타나기도 한다)

이러한 단락 이해를 죄론 중심으로 본다면 짧은 단락과 긴 단락의 결합으로 볼 수도 있다. 먼저 죄론으로 시작된 1단계의 짧은 단락(A)이 일단락되고 다시 2단계의 죄론으로 시작된 단락(A′)은 이번에는 3, 4단계를 걸쳐 긴 단락을 이루며 마무리 된다는 것이다. 3, 4단계의 내용은 2단계인 A′에 부가되고 확장된 것으로 볼 수 있다는 말이다.

다른 한편으로, 1, 2, 3, 4단계의 구원과 심판이라는 공통 내용으로 본다면 이것은 A, A′, A″, A‴로 나타낼 수 있고 그러나 마지막 A‴는 그래도 메시아라는 특정한 새로운 종말론적 주제를 지님으로 B로 볼 수 있기에 A, A′, A″, A‴(B)로도 표시할 수 있겠다.

필자는 이 두 가지 구조 이해의 관점들 중에 먼저 것을 중심으로 보되 두 번째 것도 존중하여 아래와 같이 40:1-56:8의 네 단락을 설명하려고 한다. 네 단락은 각각 이러한 단계들을 일관되게 시니고 있나는 것은 구소석으로 아주 흥미로운 사실이다!

40:1-56:8의 서론적 단락이라고 할 수 있는 40:1-42:17은 40:1-26으로 시작된다. 40:1-26은 두 개의 단락으로 나누어지는데 1-11절은 먼저 야곱이 그 죄악에 대한 용서함을 받았다는 것으로 시작한다. "그 복역의 때가 끝났다", "내 백성을 위로하라". 그러면서 여호와의 영광과 마르는 풀과 같은 이스라엘을 대조하고 여호와의 영광은 다시 하나님의 말씀과 연결된다. 여호와께서 통치하실 것이라는 말씀 곧 전하는 자의 아름다운 소식은 이루어질 것이다. 요약하여 말하면 이스라엘의 죄(혹은 연약성)가 "이 백성은 실로 풀이로다"라는 구절에 암시되고 있으

며 그 죄에 대한 심판 후에 그들의 회복이 영원하시고 강하신 하나님에 의해 이뤄질 것이 선포되는 것이 이 단락이다. 하나님의 구원사에 있어서 이스라엘의 회복은 그 이스라엘을 심판하는 데에 도구로 사용되었던 이방 나라에 대한 심판과 동시적 사건으로 나타난다. 이어지는 12-26절은 열방들(섬들)이 하나님 앞에 아무 것도 아니며 우상들은 장인이 부어 만든 것에 불과하고 그 통치자들(귀인들, 사사들)은 회리바람에 불려가는 초개와 같은 존재에 지나지 않는다는 점을 강조한다. 즉 이러한 내용은 장차 보다 명시적으로 언급될 바벨론과 그 우상 그리고 바벨론의 통치자들이 하나님 앞에 아무것도 아닌 존재로, 그들은 이스라엘을 괴롭혔으나 이제 하나님의 심판의 대상이 될 것을 예시한다. 여기서 여호와와 여호와의 신이 교대적으로 사용되었는데 여호와는 주권자이며, 창조주이며, 지혜자이며, 공평하신 분으로 묘사됨으로 이 분이 곧 세상 나라와 그 우상과 그 통치자를 멸하시고 이스라엘을 구원하실 분이라는 점을 강조한다. 즉 이스라엘의 죄에 대한 심판 후의 하나님의 회복은 세상 나라, 특히 바벨론의 심판과 함께 취급될 주제이므로 1-26절을 같이 다룰 필요가 있다. 지금까지 대부분의 학자들은 1-11절을 서론으로 보았으나 그것은 구원사에 있어서 한쪽 면만을 보는 우를 범하게 된다. 구원사는 이스라엘의 회복과 그 이스라엘을 심판하는 데 도구로 사용되었던 나라에 대한 심판과 함께 나타나기에 1-26절을 최초의 서론으로 좀더 크게는 40:1-42:17을 40:1-56:8의 서론으로 보는 것이 합당하다 하겠다.

　　40:1-26에 후속하는 단락은 40:27-41:7(40:27-31+41:1-7)인데 이는 그 주제 면에서 40:1-26과 병행을 이룬다(A와 A'). 이 단락은 이스라엘의 "내 사정은 여호와께 숨겨졌으며 원통한 것은 내 하나님에게서 수리하심을 받지 못한다"라는 불평으로 시작되는데 이는 이스라엘의 죄악됨이나 그 연약성을 암시하고 있다. 반면 하나님은 이스라엘에게 새 힘을 주시는 강하신 분이시다. 이 단락은 기본적으로 A의 주제들의 변주곡이라고 할 수 있는데, 다만 A'에서 새롭게 나타나는 것은 이스라엘의 원통한 것이 하나님의 도구로 인하여 풀리게 된다는 것이다. 그 도구는 곧 '동방에서 일으킴을 받을 한 사람'이다. 열국은 이 사람 앞에 굴복하게 될 것이다.

　　A와 A'에 또하나의 병행 단락이 이어진다. A"인 이 단락은 41:8-29(8-20절+21-29절)인데 여기서 강조된 것은 이스라엘의 회복에 대해 하나님이 확신을 주신다는 것이다. 이것을 엄밀한 의미에서는 A"로 볼 수 없는데 왜냐하면 A와 A'처럼 죄론으로 시작하지 않기 때문이다. 8-20절은 8-13절과 14-20절 두 개의 유닛이 합해진 것으로 볼 수 있는데 이스라엘 회복 주제가 두 번 반복되고 있는 것이다. 35장에서 보였던 이스라엘의 회복에 대한 표상들이 41:18,19에 거의 다시 사용되고 있음으로 40장 이하는 사실 35장과 연결되고 있음을 보게 된다. 이전 단락에서 동방 출신으로 언급된 하나님의 도구 즉 '한 사람'은 북방에서 오게 될 것이라고 이 단락에서 다시 언급되고 있다. 부가하여 여기서 특기할 것은 이스라엘이 '나의 종'으로 표시되고 있다는 것이다. 40장 이하에서 나타나는 종은 번갈아 이스라엘, 선지자 이사야 자신, 한 사람(고레스), 그리고 메시아를 지칭하는데 사용되어 본문의 문학성을 풍부하게 한다.

　　이 단락 바로 뒤에 이어 나타나는 '나의 종'은 여호와의 메시아를 가리킨다. 여호와께서 그분의 신을 메시아에게 주심으로 그 메시아는 이방에 공의를 베풀게 될 것이다. 이 메시아

(42:1-9)는 백성의 언약과 이방의 빛이 될 것인데 그가 여호와의 종말론적 구원의 도구로 세움받는 존재다. 이 메시아로 인하여 새 일이 시행되고 그로 인하여 새 노래가 불린다. 땅끝까지(섬들)의 구원이 이루어지고(42:10-12), 한편으로 대적에 대한 심판이 이루어진다(42:13-17; 16절은 구원 내용). 그리하여 메시아로 인한 구원과 종말론적 구원-심판을 한데 묶어 42:1-17을 하나의 단락으로 볼 수 있다. 이러한 메시아를 신-인이신 예수 메시아가 아닌 다른 한 죄많은 인간이나 언약을 밥 먹듯이 파기한 집합적 이스라엘로 해석하는 것은 그 해석자가 자연주의자임을 자중하는 것이다. 한편으로 메시아는 먼저 동방 출신, 북방에서 오는 자로 예시되는데(이는 고레스를 시사)[57] 실체는 이렇게 예시하는 인물의 특성을 초월한 분으로 나타난다. 이것이 이사야서에서 메시아 예언이 제시되는 방법이다.

　　　여기까지를 전체적으로 보면 하나님의 구원사의 견지에서 하나의 완성된 단락을 이룬다. 즉 죄악으로 심판 받은 이스라엘이 하나님의 회복을 경험하고 그 이스라엘을 괴롭히던 열방은 하나님의 도구를 통해 심판을 받게 될 터인데 이것이 메시아가 오실 종말론적 시점으로 급이동하고 그 메시아로 인한 보편적 회복과 열방의 심판으로 비약되고 있다. 이 단락은 A'에서 시작된 죄에 대한 문제의 근본 해결을 담고 있으므로 A'에 부속된 것으로 봄이 옳다. 그러나 이것은 역시 크게는 회복과 심판을 담고 있으므로 앞 단락들에 대한 병행인 A'''로 볼 수 있는 것이다 (메시아라는 새 주제가 선두에서 강조됨으로 B로 볼 수도 있음). 이를 도표로 요약하면 다음과 같다 (단락이 연속될수록 들여쓰기를 한 것은 그 시점이 더 미래로 진전되었기 때문인데 마지막 단락은 앞 단락들보다 훨씬 종말론적이므로 많이 들여쓰기를 하였다).

짧은 단락 A 40:1-26 (40:1-11+40:12-26)
긴 단락　A' 40:27-41:7 (40:27-31+41:1-7)
　　　　　　+41:8-29 (41:8-20+41:21-29) (A''로 볼 수 있음)
　　　　　　　+42:1-17 (42:1-9 메시아+42:10-17) (A''' 혹은 B로 볼 수 있음)

　　　서론적 단락인 40:1-42:17은 죄악된 이스라엘이 포로를 겪은 후 위로 받을 것, 이스라엘을 그 동안 괴롭힌 우상 나라에 대한 심판 그리고 이것의 메시아 시대의 구원-심판의 종말론적 확대로 진행되었는데 42:18에 오면 다시 죄악된 이스라엘이 포로를 겪은 후 위로 받을 것이 다시 나온다. 40:1-42:17과 크게 병행을 이루는 42:18-46:7이 자리하는 것이고 이것이 제2변주다.

　　　42:18-46:7의 첫 단락 42:18-43:21은 42:18-43:7+43:8-21인데 이 두 하위 단락 중 전자는 이스라엘을 못 듣는 이과 맹인으로 부르며 시작한다. 그들은 많은 것을 볼지라도 유의치 않음

57　Allan A. MacRae, *The Gospel of Isaiah* (Harleysville, PA: Moody Press, 1977), 26: "Here God specifically claims that He Himself raised up a great conqueror. Although Cyrus came originally from the east, he conquered the regions north of Babylon before attacking that empire, so it is correct to say of him that he came from the north as well as 'from the rising of the sun'." (여기서 하나님은 당신 자신이 위대한 정복자를 일으키셨다고 구체적으로 주장하신다. 고레스가 비록 동쪽에서 왔을지라도, 그는 저 제국을 공격하기 전에 바벨론 북쪽 지역들을 정복하였으니 그러므로 그에 대해 '해 뜨는 데서부터 왔다'함과 아울러 북쪽에서 왔다고 말하는 것이 맞다. 필자의 졸역).

으로 도적에게 붙인 바 된다. 그러나 주님은 그들을 사랑하심으로 애굽, 구스, 스바와 같은 나라들을 속량물로 삼고 그들을 사방에서 모으실 것이다. 후자는 전자의 변주곡이라고 할 수 있겠는데 특별히 바벨론을 도망가게 하실 것이라는 예언이 강조되어 나타나 있다. 구원자 여호와께서는 새 일, 곧 사막에 강을 내심으로 그 백성을 위해 새로운 구원의 일을 시행하실 것이다.

42:18-43:21을 A라고 하면 그 다음에 오는 단락 43:22-44:20은 A'가 된다. 선행단락처럼 이 단락의 시작은 이스라엘의 죄를 회상하는 것으로부터 다시 시작되고 있고 그러나 주님은 이스라엘을 회복시키실 것이다(43:22-44:8). 여기에 우상숭배에 대한 내용이 뒤따라 붙는다(44:9-20). 즉 A에서는 이스라엘을 괴롭힌 바벨론에 대한 심판이 우세한 반면 A'에는 우상숭배가 강조되고 있다는 것이다.

A'인 43:22-44:20에 부가되어 이스라엘의 회개와 회복을 강조하는 단락 44:21-45:8이 온다. 이 단락은 직접적으로 이스라엘의 죄를 지적하기 보다는 이스라엘을 종으로 지칭하면서 하나님이 그들의 죄를 도말하셨으니 "너는 내게로 돌아오라"는 회개의 권면이 그 시작에 보인다. 그러면서 하나님은 예루살렘에 거민이 있을 것이고 유다 성읍들은 중건될 것이며 그분의 목자인 고레스를 일으켜 이 모든 일들을 하실 것을 선언하신다. 이것이 44:21-28의 내용이며 이어지는 45:1-8은 고레스를 다시 한번 강조하고 하나님은 그분의 택하신 종 이스라엘에게 의와 구원을 베푸실 것을 재차 언급하신다. 따라서 앞단락 44:21-45:8에 부속된 단락으로 이 단락을 볼 수 있고 그러나 A"로 볼 수도 있다.

여기에 이어서 단락 42:18-46:7을 마무리하는 45:9-46:7(45:9-15+45:16-46:7)이 온다. 이는 40:1-42:17의 마무리 단락 42:1-17과 비슷하다. 종말론적 구원과 심판이 나타나기에 앞의 단락들과 병행으로 보아 A"'로 볼 수 있지만 앞에는 나타나지 않던 메시아에 대한 예언이 나타남으로 B로도 볼 수 있는 단락이다. 그러나 본질적으로는 A' 43:22-44:20에서 제기된 죄론이 여기에서 마무리됨으로 A'에 부속된 결론으로 보는 것이 더 적합하다. 그렇게 되면 짧은 단락 A 42:18-43:21과 긴 단락 A' (43:22-44:20)+(44:21-45:8)+(45:9-46:7)의 형태가 된다.

45:9-46:7에서 45:9-15 특히 13-14절은 고레스에 대한 예언으로 생각될 수도 있다. 왜냐하면 "그가 나의 성읍을 건축할 것이며 나의 사로잡힌 자들을 값이나 갚음 없이 놓으리라"는 44장 말미와 45장 초반부에 보이는 고레스의 사명과 연결되기 때문이다. 그러나 13절a의 "내가 의로 그를 일으킨지라"는 42:6의 메시아 예언 구절의 시작부분, "나 여호와가 의로 너를 불렀은 즉…"과 거의 유사하다. 따라서 필자는 하나님의 구원 도구 고레스를 투영한 '메시아 예언'으로 보는 것이다. NIV는 45:13의 '그'를 '고레스'로 번역해버리고 각주를 달았는데 이것은 너무 경솔한듯 보인다. 그냥 '그'로 번역하고 각주에 이 사람이 '고레스'를 지칭하는 것 같다고 하는 것이 더 정직하다. 메시아 예언은 위에서 보았듯이 이런 식으로 기록, 전달된다. 예시하는 사람이 보이고 그 예시하는 사람의 어떤 측면을 사용하지만 이번에는 그 예시하는 사람의 인성과 사역을 초월한 신-인 메시아가 뒤따라오는 것이다. 이어지는 45:16-46:7은 선지서의 큰 단락의 마무리가 일반적으로 그러하듯이 내용에 있어서 굉장히 '빠른' 흐름을 나타낸다. 즉 다소 이질적인 내용이 번갈아가며 나타나는 것이다. 16절은 우상제조자의 멸망, 17절은 이스라엘의 구원, 20절

은 열방 중에서 피난한 자들의 구원, 22절은 땅끝의 모든 백성에 대한 권면, 24절은 여호와 대적자의 수치 당함을, 25절은 이스라엘 자손의 칭의가 보이는 것이다. 46:1-2는 우상 멸망, 3-4절은 이스라엘 집의 남은 모든 자의 구원, 5-7절은 구원하지 못하는 우상에 대한 언급이 이어진다. 즉, 메시아에 대한 예언에 이어 그 메시아 시대에 있을 종말적 범세계적 구원-심판을 보게 됨으로 여기에서 이 단락이 다시 일단락됨을 보게 되는 것이다. 이러한 논의를 위에서처럼 도표로 나타내면 다음과 같다.

짧은 단락 A 42:18-43:21 (42:18-43:7+43:8-21)
긴 단락 A' 43:22-44:20 (43:22-44:8+44:9-20)
　　　　　+44:21-45:8 (44:21-28+45:1-8 고레스) (A"로 볼 수 있음)
　　　　　+45:9-46:7 (45:9-15 메시아 +45:16-46:7) (A‴ 혹은 B로 볼 수 있음)

　　　42:18-46:7에 병행되는 46:8-49:26은 제3변주인데, A 46:8-47:15와 병행되는 A' 48:1-22 그리고 A'에 부속하여 결말을 짓고 있는 단락 49:1-26이 주목된다. 즉 짧은 단락과 긴 단락으로 역시 분석할 수 있다는 것이다.

　　　먼저 46:8-47:15는 46:8-13+47:1-15으로 나누어진다. 전자는 "너희 패역한 자들아"(46:8)라는 책망이 보임으로 이스라엘의 죄를 다시 언급한다. 그들은 옛적 일을 기억하고 유일하신 하나님께 나아와야 한다. 이 단락에서 특기할 것은 이름은 명시되지 않으나 고레스의 역할이 나타난다는 것이다. 그는 '동방의 독수리' 혹은 '먼 나라에서 나의 모략을 이룰 사람'으로 묘사되고 있다(46:11). 후자는 바벨론에게 초점을 맞춘 단락이다. 우상에 대해서, 이스라엘의 회복에 대해서 주제의 응집성을 보여주는 단락은 있으나 이렇게 바벨론에 대해서 거의 모든 묘사가 일관된 단락은 이것이 처음이다. 바벨론은 '열국의 주모'로 나타나며 '사치'와 '무역'의 나라, '진언'과 '많은 사술'의 나라로 묘사되어 있다. 이 나라는 멸망할 것이다. 46:8-13 이스라엘의 회복을 말하고 47:1-15가 바벨론 멸망을 자세히 예언함으로 이 둘은 합하여 하나의 구원사를 언급하고 있다고 하겠다.

　　　46:8-47:15와 병행되는 단락이 그 다음에 나타난다. 48:1-22(A')가 그것인데 이는 48:1-11+48:12-22로 볼 수 있다. 48:1-11은 다시 불의하고 완악한 이스라엘과 그들의 우상숭배의 죄를 고발하며 시작한다. 그러나 여호와께서는 고난의 풀무에서 그들을 택하였다고 하신다. 12-22절에는 다시 고레스가 에시된다. 14절외 "나 여호와의 사랑하는 자가 나외 뜻을 바벨론에 행하리니 그의 팔이 갈대아인에게 임할 것이라"는 고레스가 바벨론을 멸망시킬 것에 대한 예언이다. 이 예언은 여호와께서 밝히 말씀하신 것이요, 선지자 이사야는 그의 대언자가 되었다. 16절 하반절의 "이제는 주 여호와께서 나와 그 신을 보내셨느니라"가 선지자의 그 자신에 대한 언급임을 알 수 있고, 이는 메시아를 예시하고 있다 (참. 61장). 48:1-22는 선행단락만큼 바벨론에 대한 자세한 언급이 없다. 이미 앞에서 나타났던 병행되는 많은 다른 단락들처럼 이스라엘의 바벨론에서의 구출이 일반적인 선에서 묘사되었다고 할 것이다.

그 다음에 나타나는 49:1-26은 선행 단락 A'에서 제기된 문제가 메시아가 도래하심으로 해결됨을 알리는 단락으로서 1차적으로 A'에 부속된 것으로 볼 수 있다. 42:18-46:7 단락에는 죄론이 이끄는 두 단락 A와 A'가 나타난 다음에 '이스라엘 구원에 대한 내용'이 하나의 단락으로 주어진 다음에 메시아 시대의 종말론이 나타났는데 여기서는 A와 A'가 나타난 다음 이스라엘 구원에 대한 내용을 강조하는 하나의 단락은 생략되고 있다.

한편 이 단락 49:1-26은 종말론적 보편적 구원-심판을 담고 있으므로 A"로 볼 수 있지만 그 처음부분에 메시아에 대한 예언을 전시하고 있으므로 이전 단락과 병행으로 보지 않고 B로 볼 수 있다. 이 단락은 49:1-4, 5-8, 9-13+49:14-26로 볼 수 있는데 1-4절은 여호와의 종인 이스라엘로 시작하고 5-8절은 여호와의 종인 메시아로 진행되며 9-13절은 이스라엘의 회복으로 일단락된다. 1-4절을 5-8절과 묶어 함께 메시아 예언으로 볼 사람들도 있겠으나, 3절에 '내 영광을 나타낼 이스라엘'이 명시적으로 나타나기에 메시아로 보기 어렵다. 다만 이 이스라엘은 여호와의 참 이스라엘의 머리인 메시아를 예시하는 기능을 한다고 하겠다. 반면 5-8절이 메시아에 대한 예언임은 분명하다. 이 구절들에서 보이는 '종'은 '이방의 빛'이요 '백성의 언약'이 될 사람이고 42:6의 메시아 구절에 이미 한번 나타났던 예언이기 때문이다. 이 메시아에 의하여 이스라엘의 회복이 이루어질 것이다 (9-13절). 이어지는 14-26절은 시온의 회복을 다시 예언하고, 이 시온의 회복에 열방이 동참하게 될 것 (특히 22절 이하)과 그 대적자에 대한 심판이 묘사되었다. 말하자면 49:1-26은 메시아와 그로 인한 종말론적 보편적 구원-심판의 내용을 담고 있으므로 46:8-49:26 단락을 큰 구도 속에서 마무리하고 있다고 하겠다. *보통 다른 무수한 학자들은 40-48장까지를 한 묶음으로 보고 49-55장까지를 또 다른 한 묶음으로 보는데 이렇게 되면 구원사적 측면에서 일관성을 보이는 배열의 구조는 전혀 인식할 수 없게 된다. 사실, 50장부터는 이스라엘이 그 죄로 인하여 포로로 잡혀갔음을 다시 상기시키면서 그들의 구원을 언급하기 때문에 새로운 큰 단락의 시작을 알리고 있다. 메시아로 인한 종말을 알리는 49장에 50장의 내용, 즉 가까운 미래의 이스라엘의 포로 회복을 이어버리게 되면 지금까지 진행되어온 배열에 있어 시의 논리성을 깨버리게 되고 구원사의 순서에도 혼란을 주게 된다.* 46:8-49:26에 속한 단락들을 도표로 나타내면 다음과 같다.

짧은 단락 A 46:8-47:15 (46:8-13+47:1-15)
긴 단락 A' 48:1-22 (48:1-11+48:12-22)
　　　　　+49:1-26 (49:1-4 이스라엘,[58] 5-8 메시아, 9-13+49:14-26) (A" 혹은 B로 볼 수 있음)

---

58 여기서 '이스라엘'은 메시아를 예시하는 기능을 하기는 하지만, 이 '이스라엘'은 곧바로 '메시아'로 보는 것이 더 합당하다. Barry Webb, *The Message of Isaiah: On Eagles' Wings*, The Bible Speaks Today (Nottingham: Inter-Varsity Press, 1996), 193-4: "…Here in chapter 49 he looks rather more like a prophet. Like Jeremiah, he was called even before he was born (1b). His weapon is the word of God that issues from his mouth like a sharp sword (2)…His name is *Israel*! But how can this be, since, as we have already seen, a key aspect of his mission is to restore Israel to a proper relationship with God (5)? We are forced back to the tentative conclusion we reached in chapter 42, that he is a figure who embodies all that the nation of Israel was called to be, and therefore one who is truly worthy of the name - God's perfect Servant. As such he is far greater than Jeremiah, or any other Old Testament prophet for that matter. He is the

40:1-56:8의 마지막 큰 단락인 50:1-56:8은 제4변주로서, 선행하는 세 단락들 (40:1-42:17; 42:18-46:7; 46:8-49:26)과 병행을 이룬다. 앞 단락들 각각과 마찬가지로 이 단락도 이스라엘의 죄와 바벨론 포로 회복으로 시작하고 그 마지막은 메시아와 그 시대의 종말론적 보편적 구원-심판의 내용으로 마무리하고 있기 때문이다. 이 단락의 마지막은 우리가 잘 알고 있듯이 고자나 이방인들도 다 하나님의 백성으로 가입될 것이 예언되고 있다. 그런데 50:1-56:8의 단락의 내용은 선행 병행단락들보다 더 시간적으로 진전되어 있는 것이 사실이다. 왜냐하면 예를 들어, 이스라엘의 포로 회복을 말하면서도 만민의 심판이 연결되어 나타나고 (51:5), 우주적 격변도 보이며 (51:6), 라합과 용에 대한 심판이 예기되며 (51:9), 보통 선지서들의 큰 단락에 있어 마지막 부분이 흔히 그러하듯이 역사에 있어서 중요한 사건들 (예. 창조, 에덴동산, 노아의 홍수, 아브라함과 사라, 출애굽, 다윗 등)에 대한 회상이 이 단락에도 나타나기 때문이다.

먼저 첫 단락 50:1-52:12는 50:1-3에 이스라엘이 죄악으로 인하여 팔렸다는 내용, 4-9에 선지자 이사야의 핍박 받음 (이는 52:13-53:12종-메시아의 핍박 받음을 예시함), 10-11에 하나님을 의지하라는 권면과 적대자들에 대한 심판이 짧게 이어지고 있다. 그리고 이러한 내용에 이어 51:1-11+51:12-23+52:1-12의 세 유닛이 붙어있는데 이것들은 모두 시온의 회복, 즉 포로에서 놓임에 대한 세 개의 병행 본문으로 볼 수 있다. 이 중에서 51:1-11은 여호와께서 아브라함이 혈혈단신이었을 때에 그에게 복을 주어 창성케 하셨듯이 시온을 위로할 것이라는 내용이 나온다. 하나님의 의와 구원이 가까웠기에 만민은 심판을 받을 것이고 섬들은 주님을 앙망하게 될 것이다. 여기에 이어 선지자가 "여호와의 팔이여, 깨소서! 깨소서"라고 외치며 기도하는 대목이 나오고 출애굽 모티프를 사용하면서 여호와께 구속된 자들이 시온으로 돌아올 것이 예언되어 있다. 12-23절은 결박된 포로가 속히 놓일 것을 말하며 "여호와의 손에서 그 분노의 잔을 마신 예루살렘이여, 깰지어다! 깰지어다!"라는 촉구가 나타난다. 그리고 앞으로는 여호와께서 그 분노의 잔을 거두시고 다시는 이스라엘로 마시지 않겠다는 회복의 내용이 이어진다. 52:1-12는 "시온이여, 깰지어다! 깰지어다!"가 그 서두에 나타나면서 예루살렘에 할례 받지 않은 자나 부정한 자가 들어옴이 없을 것, 즉 성(城)의 성성(聖性)이 회복될 것이 보인다. 하나님의 통치가 선포되며 시온을 향하여 좋은 소식이 공포될 것이다. 여호와께서 열방의 목전에서 그의 거룩한 팔을 나타내심으로 이스라엘은 (바벨론에서) 나오게 될 것이다.

내용상 이 단락은 앞에 나타났던 병행 단락들과는 달리 우상숭배에 대한 탄핵보다는 바벨론에서의 구원이 우세하다. 그리고 여기서 바벨론은 이스라엘을 징계하는 진노의 진으로 묘사되었다. 그러나 이스라엘은 바벨론을 두려워할 필요가 없다. 그들은 죽을 사람이요 풀 같은

---

prophet *par excellence*…" (…여기 49장에서 그는 보다더 선지자처럼 나타난다. 예레미야처럼 그는 태어나기도 전에 부름을 받았다 (1절 하반절). 그의 무기는 예리한 검처럼 그의 입에서 나오는 하나님 말씀이다 (2절)…그의 이름은 '이스라엘'이다. 그러나 우리가 이미 본 것처럼 이것 곧 그의 사명의 핵심이 하나님과의 관계를 제대로 이스라엘이 회복하도록 하는 것임을 어떻게 알 수 있을까? (5절) 우리는 42장의 임시적 결론으로 되돌아 가보도록 강권함을 받는다. 즉, [그 결론은 한 인물인데 그는 이스라엘 나라의 모든 자들을 구현할 한 인물로 부름 받게 될, 그래서 하나님의 완전한 종이라는 그 이름에 진실로 합당할 분이시다. 이와 같이 그는 예레미야보다 또는 그 [이스라엘 회복의] 일에 있어 구약의 어느 선지자보다 너무나도 위대한 분이시다. 그는 최고의 의미에서 그 선지자이시다… 필자의 졸역/의역).

인자에 불과하기 때문이다. 51:1-11; 51:12-23; 52:1-12 이 세 병행되는 단락은 특별히 '깨소서!'나 깰지어다!'가 나타남으로 연속성을 지닌다(같은 히브리어 어근 사용).

이어서 앞 단락에 부속되어 있는 단락 52:13-54:17가 보인다. 이 단락은 앞 단락에서 나타난 죄론에 대한 해결, 곧 메시아로 인한 구원과 심판을 담고 있으므로 본질적으로 앞 단락에 붙어 있다. 그러나 구원-심판만 가지고 보면 앞 단락과 병행을 이루기에 A'로 볼 수 있고 메시아라는 새로운 주제 때문에 B로도 볼 수 있다. 이 단락은 52:13-53:12+54:1-17로 구분된다. 52:13-53:12는 메시아 예언(55:4-5에 그의 구원 사역의 범위가 전세계적으로 확대될 것이 나타남)인데 여기에 보이는 고난 받는 종은 앞에서 예시된 이사야 선지자의 핍박 받음의 표상을 이어받고 있다. 이는 마치 열방을 치고 이스라엘을 회복시키는 *고레스의 표상이 메시아의 표상으로* 이어져 그에 대한 예언으로 사용되었던 앞 단락의 형편과 비슷하다고 하겠다. 이러한 메시아 예언의 전달, 기록 방식을 모르면 52:13-53:12의 메시아를 한낱 인간이나 이스라엘로 이해하는 수준에 머무르게 된다. 메시아 시대의 종말론적 회복과 심판은 54:1-17에 나타난다. 이러한 회복-심판을 가지고 앞 단락 50:1-52:12와 52:13-54:17을 병행 (A')으로 볼 수 있지만 52:13-54:17에는 메시아라는 새로운 주제가 나타나기에 B로 봄이 바람직하겠다. 메시아 시대가 오면 노아의 홍수와 같은 심판 대신 하나님의 인자와 긍휼이 나타날 것이다. 안위를 받지 못하던 자는 이제 여러 보석들로 단장될 것이다.

이어서 A에 역시 부속되어 있는 단락 55:1-56:8이 보인다. 이 단락도 죄론이 없고 메시아로 시작하고 보편적 구원이 오기에 본질적으로 A에 부속한 단락으로 보는 것이다. 그러나 직전 단락처럼 A'' 혹은 B'로 볼 수 있는 것은 이 단락도 바로 전 단락인 52:13-54:17과 비슷하게 메시아 예언-종말론적 회복의 내용으로 구성되어 있기 때문이다. 바로 전 단락의 분량에 비하면 비교적 짧지만 메시아 예언(55:1-5; 앞단락들에서 출현하였던 '종'이 곧 고난 받는 종일 뿐만 아니라 '다윗의 후손'이라는 사실, 즉 그는 메시아-왕이시다)이 보이고 그 다음에 회개 권면과 말씀 성취에 대한 확실성(55:6-13), 그리고 종말론적 보편적 회복(56:1-8)이 오기 때문이다. 병행하는 앞의 세 단락 40:1-42:17; 42:18-45:25; 46:1-49:26과 달리 선지자의 핍박 받음, 메시아의 고난, 만민의 중거로 세움 받는 메시아 등의 내용을 담고 있는 것이 이 단락 50:1-56:8의 특별한 점이라 할 것이다. 끝부분에 보이는 여호와께 연합한 이방인과 여호와의 언약을 굳게 잡는 고자들의 구원에 대한 개념은 앞단락들에 보이지 않던 것이다. 그러나 그렇다고 해서 이 점으로 56:1-8을 그 다음의 큰 단락의 서론으로 봄은 큰 실수를 하게 되는 것이다. 그 이유는 첫째로는 메시아 시대의 종말론적 보편적 구원을 나타내는 본문이 선행 단락들의 마지막처럼 이 단락에서도 마지막에 와야 일관성을 이루게 되기 때문이고, 둘째로는 하나의 새로운 단락의 초두에는 이스라엘의 죄에 대한 책망과 심판 그리고 구원이 새로이 전개되어야 하는데 56:1-8은 전혀 그런 내용이 아니기 때문이다. 이스라엘의 죄에 대한 책망과 심판은 실제로 56:9부터 시작된다. *따라서 B. Duhm이 56-66장으로 새 단락을 묶은 것은 책의 내용 배열에 있어 일관성을 심각하게 손상시키는 것이 된다.* 많은 학자들이 이 구분을 지금도 좇아가고 있는데 이것은 이사야서를 이해하는 데에 치명적인 오류이며, 56:1-8의 회복 내용과 이사야서 맨 마지막과 인클루시오

로 보는 것도 또한 현저한 실수로 보인다.[59] 왜냐하면 앞에서도 충분히 보았듯이, 선지자 이사

59 Joseph Blenkinsopp, *Isaiah 56-66*, AB (New York: Doubleday, 2003), 130ff: "On the other hand, the many points of linguistic and thematic similarity between 56:1-8 and 66:15-24 suggest a deliberate intent at creating a framework for these last 11 chapters, a point on which most commentators would agree. This well-attested technique of "bracketing" makes the point that the material enclosed within the brackets is in some respects one text with a distinctive point of view. This matter will call for discussion again when we reach the last section of the Commentary, but for the moment the main points of overlap may be listed: Servants of YHVH appear in both passages (66:14; 56:6); an imminent intervention in salvation and judgment is foreseen (66:15-16; 56:1), which will be preceded by the gathering in (verb stem *qbs*) of all nations (66:18; 56:8); symbolically central is "my holy mountain" (*har qodsi*, 66:20; 56:7), also known as YHVH's house (*bet YHVH*, *beti*, 66:20; 56:5, 7); foreigners are qualified to serve (verbal stem *srt*) as cult ministers (66:21; 56:6); and, not least, the observance of Sabbath is the principal criterion for adherence to the Jewish faith and Jewish observance (66:23 cf. 56:2, 4, 6)." (다른 한 편으로 언어적으로 주제적으로 많은 점에서 비슷한 56:1-8과 66:15-24는 이 열한 개의 장들 [56-66 장]이 의도적으로 [이사야서의] 앞뒤를 이루는 틀로 의도되었음을 시사하는데 이 점은 대부분의 주석가들이 동의하는 바 다. 앞뒤를 감싸는 '괄호'와 같은 이러한 잘 확인된 테크닉을 통해 다음과 같은 점을 보여준다. 즉, 이 괄호들 내에 둘러쌓인 내용 [56:1-8과 66:15-24]은 몇 가지 점들에 있어 하나의 뚜렷한 관점을 지닌 텍스트이다. 이 내용에 대해서는 본 주석의 마 지막에 가서 다루겠지만, 이 시점에서 오버랩되는 그 주된 요점들을 다음과 같이 열거될 수 있을 것이다. 곧, 여호와의 종들 이 양 본문에서 보인다 [66:14; 56:6]; 구원과 심판에 있어서 [하나님의] 즉각적 개입하심이 예기된다 [66:15-16; 56:1]. 여기 에 이어서 모든 민족들을 모으심 [동사 어간 *qbs* 사용] [66:18; 56:8]이 있을 것이고; 상징적 중심 처소인 "내 거룩한 산" [*har qodsi*, 66:20; 56:7], 이는 또한 여호와의 집으로 알려져 있다 (*bet YHVH*, *beti*, 66:20; 56:5, 7); 제사를 드리는 사역자들로서 [66:21; 56:6] 이방인들이 봉사할 자격을 얻게 된다 [동사 어간 *srt* 사용]; 그리고 가장 사소한 것이라고 할 수 없는, 안식일 준 수가 유대인의 신앙을 고수함과 유대인의 [율법] 지킴의 우선적 표준이라는 것이다 [66:23; 비교. 56:2, 4, 6]. 필자의 졸역). 장세훈, *한 권으로 읽는 이사야서* (서울: 이레서원, 2004), 245f:

    A 열방이 참여하는 종말의 예배(56:1-8)
     B 두 공동체(의인과 악인)의 운명(56:9-58:14)
      C 남은 자를 위한 탄식(59:1-15a)
       D 거룩한 전사(59:15b-21)
        F 이스라엘의 영광과 회복(60-62장)
       D' 거룩한 전사(63:1-6)
      C' 남은자를 위한 탄식(63:7-64:12)
     B' 두 공동체(의인과 악인)의 운명(65:1-66:17)
    A' 열방이 참여하는 종말의 예배(66:18-24)

Andrew T. Abernethy, *The Book of Isaiah and God's Kingdom: A Thematic-Theological Approach*, New Studies in Biblical Theology 40 (Downers Grove, Il: InterVarsity Press, 2016), 84:

    A. *Faithful outsiders to be in God's service upon salvation (56:1-8)* 신실한 이방인들이 하나님의 구원의 봉사에 들어올 것
     B. Confronting the faithless insiders with judgment and assuring the faithful with salvation (56:9-59:8) 신실하 지 않은 유대인들이 심판을 맞음 및 신실한 자들이 구원을 확인함
      C. Prayer for forgiveness and restoration (59:9-15a) 용서와 회복을 위한 기도
       D. The warrior king redeems the repentant and judges the wicked (59:15b-21) 전사이신 왕께서 회개하는 자들을 구속하시고 악인들을 심판하심
        E. Zion's international renown amid King YHWH's glory and his messenger (60-62) 왕이신 여호와의 영 광과 그분의 메신저 가운데 시온의 국제적 명성이 나타남
       D.' The warrior king judges the wicked (nations) to secure his redeemed (63:1-6) 전사이신 왕께서 그분의 구속하신 자들을 보호하시기 위해 악한 (나라)을 심판하심
      C.' Prayer for forgiveness and restoration (63:7-64:12[11]) 용서와 회복을 위한 기도
     B.' Confronting the faithless insiders with judgment and assuring the faithful with salvation (65:1-66:17) 신실 하지 않은 유대인들이 심판을 맞음 및 신실한 자들이 구원을 확인함

야는 이런 식으로 저술-편집하지 않기 때문이다. 만약 50:1-56:8의 마지막 부분 즉 56:1-8을 이사야서의 마지막 부분과 프레임을 이루는 것으로 본다면, 40:1-42:17; 42:18-45:25; 46:1-49:26의 마지막 부분에 나타나는 '보편적' 회복의 내용도 성전, 제사와 같은 주제를 지니지는 않으므로 완전히 꼭 들어맞는 것은 아니라해도 각각 이사야서의 끝부분 (즉, 65-66장)과 프레임을 이룰 수 있게 될 것이다. 그러나 이렇게 이러한 단락들의 끝부분과 65-66장을 대응하는 것으로 분석해버리면 구조에 있어서 혼란만 가중될 뿐이고 논리적 일관성이나 구원사적 순서는 망실 되어버린다. 50:1-56:8이 포함하는 단락들을 도표로 나타내면 다음과 같다.

A 50:1-52:12 (50:1-3, 4-9 선지자, 10-11+51:1-11+51:12-23+52:1-12)

  +52:13-54:17 (52:13-53:12 메시아+54:1-17) (A' 혹은 B로 볼 수 있음)

  +55:1-56:8 (55:1-5 메시아+55:6-13+56:1-8) (A" 혹은 B'로 볼 수 있음)

   결론적으로 40:1-42:17; 42:18-45:25; 46:1-49:26; 50:1-56:8은 병행단락으로서 주요 문학적 주제들도 반복을 이루고, '신론과 죄론, 심판/구원, 메시아, 종말론적 심판/구원'이라는 동일한 신학적 패턴을 보이며, '이스라엘 회복/바벨론 심판(다른 나라 왕을 통해)-메시아를 통해 종말론적 이스라엘과 열방 심판과 회복'이라는 구원사적 경륜을 각 단락이 동일하게 전시하며, 먼 미래의 바벨론 포로 회복에서 아주 먼 미래의 회복으로 선지자의 시점이 똑같이 이동하고 있다. 56:8이 단락의 끝이라는 것을 인식한 몇몇 보수주의 학자들의 분석은 뛰어난 것이나[60] 이와 같은 신학적 구조적 패턴을 찾지는 못한 것이 아쉽다. 이러한 내용의 일관된 전개는 28-35장의 각 단락에서 보았던 것과 아주 유사하다. 물론 28-35장은 8세기의 현실의 이스라엘의 죄에서 시작함으로 40장-56:8과는 약간 차이가 있다. 그러나 기본적인 전개에 있어서는 아무런 차이가 없는 것이다. 특히, 28-35장의 각 단락의 후반부에 나타나는 메시아와 그로 인한 종말론적 심판과 구원의 내용은 40장-56:8에서도 그대로 나타난다.

   Duhm이 40-55장을 한 단락으로 끊어 놓았기 때문에 후학들은 그 테두리 내에서 열심히 이사야서의 일관된 구조를 찾으려 애썼다. 그러나 그 결과는 전혀 만족스럽지 못하다.[61]

   A. ' Faithful outsiders to be in God's service upon salvation and judgment (66:18-24) 신실한 이방인들이 하나님의 구원과 심판의 봉사 속에 들어올 것

   60 MacRae, *The Gospel of Isaiah*; 한정건, *이사야의 메시아 예언 II: 종의 노래* (서울: CLC, 2012); Kirk Patston, *Isaiah: Surprising Salvation*, Reading the Bible Today Series (Sydney South: Aquila Press, 2010).

   61 "Isa 40-53 has a chiastic macro-structure with five cycles, which display alternately a chiastic and a parallel arrangement of their respective units:

      40:1-2 Prologue 프롤로그

    Cycle 1 40:3-42:17 Return to Jerusalem 예루살렘으로의 귀환

     Cycle 2 42:14-44:8 Babylon's fall (predicted) 바벨론의 멸망 (예기됨)

      Cycle 3 44:9-46:2 Cyrus 고레스

     Cycle 4 46:3-48:21 Babylon's fall (realized) 바벨론의 멸망 (성취됨)

    Cycle 5 48:20-52:12 Rebuilding of Jerusalem 예루살렘 재건

      52:13-53:12 Epilogue 에필로그

문제는 56:1-8에 대한 Duhm의 주해다. 지면을 아껴야 하기 때문에 여기서 56:1에 대한 그의 주해를 상고해 보자. 56:1을 두 부분으로 나누면, 1a "여호와께서 이와 같이 말씀하시기를 너희는 정의를 지키며 의를 행하라"; 1b "이는 나의 구원이 가까이 왔고 나의 공의가 나타날 것임이라"인데 Duhm은 이 1a를 가지고 제3이사야는 행위의 의를 부르짖는 자였다고 한다(!). 그는 1b에 대해서도 1a와 연결시켜 행위의 의로 설명한다. 즉 제3이사야는 하나님의 의를 선포한 제2이사야와는 다른 신학을 가진 사람이었다는 것이다(!)[62] 이러한 주해는 너무나 기상천외한

Laato has in fact discussed only the composition of Isa 40-53, for the last two chapters are considered to be 'a summary' which 'does not belong to the macro-structure of Isaiah 40-55' (208 &222)', and he does not elaborate on how Isa 54 &55 are related to the preceding literary entity. (라토는 사실상 사 40-53장까지만 다루었고, 마지막 두 장에 대해서는 '요약'으로 보았는데, 이 두 장은 40-55장의 거시구조에 포함되지 않는 것으로 생각했다. 필자의 졸역)" A. Laato, "The Composition of Isaiah 40-55," *JBL* 109 (1990: 207-28); cited in Stephen Lee, *Creation and Redemption in Isaiah 40-55*, Jian Dao Dissertation Series 2 (Hong Kong: Alliance Bible Seminary, 1995), 168.

62　"Even in verse 1, the difference between the "second" and "third" Isaiahs is said to be apparent. This difference comes to light in the command, "Keep ye justice and do righteousness". According to Duhm, this is work-righteousness, and not the RIGHTEOUSNESS OF GOD of which the "second" Isaiah speaks. In verse 1b, indeed, the word righteousness (*tzedakah*) is used more in accordance with "second" Isaiah, and hence with a different connotation from that which it bears in 1a. Nevertheless, even in 1b what the author intends primarily to set forth is the condition in which the cult comes to honor, the unworthy ones and heretics are driven out and punished, and the Jews who are true to the Law come into their own, dedicate themselves wholly to the priestly functions and so fulfill all righteousness, they are preparing themselves for the time of God's righteousness.... 56장 1절까지도 제2이사야와 제3이사야 간의 차이가 분명히 언급된다는 것이다. "너희가 공평을 지키고 의를 행하라"는 명령에 비추어 볼 때 이 차이가 나타난다는 것이다. Duhm에 의하면 여기서의 의는 제2이사야가 언급하는 하나님의 의가 아니라 행위의 의라는 것이다. 참으로 1절b ("나의 구원이 가까이 왔고 나의 의가 쉬 나타날 것임이라")는 제2이사야와 더 일치하여 사용된 의이고, 고로 1절a와는 다른 뜻을 내포한다는 것이다. 그럼에도 불구하고 1절b에서조차 저자가 우선적으로 확립하기를 의도하는 것은, 제사가 영광스럽게 되고 무가치한 자들과 이단들은 몰아내어 심판하고 율법에 대해 진실한 유대인들이 그들이 지닌 것 속으로 들어가서 전적으로 제사장적 역할에로 그들 자신을 헌신하고 그래서 모든 의를 완성하고 하나님의 의를 위해 그들 스스로를 준비시킬 상태라는 것이다…When Duhm asserts that the author of 56:1 is speaking of a work-righteousness, he has completely missed the point of the verse. The prophet does not intend to say, "Obey my commands, and if your obedience proves to be meritorious, then I shall save you". The idea of salvation by works of human righteousness is utterly foreign to every part of the Old Testament. What the prophet means to say is, "Now is the accepted time, now is the day of salvation; therefore, seek the Lord". If he were writing in terms of the New Testament, he might say that the manner in which men are to seek the Lord is by believing in Christ. He writes, however, in common with the other authors of the Old Testament, "Obey the voice of the Lord. Give ear to His revelation and act in accord therewith". The thought is in complete harmony with the utterance of Isaiah elsewhere, "Learn to do well; seek justice, relieve the oppressed, judge the fatherless, plead for the widow". In other words, the true follower of the Lord must manifest the sincerity of his profession by his manner of life. The Lord requires righteousness upon the part of those who are His. Duhm이 56:1은 저자가 행위의 의를 말하는 것이라고 확언할 때 그는 그 절의 요점을 완전히 벗어난 것이다. "나의 명령들을 순종하라 그리고 너의 순종이 공로가 있는 것으로 증명이 되면 그때 내가 너를 구원하리라"고 말하려고 선지자가 의도한 것이 아닌 것이다. 인간적 의의 행위들에 의해 구원받는다는 사상은 구약의 모든 부분부분에서는 전혀 이질적인 사상이다. 선지자가 말하려고 한 것은, "지금이 주님께서 받으실 때다, 지금이 구원의 날이다. 그러므로 주님을 구하라"인 것이다. 신약적 용어로 그가 저술하고 있었다면 주님을 구하라 대신 그리스도를 믿으라는 식으로 말했을 것이다. 그러나 그는 구약성경의 다른 저자들과 공통적으로 "주님의 음성에 순종하시오, 그의 말씀(계시)을 청종하시고 그 말씀을 따라 행하시오"라고 쓰고 있다. 이러한 사상은 이사야서의 다른 부분의 말씀과 완전히 조화를 이루는데, "잘 행하기를 배우고, 공평을 구하고, 압박받는 자를 해방하고, 고아를 바르게 재판하고 과부를 신원하라"와 완전한 조화를 이룬다. 달리 말하자면, 주님을 진실로 좇는 사람은 삶으로 그의 신앙 고백의 신실함을 나타내야 한다는 것이다. 주님은 그분의 소유인 사람들 편에 의를 요구하

것이고 Young의 판단처럼 보증될 수 없는 논리다. 그는 자기의 제3이사야 논지를 위해 56:1-8을 교묘하게 이용하였다. 이 본문은 행위의 의를 주장하는 것이 아니라 메시아를 기다리며 회개하고 회개를 통해 공의의 열매를 맺어야 할 것을 말하고 있다. 안식일과 할례를 강조하는 '극단적 특수주의자' 제3이사야는 Duhm의 가공의 인물에 지나지 않는다. 56:1-8은 포로후기(느헤미야 시대 어간)의 내용으로 볼 수 없다.[63] 오히려 이것은 아주 먼 미래 메시아 시대를 내다보고 있다. 이방인의 안식일 성수 그리고 고자들의 성전 예배는 모두 메시아의 도래로 말미암은 구원 범위의 보편적 확대를 시사하는 것이다. 여기서 안식일은 법 조항으로서의 좁은 의미가 아니라 여호와의 구원(의)의 시행인 예수 그리스도의 안식에 대한 상징이며, 고자들에 대한 언급은 율법적 제한을 상회하는 하나님의 은혜의 제유다. 이것은 40장-56:8의 네 병행단락들의 말미에 공통적으로 오는 내용들이다.[64]

흥미로운 것은 이사야서의 네 거대병행단락들의 중앙에 있는 두 단락들, 즉 5-27장과 28장-56:8이 서로 대응되는 주제들을 지닌다는 것이다 (1-4장과 56:9-66장의 단락들은 각각 서론과 결론 역할을 하는 짧은 단락). 나라들에 대한 하나님의 심판과 구원으로 보면, 크게 이스라엘에서 앗시리아로, 앗시리아에서 바벨론으로, 바벨론에서 땅끝 (열방 혹은 만민)으로 구원사적 주제들이 순서매김된다. 만약 자유주의자들처럼 40-55장을 잘라서 다른 시대의 다른 저자의 작품으로 볼 경우는 이러한 측면이 사라져버리게 된다(!). 아래를 보라.

5-27장	28장-56:9
남 유다와 북 이스라엘 (에브라임)	에브라임과 아리엘 (예루살렘)
앗시리아 (10장)	애굽 (30, 31장)
바벨론 (13, 14장; 21장; 23:13)	앗시리아 (36-38장)
애굽 (20장)과 이방 나라들	바벨론 (39장; 40:1-11; 46:1-3; 47장 등)
온 세상 (24:15-16; 25:6-8 등)	온 세상 (45:22; 49:6; 56:1-8 등)

3.2.4 56:9-66장의 신학적 특징과 구조

56:9-66장이 하나의 단락인 것은 몇 가지 점에서 분명하다. 첫째, 유다의 죄에서 시작한다. 56:9, 58:1, 그리고 59:1에서 죄가 시작되는데 여기서 언급하는 죄는 *1-4장, 5-27장, 그리고 28장-56:8의 서두에서 취급하던 죄*들이다. 둘째, 짧은 두 개의 단락(죄-심판-회복) 다음에 나타나는 긴 단락은 죄에서 시작하다가 '선지자의 회개-여호와의 대답'이 두 번(59:9-63:6; 63:7-66장)에 걸쳐 반복됨으로 전체의 결부를 장식한다. 이 때 59:9-63:6에는 메시아에 대한 예언이

시는 것이다." Young, *Studies in Isaiah*, 47-61 (필자의 졸역).

63 많은 사람들이 Duhm의 학설에 영향을 입음으로 사 56:1-8을 잘못 주해하였다. 예. 마빈 스위니, "이사야서의 해결되지 않은 과제들," 정석규 역, 구약논단 19(1), 2012: 230-1.

64 56:1-8을 소위 제3이사야의 첫부분이라는 것을 전제한 본 구절의 주해나 신학적 탐구는 둠의 한계를 넘지 못한다. 비록 영 박사의 논의 (이 본문이 종말론 관련 본문이라는 점)를 인정한다고 해도 둠 속에 갇혀 있는 한 이 본문의 적확한 주해는 누구에게든 뜬구름 잡는 것으로 남아 있을 수밖에 없다. Cf. 김동혁, "제3이사야의 안식일 신학: 이사야 56장 1-8절과 58장 13-14절에 대한 주석적 연구," 구약논단 68 (2018): 12-36.

두 번 나타나고 종말론적인 심판과 회복이 온다. 단락의 중후반부에 메시아가 나타난 것은 40장-56:8의 네 개의 병행 단락에서도 같은 현상이었다. 63:7-66장은 특히 회복에 있어서 새 하늘과 새 땅, 구원의 범위가 이방인들에게까지 확대됨으로 40장-56:8에 속한 네 개의 병행 단락의 말미의 내용과 일치한다. 셋째, 1-4장에서 나타났던 위선적 예배 주제가 56:9-66장에서 위선적 금식 주제로 대응을 이룸으로 인클루시오를 보인다는 것이다.

　　　Duhm은 56:1-8이 후속 구절들과 직접 연결되지는 않는다고 보아 이 구절들이 어느 정도 분리되어 있음을 시사했지만 56:1-8을 55장에 이어서 보지는 않는 치명적 실수를 범했다. 오히려 Duhm은 56:1-8을 56-66장의 서두에 오는 내용으로 보면서 제3이사야의 성격을 억지로 규정하였다.[65] 그러나 이렇게 하면 40장-56:8과 56:9-66장의 두 단락이 각각 가지고 있는 문학적, 신학적 일관성이 모두 깨지고 만다. 이런 일관성을 깬 구조 분석을 오늘날의 편집비평가들 그리고 정경비평가들이 심각한 검토 없이 마치 공리처럼 사용하여 자신들의 신학을 전개하는 것은 반드시 재고되어야 할 것이다. Duhm의 구조 분석을 따르면 선지자의 예언에 있어서의 시공

---

65 "The devout and careful reader of the Bible will probably not discover any hiatus between 55 and 56. In chapter 55 he will have read of the life-giving waters, available to all who thirst. The Messiah has been set forth as a witness of the truth and a commander of the nations. Hence, many nations which previously had not known the truth will acknowledge him. Indeed, they are encouraged to come, while the Lord is near. The mercy of the Lord and His transcendence should also encourage the sinner, for the word that the Lord has spoken will not return to Him void. The righteousness of God, continues chapter 56, is to be fully revealed, and the distinctions of the old dispensation are to be done away. All those, whoever they may be, who exhibit faithfulness to that which God has required, will be received and blessed of Him. 헌신되고 주의 깊은 성경의 독자라면 이사야서 55장과 56장 사이를 끊어 읽을 수 있을까. 그 독자는 55장에서 목마른 자들이면 누구나 마실 수 있는 생수에 대해 읽을게다. 메시아는 진리의 증인으로, 모든 나라들을 이끄시는 분으로 제시되고 있다. 따라서 진리에 대해 이전에는 알지 못하던 많은 나라들이 그분을 인정하게 될 것이다. 과연, 주님께서 가까이 계신 동안 나아오도록 열방은 격려 받는다. 주님은 불쌍히 여기심과 그의 초월성으로 죄인들을 또한 격려하실 것인데 왜냐하면 주님이 말씀 하신 것은 헛되이 그분께로 다시 돌아오지 않을 것이기 때문이다. 56장에는 계속해서, 주님의 의가 온전히 드러날 것이고 옛 세대의 차별들은 사라지게 될 것을 말씀한다. 하나님이 바라시는 것에 대해 신실하게 순종하는 모든 사람들은 그들이 누가 되었든지 간에 그분께 받아들여지게 되고 복된 존재가 된다는 것이다. With Duhm, however, the plain meaning of the text is not to be accepted. With chapter 56 we find ourselves in the presence of a post-exilic author. The Temple has long been built and Jerusalem is inhabited. Nevertheless, a tragic situation prevails. The leaders of the people do nothing; the rich oppress the poor and the truly pious ones are dying out. The Lord is ready to help. He has no human instrument (like the Cyrus of "second" Isaiah), but will Himself intervene against the enemy, the schismatic heretics of Jerusalem. 그러나 Duhm에게 있어 이러한 본문의 분명한 의미는 받아들여질 수 없다. 56장에서 우리는 포로기 이후의 저자를 만나게 된다는 것이다. 성전은 오랫동안 건축되었고 예루살렘에는 거민이 있다. 그럼에도 비극적인 상황이 압도적이다. 백성의 지도자들은 아무 일도 안하고 부자들은 빈자들을 밟고 진짜 경건한 자들은 죽어나간다. 주님이 도우실 시간이다. 주님에게는 (제2이사야의 고레스 같은) 인간적 도구가 없으시지만, 예루살렘의 분파주의적 이단들 곧 그 대적을 치시려고 그분 자신이 개입하실 것이라고 한다. According to Duhm, 56:1-8 is a doctrine (Thora) relating to the admission into the cultus of the foreigners and eunuchs. It has a superficial connection with "second" Isaiah, but no connection with what follows. This fact, however, should cause no surprise, since it is a common characteristic of the "third" Isaiah. Duhm은 56:1-8을 외국인들과 고자들의 제사 참여와 관련한 교리라고 한다. 이 구절들의 내용은 제2이사야와 피상적인 연결성이 있으나 후속하는 구절들과는 아무 연결성이 없다. 그러나 놀랄 것이 없는 것이, 왜냐하면 이것이 바로 제3이사야의 일반 특징이기 때문이라 한다." Ibid., 47-8 (필자의 졸역).

적 확장 방식도 외면하게 된다. 아래의 도표를 보라.[66]

짧은 단락 A 56:9-21 죄, 심판, 회복
짧은 단락 A' 58:1-14 죄, 심판, 회복
긴 단락   A" 59:1-8 죄+59:9-19 선지자의 회개
      +59:20-60:22 (59:20-21 메시야) 여호와의 대답
      +61:1-63:6 (61:1-3 메시야; 63:1-6 메시야?) 여호와의 대답
     +63:7-64:12[64:11] 선지자의 회개
     +65:1-25 여호와의 대답
     +66:1-24 여호와의 대답

3.3 문학적 신학적 요소들을 따른 구조 그리고 반복과 변이

필자는 위에서 문학적 요소들과 신학적 요소들을 구별하여 취급하였다. 여기서는 이 둘을 하나로 통합하여 취급해 보고자 한다. 물론 위에서 다룬 모든 주제들을 여기서 다시 새로이 언급할 필요는 없을 것이다. 다만 각 단락의 처음에 오는 문학적 주제들, 이것들을 신학적 주제로 보면 죄론이라고 할 것인데 이것만으로 반복과 변이의 기법이 어떻게 이사야서 전체의 전개에 사용되었는가를 보려 한다. 이는 이사야서의 통일성을 언급하는 데에 있어 지금까지 지적되지 않은 측면이다.

먼저, 죄론을 중심으로 네 단락의 시작 부분을 단순화 한다면 아래와 같이 될 것이다.

A(1-4장)는 유다와 예루살렘의 죄로 시작
A'(5-27장)는 북이스라엘과 남유다의 죄로 시작
A"(28장-56:8)는 에브라임과 유다의 죄로 시작
A'''(56:9-66장)는 파수꾼(지도자)들과 야곱 집의 죄로 시작

A에서 시작되는 이사야서의 죄론의 핵심은 이스라엘이 '여호와를 거역'(1:2)하였고, '여호와를 알지 못하였다는 것'(1:3)이다. 이 죄는 1-4장에서 구체적으로 다음과 같이 나타난다 1) 제사와 관련된 죄, 2) 방백들(지도자들)의 죄, 3) 우상숭배 및 교만, 4) 인생을 비롯한 다른 것들(양식, 물, 용사 등등)을 의지한 죄, 5) 시온의 딸들의 죄(사치와 정욕) 등. 이러한 상태는 다른 술어로 표현되는데 그것은 '공평과 의'가 상실된 상태이다.

서론에서 제시된 이스라엘의 죄는 후속 단락들에 반복하여 나타나는데 이것을 두 가지로 나누어서 생각할 수 있다. 첫째는 후속단락의 첫머리에 반복하여 나타나는 것 둘째는 후속단락의 중간에 나타나면서 그 단락의 핵심 죄론을 이루며 전개되는 것- 도표로 그려본다면 다음과 같이 된다.

66 최영헌, *계시록과 선지서*, 175-6.

단락	단락의 첫머리에 특정한 주제들을 지니고 나타나는 죄론
A	a 이스라엘은 알지 못하고 나의 백성은 깨닫지 못하는도다(1:3) b 네 은은 찌끼가 되었고 너의 포도주에는 물이 섞였도다(1:22) c 네 방백들은 패역하여 도적과 짝하며 다 뇌물을 사랑하며(1:23)
A'	b 좋은 포도 맺기를 바랐더니 들포도를 맺었도다(5:2) a 이러므로 나의 백성이 무지함을 인하여 사로잡힐 것이요(5:13) 너희가 듣기는 들어도 깨닫지 못할 것이요 보기는 보아도 알지 못하리라(6:9) c 아침에 일찍이 일어나 독주를 따라가며 밤이 깊도록 머물러 포도주에 취하는 그들은 화 있을찐저(5:11) 포도주를 마시기에 용감하며 독주를 빚기에 유력한 그들은 화 있을찐저 그들은 뇌물로 인하여 악인을 의롭다 하고 의인에게서 그 의를 빼앗는도다(5:22-23)
A"	c 화 있을찐저 술에 빠진 자의 성(28:1) 이 유다 사람들도 포도주로 인하여 옆걸음 치며 독주로 인하여 비틀거리며 제사장과 선지자도 독주로 인하여 옆걸음치며 포도주에 빠지며 독주로 인하여 비틀거리며 이상을 그릇풀며 재판할 때에 실수하나니(28:7) b 모든 상에는 토한 것, 더러운 것이 가득하고 깨끗한 곳이 없도다(28:8) a 너희는 놀라고 놀라라 너희는 맹인이 되고 맹인이 되라 그들의 취함이 포도주로 인함이 아니며 그들의 비틀거림이 독주로 인함이 아니라 대저 여호와께서 깊이 잠들게 하는 신을 너희에게 부어 주사 너희의 눈을 감기셨음이니 눈은 선지자요 너희를 덮으셨음이니 머리는 선견자라 그러므로 모든 묵시가 너희에게는 마치 봉한 책의 말이라...그러므로 내가 이 백성 중에 기이한 일 곧 기이 하고 가장 기이한 일을 다시 행하리니 그들 중의 지혜자의 지혜가 없어지고 명철자의 총명이 가 리워지리라(29:9-14)
A‴	a 그 파숫꾼들은 맹인이요 다 무지하며 벙어리 개라 능히 짖지 못하며 꿈꾸는 자요 누운 자요 잠자기를 좋아하는 자니(56:10) c 이 개들은 탐욕이 심하여 족한 줄을 알지 못하는 자요 그들은 몰각한 목자들이라 다 자기 길로 돌이키며 어디 있는 자이든지 자기 이만 도모하며 피차 이르기를 오라 내가 포도주를 가져오리라 우리가 독주를 잔뜩 먹자 내일도 오늘같이 또 크게 넘치리라 하느니라(56:11-12) b 무녀의 자식, 간음자와 음녀의 씨 너희는 가까이 오라(57:3)

첫 단락의 서두에 제시된 개념들, 곧 이스라엘의 죄와 관련된 언급들은 후속 단락의 서
두에서 반복되고 있다. 그런데 자세히 관찰하면 이 반복은 단순한 반복이 아니다. 첫 단락의 초
미에 보인 무지(a), 불순(不純)의 은유(b), 지도자의 타락(c)은 다음의 단락들에서 순서가 바뀌
기도 하고 다른 개념들이 더해지기도 하고 제하여지기도 한다.

단락	죄와 관련된 주제들의 결합과 분리	주제들의 첨삭 및 결합 순서
A	무지/ 물 섞인 포도주/ 방백들의 뇌물을 사랑	a-b-c
A'	들 포도 맺은 포도원/ 무지+못 듣는 이/맹인/ 술취함+뇌물	b-a(+못 듣는 이+맹인)-c(+술취함)
A"	술취함/ 술취함+토한 것이 가득한 상/ 맹인+술취함+잠+무지	c-(술취함+)b-(맹인+술취함+잠+)a
A‴	맹인+무지+말 못하는 이+잠/이만 도모(뇌물?)+술취함/무녀 의 자식	(맹인+)a(+말 못하는 이+잠)-c(+술 취함)-b

여기에 제시된 몇 가지 죄와 관련된 주제들이 이사야서의 모든 죄들을 망라하는 것은 아니지만 흥미롭게도 이 주제들은 특정 위치에서 반복 출현되고 또 그러기에 마땅히 구조 이해의 단서를 제공하기에 함부로 취급되어서는 안 될 것이다.

만약 이러한 위치 설정이 이사야 선지자(혹은 편저자)의 의도적인 계산이었다면 이것은 책의 구조 이해뿐 아니라 책 전체의 통일성을 확증함에 있어서도 아주 중요한 요소가 된다. 여기에 보인 단어나 구절이 저기에 나타날 때 형태론적으로 약간의 변화가 있다고 해도 기본적으로 그것들의 의미가 일관성을 띤다면 그것은 의도적인 배치로 이해되어야 할 것이다.

만약 위의 도표에서 이사야서의 A‴의 처음에 술취함이나 맹인 주제가 갑자기 사라지고 전혀 이질적인 주제가 나타난다면 누구든지 적어도 한번은 이 단락의 통일성이나 저작권을 의심하게 될 것이다. 즉 A‴를 다른 저자나 다른 편집자의 작품으로 돌리게 될 것이다. 그러나 위에서 보듯 **이사야서의 특정 죄론의 주제들은 이전 것이 나중에 갑자기 사라져 버리는 것이 아니라 오히려 나중에 이렇게 혹은 저렇게 서로 결합되기까지 함으로 이전 단락을 쓴 사람이 나중 것도 썼다**는 사실을 더욱 확증하게 한다.

A에서 이스라엘이 여호와를 알지 못하는 것 즉 이스라엘의 무지 주제는 A′에서 못 듣는 이나 맹인 모티프와 결합이 되고 A″에서는 술취함이나 잠 모티프와 결합되었고 A‴에서는 술취함이 빠지고 말 못하는 이에 대한 내용이 추가된다. 특히 A″에서는 이스라엘의 맹인됨과 술취함이 영적으로 설명된다. 즉, 그들의 맹인됨과 술취함은 하나님의 심판의 결과인 것이다. 하나님이 그들에게 깊이 잠들게 하는 신을 부으셨기에 그들은 영적인 맹인이 된 것이다. 그들이 하나님께서 주신 말씀을 읽어도 도무지 무슨 뜻인지 이해할 수 없게 된 것이다. 또 A에서 이스라엘의 순수치 못함은 물 섞인 포도주로, A′에서 들포도 맺은 포도원으로, A″에서 토한 것이 가득한 상(깨끗한 곳이 없음)으로, A‴에서는 무녀의 자식이나 간음자와 음녀의 씨라는 은유로 나타나고 있다. 이 모든 것들은 동일하게 이스라엘의 불순함을 나타내고 있다. 이사야는 전략적으로 각 단락의 서두에 이러한 죄와 관련된 주제들을 배치함으로 독자에게 그 부분이 큰 덩어리를 이루는 단락의 서두임을 시사하고 있다. 그리고 그 주제들에 얼마간의 변화를 줌으로 내용을 풍성하게 만들고 있으며, 그러나 기본적으로 깊은 의미의 주제들을 니디님으로 그의 메시지를 강조하고 있는 것이다.

이러한 분석에 비추어 우리는 Conrad처럼 6-39장을 '옛 비전'으로 곧 '봉한 책'으로 보는 것이 적절한가 다시 물어보아야 한다. 맹인이나 못 듣는 이의 모티프는 6장이하에서 처음 나타나는 것이 아니다. 이는 '무지' 주제를 말하며 이것은 이미 1장에 보인다는 것이다. 또한 Duhm처럼 40-55장과 56-66장의 신학이 1-39장의 신학과 다른 것으로 보아 세 책을 전혀 이질적인 것으로 조각내는 것이 합당한가를 다시 질문해 보지 않을 수 없다. 그리고 이와 관련된 Childs의 정경비평 곧 Duhm의 역사비평과 최종본문의 신학을 동시에 거머쥐려고 한 그의 방법론이 유지될 수 있는가를 우리는 진지하게 물어보아야 할 것이며, 또한 이러한 세 구분이 마치 공리인 것처럼 수용하여 이사야서의 편집과 신학을 논하는 현금의 수많은 학자들의 작업도 진지하게 의심해 보아야 할 것이다.

3.4 메시아 예언의 기술 방식

더불어서, 반드시 짚고 넘어가야 할 또 하나는 메시아 예언의 기술 방식이다. 위에서 언급한 이사야서의 네 주요 단락들에서 메시아는 먼저 '예시'되는데 이 예시는 여러 가지 방법으로 이루어진다. 이사야서의 편저자는 어떤 개념 (미슈파트, 쩨다카) 혹은 어떤 인물(처녀가 낳는 아들, 고레스, 이스라엘, 선지자 [이사야 자신]) 등을 말하다가 어느 대목에 가서는 신-인인 존재(곧 다윗의 자손으로 오시되 영존하시는 아버지-전능하신 하나님-평강의 왕이신 분으로서 이스라엘과 열방의 남은 자를 구원하실 분)를 제시한다. 이는 먼저 '그림자'(shadow)에 해당하는 인물을 말하다가 '실체'(substance)를 말하는 것과도 같고, '예표'에 해당하는 인물을 말하다가 그 '예표와 대응되는 대상'(antitype)을 말하는 것과도 같고, '부분' (part. 어떤 주체의 부분적 속성 같은 것)을 말하다가 '전체/총체'(entirety)를 말하는 방식과도 같다. 그런데, 이 존재는 단락의 처음에 오지 않고 심판과 구원을 언급하는 곳에서 나타나는데 곧 단락의 중후반부의 일정한 위치에 나타난다. 다시 말해, 이사야서의 주요 단락들의 처음에는 (그리고 물론 두루두루에는) 언약주 여호와 곧 성부 하나님이 전면에 드러나며 메시아는 중후반부에 미래에 나타날 분으로 성부의 의의 시행에 따라 나타날 분(성부에 비하면 아주 지엽적으로 나타남; 성부보다 열등하다는 것이 결코 아님; 다만 우선적 캐릭터로 나타나지 않는다는 의미임)으로 제시된다. 위에서 언급한 것을 다시 강조한다면, 메시아 예언의 일정한 배열로 볼 때 이사야서의 최종본문의 편저자는 그 예언이 지시하는 실체가 어떤 분인지를 이미 알고 있었다는 것이 틀림없다는 것이다. 그는 하나님의 구원사(심판과 구원)에 있어 그 메시아가 차지하는 신학적 비중을 이해하고 있었던 것이 틀림 없다. 이 메시아 예언들은 결코 과거의 어떤 인물이나 사상을 '재해석'해서 본문에 가미된 것들로 볼 수 없다는 것이다.

3.5 이사야서의 메시지 개요

지금까지 논한 바 이사야서의 주제적, 신학적 구조 분석으로부터 이사야서의 신학적 메시지는 명료하게 드러난다. 이스라엘의 거룩한 자 앞에 이스라엘은 불순한 자들이 되었다. 그것은 다름 아닌 우상 숭배 때문이었다. 그들은 무지한 자가 되었고 술에 취한 자가 되었고 보지 못하고 듣지 못하는 자가 되었고, 언약주 하나님이 아닌 우상과 인생과 군사력 등을 의지하는 자가 되었다. 그들의 예배와 경건은 가식적인 것이었다. 그리하여 심판은 불가피한 것이었다. 하나님은 앗수르를, 그 다음에는 바벨론을 부르셔서 북이스라엘과 남유다를 치실 것이다. 하나님의 심판으로 딸 시온은 황폐하게 되어 참외밭의 원두막 같이 겨우 남을 것이다. 그러나 주님은 시온을 다시 긍휼히 여기셔서 포로에서 돌아오게 하실 것이다. 이러한 심판과 회복의 관건은 메시아가 될 것이다. 메시아의 초림과 재림을 통해 하나님의 종말론적 심판과 구원이 완성될 것이며 그의 백성 곧 이스라엘과 열방의 남은 자는 새 하늘과 새 땅에서 영광과 복을 누릴 것이다. 이 모든 구원의 역사에서 주인은 이스라엘의 거룩한 자 ('케도쉬 이스라엘' [קדוש ישראל]) 이시며 그의 공평 (משפט)과 의 (צדקה)의 구체화는 메시아를 통해 이루어질 것이다. 이사야서는 바로 이것을 강조한다. 이 세상의 다른 신들 (=귀신들), 우상, 군사력은 헛된 것이니 하나님과 그의 세우시는 메시아 (=예수 그 메시아)만을 의지하는 것, 이것이 우리를 구원으로 이끈다는 것이다. 천주교나 WCC의 바아르 선언 같은 것이 종교다원주의를 표방하는 현금의 세계에서 이사야서는 우리의 아는 바와 믿는 바가 무엇이어야 하는가를 확실히 알려준다.

4. 나가는 말

필자는 웹 (Webb)의 논의를 본론에서 소개하지 않았으나, 그의 논의를 통해 본 장을 정리하는 데에 적합하다고 보아 여기서 그의 논의를 간략히 제시하면서 이 장을 끝맺기 원한다. 최근 Webb은 그의 이사야서 주석에서 이사야서의 신학적 통일성을 주장하였다. 그의 요점은 다음과 같다: 1) 이사야서에는 여러 사람의 글들이 있는 것 같은데 이들간에는 긴장(tensions)이 있다. 2) 그러나 원조로서 영향력 있던 이사야에게서 영감을 받은 여러 세대를 걸친 이사야 학파(school; 이사야의 제자들)가 결국 최종 편집본을 완성했는데 여기에는 근본적인 신학적 통일성이 있다. 왜냐하면 최종 편집본은 한 신학적 전통의 표현이기 때문이다.[67]

필자는 Webb의 생각과 다르다. 이사야서는 신학적 통일성뿐만 아니라 문학적 통일성까지 발견된다고 본다. 1-4장에 나타났던 주제들이 5-27장에서 1차적으로 확장되어 병행을 이루고, 28장-56:8에서 다시 변이를 이루며 반복되어 병행 단락을 형성한다. 또 56:9에서 마지막 66장은 바로 전 단락과는 다른 하위단락들을 그 안에 포함하면서 그 이전의 단락들과 주제적 병행을 이룬다. 이사야서는 문학적으로 질서정연하기 때문에, 이것을 군이 여러 제자들이 여러 세대들을 걸쳐 가필, 편집하여 최종형태를 이루었다고 볼 필요가 없다는 것이다.

Webb은 40-55장 같은 경우는 기원전 8세기 이사야가 아닌 그 이사야의 신학을 계승한 다른 제자의 작품으로 본다. 왜냐하면 이전 본문들과는 다른 문체를 제시하기 때문이다. 그러나 40장-56:8은 문체가 달라도 동일한 주제들을 가지고 생각을 이어나가고 있지 않은가. 보다 구체적으로 말한다면, 우리는 Webb이 구분짓는 40-55장(물론 이것을 그는 40장-51:11을 "Comfort my people"과 51:12-55:13 "Grace triumphant" 두 단락으로 다시 나누어 보는데 그 구분의 근거는 다소 주관적인 것 같다)[68] 보다는 28장-56:8(28상-35상, 36-39장; 40장-56:8의 변책과 진전성)의 첫 부분이 다른 대병행단락들과 같은 주제로 시작하기에, 그리고 남북 왕조의 타락으로 시작하여 마지막은 우주적 종말론으로 끝나기에 이 28장-56:8 속에서 40장-56:8을 생각

---

67 "A book may be from various hands, but have an editorial unity imposed by someone who has worked over the material and given it its final form. It may have tensions within it but have a fundamental theological unity because it is the expression of one theological tradition... [A] book may have a unity because it is a product of a 'school' of writers who have drawn their inspiration from one very influential founding figure (e.g. an 'Isaiah school', consisting of Isaiah himself and several generations of his disciples)." (책은 여러 사람의 손으로 되었을 것이나 그 자료에 대해 한 사람이 편집적인 통일성을 부여하도록 작업하였을 것이다. 책 내에는 긴장들이 있을 것이지만 근본적인 신학적 통일성이 있을 것인데 왜냐하면 그것은 하나의 신학 전통에 대한 표현이기 때문이다. 아주 영향력 있는 주초를 이루는 한 인물의 영감을 받은 하나의 '학파에' 속하는 저술가들의 생산품이므로 이 책은 통일성을 가질 것이다예를 들어, 이사야 자신과 몇 세대에 걸친 그의 제자들로 이루어진 '이사야 학파'. 필자의 졸역) Webb, *The Message of Isaiah*, 33.

68 Ibid., 160이하.

해야 하지 않겠는가. 40장-56:8의 주제들을 28장-56:8 속에서, 그리고 이 긴 단락이 바로 이전의 긴 단락 5-27장과의 신학적 주제들과 병행을 이루고 있는 사실을 가지고 바라볼 때, 우리는 40장-56:8을 바르게 이해할 수 있는 것이 아닌가. Webb이 신학적 통일성을 주장하는 것은 인정할 수 있지만, 사실 그의 40-55장, 56-66장의 문단나누기는 Duhm을 그대로 따라간 것이 아닌가. 또한 역사비평을 그대로 수긍하면서 신학적 통일성을 주장한 Childs를 유사하게 답습한 것이 아닌가. 본론에서 여러 객관적 증거들과 분석을 통해서 충분히 언급한 것처럼, 필자는 40-55장, 56-66장의 구분을 도저히 받아들일 수 없다. 이 단락 구분은 본문 내용을 이스라엘의 특정 시대 상황과 억지로 끼워맞추어(예를 들어, 종말론 내용인 56:1-8['안식일' 준수]을 억지로 포로후기의 시기로, 특히 58:13['안식일' 성수]를 느헤미야의 시기에 끼워 맞춤) 기원전 8세기가 아닌 후대로 주장한 Duhm의 구분인데, Webb은 비록 신학적 통일성을 견지하고는 있지만, 어떻게 이 구분을 비평적으로 논구함 없이 그대로 수용하는가. 이러한 틀린 구분에 의해 신학적 통일성이 제대로 견지될 수 있는가도 사실 의문이다. 특히 Webb은 56:1-8을 뒤에 오는 내용에 대한 서론이라고 하는데[69] 필자는 마땅히 재고되어야 할 주장으로 본다.

메시아 예언들은 일정한 자리에 올 뿐 아니라, 제시되는 방식에 있어서도 패턴을 보여준다. 그것은 먼저 어떤 사상이나 인물을 통해 메시아가 예시되고 그 다음에 실제 메시아가 나온다는 것이다. 예를 들면 처녀에게서 잉태될 아들이 7장 14절에 먼저 나오고 그 뒤에 9장 6-7절에 실제 메시아가 나온다. 7:14의 아들 예언이 신약의 예수님에게서 성취된 것은 확실하나, 기원전 8세기에 먼저 누군가에게서 성취되었을 것이다 (부록 참조). 왜냐하면 이는 아하스에게 주신 하나님의 징조이기 때문이다. 즉, 우리는 여기서 두 가지를 말할 수 있다. 첫째는, 7:14의 아하스 당시에 태어날 아들은 9:6,7의 아들 (메시아)을 예시하는 기능을 한다는 것. 둘째는, 동시에 7:14의 아들이 그 자체로 메시아에 대한 예언이라는 것. 즉, 7:14의 아들은 한편으로는 예수 그리스도와는 다른 존재이며, 다른 한편으로는 (어떤 특성 때문에) 예수 그리스도에 대한 예언이라는 것이다. 후자의 견지에서 이 7:14의 아들은 9:6, 7의 아들=왕과 직결된다. 그 아들은 기묘자요 모사요…다윗의 왕좌와 그의 나라에 군림하여 그 나라를 굳게 세우고 지금 이후로 영원히 정의와 공의로 그것을 보존하실 분이시다. 이러한 이해는 비평가들이 이전의 자료를 메시아적으로 '재해석'하였다는 입장과 근본적으로 다르다. 또한 이전의 메시아를 이번에는 이렇게 저렇게 다른 신학 속에서 '재해석'하였다는 입장과도 근본적으로 다르다 (본 논의에 대한 추가적 논의는 본 연구에 따라오는 부록을 볼 것).

필자는 이사야서는 그 전체가 문학적으로 그리고 신학적으로 우리가 생각하는 것 이상

---

69 Ibid., 220: "These eight verses are a very fitting introduction to what follows, serving as a kind of charter for the restored community. Those whom God has freed from condemnation and despair have an obligation to do his will, and these verses set forth very clearly the ideals God has for them. They are to be marked by two things: justice and openness." (이 여섯 절들은 뒤에 이어지는 내용들에 아주 잘 드러맞는 하나의 서론인데 회복된 공동체를 위한 하나의 헌장의 기능을 한다. 하나님이 정죄와 절망에서 놓여나도록 하신 사람들은 그 분의 뜻을 행할 준수 사항을 갖는데 이 절들은 하나님이 그들을 위해 가지신 이상들을 매우 분명히 설정하고 있다. 그 이상들은 두 가지로 표시되어야 할 것이니 곧 정의와 개방성이다. 필자의 졸역).

으로 정교한 통일체라고 본다. 이는 세공한 (polished) 다이아몬드 같다. 필자는 이사야 선지자가 그의 사역의 여러 시기마다 다양한 하나님의 말씀을 받았고 이것이 수집되어 있었을 가능성을 부인하지 않는다. 그러나 이 말씀들은 충돌하지도 않고 다른 주제들을 전시하는 것들도 아니다. 필자는 이 말씀들을 기원전 8세기 말/7세기 초의 이사야 혹은 동시대의 이사야와 함께 한 제자들(편집위원회)이 짧은 기간 (몇 백 년의 긴 기간이 아니라 대충 몇 개월이나 1년 이내)에 전체를 저술-편집한 것으로 본다.[70] 만약 그렇지 않다면 이러한 일관된 구조를 드러낼 수 없었으리라 본다. 앞의 주제들이 뒤에 가면서 서로 다양하게 결합, 순서들에도 변화를 주면서, 그러나 동일한 메시지들을 전달하고 있다는 것은 장구한 세월에 걸친 이사야 학파에 속한 여러 제자들에 의한 (충돌과 긴장성을 문서들 간에 지니고 있는) 편집으로 보기는 아주 어렵다는 것이다. 특히, 메시아 예언들은 너무나도 일정한 장소에 놓여 있다. 다시 말해, 신론과 죄론에서 시작된 각 단락의 주제가 가까운 미래와 먼 미래의 (이스라엘과 이방의) 심판과 구원으로 진행할 때 단락들의 중후반부에 이 메시아 예언을 배치함으로, 이사야서의 최종 편집자/편집부는 결국 하나님의 최종의 심판과 구원은 반드시 이 다윗의 후손으로 오실 신-인이신 메시아의 사역으로 이루어진다는 것을 본문의 구조로서 알려주려 의도하고 있다. 이사야 당시의 여러 문제들은 오직 하나님이 세우시는 메시아를 통해 해결을 볼 것인데 이것이 본서의 핵심 신학이다. 이 편집자 이사야/이사야 편집위원회는 이 메시아가 어떤 분인지 이미 알고 있었던 것임에 틀림 없다. 그렇지 않다면 최종 본문의 바로 그 자리들에 이 메시아 예언들을 갖다 놓을 수 없기 때문이다.

이러한 구조적 인식 외에 기원전 8세기 선지자 이사야가 미래 일을 예언할 수 있다는 사실을 인정한다면 이사야 전체의 신학적 통일성은 더욱 확실해진다. 우리는 진지하게 생각해 보아야 한다. 자기와 동시대 선지자인 호세아가 메시아를 예언할 수 있었는데 (호 1:11; 3:5), 또한 미가가 메시아가 어디서 나실 것까지 구체적으로 예언할 수 있었는데 (5:2-5상), 이사야인들 그보다 훨씬 가까운 미래에 나타날 인물 고레스와 그 고레스가 할 일에 대하여 예언을 할 수 없었겠는가. 이사야가 고레스의 할 일을 알고 있었다면 이사야는 그의 일 (그의 사역의 어떤 측면)을 기지고 메시아에게 적용하여 그 메시아까지를 예언하는 것은 충분히 가능하였을 것이다. 선지자 이사야에게 있어 고레스는 예표이지 '재해석'을 위해 사용한 인물이 아니다. 일이 일어나기 전에 선지자를 통해 미리 알려주시는 것이 하나님의 습관이라면, 이것을 통해 하나님 자신의 전능과 주권을 알려주시려는 것이 하나님의 취지인 것이 사실이라면 하나님의 충실한 종 이사야가 고레스에 대해서도, 메시아의 초림에 대해서도, 메시아의 재림에 대해서도, 심지어 재림 후의 1000년 통치나 새 하늘과 새 땅에 대해서도 예언할 수 있는 것은 너무나 당연하다.

필자는 지금까지 구약학자들이 거의 손대지 않은 구약책(이사야)의 구조 속에서 메시아 예언이 어디에 나타나는지를 조사하되, 1-39장; 40-55장; 56-66장의 단락 구분을 의심하는 가운데 일관된 문학적, 신학적 구조가 있는지를 찾아보려고 하였다. 이사야서의 메시아는 우리 위해 속건제물로 자기를 드리신 분(사 53:10)이신데, 그분은 전능하신 '하나님'이시요 영존하시는

---

70 하나님을 경외한 왕 히스기야 시대에 이러한 학적 활동이 왕성했을 것이라는 추측은 근거가 없는 것이 아니다. 참. 잠 25:1.

아버지시요(9:6; 성부와 혼동하면 안됨), 또 우리의 유일한("그 그리스도") 구원과 의가 되시고 (59:17), 긴 날을(53:10) 우리와 함께 하실 분이시다. 그런데 이 분은 구약에서 독특한 제시 방식을 따라 나타나며, 특히 이사야서의 일관된 문학적 신학적 구조 속에서 일정한 자리에 나타나신다는 것이다. 이사야서에서는 이 분이 강조된다. 세상 신들 (귀신들), 우상들, 군사력은 의지할 대상이 아니며 오직 이스라엘의 거룩한 자와 그분이 세우시는 종 메시야 (예수 그 메시아)만이 우리의 의지할 대상이라는 것이 이 책의 중요한 메시지다. 다시 말해 이사야서의 주제는 '오직 예수!'이다. 자유주의 신학에 의하여 종교다원주의로 치닫고 있는 현재의 한국의 기독교 상황에 이 선지서는 경종 (警鐘)을 울린다. 우리는 귀를 기울여 이 소리를 들어야만 한다 (傾聽).

참고문헌

길강호. "이사야서 연구의 최근 동향." *복음과 실천* 29(1), 2002: 81-105.

김동혁. "제3이사야의 안식일 신학: 이사야 56장 1-8절과 58장 13-14절에 대한 주석적 연구." *구약논단* 68 (2018): 12-36.

김창대. *이사야서의 해석과 신학: 시온이 공의와 의로 빛나게 하라.* 서울: CLC, 2019.

로벗슨, 팔머. *선지자와 그리스도.* 한정건 역. 서울: 개혁주의신학사, 2007; Robertson, O. Palmer. *The Christ of the Prophets.* Presbyterian & Reformed, 2004.

박경철. "이사야서 최종 형태 구성의 신학-이스라엘의 정의와 민족들의 구원: 이사야서 최종형태에 나타난 제의, 성전, 종말론, 사회 정의 주제들과의 관련 속에서 살펴 본 이스라엘과 민족들." *헤르메네이아 투데이* 31 (2005): 4-14.

반 게메렌, 윌리엄. *예언서 연구.* 서울: 솔로몬, 2016.

송병현. "이사야의 복음: 1-2장을 배경으로 읽는 사 57장 14-21절." *헤르메네이아 투데이* 15 (2001): 56-76.

스위니, 마빈. "이사야서의 해결되지 않은 과제들." 정석규 역. *구약논단* 19(1), 2012: 222-40.

우택주, 정원제. "제3이사야서의 배경에서 본 이사야 6장의 내러티브 비평." *신학논단* 65 (2011): 121-45.

장세훈. "이사야서의 중심 신학: 이스라엘의 거룩한 자." *헤르메네이아 투데이* 16 (2001): 82-9.

_____. *한 권으로 읽는 이사야서.* 서울: 이레서원, 2004.

최영헌. *계시록과 선지서: 주제적 구조, 선지서의 시점 이동 그리고 종말 사건들.* 서울: CLC, 2023.

한정건. *이사야의 메시아 예언 II: 종의 노래.* 서울: CLC, 2012.

Abernethy, Andrew T. *The Book of Isaiah and God's Kingdom: A Thematic-Theological Approach.* New Studies in Biblical Theology 40. Downers Grove, Il: InterVarsity Press, 2016.

Allis, O. T. *The Unity of Isaiah.* Philadelphia: Presbyterian and Reformed, 1950.

Baltzer, Klaus. *Deutero-Isaiah: A Commentary.* Hermeneia. Translated by Margaret Kohl. Minneapolis: Fortress, 1999; Eng. 2001.

Blenkinsopp, Joseph. *Isaiah 1-39*. Anchor Yale Bible 19. New Haven: Yale University Press, 2000.

_____. *Isaiah 40-55*. New Haven: Yale University Press, 2007.

_____. *Isaiah 56-66*. New Haven: Yale University Press, 2003.

Brownlee, W. H. *The Meaning of the Qumran Scrolls for the Bible*. New York: Oxford University, 1964.

Childs, B. S. *Isaiah: A Commentary*. Louisville; London: Westminster John Knox Press, 2001.

Conrad, E. W. *Reading Isaiah*. Overtures in Biblical Theology. Minneapolis: Fortress 1991.

Döderlein, J. C. *Esaias*. Neurenberg, 1789.

Duhm, B. *Das Buch Jesaia*. Göttingen, 1892.

Eichhorn, J. G. *Einleitung ins alte Testament* iii. Leipzig, 1783.

Eissfeldt, Otto. *The Old Testament: An Introduction*. New York: Harper & Row, 1934, 1955, 1964; Eng. 1965.

Gileadi, A. "A Holistic Structure of the Book of Isaiah." Ph.D. diss. Brigham Young University, 1981.

Laato, A. "The Composition of Isaiah 40-55." *JBL* 109. 1990: 207-28.

Lee, Stephen. *Creation and Redemption in Isaiah 40-55*. Jian Dao Dissertation Series 2. Hong Kong: Alliance Bible Seminary, 1995.

MacRae, Allan A. *The Gospel of Isaiah*. Harleysville, PA: Moody Press, 1977.

Motyer, J. A. *The Prophecy of Isaiah: An Introduction & Commentary*. Downers Grove, Il: InterVarsity Press, 1993.

Patston, Kirk. *Isaiah: Surprising Salvation*. Reading the Bible Today Series. Sydney South: Aquila Press, 2010.

Sheppard, G. T. "The 'Scope' of Isaiah as a Book of Jewish and Christian Scriptures." In Edited by Roy F. Melugin and Marvin A. Sweeney, *New Visions of Isaiah*. Sheffield: Sheffield Academic Press, 1996, 258-82.

Smith, Gary V. *Isaiah 40-66*. The New American Commentary. Nashville, TN: B & H Publishing Group, 2009.

Thompson, Michael E. W. *Isaiah Chapters 40-66*. Eugene, Oregon: WIPF & Stock, 2001.

Webb, Barry. *The Message of Isaiah: On Eagles' Wings*. The Bible Speaks Today. Nottingham: Inter-Varsity Press, 1996.

Westermann, Claus. *Isaiah 40-66: A Commentary*. OTL. Philadelphia: The Westminster Press, 1966; Eng. 1969.

Whybray, R. N. *Isaiah 40-66, The New Century Bible Commentary*. Grand Rapids: Marshall, Morgan & Scott, 1975, 1981.

Young, E. J. *Studies in Isaiah*. London: Tyndale, 1954.

_____. *The Book of Isaiah: The English Text, with Introduction, Exposition, and Notes*, 3 vols. Grand Rapids: Eerdmans, 1965.

Zenger, Erich. et al. *Einleitung in das Alte Testament*. Stuttgart: W. Kohlhammer GmbH, 2004.

초록

본 논문은 이사야서 전체에 대한 하나의 공시적 읽기이다. 본 논문의 목적은 이사야서 전체의 문학적 신학적 구조를 분석하고 메시아 예언은 어디에 위치하는가, 메시아 예언은 어떤 방식으로 제시되고 있는가, 이 예수 메시아가 이사야서에서 예언된 메시아와 일치하는가를 논구하는 것이다. 또한 이 구조를 통한 본서의 메시지는 무엇인가를 밝히는 것이다.

먼저, 본 연구는 문학적 신학적 구조 분석을 통해 현대 학자들에게 지금까지 영향을 미치고 있는 베른하르트 둠의 소위 세 이사야서 (1-39장; 40-55장; 56-66장)가 얼마나 임의적인 구분이며, 얼마나 그가 예언 문헌의 성질에 대해 무지를 드러내는가를 밝힌다. 본 연구는 이사야서의 단락구분은 1-4장, 5-27장, 28-56:8, 56:9-66장으로 분석하는 것이 적절함을 주장한다. 네 단락은 각각 문학적으로 동일한 주제들로 시작하고 비슷한 전개를 보이기에 병행 단락으로 본다. 또한 각 단락은 일련의 신학적 요소들에 의해 병행을 이루는데, 여호와 하나님/이스라엘의 죄에서 가까운 미래의 심판/구원, 메시아, 그리고 종말론적 심판/구원으로의 흐름을 나타낸다. 각 단락은 그 안에 하위병형 단락들을 가진다. 이 하위 병행 단락들의 "중후반부에 일정하게" 메시아 예언들이 나타난다. 메시아 예언은 규칙적으로 그림자-실체, 타입-안티타입, 부분-전체와 같은 방식 즉 이중적 초상으로 제시된다. 이사야서의 편저자는 어떤 개념 (미슈파트, 쩨다카; 메시아의 부분적 속성) 혹은 어떤 인물(처녀가 낳는 아들, 고레스, 이스라엘, 선지자 [이사야 자신]) 등을 말하다가 어느 대목에 가서는 신-인이신 메시아(곧 다윗의 자손으로 오시되 영존하시는 아버지-전능하신 하나님-평강의 왕이신 분으로서 이스라엘과 열방의 남은 자를 구원하실 분)를 제시한다.

본 연구의 한 중요한 결론은 극히 정교한 문학적 신학적 통일체인 이사야서에서 메시아 예언들이 일정한 위치에 온다는 것이다. 이 예언들은 각 하위병행단락들의 중후반부에 나타남으로 전반부의 죄론의 해결, 후반부의 여호와의 종말론적 심판과 구원의 열쇠가 바로 이 메시아임을 증거한다.

키워드: 이사야, 베른하르트 둠, 문학적 신학적 구조, 메시아 예언의 위치

Abstract

This paper presents a synchronic reading of the Book of Isaiah as a whole. It deals with questions such as Where are the places of the Messianic prophecies in the literary and theological structure of the Book? And In what way are they presented?

By a literary and theological approach, it discloses Bernhard Duhm's arbitrary division of Isaiah into three parts (Chaps 1-39; 40-55; and 56-66) and how ignorant he is of the nature of the prophetic literature, yet who influences to-day. This research concludes that the analysis with four major sections such as Chaps 1-4; 5-27; Chap 28-56:8; and 56:9-Chap 66 is proper. First, it is because they begin and proceed with almost identical themes. Second, they form theological parallel by means of the sequential elements: from YHWH and sins of Israel to judgment/restoration in near future, to Messiah, and to judgement/restoration in the eschaton. The major sections respectively include subordinate sections which parallel each other and "regularly carry Messianic prophecy in the middle-end of them". The Messianic prophecies are regularly presented by dual portrayals like shadow-substance, type-antitype, or part-entirety. The Isaianic editor-author mentions a concept like righteousness and justice (some aspect of the Messiah) or a figure (a son of a virgin, Cyrus, Israel, prophet [namely, Isaiah himself]) and at a certain moment he refers to a God-man (that is, eternal father, almighty God, prince of peace who will come as a son of David but at the same time as the saviour of the remnants of Israel and Gentiles).

One of the most important conclusions of the research is the discovery of the regular placement of the Messianic prophecies in Isaiah which shows highly refined literary-theological unity. By being located in the middle-end of the sections, these prophecies obviously demonstrate that they are the answers to the sins at the beginning of the sections and the keys as well to YHWH's eschatological judgement and restoration at the end of the sections.

Key words: Isaiah, Bernhard Duhm, literary theological structure, placement of Messianic prophecies

▲ 부록
이사야서 7:14 및 42:1-7 이해

이사야서에는 실로 많은 메시아 예언들이 있다. 본 부록에서는 지면 관계상 잘 알려진 메시아 예언들 두 가지만을 소개하려고 한다. 첫째는 7:14 "그러므로 주께서 친히 징조로 너희에게 주실 것이라. 보라 처녀가 잉태하여 아들을 낳을 것이요 그 이름을 임마누엘이라 하리라."[71] 이 예언은 이사야 선지자가 유다 왕 아하스 왕에게 전한 메시지이다. 아람-북이스라엘 연합군의 공격에 대한 소문을 듣고 떨고 있는 아하스 왕에게 이사야는 이 임마누엘의 예언을 선포한다. 마태는 이 예언이 예수님에게 이루어졌다고 전한다. 즉 마태복음 1:23은 "보라 처녀 (ἡ παρθένος)가 잉태하여 아들을 낳을 것이요 그 이름은 임마누엘이라 하셨으니 이를 번역한즉 하나님이 우리와 함께 계시다 함이라"라고 기록한다.

둘째는 42:1-7 "내가 붙드는 나의 종, 내 마음에 기뻐하는 나의 택한 사람을 보라 내가 나의 신을 그에게 주었은즉 그가 이방에 공의를 베풀리라. 그는...상한 갈대를 꺾지 아니하며 꺼져가는 등불을 끄지 아니하고 진리로 공의를 베풀 것이며...나 여호와가 의로 너를 불렀은즉 내가 네 손을 잡아 너를 보호하며 너를 세워 백성의 언약과 이방의 빛이 되게 하리니 네가 소경의 눈을 밝히며..."[72] 누가복음 2장에는 시므온이 아기를 안고 이렇게 말한다. "...내 눈이 주의 구원을 보았사오니 이는 만민 앞에 예비하신 것이요 이방을 비추는 빛이요 주의 백성 이스라엘의 영광이니이다." (눅 2:30-32) 누가는 이사야의 예언이 바로 예수님에게서 성취된 것을 보도하고 있는 것이다. 또한 마태는 12:17-21에서 사 42:1-4를 그대로 인용하고 있다. 필자는 이 '종'에 대한 예언이 40:1-56:8의 단락 속에 나타나는 '종'에 대한 예언들과 연결되어 있고, 또한 56:9-66장의 단락 속의 다른 메시아 예언들과도 연결되어 있는 '종'에 대한 대표 예언이기에 이것을 논의의 대상으로 선정하였다.

본 부록에서는 본 구절들에 대한 학사들의 해석을 나무면서 이사야서의 메시아 예언을 어떻게 바라보아야 할지를 모색한다.

7장 14절에 대한 학자들의 해석
7:14는 이사야 선지자가 북쪽 나라들의 공격에 대해 두려움에 사로잡혀 있던 아하스 왕에게 전한 예언이기 때문에 그 당대에 우선 이루어져야 할 예언임을 우리는 추측할 수 있다. 왜냐하면 처녀가 잉태하여 아들을 낳는다는 이 징조 (표적)를 통해 하나님은 유다가 그 북쪽 연합

---

71 히. "לכן יתן אדני הוא לכם אות הנה העלמה הרה וילדת בן וקראת שמו עמנו אל:"

72 이 절들은 사 42:1-9의 문학적 단위 속에서 이해함이 필요하다. '종'에 대한 이 예언을 1-4절까지만을 끊어서 봄은 바람직하지 않다. 왜냐하면 6-7절의 내용도 앞의 절들에 연결되어 있고 그 의미 또한 중요하기 때문이다. 특히 '백성의 언약과 이방의 빛'이라는 어구는 메시아의 사역이 이스라엘과 이방에 공히 미치기 때문에 너무나 중요한 어구라고 하지 않을 수 없다.

국 (시리아와 북이스라엘)의 공격으로부터 보호될 것이라는 점을 약속하시기 때문이다. 그러면 당시의 이 '처녀'는 누구이고 이 여자에게서 날 아들 '임마누엘'은 누구인가.

어떤 자유주의 학자들은 이 '처녀'라는 번역을 선호하지 않는다. 그들은 자연주의적 세계관 위에 기초하여 성경을 바라보기 때문에 우선 처녀가 아들을 낳을 가능성을 받아들이지 않는다. 받아들이지 않을 뿐만 아니라 받아들이지 못한다. 그러니 예수님이 처녀 마리아에게서 태어나신 것도 받아들이지 않을 뿐만 아니라 받아들이지 못한다. 근대 자유주의자들의 원조 (元祖) 슐라이어마허와 그의 동류들은 예수님이 성령에 의해 처녀 마리아에게 잉태되어 탄생하신 역사적 사실을 받아들이지 않을 뿐만 아니라 받아들이지 못한다. 그리하여 본문에 나타나는 '알마'라는 단어를 어떤 자유주의 학자들은 '젊은 여자'라고 번역한다.[73] 자연을 초월하시는 하나님이 아하스에게 그저 '젊은 여자'가 '성관계에 의해서' 아들을 낳을 일상적 사건을 표적으로 주셨겠는가? 그렇다면 그것은 더이상 표적(=신학적 의미를 지닌 기적)이 아니다. 이 점에서 70인 역자가 이 알마를 처녀를 뜻하는 '파르쎄노스' (ή παρθένος)로 번역한 것은 너무나 적절한 것이 아닌가. 자유주의 신학자들과 예수님을 메시아로 믿지 않는 유대인들은 성령의 역사에 의한 예수님의 처녀를 통한 탄생을 부인한다. 결국, 자유주의자들에게는 알마를 처녀로 번역한 것은 70인역자의 오류이며, 그 오류를 그대로 받아서 예수님을 처녀에게서 났다고 한 마태도 사깃군이라는 말이다. 마 1:23의 예수님의 처녀를 통한 탄생을 부인하는 자들은 사 9:6, 7의 메시아 (=예수 그리스도)가 신성과 인성을 동시에 지니신 분임도 부정한다 (이것을 부인하는 사람이 저것도 부인하는 것은 참으로 신기한 일이다!). 사실 박형룡과 김재준이 갈라진 것도 사 7:14에 대한 번역-해석 차이가 한 중요한 이유였다고 해도 과언이 아니다.[74]

한정건은 구약성경에 사용된 '알마'라는 표현들은 젊은 여자이기는 하되 결혼 경험이 전혀 없는 '동정녀'를 지칭한다고 결론짓는다. 한정건은 창 24:6; 시 46:1; 아 1:3, 4; 잠 30:19, 20 등에 사용된 '알마'를 '동정녀' (童貞女)라고 본다. 그러므로 사 7:14에 나타나는 동정녀는 메시아이신 예수 그리스도의 탄생에 대한 직접적 예언이라고 단정짓는다.[75]

현창학은 그러나 한정건과는 약간 다른 견해를 펼친다. 그는 일차적으로 이사야 7:14는

---

73 NRSV (New Revised Standard Version)도 '알마'를 'the young woman'으로 번역하고 각주를 달아서 Gk (Greek) the virgin이라고 하였다. 여기서 그리스 버전은 70인역을 가리킨다. 70인역은 '알마'를 '파르쎄노스' 곧 처녀라고 번역했다는 것이다. NRSV와 달리 KJV는 'a virgin'으로, NIV와 ESV는 'the virgin'으로 번역하였다. 즉 '알마'를 '동정녀'로 보았다. 한편, 김유기는 7:14을 "이제 그 어린 여자가 아이를 가졌습니다. 머지않아 아들을 낳습니다."라고 번역하였다. 그는 히브리어 '알마'나 그 번역어인 '파르데노스'에 동정을 강조하는 의미가 있다고 보기 어렵다고 한다. 김유기, "이사야 7:14의 번역: '하알마'와 무동사절을 중심으로," 성경원문연구 46 (2020): 42.

74 참고. 장일선, 히브리 예언서 연구 (서울: 기독교서회, 1990), 177-8과 각주 84. "임태수는 이사야 7장의 임마누엘 신탁이 예수 그리스도의 탄생에 대한 직접적인 예언이라고 보는 것은 문제가 있으며, 다만 이사야가 전쟁으로 인한 멸망의 위기에 직면하여 하나님의 말씀과 행위를 믿으면 구원받을 것을 촉구한 것처럼, 복음은 죄로 인해 멸망받을 운명에 처한 인간들에게 예수 그리스도를 믿으면 구원받을 것을 말하고 있는 '관계의 유비'로 해석해야 할 것이라고 말한다. 필자도 여기에 동감한다. 히브리어의 '알마'가 '동정녀'를 뜻하는 것이 아니라는 것은 고 김재준 목사께서 일찍이 「신학지남」에 발표한 일이며, 구약의 메시아 예언이 예수 그리스도의 탄생을 700여년 전에 예고하지 않았다는 것은 필자도 「구약신학의 주제」에서 이미 밝힌 바이다."

75 한정건, 이사야의 메시아 예언 I: 임마누엘의 메시아 (서울: CLC, 2006), 127-41.

당시에 벌어질 사건에 대한 예언이라고 생각한다. "엄밀하게 따진다면 이사야 7:14은 마지막 때에 오시는 온 인류의 구세주와는 무관한 내용이다"라고 하면서 그는 다음과 같이 말한다.[76]

> [사 7:14는] 그저 유다 왕국이 위기에 처한 어떤 한 시점에 하나님께서 징조를 베푸시면서 구원해주시겠다고 약속하시는 내용일 뿐이다. 따라서 마태복음은 이사야 7:14에 새로운 의미를 부여하고 있다...그러면 어떻게 해서 하나의 구약 본문이 전에는 없던 새로운 의미를 갖게 되는 것인가?...그러한 경륜과 섭리 때문에 신약성경 기자들에게는 구약 본문에 대한 '해석적 권위'가 주어진다. 신약의 기자가 어떤 구약 본문에 대해 하나의 특정한 이해를 표현했다고 하면 본문 해석 원리에 맞고 안 맞고를 떠나서 (현대적 관점에서) 그 이해는 그대로 진리이며 신약 기자에게 부여된 '계시적 권위'의 산물인 것이다...

필자는 신약 기자의 구약 계시에 대한 '판정적' 권위를 인정한다. 신약 기자들에게는 메시아가 오신 이후 구약의 내용을 신약적 견지에서 해석하는 '결정적' 권위를 부여 받았다고 필자는 본다. 그러나 나는 여기서 현창학의 견해에 이의를 표한다.[77] 기원전 8세기의 이사야는 특정 역사적 시점에서 이러한 예언을 하면서 전혀 종말에 오실 메시아에 대한 인식을 가지고 있지 못했는가? 사 7:14은 원천적으로 마 1:23과 아무런 관계 없이 주어졌던 것인가? 나는 아니라고 본다. 7:14는 아하스왕 당시에 하나님의 역사로 이루어질 기적 사건인 동시에 미래의 메시아에 대한 예언이라고 보기 때문, 즉 왜냐하면 이 구절은 곧바로 뒤에 보이는 9:6-7과 연결된다고 보기 때문이다. 즉 필자는 7:14가 당시에 이루어질 표적이요 동시에 종말의 메시아에 대한 '예시적' 예언이며 9:6-7은 그 메시아에 대한 '본격적' (직접적) 예언으로 본다. 여기서 '예언'이란 선지자가 확실히 보았고, 확실히 안 것에 대한 증언을 말한다. 아브라함이 자기 때에 메시아를 보았듯이, 이사야도 자기 때에 메시아를 보았다. 다윗이 자기 때에 메시아를 보았듯이, 이사야도 자기 때에 메시아를 보았다 (참고. 요 8:56; 행 2:31-32).

김진수는 필자의 시각과 유사한 견해를 펼친다. 김진수는 미가 5:2, 3을 예로 들면서 2절의, 베들레헴에서 이스라엘을 다스릴 자가 '나온다'는 표현과 3절의, '여인이 해산하기까지'라는 표현이 상징적으로 해석되어야 하는 것처럼 사 7:14의 당시의 역사적 상황 속에서 '알마'와 '임마누엘'도 상징적으로 해석될 수 있다고 주장한다. 즉 7:14은 '머지 않아 유다가 아람과 에브라임의 위협으로부터 벗어나게 될 것 (즉 하나님의 '구원 사건'=임마누엘)에 대한 예언이라는 것이다. 김진수는 따라서 이 구절이 당시 역사에 성취된 예언인 동시에 메시아의 예언이라고 본다.[78] 이 임마누엘이라는 '아이'는 9:6, 7의 '아기' (기묘자, 모사, 전능하신 하나님, 영존하시는 아

---

76 현창학, *선지서 주해 연구* (서울: 합신대학원출판부, 2013), 79-81. 로버트 치즈홀름도 모형론적 견지에서 현창학과 유사하게 말한다. "그[예수]는 하나님께서 의도하신 모형론을 현실화시킴으로써, 그리고 하나님께서 계획하신 모형을 완성함으로써 이사야의 임마누엘 예언을 '성취하신다'...예언 본문들 중의 어느 것도 그 본래적인 문맥에서 볼 경우 예수 시대의 사건들을 가리키지는 않는다. 그러나 마태의 시각에서 본다면 이스라엘 역사에서 발견되는 이 사건들은 예수 시대의 사건들을 미리 보여준 것이라 할 수 있다." 로버트 치즈홀름, *예언서 개론*, 강성열 역 (서울: 크리스챤 다이제스트, 2006), 44-5; Robert B. Chisholm Jr, *Handbook on the Prophets* (Grand Rapids: Baker, 2002).

77 물론 한정건처럼 7:14가 이사야 당시 사건과는 무관한, 직접적인 예수님에 대한 예언이라고 보지도 않는다.

78 김진수, "이사야 7:14에 예언된 '임마누엘 탄생'의 이해," *신학정론* 38(1) (2020): 157-83. 한편, 필자는 '임마누엘'이라는 단어 (아들의 이름)가 한 번은 심판 메시지를 위해 (사 8:8), 다른 한번은 구원 메시지를 위해 (사 8:10) 사용된 것

버지, 평강의 왕인 분)와, 11:1-9의 이새의 뿌리에서 나올 '싹'과 연결되었다고 보는 것이다.[79] 9:6, 7로 보면 이 존재는 다윗 계열의 한 인간 통치자일 뿐만 아니라 하나님께만 돌릴 수 있는 칭호들이 붙는 분이다.[80] 11:1-9로 보면 이 존재는 우주적 평화를 가져올 통치자이시다.[81]

　　여기서 내가 첨언하고 싶은 것이 있다. 그것은 이 '처녀가 낳을 임마누엘'이 '하나님이 처녀 딸 유다에게 주시는 승리 혹은 구원'으로 1차적 해석이 가능하다면 그 승리는 7:15-16에서 여호와께서 주신 예언의 성취로 이해될 수 있다는 것이다. 7:15-16은 "그[임마누엘]가 악을 버리며 선을 택할 줄 알 때가 되면 엉긴 젖과 꿀을 먹을 것이라. 대저 이 아이가 악을 버리며 선을 택할 줄 알기 전에 네가 미워하는 두 왕의 땅이 황폐하게 되리라"라고 되어 있다. 악을 버리며 선을 택할 줄 알게 되는 나이는 이 아들이 유년의 티를 벗고 이제 소년에 이를 나이일 것이다. 즉 아하스가 이 예언을 듣던 때로부터 몇 년 내에 (10년 내외?)에 북이스라엘과 시리아가 앗시리아의 침략으로 말미암아 황폐하게 될 것이라는 것이다. 이 두 나라의 패망에 대해서는 이사야가 낳을 '마헬살랄하스바스'로 이름 붙여질 아들을 통해 부가적으로 예언이 주어진다.[82] 임마누엘 예언의 시점보다 마헬살랄하스바스를 통한 예언이 나중에 주어지는 것으로 보인다. "이 아이 [마헬살랄하스바스]가 내 아빠, 내 엄마라 부를 줄 알기 전에 다메섹의 재물과 사마리아의 노략물이 앗수르 왕 앞에 옮겨질 것이라" (사 8:4)가 바로 그 예언이다. '임마누엘'이 선악을 아는 것이 소년의 때라면, 마헬살랄하스바스가 엄마 아빠를 발음할 줄 알게 되는 때는 아직 아기의 때일 것이고 이 둘 간에는 차이가 있지 않을까. 즉 임마누엘이 예언된 시점보다 이제 마헬살랄하스바스 예언이 주어진 시점에서는 시리아와 북이스라엘의 멸망이 더 가까웠을 것 같다.

　　아무튼 여기서 우리가 결론을 내릴 수 있는 것은 이 임마누엘은 남 유다가 북이스라엘과 시리아 연합국의 위협에서 놓여날 것에 대한 예언의 재료로 쓰인 아들 이름이며, 동시에 이

으로 본다. 본서의 호세아서 1장의 구조에 대한 부분을 참조하라 ('같은 말 가지뻗기').

　　79 반면, 사 11:1-9의 메시아 예수 그리스도의 초림과 재림에 대한 예언을 우택주 같은 학자는 전혀 다르게 해석한다. 우택주, "이사야 11장 1-9절에 나타난 메시아사상과 생태계 회복," 복음과실천 48 (2011): 24-5. "이사야 11장 1-5절은 포로시대의 메시아사상을, 6-9절 역시 포로시대의 제사장 집단의 창조 사상과 동일 맥락에서 생태계의 회복을 묘사하고 있다. 이사야서에서 기다리는 다윗 계열의 …지도자가 통치하는 사회는 필연적으로 태고에 인류가 타락하기 이전의 신화적인 세상, 즉 약육강식의 먹이사슬이 당연한 세계의 포식동물이 채식동물로 되돌아가는 시절…로 변화하게 될 것이라고 내다보았다." 이러한 해석은 기발하나 구약과 신약의 연속성에 대해, 이 메시아의 신적 특성에 대해 전혀 무지한 해석으로 보인다.

　　80 9:6-7 "이는 한 아기가 우리에게 났고 한 아들을 우리에게 주신바 되었는데 그 어깨에는 정사를 메었고 그 이름은 기묘자라, 모사라, 전능하신 하나님이라, 영존하시는 아버지라, 평강의 왕이라 할것임이라. 그 정사와 평강의 더함이 무궁하며 또 다윗의 위에 앉아서…" 7:14의 '아들'에 대한 예언이 이 구절들에서 더 구체화되어 있는 것을 우리는 짐작할 수 있다. 이 구절들에서는 신기하게도 예수님이 '다윗의 자손' 곧 인성을 지니신 분일뿐만 아니라 '전능하신 하나님' 곧 신성을 지니신 분으로 표현되고 있다. 신약의 요한복음 1장에서 나다나엘은 예수님을 이스라엘의 '왕'이라고 고백하며, 요한복음 20장에서 도마는 예수님을 '하나님'이라고 고백한다. 이들의 신앙고백에서 우리는 이사야서 9:6-7이 예수님에게서 성취된 것을 확인한다. 또 예수님을 계시록에서는 '만왕의 왕'(계 19:16)이라 증거하고, 디도서에서는 예수님을 '크신 하나님' (딛 2:13)이라고 소개한다. 이렇게 예수님을 신약의 책들은 왕이요 하나님으로 제시함으로 구약 이사야서의 메시아 예언을 확증하고 있다.

　　81 김진수, "이사야 7:14에 예언된 '임마누엘 탄생'의 이해," 177 이하.

　　82 호세아 선지자의 세 자녀의 이름들이 예언 재료로 사용되는 것처럼, 이사야의 자녀들 곧 스알야숩과 마헬살랄하스바스도 예언 재료로 쓰인다.

아들은 하나님의 구원의 초자연적 역사를 이루실 예수 그리스도에 대한 예언의 재료로 쓰인 존재라는 것이다. 이는 마치 고레스가 포로된 유다를 돌이키고 성전을 재건시킬 인물인 동시에, 앞으로 죄인들을 마귀의 포로에서 놓여나게 하시며 그들 (남은 자들)로 영원한 하늘 성전을 지으실 예수 그리스도에 대한 예언의 재료로 쓰이는 것과 같다.

　　나는 이사야가 당시에 이미 이 임마누엘 예언이 2차적으로 지시하는 존재에 대해 알고 있었다고 본다. 왜냐하면 첫째로, 위에서 언급하였듯이, 이 7:14의 예언은 9:6-7에서 더 구체적이고 확실하게 예언되기 때문이고, 둘째로, 이 메시아 예언은 이사야서의 하위 병행단락들에서 일관되고도 전략적인 위치에 나타나서 (이사야서의 구조에서 이미 충분히 논하였다) 유다의 절망상태에 대한 유일한 희망으로 제시되기 때문이다. 아브라함과 다윗이 앞으로 오실 메시아를 미리 알고 (미리 보고) 즐거워한 것처럼, 이사야도 이 존재가 누구인지를 미리 알고 있었음이 틀림 없다. 아래의 도표를 참고하라.

　　임마누엘 (7:14)은,
　　1차적으로 이사야 당시 하나님의 구원(승리)을 이룰자=시리아와 북이스라엘의 위협에서 유다를 자유케 할 자 (7:15-16); 선지자는 이 임마누엘을 부르며 앗시리아의 침략에 대해 탄식하고 (8:6-8),[83] 한편으로는 결국 하나님이 열국 (앗수르를 포함한 세상에 존재하는 언약 백성에 대한 대적국들)을 심판하시리라는 것을 내다보며 그 근거로 임마누엘이라는 이름을 사용 (8:9-10)한다.[84] 이 임마누엘은 처녀딸 유다가 몇 년 후에 얻게 될 승리로 1차적 성취를 본다.

　　2차적으로 종말에 오셔서 하나님의 구원(승리)을 이루실 분 (이 아들 곧 더이상 딸 유다가 낳을 승리와 같은 어떤 상징이 아닌 예수 그리스도에 대해서는 9:6-7; 11:1-16 등에서 명시적 예언이 주어짐) 이 임마누엘 (7:14)은 처녀 마리아에게서 탄생하실 예수 그리스도에게서 2차적 성취를 본다. 이사야는 당시에 이 존재(오실 예수 그리스도)에 대해 이미 알고 있었다.

　　고레스 (44:28; 45:1)는,
　　1차적으로 당시 하나님의 심판 도구로 사용될 자 (45:1 "...내가 그의 오른손을 붙들고 그 앞에 열국을 항복하게 하며...")며[85] 동시에 유다의 회복의 도구로 사용될 자 (44:28 "고레스에 대하여는 이르기를 내 목자라...예루살렘에 대하여는 이르기를 중건되리라 하며 성전에 대하여는 네 기초가 놓이시리라 하는 자니라")이나.[86] 고레스에 대한 예언은 1차적으로는 유다의 포로 회복과 성전 건축으로 그 성취를 본다.

　　2차적으로 종말에 오셔서 하나님의 구원을 이루실 분 (이 분 곧 더이상 고레스가 아닌 예수 그리스도. 예수님에 대해서는 45:13; 49:6; 52:13-53:12; 55:3-5 등에 명시적 예언이 주어짐). 고레스에 대한 예언 (44:28; 45:1)은 2차적으로는 예수 그리스도께서 사탄과 그 모든 대적들과 정사와 권세들을 파쇄하실 것과 그 자신이 머릿돌이 되시고 믿는 자들로 돌들이 되게 하셔서 하나님의 성전을 세우실 것으로 그 성취를 본다. 이사야는 당시에 이 존재 (오실 예수 그리스도)에 대해 이미 알고 있었다.

---

83 '임마누엘'이라는 이름을 통해 하나님의 심판 메시지 (앗수르를 통해 유대 심판)가 주어진다.
84 '임마누엘'이라는 이름을 통해 하나님의 구원 메시지가 주어진다 (열방을 심판하심은 곧 유대의 구원을 시사함).
85 '고레스'라는 인물을 통해 하나님의 심판 메시지가 주어진다.
86 '고레스'라는 인물을 통해 하나님의 구원 메시지가 주어진다.

42장 1-7절에 대한 학자들의 해석

한동구는 그의 논문에서 본 절들에 소개된 '종'을 이스라엘로 해석한다. 그는 사 61:1-3의 '예언자'와 본 42장의 '종'을 이스라엘로 볼 가능성을 지지하면서 이 이스라엘의 길은 "생육과 번성을 통한 정복과 지배의 철학을 따른 것이 아니라, 섬김과 자기희생을 통한 다른 사람의 구원을 추구하는 길"이라고 보았다. 그가 왜 생육과 번성 (창 1:28)을 부정적으로 보는지 의아스럽다. 생육과 번성과 다스림 등은 하나님이 인간에게 주신 복이며 왕으로서의 소명으로 보는 것이 합당하지 않은가. 그는 42:3을 "꺾어진 갈대를 꺾지 않고 희미해진 심지를 끄지 않는 것, 이것은 새로운 하나님의 법이며, 우리가 인권이라고 말하는 것의 기초가 된다."고 해석한다. 하나님은 정의를 사랑하시고 인권을 적극 보호하시는 분이시나 이 구절은 메시아 예수님의 인격과 사역에서 이해함이 합당한 것이 아닌가. 신약의 증거가 있는데도 불구하고 신약의 예수님에게서 이 예언이 성취되었다는 말은 일언반구도 없이 다만 한동구가 이 구절을 이스라엘, 그리고 그 이스라엘이 약자들을 짓밟는 것이 아니라 그들의 인권을 옹호하게 될 것을 바라보는 구절로 해석하는 것이 과연 합당한가.

사실, 61:1-3도 예수님에 대한 예언이 아닌가. 이형원이 61:1-3의 '수사학적 탁월성'을 드러낸 것, 이 절들에 있는 내용을 현대 사역자에게 적용해야 함은 우리가 수용할 수 있으나, 그가 Duhm을 따라 56-66장을 단락 구분한 것, 이 단락을 포로후기의 작품으로 본 것, 본 단락의 저자를 '기원전 8세기에 예언을 했던 이사야의 가르침을 이어받아 형성된 예언자적 전통에 속한, 포로기 시대나 그 이후의 한 예언자'로 추측하는 것,[87] 그리고 이 '예언자'에 대한 예언이 곧 예수님에 대한 예언이라고 확정적으로 말하지 않고 단지 "우리 주 예수 그리스도의 공생애 사역에 있어서 하나의 좌우명으로 간주"되었다고 말하는 데에 그치는 점[88] 등은 수용하기 힘들다. 이형원도 한동구와 같이 이 절들을 기독교 사역자들에게 적용하여, 기독교 사역자들이 '인권의 침해를 받은 자' 등과 함께 '아파하고 슬퍼해야' 함을 강조하였다.[89] 그러나 우리는 사 61:1-3이 인용한 눅 4:16-30의 주의 깊은 읽기를 통해 그 의미를 바르게 사려해야 할 것이다. 이 누가복음의 본문에서 강조하고 있는 것은, 1) 이사야 61:1-3에 예언된 '선지자/예언자'는 곧 예수님에게서 성취되었다는 점, 2) 선지자가 고향에서 환영 받지 못했다는 점이다 (사람들은 예수님을 낭떠러지까지 끌고 가서 떨어뜨리려 했음). 예수님은 눅 4:16-30의 본문에서 많은 과부들이 있었으나 선지자 엘리야는 시돈 사렙다의 한 과부에게만 보냄을 받았다고, 많은 문둥병자들이 있었으나 깨끗함을 받은 자는 오직 수리아 사람 나아만뿐이었다고 말씀하신다. 즉, 이 본문에서 강조하는 것은 단지 비참한 상황에 처한 ('인권 침해 받는') '모든' 사람들에게 하나님의 구원의 손길이 미치는 것이 아니라, 하나님 주권에 따라 오직 그 마음이 하나님을 구하도록 은혜를 받은 자에게만 하나님의 구원의 손길이 미친다는 것이다. 즉, 하나님은 이 세상의 괴롭고 딱한 처지에 있는 모든 사람들을 긍휼히 여기시지만 (참고. 눅 18:22), 누가가 말하는 가난한 자들은 단지

---

87 이형원, "이사야 61:1-3의 수사학적 탁월성과 신학적 영향력," 복음과실천 43 (2009): 73-104, 특히 75-8 및 89.

88 Ibid., 101.

89 Ibid., 96.

물질적으로 가난한 자가 아니라는 것이다. 예수님은 단지 물질적으로 가난한 '모든' 자가 아니라 '자기가 죄인임을 인정하고 하나님 나라를 바라보고 그분만 의지하는 가난한 자'를 찾아 구원하시도록 오셨다는 것이다. 만약 물질적으로 가난한 자만에 대한 예수님의 찾아오심이 복음이라면 부자였을 나아만 이야기를 예수님은 하셔서는 안되는 것이었지 않겠는가. 누가의 신학을 곡해하면 우리는 '인권옹호신학', 민중신학, 해방신학, 맑시스트 신학 등을 추종하는 길을 택하게 된다 (어떤 거짓 선생들은 인권 보호라는 미명 하에 동성애를 수용하기도 함).

이희성은, 한편으로, 42:1-4의 '종'에 대한 예언을 예수 그리스도의 인격과 사역 안에서 궁극적으로 성취된 예언으로 본다. 그러나 그는 여기에서 그치지 않고 예수 그리스도의 사역에서 성취된 이 종의 사명이 오늘날 영적 이스라엘인 교회에 의해서 계속 성취되어야 한다고 보았다.[90] 이희성은 42:1-4뿐만 아니라 40-66장에 있는 '종' (메시아)관련 여러 본문들을 택하여 기독론적으로 해석하고, 나아가 교회론적 적용을 하고 있다. 필자는 그리스도 예수의 사역이 교회에 '적용'되어야 한다는 그의 주장에는 전적으로 동감한다. 그러나 그가 메시아 예수에 대한 이사야서의 예언들을 '종'이라는 표현이 있다고 해서 어떤 비메시아적 구절들과 연결해서 해석하는 것은 오류라고 본다. 예를 들어, 42:1-4를 해석하면서 더불어 인접본문인 42:18-19 곧 맹인과 귀머거리로 묘사된 이스라엘 ('여호와의 종'으로 표현됨)을 언급한다. 같은 '종'의 표현이 있지만 하나는 메시아 예언이고 하나는 죄된 이스라엘에 대한 탄핵이다. 양자를 분명히 구분하여 충분히 언급하지 않으면 개인인 종을 집단적으로 해석하거나 집단인 이스라엘을 개인으로 해석하는 혼동이 생긴다. 이희성도 사 49장의 '종'을 해석할 때 얼마간은 이러한 혼동 속에 있는 듯하다.[91] 그러나 필자는 본 장의 '종'을 다음과 같이 본다.[92]

[49장의] 1-4절은 여호와의 종인 이스라엘로 시작하고 5-8절은 여호와의 종인 메시아로 진행되며 9-13절은 이스라엘의 회복으로 일단락된다. 1-4절을 5-8절과 묶어 함께 메시아 예언으로 볼 사람들도 있겠으나, 3절에 '내 영광을 나타낼 이스라엘'이 명시적으로 나타나기에 메시아로 보기 어렵다. 다만 이 이스라엘은 여호와의 참 이스라엘의 머리인 메시아를 예시하는 기능을 한다고 하겠다. 반면 5-8절이 메시아에 대한 예언인 것은 분명하다. 이 구절들에서 보이는 '종'은 '이방의 빛'이요 '백성의 언약'이 될 사람이고 42:6의 메시아 구절에 이미 한번 나타났던 예언이기 때문이다. 이 메시아에 의하여 이스라엘의 회복이 이루어질 것이다 (9-13절). 이어지는 14-26절은 시온의 회복을 다시 예언하고, 이 시온의 회복에 열방이 동참하게 될 것 (특히 22절 이하)과 그 대적자에 대한 심판이 묘사되었다.

필자는 이방의 빛이요 백성의 언약이 되시고 (42장), 가난한 자에게 복음을 전하시고 (61장), 대리적 속죄의 죽음을 죽으시며 부활 ("그의 날은 길 것이요"는 부활을 시사)하시고 (52:13-53:12[93]; 59:20의 '구속자'), 또 용사로 다시 오셔서 악인들을 심판하실 (63장 1-6절) 이 분

90 이희성, "이사야 40-66장에 나타난 종의 교회론적 해석," 신학지남 84(3) (2017): 14.

91 Ibid., 22-3.

92 최영헌, "이사야서의 전체 구조 속에서의 메시아 예언들의 위치, 제시 방식 및 메시아상: 마태복음과 누가복음의 구조 속의 메시아 예수와의 비교," 신학과상황 5 (2021): 282.

93 52:13-53:12 "보라 내 종이…타인보다 상하였고…그가 찔림은 우리의 허물 때문이요 그가 상함은 우리의 죄

이 곧 메시아 예수에 대한 예언이라고 본다. 이 메시아의 사역을 교회가 본받아야 하나, 이 구절들이 교회를 지시하는 것이 아니기에 그 양자간의 구별점은 분명히 해야 한다고 본다.

이사야서의 증언을 보면, BC 8세기 당시 북 이스라엘이나 남 유다나 할 것 없이 여러 가지 죄악들에 연루되었던 것이 확인된다. 그들은 여호와를 알지 못하고 주인이신 여호와를 떠났다. 그들은 여호와께 위선적인 제사를 드렸다. 그들은 뇌물을 받아 먹었다. 그들의 거룩하지 못한 삶은 마치 물 섞인 포도주와 같았다. 무엇보다 그들은 여호와를 떠나 우상을 숭배하였고, 하나님을 의지하는 대신 사람을 의지하고, 세상 것을 의지하고, 다른 나라들을 의지하였다. 이 모든 것들은 하나님이 그들과 맺은 언약을 파기하는 행위였다. 그들에게는 심판이 기정 사실이었다. 이 모든 암울하고 절망스러운 상황 속에서 이사야 선지자는 이 모든 것을 반전시키시고 이스라엘과 열방의 남은 자들을 구속하실 메시아를 예언한다.

이사야 메시아 예언들 중 위에서 살펴본 것은 7:14와 42:1-7이었다. 7:14는 아하스 왕 때에 성취되었을 예언이고 9:6, 7과 관련시켜 볼 때 동시에 메시아 예수님에 대한 예언이기도 하다. 현장학에 따르면 7:14는 본래 메시아에 대한 예언이 아니었으나 하나님의 섭리 가운데 신약의 기자 (마태)가 그 구절을 메시아로 새롭게 해석하였다고 하나 7:14와 9:6, 7을 연결하여 보면 이사야는 이미 그의 시대에 그 예언이 당시뿐 아니라 미래 그리스도에 대한 예언임을 알고 있었던 것이 분명하다. 이 메시아 예언들은 11장의 메시아 예언과도 연결되는데, 11장의 메시아 예언을 예수 메시아로 보지 않고 전혀 다른 해석을 하는 우택주의 주장은 받아들이기 어렵다.

42:1-7의 '종'은 49:5-8, 53장, 61:1-3 등에서 나타나는 메시아 예언들과 연결된다. '종'이 이스라엘을 가리킬 때도 있지만 (49:1-4), 그리고 이사야서의 저자가 이스라엘을 말하다가 어느 대목에서는 신-인이신 메시아를 말하기 때문에 이 둘 사이에서 우리가 혼동을 겪기도 하지만, 이 '이스라엘=종'을 '개인 메시아=종'에 대한 예언과 뒤섞어서 해석하면 안된다는 것이다. 이러한 행위야말로 메시아를 이해하는 데에 혼동을 가중시키기 때문이다. 한편, 42:1-7의 메시아 예언을 이스라엘로 해석하고 이 이스라엘이 인권을 보호하는 존재로 나타나게 된다고 보는 한동구의 주장은 그릇된 해석으로 생각된다.

처녀에게서 성령으로 잉태되셔서 이땅에 오시고 우리를 위해 죽으시고 부활하신 메시아 예수는 또한 다시 오실 것이다. 이 모든 내용들이 이사야서에 예언되어 있다. 오늘날 교회는 옛날의 이스라엘과 별다를 것이 없는 이 절망스런 세대에 이스라엘의 거룩한 자이신 여호와께서 보내신 하나님이요 다윗의 자손 (사 9:6, 7)이신 예수 그리스도 (메시아)만이 소망인 것을 알고 더욱 이사야서의 복음을 이 세대에도 전하여야 하겠다. 또한 성령에 의지하여 메시아의 인격과 사역을 우리 성도들이 자신들의 삶에 적용, 실천해야 할 줄로 믿는다.

악 때문이라. …그의 영혼을 속건제물로 드리기에 이르면 그가 씨를 보게 되며 그의 날은 길 것이요…"

참고문헌

김유기. "이사야 7:14의 번역: '하알마'와 무동사절을 중심으로." *성경원문연구* 46 (2020): 27-46.

김진수. "이사야 7:14에 예언된 '임마누엘 탄생'의 이해." *신학정론* 38(1) (2020): 157-83.

반 게메렌, 윌리엄. *예언서 연구*. 서울: 솔로몬, 2016.

우택주. "이사야서 11장 1-9절에 나타난 메시아사상과 생태계 회복." *복음과실천* 48 (2011): 7-30.

이형원. "이사야 61:1-3의 수사학적 탁월성과 신학적 영향력." *복음과실천* 43 (2009): 73-104.

이희성. "이사야 40-66장에 나타난 종의 교회론적 해석." *신학지남* 84(3) (2017): 9-36.

장일선. *히브리 예언서 연구*. 서울: 기독교서회, 1990.

최영헌. "이사야서의 전체 구조 속에서의 메시아 예언들의 위치, 제시 방식 및 메시아상: 마태복음과 누가복음의 구조 속의 메시아 예수와의 비교." *신학과상황* 5 (2021): 233-327.

치즈홀름, 로버트. *예언서 개론*. 강성열 역. 서울: 크리스챤 다이제스트, 2006; Chisholm Jr, Robert B. *Handbook on the Prophets*. Grand Rapids: Baker, 2002.

한정건. *이사야의 메시아 예언 I: 임마누엘의 메시아*. 서울: CLC, 2006.

현창학. *선지서 주해 연구*. 서울: 합신대학원출판부, 2013.

제2장 예레미야서의 주제적-신학적 구조와 메시지
— 연구상의 문제점들 및 구약 저자들의 문학적-신학적 습관들과 그들의 시공에 대한 시각을 통한 접근

1. 들어가는 말: 예레미야서의 구조 이해가 어려운 이유들

근래의 문학적 연구들로 예레미야서의 구조에 대해 몇 가지 서광이 비쳐오는 것은 반가운 일이다. 이미 우리에게 주어진 최종 본문의 구조와 그에 따른 메시지를 찾는 일에는 참으로 본문에 대한 공시적 접근이 우선 되어야 하는 것이 어느 정도는 중시된 셈이다 (물론 예레미야서 연구에 있어서 저자인 예레미야와 그 역사적 배경연구도 중요[94]). 이러한 공시적 연구를 통해 학자들은 분명한 역사적, 문헌적 증거들 없이 다양한 편집 단계들을 상정하고 주어진 본문에서 저자의 원래의 말(*ipsissima verba*) 혹은 원래 본문(*Urtext*)을 탐색하던 역사-비평학의 어떤 분명한 하나의 결론도 보장 못하는 진공 속에서의 연구들에서 헤어나오게 되었다. 또한 이러한 접근으로 우리는 최종 (편)저자가 특정한 의도를 가지고 암시(implied)된 독자들을 설득하기 위해 고도로 다듬어지고 계획된 하나의 총체적이고 유기적인 집성체로서의 본문을 성경기자들의 독특한 문학적-신학적 글쓰기와 배열의 관습(convention) 속에서 제시하고 있는 것을 보게 된 것이 사실이다.

그럼에도 불구하고 구조 연구에 있어 현금까지도 난항을 겪어오고 있는 호세아서(특히 4장 이하)나 잠언(특히 10장 이하) 등과 더불어 예레미야서는 다른 구약 책들에 비하여 그 구조 연구에 있어서는 여태 어떤 획기적인 진전을 보이고 있지는 못한 상태다. 그 주요 이유들을 들자면, 첫째는 이 책의 스타일에 기인한 것인데 시형과 산문형태가 섞여 있다는 것이다. 특히 이것은 역사-비평학의 탐구 과제였던 36장의 '바룩이 예레미야의 구술을 받아 적은 말씀'이 무엇이며 여기에 '더해진 다른 말씀들'(36:32)의 범위는 어디까지인가 하는 것들과 관련되는 바, 비평학자들은 책의 20장까지(혹은 25장까지) 앞부분에 해당하는 시형의 글들을 원래 예레미야의

---

94 예레미야는 "베냐민 땅 아나돗의 제사장들 중 힐기야의 아들" (בֶּן־חִלְקִיָּהוּ מִן־הַכֹּהֲנִים אֲשֶׁר בַּעֲנָתוֹת בְּאֶרֶץ בִּנְיָמִן) 로 렘 1:1에 기록되어 있다. 그의 이름 (יִרְמְיָהוּ)의 뜻은 "여호와께서 높아지신다; Yah will rise"로 보인다. 그는 아몬의 아들 유다 왕 요시야 13년 주의 말씀을 받아 유다에 전하였고, 시드기야 11년 말까지 사역하였다 (렘 1:2-3). 그의 사역은 여기에서 끝난 것은 아니다. 유다 멸망 후 유다땅에 살라고 하신 하나님의 말씀을 불순종한 가레아의 아들 요하난 등에 이끌려 예레미야는 애굽의 다바네스에 이르러 또 하나님의 말씀을 전하였다 (렘 43장). 예레미야서의 마지막 장에는 느부갓네살의 2차 침공으로 끌려갔던 여호야긴 왕이 에윌므로닥 즉위년에 감옥에서 석방된 기사가 나온다 (렘 52:31-34). 예레미야는 앗시리아를 돕는 애굽을 무찌르기 위해 므깃도에서 싸우다 치명상을 입고 예루살렘에 와서 전사한, 유다의 경건한 왕 요시야를 위해 애가를 지은 선지자이다 (대하 35:24-25). 우리가 잘 아는대로 요시야는 622년 성전에서 발견된 율법책 (왕하 22:8)의 말씀을 따라 유다에 대대적인 종교개혁을 단행한 왕이다. 그러나 요시야 사후 유다는 영적으로뿐만 아니라 정치-군사적으로도 내리막길로 곤두박질쳤다. 여호아하스 (살룸)는 애굽으로 끌려가 죽었고, 이후 여호야김과 여호야긴과 시드기야 모두가 악정을 행하였고 예레미야가 전한 하나님의 말씀을 거역하였다. 예레미야 선지자의 예언대로 느부갓네살의 1차 침공 (605 BC)부터 고레스 원년 포로 귀환령 (538)을 따라 1차 포로귀환이 이루어졌던 536까지 유다 백성은 70년간 포로살이를 하였다. '새언약' (בְּרִית חֲדָשָׁה)에 대한 그의 예언도 성취되었다 (렘 31:31 이하; 히 7-10장).

말로 보았다.[95] 그러나 시형과 산문형을 정확히 구분할 수 없는 본문들이 있다는 점 때문에, 그리고 1-20장은 시형도 있고 내러티브들도 있다는 점 때문에 이러한 준거로 예레미야의 원래 말을 규정하는 어려움이 있다. 둘째는 이 책의 연대기적 표시들인데 이것들이 시간 순서대로 배열되어 있지 않다는 것이다. 셋째는 예레미야서의 텍스트에 관한 것인데 맛소라 사본과 70인역 사이에 자료 배열 상 차이를 보인다는 것이다. 눈에 띄는 것은 맛소라 텍스트의 46-51장(열국을 치는 예언의 말씀들)이 70인역에서는 맛소라 사본 기준으로 25:13a 다음에 오되 나라의 순서들이 다소 변동되었다는 것이다. 자료의 위치가 메시지와 관계 있으므로 어느 텍스트를 기준으로 구조 연구를 해야 할 것인가가 문제가 되는 것이다.[96] 넷째는 내용의 흐름을 거스르는 것처럼 보이는 이질적 자료들이 군데군데 나타난다는 것이다. 1-20장의 후반부 (전반부는 유다의 음행, 회개, 북방 족속의 침입 등 비교적 뚜렷한 주제들을 따라 내용이 전개되나 후반부는 여러 주제들이 다소 혼합되었다는 인상을 받음), 21-25장의 여러 주제들을 담은 예언들, 30-33장의 회복의 말씀, 35장의 레갑 족속 이야기, 그리고 51장의 바룩에게 주는 권면 등이 내용의 논리적 전개를 거스르는 다소 엉뚱한 것들로서 중간에 끼어 들어 있다는 인상을 준다는 것이다.

이상 언급한 예레미야서 구조 인식에 어려움을 주는 네 가지 중에서 필자는 첫 번째 것을 제외하고 나머지 3개를 주로 다루고자 한다. 첫 번째 것은 책의 스타일이나 넓은 의미에서의 장르와 관계된 것이다. 어떤 본문이 시형인지 아니면 산문형인지를 파악하고 그 범위를 지정하는 것은 구조 이해와 관련이 없다고는 할 수 없다. 예레미야서 2-25장과 26-45장은 시형과 산문형이라는 형식적 요소에 의해 대별(大別)되는 것이 사실이다. 특히 후자는 예레미야를 3인칭으로 언급하는 점에서 주로 1인칭으로 언급하는 전자와 차이를 보이는데 이러한 형식적 요소들이 학자들의 예레미야서 단락 구분에 크게 반영된 것이 분명하다.[97] 그러나 필자는 시형과 산문

---

95 Jack R. Lundbom, *Jeremiah 1-20*, Anchor Bible (New York: Doubleday, 1999), 63-7. 1894년 Giesebrecht는 예레미야서에 3가지 source가 있다고 보았다. 그 첫째는 예레미야 source인데 이는 예레미야서의 앞부분에 있다고 보았고, 그 둘째는 바룩 source인데 이것은 예레미야에 대한 이야기(narrative)로 예레미야가 3인칭으로 나온다고 했고, 그 셋째는 편집자 source로 앞의 두 source에 추가된 자료라고 하였다. Duhm은 1901년 그의 책에서 이 이론을 받아들였고 예레미야서 앞부분의 시형으로 된 말씀이 예레미야의 원래 말이라고 보았다. 1946년 모빙켈은 이 이론을 더 발전시켰다. 이러한 역사-비평적 논의를 평가하고 그 단점을 지적한 Klaas A. D. Smelik, "An Approach to the Book of Jeremiah" in *Reading the Book of Jeremiah*, ed. Martin Kessler (Winona Lake, Indiana: Eisenbrauns, 2004), 1-11을 보라. 시형과 산문형에 대한 짧은 논의는 같은 책의 아티클, Martin Kessler, "The Scaffolding of the Book of Jeremiah," 58f를 보라.

96 70인경은 그 분량에 있어 맛소라 사본 보다 8분의 1이 적다. (약 2700단어의 차이를 보임) S. R. Driver, *The Book of the Prophet Jeremiah: A Revised Translation with Introduction and Short Explanation* (London, New York, Toronto: Hodder and Stoughton, 1906), xlix. 자세한 논의는 Jack R. Lundbom, *Jeremiah 1-20*, Anchor Bible (New York: Doubleday, 1999), 57-62을 참고하라.

97 맛소라 본문의 예레미야서를 네 단락으로 나눈 대표적 고전적 구약개론 Otto Eissfeldt, *The Old Testament: An Introduction*, tr. Peter R. Ackroyd (Oxford: Basil Blackwell, Ger. 1934; Eng. 1965), 348을 보라. 아이스펠트는 1-25장 (주로 그 자신의 백성을 치는 예언들); 26-45장(주로 예레미야에 관한 내러티브들); 46-51장(열국을 치는 예언들); 52장 (역사적 부록=왕하 24:18-25:21)로 나누었다. 이러한 구분은 최근의 구약개론들인 William Sanford Lasor, et. al., *Old Testament Survey: The Message, Form, and Background of the Old Testament* (Grand Rapids/ Cambridge: Eerdmans, 1982, 1996), 341나 Rolf Rendtorff, *The Old Testament: An Introduction*, tr. John Bowden (Philadelphia: Fortress Press, Ger. 1983; Eng. 1986), 201에 그대로 반복된다.

형에 대한 파악이 본문의 문학적 성격을 논하는 데에 중요하다고 생각하지만 이러한 구분 자체가 구조 이해에 최우선적 요소는 아니라고 생각한다. 왜냐하면 그러한 외적 형태들보다 특정한 모티프들이나 주제들의 결합에 의하여 이 책이 구조화되었다고 생각하기 때문이다.[98] 이 세 가지를 다루고 난 다음에 필자의 논의에 기초하여 예레미야서 구조 연구에 있어 중요하다고 생각되는 몇몇 학자들의 논의를 평가하고자 한다.

간단히 말하자면, 지금부터 필자가 논의하고자 하는 것은 예레미야서의 연대기적 표시들, 맛소라와 70인경의 배열상의 차이, 그리고 다소 상이한 주제를 지닌 본문들에 대한 부분, 다른 학자들의 구조에 대한 시각들인데 이것들을 구약 (편)저자들의 *문학적-신학적 관습들*과 그들의 *시공에 대한 독특한 시각* 속에서 상고하여 해결을 모색하고자 한다. 여기서 *문학적*이라는 것은 특히 '주제들(혹은 모티프들)의 덩어리(cluster)가 어떻게 변이를 이루면서 발전하고 결국 단락 형성에 기여하는가' 하는 것이며 *신학적*이라는 것은 '유대-이방의 구원의 경륜적인 측면' 그리고 '선지자의 신론-죄론-구원론(심판/구원) 및 종말론'에 대한 측면 두 가지로 언급될 수 있는데 이러한 신학적 측면은 다분히 계기적(繼起的)인 것이다. 이에 더하여 선지서의 *시공에 대한 시각*인데 선지서의 내용은 시간에 있어 과거, 현재, 미래(미래는 가까운 미래, 먼 미래, 아주 먼 미래로 다시 나누어질 수 있음)로 진행하되 이것이 점진적으로 반복을 이루고 공간에 있어서는 이스라엘에서 이방나라들로 그리고 여기서 다시 종말적 이스라엘과 종말적 세상 나라로 그리고 때때로 종국적으로는 우주적으로 진행한다는 것이다. 선지서 내용에 있어서 시공적 측면은 신학적인 면과 깊이 관련되어 있다.

2. 연대기적 표시들과 예레미야서의 구조

거의 모든 학자들이 예레미야서의 연대기적 표시들은 선형적(linear)-계기적(sequential)으로 되어 있지 않기에 책의 구조 인식에 어려움을 주는 것으로 여겨 왔다. 우선 연대기적 표시들을 정리하면 다음과 같다.

> 1:2-3 아몬의 아들 유다 왕 요시야의 다스린 지 13년에 여호와의 말씀이 예레미야에게 임하였고 요시야의 아들 유다 왕 여호야김 시대부터 요시야의 아들 유다 왕 시드기야의 제 11년 말까지 임하니라. 오 월에 예루살렘이 사로잡히니라.
> 3:6 요시야 왕 때에 여호와께서 또 내게 이르시되
> 21:1-2 시드기야 왕이 말기야의 아들 바스훌과 제사장 마아세야의 아들 스바냐를 보내어 예레미야에게...그 때에 여호와께로부터 예레미야에게 말씀이 임하니라.
> 21:11ff 유다 왕의 집에 대한 여호와의 말을 들으라. 22:11 나 여호와가 유다 왕 요시야의 아들 곧 그 아비

---

98 필자는 쟝르에 대해서도 이와 같은 생각을 가지고 있다. 쟝르 구분은 문학적 성격을 논하는 데 중요하고 구조 이해에 있어서도 참조해야 할 부분이다. 그러나 그보다 책의 일련의 주제들과 그것의 발전을 더욱 주의 깊게 관찰해야 한다. 쟝르에 따른 단락 구분은 조심해야 하는데 왜냐하면 이 구분은 때때로 일련의 주제들이 이루는 어떤 단락을 중간에 잘라 버리기도 하기 때문이다.

요시야를 이어 왕이 되었다가 이곳에서 나간 살룸에 대하여 말하노라. 22:24 나 여호와가 말하노라. 나의 삶으로 맹세하노니 유다 왕 여호야김의 아들 너 고니야가...

24:1 바벨론 왕 느부갓네살이 유다 왕 여호야김의 아들 여고냐와 유다 방백들과 목공들과 철공들을 예루살렘에서 바벨론으로 옮긴 후에...8절 나 여호와가 이같이 말하노라. 내가 유다 왕 시드기야와 그 방백들과...

25:1 유다 왕 요시야의 아들 여호야김 4년 곧 바벨론 왕 느부갓네살 원년에 유다 모든 백성에 관한 말씀이 예레미야에게 임하니라. 3절 유다 왕 아몬의 아들 요시야의 13년부터 오늘까지 23년 동안에 여호와의 말씀이 내게 임하기로...

26:1 유다 왕 요시야의 아들 여호야김의 즉위 초에 여호와께로서 이 말씀이 임하니라.

27:1 유다 왕 요시야의 아들 여호야김의 즉위한 지 오래지 아니하여서 여호와께서 말씀으로 나 예레미야에게 이르시니라. 3절 유다 왕 시드기야를 보러 예루살렘에 온 사신들의 손에도 그것을 붙여...

28:1 이 해 유다 왕 시드기야의 즉위한 지 오래지 않은 해 곧 4년 5월에 기브온 앗술의 아들 선지자 하나냐가 여호와의 집에서 제사장들과 모든 백성 앞에서 내게 말하여 가로되

29:2-3 때는 여고니야 왕과 국모와 환관들과 및 유다와 예루살렘 방백들과 목공들과 철공들이 예루살렘에서 떠난 후라. 유다 왕 시드기야가 바벨론으로 보내어 바벨론 왕 느부갓네살에게로 가게 한 사반의 아들 엘라사와 힐기야의 아들 그마랴의 손에 일렀으되

32:1 유다 왕 시드기야의 제 10년 곧 느부갓네살의 제 18년에 여호와의 말씀이 예레미야에게 임하니라.

33:1 예레미야가 아직 시위대 뜰에 갇혔을 때

34:1 바벨론 왕 느부갓네살과 그 모든 군대와 그 통치하에 있는 땅의 모든 나라와 모든 백성이 예루살렘과 그 모든 성읍을 칠 때에 말씀이 여호와께로서 예레미야에게 임하니라. 8절 시드기야 왕이 예루살렘에 있는 모든 백성과 언약하고 자유를 선언한 후에 여호와께로서 말씀이 예레미야에게 임하니라.

35:1 유다 왕 요시야의 아들 여호야김 때에 여호와께로서 말씀이 예레미야에게 임하니라.

36:1 유다 왕 요시야의 아들 여호야김 4년에 여호와께로서 예레미야에게 말씀이 임하니라.

37:1 요시야의 아들 시드기야가 여호야김의 아들 고니야를 대신하여 왕이 되었으니 이는 바벨론 왕 느부갓네살이 그로 유다 땅의 왕을 삼음이었더라. 5절 바로의 군대가 애굽에서 나오매 예루살렘을 에워쌌던 갈대아인이 그 소문을 듣고 예루살렘에서 떠났더라.

39:1-2 유다 왕 시드기야의 9년 10월에 바벨론 왕 느부갓네살과 그 모든 군대가 와서 예루살렘을 에워싸고 치더니 시드기야의 제 11년 4월 9일에 성이 함락되니라.

40:1 시위 대장 느부사라단이 예루살렘과 유다 포로를 바벨론으로 옮기는 중에 예레미야도 잡혀 사슬로 결박되어 가다가 라마에서 해방된 후에 말씀이 여호와께로서 예레미야에게 임하니라.

41:1 7월에 왕의 종친 엘리사마의 손자 느다냐의 아들 왕의 장관 이스마엘이 열 사람과 함께 미스바로 가서 아히감의 아들 그다랴에게 이르러

42:7 10일 후에 여호와의 말씀이 예레미야에게 임하니 43:8 다바네스에서 여호와의 말씀이 예레미야에게 임하여 가라사대

45:1 유다 왕 요시야의 아들 여호야김 제 4년에 네리야의 아들 바룩이 예레미야의 구전대로 이 모든 말을 책에 기록하니라. 때에 선지자 예레미야가 그에게 말하여 가로되

46:2 애굽을 논한 것이니 곧 유다 왕 요시야의 아들 여호야김 제 4년에 유브라데 하숫가 갈그미스에서 바벨론 왕 느부갓네살에게 패한 애굽 왕 바로느고의 군대에 대한

47:1 바로가 가사를 치기 전에 블레셋 사람에 대하여 선지자 예레미야에게 임한 여호와의 말씀이라.

49:34 유다 왕 시드기야의 즉위한 지 오래지 아니하여서 엘람에 대한 여호와의 말씀이 선지자 예레미야에게 임하니라.

51:59 유다 왕 시드기야 4년에 마세야의 손자 네리야의 아들 스라야가 왕과 함께 바벨론으로 갈 때에 선지자 예레미야가 그에게 말씀을 명하니 스라야는 시종장이더라.

52:1 시드기야가 위에 나아갈 때에 나이 21세라 예루살렘에서 11년을 치리하니라. 4-6절 시드기야 9년 10월 10일에 바벨론 왕 느부갓네살이 그 모든 군대를 거느리고 예루살렘을 치러 올라와서 그 성을 대하여 진을 치고 사면으로 흉벽을 쌓으매 성이 시드기야 왕 11년까지 에워싸였더니 그 4월 9일에 성중에 기근이 심하여 그 땅 백성의 식물이 진하였더라.

12절 바벨론 왕 느부갓네살의 19년(i.e., 시드기야 왕 11년) 5월 10일에 바벨론 왕의 어전 시위대 장관 느부사라단이 예루살렘에 이르러

28절 느부갓네살의 사로잡아 옮긴 백성이 이러하니라. 제 7년에 유다인이 3023이요

29절 느부갓네살의 18년에 예루살렘에서 사로잡아 옮긴 자가 832인이요

30절 느부갓네살의 23년에 시위대 장관 느부사라단이 사로잡아 옮긴 유다인이 745인이니 그 총수가 4600인이었더라.

31절 유다 왕 여호야긴이 사로잡혀간 지 37년 곧 바벨론 왕 에윌므로닥의 즉위 년(i.e., B.C. 582년) 12월 25일에 그가 유다 왕 여호야긴을 옥에서 내어놓아 그 머리를 들게 하고

연대기적 표시들이 비교적 나타나지 않는 곳은 몇 군데가 있지만 그 중에서 2-20장 사이에는 거의 없다. 3:6(요시야 왕 때)을 제외하고는 연대기적 표시가 없는데 이 범위에 속하는 신탁들의 연대는 추정에 의존할 수밖에 없다.[99] 해리슨 (R. K. Harrison)은 본문에 대하여 나름대로 추정한 연대기(특히 2-20장 사이의 신탁들의 연대를 추정하였음)와 확실히 연대기적 표시가 나타나는 것들을 모두 망라하여 예레미야 본문들을 역사적 단계에 따라 다음과 같이 분류하였다.[100]

---

[99] 필자의 추정의 한 예는 다음과 같다. 즉, 15:4는 "유다 왕 히스기야의 아들 므낫세가 예루살렘에 행한 바를 인하여 내가 그들을 세계 열방 중에 흩으리라"는 말씀을 왕하 23:26 혹은 24:3-4와 비교하여 연대를 추정할 수 있다는 것이다. 왕하의 이 두 구절이 모두 므낫세를 언급하고 있는 반면 23:26은 요시야왕의 죽음의 시점에서 그의 신앙을 코멘트하는 가운데 나타나는 내용이고, 24:3-4는 여호야김이 바벨론에 반역하여 갈대아(바벨론)-아람-모압-암몬 연합군의 공격을 받기 직전의 내용이다. 그러므로 두 가지 가능성, 즉 15장의 예언 내용을 요시야 사후 어간 혹은 여호야김 4년 직전으로 볼 수 있다는 말이다. 그런데 렘 15:4은 왕하 24:3-4와 더 가깝다. 왜냐하면 므낫세가 *예루살렘*에 행한 악행이 언급되고 있기 때문이다. 2-20장 사이 본문에서 필자의 또 하나의 연대 추정의 예를 들면 다음과 같다. 7:30-8:3은 예레미야가 성전에서 전한 힌놈의 아들의 골짜기에서 행한 유다 왕들의 인신 제사를 꾸짖는 말씀인데 이는 19:1-15의 내용과 흡사하다. 단, 전자는 성전(여호와의 집 문에 서서 7:2)이 그의 설교 장소로 나타나고 후자는 그가 토기장이에게서 오지병을 사서 힌놈의 아들 골짜기로 가서 깨뜨리는 상징적 행동 속에서 나타난다. 단 후자도 결국 예레미야가 힌놈의 아들의 골짜기에서 여호와의 집으로 와서 그 뜰에 서서 후속적으로 심판 설교를 선포한다. 가능성은 두 가지다. 하나는 연대 추정이 불가능한 경우인데, 예레미야가 유다의 왕들과 선지자들과 제사장들을 책망할 때 자주 이러한 인신제사를 거론하였을 수 있으므로 둘을 서로 다른 시기로 보는 것이고, 또 하나의 가능성은 정확한 시기는 알 수 없지만 만약 7장과 19장 (그리고 32:35?; 32장은 시드기야 때임)이 같은 설교로 병행을 이룬다면 최소한 그 시기가 같다는 점은 추정될 수 있다는 것이다. 몇 가지 다른 연대 추정의 단서들이 있지만 여기서는 생략하려고 한다.

[100] R. K. Harrison, *Introduction to the Old Testament* (London: Tyndale, 1970), 816. 그는 20:1-3의 임멜의 아들 바스훌과 21:1의 시드기야 왕 때의 말기야의 아들 바스훌은 다른 사람 같다고 하였고, 27:1의 여호야김은 필사자의 오류이며 시드기야로 되어야 한다고 보았다.

(a) 요시야 치세 하: 1:1-19; 2:1-3:5; 3:6-6:30; 7:1-10:25; 18:1-20:18.

(b) 여호아하스 치세 하: 없음.

(c) 여호야김 치세 하: 11:1-13:14; 14:1-15:21; 16:1-17:2; 22:1-30; 23:1-8, 9-40; 25:1-14, 15-38; 26:1-24; 35:1-19; 36:1-32; 45:1-5; 46:1-12, 13-28; 47:1-7; 48:1-47.

(d) 여호야긴 치세 하: 31:15-27

(e) 시드기야 치세 하: 21:1-22:30; 24:1-10; 27:1-22; 28:1-17; 29:1-32; 30:1-31:40; 32:1-44; 33:1-26; 34:1-7, 8-11, 12-22; 37:1-21; 38:1-28; 39:1-18; 49:1-22, 23-33, 34-39; 50:1-51:64

(f) 그달랴 치세 하: 40:1-42:22; 43:1-44:30.

(g) 역사적 부록: 52:1-34.

문제는 이러한 분류가 예언들의 역사적 배경을 통찰하는 데에는 도움이 되나 (편)저자가 왜 최종 본문 속에서 여러 예언들을 연대기적 순서를 달리하는 가운데 배열하였는지를 탐색하는 데에는 도움이 되지 않는다는 것이다. Harrison은 일단 예레미야서의 예언의 최종 형태가 왜 그런 식으로 주어졌는지는 추정이 거의 불가능하다고 하였다. 하지만 신탁들의 불규칙성에 대해서는 예레미야와 바룩이 이 글들을 집성하는 시기(아마도 애굽에서 생을 마칠 무렵)가 압박과 격동의 시기였기 때문일 것이라고 짐작하였다.[101] 아무튼 여기서 이 논문과 관련하여 질문할 것은 두 가지가 되겠다. 1) 현재 최종 본문 속에 주어진 연대기적 표시들을 본문들의 선후(先後)를 재구성하지 않고도 그 시간적 순서에 따라서 질서화할 수 있는 방법은 없는가; 2) 그리고 이것을 토대로 예레미야서의 구조를 적실히 파악할 수 있는가.

이 두 질문들에 대한 대답은 긍정적이다. 주제들이나 모티프들을 어떻게 배열하고 있는가를 주의 깊게 고찰하기만 한다면 이 작업은 의외로 간단하다. 먼저 이른 연대기를 앞에 놓고 그 다음에 그보다 늦은 것들을 차례로 배열하고; 다시 이른 연대기가 나오면 그것을 맨 앞에 놓고 그 다음에 그보다 늦은 것들을 차례로 배열하고; 이와 같은 식으로 계속 배열해 보는 것이다 (이때 특정 주제들의 발전을 눈여겨보아야 함). 아래는 필자가 나름대로 먼저 연대기와 주제의 발전을 설명하고, 그 다음은 이 설명에 따라 연대기 순서로 본문을 배열해 본 것이다.

먼저 1:2-3은 표제인데 예레미야의 사역의 일반적인 시기(요시야부터 시드기야 11까지)가 나온다. 그 다음은 3:6에 요시야 왕이 보이고 그 다음에는 연대기적 표시가 없는데 이런 형편은 20장까지 지속된다. 1장에 앞으로 전개될 주제들이 나오고 2-20장은 이러한 주제들이 1차적으로 전개된다. 표제를 제외하고 1:4-19에는 a) 예레미야의 구원, b) 열방을 심고 뽑음(이스라엘과 열방의 심판과 구원) c) 말씀을 지킴(선지자를 통한 말씀의 성취) d) 북방의 재앙 e) 우상 f) 왕 등인데 이는 앞으로 전개될 중요한 주제들로서 하나의 집합(cluster; group)을 이루고 있다. 2-20장에는 이스라엘의 배도에 대하여 하나님은 북방의 한 민족을 통해 심판하실 것

---

101 Ibid., 817. "While it is almost impossible to conjecture the manner in which the prophecy was given its final form, the irregular nature of the oracles seems to imply that they were assembled at a time of stress and turmoil, probably while the prophet and his secretary were concluding their days in Egypt." (예언이 최종 형태로 주어진 방식을 추정하는 것이 거의 불가능하지만, 신탁들의 불규칙성은 아마도 선지자와 그의 비서가 애굽에서 그들의 생애를 마칠 때 스트레스와 격동의 시대에 그 신탁들이 집성되었음을 시사한다. 필자의 졸역).

인데 후반부(13장 이하)에는 이러한 심판이 확실히 나타날 것이 선지자 개인에게 일어난 사건이나 그에게 하명 (下命)된 상징적 행위를 통해 강조되어 있다. 그런 다음에 21:1에 구체적 연대가 나타나는데 이는 시드기야 왕 관련 예언으로 이것 역시 심판의 확실성을 강조한다. 그런데 21:1-10은 그 다음에 오는 유다 왕가에 대한 예언(21:11-23:8 요시야의 아들 살룸부터 여호야긴까지가 예언되어 있음)과 연대기적 순서를 거스른다. 따라서 일단 21:1-10에서 임시적으로 끊어본다. 21:1-10은 2-20장이 예레미야의 탄식으로 일단락 된 다음에 나옴으로 2-20장과 연속성을 결여하고 있고, 또 시드기야 왕에 대한 예언이므로 지금까지 학자들은 대개 뒤에 나오는 유다 왕들에 대한 신탁과 결합시켜 보았다. 그러나, 이 단락 이후에 선지자의 탄식과 같은 것이 나타나지 않음으로 2-20장과 연속성을 결여하고 있지만 2-20장 바로 다음 (2:1-21:10에서는 맨 '끝')에 배치됨으로 1장에서 선보인 하나님 말씀 곧 선지자의 예언은 반드시 성취된다는 주제를 다루고 있음을 주목하는 것이 중요하다. 참으로 이 주제는 후속하는 큰 두 단락들 곧 26-34장과 35-44장의 '끝부분'에서 그대로 발전되거나 또한 성취됨(바벨론에 배반한 자는 포로됨; 항복한 자는 삶이 현실화됨)을 보여주도록 의도적으로 배치되었다고 필자는 생각한다. 여호야긴이 잡혀 간 후 시드기야 치세 때의 이 예언은 시드기야 시기의 포로됨을 강조하고 결국 그것이 현실화되는 것을 강조하면서 단락의 끝에 놓인 특별한 배치를 이루고 있기에 필자는 이것을 *시드기야 텍스트*라고 지칭하고자 한다.

1장/ 2-20장(3:6 요시야...)/ 21:1-10(시드기야)

그 다음에는 유다 왕가에 대한 예언(21:11-23:8)과 선지자들에 대한 예언(23:9-40)이 나오는데 전자는 요시야의 아들 살룸(여호아하스)부터 여호야긴까지 차례로 연대기적 순서를 보이는 반면 후자는 연대기적 순서가 결여되어 있다. 그리고 24:1-10 본문은 1절에 '여고냐가 바벨론으로 잡혀 간 후'라고 되어 있고 이어 8절은 시드기야 왕에 대한 예언이다. 여기까지를 연대 순으로 또 배열할 수 있다.

여기서 주의할 것은 21:11-23:40까지가 왕들과 선지자들[102]을 하나로 묶어 큰 주제로 다루고 있다는 것이다. 즉 여기서 강조하는 것은 단순히 왕들을 열거함이 아니요 단순히 선지자들과 그들의 예언에 대해 이야기하는 것이 아니다. 여기서 왕들은 다름 아닌 *악한* 왕들이요, 선지자들은 다름 아닌 *거짓* 선지자들(예언은 *거짓* 예언)이다. 그렇다면 왜 악한 유다 왕들, 즉 여호아하스(살룸)부터 여호야긴에 대한 예언들만 기록하고 그 리스트에서 시드기야는 빠졌는가. 참으로 이상하게도 시드기야에 대한 예언은 거짓 선지자들의 거짓 예언에 대한 내용 다음에야 배열되었다(24:1-10). 이러한 배치도 아주 의도적이다!(나중에 2-20장의 주제 배치와 관련하여 한번 더 자세히 다룰 것임) 시드기야 텍스트만을 따로 떼어 왕들-선지자들 끝에 놓음으로 *예언-성취 주제*를 다시 한번 강조하는 것이다. 사실, 앞으로 전개될 26-34장과 35-44장의 내용은 대개 불순종한 왕들과 거짓 선지자들을 강조하여 묘사하고 있다. 그리고 '끝에' 가서는 이들에게

---

102 사실 선지자들뿐 아니라 제사장들(cf. 23:11)도 다루고 있으나 특히 선지자들과 그들의 예언들이 강조되어 있다.

선포되었던 예언들이 현실화된다(특히 34:1과 39장 이하에서)는 것을 보여준다.

이미 1장/2-20장/21:1-10)에서 등장한 주제들 중에서 무엇이 강조되고 있는가. 26-34장은 거짓 선지자 (혹은 거짓 예언) 대 참 선지자 (혹은 참 예언)를 강조하고 있고, 35-44장은 악한 왕들의 참 예언(말씀) 거부-예언 성취로 악한 왕 죽음, 선지자의 구원이 강조되고 있다. 또한 26-34장에는 악한 왕의 반대인 이상적인 왕에 대한 예언이 부가되어 있고, 35-44장에는 참 선지자 예레미야를 통해 이상적인 선지자(고난, 그러나 결국은 구원)를 바라보게 한다. 왕-선지자들 주제의 이러한 발전은 사실 미리 예시된 것이었다. 21:11-23:8은 악한 왕들을 다루다가 마지막(23:5-8. esp. v. 5)에는 다윗에게 한 '의로운 가지'에 대한 예언으로 이어져 있으며 23:9-40은 거짓 선지자들과 그들의 거짓 예언에 대한 내용으로 가득하나 그 시작은 참 선지자인 예레미야의 고백으로 시작된다(23:9). 요약하자면, '왕들-선지자들에 대한 신탁들'에서 미리 거론하는 주제들은 뒤의 두 단락의 역사적인 내러티브(그리고 그 속에 부속된 예언들)에서 생생하고도 자세하게 다루어진다는 것인데 이런 점에서 21:11-23:40(왕들, 선지자들)은 뒤의 두 큰 단락들에 대한 서론인 것이다. 그리고 여기에 의도적으로 부속된 시드기야 텍스트는 그 큰 두 단락의 각각의 말미에서 다시 취급되고 있는데 그 주제들을 미리 선보이고 있다. 종합하면 *21:11-23:40/24:1-10이 26-44장의 서론이다.*

21:11-23:8 유다 왕가에 대한 예언 22:11 살룸(여호아하스); 22:18 여호야김; 22:24 고니야(여호야긴)/ 23:9-40 선지자들에 대한 말씀/ 24:1-10 여호야긴 포로 후에 주어진 시드기야에 대한 예언

그런데, 여기서 겸하여 중요한 사항은 25장에 나타나는 주제들이다. 25장의 내용은 24:1-10에서 언급된 유다의 포로됨 주제와 연결되는데 그러나 보다 유대-열방에 대한 구원 경륜적 측면이 강조되고 있다. 즉 25장은 예레미야의 23년간의 사역에도 불구하고 유다 백성들이 듣지 않았으므로 하나님이 바벨론 왕 느부갓네살을 불러다가 유다 및 사방 모든 나라들을 쳐서 진멸하겠다는 내용이다(esp. 9절). 그 나라들은 70년 동안 바벨론 왕을 섬기게 될 것이다(11절). 그리고 그 후에는 바벨론(=세삭)도 멸망할 것이다(25:26b; cf. 51:41). 25장이 주제를 요약하면 *유다 및 주변국들의 멸망, 그 후에 바벨론 멸망*으로 볼 수 있다. 25장의 이러한 주제들을 이해하는 것이 중요한 이유는 이것들이 21:11-24:10의 '선지자-왕'과 시드기야 텍스트의 '시드기야 멸망 예언 및 항복자는 삶' 주제와 합하여서 하나의 큰 주제들 꾸러미를 형성하기 때문이고, 그 결과 이 꾸러미 속에 들어가는 주제들이 다음의 두 큰 단락 (이번에는 26-34장; 35-44장이 아니라) 26-34장; 35-51장 각각에서 변화를 띄면서 반복되기 때문이다.

25장의 구원사적 경륜의 특징을 보이는 주제는 바로 이어지는 단락들에서 그대로 나타난다. 바벨론에 의한 유다 멸망 및 열국 멸망, 유다의 70년간 포로 및 그 후의 구원은 26-34장에서, 바벨론에 의한 유다 멸망과 열국 멸망, 그리고 바벨론 자신의 멸망은 35-51장에서 나타난다. 즉, 구원의 경륜을 따라서 보면 이 두 큰 단락은 같은 주제가 반복되었다고 할 수 있는데 다른 점을 들라면 전자에서는 유다 회복(30-33장에서)이 강조되었고 후자에서는 열국 및 바벨론

의 멸망(46-51장에서)이 강조되었다는 것이다. 그러므로 *25장은 26-51장 전체를 커버하는 또 하나의 서론*으로 놓여 있는 것이다! 거시적으로 볼 때 이것은 1장에서 맛보기로 나타났던 '심고-뽑음' (비록 바벨론을 통한 유다와 열국의 멸망/ 바벨론의 멸망과 유다의 구원이 1장에서는 구체화되고 있진 않지만) 주제가 상론된 것이라고 할 수 있다.

　　몇몇 학자들[103]은 세 가지 이유에서 25장(아니면 최소한 25:14까지)을 선행 단락들과 연결해서 본다. 이들의 주장은 이렇다: 1) 26장부터는 내러티브 산문 (narrative prose) 형태이기에 1-25장으로 보는 것이 합당하다(이 점은 이미 앞에서 거론함); 2) 25:3의 언급 "유다 왕 아몬의 아들 요시야의 13년부터 오늘까지 23년 동안에 여호와의 말씀이 내게 임하기로 내가 너희에게 이르되 부지런히 일렀으나 너희가 듣지 아니하였으며"는 예레미야의 전반부의 사역을 결산, 요약하고 있다는 것이다. 3) LXX의 배열을 의식하는 것인데 25:13a의 다음에 엘람부터 모압까지 열국에 대한 예언들(MT의 46-51장에 해당하는 내용)이 이어짐으로 MT의 25:14까지를 앞 단락에 묶는 것이다(LXX 관련 문제는 다음 section에서 상론함).[104]

　　그러나 이렇게 하면, 예레미야서의 주제들의 발전도 놓치고 연대기도 뒤죽박죽이 되어 버린다. 학자들의 주장 1)에 대해 반박한다면, 첫째는 1-25장 사이에도 내러티브들이 많이 보인다는 것이다. 둘째는 문학적 형식이 중요하나 구조 이해에 있어서 그보다 우선적인 것은 주제들이나 모티프들을 통한 내용 전개라는 것이다. 왕들-선지자들에 대한 신탁과 시드기야 텍스트의 배치 (21:11-24:10) 그리고 그 다음에 바벨론을 통한 유다 멸망-바벨론을 통한 열국 멸망-바벨론 자신의 멸망에 대한 예언 (25장)은 앞으로 전개될 내용의 밑그림인 것이다. 사실 20장 다음에 오는 21:1-10 시드기야 텍스트를 그 다음에 오는 왕들 및 선지자들에 대한 신탁들 그리고 그 다음에 오는 시드기야에 대한 예언과 하나로 묶어버릴 경우, 왜 양쪽에 즉 앞의 시드기야

　　103　1-25장까지를 묶고 나서 그 다음에 그것의 하위 단락들을 구분하는 학자들은 J. A. Thompson, *The Book of Jeremiah*, The New International Commentary on the Old Testament (Grand Rapids: Eerdmans, 1980), 125-8. 그는 그것의 하위 단락들을 2:1-6:30/7:1-10:25/11:1-15:9/15:10-20:38로 나누었는데 마지막의 15:10-20장까지의 구분은 1-20장의 unity를 깰 뿐 아니라 그 이후의 여러 신탁들을 잘 설명하지 못한다. 예를 들어 그는 24:1-10의 예언과 25장을 하나로 묶음으로 연대기적 순서, 쟝르, 주제를 거스른다; Walter Brueggemann, *Jeremiah 1-25: To Pluck Up, To Tear Down*, International Theological Commentary (Grand Rapids: Eerdmans; Edinburgh: Handsel, 1988), v. 그는 1-25장을 9개의 하위 단락으로 나누었는데 그 중에 마지막 것은 21:1-25:38 "Judgment and Hope"인데 구조적 인식이 잘 드러나지 않는다.

　　104　여기의 1)과 2)와 3)을 동시에 고려하는 학자는 Robert. P. Carroll, *Jeremiah: A Commentary*, Old Testament Library (London: SCM, 1986), 86-8, 490. 그는 책 전체를 Prologue 프롤로그(1:1-19), Part I (2:1-25:14. Poems and sermons against Judah and Jerusalem 유다와 예루살렘을 치는 시들과 설교들), Part II (25:15-38; 46-51. Oracles against the nations 열국을 치는 예언들), Part III (26-36. Miscellaneous narratives and cycles of material 자잘한 이야기들과 사이클을 이루는 본문), Part IV (37-45. The fall of Jerusalem and aftermath 예루살렘의 멸망과 양화), and Part V (52:1-34. Epilogue 에필로그)로 구분하였다. 그는 25:1-14를 1-25장의 요약으로 보았고, 25:15부터는 열국에 대한 신탁들이 시작되는데 LXX의 경우와 달리 MT는 이 열국 신탁이 Part III로 방해 받고 있다고 하였다. 그는 W. Thiel의 분석을 따라 25:1-14에 대하여 더 자세히 논하면서 1-7절은 신명기적으로 영향 받은 예레미야 사역에 대한 요약이라 했고, 8-11절과 13절은 바벨론에게 지배 받던 시기를 반영하는 후기-신명기사가적 편집 (post-Deuteronomistic construction)이고, 12, 14절은 바벨론을 공격하는 내용이라고 했다. 그의 시각은 책의 내용들을 편집사적으로 예리하게 분해하고는 있지만 증명되기 어려운 주장들이다. 21:1-24:10도 21:1-10; 21:11-23:6; 23:7-8; 23:9-40; 24:1-10 등으로 잘 분해하기는 하였으나 이 본문들에 대한 성격을 *구조적*으로 설명하지는 못했고 그저 Part I에 대한 부록이라고 하였다.

텍스트는 연대를 거스르면서, 뒤의 시드기야 예언은 앞의 왕들과 일부러 떼어서 배치했는지 전혀 이해가 가지 않게 된다. 학자들의 주장 2)에 대해 반박한다면, 25:3은 선지자의 사역의 요약이기는 하나(여호야김 4년이 예레미야의 사역의 전후기를 나누는 중요한 연대인 것은 두말할 나위 없으나) 그 말의 일차적 의도는 요약 자체라기 보다는 예레미야가 그 오랜(!) 시간 동안을 여호와의 말씀을 전했음에도 유다 백성들이 듣지 않았기 때문에 그들의 멸망 나아가서는 주변 국들의 멸망이 불가피하다는 점을 진술하기 위한 도입 구절이라는 것이다 (cf. 7:13ff, 35:14ff 그리고 36:2의 비슷한 표현 "...내가 네게 말하던 날 곧 요시야의 날부터 오늘까지 이스라엘과 유다와 열방에 대하여 나의 네게 이른 모든 말...").

25:1-38 여호야김 4년

그 다음에 오는 두 개의 큰 단락 (26-34장; 35-44장 & 45-51장)은 연대기를 거스르지 않고 배열된다 (아래 도표). 아래의 배치에서 연대기와 관련하여 논의할 것이 몇 가지가 있다. 26-34장에서는 1) 26장과 27장의 연대기적 선후가 모호하다, 2) 27:1은 여호야김을 시드기야로 고쳐야 한다는 주장이 있다는 것이다; 그리고, 35-51장에서는 1) 35:1과 36:1의 연대기적 선후 문제가 있다, 2) 열국 예언 45-51장은 유다 멸망 이후 다시 여호야김 시대로 거슬러 올라가 시작한다. 여기서 26장과 27장 연대기 선후는 크게 문제될 것이 없는데, 모두 선지자와 예언 주제로 이어져 있기 때문이다. 35장과 36장도 말씀과 그것에 대한 순종 여부 주제와 관련이 있다. 이들 연속하는 장들은 나란히 배열하여도 연대기가 비슷하고(비록 정확하지는 않아도) 주제도 같기에 무리가 없다. 27:1을 시드기야로 고쳐야 한다는 주장 즉 27:1을 필사자의 오류로 보는 사람은 해리슨, 롱맨 (T. Longman III) 등 많은 학자들이 그렇게 본다.[105] 왜냐하면 27:3 이하의 내용이 시드기야에 대한 예언이기 때문이다. 그러나 이것은 첫째, 시드기야가 왕으로 있는 이 기간에 비록 여호야김이 바벨론으로 잡혀갔더라도 여전히 그는 유다왕이기에 이런 연대 표시가 가능할 수 있다. 물론 이 때는 여호야긴 왕도 바벨론으로 포로로 잡혀간 때이다. 둘째, 여호야김을 시드기야로 고친다고 해도 선후 본문의 연대 순서에는 차질이 없다는 것이다. 또한 45-51장이 다시 여호야김 시대로 시작하는 것은 이 단락이 열국 심판이라는 단일 주제를 가진 큰 단락이기에 구약 기자들의 말하기 관습대로 다시 앞으로 돌아가 시작하는 것으로 보면 충분히 납득할 수 있다.

26-34장의 배치에서 눈에 띄는 것은 27장과 29장으로 가면서 시드기야 텍스트에서 다루던 것이 다시 나타나면서 유다 멸망이 예언된다. 30-33장에[106] 많은 분량의 유다 회복에 대한 내용이 있는데 흥미로운 것은 34장에 가면 다시 시드기야에 대한 심판 예언(*또 하나의 시드기야 텍스트*)이 나타난다는 것이다. 시드기야에 대한 심판 예언은 다음 단락 35-44장에서는

---

105 R. K. Harrison, *Introduction to the Old Testament* (London: Tyndale, 1970), p. 816; Tremper Longman III & Raymond B. Dillard, *An Introduction to the Old Testament* (Grand Rapids: Zondervan, 2006), 332.

106 26-34장의 단락에서 소위 위로의 책이라고 하는 30-33장.

36-37장에 다시 나타나는데(또 하나의 시드기야 텍스트) 38장부터 44장까지는 시드기야 죽음, 예루살렘 패망, 선지자의 구원, 바벨론으로 잡혀간 자들의 생존, 애굽에 내려간 자들에 대한 심판 등이 나타남으로 *시드기야 텍스트에서 예언하던 것들이 여실히 성취*된다. 단락의 말미에서 계속적으로 유다 멸망 (특히 시드기야 시기) 예언이 시드기야 관련 본문들을 통해 나타났는데 이제 35-44장에서는 이 예언이 한번 더 강조되고 마침내는 그것이 성취되는 것이다. 45-51장 후의 52장은 역사적 후기지만 단순한 역사적 후기가 아니라 시드기야 텍스트 예언의 성취를 최종적으로 한번 더 강조하고 있다. 시드기야 텍스트의 예언-성취 주제를 전체적 구조 속에서 보면 다음과 같다.

전체서론 1장
1:11, 12 **예언-성취** 주제(살구나무 환상)

2-20장/21:1-10(시드기야 텍스트 **예언**)

제1서론 21:11-23장/24:1-10(시드기야 텍스트 **예언**)
제2서론 25장
본론1 26-34장
27, 29장에서 시드기야 텍스트 **예언**; 30-33장 뒤 34장에서 다시 시드기야 텍스트 **예언**
본론2 35-51장
36, 37장에서 시드기야 텍스트 **예언**, 38-44장에서 시드기야 텍스트 **성취**

역사적 후기 52장
52장에서 시드기야 텍스트 **성취**

열국을 치는 예언들의 서두에는 바룩에 대한 권면 내용(45장)이 나타난다. 이는 선행 단락에 붙은 부기(附記)로 볼 수도 있다. 왜냐하면 애굽에 내려간 유대인들도 심판이 주어지고 애굽도 심판을 받을 것이라는 선행 단락의 내용과 45장의 본문의 '심고 뽑음'의 주제를 연결해서 생각할 수 있기 때문이다. 그리고 예레미야를 도와주었던 에벳멜렉이 구원 받았듯이 바룩도 구원에 이른다는 내용은 앞 단락과 충분히 연결하여 생각할 수 있는 것이다. 그러나 이 본문은 이렇게만 볼 수는 없다. 앞 단락과 연결시키면 우선은 연대기적 순서를 거스르게 된다. 뿐만 아니라 45:4-5의 내용 '온 땅', '모든 육체'에 재앙을 내림의 내용은 후속하는 46-51장의 열국에 대한 심판과 더 상통하는 점을 간과하게 된다. 따라서 45장은 전후를 이어주는 다리 역할을 하기는 하지만 연대적 순서, 주제적 일치로 볼 때는 46-51장의 서론으로 봄이 더욱 바람직하다고 하겠다 (45장의 주제와 46-51장의 LXX의 배열 순서에 대해서는 다음 section에서 상론함).
46:2는 여호야김 4년, 47:1의 연대는 '바로가 가사를 치기 전'인데 R. K. Harrison은

46-48장은 여호야김 때로, 49-51장은 시드기야 때로 보았다.[107] 연대 순서상으로 큰 문제는 없는 것 같다. 한편 47장의 연대에 대한 논의는 대부분 추정에 의거한다. 어떻게 추정하든 46:2의 연대보다는 이른 시기에 이 예언이 행하여졌을 가능성이 많다. 블레셋에 대한 예레미야의 예언은 주제의 일치(열국에 대한 심판)를 위해 연대기적 순서를 거스른 것 같다.[108]

열방에 대한 예언은 25장의 목록과 순서적으로 거의 일치한다 (LXX와 배열과 관련하여서는 다음 section에서 상론). 예언들에서 애굽이 먼저 온 이유는 44장이 애굽에 대한 예언으로 끝나기 때문에 연결성을 도모함인 듯하다.

> 26:1-34:22 여호야김 즉위초(26:1); 여호야김의 즉위한 지 오래지 아니하여서(27:1); 시드기야의 즉위한 지 오래지 않은 4년 5월에(28:1); 시드기야 제 10년 곧 느부갓네살의 제 18년에(32:1); 바벨론 왕 느부갓네살과 그 모든 군대와 그 통치하에 있는 땅의 모든 나라와 모든 백성이 예루살렘과 그 모든 성읍을 칠 때에(34:1); 시드기야왕이 예루살렘에 있는 모든 백성과 언약하고 자유를 선언한 후에(34:8)

> 35:1-44:30 여호야김 때에(35:1); 여호야김 4년에(36:1); 시드기야가 여호야김의 아들 고니야를 대신하여 왕이 되었으니(37:1); 바로의 군대가 애굽에서 나오매 예루살렘을 에워쌌던 갈대아인이 그 소문을 듣고 예루살렘에서 떠났더라(37:5); 유다 왕 시드기야의 9년 10월에, 시드기야의 제 11년 4월 9일에(39:1-2); 시위 대장 느부사라단이 예루살렘과 유다 포로를 바벨론으로 옮기는 중에(40:1); 7월에(41:1); 10일 후에(42:7); 다바네스에서(43:8)

> 45:1-51:64 여호야김 제 4년에(45:1); 여호야김 제 4년에(46:2); 바로가 가사를 치기 전에(47:1); 유다 왕 시드기야의 즉위한 지 오래지 아니하여서(49:34); 유다 왕 시드기야 4년에 마세야의 손자 네리야의 아들 스라야가 왕과 함께 바벨론으로 갈 때에(51:59)

마지막 52장의 내용은 연대순으로 되어 있다. 3차에 걸친 포로에 대한 묘사는 28-30절

---

107 R. K. Harrison, *Introduction to the Old Testament* (London: Tyndale, 1970), 816.

108 이 본문의 연대 추정에 대해서는 F. B. Huey, Jr., *Jeremiah/ Lamentations : An Exegetical and Theological Exposition of Holy Scripture NIV Text*, The New American Commentary (Nashville: Broadman, 1993), 385.을 보라. "The verse gives a clue to the date of the message, but unfortunately the reference to Pharaoh's attack on Gaza is obscure. The pharaoh is not named; he could have been Psammetichus I, who attacked Gaza near the end of his reign before his death in 610 BC. If he was Neco, the attack on Gaza may have occurred in 609 before or after the battle of Megiddo. Herodotus, the Greek historian, recorded that after Neco defeated Josiah at Megiddo, he conquered the city of Kadytis, generally believed to be Gaza. The attack could have been in 605 when he was retreating following his defeat at Carchemish. It could have been in 601 after Neco defeated Nebuchadnezzar. However, all the suggestions are only speculation without historical support." (그 구절은 그 메시지의 날짜에 대한 실마리를 제공하나, 불행히도 바로의 가사 공격에 대한 관련성은 모호하다. 바로의 이름이 밝혀져 있지 않은데, 그는 기원전 610년 그가 죽기 전 그의 통치 말엽 가사를 공격했던 프싸메티쿠스 1세였을 수 있다. 그가 느고라면 므깃도 전투 이전이나 이후 609년에 가사에 대한 공격이 일어났을 것이다. 그리스 역사가인 헤로도투스는 므깃도에서 느고가 요시야를 이긴 후 그는 일반적으로 가사라고 생각되는 카디티스의 도시를 정복했다고 기록한다. 이 공격은 605년에 있었을 것인데 이 때는 갈그미쉬에서 느고가 승전한 다음 이어 회군할 때였을 것이다. 이는 느고가 느부갓네살을 패주시킨 후인 601년에 있었을 수 있다. 그러나 모든 의견들은 역사적인 서포트를 받지 못하는 단지 짐작에 의한 것일 뿐이다. 필자의 졸역).

에 나타나는데 느부갓네살의 연대를 따르고 있다. 이것은 독립적 내용이므로 연대를 거스른다고 볼 수 없다. 52장의 내용은 시드기야 멸망과 포로로 잡혀간 여호야긴의 석방=생존을 첨예하게 대조시킴으로 말씀의 성취(*시드기야 텍스트*에서 예언되던 것들이 성취됨을 다시 언급)를 다시 한번 강조한다.

> 52장 52:1 시드기야가 위에 나아갈 때에 나이 21세라(52:1); 시드기야 9년 10월 10일에... 성이 시드기야 왕 11년까지 에워싸였더니(52:4-6); 12절 바벨론 왕 느부갓네살의 19년(i.e., 시드기야 왕 11년) 5월 10일에(52:12); 유다 왕 여호야긴이 사로잡혀간 지 37년 곧 바벨론 왕 에윌므로닥의 즉위 년(i.e., B.C. 582년) 12월 25일에(52:31)

요약

이상과 같은 구분을 단락으로 제시하면 다음과 같다. 연대기적 순서에 무리를 주지 않고 주제들의 발전에 유의하면서 나눈 것이다.

1부

1장　　　　　　(표제: 요시야13...여호야김..........................시드기야11말까지)
2-20장+21:1-10　　　요시야.. 시드기야

주제들의 발전의 측면에서 볼 때 1장은 전체 서론; 주요 주제들은 2:1-21:1-10에서 처음으로 진술되되 마지막에는 시드기야 때의 포로 예언이 놓임 (예언-성취 주제를 위해).

2부

21:11-23:40+24:1-10　　　여호아하스..........................여고냐의 포로후
25:1-38　　　　　　여호야김4

2부는 1장의 주제들을 발전시키되 두 개의 서론을 둠으로 특정한 주제들을 발전시킨다. 먼저 제1서론은 21:11-23:40은 왕들+선지자들 신탁들이고 그 다음에 시드기야를 향한 예언이 딸려 있다. 제2서론은 유다-열국에 대한 구원 경륜에 대한 것으로 뒤의 장들 곧 26-34장에서는 유다 멸망, 70년 포로 및 회복, 35-44장; 45-51장에서는 유다 멸망 및 열국 멸망 (바벨론까지 멸망-그러나 유다는 구원)의 주제로 확장된다.

26-34장　　　　　　여호야김..........................시드기야

35-44장　　　　　　여호야김............................시드기야11, 그달랴
45-51장　　　　　　여호야김4.....................시드기야4

왕들/선지자들에 대한 주제들은 26-34장에 아주 자세하게 묘사되었는데 특히 악한 선지자들과 참 선지자인 예레미야가 계속 투쟁하고 마지막에는 이상적인 왕에 대한 참 예언이 주어지고 있다. 시드기야 관련 예언 (27, 29장; 34장)들은 이러한 이상적인 왕 및 유다 회복에 대한 예언 전에 일단 놓였고 그러나 그것 다음에 다시 한번 놓임으로 특별한 자리를 차지하며 거론된다.

35-44장은 예언=말씀에 대한 거부 (혹은 선지자에 대한 거부; 이 때 여호야김은 악한 왕) 주제로 시작되다가 이것이 37-38장에 오면 시드기야 텍스트 (선지자의 예언을 거부; 이 때 시드기야는 악한 왕)와 관련하여 계속 발전한다. 그리고 39-44장은 시드기야 멸망, 유다 멸망, 선지자 구원 받음, 바벨론에 포로된 자는 생존, 애굽으로 간 자들은 멸망과 같은 주제들이 예언의 '성취' 주제와 관련되어 개진된다. 그리고 45-51장은 구원사적으로 한 묶음으로 보면 '열국의 멸망'이다.

26-44장을 21:11-23장에서 제시된 '왕들-선지자들' 주제의 발전으로 보면 a (26-34장)와 a'(35-44장)로 병행을 이루고 있다. 25장에 서론으로 제시된 심고 뽑음의 주제를 따라 구원 경륜적으로 보면 a (26-34장) '유다 멸망'-'열국 멸망[109]'-'유다 회복'과 a' (35-51장) '유다 멸망'-'열국 멸망'-'유다 회복'으로 병행을 이룬다. 26-34장에서는 유다 회복이, 35-51장에서는 유다 멸망과 열국/바벨론 멸망이 강조되었다. 25장의 주제가 큰 그림으로 26-51장에 펼쳐지는 것이다.

| 52장 | 시드기야............에윌므로닥 |

52장은 끝에 놓임으로 앞의 1장의 선지자의 소명에서 나타났던 '예언을 이룸'의 주제를 역사적 터치를 통해 보여준다. 이는 특히 시드기야와 여고냐의 운명을 대조시킴으로 시드기야 텍스트의 성취적 의미를 다시 한번 강조한다.

이러한 고찰을 통해 우리는 예레미야의 연대기적 순서를 거스르지 않고도 주제들의 발전을 보면서 예레미야의 거시구조를 충분히 논할 수 있다. 이렇게 되면 오히려 연대기는 아주 경건하게 깃서희 띤디(더 자세힌 주제 발견에 대해서는 선기서의 구조에 있어 신하적 습관, 시공에 대한 시각에 의해 뒤에 상론).

3. 70인역 (LXX)과 맛소라 본문 (MT)의 배열 차이와 예레미야서의 구조

두 번째로 다루고자 하는 것은 히브리 사본과 헬라 사본의 배열과 분량 차이에 대한 것이다. 이것도 예레미야서 연구에 있어 어려움을 주는 핵심적 요소들 가운데 하나이고 특히 거시구조와 관련하여 그러하다.

LXX 번역자가 히브리 본문(사해 사본이 발견되기 이전의 학자들, 예를 들어 C. F. Keil은 이 LXX 번역자 수중에 있던 사본이 현재의 MT와 같은 히브리 사본이라고 생각함)을 헬라어

---

109 27:3

로 번역할 때 어떤 구절들은 생략하고 어떤 구절들은 위치를 바꾸면서 아주 독단적으로 번역하였다고 생각하였다.[110] 그러나 사해사본의 두루마리들을 연구한 학자들은 새로운 발견을 하게 된다. 사해사본의 예레미야서 히브리어 두루마리 조각 중에 어떤 조각은 LXX와 비슷하고 어떤 조각은 MT와 비슷하다는 것이다. 이로 인하여 70인역자가 당시 MT를 자기 마음대로 이것 저것 생략하여 번역한 것이 아니라 그리고 배열도 자기 생각대로 배열한 것이 아니라 당초에 그렇게 생략되고 그렇게 배열된 또 다른 히브리어 텍스트(*Vorlage*)가 존재했었던 것이라는 판단이 내려지게 되었다.[111]

그러나 학자들이 발견한 것은 여기까지였다. 70인역자가 번역할 때 수중에 있던 히브리어 사본의 출처는 어디며 누가 그것과는 다른 사본인 MT(말하자면 proto-MT)를 편집-전수해 오고 있었는가 하는 문제는 여전히 미지수로 남아 있다. 또한 LXX 역자가 생략하고 있는 것

---

110 대표적으로 Carl Friedrich Keil, *Manual of Historico-Critical Introduction to the Canonical Scriptures of the Old Testament vol. 1*, tr. George C. M. Douglas (Edinburgh: T. & T. Clark, 1869/1872), 350. "…it only shows that the translator has extended his arbitrary alteration even to the arrangement of the collection. 그의 주석을 보면 더 자세한 설명이 보인다: "헬라 본문은 매우 빈번하게 몇 가지의 중요한 구절과 형식과 책 전체에서 가끔 반복되는 표현을 생략한다. 예컨대 야훼 네움은 64회 빠져있다…. 역사 부분에서 중요한 인물의 아비의 이름이, 히브리어에서는 규칙적으로 부연되지만 [헬라 본문에서는] 언급이 없다…그러한 표현과 구절이 동의어나 중복으로 여겨질 때에 가끔 빠져 있어서 그 구절의 병행 구절의 의미를 빈번하게 파괴하고 흔하게 그 의미를 손상시킨다…성, 수, 인칭 그리고 시제가 변경된 경우는 셀 수가 없고, 교차 사용된 동의어 표현, 파괴된 비유, 의미가 달라진 단어들도 부지기수다. 우리는 빈번하게 정확하지 못하고 잘못된 번역을 보게 된다." C. F. Keil & F. Delitzsch, *Jeremiah, Lamentations*. Commentary on the Old Testament in Ten Volumes. Vol. ix. 예레미야/애가 (상). 송봉길 역. (서울: 기독교문화협회, 1987), 37-8.

111 Robert P. Carroll, Jeremiah, *Old Testament Library* (London: SCM, 1986), P. 51. "The discovery of four fragments of Jeremiah among the texts found at Qumran has contributed to the clarification of the issues involved in the debate about the two texts (cf. Cross 1958, 120-45; Janzen 1973, 173-84). These fragments from cave IV (4QJera, 4QJerb, 4QJerc) and cave II (2QJer) testify to the existence of Hebrew texts similar to MT and to a shorter Hebrew text representing the *Vorlage* (i.e. the text used by the translator) behind G* (4QJerb). The presence at Qumran of the long and short texts of Jeremiah indicates the fluidity of the two traditions and the independent development of them from the fifth to the second century BCE." (쿰란에서 발견된 본문들 중 예레미야서에 대한 네 조각 문서들의 발견은 그 두 개의 본문들에 대한 논쟁에 관련된 문제들을 해결하는 데에 도움을 주었다[cf. Cross 1958, 120-45; Janzen 1973, 173-84]. 쿰란 제4동굴[4QJera, 4QJerb, 4QJerc]과 제2동굴[2QJer]에서 나온 조각들은 마쏘라 본문과 유사한 히브리어 텍스트들과 70인역 배후에 있었을 저본[곧 70인역자가 사용한 히브리어 본문]을 보여주는 보다 짧은 히브리어 본문[4QJerb]이 있었음을 확인해 준다. 예레미야서에 대한 짧고 긴 텍스트들이 쿰란에 있었음은 두 가지 전통들에 대한 유동성과 기원전 5세기에서 6세기까지 그것들이 제각기 발전했다는 점을 가리켜준다. 필자의 졸역). 이 조각들[파편들]에 대해서는, Douglas Rawlinson Jones가 보다 자세히 언급하였다. "These are fragments of chapters 42-44, 46-49 in 2QJer (이것들은, 쿰란 제2동굴 예레미야서에서 발견된 42-44장과 46-49장의 조각들); 7-12, 14, 15, 17, 18, 19, 22 in 4QJera 8, 19-22, 25-27, 30-33 in 4QJerc. (쿰란 제4동굴 a에서 발견된 7-12장, 14장, 15장, 17장, 18장, 19장, 22장의 조각들과 쿰란 제4동굴 c에서 발견된 8장, 19-22장, 25-27장, 30-33장의 조각들이다). These are our earliest witness to the Hebrew text…. (이것들은 히브리 본문에 대한 우리의 가장 이른 증거들이다) Fragments of 9, 10, 43, 50 appear in 4QJerb and these have correspondences with LXX. (쿰란 제4동굴 예레미야서 b에서 9장, 10장, 43장, 50장에 대한 조각들이 보이고 이것들은 70인역과 맞아떨어지는 것들이다. 필자의 졸역)" *Jeremiah*. The New Century Bible Commentary (Grand Rapids: Eerdmans, 1992), 49f. 특히 4QJerb의 두루마리 조각들 중에서 10장 부분은 5절 a와 b 사이에 9절이 들어가 있고 이것들이 어떤 틈이 없이 이어져 있다. 6-8절과 10절은 여기에 없다. LXX도 이것과 동일한 배열을 하고 있는데 이는 LXX가 바로 그 히브리어 본문을 가지고 그대로 번역하였다는 확실한 증거자료가 된다. J. Gerald Janzen, *Studies in the Text of Jeremiah*. Harvard Semitic Monographs vol. 6 (Cambridge, Massachusetts: Harvard University, 1973), 121.

들이 원래부터 히브리어 사본에 없었는지, 아니면 그가 번역을 할 때 생략했는지 확정은 할 수 없다는 문제가 여전히 남고, 그리고 사본학의 중요한 한 분과라고 할 수 있는 "어느 본문이 더 원본에 가까운가; 어느 사본을 표준 사본으로 받을 수 있는가"와 관련된 질문, 즉 "70인역과 맛소라 사본 중에 어느 사본이 더 가치 있는가"에 대한 대답도 학자들마다 의견이 다르다. 필자는 LXX의 역본적 가치를 존중하면서도 MT가 LXX 보다 (혹은, 70인역자가 수중에 가지고 있던 다른 히브리 텍스트 보다) 더 완전한 본문이라고 생각한다. 그 이유는 예레미야서의 거시구조와 관련하여 볼 때 LXX는 다소 구조적 혼란을 주고 있기 때문이다. 첫째는 LXX가 주제들을 더욱 일관성 있게 연결하고자 하는 듯하지만 실상은 주제들의 발전을 흐리고 있다는 것 (구약기자들의 문학적 습관에서 멀어져 있음), 둘째는 연대기적 순서들을 혼란에 빠뜨리고 있기 때문이다. 필자는 LXX가 어떻게 MT 보다 구조적으로 취약한가를 첫째는 열국에 대한 예언의 배열, 둘째는 LXX가 누락시키고 있는 본문들 (예, 29:16-20; 33:14-26; 39:4-13; 52:28-30[112])에 대한 설명을 통해 논의하려고 한다.

3.1 열국을 치는 예언들에 대한 MT와 LXX의 배열, 그리고 거시구조

이미 앞에서 언급하였듯이 MT를 기준으로 볼 때 LXX는 25:13a (LXX 25:13 καὶ ἐπάξω ἐπὶ τὴν γῆν ἐκείνην πάντας τοὺς λόγους μου οὓς ἐλάλησα κατ᾽ αὐτῆς, πάντα τὰ γεγραμμένα ἐν τῷ βιβλίῳ τούτῳ.)다음에 열국을 치는 예언들(MT 46-51장)을 배열하였다. 그리고 25:14을 누락시키고 25:13b(LXX 32:13 ὅσα ἐπροφήτευσεν Ιερεμιας ἐπὶ πάντα τὰ ἔθνη)와 25:15 이하 (LXX 32:15ff)의 내용 곧 열국을 향한 하나님의 진노의 잔에 대한 내용을 이어서 배치하고 있다.

이것을 두 본문의 순서에 따라 배열해 보면 다음과 같다.

---

112 제임스 햐트는 이것들이 생략된 가장 긴 본문들이라고 언급했다. James Philip Hyatt, *Ecclesiastes/ Song of Songs/ Isaiah/ Jeremiah*, The Interpreter's Bible: vol. 5 (New York/ Nashiville: Abingdon, 1956), 791. 그러나 오토 아이스펠트는 좀 다르게 주장한다. Otto Eissfeldt indicated a bit differently: "…there are also larger sections missing such as xxxiii, 14-26; xxxix, 4-13; li, 44b-49a; lii, 27b-30." (또한 33:14-26; 39:4-13; 51:44b-48a; 52:27b-30과 같이 보다 더 긴 본문들도 있다. 필자의 졸역) *The Old Testament: An Introduction*, tr. Peter R. Ackroyd (Oxford: Basil Blackwell, 1965), 349.

MT	LXX (MT 장절 기준)
25:1-13 유다 멸망, 70년 포로, 바벨론도 멸망 예언 (25:13 하나님은 예레미야가 열방에 대하여 기록하고 이 책에 기록한 당신의 모든 말을 바벨론에게 임하게 하실 것임)	25:1-13 유다 멸망, 70년 포로, 바벨론도 멸망 예언 (25:13a 하나님은 이 책에 기록한 당신의 모든 말을 바벨론에게 임하게 하실 것임)
25:14 여러 나라와 큰 왕들이 바벨론 백성을 그들의 역군으로 삼을 것임	25:14 없음
25:15-38 유다에게 진노의 잔을 마시게 하신 하나님은 또 열국들로 마시게 할 것임(열국 리스트: 애굽부터 바벨론까지); 또한 하나님은 땅끝까지 모든 육체를 심판하실 것임	**45-51장 열국 심판 예언: 엘람부터 모압까지/ "이에 예레미야의 말이 마치니라"는 없음**
	25:13b 예레미야가 열방에 대하여 예언한 말
	25:15-38 유다에게 진노의 잔을 마시게 하신 하나님은 또 열국들로 마시게 할 것임(열국 리스트: 애굽부터 엘람까지); 또한 하나님은 땅끝까지 모은 육체를 심판하실 것임
26-44장 유다 멸망 임박 예언, 바벨론의 유다 공격, 유다 멸망, 남은 자들 애굽으로, 바벨론이 애굽 칠 것 예언, 애굽에 이주한 남은 이스라엘도 멸망 예언	26-44장 유다 멸망 임박 예언, 바벨론의 유다 공격, 유다 멸망, 남은 자들 애굽으로, 바벨론이 애굽 칠 것 예언, 애굽에 이주한 남은 이스라엘도 멸망 예언
45장 바룩에게 주는 권면: 대사를 도모하지 말라. 모든 육체에게 재앙이 내릴 것이므로.	45장 바룩에게 주는 권면: 대사를 도모하지 말라. 모든 육체에게 재앙이 내릴 것이므로.
46-51장 열국 심판 예언: 애굽부터 바벨론까지/ 이에 예레미야의 말이 마치니라	

이 배열 순서들을 통해 우리는 몇 가지를 판단할 수 있다. (1) 먼저 MT 순서대로 읽는다면, 25:1-13의 내용의 순서는 '유다 멸망-유다의 포로됨-바벨론 심판'이 된다. 그리고 15-26절의 순서는 '유다-열국들 심판(열국들 마지막에 바벨론)'이다. 이 둘을 서론격으로 보고 종합해서 순서를 정한다면 당연히 유다 심판-열국들 심판-그 후에 바벨론 심판이 된다. 이 순서는 MT에서 그대로 지켜지고 있다. 26-34장에서 유다 멸망, 35-51장에서 유다 멸망-열국 및 바벨론 심판이 배열되는 것이다. 반면 LXX(혹은 the *Vorlage*)의 배치를 따라 읽어 보면 25:1-13a에 '유다 멸망-유다의 포로됨-바벨론 심판'이 서론적으로 나오는데(이것은 MT와 같음) 그 다음에 유다 멸망에 대한 자세한 내용 대신 '열국들(엘람, 애굽, 바벨론...모압)의 심판'에 대한 자세한 내용이 갑자기 나타난다. 내용이 매끄럽게 이어지지 못하고 있다. 그리고 이 열국 심판에 대한 결론적 요약 v. 13b가 보이고 다시 앞부분의 열국에 대한 자세한 심판 예언을 '유다-열국 심판에 대한 진노의 잔'이라는 형식을 통해 요약하고 있다. 그런데 이 요약은 앞의 열국 순서를 애굽... 엘람, 페르시아 순서로 변경하여 적고 있고 바벨론(=세삭)에 대한 언급은 아예 없다. LXX대로 읽으면 독자는 논리적 순서에 상당한 혼돈을 겪게 된다. 롱맨은 MT가 열국 리스트 마지막에 바벨론=세삭을 넣은 것은 불합리하다고 말한다. 바벨론에 멸망 당할 열국들을 열거하는 마당에 왜 바벨론(=세삭) 자신을 삽입시켰는가 묻고 있다. 나중에 바벨론 멸망에 대한 자세한 예언 속에서도 세삭이란 말은 LXX에는 나타나지 않으므로 즉, MT는 LXX 본문에 어떤 표현들을 첨가한 것이 분명하므로 LXX가 오리지날로 보인다고 주장한다.[113] 그러나 이 주장은 쉽게 반박된다.

---

113 Tremper Longman III & Raymond B. Dillard, *An Introduction to the Old Testament* (Grand Rapids: Zondervan, 2006), 332.

첫째로 바벨론 멸망은 이미 25:13에 보이는 내용이고(열국과 마찬가지로 바벨론도 멸망한다는 점이 이미 제시됨), 열국 리스트 마지막에 바벨론이 거론됨('…지면에 있는 세상의 모든 나라로 마시게 하니라. 세삭 왕은 그 후에 마시리라')은 시간적 선후 관계로 볼 때 논리적으로 아무런 무리가 없다는 것이다. 게다가 구약 기자의 관습을 따라 보면 유다 멸망-바벨론 멸망을 말하고 유다-열국-바벨론(세삭) 멸망을 다시 한번 언급하는 것은 하등 이상할 점이 없다는 것이다.

(2) 이미 (1)에서 약간 언급한 것이지만 LXX는 왜 열국에 대한 자세한 예언들의 열국 순서와 열국에 대한 진노의 잔 심판 요약 속의 열국 순서를 바꾸고 있는가에 대한 문제가 있다. 열국에 대한 순서는 9:26a에 이미 한번 나온다: "곧 애굽과 유다와 에돔과 암몬 자손과 모압과 및 광야에 거하여 그 ^{머리털을} 모지게 깎은 자들에게라"(한글개역) 여기에 나타난 리스트의 순서는 MT나 LXX나 똑같다. 그리고 유다 및 열국이 마실 진노의 잔 예언에 보이는 리스트의 순서도 MT(25:19-26)나 LXX가 거의 비슷하다 (약간의 차이 예를 들어 번역에 있어 메대가 LXX에서는 바사로 번역됨; MT의 시므리 Zimli가 LXX에는 없음 등). 9:26a에서 유다를 빼면 이 순서는 25:19-26과 합치한다. 또한 MT 27:3에 나타나는 열국 목록도 LXX의 그것(34:3)과 일치한다. 그런데 유독 LXX의 열국에 대한 자세한 예언들에 있어서는 순서가 혼란스럽게 되어 있다. 첫째, MT의 끝에서 두 번째 나라인 엘람이 왜 맨 먼저 오는가, 둘째 왜 MT의 맨 마지막에 오는 바벨론이 애굽 다음에 오는가 하는 의문들에 답하기가 궁색하기 그지 없는 것이다. 9:26a, 열국에 대한 자세한 예언들, 진노의 잔 예언에 나타난 열국 리스트들을 MT와 비교해 볼 때 LXX는 나라들에 있어 순서적 일관성을 흐린다(물론 엘람이 맨 처음으로 오고 애굽 예언이 그 다음에 옴으로 연대기도 거스름). C. F. Keil의 도표를 참조하여 생각해 보라.

히브리 맛소라 본문	칠십인역	주제	히브리 본문의 순서	칠십인역의 순서
Ch. xlix. 34-39.	Ch. xxv. 34-39.	Elam.	VIII.	1.
Ch. xlvi. 2-12. Ch. xlvi. 13-28	Ch. xxvi. 1-11. Ch. xxvi. 12-26.	Egypt.	I.	2.
Ch. l. li.	Ch. xxvii. xxviii.	Babylon.	IX.	3.
Ch. xlvii. 1-7.	Ch. xxix. 1-7.	Philistines.	II.	4.
Ch. xlix. 7-22.	Ch. xxix. 7-22.	Edom.	V.	5.
Ch. xlix. 1-6.	Ch. xxx. 1-5.	Ammon.	IV.	6.
Ch. xlix 28-33.	Ch. xxx. 6-11.	Kedar, Hazor.	VII.	7.
Ch. xlix. 23-27.	Ch. xxx. 12-16.	Damascus.	VI.	8.
Ch. xlviii.	Ch. xxxi.	Moab.	III.	9.
Ch. xxv. 15-39 [38?].	Ch. xxxii.	The wine-cup.		
Ch. xxvi.-xlv.	Ch. xxxiii.-li.			
Ch. lii.	Ch. lii.			

(3) 마지막으로 '바룩에게 주는 권면'(MT 45장; LXX 51:31-35)의 위치에 대한 것이다. 이 내용은 MT의 경우는 유다 멸망 내러티브 마지막에 그리고 열국 심판 예언들 서두에 놓인다. 반면 LXX의 경우는 유다 멸망 내러티브 마지막에 그리고 52장 역사적 부록 앞에 놓이게 된다. 앞에서 잠시 살펴본 것에 의하면 필자는 '바룩에게 주는 권면'을 일종의 다리 역할로 보는데 유다 멸망 내러티브의 부기인 동시에 열국 심판 서론으로 본다. 이미 언급하였듯이, 유다 멸망 내러티브의 부기로 볼 수 있는 것은 39:15-18의 에벳멜렉의 구원과 바룩의 구원이 비슷하기 때문이다. 예레미야를 도운 에벳멜렉이 구원 약속을 받았듯이 바룩도 하나님의 은혜를 입을 것이고 이 두 사람은 공히 참 선지자 편에 섰기 때문에 예레미야의 구원 받음에 동참하게 되는 것이다. 그러나 필자는 이 본문의 주제들과 연대기 순서 때문에 열국 심판에 대한 서론으로 봄에 더 무게를 싣는다. 왜냐하면 특히 이 본문의 언어들이 앞의 열국에 대한 진노의 잔(25:15-38, 특히 31-32절)과 통하고 뒤의 바벨론 심판의 문맥(특히 51:6-7)의 언어들과 통하기 때문이다. 즉 모든 육체에 재앙이 내려지나 바룩이 생명을 보전하게 될 것은 모든 나라들이 멸망하나 이스라엘(남은 자)이 구원 받을 것을 예시한다. 이것을 도표로 나타내면 다음과 같다. 25장은 유다 및 열국에 대한 심판 서론이고 그래서 35-44장의 유다 멸망 다음에 바로 열국에 대한 심판이 이어지는 것은 자연스럽지만 46-51장의 예언은 동일 주제이면서 상당한 분량으로 되어 있으므로 또 하나의 서론(45장)을 둠으로 한 숨 돌리고 있다고 할 것이다.

25:13ff (열국에 대한 진노의 잔)	45장 (바룩에 대한 권면)	46-51장 (열국 심판)
31절 "...모든 육체를 심판하시며..." 32절 "...재앙이 나서 나라에서 나라에 미칠 것이며..."	4절 "...보라 나는...나의 심은 것을 뽑기도 하나니 온 땅에 이러하거늘" 5절 "...내가 모든 육체에게 재앙을 내리리라. 그러나 너의 가는 모든 곳에서는 내가 너로 생명 얻기를 노략물을 얻는 것같게 하리라..."	51:6 "바벨론 가운데서 도망하여 나와서 각기 생명을 구원하고..." 7절 "바벨론은 여호와의 수중의 온 세계로 취케 하는 금잔이라..."

만약 이러한 이해가 옳다면 열국에 대한 심판 예언은 MT의 배열처럼 마땅히 45장 다음에 와야 한다.

3.2 LXX가 누락시키고 있는 구절들, 그리고 거시구조

LXX에 있어서 책의 구조를 상식 밖의 차원으로 이끄는 것은 열국을 치는 예언들의 배열을 달리함 뿐만이 아니다. LXX에는 구조적으로 아주 중요한 요절들이 없는 것이다. 위에서 이미 거론하였지만, MT 장절을 따라 열거한 29:16-20; 33:14-26; 39:4-13; 52:28-30 등이 LXX에는 없는데(다른 짧은 구절들도 생략된 부분이 많으나 여기서는 긴 구절들 넷 만을 다룸) 왜 그런지에 대해서는 뚜렷한 답이 주어지지 않고 있다. LXX 역자가 빼버렸는지, 원래 LXX 역자 수중에 있던 히브리어 본문에서 이미 없었던 것인지, 아니면 맛소라 학자들이 첨가한 것인지, 그

것도 아니면 맛소라 학자들의 손에 있던 히브리 본문이 원래부터 이 절들을 포함하고 있었든지. 그러나 MT가 구조적으로 합당하다고 볼 때는 둘 중의 하나다. LXX 역자가 번역할 때 생략했든지, 아니면 그의 수중에 있던 히브리 본문이 원래부터 생략하고 있었든지.

먼저 29:1-20의 주제들을 보자. 29:1-20에 보이는 주제들은 24:1-10(24:1과 29:2가 같음; 악한 무화과 언급 등), 21:9(항복자는 생명을 건지게 됨), 그리고 25:11-12(70년이 지나면 바벨론이 심판 받음)의 주제들이 합쳐져서 변화된 형태이다. 이 주제들 중에서 MT 29:1-20이 특히 강조하고 있는 것은 시드기야 텍스트에서 전형적으로 나타나는 주제로서 포로 되어 간 자들이 누릴 평안과 아직 예루살렘 성에 거하고 있는 왕과 백성이 받을 형벌인데, 이 두 요소는 첨예하게 대립을 이룬다. 그런데 LXX는 이 두 요소 중에 후자를 생략하고 있는 것이다!

두 번째는 33:14-26인데 이 본문이 강조하는 두 주제는 이상적인 왕과 이상적인 레위인 제사장에 대한 것이다. 사실, 이것은 2-20장의 곳곳에서 말하던 왕과 제사장의 타락의 반전이요, 21:11-23:8에서 말하던 악한 왕들-이상적인 왕 주제의 재현이다. 특히 21:11-23:8에서 서론적으로 언급하던 것이 본론1이라고 할 수 있는 26-34장에서 누락된다면 이는 내용적으로 구조적으로 아주 엉성한 작품이 된다. 그런데 LXX는 이것을 생략하고 있다!

셋째로 39:4-13은 어떤가. 이는 구조적으로 절대적인 요절들이다! 지금까지 누차 예언되어 왔던 악한 왕 시드기야의 멸망이 현실화되는 내용인데 LXX는 이 요절들을 생략하고 있다. 특히 이 본문은 참 선지자 예레미야가 구원 받게 될 것이라는 예언의 성취도 진술하고 있다. 물론 14절에서 이것을 완전히 생략하고 있지는 않지만 느부갓네살이 예레미야를 선대하라고 느부사라단에게 명령한 내용은 생략되고 있는 것이다.

마지막으로 52:28-30은 3차에 걸친 포로 숫자를 나열하고 있는 내용인데 이것도 예언-성취의 구도에 있어 너무나 중요한 요소다. 사실 열왕기에도 나타나지 않는 유다 멸망의 상세한 측면을 여기에 이렇게 일부러 삽입하고 있는 것은 말씀의 성취적인 면을 부각시키려는 강한 의도가 책의 (편)저자에게 있었음을 보여주는 것이다.

결론저으로 책의 주제들을 따라 구조를 통찰할 때 필수적인 것들이 LXX에는 생략되어 있다. 적어도 필자의 논의를 따라 보면 MT가 구조적으로 받을 수 있는 본문이다.[114]

---

114 Janzen은 LXX가 오리지날이라는 입장에서 보다 자세한 논의를 전개하였다. 그가 책의 구조적인 측면에서 두 본문을 고찰하지 않은 것은 아쉬운 점으로 남는다. 네 구절들 중에 33:14-26에 대한 그의 논의를 참고하라. "This is the largest single block of MT material absent from LXX… If the passage was intentionally deleted, what was the motive? Omission of the second occurrence of material? So Graf argues, and Lindblom; and Volz does not rule out the possibility. It is noted that verses 15-16 are a doublet of 23:5-6, and that the following verses have a close parallel in 31:35-37. But if this was the motive, why not delete just verses (14) 15-16? The parallels to 31:35-37 are not at all verbally precise. If these be called doublets, then we can cite numerous such "doublets" in the book which are translated both times. Moreover, why would the translator omit material (verses 17-18, 21-22) which has no parallel, either in wording or in substance, elsewhere in the book? Graf proposes that the latter material was omitted because of non-fulfillment of the promise to David and the Levitical priests. But the translator seems to have felt no compunction in translating other types of hope oracles, at the time still unfulfilled (e.g., 16:14-15, 46:27-28). Moreover, one may ask, what is the time limit on a non-specific oracle of hope, after which it is presumed to be incapable of fulfillment? The intensity of post-exilic eschatological hope stood in no necessary relation to external signs of its fulfillment. Swete allows that "possibly

4. 이질적 자료들로 보이는 본문들과 예레미야서의 구조

필자는 위에서 이 문제에 대해 어느 정도 다루었다. 21-24장의 주제들에 대해서는 그 다음의 큰 섹션들과의 구조적 관련 속에서 논의하였고 30-34장 및 45장의 위치에 대해서도 그 주제들이 이미 보인 서론과 깊은 관련이 있음을 논술하였다. 이 지면을 빌어 조금 언급할 것은 앞에서 자세히 다루지 않은 2-20장의 주제들에 대해서이다. 이 장들 속에 들어 있는 주제들 중에서 전반부는 이스라엘의 음행(다른 신을 섬김), 그들의 회개치 않음, 북방 족속의 침입을 통한 이스라엘 심판이 계속 싸이클을 이루면서 전개된다(특히 2-6장). 반면에 중, 후반부는 선지자의 예언(7장부터), 상징 행동(13장부터) 등 여러 장르들을 통해 앞에서 다루었던 주제들이 더욱 전개되고 있으나 어떤 주제적 일치를 찾기는 힘든 모습으로 진행하고 있기에 다소 전반부와 균형이 깨어지고 있다는 인상을 준다. 여기에는 연대기에 대한 표시들도 거의 없고, 또 MT와 LXX 간에 큰 배열의 차이도 없다. 필자는 2-20장의 주제들 전개 방식을 먼저 다루면서 단락 구분을 하고, 그 다음에 이 장들의 단락들의 전체 구조와의 관련성을 논하고자 한다.

---

the Messianic hope which [the passage] emphasizes had less interest for a subject of the Ptolemies than for the Jews of Palestine." In the Alexandrian Jews of the period, this conjecture is weak. Certainly, the translator thought it worthwhile to render the parallel in 23:5-6. In short, there are no clear grounds for supposing that the passage was tendentiously omitted in translation. It is, of course, possible that it dropped out by scribal lapse. But in view of the pronounced expansionist character of MT, extending to substantial blocks of material (e. g. 52:28-30), and we may note, what appear to be post-Jeremianic elements in the eschatological expectation, it is likely that the periscope was added to the proto-MT tradition after the divergence of the two text traditions." (이것[33:14-26]은 70인역에는 없고 마쏘라 예레미야서는 있는 가장 큰 단일한 단락이다…이 단락이 고의적으로 삭제되었다면 그 동기는 무엇이었을까? 내용이 두 번째로 나왔기에 생략된 것일까? 이런 맥락에서 그라프와 린드블롬이 주장하였고, 폴쯔는 이 가능성을 제외시키지 않았다. 33:15-16은 23:5-6의 중복(더블릿)이고 33:16 다음에 오는 절들은 31:35-37과 근사하게 병행을 이룬다. 하지만 이것이 그 동기였다면, [14] 15-16절만 삭제하면 안되었을까? 31:35-37에 대해 병행을 이루는 절들[33:17이하]은 결코 모두 단어로의 정확한 병행은 아니다. 이것들이 중복들[더블릿들]로 불린다면 우리는 예레미야서에서 두 번 번역된 그런 '중복들'을 수다히 갖다댈 수 있을 것이다. 더우기 번역자는 단어에 있어서 혹은 뜻에 있어서 예레미야서의 다른 곳에서 병행을 찾을 수 없는 자료들 (17-18, 21-22절)은 왜 생략하였을까? 그라프는 후자 [필자의 첨가주. 21-22절) "…내가 그와 같이 내 종 다윗의 자손과 나를 섬기는 레위인을 번성하게 하리라 하시니라"]가 다윗과 레위 계통의 제사장들에 대한 약속이 성취되지 않았기에 생략되었다는 주장을 제안했다. 그러나 번역자는 아직 성취되지 않은 시기에서 다른 유형의 소망의 예언들을 번역하는 데 있어서는 아무런 마음의 가책을 느끼지 않은 것 같다. 더우기 누군가는 이런 질문을 할 수도 있을 것이다. 즉, 성취가 불가하다고 여기진 후에, 비구체적으로 제시된 소망의 예언들의 만료 시간은 언제까지인가? 포로 후기의 종말론적 소망의 강렬함은 그것의 성취에 대한 외적 표징들과 반드시 관련되지 않고도 존재하였다. 스베테는 '아마도 [그 절들이] 강조하는 메시아적 소망은 팔레스틴의 유대인들에게 보다 톨레미 왕조 시대의 주제로서는 보다 덜한 관심사였다'고 본다. 이 추측은 그 시기의 알렉산드리아 유대인들에게 있어서 약한 추측이다. 확실히 번역자는 23:5-6의 병행[필자 번역주. 33:14-15]을 번역하는 것이 가치 있다고 생각했을 것이다. 요컨대, 그 절들이 번역에서 의도적으로 생략되었다고 가정할 명확한 근거들은 없다. 물론 서기관의 실수로 그 절들이 빠졌을 수도 있다. 그러나 공인된 마쏘라 본문의 증보[增補]적 특성, 곧 자료의 실질적 블록들로의 확장 [예를 들어, 52:28-30]과 우리가 주의할, 종말론적 기대에 있어 예레미야 후기로 보이는 내용 등으로 보면, 이 단락 [33:14-26]은 두 가지의 본문 전승들로 갈라진 후에 원(原)-마쏘라 전승에 추가된 것 같다. 필자의 졸역.) Janzen, *Studies in the Text of Jeremiah*, 121f.

4.1 2-20장의 주제들의 전개, 그리고 단락 구분

2-20장의 주제들의 전개는 1장에 제시된 주제들의 꾸러미에 의존하고 있다. 1장은 장르로 따지면 선지자의 소명기사가 되겠다. 그리고 2장부터는 여러 다양한 장르들, 예를 들면 예언적 신탁(2:1), 소송(2:9), 회개 권면(4:1), 재앙 경고(4:5), 애곡 또는 애가(4:8), 탄식-독백(4:10) 등이 보인다. 만약 양식비평가들처럼 양식들에 따라서 본문을 파편화하고 분류한다면 주제들의 흐름이 끊길 뿐 아니라 전체 구조도 적절히 바라볼 수 없게 된다. 특히 1장과 2-20장을 양식에 따라 끊어버리면 1장에서 전체 서론격으로 제시된 주제들이 그 다음에 어떻게 결합, 발전되면서 단락들을 구성하고 (편)저자의 의도를 드러내는지에 대해 전혀 깜깜하게 된다.

1장에 나타난 주제들, '우상숭배'("무리가 나를 버리고 다른 신들에게 분향하며 자기 손으로 만든 것에 절하였은즉" 1:16a)와 언약 백성의 지도자 '왕'(보다 자세히 말한다면 "그 온 땅과 유다 왕들과 그 족장들과 그 땅 백성" 1:18)의 죄는 하나님이 선지자를 통해 앞으로 책망하실 내용들을 대표한다. 앞으로 필자의 모든 단락 구분의 선두에 이러한 언약 백성의 죄를 책망하시는 하나님(혹은 하나님의 말씀을 대언하는 선지자의 음성)이 나타난다. 이는 신학적으로 보면 하나님 및 이스라엘의 죄를 함께 언급함으로 신론과 죄론에 대한 내용이다. 그리고 이 죄를 심판하실 때 하나님은 여호와의 날에 다른 이방 족속의 침입을 통해서 심판하신다. 이때부터 '심고 뽑음'의 주제들의 실제적인 모습이 나타나는데 먼저는 '뽑음' 곧 심판의 신학적 주제들이 나타난다. 그 다음에는 이러한 심판 상황 속에서도 하나님은 '심음'을 나타내시는데 곧 1차적으로는 선지자를 구원하시는 모습으로 나타난다. 선지자 구원 주제는 1장에서 맨 마지막 위치에 나타나는데 이는 후속 단락에서도 그러하다. 선지자의 구원은 하나님 말씀의 성취와 관련되고, 거짓 예언의 미성취와 참 예언의 성취를 대조하여 강조하고, 또 이스라엘의 남은 자의 회복 예시의 기능도 한다. 하나님은 곧 가까운 미래에 이스라엘을 심판하실 것이나 선지자를 구원하실 것이다.[115] 이러한 사항은 후속하는 단락들에서 종말론적으로 확대되고 발전된다. 필자가 구분하는 단락들은 이러한 주제들의 꾸러미가 신학적인 큰 줄기를 따라 형성하고 있음을 보여 줄 것이다. 즉, 신론-죄론에서 시작하였던 주제들은 진행하여서 심판과 구원, 특히 예레미야서에 있어서는 신시사의 구원 그리고 말씀의 성취라는 주제로 끝을 맺는다.

2장의 이스라엘의 음행으로 시작된 말씀은 6장까지 하나의 긴 단락을 형성한다. 6:27-30은 하나님이 예레미야를 '살피는 자'와 '요새'로 삼으셨다고 하심(참조. 1:18의 '견고한 성읍', '쇠기둥', '놋성벽')으로 그리고 비방하는 자들과 사악한 자들은 버리셨다고 하심으로 선지자에게 확신을 주신다. 즉, 핍박에도 불구하고 선지자를 붙드시겠다는 하나님의 강한 메시지가 나타난다. 1장에 나타난 주제들 꾸러미는 2-6장에서 또 하나의 꾸러미를 만드는 것이다. 즉, 음행(우상숭배) 주제에서 선지자를 붙드심 주제까지의 사이에 1장에서 보였던 여러 주제들이 들

---

115 1:18-19에서는 왕들, 족장들, 제사장들에 대한 언급과 함께 선지자의 구원 주제가 나타난다. "보라, 내가 오늘날 너로 그 온 땅과 유다 왕들과 그 족장들과 그 제사장들과 그 땅 백성 앞에 견고한 성읍, 쇠기둥, 놋성벽이 되게 하였은즉 그들이 너를 치나 이기지 못하리니 이는 내가 너와 함께 하여 너를 구원할 것임이니라. 여호와의 말이니라"

어감으로 전체적으로 볼 때 하나의 주제들 집합을 이룬다는 것이다. 2-6장은 먼저 두 단락으로 나누어진다. 2-4장과 5-6장이다. 2-4장은 죄론(2장)과 회개치 않음-북방에서 오는 재앙-애곡 온 땅 황폐(4-5장)의 논리적 순서로 되어 있다(2장은 죄론에서 심판으로 진행되나 앗수르와 애굽에 대한 내용이 여기만 있으므로 한 단락으로 보고, 3-4장은 다시 죄론부터 시작하여 회개 않음, 회개 권면, 심판, 선지자의 긴 탄식으로 마치니 또 하나의 단락으로 봄직하다). 문제는 주제들이 단선적, 계기적으로 되어 있는 것이 아니라 교대적으로 나타난다는 것이다. 2-6장을 전체로 볼 때 앞부분은 다른 신을 섬김(음행)이 많고 중간 부분은 회개 주제가 많고 뒷부분은 북방 족속의 침입과 애곡이 많다.

2:1-37
다른 신 섬김/ 애굽과 앗수르 의지.................땅의 황무[116]
행음..............................회개 거부......심판(앗수르와 애굽에게 수치)[117]

3:1-4:31
자산[118]에서 행음.. 장래의 회개 예시[119]
높은 산에서 행음...............회개 거부
이스라엘+유다 행음.. 열방 회복
                                                             이스라엘+유다 회복
....자산에서 애곡 및 간구
                              (여호와를 잊어버렸기 때문) [120]
        회개 권면..선지자의 회개[121]
        회개 권면.........북방에서 재앙...애곡 촉구...선지자의 탄식[122]
                    광야 자산에 바람[123]
        회개 권면.........에워싸고 치는 자들............선지자의 애곡(온 땅 황무)[124]

3-4장을 구원 경륜의 측면에서 보면 아래와 같다. 이 구원 경륜은 선지자의 시공에 대한 시각과 관련된다. 시간적으로는 가까운 미래에서 먼 미래로 이동하고 공간적으로는 이스라엘에서 열방으로 이동한다. 특히 열방 심판(4:7)에서 '열방'을 공간적으로 다룬 다음 선지자의 애곡-탄식이 나타나는데 여기에는 "땅이 혼돈하고 공허하며 하늘들은 빛이 없다"는 내용을 통해

---

116 2:1-19
117 2:20-37
118 자산은 한자로 赭山으로 되어 있고 (자赭는 '붉은 흙'을 의미), 영어성경에는 the barren heights (NIV)나 the bare heights (NASB)로 되어 있다. 이 단어의 히브리어는 שׁפָיִם이다.
119 3:1-5
120 3:6-21
121 3:22-25
122 4:1-10
123 4:11-13
124 4:14-31

그 공간이 '우주적'으로 확대된 느낌을 준다.

```
북 이스라엘 범죄...심판
유다의 범죄.............심판.......................... 열방의 구원,
                                        이스라엘과 유다의 구원[125]
유다의 죄................북방 족속의 침입..... 열방 심판...우주적 황폐[126]
```

　　　이어 나타나는 5-6장은 여호와의 날에 있을 '북방 족속의 침입'을 강조하고 마지막은 애
곡과 선지자의 핍박-구원을 진술한다. 5-6장을 2-4장과 이어서 보지 않는 것은 이 장들을 세 단
락(a 5:1-19, a' 5:20-6:8, a" 6:9-30로 나누어짐; 각각은 죄론-북방 족의 침입-멸망으로 이어짐)으
로 볼 때 첫째와 둘째 단락의 죄론이 길기 때문이다. 이는 2-4장이 멸망으로 끝나고 선지자의
긴 탄식으로 마무리된 것과 구분을 이룬다.
　　　그 다음은 7장부터 16장까지가 하나의 큰 단락을 형성한다. 7장은 성전 설교로 시작되
는데 예레미야가 이스라엘의 죄를 책망한다. 그리고 이 단락의 마지막 언저리(15:10-18, 19-21)
에는 핍박에 대한 선지자의 탄식과 선지자에게 확신을 주시는 하나님의 말씀이 나타난다. 하나
님은 예레미야를 '견고한 놋성벽'이 되게 하시고 그와 함께 하여 구하여 건지시겠다고 말씀하시
는데 이 대목의 '견고한 놋성벽'은 6:27의 '요새'와 상응하는 단어가 되겠다. 1장에서 나타난 주
제들의 꾸러미가 7-16장 전체에서 다시 한번 변화를 띄며 재현된다. 7-16장도 세 단락으로 나
누어진다: 7:1-9:26는 크게 보아 죄론에서 시작(다른 신을 섬김, 하늘 황후를 섬김, 힌놈의 아들
골짜기에서의 죄 등이 눈에 띔)하여 회개치 않음으로 진행하고 유다의 멸망으로 마치되 열방
(애굽, 유다, 에돔, 암몬, 모압, 털을 모지게 깎는 자)의 멸망으로 끝낸다. 맨 끝부분은 애곡, 애
가가 강조되어 있다. 7:1-9:26은 7:1-16, 7:17-29, 7:30-8:3, 8:4-9:2, 9:3-26 등으로 다시 나누어지
는데 각각은 죄-심판의 신학적 주제로 진행한다. 그 다음은 10:1-12:17인데 이는 다시 10:1-25,
11:1-17, 11:18-12:17로 나누어지되 각각은 신론과 죄론이 '여호와 vs 우상' 형식으로 드러나고
(10:1-25) 이어서 언약 파기의 죄(11:1-17)와 아나돗 사람들의 예레미야 핍박의 죄(11:18-12:17)
로 이어진다. 또한 각각은 심판, 멸망으로 마무리된다. 10:1-12:17의 마지막은 선지자의 질문과
여호와의 대답으로 이루어지는데 여호와의 대답은 뽑고 심음의 주제(이스라엘의 주변국 멸망,
유다 멸망과 구원)를 띈다. 그 다음은 13:1-16:21인데 이는 13:1-27 (베띠, 포도주), 14:1-22(가
뭄), 15:1-21(모세와 사무엘), 16:1-21(독신)으로 나누어지는데 각각은 특별한 소재들을 사용하
여 이스라엘의 죄를 고발하고 또한 그들의 멸망을 선언한다. 7-16장까지를 전체로 볼 때 13:1-
17에서 13:10은 다른 신들을 섬긴 죄, 13:18은 왕과 왕후의 교만을 고발한다. 14:1-22에서 14:13
은 거짓 선지자를 정죄한다. 15:1-21에서 15:4는 므낫세(이 죄 때문에 열방으로 흩어짐)의 죄를
지적한다. 그리고 16:1-21에서 16:11은 다시 다른 신들을 좇은 것을 책망한다(이 죄 때문에 알

125　3:1-21에서
126　3:22-4:31에서

지 못하는 땅으로 가서 다른 신들을 섬기게 됨. 그러나 북방 땅에서 다시 그들의 땅으로 돌아오게 됨). 2-6장의 마지막 위치의 5:1-6:30이 북방 민족의 침입을 강조한다면, 7-16장의 마지막에 오는 13:1-16:21은 통곡이나 애곡을 강조한다.

그 다음은 17:1-21:10의 단락이다. 이 단락은 먼저 17-20장으로 끊고 21:1-10은 2-20장 전체 끝에 놓인 시드기야 텍스트로 보는 것이 좋다. 왜냐하면 17-20장이 이스라엘의 죄로 시작하여 마지막(20:1-6, 7-13, 14-18)에는 바스훌의 핍박과 예레미야가 착고에서 놓여나 여호와의 말씀을 전하는 내용(1-6절), 선지자는 핍박 받으나 여호와는 두려운 용사 같으셔서 선지자와 함께하시기 때문에 박해자는 넘어질 것이고 선지자는 구원을 얻게 되리라는 확신과 찬양(7-13절)을 보임으로 앞의 두 단락 2-6장, 7-16장과 크게 보아 그 서두와 말미가 동일한 주제로 배열되었기 때문이다. 21:1-10은 이미 앞에서 충분히 상고했듯이 의도적으로 배치되어 말씀의 성취 주제를 강조한다. 죄론-심판-선지자 핍박과 구원이라는 일련의 주제로 보면 17:1-20:18은 a 17:1-27, a' 18:1-23, a" 19:1-20:17으로 병행을 이룬다. 그러나 먼저 우상숭배-왕들의 죄 (안식일 어김)-거짓 선지자의 죄가 계기적으로 이어져 있는 것으로 보면 17:1-20:18은 전체로서 하나를 이룬다.

4.2 2-20장의 단락들과 전체 구조와의 관계

2-20장의 단락들을 도표를 통해서 그 주제의 점진적인 면을 정리해 보면 다음과 같다. 먼저 큰 단락 2-6장; 7-16장; 17-20장+21:1-10의 주제들의 배열 속에서 죄론의 특색을 살펴보면, 각 단락은 대체로 다른 신 혹은 우상 숭배에서 왕들이나 선지자들의 죄로 나아간다. 여기서 특히 흥미로운 점은 7-16장의 마지막 단락인 13-16장에서 죄론의 순서 "다른 신 섬김-왕과 왕후의 교만-거짓 예언"은 17-20장에서의 죄론의 순서 "우상 숭배-왕들의 죄-바스훌의 선지자 핍박"과 동일한 순서를 보인다. 구조적으로 볼 때 본론 26-51장의 제1서론에 해당하는 21:11-23:8은 유다 왕가에 대한 말씀인데 여기서 실제로 말하는 죄론은 다른 신들에게 절함(22:9), 불의와 불공평과 사치와 가난한 자 신원치 않음 (22:13 이하)이고, 23:9-40은 선지자들에 대한 말씀인데 선지자들뿐 아니라 자세히 보면 행음 (23:10)을 하는 그룹이 선지자와 제사장 모두 (23:11)를 지칭함을 볼 수 있다. 여기서는 특히 거짓 예언을 다루고 있다. 따라서 21:11-23:40은 전체적으로 왕들과 선지자들의 죄를 취급하는데 그 내용으로 들어가 보면 "다른 신에게 절함-왕들의 불의-선지자들의 거짓 예언" 등의 순서를 보인다는 것이다. 여기에 21:1-10의 시드기야 텍스트의 주제 곧 말씀의 예언-성취 주제를 더하여 생각해 보면 17-20장+21:1-10의 '우상 숭배-왕들의 죄-바스훌의 선지자 핍박'/'예언-성취' 주제의 순서가 21:11-23:40+24:1-10의 '다른 신에게 절함-왕들의 불의-선지자들의 거짓 예언'/ '예언-성취' 주제와 일치함을 볼 수 있다. 다음 도표는 죄론의 순서다.

2-6장	7-16장	17-20장+21:1-10
2장 행음 강조 3-4장 행음 5-6장 공의 없음, 거짓 맹세, 귀인들의 죄, 다른 신으로 맹세, 창기의 집에 모임 등 선지자로부터 제사장까지 거짓	7-9장 거짓 예배 (도적질, 살인, 간음, 거짓 맹세, 바알 숭배하면서 여호와께 예배) 선지자로부터 제사장까지 거짓 10-12장 우상숭배 다른 신 섬김; 언약 파기 13-16장 교만; 다른 신 섬김 왕과 왕후의 교만 간음, 사특한 소리, 음행(우상) 선지자들 거짓 예언	17장-20장 우상 숭배 유다 왕들, 백성들 안식일 범함 유다 왕들, 백성들 도벳 범죄(다른 신 섬김, 무죄 자의 피 흘림, 인신 제사) 바스훌의 예레미야 핍박

한편, 각 단락들의 중간에는 회개 하지 않음의 주제가 있는데 이는 말씀을 듣지 않음과 관계가 있다. 마지막 위치에는 유다 멸망에 대한 표현들이 있는데 온 땅이 황폐하게 되고, 아이들, 청년들, 지아비, 지어미, 집, 전지, 아내, 집과 전지 등의 멸망을 보여준다. 마지막 위치에 오는 것들을 도표로 보자.

2-6장	7-16장	17-20장+21:1-10
2장 3-4장 온 땅 황폐, 모든 성읍이 도망 (4:27, 29) 5-6장 아이들, 청년들, 지아비, 지어미, 늙은이 멸망, 아내가 타인의 소유 됨(6:11, 12)	7-9장 가축, 새, 짐승, 거민이 없을 것 (9:10, 11) 10-12장 청년들, 자녀들 멸망(11:12) 짐승, 새들 멸망(12:4) 13-16장 과부가 바다 모래보다 많게 됨, 청년들의 어미 죽음(15:8) 아내 취하지 말 것; 자녀, 어미, 아비 멸망(16:1)	17-20장 자녀들 멸망, 아내들은 과부가 됨, 청년들 멸망(18:21)

또한 끝부분의 특징은 '선지자가 핍박 받음에 대한 괴로움의 탄식'이 있는데 이는 '선지자의 구원'과 연결된 주제이다. 여기서 주의할 것은 선지자 자신의 회개 기도나 유다 멸망에 대한 애통 혹은 '슬프도소이다'의 탄식시는 선지자의 핍박 받음에 대한 탄식과 다른 위치를 가진다는 것이다 (크게 주의할 사항!). 둘이 결합되어 나타나는 경우도 있으나 나라 멸망에 대한 애

통 (탄식과 비탄; 도표에서는 '멸망 탄식'으로 표시)은 중간이나 끝에 여기저기 산발적으로 나타나고, 선지자 핍박에 대한 탄식-선지자 구원은 끝에 언제나 나타나되 둘째, 셋째 단락으로 갈수록 많아진다. 이 때에도 각 단락의 하위 단락의 끝에 온다. 다음 도표를 보라.

2-6장	7-16장	17-20장+21:1-10
2장 죄에 대한 심판 예언	7-9장 죄에 대한 심판 예언 멸망 탄식 (8:18-9:2)	17장 죄에 대한 심판 예언 박해 받는 예레미야의 기도 (17:12-18)
3-4장 애곡하라 (4:8) 멸망 탄식 (4:10; 19-31)	10-12장 멸망 탄식 (10:19-22) 성찰, 기도, 저주 (10:23-25) 예레미야 핍박; 살해 음모 (11:18-23) 박해에 대한 예레미야의 질문 기도 (12:1-4)	18장 박해 받는 예레미야의 기도 (18:19-23)
5-6장 심판 예언에 대한 '우리'의 반응 (애통·권면. 6:24-26) 박해자들에 대한 언급(6:27-30) 선지자 구원 (6:27)	13-16장 '우리'의 회개 (14:7-9) 멸망 탄식 (14:13) '우리'의 회개 (14:19-22) 예레미야의 박해에 대한 탄식 (15:10-14) 박해 받는 예레미야의 기도 (15:15-18) 여호와의 구원 응답 (15:19-21) 기도 (민족들이 와서 여호와께 고백. 16:19-21)	19-20장 바스훌의 예레미야 핍박(20:1-6) 그리고 예레미야의 고난과 박해에 대한 기도 (20:7-13) 그러나 하나님의 구원을 찬양함 (20:11-13) 개인 탄식 (생일을 한함. 20:14-18)

이상 2-20장의 주제들은 1장의 주제들의 꾸러미를 발전시켜 나가되 특정한 배열을 통해서 그렇게 하고 있다는 것을 보여준다. 단지, 21:11-24:11/25장의 제1, 2 서론들은 앞으로의 죄론에 있어 음행 (우상숭배) 보다 왕들과 선지자들의 실제적 죄를 부각시킬 의도로 배치되었다. 실제로 26-34장과 35-51장에서 이들의 죄들이 선명하게 드러난다. 26장 이하에서는 거짓 선지자와 참 선지자의 대결 구도가 강조되었고 선지자 예레미야는 핍박을 받는다. 35장 이하에서는 여호야김과 시드기야가 참 예언에 순종하지 않고 예레미야를 핍박하는 모습을 부각시킨다. 이 큰 두 단락에서 예레미야는 핍박에도 불구하고 살아남는데 특별히 35장 이하에서 유다가 멸망 받는 상황에서 예레미야가 선대 받는 모습은 인상적이다. 그는 애굽에 내려간 다음에도 예언을 지속하며 예레미야서 자체 내에서는 끝까지 하나님의 구원을 받는 모습으로 묘사되고 있다. 주제적인 일관성을 보여 주는 것이다.

2-20장에는 유다의 죄들 속에서도 여전히 회개를 기대하시는 하나님의 자비가 보인다. 2-20장의 단락에서, 그러나, 말씀을 청종하지 않는 백성과 지도자들의 모습 속에서 그러한 기대는 일축되고 점점 유다 멸망에 대한 그림자가 짙어진다. 2-20장의 둘째 단락(7-16장)의 마지막 섹션에는 베띠, 포도주, 모세와 사무엘 인유(引喩), 아내를 취하지 말 것 등의 상징행동을 통해서 유다 멸망은 확실시되고 셋째 단락(17-20장과 시드기야 텍스트 21:1-10)의 마지막 부분에서 토기장이가 토기들을 파상하고 다른 그릇 만듦, 도벳에서 오지병을 깨뜨림 등의 상징행동과 시드기야 텍스트의 예언을 통해서 유다 멸망이 확실시되고 있다. 이런 정황을 따라 나타나는 결론은 나중 단락으로 갈수록 설교 자체 보다는 상징 행동들이 사용됨으로 심판의 확실성을 드러낸다는 것이다. 주제들의 배열에는 어떤 순서들이 있으며 장르에 있어서도 어느 정도는 그러하다.

신학적인 면들에 있어서는 첫째로 구원 경륜이 아직 희미한 편이지만 드러나고 있다는 것이고 둘째로 죄론-구원론 등의 주제들은 뚜렷하게 나타나 있다. 2-20장에서 첫째 단락의 3:17-18은 열방이 예루살렘에 모일 것(열방의 구원)과 이스라엘과 유다가 북에서 돌아올 것(구원)이 묘사되어 있다. 4:7은 북방에서 유다를 멸하러 오는 족속이 곧 '열방'도 멸할 것을 보인다. 둘째 단락의 9:25, 26은 할례 없는 자와 할례자들을 다 멸하실 것이 나타나는데 애굽, 유다, 에돔, 암몬, 모압, 털을 모지게 깎는 자 등의 리스트가 보인다. 10:25의 선지자의 기도는 '주를 알지 못하는 열방에게 분노를 부으소서!'라는 내용인데 이것은 열방 심판을 암시하는 내용이다. 16:15는 여호와께서 북방 땅과 그 모든 쫓겨났던 나라에서 이스라엘을 인도하시리라는 내용이 또 보인다. 대체로 구원 경륜에 관한 구절들은 소단락의 끝에 보이는데 이는 아직 희미한 움직임으로 있다. 대신 5-6장에서 유다를 침략하는 북방 족속이 20장에는 바벨론임이 명시되기는 한다. 이러한 희미한 움직임은 25장의 26-51장을 커버하는 구원 경륜에 관한 제2서론에서 뚜렷하게 제시된다. 그리고 이 서론에 제시된 대로 유다 멸망-유다 구원(26-34장); 유다 멸망-열국 멸망-바벨론 멸망(35-51장)에 개진된다.

선지자의 시공에 대한 시각이 이러한 전개에 한 몫을 하여 구조 이해에 열쇠를 제공한다. 2-20장은 유다의 파거로부터 현새의 죄들 섬섬하고 가까운 미래에 있을 심판을 적시한다. 상대적으로 먼 미래나 아주 먼 미래에 있을 유다의 구원과 열방의 구원은 세미한 소리로만 들려오고 있다. 26-34장은 예고된 유다 멸망이 벌써 시작을 보이고 먼 미래에 있을 유다의 회복이 예언된다. 35-51장은 유다 멸망, 애굽을 비롯한 열국의 멸망, 열국을 멸망시킨 바벨론의 멸망으로 나아가는데 이 때 유다 멸망은 현실이 되며 열국의 멸망은 가까운 미래, 바벨론의 멸망은 그 뒤에 있을 일로 예시된다. 동시에 유다에서 열국으로의 진행은 공간적인 확대를 보여준다.

요약

다소 이질적으로 보이는 장들, 2-20장에서 7장 이하, 21:1-24장, 30-33장, 36장, 45장들은 문학적, 신학적인 주제들에 있어 일관성을 지닌다. 앞 섹션들에서 다루지 않은 2-20장의 구조 연구를 통해 살펴본 결과 2-20장의 둘째와 셋째 단락을 이루는 7-16장과 17-20장은 각각 하위 단락들을 휴대하면서 유다 심판의 주제를 확장한다. 각 단락은 음행(우상숭배)에서 선지자의 핍박/구원 주제로 나아간다. 죄론은 대체로 우상숭배에서 왕들이나 백성들의 불의, 거짓 예언 등으로 나아간다. 1-6장은 회개하지 않는 유다에 대하여 북방 민족의 침입을 통한 심판을 끝부분에서 강조하고 있다. 그리고 7-16장과 17-20장은 각각 중, 후미에 상징행동들을 가미함으로 심판의 확실성을 증시하고 있다. 7-16장의 마지막 하위단락 13-16장의 죄론 곧 왕-선지 주제와 17-20장의 죄론 곧 왕-선지 주제는 그 다음 21:11-23장에서 동일한 순서로 나타난다. 특히 17-20장의 왕-선지-시드기야 텍스트는 21:11-24:10에서 동일한 순서로 나타난다. 이는 26-34장/35-44장에서 중요한 발전을 보인다. 구원 경륜은 2-20장에서 아직 희미하게 나타난다. 유다 멸망-유다 구원-열방구원/ 유다 멸망-열방 멸망 등이 조금씩 보이며 이것은 25장에 명시되고 26-34장에서 유다 멸망-유다 구원으로 35-51장에서 유다 멸망-열국 멸망-바벨론 멸망으로 확장된다. 2-20장은 죄에서 심판으로의 이동이 강한 신학적 주제이고 26-34장은 이 주제에 더하여 유다 구원이, 35-51장은 열국 멸망이 강조되었다. 각 단락들은 과거와 현재의 죄에서 가까운 미래의 심판으로 나아간다. 시간적으로는 종말론적으로 공간적으로는 유다에서 열방으로 확대되는데 교차적으로 나타난다.

5. 다른 학자들의 구조 평가

여기서 필자는 본인이 위에서 다룬 것들과 관련하여 문학적 주제들과 인클루시오에 중요성을 둔 학자 반데발 (A. J. O. van der Wal)과 신학적 주제들에 중요성을 둔 케슬러 (Martin Kessler)의 아티클들을 다룰 것이다. 이 두 분의 아티클들은 한 책에 편집되어 있다. 그리고 필자는 최종적으로는 근래에 주장된 교차대조적 구조를 평가하려고 한다.

5.1 A. J. O. van der Wal: 주제들의 연결성 그리고 인클루시오(Inclusio. 수미쌍관)

van der Wal의 논의는 예레미야서의 거시구조에 대한 통찰력 있는 가장 최근의 문학적 접근이라 하겠다. 그의 논의를 단락에 따라 정리하면 다음과 같다. (1) 1장의 언어와 24장의 표현 중에 일치점들이 있다. 23:39-40과 51:63-64는 결론적 언급이다. 따라서 1-23장과 24-51장으로 나누어지는데 2:8과 23:13은 '바알을 통해 예언함'이 들어 있는데 2:8은 유다와 관련하여 23:13은 북이스라엘과 관련된 것이지만 같은 의미임으로 인클루시오를 이루고 있다고 보아 2-23장을 묶고 1장은 서론으로 본다. 그리고 25장과 50-51장이 상응하는데 (바벨론도 멸망함) 그러면 24장을 서론으로 볼 수 있는 것이다. 정리하면 1장 서론+2-23장; 24장 서론+ 25-51장으로 나눌 수 있고 52장은 역사적 부록으로 본다. (2) 1-23장은 세분하면 다음과 같다. 1:19와 15:20은 "그들이 너와 싸우나 그들이 너를 이기지 못하리라"는 말씀을 공유하고 있다. 따라서 1-15장과 16-23장으로 나누어진다. 또 1-15장은 1-6장과 7-15장으로 나누어지는데 왜냐하면 1:17-19와 6:27-30이 서로 인클루시오를 이루고 있기 때문이다. 1-6장은 주제들 꾸러미를 형성하고 앞으로 7장 이후의 후속 단락들에서 발전하고 확장된다. 그리하여 세 단락이 분해되는데

1-6장, 7-15장, 16-23장은 공히 선지적 내러티브로 시작하고 1-6장과 7-15장은 개인적인 섹션으로 끝이 난다. (3) 24-51장에 대하여는 먼저 25:19-26에 있는 나라들의 목록이 46-51장과 관련된다. 32-44장은 예레미야의 전기로서 그의 예언적 행동들이 있는 내용들로 따로 묶을 수 있다. 이것은 32-39장과 40-44장으로 나눌 수 있는데 유다의 포로와 예루살렘의 멸망이 각각 들어 있다. 25-31장은 24장에 나타난 주제들 꾸러미, 즉 땅에서 축출됨(24:9), 귀환(24:5-6), 건축과 재배(24:6), 언약(24:7), 마음(24:7) 그리고 회심(24:7) 등의 주제들이 재현되는 장들이다. 여기서 30-31장 소위 위로의 책은 동떨어져 있는 것이 아니라 24장의 주제들 꾸러미의 재현으로 보아야 한다. 30-31장은 25-31장을 마감한다. (4) 주제들의 연결을 볼 때, 26장 성전에서 유다 백성들의 회개를 촉구하는 내용은 7장과 연결된다. 이 회개 촉구가 무의미한 것이 되었을 때 27-29장 바벨론에게 점령 당할 것이 예언된다. 27:2-3 외국의 정치 지도자들, 27:12의 시드기야 27:16의 제사장들과 백성은 1:18에 열거된 선지자의 예언을 받지 않는 자들과 대응된다. 29:10-14의 내용들도 24장에서 예시된 것들의 반복이다. 마찬가지로 무화과 나무 이미지(29:17), 칼과 기근과 온역(29:17)도 24장에서 인용된 것이다. 포로 기간 70년도 25장에서 소개된 것이 다시 29:10에 나타난다. 30-31장의 내용은 32-33장에서 재현된다. 또한 30-31장은 구조에 있어 먼저는 25장과 연결되었고 그 다음은 50-51장과 연결되어 구조적 축을 형성한다. 합하여 말한다면 25장과 30-31장과 50-51장이 연결된다. 연결 자료들은 '하나님이 유다를 압박한 자들을 찾아가심', '하나님의 진노', 그리고 '유다의 회복'이다. 24-31장은 예레미야서의 중심이다.[127]

van der Wal의 논의는 책의 주제들의 연결성에 주의를 기울인 점과 인클루시오라는 문학적 장치를 구조에 적용한 점이 돋보인다. 그의 논의에서 의문점들을 제기하면 다음과 같다: (1) 2-23장을 함께 묶을 경우 중간에 연대기적 순서를 거스르면서 의도적으로 삽입된 시드기야 텍스트들이 지닌 주제들의 중요성을 간과하게 된다. (2) 24:1-10을 25-51장의 서론으로 보는 것은 좋으나 역시 24장은 연대기적 순서를 거스른다. 25장의 열국 목록이 46-51장에 거의 그대로 재현되고 25장의 바벨론 멸망이 50-51장에 드러나는 것은 그가 잘 관찰하였으나 21:11-23장의 왕-선지자 예언도 함께 26장 이하의 서론으로 기능하는 점을 그는 간과하였다. (3) 30-31장과 32-33장을 병행으로 본 것은 좋으나 그가 32장 44장을 예레미야 전기로 보면서 이번에는 주제적인 연결 보다 형식적인 준거로 구조를 본 것이 논의의 일관성을 떨어뜨린다. 30-31장과 32-33장을 병행으로 본다면 이것들을 하나로 묶고 34장의 시드기야 텍스트가 왜 다시 나왔는가 하는 것을 전체적인 면에서 고찰하고 35장부터 다시 왕-선지자 주제 발전과 유다 멸망-열국 멸망-바벨론 멸망으로 이어지는 구원 경륜을 보았다면 더 좋았을 것이다. 32-44장을 하나로 묶을 때 34장과 35장이 연대기적으로 거스르게 된다. 그가 25장에서의 바벨론 멸망 내용과 30-31장의 유다 회복과 50-51장의 바벨론 멸망 상황에서 유다 회복이 이루어지는 것을 연결하여 본 것은 훌륭하다. (4) 그는 51장 마지막이 예레미야의 말의 마침이 나타나므로 52장은 역사적 부록으로 본다. 그러나 이것은 단순한 부록이 아니고 앞의 시드기야 텍스트에서 예언하던 것, 곧

---

127 A. J. O. van der Wal, "Toward a Synchronic Analysis of MT Jeremiah," in *Reading the Book of Jeremiah: A Search for Coherence*, ed. Martin Kessler (Winona Lake: Eisenbrauns, 2004), 13-23.

시드기야 같이 항복하지 않고 머물러 있던 자들은 죽었고 고니야 같이 포로되어 간 자들은 생존하게 되었다는 예언-성취 구도 때문에 의도적으로 배열된 본문임을 그는 간과하였다.

5.2 Martin Kessler: '약속 대 심판' 및 '이스라엘 대 열국'의 신학적 주제들

Kessler는 신학적 준거들(criteria)에 의해 예레미야서의 구조를 논한 사람이다.[128] 선지서의 구조 이해에 있어서 필수적인 것이 '약속들(혹은 축복들) 대 심판들'의 대립쌍과 '이스라엘 대 열국들'이라는 대립쌍 이 두 가지라고 하면서 이것을 모르면 책은 독자에게 혼동으로 다가오며 어떤 일관성을 기대하기 힘들다고 하였다[129]. 신학적 준거들 외에 문학적 준거들 및 선지서의 시공에 대한 퍼스펙티브를 함께 고려해야 된다고 믿지만, 필자는 신학적 준거들에 대한 그의 언급 자체에는 100번 동의한다. 그의 주장점들은 다음과 같다. (1) 25:1-7은 예레미야 이해에 있어 축(hinge. 경첩)이라고 하였다. 하나님이 보내신 선지자의 말씀을 듣지 않았으므로 이제 유다는 바벨론 왕 느부갓네살의 침입을 받게 될 것이라는 것이 11절 이하에 보인다. 1:10에 예레미야는 열방을 뽑고 심는 선지자로 부름을 받았다. 그는 유다 뿐 아니라 열방의 심판과 구원에 대한 선지자인 것이다. 하나님은 23년 동안 위협해 오셨으나 이제는 진짜 심판이 닥칠 것이라는 것이 25장의 문맥인 것이다. 느부갓네살은 하나님의 도구가 되어 열방을 칠 것이다. 이것은 46-51장과 이어진다. (2) 또한 25장은 유다가 바벨론에 망할 것이 나타나고 70년간 포로될 것 외에도 또하나의 중요한 축이 나타난다. 12절에 이 축이 보이는데 그것은 그 바벨론이 하나님의 심판의 대상이 된다는 것이다. 이 내용은 전체 구조 이해에 중요한데 50-51장과 연결이 된다. (3) 바벨론 심판과 연결되는 것은 무엇인가. 그것은 유다가 바벨론으로부터 도피하여 다시 자기 땅으로 돌아오게 된다는 사실이다. 결론적으로 예레미야서 이해에 신학적으로 중요한 세 장들이 있는데 그것은 1장과 25장과 51-52장이라는 것이다.

예레미야서 연구에 있어서 구약 저자들의 문학적 관습이나 그들의 시공적 시각만을 주의할 경우 이러한 신학적 면들을 소홀히 하여 그 구조의 보다 온전한 그림을 놓치기 쉬운 것을 Kessler가 보충하고 있다. 구원 경륜을 논하면서 사실 그는 이사야서에 나타난 구원 경륜을 겸하여 언급하고 있다. 그런데 Kessler가 문학적 주제들이나 선지자들의 시공에 대한 시각을 함께 구조 이해에 중요한 준거들로 보는지 그렇지 않은지는 알 수 없다. (1) 25장의 중요성을 일깨운 것이 그의 제일 중요한 공적이다. (2) 그러나 주제들을 더 자세히 고려하지 않은 점, 연대기 표시들로 나타난 문제점들, 맛소라와 70인역의 배열의 차이에 대한 고찰 결여 등이 여전히 남는다.

---

128 Martin Kessler, "The Scaffolding of the Book of Jeremiah," in *Reading the Book of Jeremiah: A Search for Coherence*, ed. Martin Kessler (Winona Lake: Eisenbrauns, 2004), 57-66.

129 Ibid., 60. "Unless this dialectic of "promises" versus "punishments" and "Israel" versus "the nations" is grasped, the book will remain a hopeless confusion to the reader, and the expectation of any sort of coherence will remain an idle dream." (이 '약속들' 대 '심판들' 그리고 '이스라엘' 대 '열국들'의 변증법이 파악되지 않으면, 예레미야서는 독자들에게 하나의 희망 없는 혼동으로 남을 것이고, 여하한 일관성에 대한 기대는 이룰수 없는 꿈으로 남을 것이다. 필자의 졸역).

5.3 픽슬리 (Jorge Pixley): 내용의 교차대조

Pixley[130] 그리고 도씨 (D. A. Dorsey[131]: 그는 Pixley와 다르게 분해함) 같은 학자들은 예레미야서 전체의 내용을 교차대조적 구조로 이해하였다. 아래를 보라.

A. Prose Introduction (1:1-3) 산문 서론
 B. Prophet to the Nations (1:4-19) 열국에의 예언자
  C. Judah's Sentence: Invasion from the North (2-6) 유다에 대한 형 선고: 북쪽으로부터 침략을 받음
   D. Rejection of God's Word (7-10) 하나님 말씀에 대한 거부
    E. Covenant Suspended: The Prophet's Impossible Role (11-20) 언약이 유예됨: 선지자의 불가능한 역할
     F. Conflicts with Kings, Prophets, and Nonexiles (21-24) 왕들, 선지자들, 추방되지 않은 자들과의 갈등
      X. Sentences on Judah and the Nations (25) 유다와 열국에 대한 형 선고들
     F'. Conflicts with Kings, Prophets, and Exiles (26-29) 왕들, 선지자들, 추방된 자들과의 갈등
    E'. A New Covenant and New Prophetic Role (30-33) 새 언약과 새로운 선지적 역할
   D'. Rejection of God's Word and Prophet (34-38) 하나님 말씀과 선지자에 대한 거부
  C'. Invasion from the North Accomplished (39-45) 북쪽으로부터 침략 받음이 성취됨
 B'. Prophecies to the Nations (46-51) 열국에의 예언들
A'. Prose Conclusion: The Fall of Jerusalem (52) 산문 결론: 예루살렘 멸망

교차대조는 내용상 어떤 상응 요소들이 있기 때문에 가능하다. 그가 전혀 들어맞지 않는 내용들을 교차대조적으로 배열한 것은 아니다. 그러나 다음 몇 가지 점들에 의해 그의 구도는 부정적으로 평가된다. (1) 1:1-3의 표제와 52장 전체 내용을 연결시키는 것이 무리로 보인다. 1장과 52장은 여러 주제들 중에서 특히 예언-성취 주제로 연결되는 것이 사실이다. 선지자가 본 살구나무 가지 환상과 유다는 멸망 받고 시드기야는 포로가 되고 여고냐는 살아남은 것이 연결될 수 있다. 또한 '뽑고 심음'의 주제로도 1장과 52장의 상응을 생각할 수 있다. (2) 1:4-19의 선지자의 소명은 열방에 대한 것인데 이것 하나로 46-51장의 내용들과 연결시키는 것은 무리다. 선지자의 소명에는 열방을 뽑고 심는 것 외에도 여러 다양한 주제들을 담고 있기 때문이나. (3) 북망 쪽속의 침입은 2-6장상 뿐 아니라 우속 장들에서, 25장에서, 26-29장에서, 36장 이하에서도 계속 나타난다. 2-6장의 예언과 그것의 성취를 39-45장으로 연결시킬 만하나 다른 데서 나타나는 예언들은 어떻게 할 것인가 등등.

최근 들어 이러한 교차대조적 구조에 따라 책들을 살펴보는 것이 많아졌다. 교차대조에 있어서 처음과 마지막이 상응하는 것(인클루시오)을 수긍할 수 있으나 그 외에 많은 것들은 인위적이고 독단적인 데가 있다.

---

130 Jorge Pixley, Jeremiah. *Chalice Commentaries for Today* (St. Louis: Chalice, 2004).
131 David A. Dorsey, *The Literary Structure of the Old Testament: A Commentary on Genesis-Malachi* (Grand Rapids: Baker Books, 1999); 류근상 옮김. *구약의 문학적 구조: 창세기-말라기 주석* (서울: 크리스챤 출판사, 1999), 386.

6. 나가는 말: 본서의 구조를 따른 메시지

필자는 연대기적인 선후관계 고려, MT와 LXX 배열 차이에 대한 논의, 이질적 본문들에 대한 설명, 그리고 몇몇 학자들의 구조에 대한 논의들을 평가하면서 예레미야서의 구조를 다루었다. 문학적인 주제들의 반복과 변이, 신학적인 준거들, 선지서의 시공에 대한 시각을 충분히 염두에 두면서 이러한 문제들을 다룬 결과 다음과 같은 결론을 얻게 되었다.

첫째, 필자는 연대적 선후를 거스르지 않고 책의 구조를 볼 수 있게 되었다. 위에서 언급한 준거들로 볼 때 1장은 주제들 꾸러미를 가진 전체 서론이며 2-20장은 그것의 1차적 전개다. 2-20장은 2-6장, 7-16장, 17-20장으로 나누어지고 각각은 우상숭배 주제와 선지자의 핍박 및 구원 주제가 처음과 마지막에 온다. 이 단락들 뒤에 놓인 21:1-10은 시드기야 때의 예언인데 예언-성취 주제를 따라 의도적으로 놓였다. 기존 학자들처럼 이 예언을 뒤에 나오는 왕들-선지자들 신탁들과 연대기적 차서를 거스르면서 놓을 이유가 없다. 이 신탁들은 다시 뒤에 나오는 시드기야 텍스트 24:1-10과 함께 26장 이후의 주제들을 커버하는 제1서론으로 놓였다. 25장은 제2서론으로서 구원 경륜적인 주제들을 담고 있고 1차적으로는 26-34장을, 2차적으로는 35-51장을 커버한다. 26-34장은 거짓 예언과 참 예언 주제가 강조되고 35-51장은 예언-성취 주제와 선지자의 구원 주제를 강조한다. 두 단락 모두 유다의 죄, 심판, 구원을 다루되 전자는 유다 구원이 강조되어 있고 후자는 열방 심판과 바벨론 심판이 강조되어 있다. 시드기야 관련 예언은 27, 29장에 보이고 30-33장을 지나 35장에 다시 한번 보인다. 이는 강조적인 의미가 있다. 35장 이후에서 이 예언들이 또 나타나고 그 다음에는 현실화된다. 45-51장을 지나 52장에 다시 한번 시드기야 역사를 서술하면서 그 예언의 성취를 강조한다.

둘째, MT의 배열이 LXX에 비해 구조적으로 완전한 총체를 이룬다. LXX의 열국 예언이 25:13a 다음에 올 때 그 배열은 전후 문맥과 조화되기 어렵다. LXX에는 열국 예언 다음에 열국 리스트(진노의 잔)가 나타나는데 열국에 대한 자세한 예언들의 열국 순서가 진노의 잔의 열국 리스트와 순서를 달리한다. 그 합당한 이유를 찾기 역시 어렵다. 45장 바룩에의 권면은 전후를 잇는 다리 역할을 하는데 45장이 46-51장의 주제와 잘 연결되기에 그 서론으로서의 면모를 보인다. 만약 그렇다면 LXX의 배열은 45장 다음에 오는 열국 예언들을 다른 곳으로 옮겨 버림으로 구조적인 취약성을 드러낸다.

셋째, 이질적으로 보이는 본문들은 실상은 전혀 이질적이지 않다. 2-20장은 먼저 우상숭배로부터 시작하여 여러 주제를 담고 마지막은 선지자의 박해/구원 주제를 두는 가운에 2-6장, 7-16장, 17-20장으로 나누어질 수 있다. 2-20장에서 7장 이후의 배열은 일관된 주제를 드러내지 않는 듯하나 7-16장과 17-20장은 각각의 죄론의 진행에 있어 우상숭배에서 시작하여 끝에 심판과 멸망과 애곡에 대한 내용을 둠으로 일관성을 드러낸다. 7-16장의 마지막 하위 단락 13-16장과 17-20장은 우상숭배-왕들의 죄-거짓 선지자의 죄를 차례로 배열함으로 다음에 오는 왕들-선지자들 신탁 (21:11-23장) 속에 있는 주제들 곧 우상숭배-왕들의 불의-거짓 선지자의 죄와 일치하게 하였다. 2-6장 7-16장 17-20장은 그 내용이 진행할수록 심판에 대한 내용이 더 짙어지고 특히 둘째 단락과 셋째 단락은 중, 후미에 상징행동들을 배치함으로 심판의 확실성을 강조한다. 21-25장까지의 주제들은 구조와 관련하여 본론에 자세히 설명하였다. 21:1-10 시드기야 텍스트, 21:11-23장은 왕들과 선지자들 예언, 24장은 다시 시드기야 텍스트, 그리고 25장은 여호야김 4년의 시점에서 앞으로 있을 유다 멸망과 70년 포로, 그리고 열국 심판과 바벨론 심판을 알리는 중요한 구원사 아웃라인이다. 34장은 또다른 시드기야 텍스트이며 35장은 말씀을 지킨 레갑족속과 그 후속 장들에 나타나는 유다 왕들의 말씀을 듣지 않는 면을 대조하기 위한 의도적 배치이다. 그리고 45장은 46-51장의 온땅의 멸망을 알리는 서곡 역할로 주어졌다.

넷째, 학자들은 대개 시드기야 텍스트들에 대한 설명을 하지 못하였다. 21:1-10, 24:1-10, 34장, 52장 등이 의도적으로 예언-성취 주제를 강조하는 면을 대개는 놓쳤다. 그들은 연대기를 거슬렀고 초기 역사 비평학이 잘못 기초를 놓는 바람에 (1-25장과 26-45장의 대별) 주제들의 발전을 적실히 보지 못하였다. 문학적인 면에서 van der Wal과 신학적인 면에서 Kessler의 논의는 참고할 만하다. 교차대조로 보는 것은 상응 요소들이 있기는 하지만 이 구조를 위해 학자들이 너무 짜맞추었다는 인상을 갖게 한다. 그들은 구조 인식에 있어서 주제들의 발전이나 신학적, 시공적 시각을 충분히 고려하지 않았다.

예레미야서의 구조에서 1장의 주제들의 집합이 다음 큰 단락들에서 반복되고 변화되는 모습을 자세히 분석할 필요가 있다. 본론에 대한 두 서론 21:11-24장과 25장을 함께 보면 26-52장의 이해가 쉬워진다. 예레미야서는 MT의 배열을 따라 연대기적 순서를 고려하고 그 문학적 주제들과 독특한 시공 시각에 따라 발전되어 가는 신학적 요소들을 눈여겨보면 놀라울 정도로 질서정연한 책임이 드러난다.

이러한 구조와 연결되는 이 책의 메시지는 다음과 같이 정리될 수 있다. 즉, 본서는 유다의 죄에서 심판과 구원으로 진행하되, 특별히 '시드기야 텍스트'의 전략적 배치에 의한 예언-성취 (바벨론에 대항한 자는 죽고 항복한 자는 삶)를 강조한다. 즉 이러한 구도를 통해서 그 안에 담고 있는 아직 이루어지지 않은 것들 (여호와의 새 언약 [ברית חדשה' 렘 31:31; '영영한 언약' 32:40]을 따른 이상적인 왕-이상적인 참 선지자/보로 회복-새 언약 백성)에 대한 성취를 상하게 기대하게 한다는 것이다. 이상적인 왕은 곧 예수 그 메시아이시다 (렘 30:9; 33:15). 이 메시아로 말미암아 세워질 나라의 자손들 곧 하늘의 만상 같이, 바다의 모래 같이 셀 수 없는 다윗의 씨와 셀 수 없는 레위인 제사장들 (렘 33:22)은 새 언약 (신약)의 백성들 곧 왕 같은 제사장들로 성취된다.[132] 이상적인 참 선지자는 예수 그리스도에게서 성취된다. 본서의 참 선지자 예레미야는 참 선지자 이사야가 그러하였듯이 (사 48:16) 참 선지자 예수의 예표로 나타난다. 예레미야는 예수님이 받을 고난 같은 고난을 받은 자였고 그러나 예수님처럼 여호와의 구원을 받은 자였으며 또한 예수님처럼 그 말씀으로 열방을 뽑고 심는 분이었다. 포로에서 돌아오게 하시는 여호와 (렘 30:3; 31:23; 33:26)는 우리를 영적 포로에서 돌이키실 것이다. 여호와께서는 새 언약을 맺으심으로 (속량/구속을 통해 [렘 31:11]) 이스라엘의 죄를 용서하시고 이스라엘의 마음

---

132 김창대, "새 언약 안에서 백성의 변형: 예레미야 33:14-26의 분석," 성경원문연구 37 (2015): 107-31.

에 그분의 법을 기록하실 것이고, 여호와는 이스라엘의 하나님이 되시고 이스라엘은 여호와의 백성이 되게 하실 것이다 (렘 31:31, 33, 34; 눅 22:20 ἡ καινὴ διαθήκη; 히 8:10, 12).[133] 이로써 우리가 아는 것은 하나님은 당신의 선지자로 하신 말씀을 반드시 이루실 것이라는 것이다. 이 모든 날 마지막에 아들로 하신 말씀 (히 1:1)도 반드시 하나님은 이루실 것이다 (예언-성취=말씀-성취). 예수의 재림, 성도의 실제적 몸의 부활과 휴거, 천년통치, 신천신지 등의 성취는 반드시 이루어진다.

참고문헌

Brueggemann, Walter. *Jeremiah 1-25: To Pluck Up, To Tear Down*. International Theological Commentary; Grand Rapids: Eerdmans/ Edinburgh: Handsel, 1988.

Carroll, Robert P. *Jeremiah: A Commentary*. OTL; London, SCM, 1986.

Dorsey, David A. *The Literary Structure of the Old Testament: A Commentary on Genesis-Malachi*. Grand Rapids: Baker Books, 1999. 류근상 역. *구약의 문학적 구조: 창세기-말라기 주석*. 서울: 크리스챤 출판사, 1999.

Driver, S. R. *The Book of the Prophet Jeremiah: A Revised Translation with Introduction and Short Explanation*. London, New York, Toronto: Hodder and Stoughton, 1906.

Eissfeldt, Otto. *The Old Testament: An Introduction*. Translated by Peter R. Ackroyd. Oxford: Basil Blackwell, Ger. 1934; Eng. 1965.

Harrison, R. K. *Introduction to the Old Testament*. London: Tyndale, 1970.

Huey, F. B. Jr. *Jeremiah/ Lamentations: An Exegetical and Theological Exposition of Holy Scripture NIV Text*. The New American Commentary; Nashville: Broadman, 1993.

Hyatt, James Philip. *Ecclesiastes, Song of Songs, Isaiah, Jeremiah*. The Interpreter's Bible vol. 5; New York; Nashville: Abingdon, 1956.

Janzen, J. Gerald. *Studies in the Text of Jeremiah*. Harvard Semitic Monographs vol. 6; Cambridge, Massachusetts: Harvard University, 1973.

Jones, Douglas Rawlinson. *Jeremiah*. The New Century Bible Commentary. Grand Rapids: Eerdmans, 1992.

Keil, Carl Friedrich. *Manual of Historico-Critical Introduction to the Canonical Scripture of the Old Testament*. Vol. 1. Translated by George C. M. Douglas. Edinburgh: T. & T. Clark, 1869, 1872.

Keil, C. F. and F. Delitzsch, *Jeremiah, Lamentations*. Commentary on the Old Testament in

---

133 새 언약은 첫 언약과 시스템에 있어서는 유사하나 그 영적인 성질에 있어서는 전혀 다르다. 오늘날 바울에 대한 새 관점을 주장하는 학자들은 이 두 언약 간의 시스템의 유사성을 강조하나 새 언약을 통해 믿는 자를 구원하시고 그 믿는 자에게 영생을 주시는 측면은 인정하지 않았다 (N. T. Wright). 이는 구원론에서 잘못되었기에 이단이다.

Ten Volumes. Vol. ix. 예레미야/애가 (상). 송봉길 역. 서울: 기독교문화협회, 1987.

Kessler, Martin. "The Scaffolding of the Book of Jeremiah." In Edited by Martin Kessler. *Reading the Book of Jeremiah*. Winona Lake, Indiana: Eisenbrauns, 2004.

LaSor, William Sanford, David Allan Hubbard, Frederic William Bush, and Leslie C. Allen. *Old Testament Survey: The Message, Form, and Background of the Old Testament*. Grand Rapids; Cambridge: Eerdmans, 1982, 1996.

Longman, Tremper and Raymond B. Dillard. *An Introduction to the Old Testament*. Grand Rapids: Zondervan, 2006.

Lundbom, Jack R. *Jeremiah 1-20*. AB; New York: Doubleday, 1999.

Pixley, Jorge. *Jeremiah*. Chalice Commentary for Today. St. Louis: Chalice, 2004.

Rendtorff, Rolf. *The Old Testament: An Introduction*. Translated by John Bowden. Philadelphia: Fortress Press, Ger. 1983; Eng. 1986.

Smelik, Klass A. D. "An Approach to the Book of Jeremiah." In Edited by Martin Kessler. *Reading the Book of Jeremiah*. Winona Lake, Indiana: Eisenbrauns, 2004.

Thompson, J. A. *The Book of Jeremiah*. NICOT; Grand Rapids: Eerdmans, 1980.

Van der Wal, A. J. O. "Toward a Synchronic Analysis of MT Jeremiah." In Edited by Matin Kessler. *Reading the Book of Jeremiah: A Search for Coherence*. Winona Lake: Eisenbrauns, 2004.

김창대. "새 언약 안에서 백성의 변형: 예레미야 33:14-26의 분석." *성경원문연구* 37 (2015): 107-31.

최영헌. *계시록과 선지서: 주제적 구조, 선지서의 시점 이동 그리고 종말 사건들*. 서울: CLC, 2023.

제3장 예레미야 애가의 주제적-신학적 구조와 메시지

시드기야 왕 제11년 5월에 예루살렘이 사로잡혀 갔다고 예레미야서 1장 3절이 기록한다. 예레미야는 여호와의 언약백성이 언약을 파기함으로 하나님의 심판을 받고 망한 것을 시를 지어 탄식하였다. 이러한 탄식은 예레미야 선지자 혼자만의 탄식은 아니었다. 슥 7:5의 하나님 말씀을 따르면 백성들 모두도 포로 70년 동안 5월과 7월에 금식하고 애통하였다. 선지자는 유다의 멸망을 단지 하나님의 심판으로만 생각하지 않았다. 그것은 심판뿐만 아니라 그의 백성을 고난으로 징계하시고 정련하시는 하나님의 손길이었다. 그리하여 애가는 슬픔 일색이 아니요 그 속에 소망의 꽃을 피우고 있다. 본장에서는 애가의 구조와 신학을 간략히 살펴본다.

1. 애가의 구조

애가는 히브리 알파벳 시 형태로 되어 있다 (예. 시 25편 34편 37편 111편 112편 119편 145편 등). 따라서 형식적으로는 구조가 분명하다. 히브리 알파벳이 22개이므로 1장, 2장, 4장은 각 절의 순서가 알파벳 순이며 각 장은 22절씩으로 되어 있다. 여기서 1장과 2장은 하나의 절 (verse)이 3개씩 행(line)을 가지고 있다. 반면, 4장은 하나의 절에 2개씩 행이 들어 있다. 3장은 하나의 알파벳으로 3행씩 (이것을 보통 '스트로피'라고 부름) 시를 지음으로 전체 행의 수는 66행이 되었다. 이 행이 절로 매김되어 있어 총 절수도 66절이다. 5장도 22절로 되어 있으나 알파벳 순서로 되어 있지는 않다.[134] 5장은 왜 알파벳 순서로 작성하지 않았는가가 수수께끼다.

> 1장 (알파벳 순서) 22절 (67행)
> 2장 (알파벳 순서) 22절 (67행)
> 3장 (알파벳 순서; 같은 알파벳으로 세 행씩) 66행=66절로 처리되어 있음
> 4장 (알파벳 순서) 22절 (44행)
> 5장 (알파벳 순서 아님) 22절 (22행)

이상 기본 사항 외에, 최근 히터 (Homer Heater, Jr)는 애가서의 구조에 대해 몇 가지 중요한 언급을 하였다. 첫째로, 애가서 1, 3, 4장은 각각 전반부 (1-11절, 즉 알파벳으로는 '알렙'부

---

134 S. J. Renkema, "The Literary Structure of Lamentations," in *The Structural Analysis of Biblical and Canaanite Poetry*, eds. W. van der Meer and J. C. de Moor, JSOT Supplement 74, Sheffield: JSOT, 1988, 316. 또한, Tremper Longman III and Raymond B. Dillard, *An Introduction to the Old Testament* (Grand Rapids: Zondervan, 2006), 348을 보라. 2, 3, 4장에서 히브리어 자음 '아인'과 '페'의 순서가 바뀌어 있고, 1:7과 2:19는 4행씩의 스탠자로 되어 있다. R. K. Harrison, *Jeremiah and Lamentations: Introduction and Commentary* (London: Tyndale, 1973), 196.

터 '카프'까지)와 후반부 (12-22절, 즉 '라멧'부터 '타브'까지)로 나눠진다고 하였다. 예를 들어 1
장의 경우, 그는 전반부는 불쌍하기 짝이 없는 예루살렘의 상황을 묘사하는데, 이 예루살렘은
의인화되었다고 하였고, 후반부는 이 의인화된 예루살렘이 자기 자신에 대해 말하는 내용이라
고 하였다. 둘째로, 3장의 '라메드' 스트로피 (34-36절)는 세 절 모두 전치사 '레'에 부정사 (three
intensive infinitives)가 결합된 꼴로 시작하고, '테트', '카프', '라메드' 스트로피만은 같은 단어
를 세 번 사용하며 시작하는데 그것들은 각각 '토브' (좋다), '키' (왜냐하면 혹은 참으로), '레' (~
하는 것)이다. 또한, 같은 단어가 두 번만 나오는 스트로피는 '김멜' (7, 9절에 'נָגַד'), '자인' (19,
20절에 'זָכַר'와 'זָכוֹר תִּזְכּוֹר' 즉 어근이 같음), '요드' (29, 30절에 'יִתֵּן'), '싸멬' (43, 44절에 'סַכּוֹתָה'),
'아인' (49, 51절에 'עֵינִי'), '레쉬' (59, 60절에 'רָאִיתָה') 스트로피뿐이다. 셋째로, 본서는 전체적으
로 증감 (增減)이 있다는 것이다. 행수를 보면, 1장과 2장은 각각 67행으로, 3장은 66행으로 되
었는데 3장은 같은 알파벳이 3행씩 쓰였다는 점에서 그리고 절망과 희망 둘다 크레센도 (점점
강화)된다는 점에서 '진전성' (progression)을 보인다는 것이고, 4장은 44행으로 5장은 22행으
로 행들의 수도 감소할 뿐만 아니라 4장까지는 알파벳시를 유지하다가 5장은 더이상 알파벳
시가 아닌 점에서 어떤 종류의 비형식화 과정으로 나아간다는 것이다. 이것은 하나의 '감퇴성'
(drop/decline)으로 볼 수 있을 것이다. 그러나 한편 4장에서 에돔에 대한 보복과 이스라엘의
미래의 소망 (21-22절)이 보이기 때문에 내용상으로는 '추락' (drop)이라고 말할 수는 없겠다는
것이다. 그런데 5장에서는 본서의 톤이 속삭이는 수준까지 떨어지는 듯한데, 왜냐하면 저자가
여호와께 기억해 달라고 간청하는 것으로 이 장을 시작하고, 백성의 고통을 재서술하고, 19-20
절의 신조 (信條)와 같은 선언을 담은 '미니 알파벳시' (the creedal statement of "mini-acrostic)
와 이 절들의 확장인 21-22절이 드라마틱한 효과를 내고 부정적인 분위기를 심하게 나타내며 5
개의 시로 이루어진 탄식을 마감하기 때문이라는 것이다 (The five-poem lament closes on a
strongly negative note...).[135]

　　본서에서 이러한 진전성 (1, 2장에 비해 3장에서 같은 알파벳이 3행씩 사용됨)과 감퇴
성 (4장과 5장에서 행수가 감소, 4장과 5장에서 다시 절망의 분위기가 됨)이 모두 나타나기에
十조 분석이 어렵다고 할 수 있다. 아씨스 (Elie Assis)는 이러한 본서의 난해성에 식면하여 나
름대로의 해결을 제시하였다.[136] 나는 그가 던진 질문을 두 개로 요약해 볼 수 있다고 생각한다.
1) 1장은 예루살렘 멸망의 여파를, 2장은 실제 멸망을 서술하는데 이것은 4장과 5장에서 교차
적으로 반복된다. 반면 가운데 3장은 절망에서 희망으로 분위기가 전이 (轉移)됨을 보여준다.
그리하여 본서를 3장을 중심으로 한 교차대조적 구조로 이해할 수 있게 된다. 다만, 의문점은
왜 4장과 5장은 1장과 2장과 달리 희망의 내용을 지니는가이다;[137] 2) 1장과 2장의 절망에서 3장
의 희망으로 진행하는 이 시는 왜 희망의 정수 ("the essential hopeful message")를 보여주는 3
장에서 끝나지 않고 다시 4장과 5장의 절망으로 돌아오는가 (4장과 5장은 거의 모든 절들이 절

135 Homer Heater, Jr., "Structure and Meaning in Lamentations," *Bibliotheca Sacra* 149 (1992): 304-15, passim.
136 Elie Assis, "The Unity of the Book of Lamentations," *CBQ* 71 (2009): 306-29.
137 Ibid., 311.

망의 내용을 지님)?[138] 이 두 질문은 사실 하나로 요약할 수 있는즉, 본서는 분위기의 절정을 이루는 3장에서 끝나지 않고, 다시 절망으로 돌아감으로 교차대조적 구조를 보여주는 듯하나 나머지 두 장은 약간의 희망을 내비침으로 처음 두 장과 분위기가 약간은 다르다는 것이다. 아씨스는 이렇게 답한다.

> …따라서 4장과 5장에서 본서의 저자는 독자와 애곡자가 1장과 2장에 서술된 것과 같은 상황들로 되돌아가도록 한다. 그러나 [1, 2장과는 달리] 이번에는 절제된 희망 ("moderate hope"), 곧 애곡자로 하여금 기도 속에서 하나님께 속내를 털어놓도록 하는 아주 간결하게 표현된 절제된 희망을 [이 마지막 두 장이] 보인다. 이 목적은 [예루살렘의] 멸망 후 한번 더 애곡자로 하여금 하나님과의 연결을 형성하도록 하려는 것이다.[139]

이러한 설명을 통해 아씨스는 예레미야 애가가 단일한 문학적 저작 ("one literary work")이라고 주장하는즉, 그는 본서가 5개의 시들을 여러 시대의 여러 저자의 글의 합본이라기 보다는 한 권의 책으로 저술한 한 저자의 작품이라고 하였다("…all the poems are the work of one author who composed them as a book").[140] 그는 이 책의 교차대조적 구조는 피상적 편집 행위로 평가될 수 없다고 하였다.[141] 맨 뒤의 두 장에는 희망의 서광이 있고 멸망의 상황에서 다시 기도 속에 하나님을 찾는, 맨 앞의 두 장과는 다른 분위기가 있다고 하였다. 그는 본서의 터닝 포인트는 3장에 있으나 그것의 클라이막스는 5장에 있다고 보았다. 그는 본서의 목적은 (예루살렘이) 멸망당했다고 해서 하나님이 자기 백성을 버리신 것이 아니라 멸망으로 불행 당한 백성이 다시 주님께 돌이키도록 하려는 것이었다고 보았다.[142]

위의 히터와 아씨스의 본서 구조 이해를 보면서 나는 몇 가지 의문을 제기한다. (1) 1, 2, 4장은 "슬프다!"로 시작하는데 비해 3, 5장은 그렇지 않다. 이 두 학자는 왜 이 점을 구조적으로 고려하지 않았는가?[143] (2) 희망에 대한 내용이 3장에 많으며, 4장과 5장에는 약간 있다 하

---

138 Ibid., 312.

139 Ibid., 329 "Subsequently in chap. 4 and chap. 5 the author of the book returns the reader and the lamenter to the same situations described in chap. 1 and chap. 2. This time, however, there is moderate hope, which is most succinctly expressed by allowing the lamenter to direct the grievance to God in prayer. The object is to bring the lamenter once again to form a connection with God after the Destruction."에 대한 필자의 졸역.

140 Ibid., 328.

141 Ibid., 313: "…This evidence will determine that the concentric structure cannot be deemed a superficial redactional act."

142 Ibid., 312-3: "Once it has become clear that the Destruction does not mean that God cast off the people, it is possible to return to those situations described in the first part of the book. This time, however, the perspective is enhanced by the realization that salvation is possible if the people pray to God. Although both chap. 2 and chap. 4 describe the Destruction, in chap. 4 the enemy is not God but the earthly foe. Moreover, the fourth poem expresses a belief that the current situation of the people will change. After the turning point in the third poem, the climax is in chap. 5. The book's intention is to impart the belief that, with the Destruction, God has not cast off the people, but rather that they must turn to God with their misfortune…"

143 베스터만은 그의 책에서 다수의 학자들 (그의 계수에 의하면 15명의 학자들)이 1장, 2장, 4장의 장르를

는 것은 이해할 수 있으나 이 하나님에 대한 희망과 확신은 사실 보다 큰 주제인 '신학적 성찰'
로 볼 수 있지 않을까 하는 것이다. 선지자 개인이든 '우리'든 이 멸망의 고난을 통해 깨달은 바
(그것이 죄에 대한 하나님의 채찍에 대한 것이든, 하나님의 다시 회복케 하심에 대한 것이든)
를 서술한 것을 한 중요한 주제로 볼 경우, 이 주제는 1:12-15; 2:17; 3:27-39; 5:7, 16, 17, 19 등에
나타난다. 그리하여 나는 보다 큰 주제인 '신학적 성찰'이 전체 내용 전개에 어떤 역할을 하는
가를 보는 것이 구조 이해에 더 중요하다고 본다. (3) 애가의 구조를 분석하는 데에, 각 장에 나
타나는 1인칭 대명사가 균일하지 않다는 점에 대한 연구가 있어야 하지 않는가 하는 것이다. 1
장과 2장은 1인칭 단수 '나'를 사용하였고, 4장과 5장은 1인칭 복수 '우리'를 사용하였고, 3장의
1-25절, 48-66절은 1인칭 단수를, 40-47절은 1인칭 복수를 사용하였다. 26-39절은 시인의 성찰
을 담은 내용으로 보이는데, 이 단락은 '사람' (히. טוֹב לַגֶּבֶר; ESV. 'It is good for a man'; 필자.
'It is good for the man') 이 나오고 이를 차후의 절들은 3인칭 남성 단수로 처리하고 있다. 물론
3:27의 '사람'은 1인칭 단수로 시작하는 절인 3:1 (히. אֲנִי הַגֶּבֶר; KJV. 'I am the man')[144]에 '그 사
람'으로 벌써 나왔던 명사이다. 따라서 26-33절은 별도의 시가 본 시에 삽입되거나 증보된 것
이 아니라 3:1의 '나'를 '그 사람'으로 객관화시킨 것임을 알 수 있다. 왜냐하면 렘 20:14-18의 단
락에서 14절의 '나'는 16절에서 '저 사람' (הָאִישׁ הַהוּא)으로 일반화시켜졌기 때문이다. 16절에서
'그 사람'이 나왔기에 그 절부터는 삽입이나 증보로 볼 수 없는 것과 같은 이치다. 즉, 애 3:26-
33은 '나'를 이제 '사람'으로 표현하여, 하나님 앞에서 그리고 그 하나님의 언약 안에 있는 한 인
간 (1차적, 구체적으로는 예레미야)의 죄의 징계를 통해 얻게 된 성찰 (a theological reflection
of an individual before God or His covenant who experienced God's discipline [due to his
life against God's covenant])을 보여주려고 한 것이다. 이 일반적 개인인 '사람' (이것이 הַגֶּבֶר
든 הָאִישׁ הַהוּא든)을 확장시키면 '언약 백성=우리'가 되는 것이다. 이 사람은 여호와를 떠난 저
주 받은 사람의 예로 나타날 수도 있고 (렘 17:5 אָרוּר הַגֶּבֶר), 여호와를 의지하는 복 받은 사람
의 예로 나타날 수도 (17:7 בָּרוּךְ הַגֶּבֶר) 있다. 어떤 존재든지 이 존재는 한 개인으로서 전체 언
약 백성을 대표할 수 있는 존재이다. 그리하여, 3:1-39는 전체적으로 1인칭 단수로 이해해도 무
방하다고 할 것이다.

　　　　이 3:1-39의 1인칭 사용 본문이 40-47절의 1인칭 복수 사용 본문으로 진행하는 것은 논
리적 측면에서 이해가 가능하다. 왜냐하면 정경 구약 시편들의 배열에 있어서도 대체로 개인
시편들에서 이스라엘 공동체 시편들로 움직임이 있기 때문이다. 3장에 이어지는 4-5장이 '우
리'를 우세하게 사용하기에 애가를 전체적으로 보면 '나'에서 '우리'로 움직인다고 할 것이다. 그
러나 예레미야 애가의 구조 이해에 있어 이것은 소박한 생각임을 나는 말하고 싶다. 왜냐하면
3:48-66에서 다시 '나'가 주어로 나타남으로, 3장에서 1인칭 단수와 복수를 통해 따지면 나→우

조가 (弔歌; dirge)로 본다고 언급하였다. Claus Westermann, *Lamentations: Issues and Interpretation*, trans. Charles
Muenchow (Minneapolis: Fortress, 1994), 60; *Die Klagelieder: Forschungsgeschichte und Auglegung* (Neukirchener
Verlag des Erziehungsvereins GmbH, Neukirchen-Vluyn, 1990).

　　144　3:1 "אֲנִי הַגֶּבֶר רָאָה עֳנִי בְּשֵׁבֶט עֶבְרָתוֹ"; NASB "I am the man who has seen misery Because of the rod of His wrath".

리→나의 순서가 되기 때문이다. 나는 이 문제를 해결하기 위해서는 우리가 함께 예레미야서로 가보아야 한다고 본다. 예레미야서는 시편과 '신학적' 주제의 전개 (예를 들어 죄에서 심판으로) 에 있어서는 유사한 배열을 보인다. 그러나 '예레미야의 심판 및 구원 예언'과 '백성의 곤경에 대한 선지자의 탄식 (비탄)', '백성의 회개 ('우리'가 사용됨)', '박해 받는 선지자의 탄식', '선지자 자신의 기도' 등 다양한 형식들의 본문들을 하나의 책 속에 배열하고 있는 예레미야서는 다양하지만 시라는 단 하나의 형식의 본문들을 나름의 특정 원리들에 의해 배열하고 있는 시편과 큰 차이성을 보인다.

특히, 예레미야서 2-20장 본문을 다시 방문하여 이러한 다양한 주제들을 담은 다양한 형식들이 어떻게 배열되었는가를 다시 한번 체크하는 것이 필요하다. 예레미야서와 애가를 비교해 볼 때 서로 다른 것은 예레미야 2-20장은 애가에 비해 유다와 예루살렘 멸망을 앞두고 있는 설교라고 할 것이고, 이에 비해 애가는 1, 4장의 첫머리에 유다와 예루살렘이 이미 멸망한 것을 목도하며 부른 비통의 노래라 할 것이다. 그러나 여기서 유의할 것은 비록 그러할지라도 애가는 여전히 예레미야서 2-20장의 하위 병행단락들의 각 첫 머리와 마찬가지로 '죄론'이 두드러진다는 것이다. 애가의 1, 2, 4장의 첫 머리는 비통의 어구들로 시작하되 그 심판과 멸망의 원인이 유다의 죄로 인한 것임을 밝힌다는 사실이다. 그리고 이러한 1, 2, 4장의 첫머리의 내용들은 모두 유다가 당한 멸망의 상황에 대한 서술 (묘사)로 이루어졌다는 것이다. 앞의 예레미야서에서 제시했던 도표를 다시 한번 끌어와서 2-20장의 하위 단락들의 내용 전개를 상기할 필요가 있다.

2-6장	7-16장	17-20장+21:1-10
2장 죄에 대한 심판 예언	7-9장 죄에 대한 심판 예언 멸망 탄식 (8:18-9:2)	17장 죄에 대한 심판 예언 박해 받는 예레미야의 기도 (17:12-18)
3-4장 애곡하라 (4:8) 멸망 탄식 (4:10; 19-31)	10-12장 멸망 탄식 (10:19-22) 성찰, 기도, 저주 (10:23-25) 예레미야 핍박; 살해 음모 (11:18-23) 박해에 대한 예레미야의 질문 기도 (12:1-4)	18장 박해 받는 예레미야의 기도 (18:19-23)
5-6장 심판 예언에 대한 '우리'의 반응 (애통 권면, 6:24-26) 박해자들에 대한 언급(6:27-30) 선지자 구원 (6:27)	13-16장 '우리'의 회개 (14:7-9) 멸망 탄식 (14:13) '우리'의 회개 (14:19-22) 예레미야의 박해에 대한 탄식 (15:10-14) 박해 받는 예레미야의 기도 (15:15-18) 여호와의 구원 응답 (15:19-21) 기도 (민족들이 와서 여호와께 고백, 16:19-21)	19-20장 바스훌의 예레미야 핍박(20:1-6) 그리고 예레미야의 고난과 박해에 대한 기도 (20:7-13) 그러나 하나님의 구원을 찬양함 (20:11-13) 개인 탄식 (생일을 한함, 20:14-18)

이 도표를 통해서 애가의 구조에 대한 단서들을 찾을 수 있는데, 여기서 특히 가운데의 병행 단락인 렘 7-16장의 내용은 애가에 나타나는 주제들을 모두 포함하고 있으므로 이 단락의 뚜렷한 주제들을 순서적으로 정리함으로 애가의 구조를 이해하는 것이 어느 정도 가능해진다.

(1) 주제1: 유다가 죄로 인해 망함 (애곡-상황 서술 형식, '슬프다/아이고! [אֵיכָה]'로 시작, Eng, 'How')
(2) 주제2: 멸망에 대한 선지자의 비통 (탄식 형식)
(3) 주제3: 3-1 선지자의 유다의 징계 받음에 대한 슬픔 표현, 3-2 신학적 성찰, 3-3 이방 대적에 대한 저주 등 (기도 형식)
(4) 주제4: 유다의 반응 (4-1 회개 형식/ 4-2 멸망에 대한 탄식 형식)
(5) 주제5: 선지자의 박해 받음과 운명 (탄식 형식)
(6) 주제6: 선지자의 구원 받음 (확신/찬양 형식)

이것을 참조하여 애가의 주제들을 정리하면 다음과 같이 된다.

A 1장 슬프다 (איכה)!로 시작; 1:1-8 유다가 죄로 망함, 멸망의 상황 (주제1: 서술)
    1:9-11 선지자의 유다/자신의 징계 받음에 대한 슬픔 표현 (주제3-1: 기도)
    1:12-15 선지자의 신학적 성찰 (주제3-2)
    1:16-19 멸망에 대한 선지자의 비통 (주제2: 탄식)
    1:20 선지자의 유다/자신의 징계 받음에 대한 슬픔 표현 (주제3-1: 기도)
        혹은, 선지자의 박해 받음과 운명 (주제5: 탄식)
    1:21-22 선지자의 대적에 대한 저주 (주제3-3: 기도)
A' 2-3장 슬프다 (איכה)!로 시작; 2:1-10 유다가 죄로 망함, 멸망의 상황 (주제1: 서술)
    a 2:11-19 멸망에 대한 선지자의 비통 (주제2: 탄식)
    2:17 선지자의 신학적 성찰 (주제3-2)
    2:20-22 선지자의 유다의 징계 받음에 대한 슬픔의 표현 (주제3-1: 기도)
    a' 3:1-18 멸망에 대한 선지자의 비통 (주제2: 탄식)
    3:19-25 선지자의 자신의 징계 받음에 대한 슬픔의 표현 (주제3-1: 기도)
        혹은, 선지자의 박해 받음과 운명 (주제5: 탄식)
    3:27-39 선지자의 신학적 성찰 (주제3-2)
    3:40-41 유다의 반응 (주제4-1: 회개) '우리'
    3:42-47 유다의 멸망에 대한 반응 (주제4-2: 탄식) '우리'
    a" 3:48-54 멸망에 대한 선지자의 비통 (주제2: 탄식)
    3:55-56 선지자의 자신의 징계 받음에 대한 슬픔의 표현 (주제3-1: 기도)
        혹은, 선지자의 박해 받음과 운명 (주제5: [기도])
    3:57-58 선지자의 구원 받음 (주제6: 확신)
    3:59-63 선지자의 박해 받음과 운명 (주제5: [기도])
    3:64-66 선지자의 이방 대적에 대한 저주 (주제3-3: 기도)

A" 4-5장 슬프다 (איכה)!로 시작; 4:1-16 유다가 죄로 망함, 멸망의 상황 (서술)
    4:17-18 멸망의 상황에 대한 '우리'의 비통 (주제2: 탄식; '우리'로 적용됨)
    4:19-22 '우리'의 이방 대적 (에돔)에 대한 저주 (주제 3-3);
        시온의 죄악의 형벌은 다했음 (주제6: 확신);
        에돔이 심판 받을 것 (주제6: 확신 [예언 혹은 통찰])
    5:1-18 '우리' 자신의 징계 받음에 대한 슬픔의 표현 (주제3-1: 기도; '우리'로 적용됨)
    5:7, 16, 17, 19 '우리'의 신학적 성찰 (주제 3-2: '우리'의 신학적 성찰)
    5:19-22 '우리'의 반응 (주제4-2 및 4-1: 탄식 및 회개)

    예레미야서의 2-20장의 세 하위단락, 2-6장, 7-16장, 17-20장 각각이 죄론 (구체적으로
는 우상숭배)으로 시작하고 마지막은 선지자의 박해와 구원 주제로 마쳤었는데, 애가는 예레미
야서와 약간 다름을 알 수 있다. 흥미로운 것은 렘 7-16장의 전개가 애가 2-3장의 전개와 많이
닮았다는 것이다. 선지자의 유다 멸망에 대한 비애 (탄식)와 기도가 이웃하여 나타나는 것도 눈

에 띄는 유사점이다.[145] 필자는 위의 분석으로부터 애가서에서는 다음의 주제들이 계기적으로 이어져 있다고, 그리고 이 주제들에 의해 병행들이 이루어진다고 결론을 내린다. 특히 애가서의 두 번째 병행단락 2-3장은 그 안에 세 개의 하위 병행단락들을 휴대하고 있다. 각 병행단락에서 계기적으로 이어지는 주제들은,

    i. 이 세 개의 병행 단락은 다같이 '슬프다'로 시작하면서 유다가 죄로 망했다는 것과 아울러 멸망의 여러 비참한 상황들을 서술하는 것으로 시작함,

    ii. 첫 단락과 둘째 단락은 "내가 우니 내 눈에 눈물이 물 같이 흘러내림이여" (1:16), "내 눈이 눈물에 상하며" (2:11)와 같은, 유다의 멸망에 대해 선지자 ('나')가 비통해하는 것으로, 셋째 단락은 '우리'가 비통해 하는 것으로 나타남 ("우리의 마음에는 기쁨이 그쳤고 우리의 춤은 변하여 슬픔이 되었사오며" 5:15),

    iii. 선지자 ('나')는 비통 속에서 징계의 신학적 의미를 깨닫게 되고 (첫째와 둘째 단락) 이것은 '우리'의 신학적 성찰 (셋째 단락; 죄 때문에 멸망이 왔다는 것; 그러나 이러한 징계로 시온의 형벌이 다했다는 것)로 이어짐,

    iv. 첫째와 둘째 단락에서 선지자 ('나')의 대적에 대한 저주가, 셋째 단락에서는 '우리'의 에돔에 대한 저주가 나타남과 아울러 그 '에돔'이 심판받을 것이 그 저주에 대한 답변으로 주어짐,

    v. 첫째 단락에서는 선지자의 시온에 대한 탄식이 주조를 이루나, 둘째 단락에서는 '우리'의 회개가 나타나기 시작하며, 셋째 단락에서는 '우리'의 회개가 크게 강조되어 나타남,

    vi. 첫째 단락에서는 선지자의 박해 받음이, 둘째 단락에서는 선지자의 박해 받음과 아울러 선지자가 결국 구원 받을 것임 ('나'의 확신)이, 셋째 단락에서는 시온의 죄악의 형벌이 다했음 곧 구원 받을 것임이 '우리'의 확신으로 나타남 등이다.

전체적으로 볼 때 첫 단락은 멸망에 대한 선지자의 탄식을 강조하고, 둘째 단락은 멸망에 대한 선지자의 탄식과 아울러 선지자 혹은 한 개인 ('사람=게벨')의 언약 하나님의 인자하심, 하나님의 징계에 대한 성찰 (사유와 회복을 바라봄)을 강조하고 또한 선지자가 결국 구원 받을 것을 제시하며, 셋째 단락은 이 개인을 '우리'로 적용하여 우리의 회개와 유다에 대한 징벌의 끝

---

145 필자가 앞장에서 연구 결과로 낸 것은 예레미야서는 예레미야서 자체의 중요 주제들에 의해서 그 책이 구조화되어 있다는 것이다. 비록 렘 2-20장의 하위 단락들에서 애가와 비슷한 주제들이 보이는 것은 사실이지만 예레미야서는 예레미야서의 주제에 의해서, 애가는 애가의 주제들에 의해서 각각 독립된 구조와 메시지를 나타낸다고 할 것이다. 특히 두 책의 다른 점은 예레미야서는 유다의 멸망과 관련하여 내러티브들을 끼고 예언-성취 사상을 강조하는 반면 애가는 초지일관 시 형태를 유지하며 멸망 후의 슬픔과 신학적 성찰에 보다 집중해 있는 점이다. 그러나 그렇다고 해서 나는 비평가들이 이 두 책의 저자를 각각 달리 보거나, 특히 애가에 대한 저자를 다수로 보는 것을 거부한다. 두 책이 각각 별개의 자충족체로 되어 있는 반면, 애가가 렘 2-20장의 내용 (모티프와 주제들) 및 분위기와 너무 닮아 있어서 애가의 저자를 예레미야로 보지 않을 이유가 거의 없기 때문이다. 비교. 이사야, "누가 예루살렘을 멸망시켰는가?: 애가서의 문학적, 신학적 특징 소고," 신학논단 55 (2009): 11, (오래된 고대의 전승들은 애가서를 예레미야로 돌리는 것이 사실…이제는 익명의 저자에게 돌리는 것이 사실상 거의 모든 현대의 비평적인 의견이다. 대부분의 학자들은 전통적인 이론을 포기하면서 둘 또는 그 이상의 시인들의 활동을 가정한다." 그러나, 나는 예레미야서와 애가가 서로간 다른 형식과 내용을 나타내지만 그 저자는 예레미야로 같은 것이, 예를 들어, '출-레-민'과 '신명기'가 구조, 장르, 문체에 의해 서로 차이를 나타내지만 그 저자는 모세로 같고 (신명기 모세 죽음 보도 제외), '요한복음서'와 '요한일서'와 '요한계시록'도 서로 차이를 나타내지만 그 저자는 요한으로 같은 것과 같은 이치일 것으로 본다.

남 및 에돔 (이방 대적)에 대한 심판의 확실성에 대한 예언적 통찰을 강조한다. 따라서 애가는 '나'에서 '우리'로의 움직임, '우리'의 회개가 많아짐 등의 점진성을 나타낸다. 본서를 전체로 읽지 않으면 그 문학적 기교나 신학적 메시지를 놓치게 된다. 물론 수많은 양식들로 파편화시킬 때 이러한 주제들의 상호 관련성과 내용의 전체적 유기성은 파악하기 불가능하다.[146]

위의 두 학자들처럼 (다른 학자들도 거의 그렇다) 장별로 단락을 나누는 것도 병행 단락들을 파악하는 데에 장애로 작용하며, 알파벳 시의 형식을 이해하는 것은 중요하나 이 형식 자체에 집착하는 것도 구조 파악을 어렵게 한다. 나는 다른 학자들의 교차구조적 이해를 참조할 수 있다고 보나 애가에 대한 정확한 분석은 아니라고 본다. 다시 말하지만, 주제들의 배열을 보면서 위의 세 개의 병행 단락을 주의하고 아울러 둘째 단락에는 세 개의 소병행 단락들이 있는 것도 유의함이 구조 이해에 필요하다고 본다.

2. 애가의 메시지

이러한 구조를 통해 애가의 메시지를 상고할 때, 우리는 유다의 멸망이 얼마나 참담한 것이었으며 그것은 유다의 죄 때문이었고 의로우신 언약주 여호와의 심판의 결과였다는 것을 우선 깨닫게 된다.[147] 하나님은 인내하시고 긍휼히 여기시는 하나님이시며 아무도 멸망치 않기를 바라시는 분이시나 그분의 수많은 경고를 무시하면 결국은 심판밖에는 아무 것도 남은 것이 없음을 본서는 보여준다.[148] 그런데 선지자 예레미야는 이 하나님의 행동하심을 두 가지 측면에서 이해한다. 하나는 죄에 대한 심판이요 또 하나는 징계의 차원이다. 심판은 죄에 대한 응분의 처벌로 이어지나 징계는 교정과 정화의 의미를 지니는 개념이다. 매와 멍에를 통해 죄인이 죄의 대가를 받으며 하나님의 긍휼 (3:22)을 구하며 잠잠히 다시 붙잡아 주실 주님을 바라보는 것 (3:26, 28)이 징계의 개념 속에 있다. 이 징계 속에서 회개는 너무나 중요한 부분이다. 회개는 죄를 자복하며 하나님의 처분을 기다리는 것이다. 징계 속의 회개는 왕이신 하나님을 인정하는 자세에서 출발한다 (5:19). 회개조차도 왕이신 하나님이 허락하셔야 할 수 있는 것이다. "여호와여 우리를 주께로 돌이키소서. 그리하시면 우리가 주께로 돌아가겠사오니" (5:21). 이 회개가

---

146 해리슨은 애가가 거죽으로 볼 때는 어느 정도 장별 구조가 드러나나 내면적으로 볼 때 이 장에서 저 장으로 이어지는 일관된 논리적 흐름이 없다고 하였다. 그는 슬픔에 사로잡힌 심령이 그 슬픔에 복받쳐 일순간 쏟아낸 것이 이 시일진대 이 시의 내용적 움직임은 우발적이며 여기서 어떤 엄밀한 사상의 흐름을 찾는 것은 참으로 부질없는 노력이라고 하였다. Harrison, *Jeremiah and Lamentations*, 202-3, "The reader should be cautioned against any attempt to discover logical doctrinal coherence or a development in theological insight between one poem and the next. While the separate poems manifest a degree of external structural control, the flow of the thought is not by any means as rigorously directed, and in fact is apt to move rather haphazardly as befits the spontaneous outpourings of a grief-stricken spirit." 나는 그의 의견에 반대한다. 애가는 현묘(玄妙)한 문학적-신학적 통일체다.

147 이사야의 적절한 분석을 참조하라. 이사야, "누가 예루살렘을 멸망시켰는가?," 22-5.

148 "God is patient and compassionate, not willing that any should perish (2 Pet 3:9; 1 Tim 2:4); but when all warnings are ignored, nothing remains but his judgment." F. B. Huey, Jr. *Jeremiah, Lamentations: An Exegetical Exposition of Holy Scripture NIV Text* (Nashville: Broadman, 1993), 447.

'우리'의 답이다. 왜냐하면 이 징계 속의 회개로 선지자는 구원의 확신을 갖게 되고 선지자 ('나')의 확대판인 '우리'는 죄의 형벌이 그쳤음과 하나님의 대적 (에돔으로 표현됨)이 처리된다는 통찰을 갖게 되기 때문이다.

　　본서를 전체로 볼 때, 둘째 단락 곧 3장 57-58절의 '선지자가 구원 받음'의 주제는 참으로 중요하다. 이 주제는 하나님의 징계와 세상 악한 나라와 세력에 대한 심판, 그리고 그 하나님의 징계 속에서의 '나' 및 '우리'의 회개를 불러일으키는 동인 (動因)이라고 할 수 있다. 왜냐하면, 예레미야서에서와 마찬가지로 애가에서의 '나'는 선지자인 동시에 장차 오실 메시아에 대한 예표로도 작동하기 때문이다. 이 메시아가 하나님의 구원사의 모든 것들을 해결하는 열쇠인 것이다. 특히 3:58 하반절에서 "당신이 내 생명을 속량하셨나이다" (נָאַלְתָּ חַיָּי)는 고백은 52-56절까지에서 절규했던 선지자가 이제 여호와의 응답을 받은 상태에서의 고백이라고 볼 수 있다. 이 52-56절까지의 선지자의 기도는 시편 22:1-21의 기도와 아주 비슷하다. 심히 깊은 구덩이 (애 3:55 "מִבּוֹר תַּחְתִּיּוֹת". NASB "out of the lowest pit")라는 표현은 예레미야 선지자가 실제로 당한 핍박 (렘 37:11-21; 38:1-13[149])을 상기시킨다. 예레미야의 곤경과 예수님이 당하신 십자가를 비교해 보라. 이러한 죽음의 곤경에서 우리는 메시아 예수님이 부르짖으셨던 절규 (마 27:46)를 떠올린다. 여호와께서 선지자를 구덩이에서 풀려나게 하사 그의 생명을 속량하신 것처럼, "하나님께서는 예수님을 사망의 고통에서 풀어 살리셨"다 (행 2:24). 선지서의 주요 단락의 중후반부에 메시아 예언이 있는데, 애가에서도 중간에 이 선지자의 구원이 나타남으로 이를 통해 우리는 메시아를 미리 본다. 이 메시아는 애가의 신학의 핵심으로 이 메시아가 바로 하나님께서 시행하시는 멸망한 예루살렘의 회복, 에돔 (하나님 백성의 대적들의 대표)에 대한 심판, '우리'의 회개의 동인이다.

애가를 자기 시대에 적용한 다니엘

　　하나님 편에서 세우실 메시아를 바라보며 회개하는 것이 우리가 할 일이며 이것이 문제들 속에 있는 우리 편에서의 '정답'이다. 이 우리 편에서의 '정답' (애 3장과 5장)을 하나님 은혜도 잘 일았긴 콩이 다니엘이나. 다니엘은 포도 (징세와 복역)가 곧 끝날 즈음에 내레비나 애가 5장의 언어를 가지고 회개했으며 (단 9장), 하나님은 멀리는 BC 15세기 주의 종 모세를 통해 예언하셨던대로 (신 4:25-31; 30:1-14), 가까이는 BC 8세기 선지자 이사야를 통해 예언하셨던대로 고레스를 통해 유다 사람들을 고토로 돌아가게 하신다 (사 44:24-45:3). 다니엘은 "금식하며 베옷을 입고 재를 덮어쓰고" 기도했다 (단 9:3). 이는 그가 온 마음을 쏟아 회개를 하였음을 시사한다. 다니엘은 주님의 큰 긍휼을 의지하여 개인인 자기를 주의 백성에 포함시켜 '우리'의 죄를 용서해달라고 했다. 이는 사실상 애가 5장의 기도와 같은 기도다.[150] 이에 주님은 그 죄가 영원

---

149 렘 37:15-16 "고관들이 노여워하여 예레미야를 때려서 서기관 요나단의 집에 가두었으니…예레미야가 뚜껑 씌운 웅덩이에 들어간 지 여러 날 만에"; 38:6 "그들이 예레미야를 끌어다가 감옥 뜰에 있는 왕의 아들 말기야의 구덩이에 던져 넣을 때에 예레미야를 줄로 달아내렸는데 그 구덩이에는 물이 없고 진창뿐이므로 예레미야가 진창 속에 빠졌더라"

150 "포로기 이후 죄의 개인주의가 강조됨에 따라 개인의 회개와 개인적인 신앙의 모습이 강조되었다."는 이사야의 결론은 본문의 지지를 받지 못하는 것 같다. 이사야, "누가 예루살렘을 멸망시켰는가?," 25.

히 끝나게 될 놀라운 계획을 다니엘에게 일러주셨다. 다니엘이 의도적으로 계시를 받으려고 기도한 것은 아니지만[151] 하나님은 다니엘의 회개에 답하셔서 이스라엘에 대한 용서와 회복에 대한 하나의 놀라운 계시의 선물을 주신다. 그 선물이 바로 하나님 편에서 세우시는 해결책인 예수님이다 (단 9:24-27)! 다니엘의 기도와 회개에 대한 응답이 바로 70 이레의 기한을 정하심으로 그의 백성과 관련된 나라가 이루어진다는 것이다! '작은 뿔'은 망할 것이고, 성도는 괴롭힘을 받을 것이나, '인자 같은 이'가 나라를 얻어 영원히 다스릴 것이다! 애가의 신학이 구속적 종말론적 측면에서 더 구체적으로 다니엘서에서 이어진다.

참고문헌

송병현. *다니엘*. 엑스포지멘터리. 서울: 도서출판 이엠, 2018.

이사야. "누가 예루살렘을 멸망시켰는가?: 애가서의 문학적, 신학적 특징 소고." *신학논단* 55 (2009): 7-33.

Assis, Elie. "The Unity of the Book of Lamentations." *Catholic Biblical Quarterly* 71 (2009): 306-29.

Harrison, R. K. *Jeremiah and Lamentations: Introduction and Commentary*. London: Tyndale, 1973.

Heater, Jr., Homer. "Structure and Meaning in Lamentations." *Bibliotheca Sacra* 149 (1992): 304-15

Huey, Jr., F. B. *Jeremiah, Lamentations: An Exegetical Exposition of Holy Scripture NIV Text*. Nashville: Broadman, 1993.

Longman III, Tremper and Raymond B. Dillard. *An Introduction to the Old Testament*. Grand Rapids: Zondervan, 2006.

Renkema, S. J. "The Literary Structure of Lamentations." In *The Structural Analysis of Biblical and Canaanite Poetry*. Edited by W. van der Meer and J. C. de Moor. JSOT Supplement 74, Sheffield: JSOT, 1988.

Westermann, Claus. *Lamentations: Issues and Interpretation*. Translated by Charles Muenchow. Minneapolis: Fortress, 1994; *Die Klagelieder: Forschungsgeschichte und Auglegung*. Neukirchener Verlag des Erziehungsvereins GmbH, Neukirchen-Vluyn, 1990.

---

151 "다니엘은 무엇을 위하여 기도했을까? 많은 학자들이 그가 하나님께 계시를 받기 위해 기도했다고 한다 (Hartman & Di Lella, Heaton, Montgomery). 그러나 다니엘이 기도하는 내용을 보면 그는… 새로운 계시를 바란 것이 아니라 죄를 자복하고 회개하는 기도를 드린 것이다." 송병현, *다니엘*, 엑스포지멘터리 (서울: 도서출판 이엠, 2018), 275.

제4장 에스겔서의 주제적-신학적 구조와 메시지

1. 에스겔서의 전체 구조

본서의 저자 에스겔과 그 시대적 배경은[152] 여기서 자세히 다루지 않고, 본서의 구조와 신학을 좀더 자세히 논하려 한다. 먼저, 연대기적인 표시들을 비교할 때 에스겔서와 예레미야서는 상당히 대조적인 특성을 보인다. 이미 앞장에서 보았듯이 예레미야서는 예언의 말씀들을 연대기적으로 배열하지 않았다. 반면 에스겔서의 예언들은 전체적으로 연대기적 순서를 따르고 있다. 그리하여 학자들은 연대기적으로 볼 때 에스겔서의 윤곽이 뚜렷하다고들 말한다.[153] 연대기와 아울러 내용에 따라 큰 그림으로 보자면 1-24장은 이스라엘에 대한 심판, 25-32장은 이방나라들 (암몬, 모압, 에돔, 블레셋, 두로, 시돈, 애굽 등)에 대한 심판, 33-48장은 이스라엘의 회복으로 되어 있다.[154] 다수가 이 구분을 따른다. 그러나, 필자는 이 구분에 전적으로 찬동하지는 않는다. 필자는 에스겔서의 다음과 같은 점들을 유의한 구조 분석이 필요하다고 본다.

첫째는 1-24장이 두 개의 병행단락들로 이루어진다는 것이다. 1-7장과 8-24장이 둘다 그 서두의 '하나님의 나타나심' (신현; theophany)에 의해서 병행을 이룬다는 것이다. 7장은 '끝'이 이르렀다는 예언이 나타남으로 임시적 종결을 이루고 8장부터는 두번째 신현이 나타나기에 이 두 단락을 병행으로 보아야 할 것이다.[155] 8-24장은 다시 8-19장과 20-24장이 특정 주제들로

---

152 에스겔과 그의 시대를 잠시 언급한다면 다음과 같다. 에스겔 1장 1절의 '서른째 해'는 그가 30세 되던 해로 보인다. 2절 "여호야긴 왕이 사로잡힌 지 5년"은 593년으로 보인다 (느부갓네살의 제 2차 침공은 597년). 바벨론으로 끌려온 여호야긴과 유다인들은 그발 강가에 거주하였다 (1:3). 여기서 부시의 아들 제사장 에스겔 (יְחֶזְקֵאל: "하나님이 강하게 하신다"는 뜻)은 여호와의 권능을 체험한다. 그는 여호와의 권능에 사로잡혀 백성이 얼마나 가증한 우상숭배에 깊이 연루되어 있는지를 보았다. 에스겔이 포로로 끌려간지 12년째가 되는 해에 그는 퇴국에서 예루살렘 성의 함락 소식을 듣는다 (겔 33:21). 제사장 출신답게 그의 시선은 무엇보다 하나님의 성전에 집중되어 있었다. 망한 성전은 더러웠으나 새 성전은 거룩하며 하나님의 영광으로 충만할 것이다.

153 "Ezekiel's book is unique among the prophetic books of the Bible by being arranged in almost perfect chronological order…The chronological sequence of the prophecies also works effectively alongside the broader structuring of the book." (에스겔의 책은 거의 완전하게 연대적 순서를 따르기에 성경 선지서들 중 독특하다. 필자의 졸역) Christopher J. H. Wright, *The Message of Ezekiel*, The Bible Speaks Today (Leicester: Inter-Varsity Press, 2001), 40-1. "Ezekiel is unique among the Old Testament prophets for his orderly sequence of dates for many of his oracles." (에스겔서는 구약 선지서들 중 독특한데 왜냐하면 그의 많은 예언들이 날짜들 순서대로 가지런히 배열되었기 때문이다. 필자 졸역) John B. Taylor, *Ezekiel*, Tyndale Old Testament Commentaries (Leicester: Inter-Varsity Press, 1969), 36. 또한, Daniel I. Block, *The Book of Ezekiel Chapters 1-24*, NICOT (Grand Rapids: Eerdmans, 1997), 26-7.

154 예. Otto Kaiser, *Introduction to the Old Testament: A Presentation of its Result and Problems*, trans. John Sturdy (Oxford: Basil Blackwell, 1975), 250. 33-48장을 다시 33-39장과 40-48장으로 나누는 사람들도 있다.

155 Tyler D. Mayfield, *Literary Structure and Setting in Ezekiel*, Forschungen zum Alten Testament 2. Reiche 43 (Tübingen: Mohr Siebeck, 2010), 119. 에스겔서 전체의 단락들을 문학형식을 따라 내러티브+신탁(oracle/s)으로 나누었다. 그는 1-7장과 8-19장을 각각 내러티브와 신탁들로 이루어진다고 하였는데 필자와는 다른 요소로 구분하였지만 그의 구분은 결과적으로 필자의 구분과 일치한다.

병행을 이루는데, 20-24장은 1-24장의 결론 역할을 한다.

둘째는 1-24장은 심판이 주조를 이루나 간간이 이스라엘의 종말적 회복 내용도 들어 있음을 주의할 필요가 있다. 그리고 33장 이하는 구원이 주조를 이루나 얼마간은 이스라엘과 이방에 대한 심판 내용도 들어 있다. 이것은 선지서들의 내용 전개의 특징이다. 종래 역사비평학자들은 정경 예언 문헌들의 문학적, 신학적 관습(conventions)에 무지하여, 심판 속에 들어 있는 회복을 후대의 삽입으로, 회복 속에 들어 있는 심판도 가필로 보았다.[156] 이러한 첨예한 분리는 왜 일어났는가. 그것은 그들이 심판과 회복이 한 하나님의 경륜과 섭리 속에서 일어나는 거의 동시적인 일들임을 보지 못하였기 때문이었고 이 두 다른 주제들을 하나로 결합하여 제시하는 선지자들의 텍스트 배열 방식을 몰랐기 때문이었다.[157]

셋째는 1-24장과 25-32장을 하나로 묶어볼 수 있다는 것이다. 왜냐하면 1-32장, 즉 이스라엘과 이방의 묶음은 33장 이하 (33-48장)에서 종말의 이스라엘과 이방으로, 즉 시점만 다르지 하나의 내용의 반복으로 이루어지기 때문이다. 1-32장이 현재에서 가까운 미래로 나아가는 반면, 33장 이하에는 현재의 이스라엘에서 급격히 먼 미래로 선지자의 시점이 이동한다. 그런데 1-32장처럼, 33장 이하도 이스라엘의 심판만 있는 것이 아니라 이방의 대표인 세일(에돔)에 대한 심판도 나타난다. 그리고 이러한 대립 구도는 종말의 하나님의 대적자들[158]과 종말의 하나님의 백성 (새 이스라엘?) 사이의 대립구도로 다시 발전된다. 문학적으로도 33:1-20에 '파숫군,' '의인과 악인'의 주제가 1-32장의 초입에 이미 나타났던 것[159]을 반복하기에, 1-32장을 A로, 33-48장을 A'로 볼 수 있다. 이것은 기존의 구조 이해와는 다른, 문학적-신학적 주제들의 병행과 선지자의 시점 이동을 모두 보는 필자만의 분석이다.[160]

---

156 Ibid., 251-5를 보라.

157 예. 왕대일, "곡의 멸망·곡의 무덤, 종말에 이르는 이정표(겔 39:1-20)," *신학과 세계* 88 (2016.12.31), 12. 왕대일은 38-39장의 에스겔 저작임을 부인한다.

158 마곡 땅의 로스와 메섹과 두발 왕 곡; 바사와 구스와 붓과 고멜과 도갈마 족속 등. 겔 38:2, 5-6.

159 이 주제들은 구체적으로는 1-7장에 보인다.

160 거시적 단락 구분에 있어서 외양으로는 카일도 필자와 같은 구분을 한다. 카일은 "예언들의 모음집인 본서가 하나의 통일된 전체로 결합되었음"을 말하면서 (Die Sammlung der in dem Buche zu einem einheitlichen Ganzen verbundenen) 먼저 에스겔서를 크게 "이스라엘과 이방 나라들에 대한 심판 선언들 (1-32장)"과 "이스라엘의 구원에 대한 선언들 (33-48장)"로 나눈다. 그러나 그의 단락 구분은 1-32장을 심판으로, 33장 이하를 구원으로 보기 때문에 심판-구원의 병행으로 보는 필자와 그 이해가 다른 것이다. 또한 그는 1-32장을 다시 "선지자직에 대한 에스겔의 엄숙한 헌신 (1장-3:21)과 "예루살렘과 이스라엘에 대한 심판 예언들(3:22-24장)과 이방 나라들에 대한 심판 예언들 (25-32장)"로 세분하고, 33-48장을 다시 "이스라엘의 구속과 회복에 대해 내다봄및 이방의 세상-권력의 몰락 (33-39장)"과 "하나님 나라의 변혁 (re-formation)과 고양에 대한 예언적 그림 (40-48장)"으로 나누었다. 따라서 그의 구조는 '이스라엘-이방'과 '현재-미래-먼 미래' 등과 같은 요소들을 통한 구분이라기 보다는 특정 주제에 의한 구분으로 판단된다. C. F. Keil, *Ezekiel, Daniel* vol IX in C. F. Keil and F. Delitzsch, *Commentary on the Old Testament in Ten Volumes*, trans. James Martin (Grand Rapids: William B. Eerdmans, 1988), 7-8; *Biblischer Commentar über den Propheten Ezechiel* (Leipzig: Dörffling und Franke, 1868), 5. 카일과 비슷한 구조 분석은 박경철, "그들 가운데 선지자가 있다: 에스겔서 최종형태 구성의 신학과 책의 자리 (Sitz im Buch)," *신학연구* 73 (2018), 88; 91-93에도 보인다. 그도 1-32장과 33-48장으로 나눌 수 있다고 본다. 그러나 이 두 단락을 병행으로 보지 않고, 각각 심판과 구원 신탁으로 본다. 다만, 그 자신의 통찰력은 1) 본서 전체가 네 개의 환상 단락들 (1:1-3:15; 8-11장; 37:1-14; 40-48장)로 구성되었고 이 중 앞의 두 개는 심판 선언 단락 중에, 뒤의 두 개는 구원선언 단락에 나타난다; 2) 심판신탁 단락의 시작과 구원신탁 단락의 시작에 세 가지 관용구들이 나타난다고 본 점이다. 박경철은 본

넷째는, 에스겔서의 구조는 요한계시록의 구조와 너무나 닮았다는 것이다. 에스겔서의 두 병행 단락 (A 1-32장; A' 33-48장)의 초두에 에스겔은 파숫군의 사명이라는 주제와 연결되어 있다. 이는 요한계시록에서 선지자 요한이 두 병행 단락의 초두에 나타남과 아주 유사하다. 다른 점이 있다면, 에스겔서에서는 첫 번째 병행단락에서 에스겔이 두루마리를 먹는데, 계시록에는 두 번째 병행단락에서 요한이 작은 두루마리를 먹는다는 것이다. 이것은 아래와 같이 정리할 수 있다.

A 에스겔 1-32장 시작: 에스겔의 선지적 사명(파숫군 및 의인과 악인 주제; 두루마리 먹음: 2-3장)
A' 에스겔 33-48장 시작: 에스겔의 선지적 사명(파숫군 및 의인과 악인 주제: 33장)

A 계시록 1-9장 시작: 요한의 선지적(복음 전파자) 사명: 아시아 7교회에
A' 계시록 10-22장 시작: 요한의 선지적(복음 전파자) 사명: 많은 백성 등에 (작은 두루마리 먹음)

흥미롭게도, 요한계시록은 1-9장과 10-22장이 에스겔서의 1-32장과 33-40장처럼 병행을 이룬다는 것이다. 1-9장은 '선지자 요한,' '삼위 하나님'으로 시작하고, 10-22장도 '선지자 요한,' '삼위 하나님' 주제로 시작한다. 둘다 심판과 구원을 전시하나, 첫단락의 내용은 사도 요한의 시점의 소아시아 일곱교회에서 시작하여 가까운 미래(인 재앙) 그리고 보다 먼 미래의 것(나팔 재앙)으로 이해되는 반면, 둘째 단락의 내용은 사도 요한의 시점에서 시작하지만(작은 두루마리를 먹음) 급격히 적그리스도의 출현과 성도들의 죽음, 그리고 그 적그리스도가 통치하는 세상에 대한 심판(대접 재앙), 그리고 예수님의 재림 어간으로 이동한다는 것이다. 이것은 위에서 이미 약간 언급한 바, 에스겔서 1-32장이 주로 시점이 현재에서 가까운 미래로 이동하는 것에 비해, 33-48장은 현재에서 급격히 예수님의 초림, 나아가 재림 시점으로 이동하는 것에 견주어진다.

A 에스겔 1-32장 : 현재에서 가까운 미래로
A' 에스겔 33-48장: 현재에서 먼 미래로 (예수님의 초림 나아가 재림 시점으로)

A 계시록 1-9장: 사도 요한 당대에서 가까운 미래, 먼 미래로
A' 계시록 10-22장: 사도 요한 당대에서 급격히 아주 먼 미래로 (예수님의 재림 전후 시점으로)

다섯째로, 에스겔서는 37, 40-48장에 다시 '신현'이 보이기에[161] 에스겔서는 전체로 볼 때 이 주제로서 수미쌍관 (inclusio)을 이루고 있다고 하겠다.

주제들의 반복과 선지자의 시점 이동을 따라 에스겔서를 자세히 분석한 것을 도표로 나

서가 이러한 구성과 표현들을 통해 예레미야서의 마지막 부분을 읽는 독자가 제기할 세 가지 질문을 (하나님의 임재 장소 문제; 포로민들에게 하나님의 말씀을 전할 선지자는 참 선지자인가?; 포로민들에게 구원의 가능성은 있는가?)에 대해 답을 주려고 했다고 보았다. Ibid., 94 이하. 그러나 필자는 먼저 에스겔서 자체 내에서 에스겔서가 제기하는 답을 찾는다.

161 에스겔서에 나타나는 네 개의 환상 보도들의 장르적, 주제적, 신학적 연관성에 의한 에스겔서의 통일성에 대한 주장으로는 Lisa R. Ward, "The Visionary Structure of Ezekiel: A Narrative Theological Approach," *Society for Pentecostal Studies* (2018): 1-20을 보라.

타낸다면 아래와 같다. 아래의 표에서는 이방 주제들은 생략하고 이스라엘 관련 주제들을 중심으로 정리하였다.[162]

주제들 분석을 통한 에스겔서의 구조

A(1-24장)+(25-32장) 이스라엘과 이방에 대한 심판; 본 단락에서 이스라엘 '회복'은 부분적으로만 언급됨			A'(33-48장) 종말의 이방(대적들)에 대한 심판과 종말의 이스라엘(교회)의 회복
a(서론: 1-7장)	a'(8-19장)	a"(20-24장)	
(1) 여호와의 손(1:3)	(1) 여호와의 손(8:1)	(5) 슬퍼하지 말고 종용히 탄식하며(24:17)	(1) 여호와의 손(33:22; 37:1; 40:1)
(2) 신(神)(2:2)	(2) 주의 신, 하나님의 신(8:3; 11:1, 24)	(6) 의인과 악인(21:3, 4)	(2) 그 신(37:1), 성신(43:5)
(3) 여호와의 영광(1:28)	(3) 이스라엘 하나님의 영광, 여호와의 영광(8:4; 9:3; 10:4, 18, 19; 11:23)	(7) 너희가 에스겔의 행한 바와 같이...사람의 식물을 먹지 아니하며(24:22)	(3) 이스라엘 하나님의 영광(43:2), 여호와의 영광(43:5; 44:4)
(4) 얼굴이 뻔뻔하고 마음이 강퍅(2:4; 3:7)	(4) 너희 마음에서 일어나는 것(11:5), 일치한 마음, 새 신, 굳은 마음, 부드러운 마음(11: 19), 마음과 영(18:31)	(8) 칼(21:9, 16), 불(20:47; 21:31, 32; 22:31; 23:47; 24:10-12)	(4) 마음은 이욕을 좇음이라(33:31), 새 영, 새 마음, 새 신(36:26, 27), 내 신(37:14; 39:29)
(5) 애가, 애곡, 재앙(두루마리 책)(2:9,10)	(5) 애가(19:1, 14)	(9) 내 율례, 내 규례, 언약의 줄(20:1-44)	(5) 하몬곡(38:11)
(6) 의인, 악인 회개(파수꾼 사명)(3:17-21)	(6) 의인, 악인, 돌이켜 떠나(18:1-32)	(10) 애굽의 우상들(20:7), 장자를 다 화제로(20:26), 우상들(20:31), 내 성소를 더럽히며 내 안식일을 범하였도다(23:38)	(6) 파수꾼, 의인, 악인(33:1-20)
(7) 양식을 끊음(4:9-17; 5:16)	(7) 그들이 근심하면서 그 식물을 먹으며(12:19)	(11) 모든 우상으로 스스로 더럽혔으며(23:7), 애굽... 앗수르...바벨론 사람이...음란으로 그를 더럽히매, 음란히 이방을 좇고...내 성소를 더럽히며...음행으로(23장), 장자를 화제로(20:26, 31; 23:37, 39), 산위에서 제물을 먹는 자(22:9)	(7) 좋은 꼴로 먹이고(34:14), 곡식으로 풍성하게 하여(34:28)
(8) 온역, 악한 짐승, 기근, 칼, 흘음, 불 등(5:1-4; 5:17; 6:11,12; 7:15)	(8) 칼(11:8-10; 12:14), 이방인 가운데로 흩음(12:14, 15), 칼과 기근과 사나운 짐승과 온역(14:21), 불(15장); 19:12-14)		(8) 칼, 온역(33:27), 이방의 노략거리, 땅의 짐승의 삼킨 바 되지 아니하며(34:28; 36:3, 6, 19)
(9) 내 규례를 거스림, 이방인보다 악을 더 행함(규례는 언약체결시 주어진 것; 5:5-7)	(9) 언약하여 너로 내게 속하게 하였으니라(16:8), 너와 세운 언약을 기억하고...영원한 언약을 세우리라(16:60), 규례...율례(18:17)	(12) 모든 땅 중의 아름다운 곳으로 그들을 인도하여 들이지 아니하리라(20:15), 내가 그들을 이방인 중에 흩으며(20:23)/ 죄악의 끝 때니라(21:25), 네 날이 가까웠고(22:4), 보응하는 날(22:14), 진노의 날(22:24)	(9) 화평의 언약, 영원한 언약(34:25; 37:26), 내 율례, 내 규례(36:27)
(10) 미운 물건, 가증한 일로 내 성소를 더럽힘(5:11)	(10) 제단 문 어귀 북편에 그 투기의 우상(8:5), 각양 곤충과 가증한 짐승과 ...모든 우상(8:10), 북문...담무스(8:14), 여호와의 전 안뜰에...동방 태양(8:16)	(13) 허무한 것을 보며...거짓 복술 (21:29), 그 선지자들이...회를 칠하고...허탄한 이상을 보며 거짓 복술을 행하며(22:28)	(10) 우상들(33:25), 이방인을 내 성소 안에 있게 하여 내 전을 더럽히므로...레위 사람으로 그릇하여 그 우상을 좇아(44:6-10)
(11) 산당, 제단, 태양상, 우상, 음란(성적 이미지 사용; 6:1-9)	(11) 행음, 색스러운 산당, 남자 우상, 네 자녀들...불살랐느니라, 애굽사람들... 앗수르 사람...갈대아까지 심히 행음, 이 음란과 네 모든 가증한 일(16장)	(14) 그 제사장들은 내 율법을 범하였으며 나의 성물을 더럽혔으며(22:26)	(11) 이는 내 보좌의 처소...다시는 내 거룩한 이름을 더럽히지 아니하리라(43:7), 이방인은 내 성소에 들어오지 못하리라(44:9)
(12) 끝, 날, /악한 이방인의 점령, 성소가 더럽힘, 오욕들(7:1-25)	(12) 멀리 이방인 가운데로...흩었으나...열방에서 내가 잠깐 그들에게 성소가 되리라(11:16), 이방인 가운데로 흩으며 열방 중에 헤친 후에야(12:15)	(15) 이스라엘 장로들...내게 구하기를 내가 용납지 아니하리라(20:3)	(12) 13-18) 자기만 먹이는 이스라엘 목자들(34장), 제사장, 이스라엘의 치리자들, 이스라엘 왕(45-46장), 이스라엘 온 족속(37장); 이스라엘 열두 지파(47-48장)
(13) 선지자에게 묵시를 구하나 헛될 것임(7:26)	(13) 허탄한 묵시, 복술, 우매한 선지자, 허탄한 것, 거짓된 것, 회칠한 담, 자기 마음에서 나는 대로 예언하는 부녀들, 점복(13장)	(16) 바벨론 왕...이스라엘 땅아...곧 죄악의 끝 때니라(21:19, 21, 23, 25)	
(14) 제사장에게는 율법이 없을 것임(7:26)	(14) 약 이십오인(제사장; 8:16)	(17) 그 방백들은...불의의 이를 취하려고(22:6, 27)	
(15) 장로에게는 모략이 없어질 것임(7:26)	(15) 장로 칠십인(8:11, 12), 장로 두어 사람...이 사람들이...내게 묻기를...용납하랴(14장)	(18) 이스라엘 족속아(20:44), 이 땅 백성(22:29) 등	
(16) 왕은 애통하고(7:27)	(16)(17) 바벨론 왕이...왕과 방백을 사로잡아(17장), 그 높은 새 가지 끝에서 연한 가지를 꺾어...이스라엘 높은 산에 심으리니(왕 심판 예언과 함께 나타나는 메시아 예언 17:22, 23)		
(17) 방백은 놀람을 옷 입듯 하며(7:27)	(17) 이스라엘 방백들(19:1)		
(18) 거민의 손은 떨릴 것임(7:27)	(18) 유다 족속(8:17), 예루살렘 거민(11:15), 이스라엘 족속(12:9) 등		

162 이하 에스겔서의 구조에 대한 논의는 최영헌, *계시록과 선지서* (서울: CLC, 2013), 46-55를 참조하라.

위의 도표에서 33-48장 부분[163]을 좀더 자세히 살펴본다면 다음과 같다. 우선, 33-34장은 이스라엘의 죄와 심판 그리고 회복이 그 내용이다. 여기서는 1장처럼 에스겔 당시의 시점에서 시작한다 (33:21). 물론 예루살렘 성이 바벨론에게 함락된 시점이니 1장보다는 좀 나중의 시점인 것은 확실하다. 그런데 이 시점이 예수 그리스도의 초림의 시점까지 이동한다. 왜냐하면 34장의 '한 목자', '내 종 다윗'은 바로 예수 그리스도에게서 성취되기 때문이다. 33장과 34장이 각각 죄론에서 시작함으로 병행을 이룬다.

이 단락에 이어지는 내용은 가까운 미래의 에돔의 심판으로 다시 초림보다는 과거로 거슬러 올라간다. 먼저 35-36장이 하나의 하위 단락을 이룬다. 이것은 이방 에돔에 대한 심판의 내용인 A 35장과 A' 36장이 두 병행단락으로 구성되는데, 36장은 다시 a 36:1-15절과 a' 16-38절로 나타난다. 36장의 첫 하위단락은 에돔 심판에서 이스라엘의 (가까운 미래의) 회복을 예언하고, 둘째 하위단락은 이스라엘의 회복을 예언하되 그 시점이 초림 (36:26-27)에까지 이른다. 여기서의 에돔은 에스겔 당시의 이스라엘의 대적이었던 에돔을 가리키는 동시에 이방 세력들의 대표로서 예수님 재림 어간의 대적 세력도 시사할 수 있다. 즉 동일한 에돔 심판이 서로 다른 두 시간대로 투사 (投射)될 수 있다는 것이다. 왜냐하면 이 에돔은 이사야서의 마지막 단락인 56:9-66장에서 나타나는 에돔 (63:1)과 비교될 수 있기 때문이다. 구체적으로, 사 63:1-3과 계 14:10, 17-20; 19:13, 15를 비교하여 보라. 요한은 예수님의 재림 시의 대적들을 묘사할 때 사 63장의 그림을 사용한다. 그리하여 필자는 겔 35-36장의 에돔 심판을 재림 예수님의 아마겟돈 심판의 예시로 볼 수 있다고 생각한다. 이어지는 37장의 이스라엘의 포로귀환 (부활의 그림으로 보여줌)은 예수님의 재림 어간 (아마겟돈 전쟁 전일 것으로 봄)에 있을 '새 이스라엘'의 부활을, 유다와 에브라임(의 남은 자)의 연합도 재림 예수 안에서의 이스라엘의 12지파의 남은 자들의 하나됨을 예시하는 것으로 볼 수 있다. 여기서 우리는 37장의 시점이 34장 (메시아 초림)이나 36:26 (이 예언은 오순절의 성령강림 사건으로 성취된 것으로 보임) 보다도 더 진전함을 알 수 있다. 그 다음에, 38-39장과 40-48장을 하나로 묶어서 보자. 이 장들은 각각 '말년' (38:8) 혹은 '끝날' (16절)의 곡에 대한 심판과 이스라엘 (새 이스라엘의 예시)의 새 성전 및 땅 분배 (땅을 유업으로 줌)와 관련된 것인데 이른 35:1-36:6의 에돔 심판보다 더 신선된 시점으로 보인다. 40-48장의 새성전은 종말의 교회 (새 예루살렘)의 완성을 예시하는 것으로 보이는데 이것은 38-39장의 곡 심판 이후의 시점이 될 것이다. 곡 심판은 재림 전 어간에 문자적 (민족적) 이스라엘에게 이루어질 일로 보이기도 하고 (1차적) 계시록에 나타나듯 천년왕국이 마칠 때 성취될 일로도 (2차적) 보인다. 도표로 정리하면 아래와 같다.

---

163 이 단락은 크게 이스라엘 죄와 심판-[종말의] 이방 죄 심판-이스라엘 회복으로 '하나의 전체'를 이루고 있다.

장절	겔 35-36장 에돔 심판과 이스라엘 회복 예언	37:1-14 마른 뼈 환상	37:15-28 유다와 에브라임 연합	38-39장 곡의 침략과 멸망 예언	40-48장 새 성전 등 환상
1차적 해석	에돔 심판과 이스라엘 회복 (에스겔 선지자로부터 가까운 미래)	민족적 (문자적) 이스라엘의 포로에서의 귀환	민족적 이스라엘의 하나됨 (초림과 재림 사이/재림 가까운 시기)	곡 연합군의 문자적 이스라엘 침략 (초림과 재림 사이/재림 가까운 시기)	1000년 왕국시의 거룩한 예배와 생명의 삶 (생수)으로 예비적 성취 (문자적 성전 제사로의 복귀가 아님)
2차적 해석	예수 재림시 아마겟돈에서 불신세력 심판	아마겟돈 전쟁 전 모든 믿는 자들의 부활	재림 예수 안에서 민족적 이스라엘의 남은 자의 하나됨; 이스라엘과 이방의 남은 자들의 하나됨도 내다봄	1000년 통치 후 곡과 마곡이 성도를 공격함	새 예루살렘에서의 예배와 그들이 받아 누릴 영원한 기업으로 온전한 성취를 이룰 것임

33-48장의 구조에 대한 위의 설명은 다음과 같이 제시될 수 있다. 특히 문학적으로 병행 단락들, 하위 병행 단락들에 유의하여 분석하면 아래와 같은 결과가 나타난다.

- 이스라엘의 죄와 심판+회복
  33-34장 이스라엘 죄와 심판에서 초림의 회복까지 시점이 뻗침
  A 33:1-20 이스라엘 죄들, 의인/악인, 파수꾼, 성의 함락, 입이 열림. 21-33절 우상 숭배 등-황무지
  A' 34장 a 목자들 죄-자기만 먹임 9-16절 내가 양을 찾는다.
  　　　a' 17-22절 숫양, 수염소 죄 23-31절 한 목자, 내 종 다윗-평화의 (새)언약

- 이방의 심판과 이스라엘의 회복
  35-37장 에돔 심판과 이스라엘 회복→가까운 미래에서 신자들의 부활 시기까지 시점이 뻗침
  A 35:1-15 에돔심판
  A' a 36:1-15절 에돔 및 이방심판+이스라엘 회복(생육 중다)
  　　a' 16-20절 이방을 통한 이스라엘 심판; 21-38 회복(새언약 내용 반복) 내 영
  　　　　a' 37:1-14 이스라엘 포로회복(부활 환상) 내 영, 먼 미래의 부활 예시
  　　　　a'' 15-28절 이스라엘 회복. 한 왕 다윗 한 목자 (남북 연합) 화평의
  　　　　　　(새)언약. "내 성소가 영원토록 그들의 가운데 있으리니"
  　　　　　　(40-48장 먼 미래의 새 성전과 '여호와 삼마' 예시)

  38-48장 끝날 (재림전?)의 이방의 심판 → 먼 미래 (천년왕국 혹은 그 이후?)에서 교회의 완성까지 시점이 뻗침
  　　a 38장 곡(과 많은 백성)의 죄와 심판-그들이 나를 여호와인줄 알리라
  　　a' 39장 곡(과 열국)에 대한 심판 21-29절 이스라엘 회복, 내 영, 여호와인 줄 앎
  　　　　40-48장 회복된 성전, 제사장과 왕의 규례, 백성(지파별)땅 분배

단지 주제별로 33-39장과 40-48장으로 나누는 것보다 위와 같은 선지자의 시점을 고려한 문학적-신학적 구조 분석을 통해 우리는 에스겔의 종말 사건들에 대해 훨씬 분명한 이해에 이를 수 있다.

여기서 우리는 한 걸음 나아가, 40-48장의 세부 구조와 끝날에 대한 그림을 좀더 유의하여 살펴볼 필요가 있다. 필자의 분석에 따르면 이 단락의 구조는 독특하다. 물론, 이러한 독특한 구조를 통해 에스겔서의 편저자는 특정한 종말적 메시지를 의도했을 것으로 필자는 추측한다.

첫 단락은 40:1-42:20이다. 40:1-4는 서론으로서 "너는 본 것을 다 이스라엘 족속에게 고할지어다"는 여호와의 말씀이 뒤에 올 모든 내용을 이끈다. 이 단락의 주요 내용들은, 여호와의 손이 에스겔을 이스라엘 땅으로 데려가시고 극히 높은 산 위에 내려놓으신다. 그리고 놋 같이 빛난 사람이 '성전 척량하심'을 에스겔에게 보여주신다. 이 분은 바깥문으로 들어가서서 사방의 문, 바깥뜰, 안뜰의 문들과 부속 건물들, 성소와 지성소, 골방들, 나무 제단, 성전의 문들, 제사장 방, 그리고 사면 담을 척량하신다. '규례'에 대한 내용이 약간 붙어 있다 (42:13-14).

둘째 단락은 43:1-46:18이다. 이 단락은 세 개의 하위 병행 단락들로 되어 있다. 각 병행 단락은 도덕법 관련 설교와 성전 혹은 제사장법적 규례 혹은 예물/제물 규례로 시작한다 (아래를 볼 것). 첫 병행단락은 43:1-44:3 (A)이다. 43:1-9은 이 단락의 서론인데 이는 이스라엘 족속과 그들의 왕들의 음행 (가증한 일)에 대한 책망 설교이며 도덕법 관련 언급이다. 여기에 이어서 "이 성전을 이스라엘 백성에게 보여서...그 모든 규례를 지켜 행하게 하라"는 말씀이 뒤따라오는 내용을 이끈다 (43:10-12, 특히 43:12의 '성전법'). 제단의 '척수' (43:13-17), 그 제단 봉헌 규례(43:18-27)가 나오고, 동향한 바깥문 관련 규례 (문을 닫아 두라는 언급 및 왕은 이 문 현관으로 들어와서 먹을 것: 44:1-3)로 일단락을 맺는다. 둘째 병행단락은 44:4-45:8 (A')이다. 44:4-14는 이스라엘 족속이 마음과 몸에 할례 받지 않은 이방인들을 데려온 죄와 레위인의 우상 숭배를 다룬다. 즉 도덕법 관련 설교이다. 이어서 44:15-31은 사독의 자손이 성소에 나아와 여호와께 수종들게 될 것과 제사장 법, 그들의 기업에 대한 것을 다룬다. 이것은 '기업' 주제로 이어지는즉, 45:1-8은 성소를 위한 땅, 제사장들을 위한 땅, 레위인들을 위한 땅, 이스라엘 온 족속들을 위한 땅, 왕들을 위한 땅의 위치와 '척수'를 서술한다 (45:8은 이스라엘 각 지파를 위한 땅도 잠시 언급하는데 이것은 다음 병행 단락에 구체화 됨). 셋째 병행단락은 45:9-46:12 (A")이다. 이 단락 역시 도덕법적 설교 (45:9-12. 정의와 공의를 행할 것, 공정한 저울과 공정한 에바와 공정한 밧을 쓸 것)가 먼저 나오고 헌물에 대한 법이 나온다. 헌물은 소제, 기름, 가축 제물의 순서로 나오는데 군주가 번제와 소제와 전제를 모든 명절에 갖출 것이라고 되어 있다 (45:13-17). 여기서 '명절'은 그 다음에 오는 여러 명절 제사 규례 (45:18-25)로 이어지고, 여기에 이어 또 안식일 제사 규례와 초하루 제사 규례, 매일 드리는 제사 규례 (46:1-15) 등이 나타나는데 이 내용에는 백성은 어떻게, 군주는 어떻게 문을 출입하고 나갈 것인가 하는 것들이 포함되어 있다. 여기에 또 군주와 백성의 '기업' 유지에 대한 법이 나온다 (46:16-18).

셋째 단락 (46:19-48:35)의 내용은 북쪽을 향한 제사장의 거룩한 방 뒤 서쪽의 한 처소 (제사장들의 부엌)와 바깥뜰 네 구석의 부엌과 그 척량 (46:19-24)과 관련 규례로 시작한다. 이어지는 내용은 성전 동쪽 문지방에서 흘러나온 물이 제단 남쪽으로 흘러내리다가 아라바로 내려가서 바다에 이르게 되는데 이 물에 대한 척량 (47:1-5)과 이에 부가된 말씀 (47:6-12)이다. 즉 '척량'이라는 주제를 따라 보면 제사장의 부엌과 이어지는 성전에서 나오는 물을 한 묶음으로 볼 수 있고, 이 각각에 말씀 (규례)이 부대되어 있다는 것도 알 수 있다. 그 다음에 나오는 것은 '기업'에 대한 주제다. 이스라엘 열두 지파가 각각 받을 땅의 경계선이 제시되는데 이스라엘 가운데 머물러 사는 타국인도 이스라엘과 함께 기업을 얻게 된다는 내용 (47:13-23)이 나온다. 이 내용 다음에 구체적으로 각 지파의 기업 (48:1-7, 23-29)과 중앙 땅 (48:8-12는 가장 거룩한 예물인 제사장들을 위한 땅이요, 13-14절은 레위인들을 위한 거룩한 땅이요, 15-20절은 속된 땅 즉 성읍의 기지와 성읍이요, 21-22절은 군주에게 돌릴 땅)에 대한 언급이 보인다. 이 언급은 이미 45:1-8에 제시되었던 기업에 대한 대략적 소개를 더 자세히 설명한 언급이다. 이 기업에 대한 언급 속에도 말씀 (규례)가 군데 군데 들어 있다 (예. 48:11-12의 사독의 자손에 대한 말씀). 속된 땅 곧 성읍 기지의 중앙에 위치한 성읍의 출입구와 그 성읍의 이름에 대한 것이 마지막을 장식한다 (48:30-35).

이러한 분석을 도표로 나타내면 아래와 같다.

단락/주제	성전 척량	법/규례	기업/땅
단락 I 40:1-42:20	사방의 문, 바깥뜰, 안뜰의 문들과 부속 건물들, 성소와 지성소, 골방들, 나무 제단, 성전의 문들, 제사장 방 (40:46. 북쪽을 향한 방은 제단을 지키는 **사독의 자손들**이 씀) 등의 위치와 그 척수, 그리고 사면 담.	제사장의 방들, 제사장의 착의와 탈의에 대한 규례 (42:13-14).	없음.
단락 II 43:1-46:18 / **A** 43:1-44:3	43:1-9은 이 단락의 서론인데 이는 이스라엘 족속과 그들의 왕들의 음행 (가증한 일)에 대한 책망이며 도덕법 관련 설교 → 제단의 '척수' (43:13-17).	그 제단 봉헌 규례(43:18-27)가 나오고, 동향한 바깥문 관련 규례가 나옴 (문을 닫아 두라는 언급 및 왕은 이 문 현관으로 들어와서 먹을 것: 44:1-3).	
A' 44:4-45:8	44:4-14 이스라엘 족속이 마음과 몸에 할례 받지 않은 이방인들을 데려온 죄와 레위인의 우상 숭배를 다룸. 즉, 도덕법 관련 설교. → (성전 건물이나 기물에 대한 척수 언급 없음).	44:15-31 **사독의 자손**이 성소에 나아와 여호와께 수종들게 될 것과 제사장 법이 나옴 (그들의 기업에 대한 약간의 언급이 미리 나옴).	45:1-8은 성소를 위한 땅, 제사장들을 위한 땅, 레위인들을 위한 땅, 이스라엘 온 족속들을 위한 땅, 왕들을 위한 땅의 위치 (땅의 '척수'도 언급).
A" 45:9-46:12	45:9-12. 정의와 공의를 행할 것, 공정한 저울과 공정한 에바와 공정한 밧을 쓸 것. 즉, 도덕법 관련 설교. → (성전 건물이나 기물에 대한 척수 언급 없음) 에바, 밧, 호멜 등 용량이 언급됨 (도량형); 세겔, 게라, 마네 등 화폐 단위가 언급됨. 서로 다른 용량이나 화폐 단위가 어떻게 서로 등가 (等價)를 이루는가가 언급됨.	헌물에 대한 법. 헌물은 소제, 기름, 가축 제물의 순서로 나오는데 군주가 번제와 소제와 전제를 모든 명절에 갖출 것이라고 되어 있음 (45:13-17). 여기서 '명절'은 그 다음에 오는 여러 명절 제사 규례 (45:18-25)로 이어짐. 여기에 이어 또 안식일 제사 규례와 초하루 제사 규례, 매일 드리는 제사 규례 (46:1-15) 등이 나타나는데 이 내용에는 백성은 어떻게, 군주는 어떻게 문을 출입하고 나갈 것인가 하는 것들이 포함되어 있음. 여기에 또 군주와 백성의 '기업' 유지에 대한 법이 나옴 (46:16-18).	군주와 백성의 '기업' 유지에 대한 법이 나오는데 (46:16-18) 여기에 기업 주제가 포함되어 있음.
단락 III 46:19-48:35	북쪽을 향한 제사장의 거룩한 방 뒤 서쪽의 한 처소 (제사장들의 부엌)와 바깥뜰 네 구석의 부엌과 그 척수 (46:19-24). 성전 동쪽 문지방에서 흘러나온 물이 제단 남쪽으로 흘러내리다가 아라바로 내려가서 바다에 이르게 되는데 이 물에 대한 척수 (47:1-5). 이스라엘 열두 지파가 각각 받을 땅의 경계선이 제시되는데 이스라엘 가운데 머물러 사는 타국인도 이스라엘과 함께 기업을 얻게 된다는 내용 (47:13-23). 48장의 각 지파와 거룩한 땅, 속된 땅 등은 위치와 척수를 포함함.	성전의 수종드는 자가 백성의 제물을 뜰 사방 구석 부엌에서 삶을 것에 대한 규례 (46:24). 성전에서 흘러나온 물과 관련된 규례의 말씀 (47:6-12). 땅에 대한 규례 (47:13-14, 21-23). **사독의 자손**의 땅에 대한 규례의 말씀 (48:11-12). 레위의 땅에 대한 규례 (48:14).	각 지파의 기업 (48:1-7, 23-29)과 중앙 땅 (48:8-12)은 가장 거룩한 예물인 제사장들을 위한 땅이요, 13-14절은 레위인들을 위한 거룩한 땅이요, 15-20절은 속된 땅 즉 성읍의 기지와 성읍이요, 21-22절은 군주에게 돌릴 땅)에 대한 언급. 속된 땅 곧 성읍 기지의 중앙에 위치한 성읍의 출입구와 그 성읍의 이름에 대한 것.

필자는 40-48장의 이런 구조가[164] 우리에게 시사해 주는 바가 적지 않다고 본다. 이 세 개의 각 단락의 시작은 척량이며 중간은 법이며 끝은 기업이다. 이 단락들 속의 특정 내용들의 분량을 따라서 보면, '성전 척량'의 내용은 많다가 적다가 많아지며, '규례'에 대한 것은 적다가 많다가 적어지며, '기업'에 대한 것은 없다가 조금 있다가 끝에 많아진다. 즉, 단순히 성전 척량, 규례, 기업 순으로 기록하지 않고 이 내용적 요소들을 골고루 배분하여 전체를 유기적 하나로 구성한 것이다. 위의 분석의 내용 중 중요한 것들을 정리하면 다음과 같다.

1) 에스겔서에서 치수를 잰다는 것, 용량과 단위를 정확하게 실행한다는 것,[165] 방위에 따른 성전 건물들의 존재 및 위치에 따른 다양한 기업들의 위치 (번제단의 위치, 성전 담의 기능, 땅에서 성전의 위치) 등은 거룩과 의의 분별, 정도를 나타내며 이 표준의 결정은 '놋 같이 빛난 사람 하나' (אִישׁ מַרְאֵהוּ כְּמַרְאֵה נְחֹשֶׁת)[166]의 측량을 따른다. 이는 각 단락의 처음에 나타나는 사항이다.

2) 성전에서 번제단은 전체 성전에서 제일 가운데를 차지하며, 지성소 (קֹדֶשׁ הַקֳּדָשִׁים)는 '가장 거룩한 곳'이요, 성소에는 나무 제단 (הַמִּזְבֵּחַ עֵץ)이 있는데 이는 여호와 앞에 있는 테이블 (הַשֻּׁלְחָן אֲשֶׁר לִפְנֵי יְהוָה)로 표현되었다 (41:22). 이러한 장소와 기물이 새 성전 이해에 중요하다.

3) 여호와의 영광의 임재 가운데 놋 같이 빛난 사람 하나가 성전의 치수를 재시는데, 특히 둘째 단락의 세 하위 병행 단락에서 도덕법적 설교가 어떤 것의 치수를 재시는 행위와 더불어 나타나는 것은 흥미롭다. 법의 배열에 대해 말한다면, 도덕법 관련 설교와 제사법 (그리고 기업 혹은 땅에 관한 규례) 순으로 법의 배열이 이루어진다. 말하자면, 에스겔서의 법은 첫째로 성전이라는 범위 내에서 이스라엘의 삶을 도덕적 언약법에 비추어 점검하는 것으로 나타나고 (특히 둘째 단락의 세 개의 병행 단락에서 각각 서두를 차지함), 둘째로 (당연한 것이기는 하지만) 성전이라는 범위 내에서 시내산 언약에서 제시된 많은 법들 (십계명과 민법들, 제사장 위임식 법, 제사법 규례, 정부정, 재판 규례 등)을 생략하고 역시 성전 관련 법들을 주로 배열한다는 것이다. 둘째 단락의 세 병행 단락의 서두에 나타나는 것들은 법 그 자체의 형태로 제시된 것은 아니고 시내산 언약법들에 대한 범과들 중 특히 유다의 멸망과 관련하여 두드러진 범과들을 선지자의 설교 형태로 다룬다. 에스겔 선지자는 본서에서 특히 우상숭배를 탄핵하고 있는데, 이 우상숭배는 하나님의 거룩에 견주어 볼 때 '더럽고도 가증한' 것이다. 에스겔은 우상 숭배, 왕들의 시체, 마음과 몸에 할례 받지 않은 이방인, 불법을 행하는 레위인들, 용량과 화폐 단위를 속이는 자들, 하나님이 정하여 주신 땅 (기업)을 뺏는 군주들을 하나님의 거룩과 그분의 이름을 더럽히는 행위들로 간주한다. 즉, 시내산 언약에서 이미 하나님이 주신 법들 중에 에스겔은 그의 의도를 따라 (이스라엘의 범과와 관련하여) 선별적으로 법들을 택한다는 것이다. 그런데 이러한 범

---

164 필자의 이전의 40-48장의 구조와 약간 수정된 이해다. 최영헌, 《계시록과 선지서》, 52-5.

165 이를 도량형 (度量衡)이라고도 하고 척관법 (尺貫法) 혹은 척근법 (尺斤法)이라고도 한다. 이는 결국 치수를 재는 것, 치수대로 지키는 것을 말한다.

166 NASB. "a man whose appearance was like the appearance of bronze" 개역개정처럼 '빛난'이란 말은 없다. 비교. 계 1:15 "οἱ πόδες αὐτοῦ ὅμοιοι χαλκολιβάνῳ ὡς ἐν καμίνῳ πεπυρωμένης" NASB. "His feet were like burnished bronze, when it has been made to glow in a furnace," 개역개정 (그의 발은 풀무불에 단련한 빛난 주석 같고).

과들을 고발하고 책망하는 것이 40-48장에서 '성전 안에서' 이루어지고 있기에 이 범과들이 곧 하나님의 성소를 더럽혔다는 것과 연결하여 생각하도록 독자들의 주의를 환기시킨다. 이것은 에스겔서에서는 특이한 것이다. 다른 선지자들과 달리 그가 제사장으로서 예언하는 자였기에 이런 특이성은 당연한 것이라 보이지만 (참고. 대상 25:5 "헤만[167]은 하나님의 말씀을 가진 왕의 선견자라"), 이에 따라 나타나는 신학이 성전 제사장의 관점에서 도덕법들을 바라보고 그 도덕법들에 의해 점검한 이스라엘의 삶을 제의적 관점에서 정리하기 때문에 이는 우리에게 신선한 충격으로 다가온다. 한편, 성전 관련 법들은 성전 안의 각 건물과 기물의 위치 및 치수를 재는 것과 관련이 있는데, 첫 단락에서는 제사장의 방, 둘째 단락에서는 번제단 봉헌 규례와 제사장 규례와 절기와 여러 성회의 규례들이 두드러지며, 셋째 단락에서는 제물 삶는 부엌 관련 규례와 성전에서 흐르는 물, 그리고 다양한 기업들과 관련된 규례가 눈에 띈다. 이 규례들이 성전과 기업과 연관된 하나님의 이상 (理想)을 전달하기에, 그 규모와 존재가 역사상 어느 때에도 있었던 것이 아니기에, 우리로 하여금 강한 종말론적-영적 지평 속에서 이 규례들을 이해하도록 한다.

　　4) 하나님의 영광이 거하시는 새 성전 외에, 땅 중에 거룩의 정도에 있어 사독의 자손 제사장에게 주시는 땅이 가장 거룩하고, 그 다음이 레위인에게 주시는 땅이고, 성읍 기지가 되는 땅은 그 다음이다 (속된 땅).

　　5) '사독의 씨에서 나온 자들 곧 레위인들 (중)의 제사장들' (הכהנים הלוים אשר הם מזרע צדוק)에 비해 '군주' (הנשיא)의 지위는 고양되지 않았다 (사독의 자손은 40-48장의 세 하위 주요 단락에서 모두 강조됨; 그들은 다른 레위인들처럼 우상 숭배를 하지 않음). 여러 제사 제물들을 준비하는 직무를 군주가 맡음으로 어떤 책임성이 그에게 주어지기는 했으나 사독 자손에 비해서는 그 직위가 고양된 것 같지는 않다 (예. 사독 자손의 기업의 위치와 군주의 기업의 위치를 비교하라).

　　6) 모세 때의 성막과 솔로몬 성전에 있었던 기구 (물두멍/놋바다, 등잔대, 향단, 속죄소 등)가 에스겔이 본 성전에는 없으며 절기에서는 나팔절, 대속죄일이 나타나지 않고 모세 때와 비교하여 볼 때 상번제에는 변화가 보인다.

　　7) 12지파들을 위한 땅 중에서는 레위 지파를 제외하고, 유다 지파와 베냐민 지파가 받은 땅이 성전에서 제일 가깝다. 요셉에게는 두 분깃의 땅이 주어지고 각 지파에 분배되는 땅은 균일성을 보여주고 이 모든 것은 제비뽑기에 의해 진행된다.

2. 에스겔서의 메시지

모든 선지서들 중에 유다의 우상숭배를 가장 극렬하게 탄핵하는 선지서가 에스겔서

---

167 헤만이 노래하는 자 (대상 25:6-7)로서 동시에 하나님의 말씀을 예언한 자라는 것은 성전 예배의 음악인 중에 설교자가 있었던 것을 뜻한다. 제사장 에스겔이 성전에서 노래하는 자들의 방 둘을 본 것 (겔 40:44)을 통해 우리는 본서의 초두에 보인 에스겔의 직분 (겔 1:3) 외에 에스겔의 제사장적 관심과 그가 본 성전 환상의 보도 (예언)가 진실되다는 점을 더 굳히게 된다.

가 아닌가 싶다. 유다는 마음이 강팍했고 그들의 마음은 이욕을 좇는 마음이었으므로 (2:4; 3:7; 11:5; 33:31) 그런 그들의 마음이 하나님을 떠나 언약을 깨고 (5:5-7; 16:8; 참. 16:60; 20:1-44; 34:25; 37:26; 36:27) 우상을 좇는 것은 어찌보면 당연한 순서였다. 에스겔은 유다의 우상숭배들을 생생한 필치로 본서에서 제시한다 (특히 5-6장; 8장; 16장; 20장; 23장; 33장). 이러한 유다의 우상숭배와 대조되어 나타나는 것이 여호와의 거룩성과 그분의 영광이다 (1장; 8장; 33장; 43장).[168] 하나님은 에스겔이 '파숫군'이 되어 악인에게 회개를 촉구하고 의인이 의에 길에 서 있기를 종용하는 자가 되기를 명하신다 (3장; 33장). 왜냐하면 하나님의 파숫군의 역할을 감당하도록 부름 받은 자들, 곧 선지자들 (7:26; 13장; 21:29; 22:28; 참. 34장), 제사장들 (7:29; 8:16; 22:26; 34장), 왕들 (7:29; 17장; 21:19, 21, 23, 25; 34장), 방백들 (7:27; 19:1; 22:6, 27)이 타락하였고, 이스라엘 거민 (7:27; 8:17; 11:15; 12:9; 20:44; 22:29; 37장)은 어둠 속에 들어갔기 때문이었다.

이스라엘의 죄악상 중에 특히 성소가 더럽혀진 사실이 에스겔서에서 강조된다. 성소가 우상들로 더럽혀져서 악취나는 쓰레기장처럼 되었으므로 (5:11; 7:1-25; 8장; 23:38; 33:25 등), 이스라엘은 이방에 흩어지게 되었고 주님은 열방에서 잠깐 이스라엘에게 '성소'가 되시리라고 하셨다 (11:16). 이스라엘은 양식의 핍절과 온역과 악한 짐승과 기근과 칼과 불에 해를 입게 될 뿐만 아니라 (4:9-17; 5:16; 5:1-4, 17; 6:11, 12; 7:15; 11:8-10; 12:14, 19, 21; 15장; 19:12-14; 20:47; 21:31, 32; 21:9, 16, 31; 23:47; 24:10-12, 22; 33:27; 34:28; 36:3, 6, 19) 이방의 공격을 받아 그들의 노략거리가 되고 열방에 흩음 (6:8; 12:14, 15; 20:23)을 당하게 된다.

우리가 에스겔이 보도하는 남왕국 유다의 멸망을 바라보면서 금방 떠올릴 수 있는 남왕국의 왕은 므낫세다. 요시야의 온 마음을 기울인 개혁에도 불구하고 하나님은 유다에 대한 진노를 돌이키지 않으셨고 급기야 성전을 버리셨는데 그것은 므낫세 때문이었다 (왕하 23:25-27). 므낫세 (687/6-642)는 한 때 회개하기는 하였지만, 유다 왕들 중 가장 참람하게 우상들을 숭배한 왕이었다. 선왕 히스기야와는 완전히 반대편의 길을 택했다 (왕하 21:3-7). 므낫세는 아버지 히스기야가 헐어 버린 산당들을 다시 세웠다. 므낫세는 '여호와의 성전 두 마당에' 하늘의 해와 달과 별들을 위해 제단을 쌓았다. 므낫세는 자기 아들을 불 가운데로 지나게 (인신제사를 통한 몰렉 숭배)하였다. 므낫세는 '성전에' 아로새긴 아세라 목상 (여신상)을 세웠다. 나중에 요시야 왕이 이 우상들을 쓸어버렸으나 바로 이 므낫세로 인해 불붙은 여호와 하나님의 노가 가라앉지 않았다.

에스겔은 성전 벽에 그린 우상 그림을 탄핵한다 (참고. 겔 8:10). 나사렛의 수태고지 성당 벽에 보면 큰 그림 하나가 걸려 있다. 그 그림에는 예수님이 그려져 있는데, 예수님 우편에 마리아가, 예수님 머리 위에는 비둘기, 비둘기 위에는 삼각형이 있고 삼각형 안에는 '외눈'이 그

---

168 여호와의 거룩성과 관련하여, 테일러는 병거 보좌에 앉아 타고 계신 여호와의 환상은 그분의 독특성과 위엄성의 관념을 특징적으로 보여준다고 하였다. 이 여호와의 환상은 형언할 수 없이 눈부시며, 신비스럽게 복잡성을 띠고 있으며, 인간과 자연을 초월해 있으며, 끝없이 움직이나 결코 땅에 얽매여 있지 않은, 그리고 모든 것을 보고 계시고 모든 것을 알고 계시는 모습이라고 하였다. Taylor, *Ezekiel*, 41. "The vision of the Lord riding upon His chariot-throne (1-3) typified this sense of otherness and majesty. It was unutterably splendid, mysteriously intricate, superhuman and supernatural, infinitely mobile but never earth-bound, all-seeing and all-knowing."

려져 있다. 독자들께서도 아시겠지만, '외눈'은 오늘날 많은 반기독교를 조장하는 영화들에 혼하게 나온다. 영화 그리스도의 고난 (Passion of the Christ)에도 채찍질 당하신 예수님이 한 쪽 눈은 감기고 다른 한 쪽 눈만 겨우 뜨고 계신 모습을 보여준다. '외눈'은 오늘날 반기독교적 참람한 우상이 아닌가.

에스겔이 말하는 바 성전에 우상 (가증한 것)이 세워져 있다는 것은 교회가 더러운 것을 그 안에 유입시켰다는 것으로 이해할 수 있다. 오늘날 더러운 것들을 교회 안에 들이는 자들이 있다. 그들은 하나님의 말씀을 귀신들의 이야기 (신화)라 한다. 그들은 종교다원주의를 찬성한다. 그들은 WCC 각 교단 대표가 모인 자리에서 초혼굿을 벌인다. 그들은 퀴어 축제자들을 주의 이름으로 축복한다. 그들은 힌두교와 선불교의 신인합일식 관상기도를 장려함으로 주의 몸인 교회를 더럽힌다. 교회가 우상들을 용납하게 되면 그 끝은 하나밖에 없다. 주님의 심판이다 (겔 7:24). 그들은 주님의 극렬한 노여움을 받게 될 것이다.

1-32장 (A)과 연관해 볼 때, 33-48장 (A')에서 선지자는 그의 시점 이동들 속에서 다음과 같은 점들을 강조한다. 첫째, '가증한' 우상숭배들로 더러웠던 성전과 '거룩한' 새 성전 간의 첨예한 대조이다. 33:25; 44:6-10; 44:9는 이 새 성전이 더러운 우상과 '이방인'을 결코 용납하지 않음을 우리에게 보여준다. 여기서 '새 성전'이나 '이방인'을 문자적으로 보는 것은 잘못된 해석에 이르는 지름길이다. 구약 선지서의 끝날의 예언은 구약적 언어로 영적 실재를 지시하기 때문이다. 여기서 이방인은 불신자를 뜻한다. 둘째, 이 새 성전을 우리가 교회의 완성된 모습이라고 본다면, 이 완성은 (에스겔 선지자의 시점에서 볼 때 미래에 오실) 왕이요 목자이신 예수님 (34:23-24)을 통하여서만 이루어진다. 예수님이 초림하시고 (34장), 성령을 주시고, 우상 (36:25)과 더러움 (36:29)과 죄악 (36:33)을 제거함을 통해서만, 그리고 그분의 재림으로 이방 세력의 대표인 에돔(35-36장)과 끝날의 곡(38-39장)을 심판하심을 통해서만 이 교회는 거룩한 예배를 드리고 거룩한 땅을 유업으로 받게 된다는 것이다 (40-48장).[169]

필자는 에스겔서가 하나님 나라의 완성된 모습을 새 성전, 그 새 성전에서의 제사, 그 새 성서에서의 군주 (הנשיא "한니씨")의 경배, 그 새 성전에서의 사독 계열 제사장의 사역, 그리고 지파들에게의 땅의 분배 등과 같은 '구약적인 언어'로 표현한다고 본다.[170] 이러한 구약적 언어를 신약시대와 그 시대의 끝에 전적으로 문자적으로 이루어질 일들로 보는 것은 잘못된 해석에 이르는 지름길을 택하는 것이다. 에스겔서의 새 성전은 시내산 언약을 따라 세워진 성막이

---

169 첫 단락인 1-32장에서 이러한 미래 교회의 청사진은, 가는 베 옷을 입고 서기관의 먹 그릇을 찬 사람의 성도들의 이마에 표를 그리는 행위를 통해 (겔 9장; 계 7장에서 종말적 사건으로 제시됨), 여호와께서 이스라엘에게 새 영을 주심을 통해 (11:19), 영원한 언약을 맺으심을 통해 (16:60-63), 그리고 이스라엘을 여러 나라에서 나오게 하셔서 이스라엘의 거룩한 산에서 예배를 드리게 하심을 통해 (20:33이하) 제시된다. 이것이 33장 이하의 둘째 단락에서 더 구체적으로 제시된다. 필자는 김래용처럼 에스겔서에서 '거룩'이 책의 핵심 메시지를 구성하는 요소이며 여호와의 행위의 근거가 되며 또한 인지문구 (認知文句)와 함께 책의 목적을 형성함을 인정한다. 김래용, "에스겔서의 메시지와 거룩," 구약논단 24(3), (2018), 259. 그러면 에스겔서의 목적과 핵심 메시지는 무엇일까. "이스라엘의 거룩 (혹은 이스라엘의 하나님 인지)은 오직 거룩하신 하나님이 세우시는 목자 '다윗'과 '새 영'을 통해서 이루어진다"—필자는 이것이 본서의 핵심 메시지 (언약의 목적이 달성됨)라고 본다.

170 예. 사 56:1-8도 종말의 회복에 대한 그림인데 첫 언약의 언어를 사용.

나 솔로몬 성전과는 규모나 내용에 있어 무언가 변화된 모습으로 나타난다. 이 새 성전과 그 제도, 그 규례 (법)는 새 언약의 지평 속에서 이해되어야 한다. 이것을 오경의 제사 문서와 동일시하는 것은 구약의 언약들과 구별되는 새 언약의 특징에 대한 무지를 공공연히 드러내는 것과 같다. 이 새 성전은 이 새 성전의 치수를 재시는 새 언약의 주이신 '놋 같이 빛난 사람' (겔 40:3)의 역할 안에서 해석하여야 한다. 말하자면 이 분이 이 분의 잣대로 교회의 표준 (=치수)을 정하신다. 그리하여, 이 새 성전의 영적 의미는 초림하신 예수님의 사역을 통해 시작되었고, 또한 재림하실 예수님으로 말미암아 1000년의 통치에서는 그 의미가 예비적으로 이루어질 것이요, 궁극적으로는 새 하늘과 새 땅에서 그것의 온전한 성취를 볼 것이다. 말하자면, 예수님의 초림으로 인해 새 언약 백성이 된 거룩과 영광의 교회는 에스겔 새 성전의 1차적 성취이며, 재림으로 인해 새 성전의 2차적 성취가 이루어질 것이라는 의미이다. 재림과 관련하여서는, 1000년 통치 단계와 새 하늘과 새 땅의 영원한 통치 단계로 나누어 볼 수 있을 것이다. 나는 1000년 통치의 시기는 아직 물리적이요 지상적인 것들이 존재하는 시기요, 새 하늘과 새 땅은 영원성의 때인데 이 때는 첫 창조에 속하여 더럽혀진 것들이 소멸될 뿐 아니라 물리적인 것이 영적인 것에 완전히 지배되어 그것의 완전한 상태로 회복되어 그것의 완전한 목적에 봉사하는 상태에 이르는 때로 본다. 이 새 하늘과 새 땅의 영원성의 단계에서의 새 예루살렘은 구약적 언어로 제시된 에스겔의 새 성전과는 또다른 면모를 우리에게 보여준다. 이 때는 완전의 때이며 더 이상 '성전이 없는' 단계이다 (계 21:22[171]).

마지막으로, 위에서 언급한 에스겔서 33-48장[172]의 구조의 토대 위에서 강조되는 신학적 주제들을 보다 세부적으로 정리하자면,

i. 성전이 이스라엘 땅의 중앙에 있다는 것이 강조되었다 (48:8, 21). 이는 다음과 같은 완성을 바라본다. 즉, 하나님과 어린 양 (=성전)이 새 예루살렘의 중심에 계심;

ii. 성전은 기본적인 구조에서 그리고 본질적 의미에서 모세 때의 성막과 솔로몬 성전과 같으나 크기와 식양은 다소 달라졌다. 성전을 둘러싼 담과 그 안의 공간들, 그 안의 구조물들의 식양들도 달라졌다. 이 종말적 성전과 연관된 규례들도 모세 때의 그것들과 연속성이 있는 것들도 있지만 다소 달라진 것들이 있다. 모든 비밀의 열쇠는 '놋 같이 빛난 사람'이다. 왜냐하면 옛날의 성막과 성전과 달리 이 새 성전은 이 분이 그 치수를 재시기 때문이다 (새 언약에 의해 이 새 성전을 이해하여야 한다). 에스겔은 모세 때의 법을 임의로 뜯어고친 것이 아니다.[173] 에스

---

171 "성 안에서 내가 성전을 보지 못하였으니 이는 주 하나님 곧 전능하신 이와 및 어린 양이 그 성전이심이라."

172 다시 말하지만, 새 성전과 새 이스라엘 땅, 그리고 여호와의 임재를 보여주는 40-48장의 내용은 비평가들이 말하는 것처럼 33-39장의 문맥과 격리된 것이 아니다. 위의 전체적 분석에서 이미 제시하였듯이, 40-48장은 이미 33-39의 문맥, 특히 37:15-28 ("내 성소가 영원토록 그들의 가운데 있으리니")에서 예시된 것으로 40-48장에서 확장되고 있을 뿐이다

173 혹은 벨하우젠이 호도하는 것처럼 에스겔의 새 성전법이 오경의 제사법의 토대가 된 것도 사실이 아니다. 참고. Steven S. Tuell, *The Law of the Temple in Ezekiel 40-48* (Ph.D. Diss., Union Theological Seminary in Virginia, 1989), 220ff.

겔은 과거의 성전을 미래로 그 종말론적 영적 의미를 충분히 드러내며 투사한 것이다. 그렇지 않다면 사도 요한도 '성전 없는 새 예루살렘'을 임의로 만든 자일 것이다. 에스겔서의 새 성전과 새 땅은 요한계시록의 새 예루살렘과 많이 닮았으나 다른 점들도 많다. 다른 점들은 사도 요한이 에스겔서의 내용을 개인적으로 뜯어고친 것인가. 계시의 점진성과 언약들을 통한 하나님 나라의 진전성을 이해하지 못하면 늘 이런 사고에 갇혀 있을 것이다;

iii. 사독 자손 제사장의 신실함과 그들의 임직이 강조되었다 (40:46; 44:15-16; 48:11). 우상과 가증한 것과 불법을 버리고 거룩과 영광의 하나님을 사모하여 그분의 일에 전심으로 수종들기를 바라도록 우리를 촉발하는 것이 사독 자손 제사장에 대한 내용이다;

iv. 지파들의 땅의 경계와 제비뽑기를 통한 분배, 기업의 유지, 중앙 성소는 독자들로 하여금 여호수아-다윗-솔로몬 시대에 잠정적으로 완성되었던 하나님 나라로서의 이스라엘을 생각나게 하되 이 모든 것들이 에스겔서에서는 '이상화' (idealized)되었다는 인상을 일으킨다. 또한 이것들은 종말론적 면모로 이해되는데 그 이유는 에스겔서에서 성전에서 흘러나오는 물에 대한 언급이 있는즉, 이는 요엘서 (3:18)와 스가랴서 (14:8)에서도 종말론의 문맥에서 발견되기 때문이고, 에스겔서의 에돔의 심판도 다른 선지서들 (이사야서, 오바댜서 등)의 종말론적 문맥에 보이기 때문이다;

v. 33-48장의 문맥 속에서 볼 때 본 장들에서의 율례와 규례 준수는 새 언약 (평화의 언약, 영원한 언약)의 주체이신 여호와와 그의 대리자 다윗의 자손 안에서, 그리고 그 새 언약 속에서 부여된 '여호와의 영'의 임함을 통한 준수를 의미한다고 보아야 한다. 따라서 이 장들은 이스라엘이 모세 언약 속에서 준수하지 못한 율례와 규례를 앞으로 준수하게 될 것을 보여준다. 이 내용은 33-48장에서 전혀 새로운 것이 아니고, 1-24장의 문맥에서 이미 예시되었던 것이다. 특히 11장 후반부에 여호와의 영이 임하시고 (11:19; 39:29[174]) 이스라엘은 율례의 규례를 지키게 되며 그들이 하나님의 백성이 되리라는 예언이 나타난다. 1-24장의 문맥에서 보인 소망의 싹이 33-48장의 문맥에서 확대되는 것이다;

vi. 여호와의 대리자인 '놋같이 빛난 사람' (40:3)은 '가는 베옷을 입고 서기관의 먹그릇을 찬 분' (9:2-3)으로 에스겔서의 전반부에서 이스라엘의 남은 자들의 이마에 표하는 분 (9:4)으로 나타났는데, 이 분이 이제는 성전을 재시며, 성전에서 스며나오는 '물'을 재시는 분으로 나타난다. 즉 이분으로 인해 교회의 '스탠다드' (standard)가 결정된다면 이분은 누구인가? 이분은 신약=새 언약의 교회의 머리이신 분이 아닌가. 이 분은 구약의 다른 곳에 나오는 '여호와' 및 '하나님' (출 3:4)과 호환하여 나타나시는 '여호와의 사자' (출 3:2)와 같은 분이며 성육신 전

---

174 "…이는 내가 내 영 (רוח)을 이스라엘 족속에게 쏟았음이라"

의 '그리스도 예수'외에 다른 어떤 분으로 볼 수 없다. 33-34; 35-37장의 문맥에서 이 분은 '한 목자' (37:24 רוֹעֶה אֶחָד) 혹은 '한 임금' (37:22 מֶלֶךְ אֶחָד) 혹은 '다윗' (37:24)으로 나타나는데 38-48장에서 '성전을 재는 (남은 자를 결정하시고 남은 자의 거룩을 완성시키는) 분'으로, '생수를 재는 (생명을 충일시키시는) 분'으로, '제사장과 레위인과 백성과 군주와 12지파에게 땅을 나눠주시는 분'으로 나타나신다 (본서에서 이 분과 정반대편에 서 있는 자는 두로 왕으로 나타나는데 이는 사탄의 예표다[175]). 구약에서의 모든 하나님의 언약들의 목적은 곧 그의 백성이 그분을 '아는 것'[176] 곧 그의 뜻인 거룩을 이루어 임마누엘 상태 (37:27; 48:35 '여호와 삼마')에 이르는 것인데 이 목적을 이루는 관건 (key)이 바로 '놋같이 빛난 사람'이다. 이 분을 빼먹은 에스겔서 신학은 에스겔서 신학이라고도 할 수조차 없다;

vii. 종말의 이스라엘 뿐만 아니라 그 땅에 거하는 '타국인' (47:22 the strangers הַגֵּרִים') 도 기업을 받는다;

viii. 33-48장의 내용은 1-24장과 내용적 대조를 이루고 있는데 그 중에 가장 대조적인 것은 11:22-24 (여호와의 영광이 떠나가심)과 40:1-2; 43:2-5 (여호와의 영광이 성전에 들어가심)의 대조이다.

ix. 본서는 '제사장' 에스겔의 예언이므로 성전과 제사장과 제사의 지평에서 이스라엘의 삶에 대한 도덕적 판단을 한다. 이 도덕법 관련 설교는 40-48장의 새 성전의 환상 가운데 둘째 단락의 세 병행 단락들 속에서 각각 맨 앞부분에 나타난다. 이 도덕법은 이미 맺어진 시내산-모압 들판 언약을 따른 것이며, 우리가 에스겔서를 읽는대로는 도덕법을 어긴 것이 '성전'을 더럽히고 가증한 것을 용인한 것과 연결되어 있다 (사도 요한이 새 예루살렘을 언급할 때 도덕법 관련 설교를 한 것과 비교. 계 21:8, 27; 22:15). 이는 에스겔서의 독특한 측면이다. 물론 에스겔은 종말론적이요 영적인 새 성전과 새 기업을 설할 때 그 자신의 제사장 직분에 맞게 성전법 즉 성전 규례, 번제단 규례, 제사장 규례, 제사와 절기 규례, 기업 규례 등을 강조한다. 그리고 이 모든 규례들은 놋 같은 모습을 하신 분의 측량과 연결되어 있다.

---

175 겔 28:11-19. 자유주의 주석가들은 이 조가 (혹은 탄식)를 신화의 차용과 변용으로 본다. 이사야서에서 고레스 왕이 메시아를 가리키는 소재로 사용된 것 같이, 본서에서 두로 왕 (28:2)이 사탄 (타락한 그룹)을 지시하는 자료로 사용된 것에 대해 그들은 아무런 통찰이 없는 것 같다. 창세기의 아담 이야기의 역사성을 부정하고 신화로 결론 짓는 사람들이 본 에스겔서도 신화의 각색으로 보는 것은 전혀 이상할 것이 없다. Joseph Blenkinsopp, *Ezekiel*, Interpretation (Louisville: John Knox Press, 1990), 123-5; Moshe Greenberg, *Ezekiel 21-37: A New Translation with Introduction and Commentary*, AB (New York, etc: Doubleday, 1997), 579-93.

176 예. "그날 이후에 이스라엘 족속은 내가 여호와 자기들의 하나님인 줄을 알겠고 (וְיָדְעוּ)" (39:22)

참고문헌

박경철. "그들 가운데 선지자가 있다: 에스겔서 최종형태 구성의 신학과 책의 자리 (Sitz im Buch)." *신학연구* 73 (2018): 81-107.

왕대일. "곡의 멸망ㆍ곡의 무덤, 종말에 이르는 이정표(겔 39:1-20)." *신학과 세계* 88 (2016. 12. 31): 7-36.

최영헌. *계시록과 선지서: 주제적 구조, 선지서의 시점 이동 그리고 종말 사건들*. 서울: CLC, 2023.

Blenkinsopp, Joseph. *Ezekiel*. Interpretation. Louisville: John Knox Press, 1990.

Block, Daniel I. *The Book of Ezekiel Chapters 1-24*. NICOT. Grand Rapids: Eerdmans, 1997.

Greenberg, Moshe. *Ezekiel 21-37: A New Translation with Introduction and Commentary*. Anchor Bible. New York, etc: Doubleday, 1997.

Kaiser, Otto. *Introduction to the Old Testament: A Presentation of its Result and Problems*. Translated by John Sturdy. Oxford: Basil Blackwell, 1975.

Keil, C. F. *Ezekiel, Daniel*. Vol IX in C. F. Keil and F. Delitzsch, *Commentary on the Old Testament in Ten Volumes*, Translated by James Martin. Grand Rapids: William B. Eerdmans, 1988; *Biblischer Commentar über den Propheten Ezechiel*. Leipzig: Dörffling und Franke, 1868.

Mayfield, Tyler D. *Literary Structure and Setting in Ezekiel*. Forschungen zum Alten Testament 2. Reiche 43 (Tübingen: Mohr Siebeck, 2010.

Taylor, John B. *Ezekiel*. Tyndale Old Testament Commentaries. Leicester: Inter-Varsity Press, 1969.

Tuell, Steven S. *The Law of the Temple in Ezekiel 40-48*. Ph. D. Diss., Union Theological Seminary in Virginia, 1989.

Ward, Lisa R. "The Visionary Structure of Ezekiel: A Narrative Theological Approach." *Society for Pentecostal Studies* (2018): 1-20.

Wright, Christopher J. H. *The Message of Ezekiel*. The Bible Speaks Today. Leicester: Inter-Varsity Press, 2001.

제5장 다니엘서의 주제적-신학적 구조와 메시지

1. 다니엘서의 구조에 대한 옛 시각들

본장에서는 다니엘서의 저자와 역사적 배경에[177] 대하여 다루기 보다, 그 구조와 신학을 살펴보려 한다. 다니엘서의 구조는 쉽게 거머쥘 수 있을 것 같으나 생각만큼 쉽지 않다. 하나의 기준을 잡아 구조를 이해하려고 하면 다른 기준으로 분석한 구조와 마찰이 일어나고, 다른 기준을 붙잡고 가려 하면 먼저의 그 기준이 와서 방해하기 때문이다.

필자는 먼저 이렇게 대치되는 기준들 사이에서 혼동을 경험했던 기존의 학자들의 견해들을 제시하고 그것들을 하나하나 평가하고자 한다. 특히, 필자는 기존의 견해들 중에 사용언어들 (히브리어/아람어)에 의한 구조를 먼저 다루고, 문학적 장르와 연대기와 인칭 (다니엘이 1인칭으로 언급되었는가, 3인칭으로 언급되었는가) 등에 의한 구조를 그 다음에 다룰 것이다. 학자들 간에는 2-7장의 교차대조(chiastic structure)를 중시하는 사람들이 있고, 혹자는 이 장들의 병행 구조(parallel structure)를 아울러 생각하기도 한다. 또 이 장들의 교차대조를 다니엘서 전체에 편입시켜 생각하는 학자들이 있다.

이 장에서 필자의 1차적 관심은 다니엘서의 주요 주제들과 그 주제들의 발전이다. 필자는 5장이 이러한 주제들의 발전에 있어 구조적 전환점을 이룬다고 생각한다. 다니엘서 1장, 좀 더 나아가서는 다니엘서 1-4장에서 한번 다루어졌던 주제들이 5-12장에 어떻게 발전을 이루면서 다시 다루어지는가를 필자는 주목하려 한다. 필자는 이러한 구조를 통해 다니엘서의 기자가 어떤 메시지를 전하려 하는지를 살필 것이다.[178]

사용 언어들

맛소라 사본(Masoretic Text, 이하 MT) 다니엘서에 사용된 언어는 둘이다. MT 다니엘서의 히브리어 본문은 1:1-2:4a와 8:1-12:13인데 절수는 157과 1/2절이며, 아람어 본문은 2:4b-7:28이고 절수는 199와 1/2절이다. 구약성경에서 아람어가 사용된 부분은 스 4:8-6:18; 7:12-26;

---

177 다니엘서의 저자와 역사적 배경에 대해 필자는 다음과 같이 간략히 언급한다. 다니엘 (דָּנִיֵּאל)은 "하나님은 나의 심판자이시다"는 뜻이다. 느부갓네살의 유다에 대한 1차 침공 때 (여호야김 3년, 단 1:1; 왕하 24:1) 다니엘을 비롯한 여러 왕족들, 귀족들이 바벨론으로 잡혀갔고 느부갓네살은 그들 중 총명한 자를 택해 훈련시킨 후에 그 앞에 모셔서게 하였다. 다니엘서 자증을 따르면, 다니엘의 사역 연대는 최소한 느부갓네살부터 고레스 3년 (단 10:1)에 이르니 유다의 70년 포로 전 기간을 망라한다. 다니엘은 역사의 주관자이신 하나님이 세상 나라를 멸하시고 '인자같은 이'에게 권세와 영광과 나라를 주실 것을 예언하였다 (단 7:13-14). 성도들에게 한 때와 두 때와 반 때의 고난이 있을 것이나 나라와 권세와 온 천하 나라들의 위세는 지극히 높으신 이의 거룩한 백성에게 붙인 바 될 것이다 (단 7:25-27).

178 다니엘서와 계시록의 구조 및 그 선지적 시각에 대한 논의는 최영헌, *계시록과 선지서*, 112-53을 참조하라.

렘 10:11; 창 31:47 (두 단어) 등이다.[179] 2:4b부터 7장 마지막까지 왜 아람어가 사용되었는가 하는 문제는 여전히 하나의 수수께끼[180]로 남아 있다. 브린만 (Mervin Breneman)은 그의 에스라서 주석에서 아람어는 기원전 8세기 앗수르 제국에서 시작하여 신바벨론과 페르시아 제국의 시기까지 두루 사용된 국제어 (lingua franca)였다고 말한다. 당시 아람어는 마치 오늘날의 영어와 같이 자국어가 있으나 국제적인 소통의 현장에는 통상적으로 사용되는 언어(pidgin)였던 것이다. 브린만은 포로로 잡혀갔던 유대인들은 히브리어와 아람어를 둘 다 사용하게 되었고 (다시 말해 bilingual), 에스라서의 저자의 문서들, 편지들, 그리고 답신들도 아람어로 기록되었던 것이 틀림없다고 말한다.[181]

한편 MT 다니엘서와 비교해서, 그리스어 사본들(70인역 및 70인역에 대한 주후 2세기 역본인 테오도션 [Theodotion]; Theodotion은 에베소 출신의 개종자)은 추가적으로 몇 가지 내용들을 더 포함한다. 70인역의 순서를 따라서 보면, '아사랴(Azariah)의 기도 및 세 젊은이들의 노래'는 MT의 3:23과 24 사이에 삽입되었다. 그리고 MT 다니엘서가 12장으로 끝난 다음 70인역은 '수산나'와 '벨과 뱀'을 추가한다. 테오도션역의 순서를 따라서 보면, '수산나'는 MT 다니엘서 1장 앞에 온다. 주후 4세기에 제롬 (Jerome)이 라틴어로 성경(Vulgate)을 번역할 때 다니엘서 머릿말에서, 교회들은 70인역이 아닌 테오도션을 사용하는데 왜 그런지는 알 수 없다고 말한다. 이어서 제롬은 '단 하나 확신 있게 말할 수 있는 것은, 이것(곧, 그리스어 역본)이 오리지날과는 차이가 많으므로 거절하는 것이 올바르다'고 쓰고 있다.[182]

MT에 사용된 히브리어와 아람어에 70인역의 그리스어 추가물(additions; '아사랴의 기도' 등등)을 더한다면 다니엘서의 사용언어는 도합 3개가 된다. 그러나 다니엘서의 구조와 저자를 논할 때 심지어 디 렐라 (Alexander A. Di Lella)와 하트만 (Louis F. Hartman)같은 로만 카톨릭학자들도 외경문서들을 함께 다루지는 않는다.[183] 다른 이유들이 있겠으나 이에 대한 근본적인 이유는 이 문서들이 후대에 나타난 것들이며 정경성을 결여하고 있기 때문일 것이다.

사용 언어들에 의한 구분과 문학 쟝르들에 의한 구분의 불일치

디 렐라는 그의 주석에서 다니엘서의 구조 이해가 쉽지 않다고 실토한다. 사용 언어들에 따른 구분과 문학적 쟝르들에 의한 구분이 서로 불일치한다는 것이다.

---

179 Stephen R. Miller, *Daniel: An Exegetical and Theological Exposition of Holy Scripture NIV Text*. The New American Commentary vol. 18 (Broadman & Holman, 1994), 47 및 n. 133 참조.

180 Raymond Hammer, *The Book of Daniel*. The Cambridge Bible Commentary on the New English Bible (London; New York; Melbourne: Cambridge University Press, 1976), 6. Hammer는 여기서 두 언어가 어떻게 해서 다니엘서에 나타나게 된 것인지 간단히 기존의 견해들을 나열한다.

181 Mervin Breneman, *Ezra/Nehemiah/Esther: An Exegetical and Theological Exposition of Holy Scripture NIV Text*. The New American Commentary vol. 10 (Broadman & Holman, 1993), 102.

182 John J. Collins, *Daniel: A Commentary on the Book of Daniel* (Minneapolis: Fortress, 1993), 3f.

183 Louis F. Hartman and Alexander A. Di Lella, *The Book of Daniel: A New Translation with Introduction and Commentary*. The Anchor Bible vol. 23 (Garden City: Doubleday, 1978).

...the linguistic division between the Hebrew (1:1-2:4a; 8:1-12:13) and Aramaic parts (2:4b-7:28) does not correspond to the literary division between the midrashic stories (chs. 1-6) and the apocalyptic narratives (chs. 7-12). If the six edifying stories of chs. 1-6 (including the first apocalypse, 2:13-45) had been all in Aramaic, and the last four apocalypses of chs. 7-12 all in Hebrew, then there would have been no difficulty in finding a persuasive explanation.[184]

그렇다면 우리는 어느 것을 따라 다니엘서의 구조를 이해하여야 하겠는가? 이 문제에 답하기 위해 우리는 2:4b부터 7장까지가 아람어로 기록된 것이 구조 이해에 필수적인가 하는 질문에 먼저 답해야 할 것이다. 히브리어로 기록된 2:1-4a를 보면 아람어 사용의 배경이 나온다. 느부갓네살 왕이 자기가 꾼 꿈이 어떤 의미인지 알고자 하여 마음이 번민할 때 갈대아 술사들이 불려왔고 그들이 아람어로 왕에게 말하는 것이 아람어 사용의 배경이다. 우리가 2장만으로 범위를 좁혀서 볼 때 사용언어에 따라 2장을 1-4a와 4b-49로 나누는 것은 참으로 어색하기 그지 없는 일이다. 이 두 부분이 합하여 그 자체로 하나의 전체를 이루는 '이야기-예언'(2:1-49)을 둘로 쪼개는 것은 오히려 자체의 통일성을 파괴하는 결과를 유발한다. 이는 에스라서의 아람어 부분인 4:8-6:18을 따로 떼어 에스라서의 구조를 이해하는 것과 별반 다를 것이 없는 이상한 접근인 것이다.

사용 언어들에 의한 구조 및 그 장단점

그럼에도, 이러한 언어적인 현상을 가지고 책의 구조와 내용을 조명하려는 학자들이 있었다. 류폴드 (Herbert Carl Leupold)의 분해는 다음과 같다.

1장 Preface(서언)
2-7장 I. The Development of the World Power(제1부 세상 세력의 발전)
8-12장 II. The Development of the Kingdom of God(제2부 하나님 나라의 발전)[185]

류폴드의 견해는 왈우드 (J. F. Walwood)의 것[186]과 비슷한데, 비록 2:1-4a가 히브리어로 되어 있지만 이것을 2-7장 아람어 본문에 편입시키고, 나머지 8-12장 히브리 본문과 구별하여 내용을 정리한다. 이 견해의 약점은 1) 2-7장에서 특히 2장과 7장은 각각 끝부분에 하나님의 왕국의 종국적 승리를 예언하고 있는데 이것을 그저 이방 나라들의 발전으로 본다는 것, 2) 8-12장은 반대로, 하나님 나라의 발전으로 보기에는 세상 세력들에 대한 예언도 많은데 그저 하나님 나라의 발전으로 본다는 것, 3) 7-12장은 앞의 장들과는 달리 다니엘이 1인칭으로 언급되면

---

184 Ibid., 10. "…히브리어 부분 (1:1-2a; 8:1-12:13)과 아람어 부분 (2:4b-7:28)으로 나누는 언어를 따른 구분은 미드라쉬적인 이야기들 (1-6장)과 묵시적 내러티브들 (7-12장)로 나누는 문학적 구분과 일치하지 않는다. 1-6장의 교육적인 이야기들 (맨처음의 묵시인 2:13-45를 포함)이 모두 아람어로 되어 있었다면, 그리고 마지막 네 개의 묵시 곧 7-12장이 모두 히브리어로 되어 있었다면, 납득할만한 설명을 해주기가 어렵지 않았을 것이다." (필자의 졸역)

185 Herbert Carl Leupold, *Exposition of Daniel* (Grand Rapids: Baker, 1949; 1969), 47, 79, 330.

186 J. F. Walvoord, *Daniel: The Key to Prophetic Revelation* (Chicago: Moody, 1971), 178.

서(10:1은 제외) 이야기보다는 예언(혹은 묵시)이 집중적으로 다루어지며 또 이 예언들이 연대기 순으로 되어 있음에도 그가 7-12장을 하나로 묶지 않았다는 것이다.

그러나, 한편으로 이러한 구분에 강점이 없는 것은 아니다. 첫째, 이 구분은 1장을 서론으로 본다는 것이다. 1장은 다니엘(그리고 세 친구)이 어떻게 하나님께로부터 은사를 받게 되었는지가 나타남으로 후속하는 장들을 위해서 필수적인 장으로 서론으로 보기에 충분하다고 류폴드는 말한다. 이 점은 충분히 납득할만하다 (필자도 1장이 다니엘서 전체의 서론이라고 생각한다). 둘째, 특히 2-7장의 교차대조적 배열은 2-7장의 구분을 강하게 지지해 준다는 것이다.

a. 2-7장의 교차대조

아람어로 쓰인 본문 2-7장의 교차대조적 구조(chiastic structure)는 아주 선명하다. 아래 도표를 보라.

A Ch. 2 A vision of four empires(네 제국에 대한 환상)
  B Ch. 3 A trial of faithfulness and a marvelous deliverance(믿음의 시련과 놀라운 구원)
    C Ch. 4 An omen interpreted and a king challenged and chastised(징조 해석, 왕이 도전 받고 징계받음)
    C' Ch. 5 An omen interpreted and a king challenged and deposed(징조 해석, 왕이 도전 받고 폐위됨)
  B' Ch. 6 A trial of faithfulness and a marvelous deliverance(믿음의 시련과 놀라운 구원)
A' Ch. 7 A vision of four empires(네 제국에 대한 환상)[187]

위의 랑글레 (Lenglet)의 구조는 이후 많은 학자들에게서 인용되리만큼 각광을 받았다. 그들 중 어떤 학자들은 2-7장 자체의 요소들 간의 대응을 보았을 뿐만 아니라 이 구조를 전체 구조에 적용하여 발전시켰다.

b. 2-7장의 교차대조를 다니엘서 전체에 적용

필자는 여기서 랑글레의 구조를 발전시킨 두 사람을 인용하고자 한다. 첫째는 도씨(David A. Dorsey)인데 그는 류폴드의 구조를 기본틀로 하여 2-7장(랑글레의 교차대조를 따름)뿐만 아니라 8-12장(히브리어로 쓰인 본문)도 따로 교차대조적 구조로 분석하였다. 즉, 그 나름대로 더 발전시킨 것이다.

---

187 A. Lenglet, "La structure littéraire de Daniel 2-7," *Biblica* 53 (1972), 169-90.

Hebrew Introduction: Daniel and his three friends in king's training (1) **히브리어**로 된 서론: 다니엘과 세 친구들이 왕 치하에 훈련받음 (1장)

Aramaic section (2-7) 아람어 부분 (2-7장)

  a vision of the <u>four kingdoms</u> (in human image) (2) (인간 이미지로 나타난) 네 왕국들에 대한 비전 (2장)

    b <u>martyr story</u>: God saves Daniel's three friends in the fiery furnace (3) 순교 이야기: 하나님이 풀무 불 속에 던져진 다니엘의 세 친구들을 구원하심 (3장)

      c <u>Nebuchadnezzar's pride and Yahweh's sovereignty</u> (4) 느부갓네살의 교만과 여호와의 주권 (4장)

      c' <u>Belshazzar's pride and Yahweh's sovereignty</u> (5) 벨사살의 교만과 여호와의 주권 (5장)

    b' <u>martyr story</u>: God saves Daniel in the lion's den (6) 순교 이야기: 하나님이 사자 굴에 던져진 다니엘을 구원하심 (6장)

  a' vision of the <u>four kingdoms</u> (in images of beasts) (7) (짐승의 이미지로 나타난) 네 왕국들에 대한 비전 (7장)

Hebrew section (8-12) 히브리어 부분 (8-12장)

  a vision of <u>two kingdoms</u> (Persia and Greece; metaphor of beasts) (8) 두 왕국들에 대한 비전 (페르시아와 그리스; 짐승들의 메타포) (8장)

    b vision of the seventy "sevens" (9) 70이레의 비전 (9장)

  a' vision of <u>two kingdoms</u> (Persia and Greece; metaphor of man) (10-12)[188] 두 왕국들에 대한 비전 (페르시아와 스리스; 인간의 메타포) (10-12장)

도씨의 구조에서 눈에 띄는 것은 8장과 10-12장을 대칭으로 보았다는 것이다. 사실, 8장의 수양과 수염소 환상과 10-12장의 남방왕과 북방왕의 대결은 병행을 이룬다. 문제는 이러한 교차대조적 구조가 여러 가지를 희생한다는 것이다. 첫째로는 8-12장이 앞장들과 분리된 느낌을 준다. 이 구조에서는 8-12장이 앞장들과 어떻게 관련되는지 알 수 없다. 둘째로는 8장과 10-12장이 서로 대응됨을 이해할 수 있지만 이 구조는 왜 9장이 그 가운데 들어가야 하는지 의문을 일으킨다. 2-7장의 중심에는 느부갓네살의 교만과 벨사살의 교만이 들어갔는데, 8-12장의 중심에는 70이레 곧 메시아 예언이 중심에 놓았다. 이것은 일관성을 결여한다. 셋째는 7-12장이 문학적 장르로 볼 때 환상-묵시이고, 다니엘이 1인칭으로 언급되는데 여기서 8-12장을 떼어냄으로 8-12장을 파편화시킨다는 것이다. 넷째는 주제의 대응을 중점으로 하기에 이 구조는 연대기적인 순서를 깬다는 것이다.

한편, 2-7장의 교차대조를 인정하면서도 이것을 도씨와는 좀 다르게 다니엘서 전체에 적용한 학자는 골딩게이 (John E. Goldingay)다. 도씨는 8-12장의 히브리어로 기록된 본문을 따로 교차대조로 설명하였으나 골딩게이는 1장과 9장을 대응으로 보았고 8장은 7장의, 10-12장은 9장의 발전으로 봄으로 8-12장을 다니엘서 전체에 통합시켰다. 아래의 도표를 보라.

---

188 David A. Dorsey, *The Literary Structure of the Old Testament: A Commentary on Genesis-Malachi* (Grand Rapids: Baker Books, 1999), 260.

1-12장의 통합적인 측면이 돋보이지만, 그러나 골딩게이의 구조에서도 약간 석연치 않은 점들이 있다. 먼저 1장과 9장의 대응이다. 이 두 장은 장르만 다를 뿐 같은 주제를 지니고 있다고 그는 생각한다. 그래서 그는 그 제목을 '포로됨과 포로됨이 제기하는 질문들'이라고 1장과 9장에 똑같이 달은 것이다. 이 제목은 9장에는 어느 정도 적용되는 듯 보인다. 다니엘이 예레미야의 예언을 읽고 70년의 의미를 깨달은 것, 그가 회개 기도한 것 등은 그가 '이 포로상태에서 우리가 언제 자유케 되어 고국으로 돌아가겠습니까'라는 질문을 하나님께 가지고 있었음을 시사하기 때문이다. 1장도 물론 다니엘이 포로 상태에 있지만 여전히 언약법을 따라 자기를 지켜 성결케 하길 원했다는 것을 볼 때 그의 행동은 분명 하나님의 백성으로서의 정체성에 대한 근본적인 질문을 그 자신에게 늘 하고 있었음을 나타낸다고 할 수 있다. 따라서 골딩게이가 이 두 장에 달은 제목은 납득할 수 있을 수 있다. 그러나 '포로됨과 포로됨이 제기하는 질문들'에 더하여 1장이 강조하고 있는 것은 다니엘이 하나님의 은사를 받은 내력을 소개하는 것이 아닌가. 장차 그에게 주어지고 해석될 미래 세상 나라와 하나님 나라의 운명과 메시아에 대한 예언이 어떻게 주어지게 되었는가의 내력을 소개하는 것이 1장의 기능이 아닌가.

만약 1장이 '포로됨이 제기하는 질문들'이라고 한다면 5장과 6장 역시 그렇다. 5장에는 '벽진 기명'에 대한 내용이 있고, 6장에는 '하루 세 번 예루살렘을 향하여 감사 기도함'이 있다. 이 모든 내용은 포로됨에도 불구하고 여전히 언약주 하나님을 섬기는 언약백성으로서 다니엘의 정체성에 대한 근본적인 질문을 포함하고 있는 것이다.

골딩게이의 구조의 두 번째 약점은 10-12장을 9장의 발전으로 보는 것이다. 8장이 7장의 발전인 것은 이해할 수 있다. 왜냐하면 7장의 이방나라의 전개를 8장은 더 집중된 시각으로 보기 때문이다. 그러나 10-12장은 9장의 측면들의 발전으로 보기 어려운데, 왜냐하면 도씨가 본 것처럼 이 장들은 8장과 더 깊이 연관되기 때문이다.

아무튼 도씨와 골딩게이의 공통점은 2-7장의 교차대조적 구조를 전체 구조를 이해하는 데 있어 살리고 있다는 것이다. 골딩게이가 통합적으로 그것을 살리는 반면, 도씨는 8-12장을 분리하며 살린다. 이와 같이 도씨의 구조가 8-12장을 그 사용언어에 따라 분리하는 것에 대

---

189 John E. Goldingay, *Daniel*. Word Biblical Commentary vol. 30(Dallas: Word Books, 1989), 325.

해서는 일찍부터 많은 학자들의 반대가 있었다. 이 사람들은 7-12장의 장르와 인칭의 일치성을 사용언어보다 더 주목한 것이다.

문학 장르, 인칭, 연대기적 순서를 따라 본 구조

영 (E. J. Young)은 그의 주석에서 근래 학자들이 하는 것처럼 다니엘서 전체에 대한 분석을 싣지는 않았지만 다니엘서를 1-6장과 7-12장 두 부분으로 나눈다.[190] 밀러 (Stephen R. Miller)는 아람어 부분이 이방 세계에 대하여, 히브리어 부분이 유대인들을 다루고 있기는 해도 이 점이 구조에 있어 결정적 요소는 아니라고 하였다. 그는 장르와 연대기적 순서에 따라 1-6장과 7-12장으로 나눔이 바람직하다고 했다.[191] 최근의 복음주의 학자 힐 (Andrew E. Hill)의 다니엘 주석도 이 구분에 동의하고 있다.[192]

이러한 복음주의자들과 다르지 않게 많은 비평학자들도 1-6장과 7-12장 두 부분으로 구분한다. 비평학자들 중 일인 라꼬끄 (André Lacocque)의 말을 들어보자.

> In the first part there are six stories or *agadoth* (= Daniel A). Daniel is there spoken of in the third person singular…The second part of the book consists of four apocalyptic visions (= Daniel B). Here Daniel is designated in the first person singular. He is no longer the interpreter of other people's dream, but is himself the dreamer and visionary. He needs the help of an angel to understand what he sees.[193]

라꼬끄의 구분은, 그러나, 철저히 비평학적 회의주의에 근거해 있다. 예언의 진정성 (authenticity)을 인정하지 않기에 다니엘서의 연대를 기원전 2세기로 보며, 나름대로의 편집 역사를 가정한다. 표면적으로는 복음주의자들의 구분과 일치하지만 이면적으로는 판이한 관점으로 다니엘서를 바라보는 것이다.

---

190 Edward. J. Young, *The Prophecy of Daniel: A Commentary* (Grand Rapids; Eerdmans, 1953), 19에서 7-12장을 'the second portion of the book of Daniel'이라 칭한다.

191 Stephen R. Miller, *Daniel: An Exegetical and Theological Exposition of Holy Scripture NIV Text*. The New American Commentary vol. 18 (Broadman & Holman, 1994), 51-3. "…That the Book of Daniel should be divided according to the type of literature-the stories of Daniel (1:1-6:28) and the prophecies of Daniel (7:1-12:13)-is indicated by the chronological scheme set forth by the author of the book and by the fact that the author himself had grouped together homogeneous literary accounts." ("다니엘서가 문학형식에 따라 이야기 (1-6장)와 예언 (7-12장)으로 나누어짐은 본서의 저자에 의해 구축된 연대기적 구도와 조응하는데 이 사실은 저자 자신이 같은 종류의 문학적 본문들끼리 그룹화하였음을 보여준다." 필자의 졸역)

192 Andrew E. Hill, *Daniel* in ed. Tremper Longman III & David E. Garland, *DanielMalachi*. The Expositor's Bible Commentary 8 (Grand Rapids: Zondervan, 2008), 43-4.

193 André Lacocque, *The Book of Daniel*. trans. David Pellauer(London: SPCK, 1979), 14-6. "첫 번째 부분에는 여섯 개의 이야기 혹은 아가돗 (다니엘 A)가 있다. 다니엘은 3인칭 단수로 언급된다. 본서의 두 번째 부분은 네 개의 묵시 환상들로 이루어졌다 (다니엘 B). 여기서 다니엘은 1인칭 단수로 나타난다. 다니엘은 더 이상 다른 사람들의 꿈의 해석자가 아니라 그 자신이 꿈 꾸는 자요 환상을 보는 자이다. 그는 자기가 본 것을 이해하기 위해 천사의 해석을 필요로 한다." (필자의 졸역)

Our conclusion is that in the second half of the second century BCE, the redactor and veritable Author of Daniel availed himself of the tales belonging to a popular cycle about Daniel. His project was to galvanize the spiritual resistance of the Pious against the persecution of Antiochus IV and the Hellenists. He therefore gave a twist appropriate to this own ends to the *agadoth* associated with the name of Daniel. These are chapters 1-6 or 'Daniel A'. Chapters 7-12 are a more original work of this Author. Here the genre is apocalyptic and the message is more directly conceived with the martyrs of 167-164 in mind.[194]

그러면, 이 구분의 강점과 약점은 무엇인가. 이 구분의 강점은 이미 언급하였듯이 장르, 인칭, 그리고 연대기적 순서에 주의한다는 것이다. 사용 언어가 구분의 큰 의미를 지니지 않는다고 생각하는 것이다. 약점은 1) 2-7장 사이에 존재하는 교차대조적 전시를 무시하는 점, 2) 이야기와 환상을 첨예하게 나눔으로 통일성을 약화시키는 점, 3) 부분적으로 묵시의 요소가 있는 2장이 어떻게 1-6장의 궁정 이야기 속에 끼어들게 된 것인가 하는 점들을 해명하지 못한다는 것이다.

사용언어에 의한 구분과 문학적 구분 사이의 조화를 꾀한 시도

발드윈 (Joice G. Baldwin)은 이러한 두 구분 사이의 부조화 속에서 무척 고민한 학자였던 것 같다. 그녀는 먼저 다니엘서를 1-6장과 7-12장으로 나누었는데 이는 앞에서도 보았듯이 장르와 연대기에 유의한 구분이었다. 그 다음으로 그녀는 아람어 부분 (2-7장)의 교차대조적 구조를 살린다. 그녀의 분석은 다음과 같다.

1부: 이야기들
I.   프롤로그: 셋팅 (1:1-21)
II.   열방께 기극히 높으신 하나님 (2:1 7:28)
     A. 네 왕국들 및 하나님의 왕국에 대한 느부갓네살의 꿈들 (2:1-49)
        B. 전제군주 느부갓네살이 하나님의 종들이 구출받은 것을 보다 (3:1-30)
           C. 느부갓네살에 대한 심판 (4:1-37)
           C1. 벨사살에 대한 심판 (5:1-31)
        B1. 메대 사람 다리오가 다니엘이 구출받은 것을 보다 (6:1-28)

---

194 *Ibid.*, 9-10. "기원전 2세기 후반에 다니엘서의 편집자이자 진짜 저자가 다니엘에 관한 하나의 민간에 떠도는 이야기들을 수렴했다고 우리는 결론을 내린다. 그의 계획은 안티오쿠스 4세와 헬라파들의 핍박에 대항하는 경건한 자들의 영적인 저항을 [이 이야기들에] 합체시키는 것이었다. 그리하여 그는 이 자체의 목적에 부합시키기 위해 다니엘의 이름으로 된 아가돗 [이야기들]을 변조하였다. 이것이 다니엘 1-6장 혹은 '다니엘 A'다. 7-12장은 이 저자가 쓴 보다 원래적인 부분이다. 이 장들의 장르는 묵시이며 메시지는 167-164년의 순교자들을 보다 직접적으로 염두에 둔 사고를 품고 있다." (필자의 졸역)

2부: 환상들

A1. 다니엘이 네 왕국들 및 하나님의 왕국에 대한 환상을 봄 (7:1-28)
III.   둘째 및 셋째 왕국의 정체가 밝혀지다 (8:1-27)
IV.   다니엘의 기도와 70 이레에 대한 환상 (9:1-27)
V.   하늘 메신저의 환상과 그의 마지막 계시 (10:1-12:13)[195]

이 구조에서 흥미로운 점은 7장이 로마숫자로 된 메인 섹션에 들어가지 않고 하위 단락에 들어가 있고 아람어 부분으로서 히브리어 부분 8-12장의 머리에 놓인 것이다. 한마디로 2-7장 (아람어)의 교차대조도 살리고, 장르, 인칭, 연대기에 의한 구분 (1-6장, 7-12장)도 살리자는 것이다.

한편 발드윈의 이채로운 점은 2, 7, 8, 9, 11장을 이해하는 데 있어 헨드릭센 (W. Hendricksen)의 "점진적 병행법"을 사용한다는 점이다. 다니엘서와 계시록의 문학적 구조와 내용 배열과 예언의 문학적 특성의 상관관계를 유의한다는 것이다.

> The term 'progressive parallelism' is used by W. Hendriksen in his commentary on Revelation, but we have already begun to introduce the idea in the previous paragraph, for chapters 2, 7, 8, 9 and 11 are to some extent parallel. They review a period of history by means of different symbols; in chapters 2 and 7 this period is identical, whereas in chapters 8, 9 and 11 the starting point is later, and there is concentration on one theme. Chapter 2 is least complex; chapter 11 is very detailed. The dream image has nothing to say about the future of God's people beyond assuring them that God is ultimately going to have His way in the affairs of the nations; but the vision of the four great beasts ends with 'the saints of the Most High' receiving the kingdom; subsequent visions lay stress on the fearful destruction which will lay waste the sanctuary and defeat God's cause before the appointed end comes. The revelation is thus progressive, though it remains within the general frame of reference given in the first of the series.[196]

---

195 Joyce G. Baldwin, *Daniel: An Introduction and Commentary*. Tyndale Old Testament Commentaries. (Leicester: Inter-Varsity Press; Illinois: Downers Grove, 1978), 75.

196 *Ibid.*, 62. (필자의 밑줄) "윌리엄 헨드릭센이 그의 계시록 주석에 '점진적 병행'이란 용어를 사용하였으나, 우리는 2, 7, 8, 9, 11장들이 어느 정도 병행을 이루기 때문에 앞에서 이 개념을 이미 소개하기를 시작해왔다. 이 장들은 다른 상징들을 사용해서 역사 기간을 바라본다. 즉, 2장과 7장은 취급하는 기간이 동일하다. 반면, 8, 9, 11장은 시작점이 더 나중이고 한 주제에 대해 집중한다. 2장은 가장 덜 복잡하되 11장은 아주 디테일하다. [2장의] 꿈 이미지는 궁극적으로 하나님께서 열방의 사건들 속에서 당신 [자신]의 뜻을 행하실 것을 당신의 백성에게 확약하시는 것을 너머서 그들의 미래에 대해 아무 말씀하지는 않으시나 [7장의] 네 짐승의 환상은 '지극히 높으신 이의 성도들'이 그 나라를 받게 됨으로 마치며, 후속하는 환상들 [8장 이하]은 성소를 황폐케하고 정한 끝이 오기 전 하나님의 뜻을 거스르는 무서운 파멸에 강조점이 실리고 있다. 따라서 이 시리즈의 첫 부분에 주어진 관련 요소들의 일반적 프레임 내에 남아 있기는 하지만 계시는 점진적이다." (필자의 졸역)

발드윈의 관찰에서 부인할 수 없는 점들은 다음과 같다. 첫째, 2, 7, 8, 9, 11장은 어느 정도 병행을 이루고 있다는 것, 둘째, 2장과 7장이 커버하는 기간이 거의 같다는 점, 셋째, 8, 9, 11장은 출발하는 시점에 있어서 2장보다는 나중이라는 것, 넷째, 장들의 내용은 뒤로 갈수록 종말적인 내용이 보다 자세해진다는 것이다.

그녀의 관찰과 관련해서 제기되는 질문은, 첫째, 주요 주제들의 발전과 관련해서 책의 구조에 대한 그녀의 통찰이 보다 분명해질 수는 없는가, 둘째, 2장과 병행을 이루는 7장(+8장)이 왜 2장 다음에 배치되지 않고 연대기를 거스르면서 6장 다음에 왔는가, 셋째, 2-7장을 꼭 교차대조적 구조로 보아야할 절대적인 이유가 있는가, 달리 볼 가능성은 없는가.

이 세 가지 질문들 중에서 논의의 순서상 세번째 질문에 대한 대답이 먼저 시도되는 것이 바람직하다. 다음에 인용한 구조는 구딩 (David W. Gooding)의 것인데 2-7장을 교차대조로 보는 랑글레, 도씨, 골딩게이와 달리 새롭게 보는 학자 중 하나로 그는 세번째 질문에 대해 하나의 답을 제시하고 있다.

병행 (혹은 Bifid) 구조

구딩은 1-5장과 6-12장이 다음과 같이 대응된다고 본다 (필자의 졸역).[197]

GROUP 1 그룹 1	GROUP 2 그룹 2
Ch. 1 Nebuchadnezzar reverently places God's vessels in his idol's temple. Daniel and others refuse to indulge in pagan impurities. Court officials sympathetic. Daniel and his colleagues' physical and mental powers vindicated. They are promoted to high office. 1장. 느부갓네살은 그의 우상을 안치한 신전에 존중감을 가지고 하나님의 기명들을 간직한다. 다니엘과 친구들은 이방의 불결함에 탐닉하기를 거절한다. 궁궐의 관리들은 이를 받아준다. 다니엘과 그의 친구들은 육체적으로 윤택했고 영적 능력도 뛰어나게 되었다. 그들은 높은 직위로 올라가게 되었다.	Ch. 6 Darius bans prayer to God for thirty days. Daniel refuses to cease practising the Jewish religion. Court officials intrigue against him. Daniel's political loyalty to the king vindicated. He is restored to high office. 6장. 다리오는 하나님께 기도하는 것을 30일간 금한다. 다니엘은 유대인의 신앙을 실천하는 것을 중단하기를 거절한다. 궁궐 관리들은 그를 모함한다. 다니엘의 왕에 대한 정치적 충성심은 입증되었다. 그는 높은 직분으로 복귀한다.
Ch. 2 A survey of the whole course of Gentile imperial power. Four empires in the form of a man. The fatal weakness: an incoherent mixture of iron and clay in the feet. The whole Man destroyed by the stone cut out by divine power. The universal Messianic kingdom set up. 2장. 이방 제국의 권력의 전체 역사적 흐름이 조망됨. 네 제국은 한 사람의 모습으로 나타남. 치명적 약점: 그 발이 철과 진흙으로 일관되지 못한 모습으로 섞여 있음. 그 인간 (우상)은 하나님의 권세에 의해서 뜨인 돌에 의해 파괴된다. 우주적 메시아 왕국이 건설된다.	Ch. 7 A survey of the whole course of Gentile imperial power. Four empires in the form of wild beasts. The hideous strength: a frightening mixture of animal destructiveness with human intelligence. The final beast destroyed and universal domination given to the Son of Man. 7장. 이방 제국의 권력의 전체 역사적 흐름이 조망됨. 네 제국은 야수들 형태로 나타남. 끔찍하도록 강한 모습: 동물의 파괴성에 인간 지성이 혼합된 무서운 모습. 마지막 짐승은 파멸에 이르고 우주적 왕권은 인자에게 주어진다.
Ch. 3 Nebuchadnezzar thinks that 'no god can deliver (the Jews) out of his hand'. He commands them to worship his god. The Jews defy him. They are preserved in the furnace. God's ability to deliver is thereby demonstrated. 3장. 느부갓네살은 '아무 신도 자기 손에서 (유대인들을) 구원할 수 없다'고 생각한다. 그는 자기 신을 경배하도록 유대인들에게 명령을 내린다. 유대인들은 그의 말을 듣지 않는다. 그들은 풀무불에서 보존된다. 그리하여 하나님의 구원하시는 능력이 증명된다.	Ch. 8 The little horn: 'none can deliver out of his hand'. He stops the Jews' worship of their God, and defies God himself. God's sanctuary and truth are finally vindicated. 8장. 작은 뿔: '아무도 자기 손으로부터 구원할 자가 없다'고 함. 그는 유대인들이 하나님을 예배하는 것을 중단시키며 하나님 자신을 반대한다. 하나님의 성소와 진리는 결국 입증된다.
Ch. 4 The glory of Babylon. Nebuchadnezzar is warned that he deserves discipline. He persists in pride, is chastised, and his chastisement lasts for 7 times. He is then restored. 4장. 바벨론의 영광. 느부갓네살은 징계 받아 마땅하다고 경고 받는다. 그는 교만을 고집하고, 징계 받고, 그에 대한 징계는 일곱 때 동안 계속된다. 그 다음 그는 회복된다.	Ch. 9 The desolation of Jerusalem: Israel's sins have brought on them the curse warned of in the OT. Jerusalem will be restored, but Israel's persistence in sin will bring on further desolations lasting to the end of 70x7 years. Then Jerusalem will be finally restored. 9장. 예루살렘이 황폐하게 됨: 이스라엘의 죄는 구약에서 경고된 저주로 그들에게 부어졌으나 이스라엘이 계속 죄를 고집함은 70 이레가 마치기까지 황폐함이 더하여 진다. 그 다음 예루살렘은 결국 회복된다.
Ch. 5 Belshazzar makes a god of his pleasures, but still recognizes the gods of stone etc. The writing on the wall. The end of Belshazzar and the end of the Babylonian empire. 5장. 벨사살은 쾌락의 신을 만들지만 그것을 돌과 다른 것들로 만든 신에 불과하였다. 벨사살의 최후와 바벨론 제국의 멸망.	Chs. 10-12 The king exalts himself above every god, and regards no god. The Writing of Truth. The series of apparent 'ends' leading up to 'the time of the end' and eventually to The End itself. 10-12장. 왕은 모든 신 위에 자기를 높이고 어떤 신도 공경하지 않는다. 진리의 기록. '종말의 시간'과 궁극적 종말 자체에 이르는 분명한 '마지막들'에 대한 시리즈.

---

197 David W. Gooding, "The Literary Structure of the Book of Daniel and Its Implication," *Tyndale Bulletin* 32 (1981) 58-9.

구딩의 병행구조는 사용언어, 연대기적 순서, 인칭, 혹은 장르에 의한 구분이 아니라 '내용의 병행'이라고 볼 수 있다. 그의 구조는 이전의 다른 사람들에 의해 거론되지 않았기 때문에 아주 독보적이었다. 다만 아쉬운 것은 다른 학자들을 납득시키기에는 약점이 너무 많았다는 것이다. 예를 들어, 워드 성경주석 (Word Biblical Commentary)의 다니엘 주석을 쓴 골딩게이는 'less convincing' (덜 납득됨)이라는 두 단어로 너무나도 가혹하게 구딩의 견해를 일축한다. [198] 왜 그런가?

구딩의 병행구조에서 1장과 6장, 2장과 7장은 대응이 잘 되는 편이다. 그러나, 나머지 장들은 거의 대응이 되지 않는다. 그가 3장을 8장과 대응시키고 있으나 실상 3장은 역시 6장과 대응된다. 그는 4장을 9장과 대응시키나 사실 4장은 5장과 대응된다. 그는 5장을 10-12장과 대응시키나, 사실 5장은 바로 전 장인 4장과, 10-12장은 8장과 대칭이 된다. 그리하여 구딩과 같은 억지를 피하고 2-7장의 범위에서 병행 요소를 말한 사람이 있는데 그는 최근의 가랜드 (Tony Garland)다. 나는 그의 도표에서 그의 병행 구조를 나타내는 일부 사항만을 추출하여 여기 제시하고자 한다(그는 여러 측면에서 다니엘서의 구조를 논하고 있다). [199]

A Ch. 2 Test: Daniel vs. Wise men 시험: 다니엘 대 지혜자들

　B Ch. 3 Trial: Furnace 시련: 풀무불

　　C Ch. 4 Testimony: Dream (now past) 증거: 꿈 (지금은 과거가 된 일)

A' Ch. 5 Test: Daniel vs. Wise men 시험: 다니엘 대 지혜자들

　B' Ch. 6 Trial: Lions 시련: 사자들

　　C' Ch. 7 Testimony: Dream (yet future) 증거: 꿈 (아직 장차 있을 일)

가랜드는 실상은 2-7장의 교차대조와 위의 병행 구조를 모두 전시하고 있다. 두 구조 모두에서 대응관계가 충분히 관찰되기 때문이다. 가랜드의 병행구조는 2-7장에 대한 새로운 이해를 제공한다. 첫 눈에 보기에는 랑글레의 구조보다 나빠하지 않은 듯 보인다. 왜냐하면 그의 구조는 2장과 7장의 대응을 무시하기 때문이다. 그러나 2-4장과 5-7장에 병행의 요소들이 있는 것도 옳은 것은 분명하다. 가랜드는 랑글레의 2-7장의 교차대조를 어떻게든 전체 속에 조화시켜 보려고 했던 골딩게이와 발드윈에게 하나의 대안을 제시한다. 즉, 넓은 그림에서 1(2)-4장과 5-12장의 병행이 다니엘서의 저자가 의도했던 구조가 아닐까, 돌려 말해서 랑글레가 제시한 2-7장의 교차대조가 원래 다니엘서의 저자가 의도했던 구조가 아니었던 것이 아니었을까 (왜냐하면 그렇게도 전체와 조화시키기 어렵기 때문, 구조 이해를 점점 어렵게 만들기 때문). 나아가서, 2-7장이 아람어로 되어 있는 사실도, 2-7장이 교차대조를 이루고 있다는 사실과 마찬가지

198 John E. Goldingay, *Daniel*. Word Biblical Commentary vol. 30 (Dallas: Word Books, 1989), 325.

199 *www. spiritandtruth. org/teaching/Book_of_Daniel/06_introduction/webshow/slides. pdf*; Tony Garland, copyright 2008, 7.

로 원래 다니엘서의 구조와는 상관 없는 사항이 아니었던 것이 아닐까.

다음 섹션에서 필자는 지금까지 진행되어진 논의에 토대를 두고 다니엘서의 구조에 대해 한 걸음 나아간 연구를 진행시키고자 한다. 필자의 논의의 기본 전제는 다음과 같다: 1) 1장 (그리고 그 다음에는 1-4장)에서 제시된 주요 주제들은 후속하는 단락들의 주제들을 통어(統御)한다 2) 5장은 이어지는 5-12장이라는 큰 단락을 새로이 시작하는 장으로 하나의 중요한 전환점(轉換點)을 이룬다. 5-12장은 1-4장과 주제적 병행을 이룬다 3) 7장은 연대기적으로는 2장 다음 어딘가에 놓여야 하나, 1-4장//5-12장의 병행관계를 유지하기 위해 5장 다음에 놓였다 4) 6장이 쟝르와 연대기의 일관성 때문에 5장 다음에 와야하므로 5장 다음에 6장이 오고 7장은 그 다음에 왔다. 7장은 7장을 확대 발전시키는 8-9장 보다는 먼저 와야 하고, 7-9장과 병행을 이루며 예언을 결론 짓는 10-12장 보다 먼저 와야 한다. 필자는 이러한 전제들이 발드윈의 구조를 언급하면서 필자가 제기했던 질문에 가능성 있는 답변들의 역할을 할 수 있다고 본다.

2. 다니엘서의 구조에 대한 새 시각

1장: 2-4장의 서론이면서 전체의 서론

다니엘서 1장은 그 뒤에 오는 장들의 주요 주제들을 미리 보여주는 장이다. 이것은 마치 큰 강의 최상류에 있는 물근원에 비할 수 있을 것이다. 쟝르만으로 따지자면 1장은 여러 궁정 이야기들 중의 하나지만, 전체 책에 있어 그 기능으로 볼 때는 다음에 오는 주요 주제들을 통어하는 주제들을 담고 있으며 또한 후속 단락들을 구획짓는 데 있어서도 중요한 기능을 한다는 것이다. 1장에 나타나는 주요 주제들은 "환란을 이김; 믿음의 궁극적 승리" (1:8이하), "낮추기도 하시고 높이기도 하시는 주권자 하나님" (2, 9, 15, 17절), "적그리스도의 모형적 인물들 대(對) 경건한 사람들" (1, 7, 8절), "하나님의 상급들" (15, 17, 20절), "꿈과 그것의 해석" (17절) 등이다.

1장에 나타나는 주요 주제들을 한 묶음으로 처리할 때, 이것들은 먼저 2-4장에서 나타나고, 5-12장에 재현된다. 앞에서 가랜드의 2-4장//5-7장의 병행구조에 보았듯이 2-4장의 주제들은 언어적으로는 변이를 보이지만 결국 같은 주제들이 5장부터 다시 시작해서 나타나는 것을 우리는 관찰할 수 있다. 보다 구체적으로 말하자면, "환란을 이김; 믿음의 궁극적 승리"는 특별히 3장에, "낮추기도 하시고 높이기도 하시는 주권자 하나님"은 4장에, "꿈과 그것의 해석"은 2장에, "적그리스도의 모형적 인물들 대 경건한 사람들" 및 "하나님의 상급들"은 2-4장에 두루 나타난다. 그런데 5장에 와보면, "낮추기도 하시고 높이기도 하시는 주권자 하나님", "꿈과 그것의 해석 (여기서는, 손가락 글씨와 그 해석)의 주제들이 재차 나타난다는 것이다.

5장: 새 단락의 시작

다니엘서 5장은 연대기적으로 볼 때는 1-4장에 이어져 있다. 1-4장은 바벨론 왕 느부갓네살 때의 내용이고 5장은 바벨론의 마지막 왕 벨사살 왕 때의 내용이기 때문이다. 그러나 5장은 그 문학적 내용에 있어 앞에 나타났던 주제들과 똑같은 주제들을 다시 다루며, 언어 표현도 연결되는 것들이 많고, 특히 무엇보다 눈에 띄는 것은, 앞의 사건들을 요약적으로 진술하는 측면을 지닌다는 것이다. 예를 들어, 5장 1-9절을 보면 과거 느부갓네살이 예루살렘에서 탈취하여 온 금은 그릇에 대한 내용(특히 2-3절)이 나타난다. 이 금은 그릇은 사실 1장에 이미 보였던 내용(1:1-2)이다. 즉, 이것은 5장이 연대적으로 후속 사건을 진술하지만 앞에 나타났던 것들을 회상한다는 것이다. 다니엘서의 저자는 왜 1장을 시작하면서 예루살렘에서 느부갓네살이 빼앗아 온 금은 그릇을 말하는가. 그 내용을 꼭 1장에 삽입했어야 할 필연적 이유가 있는가. 꼭 필연적이지는 않아 보인다. 그렇다면 왜 저자는 그것을 1장에서 벌써 제시하였는가? 이 질문에 곧바로 대답하기 전에 다른 것들도 살펴보자.

5:5-9의 내용은 앞에서 나왔던 2:1-13 및 4:4-7과 아주 유사하다. 즉 5장에서 벨사살은 왕궁 촛대 맞은편 석회벽에 손가락을 보았고 그 손가락이 쓴 글자로 인하여 얼굴 빛이 변하게 된다. 그는 술객들과 점쟁이들과 갈대아 (술사들)와 지혜자들을 호출하였고, 그러나 그들이 그 글자를 읽지 못하며 그 해석을 자기에게 알려 주지 못했을 때 크게 번민에 빠지게 된다 (his spirit was troubled; 특히 1:5-9). 이것은 이미 2:1-13과 4:4-7에서 보인 내용으로, 두 부분 모두에서 느부갓네살은 꿈을 꾸고 그 해석을 알지 못하여 박수와 술객과 점쟁이를 호출했고 그들은 그 해석을 주지 못했으며 그는 번민에 빠졌었다.

그런데 앞의 두 부분에서는 다니엘이 호출되어 꿈을 해석했지만 5장은 눈에 띄게 다른 장면이 벌어진다. 5장에서 다니엘이 불려오게 된 것은 왕비 (10절, NRSV참조)의 말 때문이었다. 왕비는 "왕의 나라에 거룩한 신들의 영이 있는 사람이 있으니 곧 왕의 부친 때에 있던 자로서 명철과 총명과 지혜가 신들의 지혜와 같은 자니이다. 왕의 부친 느부갓네살 왕이 그를 세워 박수와 술객과 갈대아 [술사와 점쟁이의 어른을 삼으셨으니 왕이 벨드사살이라 이름하는 이 다니엘은 마음이 민첩하고 지식과 총명이 있어 능히 꿈을 해석하며 은밀한 말을 밝히며 의문을 풀 수 있었나이다. 이제 다니엘을 부르소서. 그리하시면 그가 그 해석을 알려 드리리이다."라고 말한다 (개역개정. 5:11-12). 그녀의 말은 1: 17, 20과 2:23-24, 25-45와 4:8-18, 19-17을 요약적으로 반영하고 있으며 이는 독자들로 하여금 이전의 내용들을 돌아보게 하는 역할을 한다. 특히 그녀는 다니엘을 '거룩한 신들의 영이 있는 사람'(5:11)으로 언급하는데 이것은 4:9의 느부갓네살의 말 "박수장 벨드사살아, 네 안에는 거룩한 신들의 영이 있은즉…"에서 축자적으로 반복된다. 이러한 문학적 기법은 우리가 영화에서 보는 플래시백 효과와 비슷하다고 하겠다. 즉, 그것은 현재의 사건 속에서 이미 지나간 장면 혹은 장면들을 잠깐잠깐 보여주는 기법이다.

이러한 기법이 5장에서는 더 관찰된다. 5:17-24의 다니엘의 벨사살에 대한 책망과 심판 메시지는 이전 장들의 내용을 총괄하고 있다. 즉, '하나님께서 느부갓네살에게 권세를 주셨음'(특히 18-19절)은 2:37-38과, '느부갓네살의 교만과 그에 대한 하나님의 징계'(특히 20-21절)는 4장 전체와, '벨사살의 성전에서 가져온 그릇으로 술을 마심으로 하나님을 모독하고 우상들을 찬양함'(특히 22-23절)은 1:2와 3장 전체의 내용을 돌아보는 언급이다. 벨사살은 느부갓네살 때의 이 모든 일들을 잘 알고 있음에도 교만하여 하나님께 정면 도전하고 있다는 것이 다니엘의 질책의 요점이다. 5:25-28에는 글자 해석이 나오고 29절은 다니엘이 높임 받는 내용이 나온다. 이 주제조차 다니엘과 세 친구들이 높임 받게 된 앞 장들의 내용들을 반영한다(참. 1:19-20, 2:46-49, 3:30).

따라서 연대기적으로 볼 때는 5장이 1-4장에 순차적으로 이어져지지만 그 내용의 주된 주제들을 볼 때 5장은 앞장의 모든 내용들을 포괄적으로 재진술하면서 새로운 시작을 하고 있는 장인 것이다. 다시 말해 앞장들이(1-4장) A라고 한다면 5장 이하는 A'인 것이다. 가랜드가 2, 3, 4장 각각이 5, 6, 7장과 병행된다고 했는데 필자는 이와 좀 다르게 1-4장과 5-12장의 병행을 말하려고 한다.

1-4장과 5-12장의 병행적 구성

전술하였듯이 그 시공의 배경이 다르고 등장인물들도 다르지만 5장은 플래시백 기법을 통해 1-4장의 주요 주제들을 요약적으로 재기술하고 있다. 벨사살 이야기에 느부갓네살 시대에 다루어졌던 내용들이 재언급되고 있다. 6장으로 가면 다리오왕 때 다니엘이 왕의 금령을 어기고 하나님께 기도하는 이야기가 나온다. 이 주제는 그 신앙적 시험 환란으로 볼 때 1장과 3장 모두와 연결된다. 1장에서 다니엘과 세 친구의 행위가 느부갓네살에 발각되었을 경우 큰 위기에 처해질 수도 있고 또 목숨을 빼앗길 수도 있었다. 6장의 사자굴은 3장에서는 풀무불임은 두말할 나위가 없다. 이야기는 다르나 그 의미론적 장 (semantic field)은 같다. 이 두 장소는 모두 신앙으로 인한 순교의 현장이 될 수 있는 장소다. 6장에서 총리들과 고관들의 음모는 3:8의 어떤 갈대아 사람들의 참소와 비슷하다. 6장의 다니엘의 구원 받음은 1장과 3장의 하나님의 은혜와 구원과 연결된다. 또한 6:25-27의 다리오의 하나님을 찬양하는 칙령은 2:19-23, 47, 3:28-29, 4:34-37의 하나님 찬양들을 이어받고 있다. 따라서 6장도 전장들의 주제의 병행을 나타내되 특히 대적자들의 참소, 다니엘의 순교를 무릅쓴 경건, 그리고 하나님의 구원역사에 대한 찬양이 강조되어 앞장들과는 표현만 어느 정도 다르게 나타나고 있다.

그 다음이 7장인데, 7장은 교차대조로 보든 병행으로 보든, 2장과 분명히 연결성을 가지고 있다. 필자는 7장이 2장과 병행적 구성, 즉 1-4장// 5-12장 속에 놓여 있다고 보되, 7장이 8-12장들과 특별한 관계에 놓여 있음을 말하려 한다. 사실, 연대기적으로 볼 때 7장은 2장과 6장 사이의 어디엔가 자리를 잡아야 마땅하다. 그런데 연대기를 거슬러서 6장 다음에 놓인 것은 아주 이상하다.

본 논문에서 필자는 7장의 위치는 전체 다니엘서에서 중요한 전환을 이루고 있는 5장 때문에 되어진 위치라고 본다. 즉, 5장으로서 다니엘서 전체가 갈라지기 때문에 7장의 주요주제인 "꿈과 그 해석"이 2장과 병행을 이루기 위해서는 5장 다음 어딘가에 와야 한다. 그런데 6장은 5장과 마찬가지로 궁정에서 벌어진 이야기라는 쟝르로 되어 있어 5장과 연결되고 또 5장과 연대기적 순서에 있기에 5-6장이 온 다음에 7장이 온 것이다. 결론적으로, 전체적으로 보아 7장이 5장 이전에 와버리면 5장의 전환을 이루는 문학적 기능이 무용지물이 되고, 두 개의 병행을 이루는 단락들 (1-4장// 5-12장) 속에서 7장이 2장을 종말론적으로 더 자세히 설명하는 점진성의 병행 관계도 와해되어 버린다.

더욱이, 7장은 8장과 9장 전에 와야만 하는데 왜냐하면 7장을 확대경으로 본 것이 8장과 9장이기 때문이다. 또한 7-9장 전체는 10-12장 전에 와야만 하는데 왜냐하면 10-12장은 7-9장과 병행을 이루면서 결론을 형성하고 있기 때문이다. 즉, 10-12장은 7-9장과 장르상 묵시로 연결되고 연대기적인 순서에 있기에 연결될 뿐만 아니라, 7-9장에서 다루었던 중요한 주제들을 종합적으로 (그러나 시점으로 보면 더 종말론적임) 정리하고 있기 때문에 7-9장 다음에 와야만 하는 것이다. 논리적 연쇄를 이루는 이러한 사고 속에서 우리는 "왜 7장이 연대기 순서를 거스르면서 5장 다음에 왔는가?", "왜 아람어로 쓰인 7장 다음에 히브리어로 쓰인 8-9장이 와야 했는가?", "왜 10-12장이 전체를 종결하는 지점에 놓이게 되었는가?" 하는 질문들에 대답할 수 있게 된다. 이를 보다 상세히 설명하면,

첫째, 1-4장과 5-12장의 병행 속에서 먼저 우리는 2장과 7장의 주제적 대응을 주목하게 된다. 2장과 7장의 주된 대응은 무엇인가. 그것은 네 세상 나라의 성쇠, 그리고 종국의 메시아를 통한 하나님 나라의 승리다. 2장에서 메시아 또는 메시아 왕국은 '뜨인 돌'로 예시되고 있는데, 7장에서는 인자(13절)로 명시되고 9-22절에서 그 인자를 인한 성도들의 승리가 확실히 예언된다.

둘째, 그러면 7장 다음에 나타나는 8-12장은 어떤 내용인가. 우선, 7장 다음의 8장은 메대-바사로 시작하여 헬라시대의 나라들 간의 각축과 안티오쿠스 에피파네스에 대한 예언이다. 7장이 바벨론에 대한 예언에서 시작(첫째 짐승)하여 메대-바사로, 헬라시대로, 로마시대로 진행한다고 볼 때 8장은 7장 보다는 뒤의 시기 곧 메대-바사를 예언하는 데서 시작한다(참. 8:20-21). 또한 카메라를 줌업(zoom-up)시켜서 안티오쿠스 에피파네스에 의한 유대인 박해를 비교적 소상하게 예언한다. 그런데 8장의 특징은 하나님 나라의 승리가 약간은 예시되어 있지만 앞 장인 7장에 비해서는 거의 나타나지 않는다는 것이다. 메시아에 대한 예언은 없다 해도 과언이 아니다. 결론적으로 8장은 7장에 이어진 장으로 메대-바사 시대와 헬라 시대의 왕들의 전쟁 및 안티오쿠스 에피파네스에 초점을 맞추고 있다는 것이다. 그러면 7장 후반부에 보이는 메시아와 하나님 나라의 종국적 승리에 대한 내용은 어디서 줌업되고 있는가.

셋째, 9장은 메시아의 출현과 그의 사역, 그의 끊어짐을 강조하는 내용이다. 물론 이 내언은 그 바로 앞에 다니엘의 그 자신과 이스라엘 백성에 대한 길고 간절한 통회 다음에 주어진다. 이 회개기도는 예레미야의 예언 곧 이스라엘은 70년간의 포로 후에 회복될 것이라는 예언을 다니엘이 깨달은 다음에 드린 기도였다. 그런데 하나님은 이 70이라는 포로 회복의 숫자를 다시 영원한 회복을 위한 예언을 위해 사용하신다. 즉 70의 7(이레)이 지나면 '지극히 거룩한 자'가 기름부음을 받게 된다는 것이다. 그로 인하여 죄악이 영원히 속함을 받게 된다. 7장의 메시아와 그 왕국 부분은 9장에서 소상히 예언되는 것이다. 그래서 여기까지 정리하면 7장의 "이 방나라들의 성쇠와 메시아를 통한 하나님 나라의 종국적 승리"는 8-9장에서 줌업되어 제시된다는 것이다. 다만 흥미로운 것은 70이레 중에 7이레와 62이레가 지난 다음 메시아가 끊어지고 한 왕의 백성의 출현으로 성읍과 성소가 무너진다는 것이다. 그리고 9:27의 '그'는 많은 사람과 한 이레(즉 70이레 중 마지막 1이레)의 언약을 굳게 맺을 것인데 그 한 이레의 절반(즉 전 3년

반이 지난 시점)에 제사와 예물을 금지할 것이라는 예언이 나타난다는 것이다. 여기서 질문이 생긴다. 9장은 메시아로 인하여 영원한 의가 드러날 것을 말하는데 그 메시아가 끊어진다는 것은 무슨 뜻인가? 그 메시아 다음에 한 왕의 백성으로 인하여 성읍과 성소가 무너지고, 또 '그'로 인하여 제사와 예물이 금지되면 어떻게 메시아로 인한 종국적 승리가 이루어진다는 것인가?

넷째, 우리는 이러한 질문들에 대한 답변을 바로 다음에 오는 10-12장의 내용을 상고함으로 얻을 수 있다. 10-12장을 읽고 내릴 수 있는 결론은 10-12장이 앞장들 7-9장의 내용들을 총괄하면서 진행하고 있다는 것이다. 이는 위에서 보았듯이 마치 5장이 앞의 1-4장을 총괄하였던 것과 같다. 10-12장은 7장에서 출현하였던 '인자 같은 이'가 훨씬 더 자세히 묘사되고 있고, 8장에 나타났던 바사 왕국과 헬라 왕국에 대한 예언이 표현이 좀 다르기는 하지만 다시 나타난다. 특히 8:23-25의 안티오쿠스 에피파네스 예언(본문은 헬라의 '한 왕'으로 제시되었음)은 11:21-35에 보인다 (36절 이하는 논란이 많고 40절 이하의 해석에 대하여도 그러하다. 이 부분은 이 논문의 속편에서 언급할 것이다). 이 예언에서 안티오쿠스 에피파네스는 9:27의 메시아가 끊어진 뒤에 나타났던 '그'가 행했던 죄악과 일맥상통한다. 즉, 11:36 이하의 이 왕에 대한 예언은 기원전 2세기의 안티오쿠스 에피파네스 뿐만 아니라 9장의 질문 즉 메시아가 끊어진 다음 나타나는 '그'(9:27)의 존재를 설명하는 기능을 한다. 이 사람이 득세하다가 결국은 멸망한 다음에 성도들의 승리(12장)가 확실히 이루어질 것이라는 말이다. 12:7의 '한 때와 두 때와 반 때를 지나서 성도의 권세가 다 깨지기까지', 11절 '매일 드리는 [제사를 폐하며 멸망하게 할 가증한 것을 세울 때부터'라는 표현이 성도들의 연단(12:10)과 부활과 승리(12:1-3)에 대한 구절들에 인접하여 나타나는 것으로 볼 때 그것들이 안티오쿠스 에피파네스가 아닌 성도들의 종국적 승리 직전에 나타날 적그리스도의 핍박의 때라는 것을 강하게 드러낸다. 결론적으로 10-12장은 7장의 세상 나라들, 작은 뿔, 인자, 성도들의 승리, 8장의 세상 나라들, 9장의 메시아, 메시아의 끊어짐, '그'의 죄악 행함 등의 주제들을 다시 기술하되 특히 8장의 바사-헬라 시대로부터 다시 시작하여 북방왕(안티오쿠스 에피파네스)을 강조하고, 이 왕과 관련된 표상을 종말의 적그리스도로 적용하고 종국적 성도들의 연단, 부활, 승리를 강조하고 있는 장들이라고 말할 수 있다.

이러한 주제적 전개를 도표로 나타내면 다음과 같다.

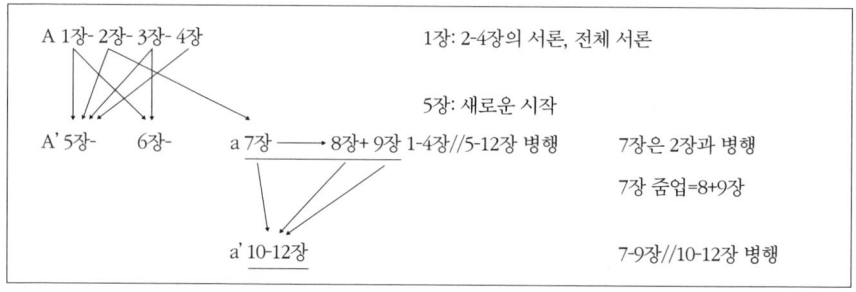

이 논의에서 두 가지 점이 분명해진다. 첫째로 6장과 7장 사이에 나타나는 연대기와 관련된 문제가 1-4장과 5-12장의 평행 구조로 해결된다. 이 두 단락의 평행 속에 있는 2, 7, 8+9, 10-12장들은 점진적 평행을 이루고 있는데 이 점 (1-4//5-12장)만을 가지고서 보면 연대기적인 문제는 일어나지 않는다. 즉, 2장의 느부갓네살 2년에 나타난 "네 제국에 대한 꿈과 그 해석"이라는 주제는 벨사살 1년에 일어난 7장의 내용과 점진적 병행을 이룬다. 8-9장은 7장의 줌업이며 8장은 벨사살 3년이고 9장은 다리오[200] 1년이다. 여기에 고레스 3년의 내용인 10-12장이 결론으로 온 것이다. 이 모든 묵시적 내용들이 연대기적인 순서로 자리잡고 있다. 만약 1-6장과 7-12장으로 나누게 되면, 첫째로는 묵시인 2장이 같은 묵시인 7-12장에서 분리되게 되어 발드윈의 점진적 병행이 소용 없게 되고, 둘째로는 1-6장과 7-12장의 쟝르, 편집시기, 신학을 서로 이질적인 것으로 보아 다니엘서의 통일성을 깨게 되고, 셋째로는 1-4장//5-12장의 평행구조를 무시하고 다니엘서 전체가 이 구조를 통해 실어나르는 메시지 (이 구조에서는 평행을 이루는 두번째 단락에 강조점이 실림)도 무시하게 된다. 첫단락과 둘째단락은 동일한 주제들을 가지고 병행을 이루지만 특히 두번째 단락인 5-12장에서는 특히 "열방들의 각축" (8장), "메시아의 오심" (9장), "인자와 같은 이/ 안티오쿠스 에피파네스-적그리스도/ 하나님의 왕국의 궁극적 승리" (10-12장)와 같은 주제들이 강조됨으로 더 자세하게 종말론적인 주제들을 다룬다.

둘째로 필자의 논의로 볼 때 기억해야 할 사실은 랑글레가 주장한 2-7장의 교차대조적 구조는 그 안에서 각 장들이 정확하게 들어맞는 요소가 있기는 하지만 전체 구조를 논할 때에 큰 혼란을 준다는 것이다. 그의 구조는 류폴드가 사용언어의 차이에 따라서 나눈 구조에 부합하기는 하지만, 새로운 전환점을 이루는 5장의 성격을 무시한다. 이 구조는 2-7장에는 "세상 권력의 발전", 8-12장에는 "하나님 나라의 발전"이라는 다소 모호한 제목을 붙이게 하며, 왜 2-7장과 같이 공교하게 마련된 디자인이 1장 다음의 다니엘서의 전반부에 오게 되었는가에 대한 합당한 설명 없이, 도씨나 골딩게이같은 학자로 하여금 2-7장의 교차를 전체 구조에 그럴 듯하기는 하지만 억지로 통합시키도록 이끈다.

필자는 마지막으로 다니엘서의 틀을 이루는 처음과 마지막에 나타난 표현들을 언급하고자 한다. 1:9의 "하나님이 다니엘에게 은총과 긍휼을 베푸셨다"는 표현은 10:11, 19 즉, 다니엘서의 결론부 (10-12장)에서 또 발견된다. 다니엘서의 처음과 마지막에서 하나님의 주권이 나타나는 것이다. 또 12:3, 10절의 어휘 "지혜있는 자들"은 1:4, 17, 20과 닮았다. 다니엘서 초입의 다니엘과 세 친구들과 같은 하나님을 경외하는 자들은 다니엘서 끝에 보이는 적그리스도의 핍박을 견디고 결국 승리와 부활의 기쁨을 누리는 사람들과 대응된다. 다니엘과 세 친구는 하나님께 지혜와 명철을 상급으로 받은 자들이요, 마지막 때 부활을 누릴 자들은 지혜자들이다. 이 것을 수미쌍관 기법 (*incluso*)으로 볼 경우 다니엘서는 하나의 유기적 전체를 이룬다 하겠다.

---

200 메대족속 크세르크세스의 아들, 필자는 이 다리오가 페르시아 왕이었던 다리오1세 히스타페스 (521-486 BC, 다리오 대왕, 스룹바벨과 관련, 마라톤 전쟁에서 패한 왕)도 다리오 2세 (423-405 BC 크세르크세스, 에스더를 왕비로 취한 왕)도 아니라고 본다. 이 다리오는 페르시아가 아닌 메대 출신으로 고레스와 함께 바벨론을 밀어낸 다리오 (아스티아게스, 단 5:31)와 동일인일 것이다. 9장의 계시가 주어진 때는 8장과 10-12장 사이이며 연대순서를 거스르지 않는다고 필자는 본다.

헬라어로 된 첨가물 (아사랴의 기도, 수산나, 벨과 용 등)은 그 주제의 이질성과 구성과 표현의 난삽함으로 오히려 다니엘서의 통일성을 방해할 뿐이다.

3. 결론: 주제적 구조로 말하는 다니엘서의 메시지

잘 알려진대로 다니엘서는 사용언어에 따른 구분 (1/2-7/8-12장)과 쟝르 등에 따른 구분 (1-6/7-12장)이 있다. 사용언어에 따른 구분에서 특히 2-7장은 아주 논리적인 분석이라고 하겠고, 쟝르에 따른 구분도 연대기 순서와 인칭을 고려했으므로 합당한 근거를 가진다고 하겠다. 그러나 이 두 구분들은 모두 구성의 통일성과 주요 단락들의 주제적 관계성을 만족할만하게 설명하지는 못한다.

필자는 가랜드의 병행 구조와 발드윈의 점진적 병행법을 참조하여 다니엘서의 구조를 주제적으로 정리한다. 이는 1-4장과 5-12장의 병행이다. 5장은 이 병행 구조에 있어서 중요한 장으로 이전의 사건들을 다시 정리하는 기능을 가진다. 1-4장의 주제들이 5장의 전환점을 통해 새롭게 개진되는 것이다. 이 큰 두 단락의 병행 속에서 7장은 2장과 점진적 병행을 이루며 현 위치에 오게 되었는데 쟝르와 연대기 순에 따라 배열된 5-6장 다음에 온 것이다. 7장 다음에 온 8-9장은 7장의 주제들을 줍업하고 있고, 7-9장을 10-12장이 다시 종말론적으로 정리하고 있다.

이러한 병행 단락들 (1-4장//5-12장) 속에서 우리는 왜 묵시적 쟝르인 2장이 1-4장의 궁중 이야기들 가운데 놓여 있는가, 이전의 장들과 연대를 거스르는 7-12장이 왜 거기 놓여 있는가, 왜 7-12장의 아주 묵시적 장들이 궁중 이야기와 분리되어 배치되었는가, 2장과 7장과 8-9장과 10-12장과 같은 점진적 병행을 이루는 장들이 왜 현재 위치를 점하고 있는가를 이해할 수 있게 된다. 더하여, 이 책의 몇가지 어휘와 주제들은 수미쌍관을 이루며 다니엘서를 유기적 통일체가 되도록 한다.

이러한 구조 속에서 다니엘서는 역사를 관통하여 나타나는 세상 나라들의 적그리스도들의 핍박에 대해 성도들은 주권자 하나님과 메시아의 승리를 붙잡고 인내할 것을 강조한다. 과거와 현재와 미래에 걸쳐 적그리스도들을 통한 마귀의 핍박으로 환난들은 있을 것인데 그것이 종말에는 한 적그리스도의 핍박으로 구체화될 것이다. 그 기간은 한 때와 두 때와 반 때가 될 것이다. 안티오쿠스 에피파네스와 같은 적그리스도는 예표이고 진짜 적그리스도가 도래할 것이나 성도들은 인자 예수님의 영원한 나라의 성도들로 부활 영광에 참여할 것을 믿고 인내와 용기로 나아갈 것이다. 풀무불과 사자굴이 기다리고 있을지라도 예수 믿음으로 나아가 힘써 복음을 전하여 많은 사람들을 옳은 데로 돌아오게 하는 것이 지금 이때에도 여전히 필요한 일이다. 70이레[201]가 차면 '코데쉬 카다쉼' (단 9:24)에 대한 기름부음이 이루어질 것이다. 오늘날 이 것을 알고 기도 속에 믿음으로 사는 것이 지혜자의 길이다.

---

201 70이레 해석에 대해서는 필자의 졸저, 최영헌, *계시록과 선지서* (서울: CLC, 2023), 제3장을 참조하라.

참고문헌

Allis, Oswald T. *Prophecy and the Church.* Philadelphia: The Presbyterian and Reformed Publishing Co., 1945.

Baldwin, Joyce G. *Daniel: An Introduction and Commentary.* Tyndale Old Testament Commentaries. Leicester: Inter-Varsity Press; Illinois: Downers Grove, 1978.

Breneman, Mervin *Ezra/Nehemiah/Esther: An Exegetical and Theological Exposition of Holy Scripture NIV Text.* The New American Commenatry vol. 10. Broadman & Holman, 1993.

Collins, John J. *Daniel: With an Introduction to Apocalyptic Literature.* Grand Rapids: Eerdmans, 1984.

_____ . *Daniel: A Commentary on the Book of Daniel.* Minneapolis: Fortress, 1993.

_____ . *Daniel, First Maccabees, Second Maccabees: With an Excursus on the Apocalyptic Genre.* Wilmington, DL: Michael Glazier, 1981.

Davies, P. R. *Daniel.* Sheffield: JSOT, 1985.

Dorsey, David A. *The Literary Structure of the Old Testament: A Commentary on Genesis-Malachi.* Grand Rapids: Baker Books, 1999.

Garland, Tony. *www.spiritandtruth.org/teaching/Book_of_Daniel/06_introduction/webshow/slides.pdf*; © 2008.

Goldingay, John E. *Daniel.* Word Biblical Commentary vol. 30. Dallas: Word Books, 1989.

Gooding, David W. "The Literary Structure of the Book of Daniel and Its Implication," *Tyndale Bulletin* 32 (1981): 43-80.

Hammer, Raymond. *The Book of Daniel.* The Cambridge Bible Commentary on the New English Bible. London; New York; Melbourne: Cambridge University Press, 1976.

Hartman, Louis F. and Alexander A. Di Lella. *The Book of Daniel: A New Translation with Introduction and Commentary.* The Anchor Bible vol. 23. Garden City: Doubleday, 1978.

Hill, Andrew E. *Daniel* in ed. Tremper Longman III & David E. Garland, *DanielMalachi.* The Expositor's Bible Commentary 8. Grand Rapids: Zondervan, 2008.

Lacocque, André. *The Book of Daniel.* trans. David Pellauer. London: SPCK, 1979.

Lenglet, A. "La structure littéraire de Daniel 2-7." *Biblica* 53 1972: 169-90.

Leupold, Herbert Carl. *Exposition of Daniel.* Grand Rapids: Baker, 1949; 1969

Miller, Stephen R. *Daniel: An Exegetical and Theological Exposition of Holy Scripture NIV Text.* The New American Commentary vol. 18. Broadman & Holman, 1994.

Montgomery, James A. *A Critical and Exegetical Commentary on the Book of Daniel.* Edinburgh: T & T Clark, 1927.

Walvoord, J. F. *Daniel: The Key to Prophetic Revelation*. Chicago: Moody, 1971.

Wood, Leon. *A Commentary on Daniel*. Grand Rapids: Zondervan, 1990.

Woude, van der A. S. ed. *The Book of Daniel in the Light of New Findings*. Leuven-Leuven, Belgium: Leuven University Press, 1993.

Young, Edward. J. *The Prophecy of Daniel: A Commentary*. Grand Rapids; Eerdmans, 1953.

최영헌. *계시록과 선지서: 주제적 구조, 선지서의 시점 이동 그리고 종말 사건들*. 서울: CLC, 2023.

▲ 부록

다니엘서와 계시록 비교: 70 이레를 중심으로

위에서 살펴본 바와 같이 주제들의 배열을 따른 다니엘서의 구조는 우리로 하여금 선지자 다니엘의 시공에 대한 시각의 이동을 살피는 데에 도움을 준다. 우리는 이러한 도움을 통해 계시록을 이해하는 데에 상당한 도움을 얻게 된다. 아래의 내용은 다니엘서의 주제, 구조, 시간 이동에 대한 분석을 가지고 다니엘서의 요한 계시록과의 구조적, 종말론적 신학의 상호 관련성을 상고한 내용이다. 아래 내용은 특별히 필자의 '계시록과 선지서'[202] (CLC, 2023, 117ff)의 한 부분을 인용한 것인데 모든 선지서들보다 다니엘서가 예수님 재림 어간에 벌어질 사건들과 깊은 관계가 있기에 본서에 인용한 것임을 밝힌다.

1. 다니엘서 2장과 7장 그리고 계시록

2장과 7장은 장르가 서로 다르지만 많은 점들에서 병행을 이룬다. 2장은 "이 여러 왕들의 시대에 하늘의 하나님이 한 나라를 세우시리니"(44절)라고 되어 있는데 이것은 철로 표현된 로마 시대에 예수 그리스도께서 오심으로 하나님 나라가 본격적으로 시작되는 것으로 이해할 수 있다. 그리스도는 '돌'로 표현되어 있고 이 돌은 우상을 쳐서 모두 부수어 버린다(2:35상). 그리고 그 돌은 "태산을 이루어 온 세계에 가득"하게 된다(2:35하). 2장이 순금을 비롯하여 여러 금속들로 이방나라들을 표현하는 데에 반하여 7장은 여러 짐승들로 표현한다. 세상 관점으로 볼 때는 이방 나라들은 금속들처럼 귀한 듯 보이지만(나중에는 철과 진흙이 섞인 상태[203]), 하나님 관점으로 볼 때 그것들은 짐승들처럼 이성 없는 존재들에 불과하다. 2장에서 하나님이 세우시는 한 나라는 '돌'을 통해 세워지는데, 7장에서 그 나라는 '인자 같은 이'를 통해 설립된다. 하나님은 이분에게 권세와 영광과 나라를 주셨는데, 그의 권세는 영원한 권세요, 그의 나라는 멸망하지 않는 나라다. 7장이 2장과 다른 점은 이 나라가 완성되기 전에 '작은 뿔'이 나타남을 알린다는 것이다. 이 뿔은 말로 하나님을 대적하고 하나님의 성도들을 '한 때, 두 때, 반 때' 동안 괴롭게 할 것이다. 그는 열 뿔 중에 세 뿔(세 왕)을 복종시킬 것이다. 그러나 결국은, "지극히 높으신 이의 성도들이 나라를 얻으리니 그 누림이 영원하고 영원하고 영원할" 것이다(7:18). 2장과 7장의 예언적 시점의 공통점은 세계의 네 제국들로부터 '급격히' 그리스도의 재림 어간으로 시점이 이동한다는 것이다. 2장이 다니엘 당시로부터 미래의 제국들의 흥망의 축도를 제시하

---

202 최영헌, *계시록과 선지서* (서울: CLC, 2023), 117ff. 본 내용은 "단 9:24-27 '70이레' 해석," 신학석사학위논문, 아세아연합신학대학교신학대학원, 1999를 수정, 보완한 것이다.

203 금속들의 가치는 점점 낮아진다. 신상의 종아리는 철로 되어 있으나 발과 발가락은 얼마는 진흙이요 얼마는 철로 되어 있다. 다니엘의 해석으로 볼 때 마지막 나라는 언제든 분열될 소지가 있는 나라로 보인다. "…그들이 다른 민족과 서로 섞일 것이나 그들이 피차에 합하지 아니함이 쇠와 진흙이 합하지 않음과 같으리이다"(단 2:43)

듯, 7장도 그러하다. 7장은 2장을 시각을 달리하여 반복하는데 뒤에 올 8-12장의 여러 예언들을 위한 기초의 역할을 한다.

단2장			순금	은	놋	철 한 나라	철과 진흙의 발 (발가락)	돌(2:45)→ 태산
단7장			사자	곰	표범	강한짐승- 10뿔+작은 뿔(3뿔 뽑힘) 한때, 두때, 반때	인자 같은 이(7:13)	
계 13 및 17장	1머리	2머리	3머리	4머리	5머리	6머리	7머리 (8머리) 42달 10뿔의 짐승	백마 탄 자 (19:11)
해석	애굽	앗수르	바벨론	메대-바사	헬라	로마 그리스도 초림	적그리스도 10왕	그리스도 재림

위의 표와 같이 단 2장과 7장은 병행을 이루며, 이 둘 중 7장의 넷째 짐승은 계 13장과 17장에 묘사된 짐승(13:1; 17:3)과 얼마간 병행을 이룬다. 구체적으로 말하자면, 단 7장의 '작은 뿔'이 하는 짓들은 계 13, 17장의 바다에서 올라온 짐승(13:1)[204]이 하는 짓들과 병행을 이룬다. 흥미로운 점은 계시록의 적그리스도는 마귀(12:3)를 빼닮았다. 말하자면, 적그리스도는 마귀를 닮아서 머리가 일곱이고 뿔이 열이다.[205]

한편, 계시록의 적그리스도의 '일곱 머리'에 대한 해석은 쉽지 않다. 이 일곱 머리는 '일곱 산'이요 또 '일곱 왕'이라고 계 17:9-10에 해석되어 있을 뿐 이것이 어떤 존재인지에 대해서 본문은 침묵하고 있다. 필자는 Hengstenberg, Seiss, Ladd, Walwood를 따라 일곱 머리 각각을 애굽, 앗수르, 바벨론, 메대-바사, 헬라, 로마, 아직 이르지 아니하였으나 이르면 잠시 동안 머무를 나라, 그리고 8째 왕으로 본다.[206] 일곱 머리에 대한 구체적 서술은 17:11에 보인다: "전에 있었

---

204 이 짐승은 또한 '무저갱'에서 올라온다고 되어 있다(11:7). 두 증인이 1260일 동안(11:3) 그 증언/예언을 마칠 때에 무저갱에서 올라온 이 짐승이 그들을 죽인다.

205 흥미로운 점은, 성부와 성자가 서로 닮은 부분들이 있다는 것이다. 성부의 모습은 겔 1:26-28; 8:2; 단 7:9-10; 계 4:2-3에, 성자의 모습은 단 10:5-6, 계 1:13-16 등에 나타나 있다. 성부 관련 표현인 "그의 머리털은 깨끗한 양의 털 같고"(단 7:9)가 성자에게 "그의 머리와 털의 희기가 흰 양털 같고"(계 1:13)로 나타나고, 성부 관련 표현인 "내가 보니 그 허리 위의 모양은 단 쇠 같아서 그 속과 주위가 불 같고 내가 보니 그 허리 아래의 모양도 불 같아서 사방으로 광채가 나며"(겔 1:27)가 성자에게 "그의 몸은 황옥 같고"(단 10:6)로 나타난다. 황옥(topaz)은 불과 비슷한 색깔이므로 성부와 성자의 몸 색깔도 서로 닮았다. 따라서 한 유(類)인 사탄과 적그리스도가 비슷한 모습인 것은 이상한 일이 아니다. 또하나 흥미로운 점은 적그리스도가 그리스도와 닮아보이도록 한다는 것이다. 어린 양에게 일곱 뿔이 있었고(계 5:6), 단 7장의 넷째 짐승에게 있던 열 뿔 중에 세 뿔이 작은 뿔 앞에서 뿌리까지 뽑혀(7:8) 일곱 뿔만 남게 되었는데 이점에서 양자의 뿔의 수가 같다. 적그리스도가 그리스도를 흉내내어 거짓 것이 참 것처럼 보이도록 하는데, 계시록에서 이같은 예들은 뿔의 수 말고도 여러가지가 더 있다.

206 E. W. Hengstenberg, *The Revelation of St. John* II (New York: Carter, 1853), 245-6; J. A. Seiss, *The Apocalypse: A Series of Special Lecturers on the Revelation of Jesus Christ* (Grand Rapids: Eerdmans, 1966), 391-3; G. E. Ladd, *A Commentary on the Revelation of John* (Grand Rapids: Eerdmans, 1972), 227-9; J. F. Walwood, *The Revelation of Jesus Christ* (London: Marshall, Morgan, and Scott, 1966), 251-4. 그레고리 K. 비일, 요한계시록(하), 오광만 옮김(서울: 새물결플러스, 2016), 1462, 각주 91에서 재인용. 비일(Beale)은 이 해석을 그대로 받아들이지는 않고, "일곱 교회가 실제 있었던 일곱 교회를 가리키지만 동시에 보편적인 교회를 상징했듯이, 일곱 머리와 일곱 산은 역사상 존재했던 일곱 나라

다가 지금 없어진 짐승은 여덟째니 일곱 중에 속한 자라 그가 멸망으로 들어가리라."[207] 즉 머리 중에 일곱째는 잠시 있게 될 것이고 그 다음에 여덟째가 오는데 그 여덟째는 '전'에 있었다가 '지금'(곧 로마제국의 때)에는 있지 않다고 했으니 사도 요한이 사는 시대 즉 로마제국보다는 앞선 다섯제국들 곧 첫째 머리에서 다섯째 머리 중에 속한 자로 보인다. 이 사람은 순서상으로는 여덟째이지만 이미 있던 일곱 머리들 중에 속했으므로 여전히 일곱째로 순서매김이 가능하다.[208]

단 7장과 비교해 보았을 때, 계시록의 짐승은 단 7장의 첫 세 짐승의 모습을 종합해 놓은 듯한 모습이다. 요한이 본 짐승은, "표범과 비슷하고 그 발은 곰의 발 같고 그 입은 사자의 입"(13:2) 같았다. 무엇보다도 이 대목에서 이 짐승이 '표범'과 비슷하다는 것은 단 7장의 셋째 짐승 곧 헬라제국과 관련이 있지 않을까 하는 추측을 하게 한다.

단 7장은 '세상 제국들의 흥망성쇠,' '메시아,' '세상 끝에 올 적그리스도'와 '그 적그리스도에게 한 때와 두 때와 반 때 동안 핍박받을 성도들,' '하나님의 심판과 성도들이 나라를 얻음' 등 일련의 주제들을 독자들에게 제시해 주는데, 뒤에 올 내용들에 대한 아웃라인과 같은 역할을 한다. 이 7장에 이어지는 8장은 메대-바사 제국과 헬라 제국 간의 전쟁들을 묘사하면서 세상 끝에 나타날 적그리스도(7장)가 바로 다니엘로부터[209] 약 400년 후에 유다를 괴롭힌 헬라의 한

나, 로마의 모든 황제를 비유적으로 대표하는 로마의 일곱 황제를 가리킬 수 있다. 로마의 모든 황제는 역사 내내 존재하는 모든 나라를 상징한다."고 주석한다.

207 καὶ τὸ θηρίον ὃ ἦν καὶ οὐκ ἔστιν. καὶ αὐτὸς ὄγδοός ἐστιν καὶ ἐκ τῶν ἑπτά ἐστιν, καὶ εἰς ἀπώλειαν ὑπάγει.

208 "The angel adds (ver. 11), 'The beast that was and is not, even he is the eighth (king), and is of the seven, and goes into perdition.' By that which is called 'even the eighth' can properly be meant only the seventh." C. F. Keil, *Ezekiel, Daniel* vol. IX, Three Volumes in One, C. F. Keil and F. Delitzsch, Commentary on the Old Testament in Ten Volumes, trans. M. G. Easton (Grand Rapids: Eerdmans, 1988), 279.

209 포르피리(Porphyry)이래로 그의 영을 받은 자유주의자들은 예언의 진정성(authenticity of prophecy)을 받아들이지 않고 다니엘서의 편집 연대를 마카비시대로 보나 필자는 카일을 따라 기원전 6세기로 본다. Ibid., 39ff. 다니엘서의 저작 연대를 기원전 2세기로 보는 논문은, 배정훈, "연대기로 읽는 다니엘서의 종말론," *구약논단* 19 (2013): 323-47. 배정훈은 326에서 단 7-12장을 "주전 2세기 공동체를 위한 다니엘의 예언"으로 제목을 붙인다. 배정훈에게 있어 다니엘서의 '예언적 요소'는 기원전 2세기 안티오쿠스 4세 시대의 역사적 성취로 끝난 것으로 보인다. 다니엘의 예언이 그에게는 예수님의 초림이나 재림과 아무런 상관이 없는 것 같다 ("…주전 2세기를 위한 종말에 대한 계시가 완전히 드러난 것은 10-12장에 이르러서이다" 341). 그가 자주 사용하는 말은 예언의 '재해석'이라는 말이다. 332에서 그는 단 2장의 계시가 바벨론 멸망 후에 "네 왕국을 상징하는 것으로 '재해석'되었다"고 언급한다. 이것은 받아들이기에 힘든 언급이다. 주제들의 병행에 의한 예언을 굳이 '재해석,' '조정,' 혹은 '발전'되었다고 볼 아무런 합당한 이유가 없다. 그의 주장은, 쉽게 말하면 시대에 따라 어떤 예언이 이렇게 저렇게 바뀐다 (이현령 비현령/耳懸鈴 鼻懸鈴)는 이야기다. 그의 '재해석'에 대해서는 배정훈, "정경해석 방법으로 바라보는 다니엘서 2장 31-45절," *장신논단* 50 (2018): 21도 참고하라 (다니엘서 저작 연대가 그리스 때라는 언급은 각주 27을 볼 것. 그가 제시한 증거들이 단 2장의 원래 연대가 그리스 때라는 것을 증명하지 못한다. 그의 비교종교학적 해석은 각주 28을 보라. 그에 의하면 원래 다니엘이 예수님의 초림과 재림을 예언한 것이 아니라 마태나 요한 같은 제자들이 해석한 결과다 "…다니엘서 2장에서 하나님의 활동으로 여겨진 돌은 이제 메시아인 예수 그리스도로 바뀌었다" 30). 이러한 해석 입장은 다른 논문에서도 그대로 발견된다. 왕대일, "묵시문학 다니엘서의 종말론- 그 신학적 이해," *신학과세계* 37 (1998): 7-37. 11쪽에서 "…더 이상 하나님이 역사 속에 계시지 않는 것같은 혼돈된 세상의 한 복판에서 묵시문학의 저자는 하늘이 비밀스럽게 한 지식을 전해 주었음을 꿈과 환상으로 가르치게 될 것이다. 여기에서 우리는 묵시문학의 삶의 자리가 옛 예언자들이 가르쳤던 역사에 대한 가르침을 다시 연구하고 재해석해서 거기에서 파악된 오늘의 삶에 대한 신앙적 각성을 글로써 기록하고자 했던 '서기관적인 활동'(scribal activity)임을 확인하게 된다…"라고 왕대일이 언급하는데 '재해석'이라는 말이 눈에 띈다. 옛 예언을 새 시대 상황에 맞추어 새 시대에 유행하는 문학 장르를 가지고 교묘히 조작하는 것이 서기관의 콜링인가.

왕(곧 시리아를 다스렸던 안티오쿠스 에피파네스)과 유사함을 독자들에게 알려준다. 이 사람이 바로 '표범'의 나라에 속한 인물이다. 그리고 9장은 메시아를 중심한 예언들이 나옴으로 7장의 메시아 주제를 더 자세히 설명해 준다.

● 7장은 2장과 병행; 8장 이하의 아웃라인 역할(안티오쿠스 혹은 적그리스도는 색깔 처리)

단7장 벨사살원년	사자 (바벨론)	곰 (메대-바사)	표범 (헬라)	강한짐승 (로마)		작은 뿔 한때, 두때, 반때	인자 같은 이가 나라를 받으심 (7:13-14)

● 8장의 포커스는 안티오쿠스 에피파네스(7장에 대한 확대 설명: 8-9장)

단8장 벨사살3년		숫양과 숫염소 (메대-바사 v. 헬라) 숫염소4뿔 작은 뿔 2300주야					

● 9장의 포커스는 메시아이지만 적그리스도에 대한 예언도 포함

단9장 다리오원년		7이레+62이레=69이레 성 중건령에서 메시아/왕까지 (69이레 후 메시아 끊어짐)	한 왕이 성, 성소 멸망시 킴('작은 뿔' 의 1차 성취: 디도의 예루 살렘 파괴)	26절. 끝까지 전쟁이 있을 것; 황폐할 것 들이 작정되었음	'그'가 1이레 동안 의 언약 맺음; 그 이레 절반에 제사 와 예물 금지('작은 뿔'의 최종 성취)	'코데쉬 카다쉼'[210]에 대한 기름 부음이 이루어짐	

● 10-12장은 애굽과 시리아간의 쟁투를 다루나 끝날 대환난도 포함(7-9장과 병행을 이룸)

단10-12장 고레스3년	바사 왕들	한 능력있는 왕 남방왕들 v. 북방왕들 한 비열한 사람/ 북방 왕 11:21-45 (נבזה)			대환난 한때, 두때, 반때; 1290일, 1335일 부활	인자 같은 이가 나라를 받음 (7:13-14)	

---

210 단 9:24의 "ולמשח קדש קדשים" '코데쉬 카다쉼'을 지극히 거룩한 분(사람. 대상 23:13), 지극히 거룩한 것(물건. 출 29:37; 레 21:22), 혹은 지극히 거룩한 곳(장소, 즉 지성소. 출 26:33; 대하 3:8, 10)으로 번역할 수 있다. 헹스텐베르그는 이러한 '지극히 거룩한 것의 기름부음이' '거룩한 곳의 황폐됨과 대조됨을 우선 지적하였다. 그는 기름부음이 비유적으로 '성령의 은혜를 나누어 줌'을 뜻한다고 보았으며, 이것이 새 언약의 교회, 주님의 새 성전이 성령의 은혜로 채워지는 것을 의미한다고 주장했다. 이것을 그리스도 보다 교회로 해석해야 하는 이유는, 첫째, 이것은 일반적으로 참 성전의 이미지인 그리스도로 보는 것이 가능하다는 것은 부인될 수도 없고, 부인되어서도 안된다고 그는 말한다. 하지만 구약에서는 그것이 나타나지 않고, 반면에 지극히 거룩한 것은 주님의 교회를 의미한다는 가정은 많은 유비들을 가지고 있다고 하였다. 둘째, 이사야 11:1에서 보듯이 이것을 그리스도에게 적용할 경우, 그리스도가 그의 직임을 수행하심으로 성령의 은사를 나눠주시는 것 외에는 어떤 다른 것으로 이해될 수 있는 것은 없다. 곧 이것은 그가 세례 받으실 때 일어난 것이다. 그러나 이것은 69이레 후에 중단된 것이다. 메시아가 기름부음 받음은 하나의 특별한 행동이지 과정적으로 지속되는 것이 아니다. 그것은 70 이레의 종결점까지 도달하는 것이 아니다. 그러나 언약 백성에게는 이것이 끝까지 적용된다. 즉, 헹스텐베르그는 '지극히 거룩한 것'이 그리스도에게 적용될 수 있지만 보다 정확하게는 신약시대의 영적 성전인 주님의 교회에게 그대로 적용된다고 하였다. E. W. Hengstenberg, *Christology of the Old Testament* (Grand Rapids: Kregel, 1970), 426-7; *구약의 기독론*, 원광연 역(서울: 크리스천다이제스트, 1988). 최영헌, "단 9:24-27 '70이레' 해석"(신학석사학위논문, 아세아연합신학대학교 신학대학원, 1999), 77-8에서 재인용. 이하 본고의 내용들의 많은 부분은 이 논문에서 재인용 혹은 수정보완한 것이다.

2. 다니엘서 8장과 9장 그리고 계시록

8장은 숫양과 숫염소의 환상인데 이 짐승들은 각각 메대-바사 왕들 및 헬라 왕(8:20-21)이라고 해석되어 있다. 숫염소에게 있는 큰 뿔(알렉산더 대왕으로 봄)이 꺾이고 현저한 넷(알렉산더 휘하의 네 장군)이 하늘 사방을 향하여 났고(8:8-9), "그 중 한 뿔에서 또 작은 뿔 하나가" 났다(8:9)고 되어 있다. '작은 뿔'이 한 짓은 8:10-14에 자세히 기록되었고, 23-25절에 해석이 되어 있는데, 그가 이스라엘과 성소를 짓밟는 기간은 2300주야[211](13절)로 나타난다. 8장 이하는 2장과 7장 보다 이스라엘에 초점이 있다. 왜냐하면 여러 표현들, '영화로운(땅),' '하늘 군대,' '군대의 주재,' '매일 드리는(제사),' '성소,' '군대(개역개정. 백성),' '진리,' 등이 이스라엘 및 이스라엘의 하나님을 시사하기 때문이다(8:9-14). 7장이 아람어로 기록되었고 전(이방)세계의 나라들을 다루는 반면, 8장 이하는 히브리어로 기록되었고 이방 나라들에 대한 예언들을 전달하기는 하지만 이스라엘 성소와 군대(sanctuary and host. קדש וצבא) 등에 초점을 맞춘다. 8-9장을 한묶음으로 보면 가까운 미래(안티오쿠스 에피파네스)에서 먼 미래(그리스도의 초림과 주후 70년의 성소 파괴[212])로 이동하고, 10-12장은 가까운 미래(바사왕들, 헬라제국에 속한 이집트와 시리아 왕들)에서 아주 먼 미래(세상 끝날)를 내다본다. 특히 8장의 안티오쿠스 에피파네스를 통한 환난은 11-12장에서 안티오쿠스 에피파네스(11:21-39) 뿐만 아니라 그의 표상을 가지고 적그리스도(11:40-45)와 그 적그리스도를 통한 대환난(12:1, 7)까지를 내다보고 있다.

9장의 70이레에 대한 이해는 공관복음, 바울서신, 계시록 등과 관련하여 좀더 논할 필요가 있음으로 뒤에 다시 다룬다.

3. 다니엘서 10-12장 그리고 계시록

10-12장은 바사시대와 헬라시대의 알렉산더와 4국 분열 후에 있을 왕들 간에 벌어질 전쟁, 그리고 특별히 안티오쿠스 에피파네스와 이스라엘이 서로 관련된 전쟁에 대한 예언이 11장 39절까지 세속된다. 10:1은 다니엘이 '큰 선쟁(NIV. a great war; ESV. a great conflict; צבא גדול)'에 관한 것을 확실히 깨달았다고 했고, 그 때 3 이레를 금식했고(2-3절), 세마포 옷을 입고 우바스 정금 띠를 띤 한 사람이 임하여(5-9절), 다니엘을 위로하고(10-12절), '말일에(באחרית הימים) 다니엘의 백성의 당할 일'을 다니엘에게 깨닫게 하러 왔다는 취지를 밝힌다(14절). 그리고 난 다음 11장부터는 바사시대부터 왕들 간의 '전쟁'이 비교적 자세히 예언되어 있다. 그러면 11장의 초점은 무엇인가. 그것은, 5-20절에 걸쳐서 나타나는 애굽과 시리아 간의 전쟁이 진행되는 동안 형인 셀류코스 4세의 뒤를 이어 시리아의 왕 위에 오른 안티오쿠스 에피파네스(안티오쿠스 4세)의 통치와 그의 범죄에 대한 것, 그리고 그의 최후에 대한 예언이다(21-39절). 특히,

---

211 1달을 30일로 계산할 경우, 6년 4개월 20일.

212 그리스도의 재림 어간에 대해서는 약간만 언급한다. 9:26 "…또 끝까지 전쟁이 있으리니…" 및 9:27은 적그리스도에 대한 예언으로 보인다.

28-35절까지는 그와 이스라엘이 서로 관련된 예언이다. 그가 행했던 범죄의 골자는 무엇인가.

제2차 애굽 원정에 성공한 안티오쿠스 에피파네스가 애굽 원정을 마치고 돌아가는 길에 이스라엘과 맺은 평화조약(거룩한 언약; 28, 30, 32절)을 깨뜨리고 유대인을 공격하여 야손 대신 자신이 지명한 메넬라우스를 대제사장으로 복위시키고 성전 기물을 노략질하며 예루살렘 성안에 이방인 부대를 주둔시킨 것이 28절에 나타나며, 29-30절a는 그의 제 3차 애굽원정에 대한 내용이며, 30절b-35절까지는 그의 본격적인 유대교와 유대인들에 대한 박해에 대한 예언이다. 그러나 그는 8:25에 "만왕의 왕을 대적할 것이나, 그가 사람의 손을 말미암지 않고 깨어지리라"고 되어 있고, 9:26에 "그의 끝은 홍수와 함께(קצו בשטף)."라고 되어 있다. Keil은 11:44에 대한 주석에서 그가 바사에서 바벨론으로 돌아오던 중에 바사의 도시 Tabae에서 죽었다고 하였다. 즉, Keil은 40-45절(특히 44, 45절)을 안티오쿠스 에피파네스의 죽음으로 보지 않고, 끝날의 하나님 대적자에 대한 예언으로 취급한다.[213] 여기에 대해서는 뒤에 약간 더 언급할 것이다.

이러한 전쟁(10:1. '큰 전쟁')에 관한 주제는 우리로 9:26을 되돌아보게 하고(עד קץ מלחמה. 끝까지 전쟁이 있을 것이다) 12장의 말세의 대환난에 관한 예언으로 이끄는데, 11장 40절 이하부터(특히 44, 45절) 12장은 그 시점이 최종의 미래로 옮겨간다. 12장을 안티오쿠스 에피파네스의 때에 적용하여 설명하기 쉽지만, 그러나 몇 가지 이유에서 12장은 종말에 관한 예언으로 봄이 합당하다. 첫째로, '개국 이래로 그 때까지 없던 환난'(12:1상)이요, "그 때에 네 백성 중 무릇 책에 기록된 모든 자가 구원을 얻을 것이라"(12:1하)는 종말적 언급이다. 안티오쿠스 에피파네스 때에 환난이 일어났으나 그보다 더한 환난은 주후 70년의 환난이고, 이것을 주후 70년 환난보다 더 큰 환난으로 이해할 수밖에 없는 것은 책에 기록된 모든 자가 구원을 얻을 것이라는 언급 때문이다. 주후 70년은 물론 그 때도 구원 받을 자는 받겠지만, 우리가 생각할 때, 주로 구원보다는 심판에 관한 것이 아닌가. 둘째로, 12:2의 부활에 대한 언급이다. 이것은 안티오쿠스 에피파네스 때에 일어난 일이 아니다. 부활은 종말에 있을 사건임에 틀림없다.

이렇게 종말에 있을 사건을 투사하고 있는 12장은 7절과 11, 12절에 각각 의미 있는 기간들을 제시하면서 끝맺음하고 있다. 7절에는 '한 때, 두 때, 반 때를 지나서 성도의 권세가 다 깨어지기까지'가 나타나며, 11절에는 '매일 드리는 제사를 폐하며, 멸망케 할 미운 물건을 세울 때부터 1290일을 지낼 것'이 나타나며, 12절에는 '기다려서 1335일까지 이르는 그 사람은 복이 있다'는 언급이 나타난다. 즉 7절의 한 때, 두 때, 반 때를 3년 반으로 볼 경우, 그것은 1달을 30일로 계산하였을 때 1260일(달로 하면 42달)이 되며, 11절의 1290일은 여기에 30일을 더한 기간이며, 12절의 1335일은 여기에 또 45일을 더한 기간이 되는 것이다.

우리가 선지적 시야(prophetic perspective)를 가지고 10-12장을 정리해 보면 11장의 가까운 미래의 일이 12장의 보다 먼 미래의 일로 투사되고 있음을 알 수 있다. 즉, 11장의 안티오쿠스 에피파네스와 관련하여 겪는 이스라엘의 환난=전쟁은 말세의 부활의 시기 어간에 있을

---

213 "…while Antiochus, according to Polybius and Porphyry, died in the Persian city of Tabae on his return from Persia to Babylon." 44-45절의 예언과 실제 역사 사이에 나타나는 차이에 대한 비평은 Keil, *Ezekiel, Daniel*, 472-3, 479을 보라.

대환난으로 전환되고 있다는 사실이다.

　　다니엘서 전체를 '적그리스도' 주제, 장르, 선지적 시점 이동을 따라 다음과 같이 도표화하는 것이 가능하다.

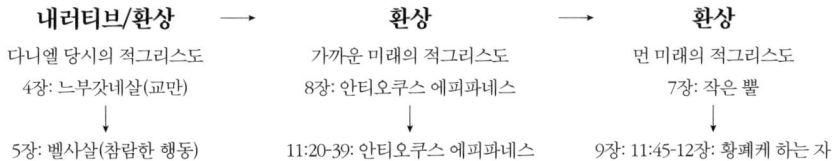

내러티브/환상 →	환상 →	환상
다니엘 당시의 적그리스도	가까운 미래의 적그리스도	먼 미래의 적그리스도
4장: 느부갓네살(교만)	8장: 안티오쿠스 에피파네스	7장: 작은 뿔
↓	↓	↓
5장: 벨사살(참람한 행동)	11:20-39: 안티오쿠스 에피파네스	9장: 11:45-12장: 황폐케 하는 자

　　또한, 다니엘서 전체를 '환난' 주제와 선지적 시점 이동으로 아래와 같이 도표화할 수 있다.

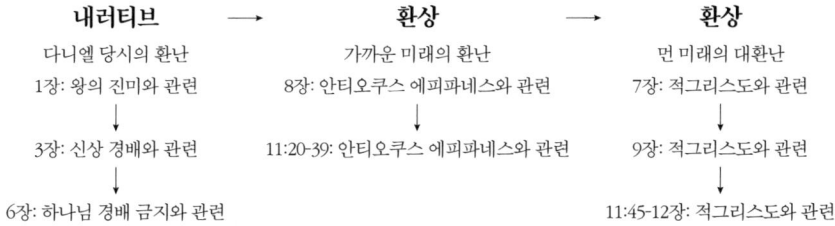

내러티브 →	환상 →	환상
다니엘 당시의 환난	가까운 미래의 환난	먼 미래의 대환난
1장: 왕의 진미와 관련	8장: 안티오쿠스 에피파네스와 관련	7장: 적그리스도와 관련
↓	↓	↓
3장: 신상 경배와 관련	11:20-39: 안티오쿠스 에피파네스와 관련	9장: 적그리스도와 관련
↓		↓
6장: 하나님 경배 금지와 관련		11:45-12장: 적그리스도와 관련

4. 70 이레 (단 9:24-27)와 관련된 의문들

　　다니엘서 9장 24-27절에 나타난 70 이레 예언은 이해가 쉽지 않다. 이해를 위해 기본적 질문들과 추가적 질문들이라는 항목을 통해 답을 제시해 본다.

4.1 기본적 질문들

70년 포로기간과 70이레는 어떻게 관련되는가? 이스라엘의 바벨론 포로 기간이 70년으로 종결될 것을 예언한 사람은 예레미야였고(렘 25:11-12; 29:10), 하나님은 이 연수(年數)를 깨닫고 죄를 회개한 다니엘에게 70 이레의 계획을 알려주신다(단 9장). 70년이라는 기간을 통해 바벨론은 심판하시고 죄로 바벨론에 끌려가 징계를 받았던 이스라엘은 돌아오게 하시겠다는 계획은 70이레라는 기간을 통해 확대되고 완성된다. 하나님은 이 70이레를 통해 소극적으로는 "허물이 그치며 죄가 끝나며 죄악이 용서"되게 하시고, 적극적으로는 "영원한 의가 드러나며 환상과 예언이 응하며 또 지극히 거룩한 곳/이가 기름부음을 받"게 하신다(9:24). 제7일 안식일, 제7년 안식년, 제7곱하기7+1년=희년 등이 영적 상징적 의미를 띠면서도 실제적 문자적 의미(하나님이 이스라엘에게 주신 규례들인데 실제적 기간들을 의미)를 나타내는 것처럼, 이것의 확대인 70년도 상징적-문자적 의미를 모두 나타낸다고 본다. 또한 이와같이 70 이레도 영적 상징적 의미와 실제적 문자적 의미를 모두 갖는다고 본다. 70년의 시작점(terminus a quo)과 종결점(terminus ad quem)이 있듯이 70이레도 그러하리라 본다. 70이레도 하나님의 실제적 심판과 실제적 회복의 실제적-영적 기간이다. 70이레의 종결점 곧 9:24의 지극히 거룩한 곳/이가 기름 부음을 받게 될 때는 7:18과 연결된다("지극히 높으신 이의 성도들이 나라를 얻으리니 그 누림이 영원하고 영원하고 영원하리라"). 이 7:18은 실제적 하나님 나라의 완성이 이루어짐을 우리에게 보여주는바, 이는 동시에 하나님의 반대세력인 적그리스도에 대한 실제적 심판을 전제로 한다. 하나님은 '그' 곧 '황폐케 하는 자'에게(진노를) 쏟으실 것이다(9:27). "…심판이 시작되면 그는 권세를 빼앗기고 완전히 멸망할 것"이다(7:26).

둘째로, 그러면 70이레의 시작점과 종결점은 언제인가? 70이레의 시작점에 대해서는 1) 고레스설(538 BC), 2) 다리오 1세설(520 BC), 3) 아닥사스다 1세 7년설(457 BC), 4) 아닥사스다 1세 20년설(445/4 BC) 등이 있다.[214] 고레스는 실제적으로 예루살렘 성이 아니라 성전을 건축하라는 명령을 내렸으므로(대하 36:22-23; 스 1:1-4) 70이레의 시작(9:25 "예루살렘 성을 중건하라는 영이 날 때부터…") 시점으로 볼 수 없겠으나, 이사야서에 있는 고레스 예언을 볼 때에는 성전 뿐만 아니라 예루살렘 성 중건령도 고레스가 내리는 것으로 나와 있기에(사 44:28) 고레스설을 무조건 배척할 수만은 없다. 사 44:28의 고레스의 사역은 45:13에서 '그' 곧 메시아의 사역으로 연결되어 예언된다. 흥미로운 것은, 고레스처럼 메시아의 사역도 '성읍'을 건축하는 것으로 제시되어 있다. 반면 아닥사스다 1세 20년설을 따라, 성읍 중건령부터(445/444 BC) 69이레를 계산한 학자들이 있다. R. 앤더슨 경의 계산은 태양력을 기준으로 한 것도 아니고 태음력을 참고한 것도 아니다. 그는 계 11:2-3과 관련하여 예언에 있어서 1달은 30일이고 1년은 360일이라는 것을 참고하여 다니엘 예언의 연대 계산도 그러한 산정 기준을 따라야 한다고 생각했다. 앤더슨은 아닥사스다 20년, 즉 주전 445년 3월 14일(느 2:1; 니산월 1일로 봄)에서 예수님이 십자가에 달리시기 며칠 전 예루살렘에 입성하신 때인 주후 32년 4월 6일(니산월 10일로 봄)까지 예언적 연수인 483년이 흘렀음을 계산하였다. 이것을 날수로 계산하면 483년×360일 = 173,880일이 된다.[215] 회너는 이를 재검토하였다.[216] 그는 예수님이 죽으신 연대를 주후 33년으로 산정한다(앤더슨은 주후 32년). 아닥사스다 20년은 회너에 의하면 주전 444년 3월 5일이고 예수님의 예루살렘 입성일은 주후 33년 3월 30일이다(각각 니산월 1일과 10일). 그러면 회너는 어떻게 이 예언년(prophetic year, 1년=360일)과 태양력(1년 365일)의 차이를 조화시킬 수 있었는가. 주전 444년부터 주후 33년까지는 476년이다(주전 1년과 주후 1년 사이는 1년). 이 476년에다가 365일을 곱하면 173,740일이 된다. 여기에 116일과 24일을[217] 다시 더하면 173,880

---

214 "주전 457년은 아닥사스다 왕 7년이 되는 해인데, 이 때의 귀환령은 예루살렘 성의 중건을 위한 것이 아니라 재건된 예루살렘 성전에 봉헌물을 드리기 위한 귀환령이었습니다. 한편 주전 445년은 아닥사스다 왕 20년이 되는 해인데, 이 때의 귀환령은 진정 예루살렘 성을 재건하라는 명령이었습니다. 그리고 이 때 예루살렘성의 중건령을 받은 사람은 다름 아닌 느헤미야였습니다(느 1:1, 2:1). 따라서 필자는 445년설을 취합니다." 정성욱, *정성욱 교수의 밝고 행복한 종말론* (서울: 큐리오스, 2016), 257-8.

215 Sir Robert Anderson, *The Coming Prince* (London: Hodder & Stoughton, 1895), 51-129, 특히 128.

216 Harold W. Hoehner, *Chronological Aspects of the Life of Christ* (Grand Rapids: Zondervan Publishing House, 1977), 138-9.

217 여기서 116일에 대해 설명하자면, 476년 동안 윤달이 119번인데 이 중에서 3번을 제해야 한다는 것이다. 왜

년이 산출된다. 이렇게 되면 예언적 연대를 통해 계산된 날수와 태양력에 의해 계산된 날수가 173,880으로 일치하게 된다. 이러한 연대 계산에 대한 하젤의 평가는, 1) 앤더슨 경의 시작점은 주전 445년인데 이 연대는 회너의 계산으로 볼 때 잘못으로 나타난다. 느 1:1; 2:1에서 아닥사스다의 조서가 내려진 연대는 444년이다. 2) 앤더슨과 회너가 시작점으로 주장하는 니산월 1일은 순전히 가정된(hypothetical) 시간이다. 느헤미야에는 그러한 언급이 없다. 3) 예언적 연대 계산법의 헛점이다. 대략적인 연대인 예언적 연대를 태양력에 맞추려고 하는 시도는 위험하다. 4) 고대의 어느 나라도 360일을 1년으로 계산하지 않았다. 이스라엘의 경우, 열왕기나 역대기 어디를 보아도 완전한 태양력을 사용했다는 사실을 인정해야 한다. 5) 세대주의자들은 69 이레의 종착점을 주후 32/33년으로 보고 있는데 이것은 세속 역사가들의 연대를 따르고 있다는 것이다.[218]

필자는 성 중건령이 고레스에게서 시작되었다고 보나(사 44:28) 구체화된 것은 아닥사스다 1세 20년(느헤미야 시기)으로 추측한다.[219] 이 때로부터 '기름부음 받은 자 곧 왕'(이 일어나기)까지(단 9:25) 7이레와 62이레가 흐른다고 본다. 즉 69이레의 시점에 '예수님의 세례/침례'가 이루어진다고 보는데 왜냐하면 세례/침례시에 실제적인 의미에서 예수님이 성령으로 기름부음 받으셨기 때문이고(마 3:16; 막 1:10; 눅 3:21, 22; 요 1:32-33) 이어 '왕'(마 1:1; 2:2, 6)의 복음사역이 시작되었기 때문이다(마 4:17; 눅 4:16-19). 이 69이레 '후'에 기름부음을 받은 자 곧 예수님이 "끊어져 없어질 것"으로 본다. 이는 예수님의 십자가의 죽으심이다. 나머지 '1이레'(9:27)에 대한 것이 남아 있는데 이는 아래에서 더 살펴보기로 한다.

4.2 추가적 질문들

첫째, 27절의 '1이레 동안의 언약'을 어떻게 이해해야 하는가? 우리는 앞에서 8장이 BC 2세기 유다를 괴롭힌 안티오쿠스 에피파네스에 대한 예언임을 살펴보았다. 특히, 8:9-14, 23-27이 그에 대한 예언이다. 이 안티오쿠스 에피파네스가 행하는 일들은 예수 그리스도의 죽음 이후에 나타날 존재(9:26. '한 왕'=로마의 디도 장군 70 AD), 그리고 부활 및 대환난과 연관되어 나타날 존재(12:7, 11 12)를 '예시'하고 있다. 우선 8, 11장의 시간대와 9:27의 시간대를 비교해 보라. 이것은 서로 다른 시간대이다. 또, 8, 11장의 시간대와 12장의 시간대를 서로 비교해 보면 이 둘도 서로 엄청난 차이가 나는 시간대인 것이 분명하다. 그런데 9장에는 '1이레' 및 '그 이레의 절반에'라는 표현이 나오고(27절), 12장에는 1이레의 반에 해당하는 시기 곧 '한때, 두때, 반

나하면 100년마다 3번을 제해야 하기 때문이고 400번째는 윤달이 없기 때문이다. 24일에 대해서는, 회너는 24일간의 차이를 해결하기 위하여 시작점을 주전 444년 니산월 1일(3월 5일)로 가정함으로 해결하였다. 그러면 종착점은 주후 33년 니산월 10일(즉, 3월 30일)이 된다(476년에 태양력 1년인 365.24219879일을 곱하면 173855. 28662404일이 되고, 예언적 연대 계산법은 173,880일이다. 즉 태양력 계산 날수에 25일 정도를 더해야만 예언적 연 계산과 일치시킬 수 있었던 것이다). Ibid., 139.

218 G. F. Hasel, "Interpretations of the Chronology of the Seventy Weeks," in *The Seventy Weeks, Leviticus, and the Nature of Prophecy* vol. 3, ed. F. B. Holbrook, Symposium on Daniel: Introductory and Exegetical Studies (Washington, D.C.: Biblical Research Institute General Conference of Seventh-day Adventists, 1986), 19-25.

219 그렇다고 이 연대를 절대적으로 지지하지는 않는다.

때'라는 표현(12:7)이 나타난다. 12장 11-12절에 1290일과 1335일의 표현이 있는데 이들은 7년의 절반에 각각 30일, 또 여기에 45일을 더한 시기임이 드러난다. 즉 1달을 30일로 계산하였을 때, 7년의 반인 1260일(한때와 두때와 반때)에서 더 기다려야 할(12:11-12) 시간들로 제시되고 있다. 12장에서 한 이레의 절반을 말하고 있다면, 그리고 그것이 시리아왕 안티오쿠스 에피파네스의 시기를 가리키고 있지 않다면 마땅히 9:27과 연결시켜 생각해야 한다. 9:27의 '그'는 많은 사람과 맺은 한 이레(동안)의 베리트(언약/계약)를 확약한(הגביר ברית לרבים שבוע אחד) 사람이다. 그러면 9, 12장의 보다 먼 미래의 존재를 예시/예표하고 있는 문맥인 8, 11장에 이러한 베리트의 확약에 대한 언급이 있는가를 먼저 살펴 보아야 한다. 8장에 베리트는 나타나지 않는다. 11장에는 28-32절에 4번 나타난다. '그는 마음으로 거룩한 언약을 거스리며'(28절), '거룩한 언약을 한(恨)하고 임의로 행하며'(30절), '돌아가서는 거룩한 언약을 배반하는 자를 중히 여길 것이며'(30절), '그가 또 언약을 배반하고 악행하는 자를 궤휼로 타락시킬 것이나'(32절) 등. 이렇게 11장에서 사용된 말 중에서 언약과 관계되어 보이는 낱말 중에 '자의로 행하여'(8:12, 24)와 '궤휼에 능하며'(8:23)와 '그가 꾀를 베풀어 제 손으로 궤휼을 이루고'(8:25)는 8장에도 동일하게 나타난다. 이러한 안티오쿠스 에피파네스의 역사상의 행동들이 '종말의 안티오쿠스 에피파네스라고 할 수 있는 적그리스도'를 예시/예표할 수 있음은 충분히 가능한 일이다.

그러면, 종말의 적그리스도는 누구와 언약을 맺겠는가. 민족으로서의 이스라엘인가, 아니면 영적인 이스라엘=교회(예수 그리스도를 믿는 유대인+이방인)인가. 아니면 예수 그리스도를 믿는 이스라엘인들인가. 본 연구는 두 번째일 것으로 본다. 롬 9-11장을 참고하여 볼 때 예수를 그리스도로 고백하는 많은 이스라엘이 미래에 하나님의 긍휼로 구원받게 될 것을 인정하지만, 이 적그리스도는 이방 성도들에게도 적그리스도이고, 믿는 이스라엘 사람에게도 적그리스도이기 때문이다. 2-7장은 믿는 자들을 표현할 때 '모든 백성과 나라들과 각 방언하는 자'(7:14. כל עממיא אמיא ולשניא) 지극히 높으신 분의'성도'('거룩한 사람들' 18, 21, 25, 27. קדישי) 등의 표현을 쓴다. 이 사람들은 누구인가? 유대인을 제외한 이방인들에게 강조점을 둔 표현으로 보이는데, 그러나 지구상의 모든 나라들 모든 언어들을 사용하는 믿는 자들을 가리키는 것으로 보아 이 사람들 속에서는 유대인도 포함되는 것이 분명하다. 그러나 8-12장은 '거룩한 백성'(עם-קדשים. 8:24), '당신의 성과 당신의 백성을 위하여'(9:19. על-עירך ועל-עמך), '하나님을 아는 백성'(11:32. עם ידעי אלהיו), '백성 중에 지혜로운 자'(11:33. משכילי עם), '네 백성 중 무릇 책에 기록된 모든 자'(12:1. עמך כל-הנמצא כתוב בספר) '성민의 권세=거룩한 백성의 손'(12:7. יד-עם-קדש) 등 이스라엘 '백성'(='עם') 관련 표현을 쓴다. 즉, 2-7장은 '각 나라, 각 방언'에서 구원 받은 자들을 제시한다면, 8-12장은 '백성'(곧 유대인)이란 말을 가지고 구원 받은 유대인과 구원 받은 모든 사람을 동시에 보여준다. 즉 8-12장에서의 이 '백성'이란 표현은 '유대인 성도'만을 가리키는 동시에 일종의 제유법적 기능을 함으로 대표자인 유대인 성도를 통해 모든(유대인+이방인) 구원 받은 자도 가리킨다고 보는 것이다. 계시록 7:4-8'이스라엘 자손 각 지파 중에서'(ἐκ πάσης φυλῆς υἱῶν Ἰσραήλ) 인맞은 자들과 9-10절'각 나라와 족속과 백성과 방언에서'(ἐκ παντὸς ἔθνους καὶ φυλῶν καὶ λαῶν καὶ γλωσσῶν) 아무라도 능히 셀 수 없는 큰 무리의 구분이 나타나는데 이는 1차적으로는 이스라엘과 열방을 대조해 놓은 듯 보인다. 그러나 우리는 전자를 제유법적인 견지에서 대표인 이스라엘 자손을 통해 모든 성도를 가리키는 것으로 볼 수 있고, 후자는 유대인 성도가 포함된 모든 열방의 성도로 볼 수 있겠다는 것이다. 물론 전자는 '하나님의 종'으로 지칭되어 있으니 특별히 계시록의 문맥에서는 '복음의 일선에 선 일꾼들'로 또한 보아야 할 것이다... 이러한 이해에서 본다면 적그리스도는 다른 누구도 아닌 모든 믿는 자의 대적이며, 믿는 자는 그리스도의 사람들이므로, '종말의 안티오쿠스 에피파네스'= 적그리스도는 교회와 거짓 언약을 맺었다가 파기하고 전쟁을 일으키면서 큰 환난을 조장하리라 본다. 그러나 구약 예언이 민족으로서의 이스라엘에게 이루어질 성취에 대해 완전히 배타적이지 않기에 적그리스도가 문자적인 유대인들과 계약을 맺을 가능성도 여전히 존재한다.

한편, 이 1 이레의 언약을 맺는 주체를 그리스도로 보는 것은 다니엘서의 문맥에는 없는 것이다. 70 이레가 물론 하나님의 신실한 언약에 기초한 것임은 두말할 나위도 없지만, 다니엘서에서 자주 등장하는 그리스도와 관련하여서는 이러한 언약은 보이지 않는다는 것이다. 오히려 9:27의 '언약을 굳게 정하는 것,' '이레의 절반(=한 이레의 한때와 두때와 반때가 지난 시점),' '제사와 예물의 금지', '미운 물건이 날개 위에' 등의 표현과 12:7의 '성민의 권세가 깨어지기까지,' 12:11의 '매일 드리는 제사를 폐하기,' '멸망케 할 미운 물건을 세울 때부터 1290일(=한때, 두때, 반때+30일)', '기다려서 1335일(한때, 두때, 반때+30일+45일)까지 이르는 그 사람은 복이 있으리라' 등은 그리스도가 아니라 모두 적그리스도(1차적으로 헬라의 4국 때 나타날 안티오쿠스 에피파네스)와 관련된 술어들이라는 사실이다. 둘째로, 이것을 그리스도가 맺은 언약으로 볼 경우, 26절의 메시아의 끊어짐이나 디도에 의한 예루살렘의 멸망과의 시간적 차서가 이해되지 않는다. 그리스도 예수의 십자가의 죽으심과 성읍/성전이 파괴된 다음 27절에 다시 예수님이 많은 사람과 더불어 언약을 맺을 수 있을까 하는 것이다. 셋째로, 어떤 이는 27절의 "그 이레의 절반에 제사와 예물을 금지할 것이며"를 스데반의 죽음의 시점(후 3년반)=교회의 핍박과 흩어짐이라고 주장하나, 이러한 사건으로 70이레 전체가 종결된다는 것이 70이레의 목적(9:24)과 부합하는가 하는 것이다. 70이레는 '네 백성과 네 거룩한 성'의 완전한 회복을 위한 것인데, 비록 베드로의 설교를 통해 3000명, 5000명이 믿게 되었다고 할지라도, 여전히 많은 이스라엘이 복음을 거부하고 스데반을 돌로 치는 상황인데 이것을 70이레의 종결점(마지막 한 이레가 끝나는 시기)으로 볼 수 있겠는가 하는 것이다. 넷째로, 아마도 앗수르의 심판과 관련된 이사야의 예언에서 본 27절과 비슷한 언급이 나온다는 것이다. 사 33:8은 "대로가 황폐하여 행인이 끊치며 대적이 조약을 파하고(He has broken the covenant; NASB) 성읍들을 멸시하며 사람을 생각지 아니하며"라고 하여(그리스도가 아니라) 이스라엘의 대적이 조약을 맺고 파기할 수 있음을 시사한다.

둘째로, 위와 관련된 질문인데, 적그리스도가 그리스도로 인하여 폐지된 제사와 예물(זבח ומנחה)을 어떻게 또다시 그치게 할 수 있는가? 적그리스도가 교회와 거짓 언약을 맺을 수 있고, 성도(유대+이방)의 신앙을 훼방하려는 음모를 꾸몄다면, 그는 분명 성도의 가장 중요한 신앙의 표현인 예배를 금지시킬 것이다. '제사와 예물'이 예배나 어떤 하나님을 섬기는 행위를 뜻한다면 적그리스도는 그 성격상 충분히 제사와 예물을 중단시킬 수 있다. 이는 다니엘서의 문맥과 너무나 잘 조화된다. 1장에서는 왕의 진미가 하나님을 제대로 섬기지 못하게 하는 어떤 요인으로 나타났다. 3장에서는 금신상에 절하는 것 곧 우상 숭배의 요구가 하나님께 대한 참된 예배를 막았다. 6장에서는 왕 외에 어느 대상에게든 기도하지 말라는 조서가 다니엘로 하여금 하나님에 대한 기도의 예배를 억제시켰다. 즉, 안티오쿠스 4세가 '강한 신을 공경하고(11:38),' '스스로 높여 모든 신보다 크다 하며 그의 조상들의 신들과 여자들이 흠모하는 것(겔 8:14 담무스?[220])을 돌아보지 아니하며(11:37),' '매일 드리는 제사를 폐하며 멸망하게 하는 가증한 것을 세울 것이며(11:31)'등은 분명히 하나님 예배 금지다. 이것은 계시록 13장의 짐승이 하나님을 훼방하고(6절), 어린 양이 아닌 자기를 경배하도록 하는 것(8절)으로 재현된다.

한편, 장차 적그리스도가 '유대인들'과 7년의 언약을 맺고 처음에는 그들이 지은 새성전 (이를테면, '제3성전')에서 '실제 짐승 희생 제사와 예물 드리는 것'을 허용했다가 7년의 중간에 그 언약을 깨고 그 성전에 앉아 자칭 하나님이라 할 것이라고 주장하는 사람들이 있다.[221] 이 가능성도 생각할 수는 있으나 짐승이 "하늘에 사는 자들을 비방할 것이고"(계 13:6. βλασφημῆσαι... τοὺς ἐν τῷ οὐρανῷ σκηνοῦντας), "성도들과 싸워 이기게 될 것이고"(7절. ποιῆσαι πόλεμον μετὰ τῶν ἁγίων καὶ νικῆσαι αὐτούς)라는 표현과 이어지는 "죽임을 당한 어린 양의 생명책에 창세 이후로 이름이 기록되지 못하고 이 땅에 사는 자들은 다 그 짐승에게 경배할 것이라"(8절. καὶ προσκυνήσουσιν αὐτὸν πάντες οἱ κατοικοῦντες ἐπὶ τῆς γῆς, οὗ οὐ γέγραπται τὸ ὄνομα αὐτοῦ ἐν τῷ βιβλίῳ τῆς ζωῆς τοῦ ἀρνίου τοῦ ἐσφαγμένου ἀπὸ καταβολῆς κόσμου)는 표현을 볼 때 그가 맺을 언약은 유대인들이 아니라 교회(유대인과 이방인 중 믿는 자들)와 맺는 언약으로 생각된다. 그러나 필자는 그 가능성을 전혀 부정하지는 않는다. 왜냐하면 적그리스도가 그리스도인뿐만 아니라 예수님이 오신 육신적 민족인 이스라엘도 증오하기 때문이다.

셋째로, '가증한 것들(27절. שקוצים)'은 무엇인가? 이는 '혐오스러운 것들' 혹은 '미운 것들'(식쿠침)이다. 개역개정이 '가증한 것들'로 번역하였는데 한글개역처럼 '미운 물건'으로 번역하는 것이 더 좋았을 것이다. 왜냐하면 한글성경에서 '가증한 것들'은 보통 '토에보트(תועבות. 토에바התועבה의 복수)에 대한 번역으로 제시되기 때문이다. 렘 16:18 "…그들이 그 미운 물건의 시체로 내 땅을 더럽히며 그들의 가증한 것으로 내 기업에 가득하게 하였음이라" 여기서 '그들의 미운 물건들의 시체'(필자의 직역. נבלת שקוציהם)는 식쿠침이 생명 없는 우상들이기 때문에 '시체'라는 말로 빗댄 것 같다. 따라서 '그들의 죽은 미운 물건들'이라고 번역할 수도 있다. 이   쿠

---

220 "안티오쿠스와 본문을 연결하는 사람들은 여자들이 흠모하는 신이 담무즈 아도니스(Tammuz-Adonis, cf. 겔 8:14) 혹은 디오니시우스(Dionysius)를 의미하는 것으로 풀이한다. 담무즈와 디오니시우스는 많은 이집트 사람들이 숭배한 신들이다. 안티오쿠스는 이 신들을 무시했을 뿐만 아니라, 자기 조상들의 신들에게도 등을 돌렸다." 송병현, *다니엘*, 엑스포지멘터리(서울: 도서출판 이엠, 2018), 343.

221 적그리스도와 관련된 구절 중에 살후 2:4 "그는 대적하는 자라…하나님의 성전에 앉아 자기를 하나님이라고 내세우느니라"가 있는데 여기에 보이는 하나님의 성전을 물리적 성전으로 보는 견해이다. 유대인들이 예루살렘이든 어디든 제3성전을 건립한다면, 그리고 처음에 유대인들을 속이고 평화조약을 맺었다가 배반하고 후 3년반을 적그리스도가 다스린다면 이 건물을 이용할 가능성도 있다.

침은 본 절 하반절에 있는 '그들의 가증한 것들'(תועבותיהם)과 병행을 이루고 있다. 상반절의 식 쿠침이나 하반절의 토에보트 모두 우상들을 의미한다. 이 우상들은 그 숭배자들을 더럽게 한 다. '내 땅을 더럽게 하며'에서 사용된 동사는 'חלל'(Piel, Inf. with suffix 3mp; 강의형, 부정사 에 3인칭 남성 복수 접미가 붙음)인데, 영어로는: desecrate, profane, defile로 번역된다(참고. 겔 5:11; 8:3, 5, 16; 7:2, 3, 6 등). 마귀, 적그리스도, 거짓 선지자가 모두 더럽기 때문에(계 16:13. ἀκάθαρτος) 더러운 우상을 만들어 경배하게 하고 이 우상에게 절하는 음녀 바벨론/불신자들도 더러운(계 18:2. ἀκάθαρτος) 곳에 사는 것이 당연하다.

　　27절의 히브리어 본문에는 이 '쉭쿠침'(미운 물건들) 앞에 '알 케나프'(날개 위에 혹은 날개를 의지하여)가 있고 뒤에 '메쇼멤'(멸망하게 하는)이 붙어 있다(על כנף שקצים משמם). 이것 을 직역하면 '멸망케 하는 미운 물건들이 날개 위에/날개를 의지하여'이다. 개역개정에는 '메 쇼멤'(멸망케 하는)의 번역이 빠져 있다. LXX에도 '멸망케 하는'이 있는데 이것을 빼고 번역 하면 안된다(LXX, Swete, 1930. βδέλυγμα τῶν ἐρημώσεων). 개역개정은 11:31의 '하쉭쿠츠 메쇼 멤'(השקוץ משומם; LXX, Swete, 1930. βδέλυγμα ἐρημώσεως)을 '멸망하게 하는 가증한 것'이라고 하 여 '멸망케 하는'을 번역한 반면 이번에는 정관사를 빠뜨리고 번역하였다. 필자가 직역한다면, '멸망케 하는 그 미운 물건'이 되겠는데, 9:27은 쉭쿠침이 복수였으나 11:31에서는 단수가 쓰였 기 때문이다. 12:11은 다시 정관사가 빠져서 'שקוץ שמם'(멸망케 하는 미운 물건; LXX, Swete, 1930. τὸ βδέλυγμα τῆς ἐρημώσεως)으로 쓰였다.

　　마 24:15에 "멸망의 가증한 것(τὸ Βδέλυγμα τῆς ἐρημώσεως)이 거룩한 곳에 선 것을 보거든" 즉, LXX 다니엘서[222](12:11)를 축자적으로 인용하신 예수님의 말씀을 우리는 발견한다. 이는 1 차적으로 디도가 예루살렘을 공격할 때 그의 군사들이 성전을 불태웠고 성전 제단에 독수리 문 양의 군기를 꽂음으로 성취되었다고 본다. 이 '멸망의 가증한 것'의 최종 형태는 계 13:14-15절 에 보이는 그 짐승의 '우상'이다. 끝까지 전쟁과 환난 속에서 짐승들과 우상들이 나타나되, 그 마지막은 적그리스도의 우상으로 1이레의 후 3년의 예언에 대한 최종적 성취가 이루어질 것 이다. 즉, 다니엘서 내에서, 3장에 나타난, 두라 평지에 자신의 위세를 떨치기 위하여 세운 느부 깃네닐의 금우싱은 우싱으로서 하나님이 아닌 찍그리스노 사신를 성배게 하기 위해 고난된 우 상의 첫 번째의 것이었고, 8, 11장의, 안티오쿠스 4세가 예루살렘의 성소에 설치하여 유다로 하 여금 섬기게 했던 헬라의 최고신 제우스 신상은 하나님께 대한 경배를 중단시킨 두 번째의 우 상이었고, 9, 12장에서 그 우상은, 다니엘에게는 그보다 더 미래에 있을 적그리스도의 우상이 나타날 것에 대한 예언의 재료가 되었다.

　넷째로, "또 이미 정한 종말까지 황폐하게 하는 자 위에 그것이 부어질 것이다"(27절)는 무슨 뜻인가? 이는 '제사와 예물(זבח ומנחה)을 금지'하고 '가증한 것이 날개를 의지하여(כנף שקצים על)' 서게 한 적그리스도의 운명에 관한 질문이다. 하나님은 하나님의 성전과 성읍, 하나님의 백

　　222 A. T. Steele, *An Expositor's Field Manual with Sentence Diagrams and Koine Greek Charts: Matthew 24 & 2 Peter* (iUniverse.com, 2009), 48-9, quoted in H. B. Swete, *An Introduction to the Old Testament in Greek* (Peabody, MA: Hendrickson, 1989).

성을 파괴한 자들에 대하여 철저히 복수하신다. 이미 하나님은 이사야서에 예루살렘을 공격하였던 앗수르에 대한 심판을 말씀하셨다. 앗수르인은 마음에 이르기를, "내 손이 이미 신상을 섬기는 나라에 미쳤나니 그 조각한 신상이 예루살렘과 사마리아의 신상보다 우승하였느니라. 내가 사마리아와 그 신상에게 행함같이 예루살렘과 그 신상에게 행치 못하겠느냐"(사 10:10, 11)고 하였다. 이러한 교만에 대해 하나님은 "내가 불구에 네게는 (이스라엘에게는) 분을 그치고 노를 옮겨 그들을 멸하리라"(사 10:25)고 하셨다. 다시 말해 하나님의 진노가 앗수르 왕과 그 군대에게 쏟아 부어질 것이다. 예레미야서에서도 하나님은 이스라엘의 성소와 성읍을 유린한 바벨론 왕과 갈대아인들을 벌하실 것을 예레미야로 예언하신다. 그 내용은 렘 25:12와 열방을 치는 예레미야의 설교 46-51장 가운데서 50-51장에 주로 나타난다. 하나님은 느부갓네살이 성전을 파괴한 것에 대하여 즉 이스라엘의 예배를 종식시킨 것에 대하여 진노하심으로 복수하실 것을 50:15,28; 51:6,11,56 등에서 표명하신다. 50:17,18은 "이스라엘은 흩어진 양이라. 사자들이 그를 따르도다. 처음에는 앗수르 왕이 먹었고, 다음에는 바벨론 왕 느부갓네살이 그 뼈를 꺾도다. 그러므로...내가 앗수르 왕을 벌한 것같이 바벨론 왕과 그 땅을 벌하고 이스라엘을 다시 그 목장으로 돌아오게 하리니..."라고 하심으로 앗수르왕과 바벨론왕이 이스라엘을 심히 괴롭힌 자들로서 동일한 라인 위에 서 있음을 밝히셨다. 다니엘서로 와서 보면, 4장에서 느부갓네살은 그 교만으로 7년간의 하나님의 징책을 받았으며, 5장에서 그 나라의 마지막 왕 벨사살은 그 스스로의 성전 기명에 대한 모독 사건을 계기로 하룻밤 사이에 살해되고, 나라는 다른 자에게 넘어간다. 그러나 이러한 왕들의 신성모독과 성민 핍박도 그 정도에 있어 8, 11장의 안티오쿠스 에피파네스에는 못미칠 것이다.

안티오쿠스 에피파네스(치세 175-164 BC)는 헬라가 알렉산더 사후에 4국으로 분열되었을 때 그 4국 중의 하나인 시리아의 왕들 가운데 안티오쿠스 3세의 둘째 아들이었다. 그는 부친이 190년 로마에 항복했을 때 로마에 인질로 잡혀가서 14년의 세월을 보냈다. 그 후 형의 맏아들인 데메트리우스를 자기 대신 인질로 두고 시리아로 돌아오는 중에, 헬리오도루스가 아버지의 뒤를 이은 자기 형을 죽이고 반란을 일으킨 소식을 듣고 급히 달려와 헬리오도루스를 물리치고 자기가 왕위를 차지하였다. 왕이 된 이후에 그는 계속 애굽과 힘을 겨루었다. 당시 애굽왕 톨레미 6세 필로메토르와 평화 조약을 맺기도 하고 그것을 깨뜨리기도 하면서 애굽을 유린하고 또한 유대를 공격하기도 하였다. 제 2 차 애굽 원정에 성공하였으나, 제 3 차 원정에 실패한 후부터(단 11:30), 그는 참람하고도 무지막지한 방법으로 유대인과 그 성소를 핍박하였다(168-164 BC). 그는 유대와 맺은 평화조약을 파기하였다. 그는 성전에서 매일 드리는 제사를 폐지하고 부정한 동물 돼지의 피와 고기를 바치게 했으며 가증한 우상 제우스를 섬기도록 하였다. 그는 헬라과 유대인들을 포섭하여 배교케 하였으며, 율법과 신앙을 지키려는 자들을 무자비하게 학살하였다. 이에 대하여 유다 마카비 가에 의한 반 시리아 혁명이 일어났으며, 이것이 성공하고, 안티오쿠스 에피파네스는 이후 쇠퇴하게 된다.[223] 다니엘 8장에 의하면 평화한 때

---

223 Jerry A. Gladson, *Endgame: A New Commentary on the Book of Daniel* (Eugene: Wipf & Stock, 2021), 35-9, 특히36-8. 안티오쿠스 에피파네스의 최후에 대한 단 11:40-45와 실제 역사가 다른 점에 대해서는, Ibid., 17, "The

에 많은 무리를 멸했으며, 또 스스로 서서 만왕의 왕을 대적한 자는 사람의 손으로 말미암지 않고 깨어졌다(8:25). 이 사람의 참람함은 디도에게서 1차적으로 나타난다(단 9:26; 마 24:15). 그러나 이 안티오쿠스 에피파네스의 표상은 끝날 적그리스도에게 적용되어 나타날 것이다. 성도들을 죽이고 가둠으로 교회를 멸절코자 하는 이 황폐케 하는 자에게도 하나님의 진노는 쏟아질 것이다. 이것이 데살로니가 후서(살후 2:3-4)와 계시록에 나타난다(계 19:15-21). 이 짐승(적그리스도) 이 황폐케 하는 자인데, 이 사람에게 가담한 사람들이 있다. 그들은 이 짐승과 우상에게 경배하는 사람들이다. 짐승 뿐만 아니라 그들에게도 진노가 쏟아진다. 그들은 하나님의 진노의 포도주를 마시게 된다(계 14:9-11, 17-20; 16:1-2; 19:15). 그들의 죄는 짐승에게 경배한 것 뿐 아니라(13:8; 17:5), 하나님을 훼방한 것이었고(13:6; 16:9, 21) 또 성도들과 선지자들의 피를 흘린 것이었기 때문이다(13:7; 16:6; 18:24). 이것은 성전과 성읍, 곧 하나님의 교회를 황폐케 한 것으로 이해할 수 있다. 하나님 섭리 안에서 적그리스도는 교회를 연단하시는 하나님의 도구인 동시에 하나님의 진노의 심판의 대상이다.

다섯째로, 26-27절은 공관복음서의 예수님의 예루살렘 멸망 및 재림 예언과 어떻게 관련되었는가? 전술하였듯이 단 8장의 안티오쿠스 에피파네스에 대한 예언은 9:26의 한 왕 곧 디도 장군의 군대('한 왕의 백성')가 예루살렘 성읍과 성소를 파괴함으로 성취되었다. 디도 장군도 이스라엘의 하나님을 대적하였고(8:11), 많은 이스라엘 군인들과 백성을 살해하였다(8:24). 로마 군대가 제단에 독수리 문양의 군기를 꽂음으로 성소를 더럽혔다(11:31). 그러나 8장과 11장에 예언된 안티오쿠스 에피파네스에 대한 예언들은 디도 장군에게 부분적으로만 성취된다. 마태와 마가가 칠십인역(LXX, 단 12:11, τὸ βδέλυγμα τῆς ἐρημώσεως)과 동일한 헬라어 표현으로 '멸망의 가증한 것'(마 24:15; 막 13:14, abomination of desolation; '멸망의 미운 물건')을 언급한다. 즉, 예수님은 예루살렘 멸망을 예언하실 때에 다니엘의 예언 속에서 첫째로는 안티오쿠스 에피파네스에게(11:31), 그 다음에는 끝날들의 적그리스도에게(9:27; 12:11) 관련되었던 '멸망케 하는(그) 미운 물건'을 인용하시는 것이다. 흥미롭게도 다니엘이 가까운 미래의 안티오쿠스 4세 에피파네스와 먼 미래의 적그리스도를 인접 단락들에서 '함께' 언급하였던 것처럼, 예수님은 70 AD의 로마에 의한 예루살렘 멸망과 '함께' 주의 재림을 예언하신다(마 24:15-28). 이것이 마태와 마가의 경우에 동일한 장(chapter)에 서술되어 있기에 혼동을 준다. 그러나 우리가 이러한 성경 예언의 서술의 특징적인 면모에 유의하면 그 이해가 용이해진다. '멸망의 미운 물건(가증한 것)' 뿐만 아니라 함께 맞물려 있는 주제들인 '적그리스도', '성도의 핍박 받음(혹은 환난) 등

---

final demise of Antiochus IV depicted in Daniel does not coincide with the actual course of events. …Antiochus instead died a miserable death, not in Palestine or the vicinity of Jerusalem, but hundreds of miles away in Persia." Gladson은 다니엘서의 저자가 안티오쿠스 에피파네스가 죽기 전 168-164 BC 사이에 7-12장을 썼기 때문에 이런 오류가 생겼을 것이라고 한다. 그러나 필자는 11:40-45가 안티오쿠스 에피파네스가 아니라 끝날의 거룩하신 하나님의 대적과 그에 대한 멸망에 대한 언급이며, 이 내용이 12:1 이하의 하나님의 백성의 핍박과 그들의 구원과 영생의 내용과 연결된다고 한 Keil의 의견을 따른다. "In ch. Xi, 40-45 the statements do not refer to Antiochus, but to the time of the end, of the last enemy of the holy God, and of his destruction. With that is connected, without any intervening space, in ch. xii. 1 the description of the last oppression of the people of God and their salvation to everlasting life." *Ezekiel, Daniel*, 479.

도 이와 같은 예언 서술법을 유의할 때 이해가 한결 덜 어렵게 된다.

다니엘의 시점 이동

안티오쿠스 에피파네스 →	디도 장군(1차 성취) →	적그리스도(최종 성취)
8:9 '작은 뿔' 8:11 스스로 높아져서 군대의 주재를 대적하여…그의 성소를 헐었으며 8:24 강한 자들과 거룩한 백성을 멸하리라 11:31 군대는…매일 드리는(제사를) 폐하며 멸망하게 하는 미운 물건을 세울 것이며	9:26 '한 왕'의 백성…그 성읍과 성소를 무너뜨리려니와	9:27 '그'가…제사와 예물을 금지할 것이며 멸망케 하는 미운 물건이 날개를 의지하여… 12:7 반드시 한 때 두 때 반 때를 지나서 성도의 권세가 다 깨지기까지이니 12:11 매일 드리는(제사를) 폐하며 멸망하게 할 가증한 것을 세울 때부터 천이백 구십 일을 지낼 것이요

다니엘→예수님→사도들(바울, 요한)의 예언

다니엘의 적그리스도와 우상에 대한 예언 →	예수님의 다니엘 인용 예언 70 AD의 '멸망의 가증한 것' (1차 성취) →	'멸망의 가증한 것'(최종 성취) 바울, 요한의 적그리스도와 그의 우상에 대한 예언
단 9:27; 11:31; 12:11 (특히 12:11의 LXX 번역. τὸ βδέλυγμα τῆς ἐρημώσεως "멸망의 그 미운 물건" 11:36 그 왕은 자기 마음대로 행하며 스스로 높여 모든 신보다 크다 하며	마 24:15 멸망의 가증한 것이 거룩한 곳에 선 것을 보거든 막 13:14 멸망의 가증한 것이 서지 못할 곳에 선 것을 보거든 눅 21:20 너희가 예루살렘이 군대들에게 에워싸이는 것을 보거든 그녀(예루살렘)의 멸망(ἡ ἐρήμωσις αὐτῆς)이 가까운 줄을 알라	살후 2:3 저 불법의 사람 멸망의 아들(ὁ υἱὸς τῆς ἀπωλείας)이 나타나기 전에는(그 날이) 이르지 아니하리니; 2:4 하나님의 성전에 앉아 자기를 하나님이라고 내세우느니라 계 13:3, 4 온 땅이…짐승에게 경배; 13:15 또 짐승의 우상(τῇ εἰκόνι τοῦ θηρίου)에게 경배하지 아니하는 자는…다 죽게 하더라

이러한 큰 구도에서 먼저 공관복음의 예루살렘 멸망-끝날들에 대한 시점 이동들을 도표화하면 아래와 같다. 마태는 24장 1-2절에서 예수님의 예루살렘 멸망에 대한 예언을 기록[224]하고, 3-14절에서는 재난의 시작(거짓 선지자, 기근, 지진, 전쟁, 복음 전파로 인한 환난과 죽음) 및 진행과 14절에서 '끝'을 말씀하심으로 임시 종결을 한다(천국 복음이 온 세상에 전파됨).

15절부터는 다시 가까운 미래로 거슬러 올라와서 예루살렘 멸망을 기술한다('멸망의 가

---

224 누가는 마태와 마가 보다 좀 자세하다. 19:43-44상 "날이 이를지라 네 원수들이 토둔을 쌓고 너를 둘러 사면으로 가두고 또 너와 및 그 가운데 있는 네 자식들을 땅에 메어치며"

중한 것'; 눅 21:20에는 이 표현이 없고 디도의 공격을 약간 달리 표현함[225]). 예수님은 이 사건을 '큰 환난'이라고 지칭하시는데 이 멸망의 가중한 것과 큰 환난을 먼 미래의 적그리스도와 큰 환난(계 13장)을 동시에 가리키는 것으로 이해할 경우 이 내용은 또 15-22절까지로 임시적 종결을 한다고 볼 수 있다. 21절에 제시된 큰 환난은 '창세로부터 지금까지 이런 환난이 없었고 후에도 없으리라'로 기술된다. 이는 후 3년 반에 있을 나팔재앙들 특히 4째, 5째, 6째 나팔재앙들의 시기로 보인다. 22절에 보이듯 주님께서 '택하신 자들을 위하여 그 날들을 감하'신다면 후 3년 반의 기간은 얼마간 감하여질 것인데 감하여질 기간에 대해서는 주님의 주권에 속했으므로 누구도 알 수 없다. 여기서 다시 거짓 그리스도들과 거짓 선지자들의 미혹에 대한 말씀을 기록하는데(23-26절) 이는 4-5절에서 이미 언급한 '많은 사람의 미혹' 보다는 나중에 일어날 일들 곧 후 3년반의 거짓 선지자의 미혹으로 집약될 것으로 보인다. 27절 인자의 임함(예수님의 재림)과 예수님의 심판으로 인해 죽은 자들의 시체를 독수리들이 먹게 될 것(28절. 곧 계시록 19장의 시점)을 기록함으로 마태는 다시 일단락을 맺는다.

29절의 '환난 후' 해와 달이 빛을 내지 않고 천체의 격변이 생기는 때는 땅에 6째 인 재앙이 나타나는 시점으로 보인다. 후 3년반에 있게 될 것으로 예상되는 나팔재앙들 중에 4째 나팔이 해달별의 3분의 1의 파괴 곧 빛을 잃을 것에 대한 것이므로 이 현상이 후 3년반으로 마치고 환난 후가 되면 이것이 더 진전된, 즉 6째인의 재앙이 나타날 것은 이상하지 않다. 이때가 예수님이 아직 아마겟돈에 내려오시기 전의 공중 재림의 시점(곧 신자들의 휴거시점과 같은 시점)으로 보인다(30-31절).

이어지는 32절 이하에서 예수님은 인자의 재림의 징조(무화과 나무의 비유)를 말씀하면서, 휴거 사건을 노아 때와 비교하시고, 40-41절에서 휴거 사건을 두 예를 통해 말씀하신다. 즉, 24:32부터 25:13까지는 24:29-31의 시점과 겹치고 (휴거를 준비하며 준비/충성하라는 비유설교. 특히 24:45-25:13), 상급과 벌이 있는 25:14-30(달란트 비유)은 최후심판 때이니 여기까지가 또 한 단락이다. 나머지 25:31-46까지는 그 시점으로 보아 25:14-30과 병행으로 보이는데, 1000년 왕국 후의 최후심판 곧 성부 하나님이 인자를 통해 의인과 악인을 구분(양과 염소의 비유), 영생과 영벌을 실행하시는 것을 제시하는 것 같다. 이 본문도 하나의 단락으로 보는 것은, 25:31이 '인자가 자기 영광으로 모든 천사와 함께 올 때에'라는 때를 나타내는 도입 때문이다. 이로써 70년 예루살렘 멸망-재림시의 사건들-최후 심판까지에 대한 긴 예언 강화가 끝난다. 보통 학자들은 마 24장만을 가지고 예루살렘 멸망과 재림을 설명하나 23:37-25:46을 전체적으로 봄이 필요하다.

---

225 눅 21:20 "너희가 예루살렘이 군대들에게 에워싸이는 것을 보거든 그 멸망이 가까운 줄을 알라"

마 23:37-39	예루살렘 멸망 예고			
마 24:1-2	성전에서 → 성전 멸망 나가실 때			
마 24:3-14	감람산에→ 전쟁, 기근, 지진(재난 시작), 앉으셨을 때 많은 거짓 그리스도들 많은 거짓 선지자들 미혹	만국에 복음전파 (끝이 옴)		
마 24:15-28	예루살렘 멸망 → 멸망의 가증한 것?	멸망의 가증한 것 → 큰 환난 거짓 그리스도들 거짓 선지자들 미혹 택하신 자들 위해 날들 감하심	인자 임함 → 번개 번쩍임 같음	(아마겟돈) 독수리들
마 24:29-31			환난 후 천체 격변 공중 재림, 휴거	
마 24:32-25:30			휴거(24:32-25:13) → 최후심판 상급, 벌(25:14-30)	
마 25:31-46			인자가…올 때에 보좌에 앉으리니 최후심판; 영생/벌	

위의 도표에서 생각할 것은 시간적으로 중첩되는 부분이 있으되 앞선 단락보다 후속 단락(의 각 끝부분에 나타날 사건들)이 '시간적으로 진전'되어 있다는 것이다. 전체적으로 보면 이것은 역사선형(逆斜線形. in the form of an inverted slash)으로 되어 있는데, 계시록도 주제들의 전개를 고려하여 시간적 구조를 따지면 전체적으로 이와 같은 형태로 나타난다. 아마겟돈, 천년 왕국, 곡과 마곡의 전쟁, 새 하늘과 새 땅 등의 사건들은 '시간적으로 진전'되어 있다. 이 사건들을 계기적으로 이해하는 것이 중요하다.

위의 도표로 또 생각할 것이 있는데 어떤 주제들이 시간적으로 확장(temporally extended)되기도 하고 그것들이 또 시간적으로 집약(temporally condensed)되기도 한다는 것이다. 예를 들어, '환난' 주제(색깔 칠한 부분)를 생각해 볼 때, 24:3-14의 환난은 보다 긴 기간(초림부터 재림까지의 기간인 듯)을, 15-28이 가리키는 환난은 보다 짧은 기간에 집중된 환난(후 3년 반의 큰 환난 보임)을 시사한다는 것이다. 왜냐하면 둘다 환난기요 둘다 많은 거짓 그리스도들과 선지자들이 미혹하는 기간이나 앞은 환난의 시작과 진행에 초점이 맞추어 있고, 뒤는 '큰 환난'이라고 하여 보다 미래에 있을 것으로 보이기 때문이다. 다시 말해 뒤의 '창세로부터 지금까지 이런 환난이 없었고 후에도 없으리라 그 날들을 감하지 아니하면 모든 육체가 구원을 얻지 못할 것이나 그러나 택하신 자들을 위하여 그 날들을 감하시리라'(24:21)는 예언이 곧 다니엘 12:1의 '개국 이래로 그 때까지 없던 환난,' '그 때에 네 백성 중 책에 기록된 모든 자가 구원을 받을 것이라'와 관련된 환난의 때로 보이기 때문이다. 단 12장은 이 기간을 '끝'이라는 말로 표현하고 있고(6절), 또 '한 때 두 때 반 때를 지나서 성도의 권세가 다 깨지기까지'로 구체적 진술을 하는데 이는 끝날들의 짧은 기간으로 보이기 때문이다. 즉, 예수님의 승천 이후에는 환난(전쟁, 기근, 지진 등)이 시작되어 오랜 기간 동안 계속되고, 또한 복음 전파와 그로 인한 핍박도 계속될 것, 그리고 나는 그리스도라 하면서 이 복음을 훼방하고 세상을 미혹하는 많은 사람들(24:5)과 많은 거짓 선지자들(24:11)이 활동한다. 그러다가 끝날들의 짧은 기간에 이 환난이 심화된다. 이와 같은 예언 전개법을 요약하자면, 먼저 70 AD에 멸망의 가증한 것을 성전에 세우고 예루살렘 성전과 성읍을 멸망시킨 디도와 그의 군대의 사건으로 나타나고, 그 환난이 많은 시간으로 확대되다가 끝날에 다시 집중되는 일련의 과정으로 정리될 수 있다. 70 AD 무렵에도 예루살렘에는 유대인의 여러 파당들이 있어 거짓 그리스도들과 거짓 선지자들이 있었고, 신약의 전 기간에는 말할 나위도 없으며(마 24:5, 11; 계 2-3장의 로마 황제들, 발람, 이세벨 등; 요일 2:18), 계 12-13장을 따르면 마지막의 42달 동안(13:5)에도 이들의 최종 형태인 적그리스도(바다에서 나온 한 짐승. 13:1)와 거짓 선지자(13:11의 땅에서 올라온 다른 짐승; 16:13에 거짓 선지자로 명시)가 보이는 것이다. 그리하여 마 24:24(막 13:22)에서 비록 거짓 그리스도들과 거짓 선지자들을 복수로 기록하고 있으나 이는 최종의 대환난 때 단수로 나타날 것으로 본다(살후 2:3).

70이레도 사실 70년이 확대된 형태이며 가브리엘은 다니엘에게 지혜와 총명을 주어 이 70이레를 가르쳐주되(단 9:22), 69이레 후에 디도 사건을 통해 1이레를 예시하면서 또 '끝까지 전쟁'이 있을 것을 내다보는 동시에(9:26. 이는 적그리스도에 이르기까지의 긴 기간을 시사), 1이레(7년)의 기간을 구별, 이 기간에 초점을 주어 마지막에 있을 일을 보여주는 것인데(9:27), 이것이 바로 선지적 시점 이동 및 예언 서술의 기법이다. 이는 계시록을 이해하는 데에도 꼭 필요한 사항이다. 10-11장에서 선지자 요한의 전도 기간(하나님의 성전과 제단과 그 안에서 경배하는 자들을 측량. 겔 40 이하 참조. 요한은 그 이후 전도자들을 대표할 수 있음)이 42달인데 이는 '신약시대 전 기간'으로 볼 수 있고, 이는 두 증인이 예언하는 1260일 즉 '마지막 1이레의 전반부의 기간의 집중-집약된 기간'으로 볼 수 있다. 12-13장에서 여자가 광야로 도망하고(박해 받음), 그 뱀의 낯을 피하여 양육 받는 1260일(계 12:6)은 '신약시대 전 기간'으로 볼 수 있고 한 때와 두 때와 반 때(12:14)의 기간은 '신약시대의 전 기간'으로 혹은 이것이 집약된 기간 즉 교회가 보호 받는 '전 3년 반의 기간'으로 볼 수 있을 것이다. 이는 다시 두 짐승(적그리스도와 거짓 선지자)이 성도들을 죽이는 42달(13:5)의 짧은 기간 즉 '마지막 1이레의 후반부의 기간의 집중-집약된 기간'으로 볼 수 있다. 성경학자들이나 신학자들 중에는 이 기간들을 싸잡아서 그저 어떤 '상징적 기간'이라고 하는 사람들이 많은데 필자는 그렇게 보지 않는다. 이 기간들은 상징적인 동시에 실제적인 기간들이고, 확장되기도 하고 집약되기도 한 기간들이다. 그저 두루뭉술하게 처리해서는 예언의 시점 변화의 독특성을 놓치게 되며, 또 이로 말미암아 결국 계시록이 우리에게 제시하는 종말론의 긴급성을 놓치게 될 수 있는 것이다. 계시록은 우리에게 새예루살렘의 영광이 보장되어 있음을 제시하여 우리에게 안심(安心)과 확신을 주나 동시에 집약된 짧은 기간에 있을 용(=마귀)과 짐승(=적그리스도)과 거짓 선지자의 더러운 속임수와 핍박을 미리 일러주는 강한 경고의 선지자의 글이다. 구약이나 신약이나 선지자는 결코 우리를 안일(安逸)로 인도하지 않는다. 그들은 우리에게 회개를 촉구하고, 짐승에게 속지 말고 절하지 말라고 하고, 종말의 긴급성을 일깨워준다.

　　마가복음 13장과 누가복음 21장도 위의 도표처럼 배열하여 각 기자가 보도하는 예수님의 시점 이동을 알아볼 수 있도록 한다면 우리는 각 단락이 지시하는 사건들에 대해 보다 분명한 이해에 도달할 수 있게 된다. 단지 유의할 것은 마가복음은 마태복음에 비해서 휴거에 대한 예언들(비유들과 예증들)이 대폭 생략되어 있다는 것, 누가복음은 종말적 강화들이 여기 저기 흩어져 있기에 21장뿐만 아니라 12:35-48; 17:20-37등의 가르침들/예언들(인자의 재림과 그에 대한 준비 및 휴거)도 함께 고려할 필요가 있다는 것이다.[226]

　　계시록의 시점 이동(10-22장)과 관련해서는 아래의 도표를 참조하라.

---

226 필자의 견해와 약간 차이가 있지만 유사한 입장에 대해서는 곽철호, "계시록 해석의 새 패러다임: '다중적-미래절정적 해석': 마태복음 24장과 연관하여," *성침논단* 13 (2022): 7-45를 보기 바란다. 참조할 내용들이 많다.

계시록 10장 이하 종말사건들의 전개 방식

신약시대	전3년반	후3년반	예수 재림	1000년	곡 마곡	신천신지
10-11장 요한의 전도 사역(10:8-11)→ 요한은 신약 전도자들을 대표할 수 있음 하나님의 성전과 제단과 그 안에서 경배하는 자들 측량 성전 바깥 마당은 42달 동안 이방인이 짓밟음(11:2) 이방인의 짓밟음은 후3년 반까지	→ 1260일의 두 증인의 예언 사역으로 집약됨(11:3) → 짐승에게 죽임 당했다가 살아나 하늘로 올라감 (부활-휴거?)					
12장 여자(교회)가 아들 낳음(초림) → 여자가 광야로 도망, 1260일(신약시대인듯) 동안 하나님께서 예비한 곳에서 양육 받음(12:6) 광야 자기 곳으로 가서 한 때 두때 반때를 양육 받음(12:14)	광야 자기 곳으로 가서 한 때 두때 반때(전 3년반?)를 양육 받음(12:14)	→ 성도들(교회)이 핍박 받음 42달 짐승 권세(13:5, 10)	부활(20:5), 휴거(14:14-16; 15:2), 예수님과 지상으로(19:8, 14)	예수님과 왕노릇(20:4, 6)		새예루살렘, 세세토록 왕노릇(22:5)
12; 13; 20장 마귀=큰 용=옛 뱀=사탄(일곱 머리, 열 뿔. 12:3, 9); 예수님 승천 후 땅으로 쫓겨남; 이후 재림 어간까지 여자(교회) 공격	여자의 씨의 남은 자들과 싸우려고 바다 모래 위에 섬(12:17)	→ 적그리스도에게 권세를 줌(13:4)		결박 당하여 무저갱에 갇힘(20:1-3)	땅의 사방 백성 미혹	→ 불못(20:10)
13, 19장 바다에서 나오는 짐승=적그리스도(열 뿔, 일곱 머리. 13:1)	ㆍ전3년반 끝에 무저갱에서 올라와 두 증인 죽임(11:7)	→ 용에게서 42달 일할 권세 받음(13:5)	아마 셋째 론에서 심판 받음 → 거짓 선지자와 함께 불못에 던져짐(19:20)			
17-18장 음녀 바벨론=짐승(일곱 머리, 열 뿔)을 탔음 (구약→신약, 재림전까지)			→ 7째 대접으로 멸망(16:17-21)			→ 부활, 심판받고 불못

여섯째로, 27절의 예언은 살후 2:1-12와 어떤 관계가 있는가? 데살로니가 후서 본문은 첫째로, 안티오쿠스 4세 에피파네스로부터 나온 표상이요, 둘째로, 이 존재는 주후 70년의 디도 장군을 지칭하는 것이 아니요, 셋째로는 이 예언이 이방 크리스챤들에게 주어졌다는 사실이다.

2:3에 나타난 '불법의 사람'(ὁ ἄνθρωπος τῆς ἀνομίας),[227] '멸망의 아들'(ὁ υἱὸς τῆς ἀπωλείας), 4절에 '숭배 받는 자 곧 신이라 불리는 모든 자를 대적하고 스스로를 높이는 자'(ὁ ἀντικείμενος καὶ ὑπεραιρόμενος ἐπὶ πάντα λεγόμενον θεὸν ἢ σέβασμα),[228] '그리하여 하나님의 성전에 앉아 자기를 보여 하나님이라 하는'(ὥστε αὐτὸν εἰς τὸν ναὸν τοῦ θεοῦ ὡς Θεὸν καθίσαι ἀποδεικνύντα ἑαυτὸν ὅτι ἔστιν θεός)자인 이 존재는[229] 느부갓네살-벨사살-안티오쿠스 에피파네스 등과 같은 라인에 서 있는 사람임에는 틀림없다. 그러나 이 모든 사람들과 다른 역사적 배경 곧 '예수님의 두 번째 강림과 그 주님 앞에 성도의 모임'(2:1)과 이 사람이 관련되어 있다. 그는 재림의 컨텍스트와 관련하여 지금 사도 바울에 의해 언급되고 있는 것이다. 게다가 그는 예수님의 입 기운에 죽고, 예수님의 강림하여 나타나심으로 폐하여진 바 될 것이라고(2:8) 예언되어 있다. 그러므로 그는 디도 장군이 아니다(물론 과거주의자들-자유주의자들의 해석처럼 그는 네로 황제도 아님; 제발 속지 말기 바란다! 네로는 여러 적그리스도들 중 '한' 적그리스도였을 뿐 이 사람이 예수님 재림시의 '그' 적그리스가 아님). 예수님은 디도 장군과 그의 군대, 그리고 우상이 성전에 세워질 것을 예언하시고, 이것으로서 미래를 내다보고 계시나, 사도 바울은 다니엘의 안티오쿠스 에피파네스의 표상을 가지고 바로 종말에 있을 적그리스도를 내다보고 있기 때문이다.

이 사람이 '하나님의 성전에 앉아 자기를 보여 하나님이라' 한다고 했는데 이 성전은 유대인들이 건립할 물리적인 제3성전을 말하는 것인가 아니면 교회를 말하는 것인가. 이는 앞에서 잠시 언급하였듯이, 물리적 성전 가능성도 있으나 교회로 보는 것이 더 적절할 것이다. 박윤선은 '하나님의 성전에 앉아'를 다음과 같이 주석한다. "이것은 그가 하나님의 교회에서 하나님이 가지신 주권을 참람되이 취함을 가리킨다."[230] 만약 물리적 성전이라면 '이레의 절반에 제사와 예물을 금지'(단 9:27; 참조 12:11)함도 실제적 동물 희생제사와 예물(זבח ומנחה)을 금지할 것을 의미할 것이다. 그러나 이는 성도들이 드리는 예배를 금할 것으로 해석이 가능한데 필자는 후자에 더 무게를 싣는다.

데살로니가 후서의 기록 연대를 주후 51-53년경으로 볼 때, 사도 바울은 다니엘의 예언을 가지고 얼마 후에 있을 디도를 예언할 법하지도 않은가. 그러나 지금 이 편지의 수신자는 데

---

227 비교. 단 7:25 "때와 법을 고치고자 할 것이며"; 8:12 "진리를 땅에 던지며"; 8:13 "망하게 하는 죄악에 대한 일과"; 11:32 "그가 또 언약을 배반하고 악행하는 자를 속임수로 타락시킬 것이나"

228 비교. 단 8:25 "그가 장차 지극히 높으신 이를 말로 대적하며…"; 11:36-37 "그 왕은 자기 마음대로 행하며 스스로 높여 모든 신보다 크다 하며 비상한 말로 신들의 신을 대적하며…그가 모든 것보다 스스로 크다 하고 그의 조상들의 신들과 여자들이 흠모하는 것을 돌아보지 아니하며 어떤 신도 돌아보지 아니하고"

229 NASB, "who opposes and exalts himself above every so-called god or object of worship, so that he takes his seat in the temple of God, displaying himself as being God."

230 박윤선, 성경주석 바울서신(서울: 영음사, 1985), 487-8.

살로니가 성도들이다. 그들은 예루살렘의 멸망과 관련하여서는 제삼자들이다.[231] 게다가 그들은 종말에 대하여 비상한 관심을 가지고 있었던 사람들(살전 4:13 이하; 살후 2:1이하)이다. 사도 바울은 그들에게 디도에 대하여 언급할 직접적인 필요가 없었다. 사도는 오히려, 종말에 있을 분명한 주제를 그들에게 제시함으로 그들의 신앙의 요동을 막아야할 중차대한 필요성을 느끼고 있었을 것이다.

이러한 질문-대답들을 통해 우리는 완전하지는 않지만 다니엘서의 70이레와 관련한 종말 사건들을 이해할 수 있다.

5. 나가는 말

본 부록에서 우리는 다니엘서의 예언들이 계시록의 예언들과 어떻게 관련되는지를 살펴보았다. 이것들을 도표화하여 제시하는 것은 독자들의 이해를 도울 것이다. 특히 다니엘서의 1이레의 반에 해당하는 기간(1260일), 1290일, 1335일의 기간이 어떻게 계시록과 관련되는가를 표에 기입하였다. 1이레의 반에 해당하는 기간은 계시록에서 어떤 곳에서는 신약시대의 전 기간을, 또 어떤 곳에서는 전 3년반을, 또 어떤 곳에서는 후 3년반을 가리키기 위해서 사용된 것 같다. 한편 단 12장의 끝부분에 나타나는 1290일과 1335일에 대해서 우리는 정확한 해석을 할 수 없을 것 같다. 왜냐하면 관련 서술이 적거나 거의 없기 때문이다. 12:11에 "매일 드리는(제사를) 폐하며 멸망하게 할 가증한 것을 세울 때부터 1290일을 지낼 것이요"라고 되어 있는데 이는 우상을 세울 때(후 3년반의 시작점)부터 성도의 권세가 다 깨어지기까지(후 3년반의 끝)에 30일을 더한 기간이다. 후 3년반이 종료되고 난 후에 7대접이 쏟아질 것으로 필자는 이해하는데 30일은 이 어간을 말하는 듯하다. 그리고 12:12는 "기다려서 1335일까지 이르는 그 사람은 복이 있으리라"고 되어 있는데 이는 이 30일에 또 45일을 더한 기간이다. 이때가 아마도 아마겟돈 전쟁의 때가 아닐까 한다. 즉, 이 때는 예수님의 지상 강림과 아마겟돈에서의 승리와 1000년 왕국이 시작되는 때가 아닌까 한다. 왜냐하면 이때에 이르는 사람은 복이 있기 때문이다. 여기서 '기다려서 1335일까지 이르는'이라는 말은 육체적으로 살아남아 기다린다기 보나는 몸이 죽었든지 몸이 살았든지 짐승의 통치를 거부하고 믿음을 지키다가 영광의 몸을 입고 본 시기에 도달한 것을 의미하는 것으로 보인다.

---

[231] 사도가 세 안식일에 회당에서 성경을 가지고 강론하였으나 믿은 사람은 유대인들이 아니라 이방인들이었다. 경건한 헬라인의 큰 무리와 적지 않은 귀부인들이 권함을 받고 바울과 실라를 좇았다고 되어 있다. 믿기는커녕 오히려 유대인들은 시기하여 사도와 그 일행을 찾으려고 혈안이 되었으나 찾지 못하고 큰 소동만 일으켰다. 게다가 그들은 복음을 전하는 사도를 잡으려고 베뢰아까지 원정을 갈 정도로 복음을 미워했다. 아마도, 데살로니가 교인 가운데 유대인이 있을 가능성은 있겠지만(디아스포라 유대인 등), 대개는 이방인 신자들일 것이다. 행 17: 1-13절을 보라.

두 증인　　↓ 예수님 공중 강림　예수님과
하늘로　　성도들 부활후 휴거　성도들 지상 강림
↑　　　　↑　　　　↓

신약시대 →진행(긴 기간)	1 이레단 7:25; 9:27; 12:7 등		30일?단 12:11	45일?단 12:12	1000년	곡과마곡	크고흰보좌	새예루살렘
	전 3년반1260일	후 3년반42달						
여자가 광야에서 1260일계 12:6, 14요한의 예언사역(성전 측량)요한은 모든전도자들을 대표하는 듯	두 증인1260일예언, 전 3년반 후에순교	성도 권세깨짐	그리스도공중 재림성도 부활(겔37장), 휴거	그리스도지상재림	그리스도와 부활한성도의통치			신부;어린양의아내21:9
이방인이 거룩한 성을 42달 짓밟음(신약시대).계 11:2(이 짓밟음은 후 3년반에집중적으로 이루어질 것임)	6째인?짐승과거짓선지자통치,불신자들은 666표받음	6째인,1-7 대접,회개 않음음녀 멸망	아마겟돈짐승과거짓선지자는불못	마귀결박(무저갱)	마귀불못	죽은자들부활심판	생명책제외자들불못

참고문헌

곽철호. "계시록 해석의 새 패러다임: '다중적-미래절정적 해석': 마태복음 24장과 연관하여." 성침논단 13 (2022): 7-45.

박윤선. 바울서신. 박윤선성경주석. 서울: 영음사, 1985.

배정훈. "연대기로 읽는 다니엘서의 종말론." 구약논단 19 (2013): 323-47.

_____. "정경해석 방법으로 바라보는 다니엘서 2장 31-45절." 장신논단 50 (2018): 11-35.

비일, 그레고리 K. 요한계시록 상권, 오광만 옮김. 서울: 새물결플러스, 2016; Beale, G. K. The Book of Revelation: A Commentary on the Greek Text. Grand Rapids: Eerdmans, 1999.

송병현. 다니엘. 엑스포지멘터리. 서울: 도서출판 이엠, 2018.

왕대일. "묵시문학 다니엘서의 종말론- 그 신학적 이해." 신학과세계 37 (1998): 7-37.

정성욱. 정성욱 교수의 밝고 행복한 종말론. 서울: 큐리오스, 2016.

최영헌. "단 9:24-27 '70이레' 해석." 신학석사학위논문, 아세아연합신학대학교신학대학원, 1999.

_____. 계시록과 선지서. 서울: CLC, 2023.

Anderson, Sir Robert. *The Coming Prince*. London: Hodder & Stoughton, 1895.

Gladson, Jerry A. *Endgame: A New Commentary on the Book of Daniel*. Eugene: Wipf & Stock, 2021.

Hasel, G. F. "Interpretations of the Chronology of the Seventy Weeks." In *The Seventy Weeks, Leviticus, and the Nature of Prophecy* vol. 3. 19-25. Edited by F. B. Holbrook. Symposium on Daniel: Introductory and Exegetical Studies. Washington, D.C.: Biblical Research Institute General Conference of Seventh-day Adventists, 1986.

Hengstenberg, E. W. *The Revelation of St. John* II. New York: Carter, 1853.

_____. *Christology of the Old Testament*. Grand Rapids: Kregel, 1970; *구약의 기독론*. 원광연 역. 서울: 크리스천다이제스트, 1988.

Hoehner, Harold W. *Chronological Aspects of the Life of Christ*. Grand Rapids: Zondervan, 1977.

Keil, C. F. *Ezekiel, Daniel* vol. IX. Three Volumes in One. C. F. Keil and F. Delitzsch. Commentary on the Old Testament in Ten Volumes. Translated by M. G. Easton. Grand Rapids: Eerdmans, 1988.

Ladd, G. E. *A Commentary on the Revelation of John*. Grand Rapids: Eerdmans, 1972.

Seiss, J. A. *The Apocalypse: A Series of Special Lecturers on the Revelation of Jesus Christ*. Grand Rapids: Eerdmans, 1966.

Steele, A. T. *An Expositor's Field Manual with Sentence Diagrams and Koine Greek Charts: Matthew 24 & 2 Peter*. iUniverse.com, 2009.

Swete, H. B. *An Introduction to the Old Testament in Greek*. Peabody, MA: Hendrickson, 1989.

Walwood, J. F. *The Revelation of Jesus Christ*. London: Marshall, Morgan, and Scott, 1966.

제6장 소선지서들의 주제적-신학적 구조와 메시지 (호세아~말라기)

1. 호세아서의 주제적-신학적 구조와 메시지

호세아 (호 1:1, 'הושע')는 구원이라는 뜻이다. 아버지는 브에리 (באורי)인데 '나의 우물'이라는 뜻이다. 아내의 이름은 '고메르' (גמר)인데 동사 '가마르' (גמר)에서 왔다. 뜻은 '끝나다, 이루다, 성취하다'이고, 이 디블라임의 딸 고메르에게서 세 자녀가 출생하였으니 각각 이스르엘 (יורעאל), 로루하마 (לא רחמה), 로암미 (לא עמי)이다. 그는 유다 왕들 웃시야, 요담, 아하스, 히스기야 때, 그리고 북 이스라엘 왕 여로보암 2세 때에 예언하였다.

선지자 호세아는 언약 백성, 특히 북 이스라엘의 영적, 육적 음행을 꾸짖었다. 그의 예언대로 결국 북 이스라엘은 앗시리아에게 멸망하였다. 앗시리아 왕 살만에셀 5세 때 북 왕국의 왕 엘라의 아들 호세아 (הושע בן־אלה)는 앗시리아를 배반하였고 살만에셀 5세는 724년 사마리아를 공격, 3년 동안 포위하였다. 이어 정권을 잡은 앗시리아의 왕 사르곤 2세는 사마리아를 완전히 멸망시켰다 (왕하 17:1-6). 선지자는 이 모든 암울한 상황을 반전시킬 미래의 지도자를 바라본다 (호 1:11; 3:5).

본장에서는 호세아서의 저자와 역사적 배경보다는 본서의 구조와 신학에 대해 자세히 살펴볼 것이다.

1) 호세아서의 구조

호세아서 구조 연구는 쉽지 않은 반면, 학자들은 거의 만장일치로 일단은 호세아서를 1-3장과 4-14장 큰 두 덩어리로 구분한다. 거의 모든 호세아서를 공부하는 이들이 1-3장은 선지자 호세아 자신의 전기적인 이야기 부분으로 보고, 4-14장은 여러 예언적 담화들의 컬렉션으로 본다. 기독교 서점이나 신학교 도서관에 가서 아무 것이든 호세아서 주석을 한 권 빼들고 그 내용 분해를 어떻게 했는지 보라. 이와 같이 되어 있다!

어떻게 해서 이런 이해가 나오게 되었는가. 많은 이유들이 있겠지만 대표적인 하나를 들라면 그것은 설화적인 성격을 지닌 1장과 3장이 앞뒤에 있어 가운데 있는 2장의 설교체의 구절들을 하나로 감싸 묶기 때문일 것이다. 비록 2장에는 1, 3장과는 다른 예언적 담화 (다른 표현으로 하자면 oracle/ sermon)가 들어있기는 하지만 이 담화는 1장에 연이어져 있는 것 같고, 2장을 마침과 동시에 3장의 설화가 나타나니까 1-3장을 쉽게 한 꾸러미로 묶는 것이다. 1장에는 명령형으로 시작하는 여러 구절들, 예를 들어 "너는 가서 음란한 아내를 취하여 음란한 자식들을 낳으라"와 같은 구절이 있는데 3장에도 그러한 명령형, "너는 또 가서 타인에게 연애를 받아 음부된 그 여인을 사랑하라"와 같은 구절이 나타난다. 이런 유사점 뿐만 아니라 1장 11절의 "이

에 유다 자손과 이스라엘 자손이 함께 모여 한 두목을 세우고 그 땅에서부터 올라오리니"는 3장
5절의 "그 후에 저희가 돌아와서 그 하나님 여호와와 그 왕 다윗을 구하고 말일에는 경외함으로
여호와께로 와 그 은총으로 나아가리라"와 동일한 종말론적 회복의 내용으로 인식되기에 1-3장
을 하나로 보기 쉬운 것이다. 반면, 4장부터 14장까지는 솔직히 장들을 어떻게 구분해야 좋을
지 모를 정도로 비슷비슷한 예언적 담화가 계속된다. 그래서 이 장들을 또다른 하나의 큰 덩어
리로 묶는 것이다.

호세아서 전문 학자들이 거의 1-3장을 하나로 묶고 시작한다. 영,[232] 해리슨,[233] 볼프,[234]
앤더슨과 프리드만,[235] 디어맨,[236] 이동수[237] 등이 다 그러하다. 늘 그런 것처럼 호세아서에 대해
서도 문서비평-역사비평가들은 1-3장은 보다 순수한 부분으로, 4-14장은 후대에 덧붙여진 것으
로 본다. 특히 4-14장에는 호세아 자신의 예언들이 아닌 것들이 섞여 있다고 보는데, 간단히 말
하자면 호세아서의 통일성을 부정한다. 또 늘 그런 것처럼 보수주의 학자들은 이 책의 통일성
을 옹호한다. 이들은 1-3장과 4-14장은 서로 간에 문학적 장르는 달라도 사상, 주제, 심지어 단
어까지도 같은 어근을 가진 단어, 의미가 서로 통하는 단어로 연결되어 있다고 본다.

한편, 나는 많은 학자들이 1-3장과 4-14장으로 구분한 것은 좀 성급하지 않았나 생각한
다. 나는 비록 호세아가 절개 없는 이스라엘을 향해 격렬한 모멸감을 표현하였고 그러한 자기
백성임에도 불붙는 사랑과 긍휼을 쏟으시는 하나님을 격앙된 필치로 증거한 아주 감정적인 선
지자라고 생각하지만 그가 자신의 메시지를 아무렇게나 (hodgepodge) 배열하지는 않았을 것
이라고 본다. 나는 호세아 선지자의 서술 전략 곧, 주제들의 반복, 변이, 발전 (확장), 생략 등의
기법을 통해 메시지를 전달하는 그의 탁월한 문학성, 그리고 그것을 통해 전달하는 그의 신학
을 논하고자 한다. 다시 말하지만, 호세아서를 1-3장과 4-14장으로 크게 두 부분으로 보는 것에
많은 학자들이 공감을 표시하는 것은 대개 두 가지 때문이다. 첫째는 1-3장이 호세아 선지자의
개인적인 결혼 및 가정을 다루는 이야기로 보이기 때문이고 둘째는 4-14장이 이스라엘 공동체
를 다루는 이질적인 여러 신탁들의 모음집으로 여겨지기 때문이다. 여기에 대해서는 나는 다음
과 같은 질문들을 던진다.

첫째로, 1-3장이 가운데 토마을 치 기히는 2:2 23 (히브리어로는 2:4 25)을 호세아의 개
인적인 결혼과 가정을 다루는 이야기로 볼 수 있는가 하는 것이다. 2:2-23은 선지자의 개인사를
통해 메시지를 전달하는 1장과는 달리 선지자의 개인사가 나타나지 않는 부분이다.

---

232 Edward J. Young, *An Introduction to the Old Testament* (Grand Rapids: Eerdmans, 1949). 영은 먼저 1-3장,
4-14장으로 나누고 후자를 다시 4-12장을 4-8장, 9:1-11:11, 11:12-14:10 등으로 구분한다.

233 R. K. Harrison, *Introduction to the Old Testament: Including a Comprehensive Review of Old Testament
Studies and a Special Supplement on the Apocrypha* (Carol Stream, IL: Hendrickson, 2016; first pub. 1969). 해리슨은 1-3
장, 4-8장, 9-10장, 11:1-11, 11:12-13:16, 그리고 14장으로 본서를 6구분한다.

234 Hans W. Wolff, *Hosea*, Hermeneia (Philadelphia: 1974). 볼프는 4-14장을 4-11장과 12-14장으로 구분한다.

235 F. I. Andersen & D. N. Freedman, *Hosea: A New Translation with Introduction and Commentary*, AB (Yale
University Press, 2004). 앤더슨과 프리드만도 볼프의 구분과 같다. 4-14장을 11장과 12장 사이에서 나눈다.

236 J. Andrew Dearman, *The Book of Hosea*, NICOT (Grand Rapids: Eerdmans, 2010), 18-9.

237 이동수, *심판에서 구원으로: 호세아 12-14장* (서울: 장로회신학대학교출판부, 1998).

둘째로, 3장의 내용은 선행하는 1-2장 보다는 뒤따르는 4-14장과 연결성이 더 깊지 않은가 하는 것이다. 왜냐하면 3장의 한 주제인, '이스라엘의 죄를 상회 (上廻)하는 하나님의 사랑' ("이스라엘 자손이 다른 신을 섬기고 건포도 과자를 즐길지라도 여호와가 그들을 사랑하리니") 은 4-14장 속에 들어 있는 11장의 내용과 더 긴밀히 연결되기 때문이다. 뿐만 아니라, 3장의 눈에 띄는 낱말들인 '왕, 군, 제사, 주상, 에봇, 드라빔'과 관련된 주제들은 4-14장 도처에서 찾을 수 있기 때문이다.

셋째로, 4-14장은 여러 역사비평 학자들이 말하는대로 정말 어떤 일관적인 구조가 없는 이질적인 신탁들의 잡탕 (雜湯)인가. 그들이 어떤 패턴을 찾을 수 없었다고 4-14장을 한 묶음으로 처리하고 재빨리 편집사를 상상하는 것이 정당한가.

넷째로, 호세아가 같은 장르인 1장과 3장을 떨어뜨려 놓은 이유가 있지 않을까. '음란한 여자와 결혼한 이야기' (1장) 다음에 '절개 없는 이스라엘' 설교 (2장)를 위치시키고, '살다가 다른 남자를 좇아간 여자 되찾아온 이야기' (3장) 다음에 '절개 없는 이스라엘도 사랑하시는 신실하신 하나님' 설교 (4-14장)를 배열하려는 것이 호세아의 원 의도가 아니었을까. 독자 여러분께서도 이런 생각을 가지고 호세아서를 읽어보시기 바란다. 나는 개인적으로 기존의 읽기 보다는 이런 읽기가 호세아서 전체의 주제들의 전개를 이해하는 데 더 합당해 보인다고 생각한다.

더해서, 내가 강조하고자 하는 것은 첫째로, 호세아서가 전체적으로 하나의 유기적인 통일체를 이루고 있다는 점이다. 편의상 그 장르를 따라 (내러티브는 N으로, 설교는 S) 1:1-2:1을 N1, 2:2-23을 S1, 3:1-5를 N2, 4:1-14:9를 S2로 표기하고 호세아서 전체를 보면, 첫째로 각 단락은 공통적으로 두 가지 주요 주제들을 가지고 있다는 것이다. 그 두 가지는 '음란'과 '돌아옴'인데 '음란'은 남편이신 야웨에 대한 절개를 버리고 그 마음의 욕심을 따라간 이스라엘의 배도를 의미하며 '돌아옴'은 배도한 그들이 징계와 심판을 겪은 후 야웨의 은총으로 그분께로 돌아오게 될 것 혹은 회복될 것을 말한다는 것이다. 각 단락의 초두에는 음란 주제가, 각 단락의 끝에는 돌아옴-회복의 주제가 하나의 규칙처럼 나타나 있다. 따라서 우리는 우선 기본적인 주제들이 각 단락에 공통적으로 나타난다는 사실로 호세아서가 유기적 전체를 이루고 있음을 알 수 있다.

A
1:2-2:1 설화 및 예언 (1:11-2:1 이즈르엘, 암미, 루하마로 마침)
2:2-23 예언적 담화 (2:22-23 이즈르엘, 내가 저를 이 땅에 심고, 긍휼히 여기며 [루하마], 내 백성이라 [암미로 마침)

A'
3:1-5 설화와 예언 (3:5 돌아와서 [슈브로 마침)
4:1-14:8 예언적 담화 (14:7 돌아올지라 [슈브로 마침)

둘째로, 호세아서의 유기적 전체성은 각 단락이 차례로 더하여질 때 관찰된다. N1, S1, N2, S2는 독립적이 아니라 다분히 선행 단락에 의존한다는 것이다. N1 다음에 오는 S1은 N1과 쟝르를 달리 하지만 N1의 '아내-자녀들'의 사고의 틀을 그대로 사용하고 있다. 물론 N1이 '아내' 와 '자녀들' 중에 '자녀들'을 가지고 보다 더 많은 내용 전개를 하는 반면, S1은 '아내'를 가지고 주로 내용을 서술해 나간다. 또한 N1에 비해 S1은 '남편'의 개념 ('본 남편' 이든 '연애하는 자'든)을 보다 확장하고 있는 것도 사실이다. N1과 S1 다음에 오는 N2는 N1에서 언급하였던 사실, 즉 호세아 선지자가 고멜에게 장가 든 사실을 전제하고 전개되고 있으며 S1에서 부분적으로 언급하였던 사실, 즉 이스라엘이 하나님 외에 다른 것 (예를 들어 바알)을 연애한 사실을 어느 정도 전제하고 있다 (2:10, 11, 14, 15와 3:1을 비교하라). 다시 말해서 N2는 독립적이라기 보다 N1과 S1과 연결되어 있다는 것이다.[238] 그러면 S2는 어떤가? S2는 쟝르 상으로는 S1과 연결되나 그 내용에 있어서는 선행하는 단락들에서 나타난 특정 주제들을 확장하고 있다. N1의 이스라엘 백성의 '음행'에 대한 구체적인 사례들 (거짓, 간음, 폭력, 살인, 산당에서의 우상숭배 등)이 S2에 가서 나타나며, S1의 '연애'가 S2에 '바알 숭배', '이집트나 앗수르 같은 외세를 의지함' 등으로 더욱 구체화되며, N2의 '배도를 초월하시는 야웨의 그 백성에 대한 언약적 사랑'과 '왕, 선지자, 제사장(혹은 제사행위나 제물이나 제단)' 주제들은 S2에서 더욱 자세히 기술된다. 따라서 무엇보다도 호세아서를 읽을 때 인정해야 할 점은 각 단락들은 선행 단락(들)의 주제들을 생략, 확장, 반복, 변화시키는 가운데 선행 단락(들)과 유기적으로 연결되어 전체를 이루고 있다는 점이다.

이러한 주제들의 연결성을 좀더 자세히 살펴보면 다음과 같다. (1) N1의 특정 주제들 (themes)이 S1, N2, S2에 각각 나타난다. 예를 들어, N1의 '아내', '자식들'은 S1에 다시 나타나고, N1의 '한 두목'은 S1에는 보이지 않다가 N2에서 '그들의 왕 다윗'으로 나타나며, N1의 '유다'에 대한 언급은 S1과 N1에는 보이지 않다가 S2에서 자주 나타난다. (2) S1의 '연애'는 N2와 S2 모두에 보이며, S1의 '출애굽'' 모티프는 N2에는 보이지 않다가 S2에는 다른 역사적 모티프들 (예를 들어, '광야', '기브아', '야곱' 등)과 더불어 등장한다. (3) N2에 나타난 '왕-방백', '제사-주상', '에봇-드라빔'과 같은 주제들은 S2에 우세하게 나타난다는 것이다.

셋째로 호세아서의 유기적 전체성은 4-14상의 마지막 부분을 차지하는 11:12-14:9이 전체의 결론 역할을 함으로써 또한 증시된다는 것이다. 이 부분은 내용의 흐름이 급격하다. 이스라엘의 패역, 과거 사건들에 대한 회상들 (이스라엘의 절개 없음과 야웨의 신실하심이 대조됨), 선지자의 권면, 이스라엘의 회복에 대한 예언, 그리고 호세아서 전체 말씀을 유의하라는 최종 결론적 언급(14:9)이 여기에 보인다. 따라서 11:12-14:9는 전체 결론 역할로 호세아서 전체를 마감하는데 이는 호세아서가 큰 하나의 유기적 총체임을 증시한다.

---

238 필자와 다소 다른 주장을 하고 있기는 하지만, 1장과 2장의 연결성에 주목하는 학자로는, Duane A. Garrett, *Hosea, Joel: An Exegetical and Theological Exposition of Holy Scripture*, NAC (Nashville: Broadman & Holman, 1997), Introduction을 보라. 또한 참고로 스위니의 구분도 독특한데, 서두인 1:1과 말미인14:10를 제하고 이 책 전체를 우선 하나의 단락(1:2-14:9)으로 보았으며 이를 다시 2구분(1:2-2:3과 2:4-14:9)하였다. 2:4-14:9는 다시 2:4-3:5, 4:1-19, 5:1-14:9와 14:2-9로 4구분하였다. M. A. Sweeney, *Berit Olam: Hosea, Joel, Amos, Obadiah, Jonah*, The Twelve Prophets vol. 1 (Collegeville, MN: Liturgical Press, 2000).

나는 적어도 이상의 세 가지 사항들은 호세아서의 유기적 통일성을 충분히 지지해 준다고 본다. 필자는 이것이 먼저 논의한 호세아서의 주제 전개에 있어서의 큰 두 방향성 (곧 1장→2장 그리고 3장→4-14장)과 함께 깊이 고려되어야 할 사항이라고 본다. 나는 이러한 연구 결과가 4-14장의 여러 부분들을 후대의 가필로 보고 호세아서의 전체적 문학적 전체성을 적절히 지적하지 못한 자유주의자들에게 하나의 중요한 대안으로 주어질 수 있다고 본다.

1-2장의 구조

호세아서 1-2장의 구조에 대하여 먼저 살펴보기로 한다. 필자의 호세아서의 거시적 구조에 대한 통찰이 기존의 그것과 차이가 있듯이, 미시 구조에 있어서도 그렇다. 실제로 여러분이 1장을 읽으면서 함께 호세아서의 문학적 구조와 메시지를 생각해 보았으면 한다.

호세아서 1장의 이야기 본문 (내러티브)은 한글번역성경 기준으로 1:1의 표제를 제외하면 1:2부터 2:1까지가 하나의 단락을 이룬다 (히브리 본문은 한글번역과 장절에 차이가 있음). 이것에 대하여 기존의 학자들은 거의 모든 이들이 1:2-9 (심판)과 1:10-2:1 (회복)으로 구조 분석을 한다. 그러나 면밀히 살펴보라. 1:2-9에도 군데군데 회복 내용이 있다 (1:5와 1:7). 뿐만 아니라, 1:10-2:1을 하나로 묶었으나 자세히 살펴보면 1:10은 1:8-10의 '로루하마'와 관련된 예언의 말씀에 속한 절이며, 1:11-2:1은 '한 두목'이 나온 다음 세 자녀 '이스르엘', '암미', 그리고 '루하마'라는 이미 언급된 자녀들의 이름이 회복의 관점에서 다시 언급되고 있는 절이다.

나의 분석은 다음과 같다. 즉, 호세아는 어떤 단어를 통해 의미(들)을 전달하는 기법을 사용한다는 것이다. 1:2b를 보면, '음란'이라는 단어를 통해 이스라엘의 음란죄를 지적 (2c)한다. 이 절에는 '음란한 (히브리어로 제누님)' 아내와 '음란한 (제누님)' 자식들이 나오고, 이 나라가 '크게 행음함 (자노 티즈네: 동일한 어근을 두 번 사용, 즉 부정사 절대형과 미완료형을 결합해 의미 강조) 이니라'라고 하여 같은 단어를 사용하여 기술적으로 특정 의미를 전달하는 것이다. 이러한 기법은 다음 절에도 계속된다. 1:3-4a 아들을 낳으매...이스르엘 (이즈레엘)이라 하라에서 '이스르엘'이란 단어를 반복하되 한 번은 심판을, 다른 한 번은 구원을 선언한다. 4b에는 '이스르엘'의 피...이스라엘 족속의 나라를 폐할 것임이니라 라는 구절이, 5절에는 '이스르엘' 골짜기에서...이스라엘의 활을 꺾으리라 라는 구절이 나타난다. 여기에는 이스르엘과 이스라엘 간의 언어유희 (word play)도 보인다. 5절은 언뜻 보면 이스라엘에 대한 심판의 메시지 같지만, 이스라엘의 전쟁 수단을 없앰, 즉 평화의 때의 도래를 말하는 것이다 (참고. 2:18 "또 이 땅에서 활과 칼을 꺾어 전쟁을 없이하고 그들로 평안히 눕게 하리라"). 이와 같은 방식은 6-7절에도 똑같이 나타난다. "딸을 낳으매...로루하마 (로+루하마)라 하라"에서 같은 어근이 6c와 7절에서 각각 심판과 구원의 메시지를 전달하는 데에 사용된다. 즉, "이스라엘 족속을...긍휼히 여기지 않을 것임이니라" (로 아라헴: 여기서 아라헴의 어근은 라함)와 "유다 족속을...긍휼히 여겨서" (아라헴. "אֲרַחֵם"로 나타나는 것이다. 똑같은 방식이 마지막으로 1:8-9에 또 보인다. "아들을 낳으매...로암미 (로+암미)라 하라"에서 아들의 이름을 가지고 한 번은 심판, 한 번은 구원을 말한다. 심판은 9b에 "너희는 내 백성이 아니요" (로+암미), 구원은 10ab에 "이스라엘 자손 (베네 이스라엘)의 수가...셀 수도 없을 것이며...너희는 내 백성이 아니라 (로+암미) 한 그곳에서...너희는 사신 하나님의 아들들 (베네 엘 하이. "בְּנֵי אֵל־חָי")이라 할 것이라"로 나타난다. 여기서 "베네 이스라엘"과 "베네 엘 하이"는 "암미"와 병행을 이룬다. 최종적으로 이스르엘, 암미, 루하마라는 단어로 각각 구원 메시지가 선포된다. 즉, "이스르엘의 날이 클 것임이로다, 너희 형제에게는 암미라 하고, 너희 자매에게는 루하마라 하라"가 바로 그것들이다.

정리하자면, 1장 (N1)은 선지자의 개인적 결혼과 자녀들의 출산 이야기를 통해 예언 메시지가 전개되는데 단어의 반복을 통해서 죄와 심판과 구원이 나타난다는 것이다. '음란한' (제누님 "זְנוּנִים")이란 단어는 아내와 자식들의 성품을 나타내는 단어인데 이 단어 '자나'를 부정사 절대형+미완료형의 결합을 사용하여 이스라엘의 죄를 강조하고 있다. 그 다음은 자녀들의 이름을 가지고 한편으로는 심판을 다른 한편으로는 구원의 메시지를 전하고 있고 (3회의 싸이클을 이룸) 마지막으로 자녀들의 이름의 긍정적 형태 (부정어 '로' 없이)를 가지고 (이스르엘은 그대로) 구원 메시지를 한번 더 언급하고 이 단락이 마무리되고 있다. 즉, 이 단락을 단어의 반복을 통해서 볼 때 특별히 아내-자식들 중에 자식들의 이름이 메시지 전달을 위해 아주 우세하게 사용된 것이 이 단락의 특징이다.

이러한 분석과 기존의 분석 "1:2-9 (심판)과 1:10-2:1 (회복)"을 비교해 보라. 기존의 분석은 첫째, 죄-심판-구원으로 메시지가 전개되는 선지서의 일반적 내용 흐름을 제대로 반영하지 못한다. 그저 심판과 회복으로 구분할 뿐이다. 둘째로 그것은 3번에 걸친 심판-회복의 싸이클을 제대로 보여주지 못한다. 셋째로 그것은 세번째 심판-회복의 회복 부분 (10절)을 제일 마지막에 세 단어를 가지고 한번 더 회복을 강조하는 1:11-2:1의 부분과 뒤섞어버린다는 것이다.[239] 이러한 기존의 분석은 우리로 하여금 호세아서의 놀라운 글의 짜임새를 놓칠 뿐 아니라, 죄-심판-구원의 신학적 논리성도 간과하도록 한다. 나는 이러한 나의 분석이 독자 여러분에게 호세아서를 보다 정확하게 이해하는 데에 도움이 되었으면 한다.

2장의 구조는 1장과 차이가 있다. 호세아 선지자의 자녀들의 이름으로 심판과 구원을 반복하는 1장과 달리 2장은 전반부는 이스라엘의 언약 파기와 그에 따른 저주의 내용 (2:2-13)을, 후반부는 여호와 하나님의 주권적 의지에 따른 이스라엘 회복 (2:14-23)을 나타냄으로 내소되는 큰 두 하위단락으로 되어 있다. 그러면서도 1장과 2장까지에서 알 수 있는 호세아의 문체는 수없는 짧은 단락들을 누적시켜 주제를 강조해 나간다는 것이다.[240] 1장과 2장은 그외에도

---

239 호 1:2-2:1의 자세한 분석은 본서의 서론 부분을 참조하라.

240 스튜어트는 호세아서의 인칭, 토론주제, 말투가 상하반절 사이에서 그리고 절과 절 사이에서 급격하고도 예측불가하게 바뀌기에 어느 정도는 이러한 것들을 무시하고 미시적으로 보다는 거시적으로 바라보아야 내용을 제대로 이해할 수 있다고 하였다. 스튜어트는 이러한 급격하고도 예측불가한 요소들은 거시적으로 볼 때는 결국 깔끔하게 일관성을 띤 단락으로 합치된다고 보았고, 호세아서의 신탁이 보다 명백한 체계적 패턴을 보였더라면 이해가 쉬울 수 있었겠지만, 일관성을 띄는 단락이 말하는 요점과 효과에 있어서 현재 호세아서의 모양새로 제시된 것이 그(명백한 체계적 패턴으로 제시된 것)보다 이해가 더 어려운 것은 아니라고 하였다 (필자의 의역). "It is our contention that the oracles of Hosea must be seen, therefore, in macrocosm rather than microcosm. That is, one is obliged to ignore to some degree the rather rapid and unpredictable shifts in person, subject matter and tone which can occur so often from couplet to couplet and verse to verse in a given oracle, in favor of seeing these as ultimately fitting neatly into a coherent pericope,

'아내', '자식들', '어미'라는 표현을 사용한다는 점에서도 비슷하다. 다만 2장은 1장에 비해 빈번한 인칭 변화를 사용하고 '남편-아내'의 관계를 강조하여 메시지를 전한다.

예언 서술의 전략과 그 내용 분석을 통해 알 수 있는 것은, 2장이 1장의 반복이로되 다른 장르를 사용해서 그리고 약간의 포커스를 달리해서, 그러나 기본적으로는 이스라엘의 죄-심판-구원을 선명하게 드러내고 있음을 볼 수 있다. 이스라엘의 죄를 표현하는 주요한 단어는 "음란"이며, 그 다음에 심판과 구원의 주제 개진을 위해 여러 가지 양상들이 끌어 모아지고 있다. 1장과 2장이 어떻게 관련되는가는 아래의 도표로 나타낼 수 있을 것이다.

1:2-2:1의 구성 (자식들의 이름이 강조됨) 장르: Narrative	2:2-23의 구성 (아내가 강조됨) 장르: Prophetic discourse/Sermon
음란한 아내/ 음란한 자식들 (죄)	음란한 아내/ 음란한 자식들 (죄)
이스르엘- 심판; 구원	
로루하마- 심판; 구원	아내가 연애하는 자들을 따르고 바알을 섬김- 심판
로암미- 심판; 구원	내 남편- 구원
이스르엘, 암미, 루하마-구원	이스르엘, 루하마, 암미-구원

죄론에 있어서도 그렇다. 1장은 이스라엘의 음행죄를 서두에 한번 언급하는 데 그치지만 2장에서는 서두에 이것을 한번 언급하는 데 그만두지 않는다. 2장에서는 이 음행죄가 곧 이스라엘이 연애하는 자들을 따라간 것 (5절)으로 말하고 있으며, 더 구체적으로 그 연애하는 자는 '바알'신이었음을 명시한다 (8, 13절). 2장에서 여호와 하나님은 자신을 '본 남편' (7절)으로, 바알을 '연애하는 자'로 소개하신다. 자신을 남편으로 언급하심은 언약 관계성을 요약적으로 기술한 "내가...너와 네 후손의 하나님이 되리라" (창 17:7-8; 호 2:23 "너희는 내 백성이라...당신은 나의 하나님이시라")는 어구의 다른 표현이다. 결국 하나님은 언약 파기를 남편에 대한 정조를 버리고 다른 남자를 좇아간 불륜에 비교하시는 것이다. 그러니 이 여자가 다른 남자에게 가서 낳은 자식들은 '음란한 자식들 (2:4)' 곧 '비합법적인 자식들 (illegitimate children, '사생자' 5:7 "그들이 여호와께 정조를 지키지 아니하고 사생자를 낳았으니")'인 것이다.

이러한 2장의 죄론은 여러가지 언약 저주로 이어진다. 시내산 언약 (그리고 모압들판의 갱신된 언약)에서 예고된 대로 언약/계약 조항들 (약정들)인 율법을 어김은 곧 그에 대한 심판으로 이어지는 것이다. 심판들 중에 몇 가지를 들자면, 1) 벌거벗겨 그녀 (이스라엘)의 태어나던 날 같게 하심, 광야같이 되게 하며 마른 땅 같이 되게 하여 목말라 죽게 하심 (3절), 2) 가시로 그녀가 연애하러 가는 길을 막으심 (7절), 3) (바알에게 바쳤던) 곡식, 새 포도주, 양털, 삼 등을

---

the point and effectiveness of which is no less comprehensible than would have been the case if the oracle displayed a more obviously systematic pattern." Douglas Stuart, *Hosea-Jonah*, WBC (Waco, Texas: Word Books, 1987), 8.

빼앗으심 (9절), 4) 연애하는 자의 눈 앞에 그녀의 수치를 드러내심 (10절), 5) 모든 희락과 절기와 월삭과 안식일과 모든 명절을 폐하심 (11절), 6) 포도나무와 무화과나무를 거칠게 하여 수풀이 되게 하며 들짐승들로 먹게 하심 (12절). 여기서 이스라엘이 '태어나던 날'은 출애굽을 시사한다. 이스라엘은 과거 이집트에서 자기를 구출해주는 분 없는 상태에서 계속하여 노역에 시달려야 했다. 따라서 이스라엘이 그 날로 돌아간다는 것은, 지금 이스라엘이 이미 가나안 땅에 살고 있다고 해도 약속된 하나님의 가나안의 부요를 누리기는 커녕 과거 노예신분의 처절한 탄식의 상태로 되돌아가게 된다는 말이다. 또한 광야 생활로 돌아가게 된다는 것이고, 남편이신 여호와께서 주신 은혜임에도 그것은 다른 신들이 준 것이라 하는 이스라엘은 이제 가시에 찔리게되고, 부끄러움을 드러내고, 목마르게 되고, 하나님께 드리던 예배들마저 못드리게 되고, 벌거숭이 빈털털이가 되고, 삶의 터전이 황량하게 되고 (수풀이 됨) 흉악한 들짐승들이 들끓게 된다 (자연 파괴, 동식물 이상)는 것이다.

이러한 언약 저주의 반전이 2장 후반부에 나타난다. 반전 몇 가지를 살펴보면 다음과 같다. 1) 심판의 표상이었던 '거친 들'은 여호와께서 이스라엘을 말로 위로하는 장소가 되며 여호와는 거기서 그녀의 포도원을 그녀에게 주신다 (14-15절); 2) 출애굽하던 날처럼 이스라엘은 노래하게 될 것이다 (15절); 3) 이스라엘의 입에서 바알들의 이름들을 제거하실 것이다 (17절); 4) 동물 회복과 전쟁 종식 (18절); 5) "그녀는 나의 아내가 아니고 나는 그녀의 남편이 아니다" (2절)에서 "네가 나를 내 남편이라 일컫고" (16절), "내가 네게 장가들어 영원히 살되 의와 공변됨과 은총과 긍휼히 여김으로 네게 장가들며 진실함으로 네게 장가들리니 네가 여호와를 알리라" (19-20절)로 바뀐다; 6) 땅/식물 회복 (22절. 곡식, 포도주, 기름) 등.

우리가 호세아서를 읽어보면 자연 환경에 대한 이러한 신학적 토대가 타당하다는 것을 금방 깨닫게 된다! 다음을 순서적으로 생각해 보라. (1) 인간의 죄로 자연이 고통하게 된다. "이 땅에는 진실도 없고 인애도 없고 하나님을 아는 지식도 없"다 (호 4:1). 그리하여 "이 땅이 슬퍼하며 무릇 거기 거하는 자와 들 짐승과 공중에 나는 새가 다 쇠잔할 것이요 바다의 고기도 없어지리라" (4:3). (2) 예수님이 오심으로 죄 문제가 처리되면 인간이 회복된다. "이에 유다 자손과 이스라엘 자손이 함께 모여 한 우두머리 (예수님. 참고 3:5)를 세우고 그 땅에서부터 올라오리니" (1:11) (3) 인간이 회복됨으로 비로소 자연도 회복된다. "그 날에 네가 나를 내 남편이라" 일컬으리라 (2:16). "그 날에는 내가 그들을 위하여 들짐승과 공중의 새와 땅의 곤충과 더불어 언약을" 맺으리라 (2:18). "나는 하늘에 응답하고 하늘은 땅에 응답하고 땅은 곡식과 포도주와 기름에 응답"하리라 (3:22).

여기서 하나 덧붙일 것은 예수님의 구속은 자연의 회복 ("내가 그들을 위하여 들짐승과 공중의 새와 땅의 곤충과 더불어 언약을 맺으며" 2:18 상반절)뿐 아니라 평화 (샬롬)의 도래와도 연결되었다는 것이다 (2:18 하반절 "또 이 땅에서 활과 칼을 꺾어 전쟁을 없이하고 그들로 평안히 눕게 하리라"). 생태와 평화를 부르짖으며 종교다원주의와 종교통합을 꾀하는 사람들은 오직 예수 구속을 중심으로 했을 때 자연의 회복과 인류의 평화가 뒤따르게 됨을 명심해야 할 것이다. 본말을 전도시켜서 '오직 예수 믿음으로 구원'을 뒷전으로 몰아내고 환경과 평화를 부르짖으나 그 결과는 오히려 더 무서운 적대와 불신이라는 것이다.[241] 자연 보호를 위해 타종교인들과 힘을 합치고, 평화를 위해 종교간 대화와 사랑을 실천해야 하나, 종교다원주의의 창녀 짓은 속히 그만두어야 한다.

언약관계의 회복과 완성을 알리는 2장의 말미는 1장 말미와 병행을 이룬다. 1:11-2:1은 "...이스르엘의 날이 클 것임이로다. 너희 형제에게는 암미 (내 백성)라 하고 너희 자매에게는 루하마 (긍휼히 여김을 받는 자)라 하라"라고 하여 자식들의 이름들을 마지막으로 언급함으로 1장을 마무리하고 있는데, 2:21-23을 보면, 비슷하게 "여호와께서 말씀하시되, 그 날에는 내가 응답할 것이다. 나는 하늘에 응답하고...또 이것들은 이스르엘 (=하나님이 심으실 것이다)에 응답하리라. 내가 나를 위하여 그녀를 이 땅에 씨뿌리고/심고 (sow) 긍휼히 여김을 받지 못하였던 자 (로루하마)를 긍휼히 여기며 (루하마/라함) 내 백성 아니었던 자 (로암미)에게 향하여 이르기를 너는 내 백성이라 (암미) 하리니 그들은 이르기를 당신은 나의 하나님이시라 할 것이다"로 2장을 마무리한다.

즉, 1장과 2장은 쟝르는 다르지만 기본적으로 같은 주제들에 의해 같은 메시지를 전하는 것인데, 한편으론 2장에 가서 이스라엘의 죄가 더 명시된다는 것이다. 즉, 그 음행죄는 다른 신 (귀신)을 섬기는 죄라는 것이다. 물론 이것은 더 구체적으로는 우상에게 절하고 송아지상에 입맞추는 행위로 3; 4-14장에 나타난다. 다시 말해 본 남편 야웨를 떠나 다른 남자와 놀아남, 곧 이스라엘의 귀신 섬기는 죄는 뒤에 가서 드라빔, 주상, 제단, 제물, 산당 제사 등 여러 가지로 자세히 설명되는 것이다. 이러한 종교적 죄들은 말할 것 없이 왕과 방백들의 타락, 야웨를 버리고 외세를 의존함, 그리고 백성의 도덕적 타락과도 연결되어 있다.

이렇게 호세아 선지자는 그 특유의 탁월한 문학성을 통해 정조를 버린 이스라엘의 죄가 얼마나 하나님 앞에 심각한 것인지, 얼마나 하나님의 진노를 격발시켰는지를 우리에게 알려준다. 호세아는 너무도 기술적이고 여실하게 이스라엘의 죄가 무엇인지를 보여준다. 오늘날 자유주의 구약학자들은 여전히 충분한 객관적 데이터 없이 호세아서의 문학을 분해한다. 이들이 지금도 그렇게 매달려서 고집하는 역사비평법은 많은 경우 상상력에 의지함으로 씨나리오를 만들 수밖에 없는 본문 접근법이다. 어떻게든지 역사적 재구성을 해서 여러 시대의 여러 신학들의 잡탕으로 이 책을 멋대로 요리하는 것이다. 의도야 어쨌건, 결국 하나님의 메시지가 왜곡

---

241 어떤 생태신학자들은 골로새서 1장과 로마서 8장을 예로 들어 마치 예수님의 포커스가 자연과 우주인 것처럼 말한다. 즉 그들은 이 내용들을 가지고 구속을 부정적으로 보며 환경에 포커스를 맞춘다. 물론 궁극적으로는 새예루살렘 (하나님의 백성의 구속의 완성) 뿐 아니라 새 하늘 새 땅 (우주의 회복)이 구속의 완성인 것은 분명하다. 그러나 만유를 포함한 그리스도, 자연의 회복은 인간의 구속과 함께 이루어지는 것이므로 우리는 복음 전파에 1차적 포커스를 맞추어야 한다는 것이다. 구속된 인간들의 애씀으로 자연 환경이 회복되는 것은 사실이지만, 근본적이고 전체적인 만유의 회복 (행 3:21 ἄχρι χρόνων ἀποκαταστάσεως πάντων)은 그리스도 예수의 다시 오심으로 비로소 완성된다는 사실을 우리는 기억해야 할 것이다. 구속 받은 우리가 환경 오염을 막고 자연을 하나님 뜻에 맞게 가꾸어나가는 것은 반드시 해야 할 일이지만 우주가 회복되는 것은 예수 그리스도를 통한 하나님의 최후 심판이 있고 난 후에야 가능하다는 것이다. 1000년 왕국의 그리스도의 평화의 통치가 있고 난 다음에도 무저갱에 있던 마귀가 놓여나면 다시 세상은 어지러워진다. 인간의 평화가 깨지고, 자연도 황폐하게 되는 것이다. 따라서 예수 믿고 구원 받은 우리는 자연의 회복과 보전에 힘을 기울이되 궁극적인 회복은 예수님의 재림과 하나님의 심판으로 이루어질 것을 믿고 그것을 간절히 소망해야 할 것이다.

되는 것이다.

정리하자면, 2장의 구조는 다음과 같다. 즉, 2:2-23 (히브리어 본문으로는 2:4-25)는 전반부(2:2-13; Heb. 2:4-15)와 후반부 (2:14-23; Heb. 2:16-25)로 나누어진다. 전반부는 이스라엘의 죄에 대한 심판이, 후반부는 회복의 말씀이 나타난다. 2:13 끝에 보이는 "나 여호와의 말이니라"는 전반부 전체를 맺음 하는 문구로 보인다. 전반부 2:2-13은 다시 2:2-7과 2:8-13으로 나눌 수 있다. 그리고 2:2-7은 다시 2:2-4와 2:5-7로 나눌 수 있다. 즉, 2:2에서의 어미의 "음란"과 "음행"이 제기되는데 이는 2:5에서 구체적으로 설명된다. 즉, 어미가 "나는 나를 연애하는 자들을 따르리니 저희가 내 떡과 내 물과 내 양털과 내 삼과 내 기름과 내 술들을 내게 준다"고 말한 것에 그 음행이 더 구체적으로 나타나는 것이다.

당시 이스라엘은 아합이 마귀의 딸과 결혼하듯 바알과 영육을 섞었다. 송아지상에 입을 맞추고 밤새도록 술을 마시고 신전 창녀와 음행을 하였다. 그러면서 노래하기를, '우리의 포도주와 무화과와 곡식과 금과 은은 바알이 준 것이다' 하였다. 그리하여 그곳 (특히 이스르엘)은 하나님의 진노로 사람들의 피가 튀었다. 마치 한국교회가 그녀의 치마를 걷어올리고 오직 주 예수 구원은 마치 없던 일처럼 여기면서 종교다원주의의 초혼제 (招魂祭)를 치르고, 호화건축자재로 예배당을 꾸미고, 관상기도라는 이교적 수행을 위해 촛불을 켜놓고 묵주를 돌리며, 힌두교의 신인합일의 영성을 연습함으로 하나님의 심판을 자초하는 것과 같다. 세상의 창녀는 돈을 받기라도 하지만 한국교회는 성도들의 헌금을 물쓰듯 써가며 이스라엘처럼 외국에서 기둥서방들을 불러온다. 이러한 음행에 대해 야웨께서는 가시로 그 길을 막겠다는 의지를 드러내신다. 야웨의 심판을 통해 음행의 죄에 대한 조치가 이루어짐으로 이스라엘은 장래에 죄를 뉘우치고 본 남편에게로 돌아갈 생각이 들게 될 것 (2:7)으로 일단락 지어진다.

그런데 이러한 일련의 공급, 즉 떡, 물, 양털 등은 2:8이하에서 약간 변이를 이루면서 다시 한번 거론되고 있다. 야웨께서는 "곡식, 포도주, 기름, 은, 금, 양털, 삼" 등은 바알이 준 것이 아니라 당신이 주신 것임을 말씀하면서 심판을 언급하시는데 심판은 내용적으로 더욱 확장되어 제사 폐지, 과실 맺는 나무들의 황폐화 및 그것들을 들짐승들이 먹게 될 것 등까지 취급하고 있다. 이러한 예언적 강화 (prophetic discourse)의 점층적 전개 기법은 앞으로 D 2 (곧 4-14장)에서 더 자세히 보게 되겠지만 호세아서에서는 아주 특징적인 것이다. 2:2-7에서 제기된 일련의 공급들 "떡, 물 등등"은 2:8-13에서 다시 한번 언급되다가 종결된다는 것이다.

이런 기법은 D1의 후반부인 2:14-23에서도 동일하게 사용되었다. 먼저 14-18절에서는 여러 가지 주제가 나타나지만 "야웨께서 다시 이스라엘의 남편이 되실 것" (특히 16절)에 대한 주제가 두드러진다. 왜냐하면 앞에서 "본 남편을 떠나 연애하는 자를 따라간" 내용이 16절에서 반전을 이루기 때문이다. 이러한 회복을 통해 더불어 이루어질 회복들은 "이스라엘의 입에서 바알들의 이름이 제거될 것" (17절), "들짐승, 새, 곤충과 언약이 세워짐으로 이스라엘이 그것들의 해를 입지 않게 될 것" (18절a), "전쟁이 제거될 것과 평화가 도래할 것" (18절b) 등이다.

이렇게 16절에서 언급되었던 주제 "야웨께서 다시 이스라엘의 남편이 되실 것"은 18-23절의 하위단락에서 다시 한번 약간의 변화를 주며 언급된다. 그것은 바로 19-20절에 나타나는

데 "야웨께서 의, 공평, 인자, 긍휼, 진실 등으로서 이스라엘에게 장가드실 것"이라는 주제이다. 이러한 언어의 변화를 통해 야웨-이스라엘의 재연합이 약속되면서 부가적인 회복들이 또 언급된다. 그것들은 이 결혼의 결과들 (혹은 자녀들)인즉, "야웨께서 하늘의 일기를 주장하심으로 땅이 복을 받아 곡식, 포도주, 기름 등의 소출이 생길 것" (21-22절), "이스라엘 백성들이 야웨의 긍휼을 입게 될 것" (23절b), "이스라엘은 야웨의 백성이 되고 야웨께서는 이스라엘의 하나님이 되실 것"(23절c) 등이다. 따라서 14-23절의 회복의 말씀은 두 개의 하위단락들 (14-18절과 19-23절)의 결합으로 이해할 수 있는 것이다.

3-14장 의 구조

호세아서의 구조와 관련하여 3장은 세 가지 측면에서 바라 볼 수 있다. 첫째로, 3장은 1장과 마찬가지로 이야기체다. 1장의 이야기가 2장의 선지자의 설교로 확장되는 것처럼, 3장의 이야기가 4-14장의 설교로 이어진다. 이런 점에서 1-2장과 3-14장은 병행을 이룬다고 하겠다.

둘째로, 3장은 1장의 이야기와 함께 이어서 볼 때 계기적 (sequential)이라고 할 수 있다. 왜냐하면, 1장은 호세아가 고멜과 결혼한 내용인데, 3장은 그 고멜이 다른 남자에게 가서 음행하였음을 보여주고 야웨께서는 선지자에게 그 여자를 다시 사랑하라 명하시는 내용이기에 1장과 3장이 시간적 선후 관계에 있기 때문이다.

마지막으로, 3장은 쟝르는 다르지만 2장과도 연결되어 있다. 2장에 이 음탕한 여인은, '나는 나를 사랑하는 자들을 따르리니 그들이 내 떡과 내 물과 내 양털과 내 삼과 내 기름과 내 술들을 내게 준다'하였다. 또한 그녀는 하나님이 그 그릇된 애정 행각을 막으실 때, '내가 본 남편에게 돌아가리니 그 때의 내 형편이 지금보다 나았음이라'할 것이다. 이러한 주제들 곧 '다른 남자를 좇음', '본 남편에게 다시 돌아감'은 3장에서 동일하게 나타난다. 2장은 3장을 예시 (foreshadowing)하는 것이다. 즉, 우리가 각 장을 편집사적으로 생각할 수 없게 본문이 인과적으로 진행 (causality)한다는 것이다. 자유주의자들이 본문의 인과성을 무시하고 뭔가 기가막힌 것을 발견한 듯이 멋대로 자기의 상상력을 발휘하여 본문을 재구성하는 행위는 이해가 불가하다.

한편, 3장은 야웨 하나님의 명령과 선지자의 순종의 행동 (1-3절)과 여기에 이어진 예언 (4-5절)으로 구성되어 있다. 물론 휴대된 예언은 앞에서 본 것처럼 하나의 심판 (4절)과 하나의 회복 (5절)을 보여준다. 심판 (혹은 징계)은, "이스라엘 자손들이 많은 날 동안 왕도 없고 지도자도 없고 제사도 없고 주상도 없고 에봇도 없고 드라빔도 없이 지내다가", 구원은, "그 후에 이스라엘 자손들이 돌아와서 그들의 하나님 여호와와 그들의 왕 다윗을 찾고 마지막 날에는 여호와를 경외하므로 여호와와 그의 은총으로 나아가리라"다. 이것은 다시 말해서, 이스라엘 백성들이 그렇게 우상시하던 왕과 방백 (이스라엘은 사무엘 때부터 왕이신 야웨를 무시하고 왕을 달라고 부르짖었다), 바알에게 분향함과 금송아지 상에 입맞춤, 길흉화복을 점치는 도구로 전락한 에봇 (제사장의 의복), 그리고 가정에 안치하고 복을 준다고 음란히 섬기던 드라빔 등을 오랜 세월동안 그들의 손에서 빼앗아버리시겠다는 말이다. 그 뒤에 이스라엘은 회개하고 예수 그리스도 (예수아 함마쉬아흐)를 영접하고 야웨의 은총의 날개 아래로 들어오게 될 것이다.

참으로 흥미로운 것은 1절의 야웨의 명령 속에 벌써 그 명령의 의미가 들어 있다는 것이다. 즉, 야웨께서 선지자에게 어떤 행동을 명하시면서 그 해석을 선지자에게 분명하게 일러주신다는 것이다. 왜 여호와께서는, "너는 또 가서 타인의 사랑을 받아 음녀가 된 그 여자를 사랑하라"고 하시는가―그것은 "이스라엘 자신이 다른 신을 섬기고 건포도 과자를 즐길지라도 여호와가 그들을 사랑하기" 때문이다. 여호와께서 죄를 사랑하신다는 말이 아니라 죄인임에도 불구하고 당신의 백성을 초지일관 사랑하신다는 말이다. 여호와의 사랑이 이와 같이 변함 없으니 나는 죄를 지어도 괜찮다고 하면 본문을 크게 오해하는 것이다. 이스라엘의 음행에 대해 야웨께서 그냥 넘어가지 않으시고 많은 날 동안 음행할 틈조차 주지 않으시는 징계로 처결 (處決)하심이 4절에 보이지 않는가.

호세아서는 4장부터 그 구조가 난해하기로 유명하다. 학자들이 하나의 구조적 단서로 이해한 것은 11장 11절 끝에 나오는 "나 여호와 말이다"라는 어구다. 마치 2장에서 13절 끝에 나오는 "나 여호와의 말이다"라는 어구가 2장 전체를 양분하듯이, 이 어구 때문에 4장 1절부터 11장 11절까지가 하나의 긴 흐름을 형성하며, 그 뒤에 오는 11:12-14:9는 호세아서 전체를 마감하는 말이라고 학자들은 이해하게 된 것이다.

그러면 4:1-11:11까지의 내용의 흐름을 잘 이해할 수 있는 단서들은 없는가. 카일 (C. F. Keil)은 4:1-6:3까지를 하나의 단락으로 보았다.[242] 그런 다음, 그는 4:1-6:3은 그 뒤의 단락들 곧 6:4-11:11과 11:12-14:9과 그 내용의 흐름에 있어 병행을 이룬다고 보았다. 즉, 이 세 단락들은 모두 심판에서 구원의 분위기로 이행한다는 것이다. 4-14장을 세 개의 병행 단락들로 본 이와 같은 카일의 이해가 후학들에게 영향을 준 반면, 실상 4:1-11:11에 대한 하위 단락 구분은 학자들 간에 일치하는 것이 거의 없다. 이 부분을 우리가 읽어보면, 앞에 나왔던 주제들이 거듭 뒤에 또 나오며, 이 주제들의 논리적 연결성이 희박한 듯 보인다. 읽고 또 읽어보아도 구조가 뚜렷하지 않아 보인다.

필자는 카일이 4장 이하를 크게 3구분하는 것이[243] 일리가 있다고 보지만 (최근의 퍼 쥬니어와 에이츠도 같은 구분[244]) 11:12-14:9는 앞부분과는 달리, 흐름이 보다 급격하고 정함이 없는 이스라엘과 신실하신 여호와를 대조하는 내용들이 계속 나오기 때문에 (최소한 7번) 4-14장의 결론 부분이요 또한 전체의 결론 역할을 한다고 본다. 그러면서 나는 4:1-6:3과 6:4-11까지는 카일처럼 병행을 이루는 두 단락 (a와 a')이라고 생각하는데, 그러나 카일처럼 완전 병행으로는 보지 않는다. 나는 a'는 a에서 시작한 설교를 더 확장하면서 그 끝부분에 구원 주제를 휴대하기

---

242 C. F. Keil, *Minor Prophets*, Commentary on the Old Testament vol. 10 (Grand Rapids: Eerdmans, 1971), 25.
243 Ibid.
244 Richard A. Fuhr, Jr. and Gary E. Yates, *The Message of the Twelve*, Hearing the Voice of the Minor Prophets (Nashville: B & H Academic, 2016), 62-84. 이들은 1:1의 서론과 14:9의 지혜 후기 (wisdom postscript)외에 6개의 패널로 호세아서를 분석한다. 패널1 (1:2-2:1), 패널 2 (2:2-23), 패널 3 (3:1-5), 패널 4 (4:1-6:3), 패널 5 (6:4-11:11), 패널 6 (11:12-14:8). 이들이 1-3을 하나로 묶지 않은 것은 기존의 학자들과 다른 점이며, 패널 4부터 6까지의 구분은 카일 및 필자의 구분과 기본적으로 같다.

에 (11:8-11), 4:1-11:11을 마감하는 역할을 맡고 있다고 본다. 다시 말해 이 둘이 주제들의 전개 상 유사하지만 완전 병행단락은 아니라는 말이다.

4:1-11:11의 내용 전개는 실로 복잡하기 이를 데 없지만, 나는 만약 우리가 4장 이전에 미리 선 보인 주요 주제들과 그것들의 전개 방법을 유의하기만 하면 그렇게 구조 이해가 어려운 것은 아니라고 본다. 4:1-6:3의 내용이 6:4-11:11에서 비슷하게 반복됨을 우리는 먼저 주목할 필요가 있다. 1:2-2:1; 2:2-2:23; 3:1-5 단락들의 서두가 이스라엘의 죄 (여호와를 버리고 음행을 함)로 시작하였듯이 이 두 단락 (4:1-6:3; 6:4-11:11)의 서두도 공히 이스라엘의 죄를 다룬다. 4:1 을 보면, "이 땅에는 진실도 없고, 인애도 없고, 하나님을 아는 지식도 없고..."로 시작한다. 그리고 6:4ff을 보면, "...너희의 인애가 아침 구름이나 쉬 없어지는 이슬 같도다...나는 인애를 원하고...하나님을 아는 것을 원하노라"라고 되어 있다. 문자적으로 똑같은 반복은 아니지만 6:4 이하는 앞단락의 반복 (변주 variation) 인 것이다 (참고. 11:12). 그런데 이 두 단락의 시작은 이스라엘의 일반 죄로 시작하지만 그 다음 이어지는 내용은 특히 3장에서 나타났던 주제들, "왕과 방백; 제사와 주상; 에봇과 드라빔"이라는 것이다. 물론, 이 주제들이 순서적으로 꼭 맞게 이어지지는 않지만, 이것들이 이어지는 것은 사실이다. 곧, 왕과 방백들의 죄 (재판장도 포함), 제사와 주상과 관계된 죄들 (제사장, 제사, 송아지 숭배, 제단, 제물 등), 그리고 에봇과 드라빔과 관련된 죄들 (선지자, 점치는 행위, 그릇된 예언 등)이 이어진다는 것이다. 그리고 2장에서 보았던 죄가 여기에 함께 언급되는데 그 죄는 여호와를 버리고 '연애하는 자들'을 따라 간 죄이다. 이것은 바알 숭배나 외세 (앗수르나 애굽)를 의지한 죄로 볼 수 있다. 그리고 여기에 심판이 이어진다. 심판은 '여호와의 날' 주제와 연결되었다. 그리고 간간이, 이스라엘이 그 심판 속에서 후회할 것, 회개할 것이 예시 (혹은 회개 권면)되어 있다.

보다 자세히 설명하자면 이렇다.

(1) 4:1-6:3은 이스라엘 백성의 죄 (4:1-3)로 시작하여 제사장 (4:8), 점치는 행위 (4:12), 산당 제사 (4:13)와 우상숭배 (4:17), 방백 (4:18; 5:10)과 왕족 (5:1)과 재판 (5:11), 여호와의 날 (나팔, 호각, 날, 5:8, 9), 연애하는 자를 좇음 (앗수르의 야렙 왕에게 사신을 보냄, 5:13), 회개 예시 (5:15-6:3)로 이어진다.

(2) 6:4-11:11은 이스라엘 백성의 죄 (6:4-8), 제사장 (6:9), 왕과 방백들과 재판장들 (7:3-7, 16; 8:4), 연애하는 자들을 좇음 (애굽과 앗수르 의지, 7:11; 8:9-10), 여호와의 날 (나팔, 8:1), 회개 예시 (8:2), 우상숭배 (8:5, 6)로 첫 단락과 비슷하게 전개된다. 다만, 여기서 크게 주의할 것은 (!), 이 단락에서 8:11-11:11까지는 두 개의 부속 단락들로 구성된다는 것이다. 이 두 단락들은 똑같이 여러 죄들 중에서 특히 (in particular) 제사나 우상숭배와 관련된 죄들을 부각시키며 시작하기에 병행 단락들로 볼 수 있다. 이 두 단락들 중 첫째는 a 8:11-9:7 제단, 제물, 제사, 여호와의 날+b 9:8-17 이스라엘이 바알브올 숭배, 방백들의 반역, 에브라임 심판 (여러 나라 가운데에 떠도는 자가 됨)으로 진행하고, 둘째는 a' 10:1-12 제단, 주상, 왕, 우상, 제사장들, 회개 권면+ b 10:13-11:11 용사 의뢰, 여호와의 날, 바알 숭배, 연애하는 자들, 회복 약속으로 전개된다. 즉, 두 병행 단락은 호세아가 그 당시 북이스라엘에서 하나님께 대한 제사가 얼마나 타락했는지, 우

상 숭배가 얼마나 심했는지를 강조하기 위해 의도적으로 생성한 것들로 보인다는 것이다.

이러한 4:1-11:11의 구조적 이해를 도표로 나타내면 아래와 같다.

A 4:1-6:3 이스라엘 백성의 죄 (4:1-3)로 시작하여 제사장 (4:8), 점치는 행위 (4:12), 산당 제사 (4:13)와 우상숭배 (4:17), 방백 (4:18; 5:10)과 왕족 (5:1)과 재판 (5:11), 여호와의 날 (나팔, 호각, 날, 5:8, 9), 연애하는 자를 좇음 (앗수르의 야렙 왕에게 사신을 보냄, 5:13), 회개 예시 (5:15-6:3)

A' 6:4-11:11 a 6:4-8:10 이스라엘 백성의 죄 (6:4-8), 제사장 (6:9), 왕과 방백들과 재판장들 (7:3-7, 16; 8:4), 연애하는 자들을 좇음 (애굽과 앗수르 의지, 7:11; 8:9-10), 여호와의 날 (나팔, 8:1), 회개 예시 (8:2), 우상숭배 (8:5, 6)

    a' 8:11-11:11

      α 8:11-9:7 제단, 제물, 제사, 여호와의 날 + β 9:8-17 이스라엘이 바알브올 숭배, 방백들의 반역, 에브라임 심판 (여러 나라 가운데에 떠도는 자가 됨)

      α' 10:1-12 제단, 주상, 왕, 우상, 제사장들, 회개 권면 + β 10:13-11:11 용사 의뢰, 여호와의 날, 바알 숭배, 연애하는 자들, 회복 약속

이제 11:12-14:9을 보자.

호 11:12-13:4 (히브리 본문 12:1-13:4)는 3개의 작은 문학 단위로 이루어졌다. 그리고 이 단위마다 눈에 띄는 것은 이스라엘의 죄됨과 하나님의 신실하심의 대조이다. 이 본문의 서론격인 11:12 (히브리. 12:1)는 "에브라임은 거짓으로, 이스라엘 족속은 속임수로 나를 뺑 둘러 쌌고, 유다는 하나님을 거슬러, 진실하신 거룩자를 거슬러 아직도 제멋대로 갈 길을 간다"고 벌써 백성과 하나님을 선명하게 대조한다. 이러한 대조는 일단 13:4까지 세 번에 걸쳐 본격적으로 나타난다.

그 다음 대조는 13:5-14:8에 두 번 더 개진되며 회개권면 (14:1-3)과 최종적으로 이스라엘의 반역과 대비되는 앞으로 있을 야웨의 신실한 조치 (14:4-8) 및 저자의 나레이션 (14:9)에서 호세아서가 종결되기까지 계속 나타난다. 기의 모든 신지자들이 (동시내의 서시자인 이사야서에도 이러한 대조법은 극명하다) 이러한 대조점을 부각시키지만 호세아서는 이 책을 하나의 전체로 볼 때 뒷부분으로 갈수록 이스라엘의 반역과 하나님의 신실을 비교한다. 사실 호세아 전편이 하나님의 거룩과 이스라엘의 음란을 대조하지만, 특히 호세아는 책의 종결부분에 가서 역사회상을 하면서 이러한 대조점들을 부각시키는데, 이 점에 있어 그는 타의 추종을 불허하는 것이다. 마치 함박눈이 며칠간 퍼부은 후에 푸른 소나무와 덮은 눈이 대조를 이루듯 이러한 대조를 뚜렷이 드러내는 책이 호세아서다.

11:12 이하에서 대조는 점층법과 더불어 진행된다. 11:12 이하의 단락들에서 야곱 개인에서 국가로 범위가 점점 넓어지며, 간단한 언급에서 점점 자세한 설명으로 내용이 진전된다. 역사적 언급에 있어서도 이러한 점층법이 11:12이하의 세 단락에서 나타난다. (a) 11:12-12:10에서는 모태에서 형의 발뒤꿈치를 잡은 야곱, 벧엘의 야곱, 출애굽, 선지자들을 보내신 사건들

로 역사적 시점이 이동하고, (b) 12:11-13:4에서는 아람의 야곱, 출애굽, 북이스라엘의 우상 숭배로 이동하며, (c) 13:5-14:8에서는 광야, 사무엘 시대 (왕을 요구함), 북이스라엘 시대로 이동한다. 이 세 단락은 겹치는 시간대가 있지만, 각각 시작 시점이 점진적이며, 각각의 종결점도 점진적이다.

2) 호세아서의 메시지

호세아서의 신학적 메시지의 특징은 병행 단락들을 통해 북이스라엘의 음행 곧 우상숭배에 대해 강하게 경고한다는 것이다. 왕과 제사장과 선지자를 비롯하여 이스라엘 백성은 음행에 연루되어 하나님을 떠났고 애굽과 앗수르에 손을 벌렸다. 시내산-모압 들판의 언약을 파기한 이스라엘은 포로로 잡혀갈 것이다. 이러한 언약의 법들을 파기한 이스라엘은 언약 저주에 따라 절망적 상태에 이를 수밖에 없으나 하나님은 다윗에게 하신 약속을 따라 이스라엘을 위하여 한 리더를 세우실 것이다. 이 리더 (호 1:11 '한 우두머리'; 3:5 '다윗')를 통해 참된 회복이 올 것이며 이스라엘은 바알을 버리고 여호와와 온전히 연합하게 될 것이다. 이는 이스라엘의 죄됨에도 불구하고 여전히 이스라엘을 사랑하시는 하나님의 언약적 성실성에 기초한다. 이스라엘의 제사 (예배)의 타락과 귀신들을 섬김은 오늘 한국교회에 경종을 울린다.

호세아서의 점층법과 신학적 성찰

호세아서의 점층법은 뒷부분에서 잘 나타나는데 그러나 보다 더 큰 그림에서도 잘 관찰된다.

(a) 4:1-6:3의 첫머리에서 호세아는 "이 땅에는 진실도 없고 인애도 없고 하나님을 아는 지식도 없고" 곧 3중적 표현, '없고' '없고' '없고'로써 언약 백성으로서의 기본 품성을 결여-상실한 이스라엘을 직설적으로 언급한다.

(b) 그런데 6:4-11:11의 단락의 첫머리에서 호세아는, "에브라임아, 내가 네게 어떻게 하랴. 유다야, 내가 네게 어떻게 하랴. 너희의 인애가 아침 구름이나 쉬 없어지는 이슬 같도다...나는 인애를 원하고 제사를 원하지 아니하며 번제보다 하나님을 아는 것을 원하노라!" (6:4, 6)고 함으로써 변이를 띄어 앞의 분위기를 좀더 고조시킨다. 곧 2중의 수사적 질문 '...어떻게 하랴...어떻게 하랴', 2개의 모티프들을 사용한 직유 '아침 구름, 쉬 없어지는 이슬 같도다', 그리고 동의병행법을 통해 기계적 예배 (제사) 보다 하나님의 품성을 인격적으로 아는 것의 중요함을 제시한다. 앞 단락에서 단순히 직설적으로 언급한 것과 차이를 보인다.

(c) 그런데 내용은 같은 내용인데 마지막 단락11:12-14:9에 오면 이제는 표현들이 더 부가된다. 이로써 분위기는 최고조에 이르게 된다. "유다는 하나님 곧 신실하시고 거룩하신 자에게 대하여 정함이 없도다...그런즉 너의 하나님께 돌아와서 인애와 정의를 지키며 항상 너의 하나님을 바랄지어다...이러므로 그들은 아침 구름 같으며 쉬 사라지는 이슬 같으며 타작 마당에서 광풍에 날리는 쭉정이 같으며 굴뚝에서 나가는 연기 같으리라." (12:1하, 6; 13:3) 곧 호세아는 여기서 인애 외에도 하나님의 품성 중에 신실, 거룩, 정의 등을 추가하고 회개 권면에서 인애

와 정의를 언급한다. 또한 그는 둘째 단락에서 사용했던 2개 모티프들 (아침 구름, 쉬 없어지는 이슬)을 4개로까지 늘리는 것이다 (아침 구름, 쉬 사라지는 이슬, 쪽정이, 굴뚝의 연기). 더 자세한 언급은 하지 않겠지만, 이렇게 이 세 단락의 첫부분에 오는 내용이 점점 고조되고, 또한 뿐만 아니라, 끝부분에 오는 회개-회복 예시 내용도 점점 고조된다.

요컨대, 호세아의 반복 (repetition)은 변화 (variation)를 띈 반복이며 이를 통해 그는 분위기 (mood)를 점차로 (progressively) 고조시킨다는 사실이다. 이러한 기법은 결국 전하고자 하는 메시지를 위한 의도적 글쓰기로 여겨진다. 이는 호세아 선지자의 문학적 천재성을 보이는 예다. 이러한 글쓰기를 외면하고 특정 본문들을 절단하여서 그것들을 다시 역사적으로 재구성하는 사람들은 문학비평을 다시 배우고 호세아서에 들어와야 할 것이다. 본 선지서의 내용 전체를 적절히 이해하기를 바라는 사람들은 기본적으로 그것이 인과성 (causality)에 의해 진행되며, 반복과 변화, 대조와 점층의 기술로 진행되는 측면을 결코 놓치지 말아야 할 것이다.

결국 호세아의 점층법은 언약에 신실하신 인애 (헤세드)의 여호와 하나님과 언약에 불충하여 다른 신들 숭배로 치달은 이스라엘을 대조함으로 이스라엘의 회개를 촉구하고 있다. 호세아는 바알 숭배가 에브라임의 자기를 높임 (히브리어로 '나싸')에서 시작한 것임을 보여준다. 에브라임의 자기 높임, 바알 숭배, 송아지 우상 숭배, 우상숭배자의 공허성과 허무성 (아침 구름 등 4개의 모티프들 사용)이 차례로 연결되어 있다. 그리고 13:4가 13:1-3과 대조적 내용으로 위치한다. "그러나 애굽 땅에 있을 때부터 나는 네 하나님 여호와라. 나 밖에 네가 다른 신을 알지 말 것이라. 나 외에는 구원자가 없느니라." 바알 (다른 신) 숭배가 왜 나쁜가? 그것은 더럽고 거짓된 잡신을 숭배함으로 거룩하신 야웨께는 죄를 짓는 것이고 그 결국은 죽음으로 끝나기 때문이다 ('바예샴 바바알 바야모트': וַיֶּאְשַׁם בַּבַּעַל וַיָּמֹת). 분명히 바알 숭배로 죄를 지은 결과 에브라임이 '죽었다'고 본문에 명기되었다 (한글개역개정에는 '망하였거늘'). 이에 반해 사는 길은 오직 야웨 밖에는 없다고 13:4에 나타난다. "וֵאלֹהִים זוּלָתִי לֹא תֵדָע וּמוֹשִׁיעַ אַיִן בִּלְתִּי" (나 외에는 네가 다른 신을 알지 말 것이라. 나 외에는 구원자가 없느니라).

이러한 내용의 점층법을 통해 전달하는 것은 북이스라엘이 바알 신앙과 완전히 결별해야 한다는 것이다. 그리고 수님께 선민을 느려야 한나는 것이나. 오세아를 통에 묵이스긔엘을 도전하시는 하나님은 오늘날 한국교회에게 종교다원주의 등 여러 영적, 육적 간음에서 돌아오라고 하신다.

호 1:11; 3:5: '한 우두머리'와 종교다원주의

호세아서는 여호와께서 구원을 위해 오직 한 분을 지정하셨음을 보여준다 (호 1:11; 3:5).[245] 이는 오늘날 모든 잡신들과 세속 종교 교주들을 구원자들로 인정하는 종교다원주의와

---

245 필자는 이 구절들을 예수 그리스도에 대한 예언으로 본다. 비교. 임상국, "주전 8세기 예언자 호세아의 왕정 제도 비판," 『신학과세계』 44 (2002): 43-44. "여기에서 이 '한 사람의 우두머리'는 '카리스마적 지도자' 등으로도 해석될 수 있 지만, 그 경우에도 '사사'에 대해서 언급하지 않는 호세아가 구체적으로 어느 '지도자'를 상정하였는지에 대해서 불확실한 채로 남아 있다. 여기에 대해서 호세아는 이스라엘 통일광국의 입장에서 북이스라엘의 왕정제도를 전제하였다라는 입장 에 서 있는 연구자는 '세운다' (שׂים)라는 동사를 논거로서 '한 사람의 우두머리'에서 재래하는 다윗을 읽어내고자 한다 (호

정면으로 부딪힌다. 종교다원주의의 대표적 문장은 바아르 선언 속에 들어 있다.

> 우리가 예수 그리스도의 길 외에 다른 노선들과 길들을 따르는 자들 가운데서 선과 진리와 거룩을 보
> 아왔고 경험해 왔기에…우리는 우리 자신이 구원을 예수 그리스도께 명시적으로 인격적으로 (자신
> 을) 드리는 것으로 제한하는 하나의 신학을 넘어설 필요를 깨닫고 있다 ("Because we have seen and
> experienced goodness, truth and holiness among followers of other paths and ways than that of Jesus
> Christ…We find ourselves recognizing a need beyond a theology which confines salvation to the
> explicit personal commitment to Jesus Christ", 필자의 졸역).[246]

여기서 생각해 볼 점이 세 가지 있다. 첫째는, 구원을 받기 위해서는 꼭 명시적으로 인
격적으로 예수 그리스도를 믿어야 하는 것인가 하는 것이다. 타종교의 창시자 (혹은 그 종교의
신)를 믿어도 구원을 받는 것이 아닌가. 답은 예수님 외에 다른 이름으로 구원을 받을 수 없다.
오직 흠 없는 예수님의 흘리신 피가 우리 죄를 구속하신다. 예수님 외에 다른 사람들은 모두 죄
인들이기 때문에 우리 죄를 대속할 수 없다. 예수님만이 하나님이시므로 부활 생명을 주실 수
있기에 예수님만이 우리를 영생에 이르게 하실 수 있다.

둘째는, 그렇다면 예수님이 아닌 여호와 (성부)만 믿어도 구원 받는 것이 아닌가. 오늘
다룬 본문과 관련해 생각해 본다면, 호세아 선지자가 말한 것은 오직 여호와가 구원자라고 했
지, 예수 그리스도가 구원자라고 하지 않았잖은가 하는 것이다. 이것은 호세아서를 잘못 읽은
것이다. 구원자 여호와는 다윗의 씨로 오실 예수 그리스도를 통해 구원을 이루신다 (호 1:11;
3:5). 구약시대에는 예수라는 명시적 이름이 나타나지 않지만 이 하나님의 아들 구원자는 선재
해 계셨고 (요 8:56-58), 이 '사람으로 오실 아들'을 수없이 예언하고 있다. 구약시대에 아브라함
은 여호와를 믿고 앞으로 오실 예수 그리스도를 바라보며 구원을 받았다. 따라서 현재 여호와
를 믿는 유대인이 이미 오신 예수 그리스도를 주로 영접하지 않으면 구원을 얻을 수 없다. 왜냐
하면 여호와를 참으로 영접하는 자는 아들 예수를 참으로 영접하게 되어 있기 때문이고, 아들
예수를 영접하지 않고 (부인하고) 아버지만 영접한 자의 아버지는 성경이 증거하는 참 아버지
가 아니기 때문이다. 그리하여 예수님을 주로 영접하지 않고 여호와만을 영접한 유대인들이나,
예수님을 주로 영접하지 않고 알라를 영접한 회교도들이나, 예수님을 주로 영접하지 않고 하나
님을 영접한 세상 사람들은 구원을 받지 못한다 (요일 2:23[247]). 오직 아들을 시인한 자에게 참
아버지가 계시고 그 아버지와 아들을 영접한 자가 성령을 선물로 받는다.

문제는, 예수 그리스도 이전에는 명시적으로 (explicitly) 예수님을 나의 구세주로 인격
적으로 영접하지 (receive Jesus as his/her personal Saviour) 않더라도 하나님은 다양한 구원의

2:2). 그러나 호세아가 재래의 다윗에 의한 이스라엘 통일왕조의 이념을 품고 있었다라는 견해의 유일의 직접적인 근거가
되는 호세아서 3장 5절은 호세아서 1-3장을 정리한 후대의 편집구일 가능성이 높으며, 특히 '그리고 그들은 그들의 왕 다윗
을 (찾을 것이다)'라는 어구는 그 문체를 놓고 판단할 때, 후대의 부가로 보지 않을 수 없다."

246 *Baar Statement*, 1990; WCC 홈페이지에 들어가면 Resources란에 있다.

247 "아들을 부인하는 자에게는 또한 아버지가 없으되 아들을 시인하는 자에게는 아버지도 있느니라."

방법들을 사용하셨다는 것이다 (예수 그리스도를 가리키는 여러 예표들과 그림자들, 여기에는 제도들, 인물들, 선지자의 말씀들 등이 있음). 예를 들어, 구약시대에는 요나의 전도를 듣고 회개한 니느웨 사람들이 있었고, 또 솔로몬의 지혜를 들으러 온 스바 여왕 (남방 여왕)이 있었는데, 예수님은 니느웨 사람들이나 스바 여왕을, 그들이 명시적으로 인격적으로 예수님 (이름)을 영접하지 않았음에도, 구원 받은 백성으로 취급하신다는 사실이다. 왜냐하면 이 사람들이 심판 때에 이 세대 사람을 정죄할 것을 예수님이 말씀하시기 때문이다 (마 12:38-42). 이것을 좀 확대해서 이렇게 생각해 볼 수 있다. 즉, 솔로몬의 지혜를 들으려고 남방 여왕 외에도 열방의 왕들이 솔로몬을 찾았고 그들도 하나님의 지혜에 접하여 그것을 자기 나라들에 돌아가 그 백성들에게 전하였고 그 백성들 중에서 그 하나님의 지혜를 받아들였다면 어떻게 되겠는가. 원리적으로 그 하나님의 지혜를 받은 자들도 구원 받은 자들로 예수님이 인정하지 않으셨겠는가. 우리 한국 사람 조상 중에도 그가 솔로몬이 전한 하나님의 지혜를 받았다면 구원을 받지 않았겠는가. 쉬운 예를 들어, 신사임당이나 이순신 장군도 이러한 하나님의 계시를 접하였다면 그리고 그 계시 속의 하나님을 영접하였다면 구원의 가능성을 우리는 생각할 수 있다.

그런데 물론 여기서 한 가지 극히 조심할 중요한 사항이 있다. 그것은 그 하나님의 지혜 곧 생명을 주는 지혜 (잠 3:18)는 기독론을 포함하는 지혜 (참. 잠 8:22-31; 16:10)라는 것이다. 요나 선지자가 전한 여호와의 메시지도 마찬가지다. 요나가 전한 여호와의 이름으로 니느웨 백성이 회개하였을 때 그들이 받은 이름은 여호와의 이름이면서 또한 "여호와의 이름으로 오는 자" 곧 예수 그리스도를 포함한 이름이라는 것이다 (참. 시 118:26). 성경의 말씀을 종합해 볼 때 우리는 이러한 결론에 도달한다. 우리가 성경적이라고 믿는 구원론은 그 구원의 주체에 관해 말한다면 언제나 성부와 성자가 결탁되어 있다. 또한 그 가운데 성령의 역사가 결부되어 있다. 곧 이스라엘 역사에 있어서나 더 거슬러 올라가서 노아시대나 또 더 거슬러 올라가서 홍수 전 시대나 막론하고 구원은 성령으로 말미암아 아버지 하나님과 아들 하나님을 동시에 믿어야 구원을 받는다는 것이다. 노아 시대에 노아가 전한 말씀 (벧후 2:5)이 한반도까지 전해지고 그 말씀 속에서 장차 오실 예수님을 영접한 사람들 (예수님을 멀리서 바라본 사람들)이 우리 한국 조상들 중에 있다면 그들도 구원을 받았나고 할 수 있나. 물론, 홍수 이선 시내는 솔도몬 시내든 요나 시대든 명시적 예수 그리스도 (나사렛 예수)라는 이름은 없었다. 왜냐하면 예수님이 육신으로 이 땅에 나시기 전이었기 때문이었다.

그러나 여기서 극히 중요한 것은 예수 이전의 모든 구원 받은 사람들은 아버지 하나님을 믿고 오실 예수를 멀리서 바라보면서 믿어 구원을 받았다는 것이다! 또 더 구체적으로 말하자면 그 구원 받은 사람들은 아버지를 믿을 때 그때 그 장소에 살아계셨던 선재하신 아들을 함께 영접한 것이다 (요 8:56-58). 그들은 성령께서 그들 안에 역사하심 (신약시대에 비해 예비적 성격)으로 아버지와 아들을 영접한 것이다! 아브라함에게도, 모세에게도, 다윗에게도 아버지와 아들과 성령이 함께 역사하셨고 그 각각은 삼위일체 하나님을 영접한 것이다! 아브라함과 모세에게 보이셨던 여호와의 사자, 다윗이 성령으로 메시아의 부활에 대해 알고 있었던 사실 등을 상고해 보라.

바아르 선언 작성자들은 이스라엘 속에서 구속활동을 하신 하나님과 예수 그리스도의 인격과 사역 안에서 구속활동을 하신 하나님을 별개로 취급하였다. 이스라엘 속에서 구속활동을 하신 분을 단일하게 하나님 아버지만으로 보고 그때에도 하나님 아버지와 선재하신 그리스도께서 함께 구원을 이루심을 못 보는 것이다. 이런 식의 사고로는, 현재 이스라엘의 후손들은 굳이 예수님을 믿지 않아도 여호와만 (삼위가 아닌 단일신)을 경외하고 율법을 지키면 구원을 받는다 (New Perspective의 Covenantal Nomism과 비슷). 그러나 성경은 "아들을 믿는 자에게는 영생이 있고 아들에게 순종하지 아니하는 자는 영생을 보지 못하고 도리어 하나님의 진노가 그 위에 머물러 있느니라 (요3:36)."고 증언한다. 예를 들어, 지금 이스라엘 사람 중에 착하고 신실한 한 사람이 있다고 하자. 그가 여호와를 믿지만 예수님을 거절한다고 하자. 그가 구원을 받겠는가. 그는 구원을 받지 못한다. 아버지와 아들을 다 믿어야 구원을 받는다. "영생은 곧 유일하신 참 하나님과 그가 보내신 자 예수 그리스도를 아는 것이니이다 (요17:3)." 아들을 거절하고 아버지만을 믿는다고 하는 자는 사실은 아버지를 모르는 것이다. 왜냐하면 아버지와 아들은 완전히 하나로 연합되어 동일한 본성을 갖고 계신데 아버지를 참으로 믿는 자는 아들을 거절할 수 없기 때문이다. 하나님을 경외했으나 예수님 소식을 듣지 못했던 사람들, 예를 들어, 에디오피아의 내시, 고넬료, 디모데, 아볼로 등은 구약적인 구원사의 시대 상황에 있었으나 구원사의 전환기 곧 신약시대가 도래하매 곧 죽으시고 부활하셔서 살려주는 영 (고전 15:45 온 인류 가운데 살려주는 영이 되신 분은 예수 밖에는 없음)이 되신 예수의 이름을 접하고 구원을 받고 성령을 선물로 받았다. 다시 말해, 이들은 아버지를 믿는 상태에서 오신 아들에 대한 소식을 그 시대에 듣고 바로 믿은, 어떤 면에서 과도기적 독특한 시기에 있었다고 할 수 있다. 그러나 이들도 바아르 선언이 말하는 세상의 여러 다른 길들 (종교들) 속에서 '살아 있는 신앙'을 가진 자들은 아니었다. 오히려 여호와를 믿는 자들이었고 그들은 아들에 관한 소식을 들었을 때 주저없이 아들을 영접하였던 자들이었기에 그들은 참되신 여호와 하나님을 경외하고 있었던 것이다.

너무나 중요한 것은 바아르 선언을 한 사람들이 하나님의 구원사의 구원 경륜을 외면한다는 것이다. 지금의 시점은 이미 예수님이 오셨고 **오직 명시적으로 그 이름을 믿음으로 구원을 받는 때**이다. 지금 우리는 바로 이 구원사의 시점에 살고 있는 것이다. 이 시점에서는 바로 명시적으로 예수 그리스도의 이름을 인격적으로 영접하는 구원의 길 외에 다른 구원의 길이 없다. 바아르 선언 작성자들은 왜 예수님이 오신지 벌써 2000년이 지난 시점에 있는 우리를 구약 이스라엘 시대나 노아시대로 끌고 올라가서 구원에 있어 명시적인 예수 그리스도 이름을 인격적으로 영접해야 구원 받는다는 신학을 뛰어넘을 필요 운운하는가. 왜 이들은 구원의 한 길 대신 여러 길들의 보편 구원을 말하는가. 성경의 진리를 희생해서라도 평화를 추구하기 위해서인가 혹은 성경의 구원론을 오해해서인가. 왜 이들은 개종 전도를 금지시키는가? 오직 예수 이름으로 구원이라는 진리 때문에 나타나는 소란이나 핍박이나 대립을 피하기 위해서가 아닌가. 진리를 희생하면 핍박 받는 일도 없고, 미움 받는 일도 없고, 욕 먹는 일도 없고, 평화를 가져올 수 있고 서로 사랑할 수 있다고 보기 때문이다. 이것은 근본적으로 구원론의 유일한 키인 예수님 때문에 일어나는 문제다. 예수님 때문에 소요가 일어나고, 갈등이 증폭되고, 화평이 깨어지게 된다. 그런데 예수님은 이런 소요와 갈등과 화평의 깨어짐과 욕 먹는 일이 나타날 때 오히려 기뻐하고 즐거워하라고 말씀하신다. "나(예수)로 말미암아 너희를 욕하고 박해하고 거짓으로 너희를 거슬러 모든 악한 말을 할 때에는 너희에게 복이 있나니 기뻐하고 즐거워하라. 하늘에서 너희의 상이 큼이라. 너희 전에 있던 선지자들도 이같이 박해하였느니라." (마 5:11-12) 타종교인들을 미워하거나 전쟁을 하라는 것이 아니라 사랑은 진리와 함께 기뻐한다 (고전 13:6)는 것이고 평화는 진리 안에서만 참으로 가능하다는 것이다.

우리는 위에 소개한 바아르 선언문이 행 4:12와 정면으로 배치된다는 결론을 얻음과 더불어, 또한 그들의 성령론에 대해서도 주의깊에 살펴볼 필요가 있다. 성령께서 타종교인들의 삶에까지 역사하시는 것은 맞는 말이다. 성령께서 역사하시지 않는 곳이 어디 있으랴. 그러나 타종교에도 역사하시는 (우주적으로 역사하시는) 그 성령의 역사를 구원론과 연관시킴은 성경에서 말씀하는 기독론-성령론-구원론의 연결을 깨는 것이다. 실제로 타종교인들의 종교적 행사에 역사하는 영은 성령이 아닌 악령들이다. 사도들의 입을 통해 오직 구원은 예수 이름으로만이라고 말씀하신 성령이 타종교 속 예를 들어 모슬렘의 입을 통해 '구원은 마호멧의 이름으로도 가능!'이라고 말씀하시며 그들 가운데서 역사하시겠는가. 이렇게 말한다면 이것은 분명 성경 (특히 사도행전)이 말씀하는 기독론-성령론과 정반대가 되며 실상은 속임수의 악령이 말하는 것이다.

셋째는, (위에서 이미 약간 언급한 것이기는 하지만) 예수 믿는 길처럼 다른 노선들과 길들 (곧 여러 종교들)을 따르는 사람들에게도 선과 진리와 거룩과 같은 삶의 표지들이 나타나니 그들의 종교도 결국 인간을 구원으로 이끄는 길이 아닌가 하는 것이다. 바알에게 절하는 사람 (예를 들어, 이세벨)에게도 선이 나타나면 바알종교도 구원의 길이 아닌가. 정말 그러한가? 이에 대한 대답은 간단하다. 타종교들에 몸담고 있는 자들에게 종교성이 있고 (참. 행 17:22) 그 종교들이 부분적으로 선과 진리와 거룩을 포함하고 있는 것은 사실이나 그것들은 하나님께 열납될 수 없는 선 곧 '자연적 선'일뿐 '영적 선 (spiritual good)'이 아니라는 것이다. 하나님 자신에게서 연유한 것이 아닌 사람의 전통이나 이론 (참. 골 2:8, 고후 10:5)은 타락 이후의 인간과 관련되기에 우리를 구원에 이를 수 없게 하고 대부분은 오히려 하나님과 그리스도를 대적하게 한다. 불교, 유교, 이슬람교, 힌두교, 도교 등이 참으로 하나님과 그분의 그리스도를 따르게 하며 하나님의 뜻에 합한 선과 의를 이루게 하는가. 바아르 선언 속의 이 구원에 있어서의 여러 길들 (이를테면 타종교들)에 대한 선언 및 그들에게서 나타나는 선과 의를 그리스도 예수 안에서 이루어지는 선과 의로 혼동한 것은 그들만의 종교통합적 교리일지는 모르나 반성경적일 뿐더러 그들 자신이 전혀 그 말에 대해 책임질 수 없는 말 (거짓말)이다. 자연적 선 (인간 의지에 의한 선한 마음이나 선행)에 의해 구원이 이루어지는 것이 아니라 오직 구원은 하나님의 은혜에 근거하기 때문이다. 이 은혜 속에서 오직 하나님이 마련하신 하나의 길, 곧 그리스도 예수의 대속적 죽음과 부활을 통해 마련하신 구원의 길이 있을 뿐이다. 어떤 타종교를 통해서도 구원을 얻지 못하고, 그 종교들에 속한 자들에게서 선, 진리, 거룩이 나타난다고 해서 그것들이 그들이 구원 받은 표시가 될 수 없다. 그들에게는 여전히 죄문제가 처리되지 않은채로 남아있기 때문이다.[248] 타종교인들은 회개하고 명시적 이름 주 예수 그리스도를 인격적으로 영접하고 구원을 받는다. 그리고 그들은 회개의 합당한 열매로 기존의 종교들을 버려야 하는 것 (진리를 알고 나면 자연스럽게 거짓을 버리게 됨)이다. 오늘도 이렇게 타종교 속에서도 구원을 갈망하며 신음하는 자들 중에 예수님을 영접할 자들을 바라보며 선교사들은 죽음을 무릅쓰고 전도를 하며 그들을 위해 사랑의 봉사를 실천하는 것이다.

　　최근의 종교다원주의자들에 대해서는 최덕성 교수의 글 "WCC는 종교다원주의 이단"을 읽어보기 바란다.[249] 최덕성 교수가 거론하는 종교다원주의자들로는, 한신대학교의 김경재 박사 (이름 없는 하느님, 2002), 로마가톨릭교회 신학자 칼 라너 (Karl Rahner, '익명의 그리스도론'), 로마가톨릭교회 사제인 라이문도 파니카 (Raimundo Panikkar, '보편적 그리스도론'), 미국 클레아몬트 신학교 교수인 존 힉 (John Hick, '신중심주의 신학'), 폴 니터 (Paul F. Knitter, '신중심주의 그리스도론'), 예수 세미나의 로버트 펑크와 존 도미닉 크로산 등이 있다. 최덕성 교수는 요 14:6 "내 (예수 그리스도)가 곧 길이요 진리요 생명이니 나로 말미암지 않고는 아버지께로 올 자가 없느니라"와 행 4:12 "다른 이로서는 구원을 얻을 수 없나니 천하 인간에 구원을 얻을 만한 다른 이름을 우리에게 주신 일이 없음이니라"를 인용하면서, "예수 그리스도와 사도들의 관점에서 보면 모든 종교가 동등한 구원의 길이라고 보는 종교다원주의는 이단이다. 기독교를 괴멸시키려고 덤벼드는 적이다. 종교다원주의자는 거짓교사이며 이단자이다."라고 결론 짓는다. 우리는 호세아서의 메시아 (호 1:11; 3:5)가 하나님의 심판과 구원의 핵이요 유일한 '그 아들'이심을 명심해야 할 것이다. 호세아의 언어로 보면 오늘날 종교다원주의를 추종함은 가장 대표적인 '음행'이다.

4:12; 5:4의 주석적 신학적 이해: '음란 마귀'

　　호세아 선지자가 자신의 설교를 진행하는 방법은 아주 독특하다. 그는 '이스라엘의 배도'라는 하나의 중심 사상을 전달하기 위해 하나의 키워드 곧 '자나'라는 히브리어 단어를 반복하여 사용한다. 이 단어는 우리말로 번역하면, '음행하다'이다. 4-14장에서 첫 단락으로 묶을 수 있는 4:1-6:3은 이 키워드를 거듭거듭 사용하여 중심 사상을 전달한다. 이스라엘의 배도를 남편에 대한 정조를 팽개치고 바람을 피운 행위에 비유하는 것이다.

　　그런데 호세아 선지자가 '음행하다'라는 비유적인 단어를 사용한다고 해서 그가 이스라엘의 배도를 서술하기 위해 명시적인 표현을 쓰지 않는 것은 아니다. "네가 지식을 버렸다", "네

248　비교. 제2차 바티칸 공의회, 교회헌장 16항 "자기 탓 없이, 그리스도의 복음과 그분의 교회를 모르지만 진실한 마음으로 하느님을 찾고 양심의 명령을 통하여 알게 된 하느님의 뜻을 은총의 영향 아래에서 실천하려고 노력하는 사람은 영원한 구원을 얻을 수 있다" 김정택 신부, 가톨릭 신문, [자아의 신화를 찾아서] (48) 가톨릭 신자만 구원받을 수 있나요? 2016-07-24, 제3004호, 17면, https://m.catholictimes.org/mobile/article_view.php?aid=274061 (2023. 6. 12. 접근). 종교다원주의자 데이비드 에드워즈가 이 제2차 바티칸 공의회의 내용을 따르는 사람이고 존 스토트는 그의 보편구원론을 반대하고 예수 그리스도의 구원의 유일성을 역설한다. 존 스토트 & 데이비드 에드워즈, *복음주의가 자유주의에 답하다*, 김일우 역 (서울: 포이에마, 2010), 516-7 및 560-3을 보라.

249　http://www.christiantoday.co.kr/view.htm?id=267952

가 네 하나님의 토라를 잊었다" (4:6), "그들이… 여호와를 버렸다" (4:10), "그들이… 하나님을 버렸다" (4:12)와 같은 서술을 통해 호세아는 이스라엘의 배도를 아주 분명하게 언급한다.

한편, 여기서 주의할 것 한 가지는, 이스라엘이 하나님을 버리고 우상을 숭배한 행위를 '음행하다'라는 비유적인 단어로 표현한다고 해서 이스라엘이 단지 '영적 음행'에 그친 것만은 아니라는 것이다. 여호와를 버리고 우상들을 숭배한 이스라엘 백성들은 남자들도 제의 창녀 (cult prostitute, 4:14)와 성관계를 맺었고, 여자들은 여자들대로 (너희 딸들, 너희 며느리들, 4:13) 음행과 간음 (히브리어 '나아프')을 하였다. 물론, 이러한 음행은 맨정신으로 아무런 연고 없이 이루어진 것은 아니었다. 먼저 마귀가 거짓말 (바알 신화)로 이스라엘의 성적 타락을 정당화시켜 주었다. 이스라엘은 그것에 속아 바알과 그의 배우자의 성을 흉내내게 된 것이다. 림버그 (James Limburg)는 그의 호세아서 주석에서 말한다. "바알종교의 신화론에 의하면, 바알 신은 연례적으로 죽음을 당한다. 가나안의 지리적인 특징에 바탕을 둔 그 죽음은 여름철의 가뭄이나 겨울철의 혹한에 반영되어 있는 죽음을 의미한다. 그리고 나서 잠시 동안 바알은 지하세계로 내려간다. 거기서 자신의 배우자를 발견한 바알은 그와 성관계를 맺으며, 그 결과 비가 오고 태양이 비치며 농작물이 자라기 시작하고 자연이 다시금 소생하게 된다. 바알과 그의 배우자 사이의 결합을 경축하는 행동은 이제 연례적인 행사가 된다."[250]

비가 귀한 이스라엘, 풍부한 비가 내려 농사가 잘 되도록 하기 위해 바알 이야기를 따라 제사를 지내고 창녀와 몸을 섞는다는데 누가 말리겠는가. 성소수자의 인권을 보호하기 위한 법 (곧 바알 이야기=거짓말)을 만들어주고, 시가지 행진으로 관광 수입을 올려주겠다는데 누가 동성연애를 말리겠는가. 한국 사회에서 성에 대한 인식이 바뀌었고 그 처벌의 실효성이 문제되니 (곧 바알 이야기=거짓말) 간통은 더이상 죄가 아니라는데 누가 배우자에 대한 정조를 지키겠는가. 대한민국 헌법재판소가 간통죄를 성적 자기결정권의 자유를 침해한다고 위헌 결정을 하였을 때, 간통 중인 유부남 유부녀들은 쾌재를 부르짖었다. 이스라엘의 텔아비브에서 게이gay들의 행진은 아시아와 중동에서 으뜸이라고 한다. 2015년 퍼레이드에 18만이 모여 환호하였다 (MSNBC, 6/Mar/2015).

한편, 이렇게 백성과 제사상들의 여호와를 버림 (4:1-10), 그늘의 첩치는 행위, 바알 숭배와 실제적 음행 (4:11-19)을 말하면서 진행되는 호세아의 설교는 일견 어떤 이음새 없이 진행되는 것 같아 보인다. 그러나 자세히 살펴보면 그렇지 않다. 왜냐하면 이 소단락들에 이어, '제사장들과 이스라엘 족속들 그리고 왕족들 (베트 함멜렉, house of the king)'을 언급하기 때문이다. 즉, 앞에서 말한 제사장, 백성에 '왕족들'을 더하는 기법을 사용하여 그는 또하나의 소단락 (5:1-7)을 형성하는 것이다. 쉽게 말하면, 일종의 '누적 기법'이다. 여기에 이스라엘에 대한 심판 (여호와의 날 주제, 5:8-14)과 회개 예시 (5:15-6:3)가 연결되어 있다. 즉, 4:1-6:3은 '죄-심판-회개 예시'가 논리적 순서로 이어져 있는 것이다.

우리가 이 단락에서 주목할 것은 우상 숭배에 세 가지 사항이 붙어다닌다는 사실이다. 첫째는 '음란영' (4:12; 5:4)이다. 이 영적 존재가 우리 눈에 보이지는 않지만 우리로 우상에게 절

---

250 제임스 림버그, 호세아-미가, 현대성서주석, 강성열 역 (서울: 장로교출판사, 2004), 56-7.

하도록 꼬드긴다는 것이다. 음란영은 히브리어로 '루아흐 제누님',[251] 개역개정은 '음란한 마음'이라고 번역하였는데, 여기서 '루아흐'를 '바람'이라고 번역하면 '음탕한 바람' (공동번역, 곧 '음풍' 淫風)이 되는데 신기하게도 한국 사람들은 부부의 도의를 저버리는 것을 '바람났다'라고 한다. 또 이 '루아흐'를 '영'으로 번역하면 '음란의 영' (the spirit of whoredom, ASV; the spirit of harlotry, RSV)이 되는데 오늘 한국 교회는 이를 '음란마귀'라고 부른다. 사람이 음란마귀의 유혹을 받으면 자기 욕심을 채워주는 우상에게 절을 하게 된다.

둘째로 우상 숭배에 붙어다는 것은 '술'이다. '술마귀'가 여기에 연루되어 있다. 호세아 선지자는 "음행과 묵은 포도주와 새 포도주가 마음을 빼앗느니라" (4:11)고 말하며 산당에서의 우상숭배를 지적한다. 동시대 선지자인 이사야도 비슷하게 이스라엘의 음주문화를 이렇게 탄핵한다. "아침에 일찍이 일어나 독주를 마시며 밤이 깊도록 포도주에 취하는 자들은 화 있을진저! 그들이 연회에는 수금과 비파와 소고와 피리와 포도주를 갖추었어도 여호와께서 행하시는 일에 관심을 두지 아니하며 그의 손으로 하신 일을 보지 아니하는도다." (5:11-12) "포도주를 마시기에 용감하며 독주를 잘 빚는 자들은 화 있을진저!" (5:22) "에브라임의 술취한 자들의 교만한 면류관이 발에 밟일 것이라... 이들은 포도주로 말미암아 옆 걸음 치며 독주로 말미암아 비틀거리며 제사장과 선지자도 독주로 말미암아 옆 걸음 치며 포도주에 빠지며 독주로 말미암아 비틀거리며 환상을 잘못 풀며 재판할 때에 실수하나니 모든 상에는 토한 것, 더러운 것이 가득하고 [깨끗한] 곳이 없도다!" 특히, 이사야 56장의 술취함 주제는 (12절) 57장의 산당의 우상숭배 (몰렉 숭배)와 연결되었는데 그는 이스라엘을 '간음자와 창녀의 자식들' (57:3)이라고 부른다.

마지막으로 우상 숭배에 붙어다는 것은 '음행'이다. 하나님 지식과 토라 (4:6), 곧 진리의 말씀을 버리고 마귀의 거짓말 (바알 신화)에 미혹된 자들이 우상 숭배를 하게 되며, 그들은 더불어 음란 마귀와 술 마귀에 미혹되어 이제 실제로 마시고 실제로 '불법적 성적 교합을 실행'하는 것이다. "에브라임이 우상과 연합하였으니 버려 두라. 그들이 마시기를 다 하고는 이어서 음

---

251 '루아흐 제누님' 곧 음란 영은 일차적으로 혼합주의 종교에 빠진, 실제적 음행을 일삼던 북 이스라엘을 가리키는 것으로 호세아서에 진술되었다. 그러나 임상국은, "...호세아가 비판한 종교-제의 비판의 본질은 야훼종교에 대한 신실성인가 혹은 바알 종교에 대한 탐닉인가라는 종교 선택의 문제가 아니라, 사회구조와 성격을 규정하는 대토지 제도의 참담한 결과와 자기 정체성과 의미를 주었던 가족구조의 해체[였다]" (116. 필자의 밑줄)라고 하였다. 이는 북 이스라엘과 남 유다의 우상숭배를 공히 힘주어 규탄한 기원전 8세기의 다른 선지서들의 증거를 아주 외면한 해석이다. 그는 이 '음란 영'을 사회학적으로 설명하다가 다시 "[이스라엘의 지배체제가] '음행의 영'에 완전히 [가위눌려] 영적-도덕적 마비상태에 있었"다고 영적-종교적 해석을 기본을 깔고 있는 듯한 언급을 하기도 한다 (117-8). 한편으로 그는 여성신학적 해석을 지지하는 발언도 한다. "따라서 호세아는 '음행의 영'이라는 여성적 메타포 (ZNH)의 수사학적 전략과 언어충격을 통해서 수치스러운 매춘부의 경지로 전락한 국가 지배 엘리트의 남성적 지도력에 대해서 혹독한 비판을 가한 것이다." 이것은 이상한 해석이다. 당시 북 이스라엘 왕국의 지배층과 신민, 남자와 여자 모두 음행에 연루되어 있었기에 '남성적 지도력'만 비판하는 듯한 해석은 치우친 것으로 보인다. 그가 사용하는 표현들, '민중', '착취' 등은 이데올로기적 해석에 기울어 있는 듯 보이기도 한다. 가장 놀라운 그의 진술은 "...따라서 이 딜레마에 놓인 현대 구약학의 난제에 대한 모색의 새로운 대안적 방법론으로 필자는 가나안 종교와 야훼종교를 대립적으로 보는 관점이 아니라, *Kuntillet 'Ajurd*와 *Khirbet el-Qôm*에서 발견된 야훼의 배우자 아세라의 고고학적 발굴유물들이 입증하듯이, 야훼종교를 고대 서남 아시아 국가들의 공통 종교의 연장선에 속하는 종교라는 종교사학적 관점에서 호세아서의 바알종교 문맥을 고찰할 수 있다는 해석학적 가능성을 열어보고자 한다." (96-7)이다. 이는 복음적 기독교에서는 결코 용납이 안되는 종교다원주의적 해석이다. 임상국, "'음행의 영 (rûah Zenûnîm)'과 북왕국의 지배체제: 호세아 메타포의 비판 사회학적 해석," *신학과세계* 51 (2004): 94-122.

행하였으며 그들은 부끄러운 일을 좋아하느니라." (호 4:17-18)

이로 인한 결과는 무엇일까. 이 사람은 '병'이 들고, '상처'가 생긴다. 그는 음주로 간경화나 뇌일혈에 걸리게 되고 그의 자녀와 가족은 깊은 상처와 분노를 품게 된다. 그의 동성연애나 간통으로 '에이즈' 병이나 '가정파탄'의 상처가 생기게 된다. 병을 깨닫고 상처를 깨닫게 된 그는 이를 고치려고 여러 인간적인 수단들을 찾아 분주히 발걸음을 옮기게 된다. "에브라임이 자기의 병을 깨달으며 유다가 자기의 상처를 깨달았고 에브라임은 앗수르로 가서 야렙 왕에게 [사람을] 보내었으나 그가 능히 너희를 고치지 못하겠고 너희 상처를 낫게 하지 못하리라." (5:13)

이상의 분석과 통찰을 통해 우리는 영적 전투의 원리를 배운다. 우상숭배의 시작은 욕심을 정당화하는 바알신화의 거짓말 (오늘날로 말하면 자유주의 신학)이다. 거짓말의 배후에는 거짓의 영을 역사하는 마귀가 있다. 음란 마귀는 하나님 외에 욕심을 채워주는 다른 것들 (우상숭배)을 추구하도록 하는데 이 역사에 거드는 술 마귀가 있다. 성병과 알콜중독을 가지고 사람들은 여기 저기 치료를 위해 찾아다닌다. 이 질병들로 생긴 상처들은 말씀과 성령 외에는 치료가 불가능하다. 다른 누가 아닌 바로 '여호와'께로 돌아가서 (6:1) 힘써 여호와를 알려 하면 (6:3) 그분은 새벽빛 같이 어김 없이 오셔서 (6:3) 우리를 살리실 것이요 (6:2) 우리를 도로 낫게 하실 것이다 (6:1). 하나님은 어김없이 우리를 환하게 비치시는 새벽빛 같다(6:3). 이 빛만이 아침 구름 (6:4; 13:3)을 뚫는다. 이 진리의 빛만이 음란 영들의 어두운 구름을 뚫을 수 있다.

4:13의 음행 장소: 도토리나무 밑

도토리가 열리는 나무는 여러가지 종류가 있다고 한다. 이 나무들 중에 구약성경에 보이는 것은 히브리어로 두 종류가 있다. 하나는 '알론' (창35:8; 호 4:13) 또는 '엘론' (창 12:6; 삿 9:37)으로 나오고 다른 하나는 '엘라' (창 35:4) 또는 '알라' (수 24:26) 형태로 나타난다. 어떤 영어 역본들 (NIV, RSV, ASV)은 알론과 엘라가 함께 나타나는 호세아 4:13의 경우 알론은 oak로, 엘라는 terebinth로 번역한다 (개역개정은 각각 '참나무'와 '상수리나무'로 번역!). 그러나 신기한 것은, 창 35:4의 엘라도 이 역본들 (NIV, RSV, ASV)이 똑같이 oak로 번역하고 있다. 그러면 알론과 엘라가 같은 나무 (다같이 oak?)라는 것인가 우리에게 혼동을 준다. KB (Koehler, Baumgartner, et al.) 히브리-아람어 어휘사전도 이 단어들의 번역에 고심한 듯하다.

한편, 우리가 눈여겨 볼 것은, 이 나무가 어떻게 번역되든지 간에, 어떤 때는 이 나무 아래가 여호와 하나님께서 나타나심으로 성도가 제단을 쌓는 장소로 소개되며, 또 어떤 때는 이 나무 아래가 배도자가 우상 숭배를 하는 음란의 장소로 지적되기도 한다는 것이다. 예를 들어, 창세기 12장 6절은 아브람이 갈대아 우르를 떠나 하란에 머물렀다가 결국 가나안 땅의 세겜에 당도하는 내용인데 거기 세겜의 모레에는 상수리나무 (엘론)가 있었고 여호와께서는 그곳에 나타나셔서 내가 이 땅을 네 자손에게 주리라"고 하셨다. 즉, 아브람 때 이 장소는 약속을 받은 장소, 거룩한 장소, 예배의 장소로 나타난다. 후에 야곱은 자기 딸이 하몰의 아들 세겜에게 강간을 당하는 사건을 겪고 하나님의 명령을 따라 벧엘로 올라가기 전에 세겜 근처 상수리 나무 (엘라) 아래에 이방 신상들과 귀고리들을 파묻는다 (창 35:4). 즉, 야곱 때 이 장소는 자복 (自

服)의 장소, 회개의 장소로 나타난다. 후에 여호수아는 세겜에서 (수 24:25) 이스라엘 백성을 모아놓고 언약을 갱신한다. 수 24:26은 "여호수아가 이 모든 말씀을 하나님의 율법책에 기록하고 큰 돌을 가져다가 거기 여호와의 성소 곁에 있는 상수리나무 (알라) 아래에 세우고"라고 서술한다. 즉, 여호수아 때 이 장소는 하나님만이 유일한 구원자시라는 거룩한 말씀을 선포한 장소, 그분의 백성이 믿음의 결단을 내린 장소였다. 흥미로운 것은 아브람 때의 상수리나무는 정관사가 붙지 않으나, 그 뒤 야곱 때나 여호수아 때는 히브리어 정관사 '하'가 붙는다는 것이다. 우리말로 굳이 직역하자면 아브람 때는 그냥 '상수리나무'인데 야곱과 여호수아 때는 '그 상수리 나무 아래'가 되는 것이다. 그렇다면 이것은 아브람 때 하나님이 나타나셨던 그 상수리 나무 아래 야곱이 우상을 파묻고 회개했다는 것이요, 그 상수리 나무 아래 여호수아는 기념석을 세웠다는 얘기가 된다. 더군다나 여호수아서는 그 나무를 수식하는 말을 부가하는데 그것은 '베 다쉬 야훼'이다. 우리말로 번역하면, "여호와의 성역에 있는 (in YHWH's sanctuary) 그 상수리 나무"가 된다. 당시 사람들은 그곳을 거룩한 장소로 이미 알고, 그곳을 성역으로 지정하고 있었다는 말이다.

반대로, 이 나무 아래는 우상숭배의 터가 되기도 하였다. 팔레스타인 곳곳에 서식하는 이 나무 아래에는 산당이 있었고, 우상을 위한 제단이 있었고, 신전 창기들이 있었다. 호세아는 이스라엘 백성이 "산들의 꼭대기에서 제사를 드리며 작은 산들 위에서 분향하되 참나무 (알론)와 버드나무 (리브네)와 상수리나무 (엘라) 아래서 하니 그것의 그늘이 아름답기 때문이다" (호 4:13)라고 서술한다. 이사야는 이와 비슷하게 말하되 심판의 메시지를 곁들인다. "너희가 기뻐하던 상수리나무 (아일)로 말미암아 너희가 부끄러움을 당할 것이요 너희가 택한 동산으로 말미암아 수치를 당할 것이며 너희는 잎사귀 마른 상수리나무 같을 것이요 물 없는 동산 같으리니" (사 1:29-30) 여기서 아일은 보통의 뜻인 '숫양'이 아니라 '상수리나무'다. 에스겔은 이스라엘이 우상숭배하던 바로 이곳에서 죽음을 맞게 될 것을 예언한다. "그 죽임 당한 시체들이 그 우상들 사이에, 제단 사방에, 각 높은 고개 위에, 모든 산 꼭대기에, 모든 푸른 나무 아래에, 무성한 상수리나무 (엘라) 아래 곧 그 우상에게 분향하던 곳에 있으리니 내가 여호와인 줄을 너희가 알리라" (겔 6:13) 우리 삶에는 많은 중립지대가 있는데 그곳이 여호와 경배의 장소가 될 수도 있고 우상숭배하는 장소 곧 '산당'이 될 수도 있다 (예. 책상 위의 컴퓨터). 그 장소가 우상숭배하는 장소로 되어 있다면 그 장소는 죽음의 장소다.

4:12; 9:7, 8의 '예언'과 '예언자'

호세아서는 제사장과 왕의 타락, 우상숭배의 죄에 대해 많은 지면을 할애한다. 이것은 북 이스라엘의 예배와 그 나라의 정치 지도자들의 부패를 강조하는 것이다. 그러나, 상대적으로 예언자 (선지자)와 예언에 대한 주제는 조금 밖에는 나타나지 않는다.

호세아서에 나타나는 '예언' 주제는 이를 테면, "이스라엘 자손들이 많은 날 동안...에봇도 없고 드라빔도 없이 지내"게 된다는 것이다. 여기서 에봇은 제사장이 직무를 수행할 때 입는 옷 (출 28:5 이하)이지만 제사나 제사장 주제와 관련된 것이 아니라 '예언'과 관련하여 쓰였다고 볼 수 있다. 왜냐하면 '에봇과 드라빔' (אפוד ותרפים)은 같이 연결되었는데 이는 모두 어떠한 신탁 (神託; oracle)을 위한 도구들이기 때문이고 제사 주제에 대해서는 바로 전에 벌써 '제사와 주상(마쩨바. sacred pillar)'이라는 말이 나타나기 때문이다. 실제로 '에봇'은 다윗이 하나님께 여쭐 때 사용되었다. 삼상23:9 이하를 보면 다윗이 사울에게 쫓겨다니다가 그일라에 왔다. 그는 사울이 자기를 해치려는 음모를 알고 제사장 아비아달에게 '에봇'을 가져오라고 하였다. 다윗은 야웨께 여쭌다. "이스라엘 하나님 여호와여, 사울이 나 때문에 이 성읍을 멸하려고 그일라로 내려오기를 꾀한다함을 주의 종이 분명히 들었나이다. 그일라 사람들이 나를 그의 손에넘기겠나이까? 이스라엘의 하나님 여호와여, 원하건대 주의 종에게 일러 주옵소서." 이에 야웨께서는 "그가 내려오리라."고 대답하셨다. 에봇이 이렇게 하나님의 뜻을 묻는 도구로 사용된 것은 12보석이 박힌 흉패 안에 우림과 둠밈이 들어있었기 때문일 것이다.

한편, '드라빔'은 '가정 수호신들' (household gods, NIV; ESV) 혹은 '우상들' (idols, NET)로 번역되는데 에봇과 연관해서 본다면 드라빔은 우상 형태로 만들어진 '점치는 도구'로 생각된다. 슥 10:2를 보면, "드라빔들은 허탄한 것 (히브리어로 '아웬'. vanity)을 말하며 복술자 (the diviners)는 진실하지 않은 것을 보고 거짓 꿈을 말한즉 그 위로가 헛되므로 백성들이 양 같이 유리하며..."라고 되어 있다. 결정적으로 호세아서 3:4의 '에봇과 드라빔'과 관련해서 해석할 수 있는 구절은 삿 17-18장에 나타나는 '에봇과 드라빔' (특히 삿 17:5)이다. 이것들은 미가가 만든 것이며, 미가가 세운 제사장은 단 지파 자손들이 그들의 앞길의 평안 여부를 묻자 대답을 해주는 사람으로 나타난다. 즉, 단 지파 사람들은 '에봇과 드라빔'을 가지고 '점치는 자'에게 그리고 우상을 섬기는 가짜 제사장에게 야웨의 뜻을 물은 것이다. 이는 구약에서도 혼합주의의 극치에 해당하는 것이고 호세아는 사사시대로부터 약 600여년 후에 북이스라엘의 멸망의 예언을 할 때 당시 북이스라엘이 사사기 때와 아주 유사하기에 사사기에 나타난 이러한 모티프와 주제들을 그대로 사용하는 것이다. 사사기의 삼손의 음란 중독과 단 지파의 제사장의 타락과 우상숭배 및 점치는 행위 그리고 "그 때에는 이스라엘에 왕이 없었으므로 사람마다 자기 소견에 옳은 대로 행하였더라 (삿 17:6)"는 주제들은 호세아가 사역하던 당시 북이스라엘의 음란 중독 (호 1:2; 4:11-15 등), 제사장 (4:4; 5:1)과 우상숭배 (4:17; 8:4, 11; 10:1-2; 12:11; 13:1-2)와 점치는 행위와 예언자의 타락 (4:12) 및 하나님이 세우신 왕이 없었음 (8:4) 등의 주제들과 곧바로 연결된다. 선지자들 중에 사사기 내용을 이토록 많이 언급한 사람은 호세아 외에는 없다.

호세아서에서 이러한 점치는 행위 및 선지자의 타락 주제가 나타나는 대목은 4:12이다. "내 백성이 나무에게 묻고 그 막대기는 그들에게 고하나니 이는 그들이 음란한 마음 (음란 영)에 미혹되어 하나님을 버리고 음행하였음이니라". 진실되게 하나님께 묻는 자들에게 하나님은 대답을 주신다. 때때로 사역자들을 통해 하나님이 응답하기도 하신다. 그러나 욕심으로 묻는 자들은 점치는 자들과 방불한데 하나님은 이번에는 그들에게 '정답'을 주시는 것이 아니라 사역자들을 바보로 만드시거나 실성하게 만드서서 '오답'을 말하게 하신다. 왜냐하면 욕심이 가득하여서 죄악을 밥 먹듯이 범하고 하나님께 대해 격분이 가득한 자들을 하나님은 심판하고자 하시기 때문이며, 하나님은 그들이 묻는 그 대상들 (이 대상들은 사실상은 하나님의 종들이었으나 백성보다 먼저 심하게 타락한 자들이므로 성령이 아니라 악령에 의해 쓰임 받는 거짓 예언자들이 됨[252])을 이용하여 이들을 멸망으로 이끄시기 때문이다. 만약 이 사역자들이 참 예언자들이라면 이들은 참 하나님의 말씀을 전하나 그것을 듣는 자들은 자기들이 원하는 답을 얻지 못하기 때문에 그 참 하나님 말씀을 무식한 말이나 정신이상자의 말로 여긴다는 것이다.

이러한 의미가 9:7이다.

9:7은 한 문학단위의 끝부분이다 (위의 구조 분석에서 이미 살펴봄). 아래를 보라. 8:11-11:11에는 두 하위 병행 단락들이 있다. 9:7은 8:11-9:7의 마지막 부분이다.

a' 8:11-11:11

α 8:11-9:7 제단, 제물, 제사, 여호와의 날 + β 9:8-17 이스라엘이 바알브올 숭배,
방백들의 반역, 에브라임 심판 (여러 나라 가운데 떠도는 자가 됨)
α' 10:1-12 제단, 주상, 왕, 우상, 제사장들, 회개 권면 + β 10:13-11:11 용사 의뢰, 여호와의
날, 바알 숭배, 연애하는 자들, 회복 약속

개역개정은 히브리어 본문 9:7을 "형벌의 날이 이르렀고 보응의 날이 온 것을 이스라엘이 알지라. 선지자가 어리석었고 신에 감동하는 자가 미쳤나니 이는 네 죄악이 많고 네 원한이 큼이니라"라고 번역한다. 하반절(אֱוִיל הַנָּבִיא מְשֻׁגָּע אִישׁ הָרוּחַ עַל רֹב עֲוֹנְךָ וְרַבָּה מַשְׂטֵמָה)을 직역한다면 "너의 죄악이 많고 격분이 크기 때문에 그 선지자는 어리석었고, 그 영의 사람은 실성하였다"[253]가 될 것이다. 형벌의 날이 이르렀고 보응의 날이 가까운 것을 이스라엘은 알고 주님께 회개하여야 하는데 이들은 그 사실을 모르고 안일 속에 있다는 것이다. 영의 사람인 선지자가 기도하고 깨어 있어 이 사실을 모르고 있는 이스라엘에게 알려주어야 하건만 이미 돌이킬 수조차 없는 죄악의 지경에 다다른 이스라엘에게 알지 못하도록 하나님은 선지자들 (거짓 선지자들)을 바보와 정신이상자로 만드셔서 비록 이스라엘에게 알린다고 해도 전혀 하나님의 뜻과는 거리가 먼 마귀의 음성을 들려주도록 하신다는 것이다. 혹은 이 선지자들이 참 선지자들이라면 이들이 성령 충만하여 외치는 회개의 촉구는 죄에 흠뻑 젖은 이스라엘에게는 비이성적이거나 정신이 나간 자의 말로 들리게 된다는 것이고 그리하여 한낱 조롱거리, 한낱 웃음거리로 삼게 된다는 것이다. 사도행전 25-26장에서 사도 바울은 흥미롭게도 아그립바에게 자기 자신을 '선지자'로 소개하고 (행 26:27) 이 선지자가 전하는 말을 듣고 베스도는 "바울아 네가 미쳤도다. 네 많은 학문이 너를 미치게 한다"[254]라고 반응하였다 (행 26:24). 호세아9:7에는 선지자가 어리

<hr />

252 참고. 사 29:10, "대저 여호와께서 '깊이 잠들게 하는 영'을 너희에게 부어 주사 너희의 눈을 감기셨음이니 그가 선지자들과 너희의 지도자인 선견자들을 덮으셨음이라. 그러므로 모든 계시가 너희에게는 봉한 책의 말처럼 되었으니…"; 미 3:7, "그러므로 너희가 밤을 만나리니 이상을 보지 못할 것이요 어둠을 만나리니 점 치지 못하리라 하셨나니 이 선지자 위에는 해가 져서 낮이 캄캄할 것이라"

253 "מַשְׂטֵמָה"는 개역개정에는 '원한'이라 번역하였는데 '악심', '적의' 등의 뜻이 있다. 나는 LXX의 번역 "μανία"를 따라 '격분' (激憤. frenzy)으로 번역한다. "μανία"는, '미침', '격분'의 뜻이 있다.

254 헬라어 본문은 "Μαίνῃ, Παῦλε · τὰ πολλά σε γράμματα εἰς μανίαν περιτρέπει"이다. 의역하면 "미쳤구나, 바울! 네가 많은 학문으로 미쳐서 돌아버렸구나!"가 될 것 같다. 여기 쓰인 'μανίαν'은 호 9:7,8의 'מַשְׂטֵמָה'에 대한 LXX의 번역에 쓰였다.

석고 미쳤다고 하는데, 사도행전에는 선지자가 학문이 (너무) 많아 미쳤다고 한다. '선지자' 바울이 자기 간증을 곁들여 전한 복음과 회개 촉구는 베스도에게는 한낱 조롱거리에 불과하였다.

흥미 있는 것은, 8:11-9:7에 이어지는 9:8-17의 첫 머리인 9:8에 이 '선지자' 주제가 이어진다는 것인데 이 구절은 안타깝게도 지금까지 번역자들로 하여금 난항에 빠뜨린 부분인 동시에 해석자들로 하여금 혼동을 겪게 한 부분이다. 이러한 어려움은 호세아 선지자의 문장이 함축성 있지만 그에 반비례하여 절과 절 사이를 행과 행 사이를 이어주는 접속사를 생략한 경우가 많고 독자의 이해를 돕는 부연 설명을 넣지 않기 때문에 생기는 것이기도 하다. 9:7이 심판으로 마침으로 단락을 마무리하는 반면, 9:8은 다시 에브라임의 죄로 시작하는 소단락이다. 한글개역개정 호 9:8은, "에브라임은 나의 하나님과 함께 한 파수꾼이며 선지자는 모든 길에 친 새 잡는 자의 그물 같고 그의 하나님의 전에는 원한이 있도다"라고 되어 있다. 이것이 도대체 무슨 의미인가? 한글로 읽어도 무슨 의미인지 잘 알 수 없다. 이 절에 대해 번역자들과 주석가들은 다양한 번역과 해석을 제안하여 왔다.

9:8의 히브리어 본문은 "צֹפֶה אֶפְרַיִם עִם-אֱלֹהָי נָבִיא פַּח יָקוֹשׁ עַל-כָּל-דְּרָכָיו מַשְׂטֵמָה בְּבֵית אֱלֹהָיו"라고 되어 있다. 필자는 "하나님과 함께 하는 에브라임은 파수꾼이[어야 하나, 이 [선지자가 하는 모든 짓거리가 새 [잡는] 그물이라, 격분이 그의 하나님의 전에 있구나!"라고 번역한다. 이 구절에서 사실 '파수꾼'은 '선지자'의 별명이기도 하다 (겔 3:17; 33:7). 나는 이 구절의 번역에 있어서 에브라임이 (본래) 파수꾼 곧 주님의 임재 속에서 그분의 뜻을 분별하여 행하는 선지자로 부름을 받은 것으로 이해한다 (회고하건대 에브라임의 아버지 요셉은 하나님이 함께 하심으로 [하나의 지혜자일 뿐만 아니라] 하나의 '선지자', 곧 '꿈쟁이'로 일생을 살아간 사람이 아닌가!). 이는 9:7에서 이스라엘이 전체 이스라엘 백성을, 선지자는 언약 백성에게 말씀을 전하는 직분자로 구별하여 언급하던 경우와는 다른 경우다. 즉, 9:8에서 호세아는 에브라임 곧 하나님의 백성이 일반적 의미에서 예언자의 직분을 가지고 있음을 상정하고 있다고 생각된다. 그러나 에브라임의 행위들은 새의 그물 (=덫)과 같았다. 이 예언자요 파수꾼으로 부름 받은 이스라엘은 '하나님의 집'에조차 격분 (악의, 원한, 적의, 적대감)을 품고 출입하였다. 사실 이스라엘에는 하나님의 집=성전이 없었다. 이스라엘에는 길갈, 벧아웬, 벧엘, 브엘세바 등 (호 4:15; 9:15; 암 4:4; 5:5)을 성소로 삼고 제사를 드렸는데[255] 격한 분노를 품고 남을 해꼬지하고, 남과 원수 맺는 마음 ('새 잡는 그물')을 가지고 예배 (이것은 제대로 된 예배가 아니라 우상숭배-혼합주의 제사)를 드렸다는 것이다. 이러한 악심에서 폭발한 분노는 이미 6:8-9에서 실제 행동 곧 살인으로 나타났었다: "길르앗은 악을 행하는 자의 고을이라. 피 발자국으로 가득 찼도다. 강도 떼가 사람을 기다림 같이 제사장의 무리가 세겜 길에서 살인하니 그들이 사악을 행하였느니라." 호 9:8에

---

255 호 9:8에 따르면, 북이스라엘은 (당연히) 예루살렘이 아니라 길갈 같은 곳에 '하나님의 집'이 있었던 것 같다. 그런데 이 제사를 지내던 길갈의 하나님의 집은 악으로 충만한 장소였다 (이 악이 9:7 및 9:8의 악심 곧 이스라엘의 악심을 말하는 듯하다). 하나님은 거기에서 이스라엘 백성을 미워하셨다 (9:7 및 9:8의 '원한' 곧 '적의-격분'은 이스라엘이 아니라 하나님의 적의-격분을 말하는 것인가? 그런 것 같기도 하지만 히브리 병행법을 생각할 때는 그렇지 않은 것 같다. 이스라엘의 격분인 것 같다). 하나님은 "내 집에서 그들을 쫓아내"실 것이라고 하셨다. 이것이 호 9:15의 내용이며 이 구절로써 9:8을 더 잘 이해할 수 있다.

이어지는 9:9의 히브리어 본문은, "הֶעְמִיקוּ שִׁחֵתוּ כִּימֵי הַגִּבְעָה יִזְכּוֹר עֲוֹנָם יִפְקוֹד חַטֹּאותָם"이다. 직역하면 "그들이 그 기브아의 날들과 같이 심히 썩었으니, 그가 그들의 그릇됨을 기억하시고 그들의 죄들을 벌하실 것이니라." 이 구절은 사사기 19-21장의 인용인데, 악심과 적의와 격분의 결과가 언약 백성 이스라엘의 피비린내 나는 내전으로 비화(飛火)한 사건이다.[256]

호세아서에서 '예언', '예언자' 주제는 소폭으로 나타나며, 지방 성소들에서의 혼합주의 우상숭배와 관련하여, 이스라엘의 악심-격분과 관련하여 나타난다. 이스라엘은 그들의 악심-격분과 죄로 하나님의 미움을 받아, 예언을 구하지만 그들은 참 예언 (죄에 대한 회개 촉구)에 대해서는 미쳤다고 할 것이요, 거짓 예언 (사탕발림의 현세적 복)에 대해서는 쌍수로 환영하나 그것에 반대되는 결과 (=멸망)에 이를 것이다 (호 9:7). 예언은 분명 성령이 주시는 통찰과 관련이 있으나 그리고 이 통찰은 성령의 내주를 받은 새 언약의 백성에게도 똑같이 나타나는 하나님의 선물이나 이것은 결코 점 치듯 하면 안되는 것 (호 4:12)이다. 왜냐하면 이러한 행위는 인격을 지니신 하나님을 모독하고 멸시하는 것이기 때문이다. 성령이 주시는 예언적 통찰은 이미 완성된 계시 (=정경)에 의존하며, 언약 백성의 선하고 의로운 삶으로 연결되어 하나님의 영광을 나타내도록 의도된 것이다 (호 9:8). 예언자직은 하나님이 주신 계시로 언약 백성의 정체를 판정하고 그 언약 백성의 삶의 가늠자 역할을 하므로 다른 중요한 언약적 직분들인 왕직이나 제사장직보다 우선성을 띤다. 신학의 한 의의는 하나님의 계시에 대한 거짓 예언자들의 거짓 해석과 거짓 통찰을 언약 공동체에서 제거하는 것이다. 따라서 바른 신학은 교회 회의 (church council)에서 중요하며, 이 교회 회의의 바른 결정에 의해 바른 설교=예언이 시행됨으로 거룩한 교회가 유지-증진된다.

6:1-3의 구조적 신학적 이해

호세아 5:15-6:4은 해석의 논란이 많은 본문이다. 영어 역본들 중에 NET, GNT, ESV, NIV, 그리고 한글 역본들 중에 개역개정, 표준새번역, 새번역, 우리말성경 등이 6:1-3 머리에 '백성들의 불성실한 회개' 혹은 그와 비슷한 제목을 달았다. 반면, NASB, NKJV, RSV, NLT 등은 '하나님의 책망에 대한 반응 The Response to God's Rebuke' 혹은 '회개를 요구하심 A Call to Repentance'이라는 타이틀을 달음으로 앞으로 이스라엘 (하나님께 순종할 남은 자들)이 이러이러하게 회개를 할 것임 곧 회개를 예시하는 것으로 혹은 회개를 하라는 하나님의 요구나 권면으로 보았다. 필자는 이 해석들 중에 '회개 예시' 곧 앞으로 이스라엘 백성들이 그들의 죄로 고난을 받을 때 그중 '남은 자들'이 회개하게 될 것을 하나님께서 미리 아시고, 그들이 '이러이러한 말로' 회개하게 될 것이라는 말씀으로 본다.

필자가 이 구절들을 회개 예시로 보는 첫째 이유는 이와 비슷한 구절들이 호세아서의 여기 저기에 보이기 때문이다. 먼저 이 구절들을 직역해 보자. "내가 갈 것이다. 내가 돌아갈 것이다. 나의 장소로, 그들이 자기 죄를 인정하고 내 얼굴을 찾기까지. 그들의 괴롭힘의 때에 그

---

256 오늘 한반도의 백성 가운데 있는 이념간 지역간 적의와 격분과 유사하다! 이 결과가 살인과 전쟁이 아니면 무엇인가. 예수 복음으로 민족의 하나됨외에는 답이 없다.

들이 나를 간절히 구할 것이다. '오라. 그리고 야웨께 돌아가자! 참으로 야웨께서 찢으셨으나 그가 우리를 치료하실 것이다. 그가 때리셨지만 그가 우리를 싸매어 주실 것이다. 그가 우리를 2일 후에 살리실 것이다. 그 3일째 우리를 일어나게 하실 것이다. 우리가 그분 앞에 살게 될 것이다. 그러니 우리가 알도록 하자. 야웨를 알기 위해 애를 쓰자. 그분의 나오심은 아침같이 준비되었고, 그는 우리에게 비처럼 오실 것이다. 땅에 (내리는) 늦은 비 이른 비처럼.'" 이와 비슷한 구절인 2:7을 먼저 보라. "그녀가 그녀의 사랑하는 자들을 따라갈 것이나 그들을 따라잡지는 못할 것이다. 그녀가 그들을 찾을 것이나 발견하지 못할 것이다. 그 때 그녀가 말하기를, '내가 갈 것이다. 내가 돌아가겠다. 지금보다 그 때가 내게 더 좋았기 때문이다' 라고." 또 비슷한 구절인 8:2를 보라. "그들이 나에게 부르짖을 것이다. '나의 하나님! 우리 이스라엘이 당신을 압니다.' 라고." 이 구절들에서 작은 따옴표로 표시한 것은 장래에 이스라엘이 이러이러하게 회개의 말을 할 것이라는 것이다. 같은 회개이기는 하지만 '회개 권면 혹은 회개 요구'는 이것과는 약간 다르다. 이것은 현재 이스라엘에게도 할 수 있는 말인데, 말하자면, 돌아와라! 죄를 버리고 야웨께 돌아와라! 이런 말이다. '회개 예시'와 비슷하지만 약간은 다르다. '회개를 요구하심 혹은 회개 권면'은 10:12; 12:3-6; 14:1-3에 보인다.

둘째 이유는 호세아서의 구조 때문이다. 4:1-6:3과 6:4-11:11이 거의 병행을 이루고 있다는 것인데 (앞에서 언급함), 이는 4장 처음과 6:4이하의 첫 부분에 아주 비슷한 단어들을 통해 두 단락 모두 죄론 (hamartiology)으로 시작한다는 것이다. 6:1-3을 불성실한 회개, 거짓된 회개로 보는 학자들은 바로 뒤에 곧 6:4 이하에 하나님께서 이스라엘의 죄를 책망하는 내용이 이어져 나오기 때문에 그렇게 보는 것이다. 만약, 이 두 단락이 병행을 이루고, 6:1-3은 회개 주제, 곧 이 회개가 회복을 시사하기 때문에 단락의 끝을 이루는 내용으로 이해했다면, 거기서 단락의 종지부를 찍었다면, 이러한 섣부른 판단을 하지 않았을 것이다.

셋째는 호세아가 즐겨 이런 예언 기술 방법을 사용한다는 사실이다. '회개 예시'는 아니지만, 다음 구절들을 읽어보라. "에브라임의 (말이) '내가 다시 우상과 무슨 상관이 있으리요' 할지라. 내가 돌아보아 대답하기를, '나는 푸른 잣나무 같으니 네가 나로 말미암아 열매를 얻으리라.' 하리라." (호 14:8) 이것은 장차 이스라엘의 회복시에 이스라엘이 하게 될 말과 하나님이 대답하시게 될 말씀을 미리 예시하는 구절이다. 결론적으로 여러 이유들로 볼 때 미래에 하게 될 말의 예시, 곧 회개의 예시로 6:1-3을 보는 것이 맞아 보인다.

이상에서 하나의 본문을 놓고 해석이 정반대로 이루어지는 모습을 우리는 본다. 어떤 사람은 거짓된 회개로, 어떤 사람은 미래에 남은 자들이 하게 될 참 회개로 6:1-3을 이해하는 것이다. 사태가 이러므로, 만약 성경의 단락들에 제목을 붙이는 학자들이 좀더 주의 깊었다면 이런 상반된 견해들이 있을 때 차라리 제목 붙이기를 유보하거나 (한글개역), 하나의 제목을 달아도 주를 달아 반대로 이렇게 보는 사람도 있음을 알렸어야 한다고 필자는 생각한다. 왜냐하면 성경책 (역본)을 읽는 독자는 어떤 본문 내용을 깊이 연구하지 않은채로 기존에 붙여놓은 단락 제목을 그대로 신뢰하여 받아들이기 때문이다. 독자의 내용 이해에 도움을 주기 위해 붙이는 단락 제목 때문에 독자가 성경 본문이 의도하지 않은 전혀 다른 해석을 하게 되거나 혹은 심지어 교리적으로 오도될 수 있기까지 하다면 조심해야 하지 않을까 하는 것이다.

호 6:7의 주석적 신학적 이해

호세아 6장 7절 개역개정은 "그들은 아담처럼 언약을 어기고 거기에서 나를 반역하였느니라"이다. 여기서 "아담처럼"에 해당하는 히브리어는 "케아담 (כְּאָדָם)" '케 (כְּ)'는 전치사로서 '-처럼'이고, '아담'은 창세기에 나오는 고유명사 첫 사람 아담을 가리킨다. 이러한 번역은 두어 가지 약점을 지닌다. 곧 첫째는, 후반절에서 '거기 (שָׁם)'라는 말이 나오는데 거기가 어디냐는 것이다. 대답할 말이 막연하다. 보통 전반절에서 어떤 장소를 말하고 그 장소를 다시 하반절에서 언급할 때 '거기'라는 말을 사용한다. 예를 들면, "그러므로 보라 내가 그를 타일러 거친 들로 데리고 가서 말로 위로하고 거기서 비로소 그의 포도원을 그에게 주고 아골 골짜기로 소망의 문을 삼아 주리니 그가 거기서 응대하기를..." 이 구절을 보면, '거친 들'을 또 말할 때 '거기서'를 쓰고, '아골 골짜기'를 다시 언급할 때 '거기서'를 사용하는 것이다. 6:10에도 보면, "내가 이스라엘 집에서 가증한 일을 보았나니 거기서 에브라임은 행음하였고 이스라엘은 더럽혔느니라" '이스라엘 집' 곧 '북쪽 왕국 이스라엘 땅'을 말하고 나서 그것을 '거기서'로 하반절에 받는 것을 알 수 있다. "그들의 모든 악이 길갈에 있으므로 내가 거기에서 그들을 미워하였노라" (9:15)도 같은 예다. 둘째는 호세아가 창세기의 야곱이나 (12:3-4, 12), 이스라엘 역사를 (2:15; 9:9, 10; 11:1; 12:9, 10, 13; 13:4, 5) 회고하기는 하지만 갑자기 왜 창세기의 '아담'까지 거슬러 올라가서 말하는가이다. 창세기의 야곱을 언급하는 것은 민족으로서의 이스라엘 곧 남쪽 유다 왕국과 북쪽 이스라엘 왕국 모두의 뿌리가 야곱이고, 현재 남북 사람들이 모두 범죄함은 곧 그들의 공통 조상인 야곱의 거짓된 사람됨 (사기꾼 기질의 사람)과 직결되기 때문인데, 갑자기 이러한 조상 야곱-이스라엘 민족의 연계성을 떠나 그저 하나님과의 언약을 파기한 인물로서 아담을 인용했다는 것은 문맥상 너무 느슨하기 때문이다. 셋째는, 7-9절의 인접 구절들을 보면, 모두 북이스라엘의 특정 장소들이 나온다는 것이다. 그래서 '사람인 아담'으로 번역하지 않고, '지명인 아담'으로 번역하면 아주 부드러운 번역이 된다는 것이다. 곧, "그들은 아담에서 언약을 어기고 거기에서 나를 반역하였느니라. 길르앗은 악을 행하는 자의 고을이라...제사장의 무리가 세겜 길에서 살인하니 그들이 사악을 행하였느니라" 아담, 길르앗 (12:11에도 나옴), 세겜 등을 모두 지명으로 번역하면 일관성을 띤다는 것이다 (공동번역, NIV, RSV).

아담을 지명으로 번역한다면 이런 지명이 이스라엘에 있는가 하는 것이다. 여호수아서 3장에 이 지명이 보인다. "...궤를 멘 자들이 요단에 이르며 궤를 멘 제사장들의 발이 물 가에 잠기자 곧 위에서부터 흘러내리던 물이 그쳐서 사르단 가까운 매우 멀리 있는 아담 성읍 변두리에 일어나 한 곳에 쌓이고..." (수 3:15-16) 아담을 지명으로 본다면, 더불어 나타나는 길르앗, 세겜과 비슷한 위치에 있음을 알 수 있다. 만약, 이 아담이라는 단어를 하나의 장소, 성읍으로 이해할 경우 우리가 추측할 수 있는 것은 요단강 동편의 길르앗이나 아담, 세겜 할 것 없이 모두 살인죄를 비롯한 여러 범죄들로 더럽혀져 있었을 것이라는 것이다. 호세아서에는 특별히 북이스라엘의 여러 지명들이 소개되는데 이스르엘 (1:4-5), 벧아웬 (4:15; 5:8; 10:5, 8), 길갈 (4:15; 12:11),

기브아 (5:8; 10:9), 라마 (5:8), 사마리아 (8:6), 벧아벨 (10:14), 벧엘 (10:15) 이것들은 우상숭배와 음행을 비롯하여 여러 죄들과 관련되어 언급된다. 이 중에서 벧엘, 길갈, 사마리아 등은 죄가 사무친 곳이 아니었나 하는데 그 이유는 아모스에서도 거듭 지목되는 도시들이기 때문이다.

그러나, 아담을 지명으로 볼 경우에 생기는 난점들이 있다. 첫째는 '아담'이라는 성읍이 범죄한 성읍이라는 점을 지원하는 내용을 성경에서 찾을 수 없다는 것이다. 둘째는 지명으로서의 아담으로 번역하기 위해서는 본문의 전치사를 '-처럼'을 뜻하는 '케'에서 '-에서'를 뜻하는 '베 (בְּ)'로 바꾸어야 한다는 것이다. 성경을 어떻게 일점일획이라도 함부로 바꿀 수 있겠는가. 절대로 바꿀 수 없다. 다만 우리가 생각할 수 있는 사항은, 히브리 원본이 없고 현재 남아 있는 것은 필사본들이라는 것이다. 그래서 원본에 어떻게 기록되었는지 모르기 때문에, 우리가 가정할 수 있는 것은, 히브리어 자음만으로 볼 때 이 케와 베는 너무나 닮아 있어 원래 '베'였는데 필사자들이 '케'로 잘못 필사를 하지 않았겠는가 하는 것이다. 그러나 이런 가정도 함부로 할 수 있는 것은 아니다. 셋째로, 성경 전체에서 하나님과 맺은 언약의 파기자의 예로 첫 사람 아담만큼 쉽게 거론할 수 있는 사람도 없다는 것이다. 이 아담을 장소가 아닌 사람으로 보면, 하반절의 '거기서'라는 것과 연결이 잘 안되기에 석연치 않은 점이 있지만, '언약을 어겼다'는 술어와 '아담처럼'이란 구절의 연결은 너무도 매끄럽다는 것이다. 그리하여 한글 개역개정, 쉬운성경, 우리말성경, NASB, ESV, ERV, ISV, NLT 등은 '아담처럼'이라고 번역하였다 (이중에 어떤 번역은 각주를 달아 다른 번역의 가능성도 제시).

나는 마지막으로 이 구절의 번역에 대한 자세한 논의를 개진한 윤영탁 교수의 견해를 소개하고자 한다.[257] 그는 '아담처럼'으로 번역하되 하반절의 히브리어 '샴'을 장소의 부사 '거기서'로 번역하지 않고 강조적 용법으로 보아 '참으로 그처럼'으로 잠정 번역하였다. 이는 하반절을 "In that particular you have acted perfidiously"로 번역한 칼빈을 따른 것이다. 이렇게 되면, 6:7 전체의 번역이 보다 깔끔해진다. "그러나 그들 자신이 아담처럼 언약을 어겼고 그들이 참으로 그처럼 나를 배신하였다". 그는 이 논의에 이어서 창 3:15의 원복음 (최초의 기쁜 소식)을 설명하였다.

첫사람 아담이냐, 장소 아담이냐 둘다 일리가 있어 보인다. 호 6:7의 번역이 이 둘 중 어떻게 번역되든 (아담을 일반 인간으로 보는 또하나의 견해가 있는데 여기서는 생략) 중요한 것이 있다. 그것은 이스라엘이 (아담처럼) 하나님과 맺은 언약을 깨고 주님을 배신했다는 사실이다. 동시에, 그것은 길갈, 세겜, 이스르엘, 사마리아, 바산, 길르앗, 벧엘, 벧아벨, 벧아웬, 라마, 기브아, (그리고 아담?) 등 북이스라엘의 도시들 및 지역들이 총체적으로 죄로 더럽혀져 있었다는 것이다. 즉, 야웨께 대한 정조를 헌신짝처럼 버리고 소돔과 고모라처럼 음녀 바벨론처럼 모든 도시가 성적 방종 가운데 깊이 빠져 있었다는 것이다. 창세기부터 여호수아가 사사기에 와서 하나의 역사적 획을 긋고, 이스라엘의 왕정의 역사가 포로로 또하나의 획을 긋는데 이 두 시기의 공통점은 영적인 음란 (혼합종교), 정치적 음란 (왕이 없어 소견에 옳은대로 행함/외세 의존), 사회적-육체적 음란 (윤리 실종 및 성적 타락)으로 볼 수 있다. 이 역사의 획이 그어지기

---

257 윤영탁, 구약신앙과 신학 (서울: 엠마오, 1992), 특히 13-25.

바로 얼마전에 호세아는 이미 창녀가 된 이스라엘에게 마지막으로 회개하라고 외쳤다.

호 6:11; 7:1의 주석적 신학적 고찰

6:11-7:1은 개역개정에 의하면, "또한 유다여 내가 내 백성의 사로잡힘을 돌이킬 때에 네게도 추수할 일을 정하였느니라 (6:11); 내가 이스라엘을 치료하려 할 때에 에브라임의 죄와 사마리아의 악이 드러나도다 그들은 거짓을 행하며 안으로 들어가 도둑질하고 밖으로 떼 지어 노략질하며 (7:1)"라고 되어 있다. 그런데 문제는 이 번역이 히브리어 원문 순서대로 되어 있지 않다는 것이다. 바로 앞부분인 6:10까지 포함하여 원문 순서대로 직역하면 이렇다: "이스라엘 집에서 나는 끔찍한 것을 보았다. 거기엔 이스라엘의 음행이 있고 에브라임은 더러워졌다 (6:10). 또한 유다여, 그분이 너를 위해서도 추수를 정하셨다. 내가 내 백성의 포로를 돌이킬 때 (6:11), 내가 이스라엘을 치료하려 할 때 에브라임의 죄와 사마리아의 악행들이 드러난다. 그들이 속임을 행하였고 도둑은 들어가 훔쳤고 깡패들은 밖에서 강도질했다. (7:1)" 매끄러운 내용의 진행을 위해서는 6:11의 상반절과 하반절을 나눠야 한다는 생각이 든다. 그렇게 중간을 나누어 의미를 최대한 살려 의역을 한다면 이렇게 된다. "북 왕국 이스라엘에서는 끔찍한 일을 본다. 그곳에서는 사람들이 음행을 일삼으니 더럽기 짝이 없다. 남 왕국 유다 또한, 이미 심판 (추수)은 기정사실이다" (6:10-11상) "나는 내 백성을 곤고에서 놓아주려 하고, 나는 이스라엘을 치료해 주려건만, 아! (오히려) 이스라엘의 죄와 악행들은 매번 훤히 드러나기만 하니 (이를 어쩔까!) 도둑들은 집을 뚫고 들어가 훔쳐대고 조폭들은 밖으로 몰려다니며 강도질이구나." (6:11하-7:1)

김희보 교수는 위와 같이 번역하면 문장 구조상 유창해지는 것은 사실이라고 한다.[258] 그러나 6:11의 '내가 돌이킬 때에'의 어구에는 전치사 '베'가 쓰였는데, 7:1 '내가 치료할 때에'의 경우에는 전치사 '케'가 쓰였다. 왜 똑같은 전치사를 사용하지 않았는가. 두번째는 그 다음에 오는 '내가 이스라엘을 치료할 때에' 다음에 오는 접속사 '바브'를 '그때'로 보면 현 개역개정과 같이 번역해도 무리가 없다는 것이다. 즉, 7:1을, "내가 이스라엘을 치료하려 할 때에 [바로 그 때에] 에브라임의 죄와 사마리아의 악이 드러나도다"가 된다는 것이다.

그러나, 나는 전치사 '베'나 '케' 다음의 1인칭 대명사 접미가 딸린 부정사는 공히 '... 할 때에'로 번역해도 상관이 없다고 본다. 접속사 '바브'를 '바로 그 때로', 즉 때의 강조로 보아도 6:11 하반절과 7:1 상반절을 위에서 필자가 의역한 것처럼 병행으로 충분히 볼 수 있다는 것이다.

그리하여 필자는 아예 때를 강조하여 whenever로 번역하고, 6:11 하반절과 7:1 상반절을 붙여서 번역한 NIV가 매우 잘 되었다고 본다 (물론 NIV가 신구약 번역 모든 부분에서 우수하다는 말은 아니다. 나는 오히려 개인적으로는 문자적 번역인 KJV와 NASB를 선호한다. NIV의 번역은 이렇다: "Whenever I would restore the fortunes of my people, whenever I would heal Israel, the sins of Ephraim are exposed and the crimes of Samaria revealed. They practice deceit, thieves break into houses, bandits rob in the streets;"

하나님의 선의와 호의와는 딴판으로 이스라엘은 얼마나 방탕한지가 이 번역에 나타

---

258 김희보, *구약 호세아 주해* (서울: 총신대학출판부, 1984), 194.

난다. 북이스라엘, 그리고 또한 남유다가 모두 육체적으로는 부도덕한 성행위, 간통, 간음 등으로 더러워질대로 더러워졌고, 영적으로는 바알과 아세라의 교리를 섞어 이스라엘 신앙을 혼합주의로 만들었다. 결국 다른 영을 따라가 다른 영과 교합하여 그 영이 죽었다.

호 13:10-11 "왕을 달라": 신학적 성찰

북 이스라엘이 왕을 달라 요구하였을 때 (호 13:10) 하나님은 주셨을까, 주시지 않으셨을까. 주셨다. 호 13:11에 "내가 분노함으로 네게 왕을 주고 진노하므로 폐하였노라" 라고 되어 있다. 이는 우리로 사무엘 선지자의 시대를 기억나게 한다 (삼상 8). 이스라엘이 왕을 달라 할 때 사무엘이 여호와께 기도하자 이렇게 말씀하셨다. "백성이 네게 한 말을 다 들으라. 이는 그들이...나를 버려 자기들의 왕이 되지 못하게 함이니라."(삼상 8:7) 왕이신 하나님을 버린 이스라엘이 왕을 구했을 때 하나님은 들어주셨다.

우리는 이스라엘이 왕을 구한 저변에 어떤 마음과 어떤 행위가 있었는가를 추적해 봄이 필요하다. 삼상 8장에 나타나는 위의 구절 다음에 이어지는 내용을 바라보면 그 근본 동기가 발견된다. "내가 그들을 애굽에서 인도하여 낸 날부터 오늘까지 그들이 모든 행사로 나를 버리고 다른 신들을 섬김..." 곧 이스라엘이 왕이신 하나님을 버리고 그들이 원하는 왕을 세운 것과 그들이 잡신을 숭배한 것을 함께 말씀하신다는 사실이다. 사무엘 때의 이러한 정황에 비추어 호세아 선지자의 시대의 정황을 생각해 보라. 호세아 시대에는 어떠했을까. 사무엘 때와 하나도 달라진 점이 없다. 호세아 시대에도 이스라엘이 왕을 구한 행위는 잡신 숭배와 꽉 맞물려 있었다. 왕을 구한 내용의 언저리에 이스라엘의 우상숭배 (13:1-2)와 애굽에서 구원하신 야웨를 버리고 잡신을 숭배 (13:4)했음이 명시적으로 암시적으로 강조되어 나타나기 때문이다. 호세아 당시의 왕들 (특히 여로보암 2세)은 여호와께로서 세우심을 입은 사람들이 아니었다 (8:4). 그들은 우상 숭배자들 (특히 아합)이었고, "오만한 자들과 더불어 악수" (7:5)하는 사람들이었다. 따라서 왕에 대한 요구는 이렇게 정리될 수 있다: (1) 먼저, 이스라엘이 왕이신 하나님을 버림, (2) 이스라엘이 욕심에 이끌려 잡신 (우상들)을 섬김, (3) 이에 더해, 자기들이 원하는대로의 세상적 임을 구함으로[259] 하나님의 분노를 촉발시킴, (4) 하나님이 신노하심으로 그들의 욕심의 기도를 들어주심, (5) 자의적 왕은 세워져 기도 응답은 받았지만 그것은 곧 이스라엘에게 심판으로 작용함, (6) 결국 이스라엘 왕도 망하고 (10:7, 15; 13:11) 백성도 망함 (13:16). 김희보 교수는 이를 다음과 같이 바르게 지적한다. "...그들이 우상을 섬기는 그 마음과 여기에서 왕을 구하는 그 마음은 그 근본에 있어서는 다른 것이 아니다. 그들이 참 구원자이신 하나님을 떠난 필연적 결과는 우상을 따랐고 왕을 구하는 것으로 나타났던 것이다."[260]

그러면 왕을 구한 구체적인 동기는 무엇이었는가. 안으로는 자기들을 다스려줄 자, 밖으로는 외적의 침입에 대항해 전쟁해 줄 자를 구한 것이었다. 이것도 사무엘 때나 호세아 선지

---

259 호 8:4-5에 "그들이 왕을 세웠으나 내게서 난 것이 아니며 그들이 지도자들을 세웠으나 내가 모르는 바이며 그들이 또 그 은, 금으로 자기를 위하여 우상을 만들었나니 결국은 파괴되고 말리라. 사마리아여, 네 송아지는 버려졌느니라…"

260 김희보, *구약 호세아 주해*, 391.

자 때나 다를 바가 없다. 사무엘 때는 특히 블레셋의 공격이 심했고, 호세아 때는 앗수르의 공격이 심했다. 이스라엘은 앗수르의 침략의 위기를 늘 겪으면서 그 절박한 위기에서 벗어나게 해 줄 왕을 간절히 바라고 있었던 것이다. 문제는, 구원자이신 하나님을 버리고 마치 인간 왕이 구원해 줄 것처럼 그들이 믿고 있었다는 것이다 ("The ruthless vehemence of Israel's royal politics was a testimony to their desperate belief that a proper king would save them."[261]). 이는 "네 모든 성읍에서 너를 구원할 자 곧 네 왕이 이제 어디... 있느냐?" (13:10)에서 확인된다. 우상숭배자 인간왕이 앗수르의 위협에서 구해줄 수 있는가. 우리가 같은 8세기 선지서인 이사야서를 읽으면 여기에 대한 답이 분명히 드러난다. 먼저는, 아하스도 히스기야도 그 누구도 앗수르의 손에서 구원하지 못한다는 것이다. 야웨께서 구원자이심을 우리는 이사야서 (36장 이하)에서 확인한다. 둘째는 그 구원자왕을 전심으로 의지하는 자가 언약 백성의 왕이 되어야 한다는 것이다. 하나님이 왕 제도 자체를 부정하신 것이 아니라 (신 17:14 이하; 삼상 16장), 왕이신 하나님을 의지하는 왕의 필요를 말씀하셨기 때문이다. 왕이신 하나님을 의지하는 왕이 기도하니 하나님은 하루 아침에 십팔만 오천의 앗수르 대군을 치시고 유다에 구원을 베푸신 것을 우리는 너무나 잘 알기 때문이다.

그러나 이스라엘에는 왕이신 하나님을 의지하는 왕이 없었다. 김희보 교수는 왕과 관련하여 북이스라엘의 슬픈 역사를 이렇게 정리하였다. "사실 이스라엘 역사를 보면, 여로보암 1세로부터 마지막 왕 호세아에 이르기까지 209년간 (931 BC-722 BC), 왕가로서는 전부 아홉 가문, 19왕이 다스렸던 것이다. 그 중에도 5대왕 시므리는 7일 천하로 끝났고, 15대왕 살룸은 1개월로 끝났다 (왕상 16:15, 왕하 15:13). 왕가가 바뀔 때마다 예외 없이 피 흘리는 혁명으로 되었는데 그 횟수는 8회에 이른다."[262]

북이스라엘의 슬픈 역사에서 받는 교훈은 두 가지다. 첫째는, 욕심을 따라 구할 때 받은 응답은 곧 심판으로 이어진다는 것이다. 이스라엘의 원대로 사울이 세워졌으나 사울도 사울을 구한 자들도 결국 길보아에서 죽임을 당하였다. 매일 만나를 주시건만 입맛이 없다고 고기 투정하는 이스라엘에게 메추라기가 '트럭으로 배달되었으나' 그것은 심판이었다 (키브로트 하타와; '욕심의 무덤들'. 민 11; 시 78:26-31). 둘째는, 왕이신 하나님을 의지하는 지도자가 주님의 교회를 위해 세워져야 한다는 것이다. 사울 같은 사람, 아합 같은 사람, 므낫세 같은 사람, 하나님이 세우시지 않는 사람을 세우면 그 한 사람이 아니라 모든 백성이 '물 위의 거품'처럼 멸망하게 되기 때문이다 (호 10:7).

11:1-7 과거 역사 회상

위에서 보았듯이, 호세아서 6장 4절-11장 11절까지의 긴 단락은 그 중간쯤부터 시작하여 두 개의 병행 단락을 휴대한다. 그 첫째가 8:11-9:17이요, 그 둘째가 10:1-11:11까지다. 이 두 병행단락은 똑같이 북이스라엘의 우상숭배 주제로 시작하여 여호와의 날에 있을 심판 주제로

---

261 James L. Mays, *Hosea: A Commentary*, OTL (Louisville: Westminster John Knox Press, 1999), 178.

262 김희보, *구약 이스라엘사* (서울: 총신대학출판부, 1981), 320 이하; idem, *구약 호세아 주해*, 390-1.

진행한다. 이 두 단락 중에서 두번째 단락의 말미에 출애굽 회상이 나타나는데 (11:1-7) 이 출애굽 주제가 11:12부터 호세아 끝 언저리인 12-13장에 여러번 나타나기 때문에 학자들 중에는 호세아서의 내용 구분을 할 때 10:15까지를 한 단락으로 묶고 그 다음 11장부터 마지막까지 (13장 말미든, 14:9까지든)를 결론으로 묶는 사람들이 있다. 이것은 두 가지 이유에서 거절할 수 있다. 첫째는 6:4에서 시작한 단락이 11:8-11의 이스라엘의 종말의 회복을 알리는 내용으로 큰 흐름이 마감되고 있다는 사실 때문이요, 둘째는 11:12의 시작이 4:1의 시작 부분, 6:4의 시작 부분에 나타나는 주제와 같은 주제 (신실함=인애가 없는 이스라엘)로 시작하고 있다는 점 때문이다. 따라서 우리는 호세아 선지자가 하나의 단락의 말미 언저리에 과거 역사 회상을 통해 메시지를 전달함을 알 수 있다. 이러한 현상은 2:2-23의 단락의 끝 언저리 (2:15)에 출애굽 주제가 나타난 것과 비교된다. 물론 광야 회상은 9:10에 보이고, 기브아 시대에 대한 회상은 9:9; 10:9에도 보임으로 과거 회상은 출애굽 사건 하나에 국한된 것은 아니나 선지서들에서 과거 회상은 대체적으로 한 단락의 처음부터 단도직입적으로 나타나는 것은 아니라는 점을 나는 말하고 싶다. 반면, 신명기는 각 병행단락 (1장, 4:44이하, 28장)의 맨초입에서부터 과거를 회상하는 점에서 같은 예언서의 특성을 보이는 책으로서는 예외적인 경우라 할 것이다.

그러면 선지자들이 그들의 설교에서 이스라엘의 과거사를 언급하는 이유는 무엇인가. 두 가지 중요한 이유들이 있는데 첫째는 역사의 주관자는 이스라엘이 아니라 하나님이시라는 것이고, 둘째는 하나님의 신실성에 대조되는 이스라엘의 불신앙을 부각시켜 보여주기 위함이다. 11:1-4의 히브리어 본문을 직역하면 다음과 같다. "이스라엘이 철부지 (아이)였을 때 내가 그들을 사랑하였고, 나는 내 아들을 이집트에서 [나오도록] 불렀다. 그들이 (선지자들이) 그들을 (이스라엘을) 불렀으나 그렇게도 그들은 그들 면전을 떠나갔다. 그들은 바알들에게 희생을 바쳤고 새긴 우상들에게 향을 태웠다. 나는 그들의 팔을 잡아 에브라임에게 걸음마를 가르쳤건만, 그들은 내가 [제대로 걷도록] 고쳐주는 것을 알지 못했다. 나는 사람의 줄들 곧 사랑의 끈들로 그들을 끌어준 반면, 그들을 대함에 (있어) 턱에 걸린 멍에는 벗기듯 하였고 그들 앞에 슬쩍 먹을 것을 (놓아두었다)." 하나님이 이 대목을 말씀하실 때 무척 마음이 아프셨을 것 같다. 이 사랑은 상대방이 모르는 가운데 혼자만 가슴을 앓는 짝사랑은 아니다. 이스라엘이 분명히 알 수 있도록 하나님은 사랑하고 행동하셨다. 하나님은 이스라엘을 아이에 비유하신다. 아이의 목에 걸려 있는 밧줄은 풀어주시고 사람의 손길로, 사랑의 손길로 이끌어주셨다. 두 팔을 붙잡고 한 발 한 발 떼어 제대로 걷도록 틀린 스텝은 고쳐주시고 배 고플 때는 몰래 이곳 저곳, 금방 아이 눈에 띄는 곳에 먹을 것을 갖다 놓으셨다. 하나님의 사랑 (자애)의 동기에서 나온 이스라엘 구원, 양육, 교육, 배려와 이스라엘의 무지, 완악, 일탈, 배은망덕이 대조된다. 사랑의 하나님은 이스라엘을 '내 아들' (호 11:1; 출 4:22)이라 하시나 그 아들은 배은망덕한 아들이었다.

신기한 일은 마태가 호세아의 이 구절을 예수님과 관련해 인용한다는 것이다. 하나님은 출애굽 시에, 그리고 호세아 시대에 이스라엘을 '내 아들'이라 부르셨는데, 마태는 그 '내 아들' (이스라엘)을 예수님에게 대입한다는 사실이다! 얼른 이해가 가지 않는 것은 출애굽이 아니라, 요셉과 마리아가 아기 예수님을 데리고 애굽으로 내려가는 사건 (말하자면, '입入애굽')

을 마태가 취급하고 있다는 것이다. 마태복음 2장 14-15절은, "요셉이 일어나서 밤에 아기와 그의 어머니를 데리고 애굽으로 떠나가 헤롯이 죽기까지 거기 있었으니 이는 주께서 선지자를 통하여 말씀하신 바 '애굽으로부터 내 아들을 불렀다'함을 이루려 하심이라." (개역개정) 즉 호세아는 하나님이 '애굽으로부터' 이스라엘을 불러내셨다고 하였고, 마태는 하나님이 '이스라엘로부터' 아기 예수님을 불러내셔서 애굽으로 들어가게 하신 것을 가지고 호세아서를 인용하는 것이다. 이것을 어떻게 이해해야 하는가. 첫째로, 하나님의 아들 이스라엘을 하나님의 아들 예수님에게 적용시킨 것은 일단은 이스라엘은 배은망덕한 이스라엘, 피조물에 불과한 이스라엘임을, 그러나 예수님은 거룩한 아들, 하나님이신 아들이심을 인정하고 생각해야 한다. 그런데 이에 부가하여 생각할 것은, 이스라엘은 죄많은 이스라엘, 피조물인 이스라엘이라도 하나님이 보시는 시각 곧 이상적인 의미에서는 하나님의 사랑 받는 거룩한 아들이라는 것이다. 아들 예수님 안에서 구속을 받아 거룩하게 되고 성령을 받아 하나님을 아버지로 부르게 된 아들 이스라엘, 더 나아가서는 부활을 입어 영광스럽게 된 아들 이스라엘을 생각해 보라. 물론 예수님은 하나님이시고 이스라엘은 하나님과 같이 영화롭게 되었어도 여전히 이스라엘이지만 흠도 점도 없이 거룩하게 된 측면에서는 예수님과 같은 '아들'인 것이다. 야웨 하나님께서 출 4:22에 이스라엘을 '아들'이라 하신 것은 이런 이상적 언약의 측면에서 바라보아야 할 것이다. 둘째로, 마태가 '출出이스라엘'하신 아기 예수님을 '출애굽'의 호세아 말씀으로 적용한 것은 그가 아기 예수님 당시의 이스라엘을 '애굽'으로 취급하고 있었기 때문이라는 것이다. 왜냐하면 아들인 이스라엘이 애굽에서 나올 때의 정황은 악한 바로가 이스라엘 남자 아기들을 다 죽이려했던 상황인데 아기 예수님 당시의 이스라엘은 말은 이스라엘이었지만 실상은 그 옛날 애굽의 상황과 별다를 것이 없었기 때문이다. 곧 아기 예수님 당시 이스라엘에는 바로왕처럼 남자 아기들 (사실은 예수님)을 살해한 헤롯이 있었던 것이다. 결국 아들 예수님을 사랑하셔서 헤롯의 할퀴는 발톱에서 구출 (출이스라엘)하셔서 안전한 곳에서 양육하시고 보호하신다는 어낼로지한 예언-성취가 성립된다.[263] 당시 예루살렘을 영적인 애굽으로 취급하는 마태의 씨니컬한 어조가 그의 호세아 인용의 배후에 있는 것이다. 1세기 유대인들 중에 이스라엘의 남은 자는 소수뿐이었고 언약 안에 있다 하지만 대다수는 실상은 배은망덕한 우상숭배자 애굽인들에 다름 아니었던 것이다 (contra NPP).

호세아의 역사 회상은 현재 한국교회에게 역사 회상을 권한다. 소망 없던 우리나라 사람들에게 얼마나 큰 은혜를 하나님이 베푸셨는지 우리 한국 교회는 자꾸 되뇌여야 할 것이다. 이를 통해 한국 교회는 빛이신 하나님, 그 주님이 주신 복음을 온 세계에 전하는 거룩한 통로가 되어야 할 것이다. 역사 인식은 하나님 안에 소망을 품게 되는 큰 동인 (動因)이다.

---

[263] 참고. Ed Gallagher, "Explicit Quotations of Scripture in Matthew 1-2 (Part 1): Hosea 11:1 in Matthew 2:15," Our Beans: Biblical and Patristic Studies, especially dealing with the reception of the Hebrew Bible in Early Christianity, posted March 1, 2012, https://sanctushieronymus.blogspot.com/ (2023. 12. 30. 접근)

호 11:7 '엘 알'에 대한 신학적 묵상

이스라엘 비행기를 타 본 사람들은 '엘 알' (אֵל-עַל)이란 이름에 친숙할 것이다.[264] 그러나 '엘 알'이 호세아서에 나오는 표현임을 아는 사람들은 드물 것이다. '엘 알'이란 어구는 호세아서 11장 7절에 나온다. 개역개정은 "내 백성이 끝끝내 내게서 물러가나니 비록 그들을 불러 위에 계신 이에게로 [돌아오라] 할지라도 일어나는 자가 하나도 없도다"라고 번역하였다. 즉, 이 구절의 엘 알을 '위에 계신 이에게로'라고 옮긴 것이다. 김희보 교수는 '엘'을 방향을 가리키는 전치사로, '알'을 위 (높은곳)로 보아 붙여서 '위쪽으로'라고 Keil, Leeser, Chyne, G. A. Smith, BDB 등이 번역한 반면, KJV는 'The Most High'로 옮겼다고 하였다.[265] 흥미로운 것은 여기서 '알' (높음, 위)이란 단어가 호 7:16에도 나온다는 것이다! "그들은 돌아오나 '높으신 자'에게로 돌아오지 아니하니 속이는 활과 같으며..." (개역 개정. 필자의 강조) 그런데 7:16에서는 '-에게로'에 해당하는 전치사가 없으며, 또 11:7의 '알'에는 히브리 '단모음 아'인 파타흐가 붙어 있지만 7:16의 '알'에는 히브리 '장모음 아'인 카메츠가 붙어 있다는 것이다! 이러므로 번역하기가 좀처럼 쉽지 않다! 7:16 상반절의 히브어 본문은, "יָשׁוּבוּ לֹא עָל הָיוּ כְּקֶשֶׁת רְמִיָּה"이다. 직역하면, "그들이 돌아온다 그러나 '높으신 분' 아니다. 그들은 거짓된 활 같다." 이 본문은, "활을 쏘았는데 쏜 방향대로 날아가지 않고 엉뚱한 데로 날아가는 화살처럼 이스라엘이 간다면 응당 하나님께 가야하는데 엉뚱한 데로 간다"는 뜻이다. 결국 의미가 이렇게 되니 아예 어떤 비평학자들 (J. M. Ward, RSV, Jerusalem Bible)은 '로 알' (아니다, 위에 계신 분) 두 단어를 합치는 동시에 히브리 철자 '베트'를 첨가하여 '라바알'로 고쳐서 "그들이 그 바알에게로 돌아갔다. 마치 거짓된 활처럼"이라고 번역하기도 하였다.[266] 몇몇 번역들 (RSV나 특히 JB, 공동번역)과 사전 (KB)에는 본문 자체를 마음대로 수정한 이런 번역들이 있는데 참으로 위험천만한 시도들이라 하지 않을 수 없다. 왜냐하면 의미상으로는 원래 의미와 대치 가능한 측면이 있을지 몰라도 여기서 '알'이 부사 (above)나 일반명사 (height, sky)가 아니라 높으신 분=하나님 (The High, The Most High, The One above, or God)을 의미한다면 이는 본문에서 하나님의 이름을 지워버리되 두 글자를 합해 오히려 하나님 반대편에 있는 바알 (쉽게 말하자면 '마귀') 이름을 만들어 넣는 일종의 신성모독을 범하기 때문이다! 예를 들어 공동번역은 심한 의역, 오역, 자의석 번역- 이 세가지를 겸하고 있다: "내 백성이 끝내 나를 저버리고 바알을 불러 예배하지만 바알은 저희를 높여 주지 않으리라."

나는 '엘 알'에서 '알'을 '엘론'의 이형 (異形)으로 본다. 우리가 알듯이 '엘론'은 '지극히 높으신 (분)'이란 뜻이다. 창세기 14:20의 '엘 엘론'에서 '엘'은 '하나님', '엘론'은 '지극히 높으신 (분)'인데 '엘 알'의 '알'도 같은 동사 어근 '알라'에서 나온, 높으신 (위에 계신) 하나님을 가리키는 고유명사로 쓰였다고 보는 것이다. 이로 보건대, 이스라엘의 '엘 알' 항공은 '위쪽으로'라는 뜻도 되지만 '높으신 분 (하나님)에게로'라는 뜻도 된다. 7:16과 연계해서 보면 후자의 뜻으로 항공사

---

264 '엘 알'의 의미에 대해서는 엘알 이스라엘 항공사의 홈페이지에 나오는 그 항공사의 유래 부분을 읽어보라. https://www.israelairlinemuseum.org/el-al-brief-history-2/

265 김희보, 구약 호세아 주해, 339.

266 Ibid., 221-2.

의 이름을 지은 것이 틀림 없는 듯하다. 이스라엘이 1948년 5월 14일에 독립했고, 9월에 스위스의 제네바 회의에 참석했던 초대 대통령 하임 바이츠만이 고국에 돌아올 수 있도록 이스라엘 군용기 C-54를 새로이 도색하여 붙였던 이름이 '엘 알'이었다. 애굽, 앗수르 바벨론, 메대-바사, 헬라, 로마에 유린 당해 흩어졌던 유대인들이 '높으신 분'에게만 소망을 두고 고토로 돌아와 나라를 회복하였던 차에 비행기 이름도 '높으신 분에게로'라고 지었을 것으로 생각된다. 1948년 5월 31일 개회된 대한민국 제헌국회의 임시의장 이승만이 다음과 같이 제안한 것은 당해 연도의 이스라엘과 비슷한 감회 속에서였다고 본다. "대한민국 독립민주국 제1차 회의를 여기서 열게 된 것을 우리가 하나님께 감사해야 할 것입니다. 종교 사상 무엇을 가지고 있든지, 누구나 오늘을 당해 가지고 사람의 힘으로만 된 것이라고 우리가 자랑할 수 없을 것입니다. 그러므로 하나님에게 감사를 드리지 않을 수 없습니다. 나는 먼저 우리가 성심으로 일어나서 하나님에게 우리가 감사를 드릴터인데 이윤영 의원 나오서서 간단한 말씀으로 하나님에게 기도를 올려주시기를 바랍니다." 이에 일동은 기립했고, 이윤영은 예수 그리스도의 이름으로 기도하였다.[267]

'엘 알'이 들어간 호세아 구절들을 묵상하며 오늘도 우리는 매일 죽고 예수 그리스도께 돌이키길 원한다. 하나님은 '속이는 활'처럼 제 고집대로 떠나간 이스라엘을 끝끝내 부르시어 마침내 그 땅으로 올라오게 하셨다 (1:11; 11:10-11). 그리고 이스라엘이 세계 각지에서 돌아오는 일에 '엘 알' 이스라엘 항공이 큰 몫을 했다. 이제는 그들이 '높으신 분' 예수 그 메시아께로 돌이킬 일만 남았다.

호 11:12-12:10: 야곱 단상 (斷想)

호 11:12 이하는 대조법이 여럿 나타난다고 위에서 말한바 있다. 첫째 대조는 야곱을 회상함으로 시작하여 북이스라엘의 현재에 이르기까지의 삶을 되짚어보며 이루어진다 (11:12-

---

[267] "이 우주와 만물을 창조하시고 인간의 역사를 섭리하시는 하나님이시여, 이 민족을 돌아보시고 이 땅에 축복하셔서 감사에 넘치는 오늘이 있게 하심을 주님께 저희들은 성심으로 감사하나이다. 오랜 세월 동안 이 민족의 고통과 호소를 들으시고 정의의 칼을 빼서 일제의 폭력을 굽히시사 하나님은 이제 세계만방의 양심을 움직이시고 또한 우리 민족의 염원을 들으심으로 이 기쁜 역사적 환희의 날이 이 시간에 우리에게 오게 하심은 하나님의 섭리가 세계만방에 현시하신 것으로 믿나이다. 하나님이시여, 이로부터 남북이 둘로 갈리어진 이 민족의 어려운 고통과 수치를 신원하여 주시고 우리 민족, 우리 동포가 손을 같이 잡고 웃으며 노래 부르는 날이 우리 앞에 속히 오기를 기도하나이다. 하나님이시여, 원치 아니한 민생의 도탄은 길면 길수록 이 땅에 악마의 권세가 확대되나 하나님의 거룩하신 영광은 이 땅에 오지 않을 수 없을 줄 저희들은 생각하나이다. 원컨대, 우리 조선독립과 함께 남북통일을 주시옵고 또한 민생의 복락과 아울러 세계평화를 허락하여 주시옵소서. 거룩하신 하나님의 뜻에 의지하여 저희들은 성스럽게 택함을 입어 가지고 글자 그대로 민족의 대표가 되었습니다. 그러하오나 우리들의 책임이 중차대한 것을 저희들은 느끼고 우리 자신이 진실로 무력한 것을 생각할 때 지와 인과 용과 모든 덕의 근원되시는 하나님께 이러한 요소를 저희들이 간구하나이다. 이제 이로부터 국회가 성립되어서 우리 민족의 염원이 되는 모든 세계만방이 주시하고 기다리는 우리의 모든 문제가 원만히 해결되며 또한 이로부터 우리의 완전 자주독립이 이 땅에 오며 자손만대에 빛나고 푸르른 역사를 저희들이 정하는 이 사업을 완수하게 하여 주시옵소서. 하나님, 이 회의를 사회하시는 의장으로부터 모든 우리 의원 일동에게 건강을 주시옵고, 또한 여기서 양심의 정의와 위신을 가지고 이 업무를 완수하게 도와주시옵기를 기도하나이다. 역사의 첫걸음을 걷는 오늘의 우리의 환회와 감격에 넘치는 이 민족적 기쁨을 다 하나님에게 영광과 감사를 올리나이다. 이 모든 말씀을 주 예수 그리스도 이름 받들어 기도하나이다. 아멘." 이승만기념관.com "자료실" 참조. (2023. 12. 30. 접근) 본 인용은 어떤 정치적 목적을 따른 것이 아니요, 한 그리스도인으로서 대한민국에 대한 하나님의 섭리와 보살핌에 대한 신앙에 의한 인용임을 밝힌다.

12:10). 북이스라엘은 따지고 보면 그 조상이 야곱이기 때문이다. 야곱의 생애나 북이스라엘 (에브라임)의 삶이 그것이 그것이라는 말이다. 북이스라엘의 현재가 이모양인데 거슬러 올라가면 야곱도 그모양이었다는 뜻이다. 이 단락에서는 야곱이 모태에서 그의 형의 '발뒤꿈치를 잡은' (아카브, "עָקַב"에서 야아콥이란 이름이 붙음) 행위, 마치 씨름 장사와 같은 인간적인 힘으로 하나님과 겨룬 내용에서 시작한다 (한글개역. "또 장년에 하나님과 힘을 겨루되"; 여기서 '장년에'는 문자적으로 by his strength [KJV]). 이것은 북이스라엘 (에브라임)의 거짓된 삶에 대한 고발로 이어진다. 거짓 저울을 가지고 속이기를 좋아하면서도 (12:7) '나는 죄가 없다', '깨끗하게 돈 벌었다'고 뻐기는 북이스라엘의 불신실을 호세아는 지적한다. 지금 북이스라엘이 이러한 기만에 찬 자들이지만 기실 거슬러올라가면 그 옛날 이들의 조상인 야곱이 벌써 출생 때부터 사기군이었다는 것이다!

반면 하나님은 그 야곱에 대해서 어떻게 하셨는가. 하나님 혹은 천사 (호 12:4)는 야곱의 환도뼈를 치셔서 위골시키시고 그를 신실히 징계하셨다 (창세기에는 어떤 '사람' 혹은 '사람들'로 나타남 [단수, '이쉬' 창 32:25 혹은 복수, '아나쉼' 32:29]). 육신적이고 세상적인 야곱의 힘은 철저하게 꺾어버리시고, 하나님은 이제는 하나님만을 의지함으로 야곱이 승리자가 될 수 있도록 하셨다 ("겨루다"; "שָׂרָה" [싸라]에서 "יִשְׂרָאֵל" [이스라엘]이란 새 이름이 주어졌다). 창세기에는 없지만 호세아는 그때 야곱이 "울며 간구했다"고 증언한다 ("בכה ויתחנן-לו"). 호세아는 "하나님은 벧엘에서 그를 만나셨고 거기에서 '우리에게' (עִמָּנוּ) 말씀하셨나니"라고 역사에 신학적인 설명을 붙인다. 즉 하나님을 붙잡고 매달린 야곱을 벧엘에서 만나서 언약을 확증하시고 그에게 임재해 주셨던 그분은 지금도 앞으로도 쭈욱 계속하여 ("말씀하셨나니"는 히브리어로는 "דַּבֵּר", 즉, 과거형이 아니라 계속을 뜻하는 '미완료형'으로 쓰였음) 벧엘 곧 하나님의 집에서 '우리'를 만나주시고 말씀하실 것이라는 의미다. 야곱이 '간구'하도록 하나님은 야곱을 다루셨는데 죄 속에 있는 현재의 북이스라엘도 '간구'하면서 하나님께 기도하면 하나님은 그 기도를 기억하시고 다시 이스라엘에게 긍휼을 베푸실 것이라는 말이다. 호 12:5의 "야웨는 그를 기억하게 히는 이름" (개여개정)이라는 말 (히. "זִכְרוֹ"는 '제케르,' זֵכֶר 즉 '기억'에서 왔음)이 나타나는데 이는 사 62:6, "예루살렘이여 내가 너의 성벽 위에 파수꾼을 세우고 그들로 하여금 주야로 계속 잠잠하지 않게 하였느니라. 너희 여호와로 기억하시게 하는 자들아 (הַמַּזְכִּרִים), 너희는 쉬지 말며..." 및 대상 16:4를 참조하면 이해가 쉽다. 즉 대상 16:4는 레위인의 사역이 '기도' (개역개정에는 "칭송"으로 번역. 이는 불분명한 번역. 히. "וּלְהַזְכִּיר" 문자적으로, '기억하게 하며')와 감사와 찬양으로 이루어졌음을 알려준다. 말하자면, 5-6절의 권면, "여호와는 만군의 하나님이시라. 여호와는 그를 기억하게 하는 이름이니라. 그런즉 너의 하나님께로 돌아와서 인애와 정의를 지키며 항상 너의 하나님을 바랄지니라."는 야웨의 이름을 부르며 회개 기도를 함으로 그분이 기억하시도록 하라는 것이다. 그리고 마땅히 이 회개는 회개의 합당한 열매인 인애와 정의의 삶으로 나타날 수 있도록 하라는 것이다.

이렇게 발뒤꿈치를 잡고 (우리식으로 말하자면 '남의 발목을 잡고') 인간적 힘을 쓰는 야곱에게 신실히 징계하시고 새사람 만드시는 하나님을 서로 대조한 호세아는 나아가 현실의 속이는 저울을 사용해서 돈을 버는 이스라엘과 그 이스라엘을 끝내는 고치셔서 명절날에 장막에 거하도록 하시는 하나님을 대조한다 (12:9). 이 명절은 초막절 (슥 14:16 이하)을 시사하고 결국은 예수님의 재림으로 있게 될 천년왕국, 나아가서는 새 예루살렘을 시사할 것이다 (계 20:4-6; 21:3 "보라 하나님의 장막이 사람들과 함께 있으매...").

이러한 대조법들을 통해 생각하게 되는 것은 호세아서가 가르치는 영성이다. 이는 '대조법의 영성'이요, 신실하신 하나님 (11:12) 앞에 나의 심히 죄인됨 (12:2)을 깨닫는 영성이요, 하나님의 은혜로 회개하고 다시 인애와 정의의 삶으로 나아가는 (12:6) 영성이다.

호 11:12 번역과 신학적 성찰

호 11:12 (히브리어 본문으로는 12:1)은 번역이 어렵다. KJV의 번역 (Ephraim compasseth me about with lies and the house of Israel with deceit but Judah yet ruleth with God and is faithful with the saints)을 한글로 옮기면 "에브라임은 거짓으로, 이스라엘 집은 속임으로 나를 둘러쌌지만 유다는 여전히 하나님과 다스리며 성도들은 신실하다"로 된다. 이 번역을 볼 때 하반절이 적절히 번역되었는가. 여기서 두 가지 문제가 되는 것은 기원전 8세기의 남왕국 유다가 '하나님과 여전히 다스리는' 상태에 있었는가, 그리고 '성도들 (קְדוֹשִׁים)'은 신실하다 (נֶאֱמָן)'고 하는데 그 남왕국의 성도들이 정말 신실했는가 하는 것이다. 신실하기는커녕 실상은 정반대였다. 동시대 이사야 선지자는 남왕국 유다를 치는 설교에서 "신실하던 (נֶאֱמָנָה) 성읍이 어찌하여 창기가 되었는고! 정의가 거기에 충만하였고 공의가 그 가운데에 거하였더니 이제는 살인자들뿐이로다!" (사 1:21)라고 하지 않았는가. KJV의 번역을 따라가면 이 구절이 거짓된 북 이스라엘과 신실한 남 유다를 첨예하게 대조하는 것으로 이해된다. American Standard Version과 English Revised Version도 남 유다를 긍정적으로 보고 있는데 다만 '케도쉼'을 KJV처럼 '성도'가 아니라 '거룩한 분'으로 보아 "...그러나 유다는 여전히 하나님과 다스리는즉, 거룩하신 분에게 신실하다"로 번역하였다. 사실 '카도쉬'는 '알'이나 '엘론' (지극히 높으신 분)처럼 '거룩하신 분' 곧 하나님에 대한 한 명칭이다. 보통 이사야서에서는 단수 형태 연계형 '케도쉬 이스라엘' ('이스라엘의 거룩하신 자')로 수다히 나타나고 있는데 여기서 복수가 쓰인 것은 '엘' (단수형으로 하나님)을 '엘로힘' (복수형으로 하나님, 하나님의 장엄성을 강조)으로 사용하는 것에 비교할 수 있을 것이다. 즉, 케도쉼은 '거룩자'의 장엄함을 강조한 표현으로 볼 수 있는 것이다 (plural of majesty).[268] 복수형이기에 '거룩한 사람들=성도 (saints)'로 번역함은 잘못인 것 같다.

그러면 한글개역개정은 이 절을 어떻게 번역했을까. "에브라임은 거짓으로, 이스라엘 족속은 속임수로 나를 에워쌌고 유다는 하나님 곧 신실하시고 거룩하신 자에게 대하여 정함이 없도다"라고 번역하였다. 즉, 킹제임스역이 '성도들은 신실하다'라고 하였으나 개역개정은 히브리어의 '임 엘' (עִם-אֵל)' (하나님께 대항하여 against God)과 '임 케도쉼 네에만 (עִם-קְדוֹשִׁים נֶאֱמָן)' (신실한 거룩자께 대항하여 against the faithful Holy One)를 동격으로 본 것이고, KJV는 '다스린다' (히브리어로 라드 'רָד')로 긍정적 뜻으로 (원형을 '라다' 즉, '다스리다'로 봄. 예, YLT) 번역하였으

---

268 김희보, 구약 호세아 주해, 348.

나 개역개정은 '정함이 없다' ('라드'의 원형을 루드 'רוד' 즉 '방황하다', '왔다 갔다 하다'로 봄)로 부정적 뜻으로 번역하였다. 스트롱 관주사전을 보면 '라드'의 원형을 '루드'로 소개한다 (뜻은 to wander restlessly). 곧, '쉬지 않고 부산스럽게 움직이다' 혹은 '이리로 저리로 왔다 갔다 하다'라는 뜻으로 풀이할 수 있겠는데NASB와 NIV는 'unruly' ('다루기 힘든', '제어하기 어려운')로, JPS Tanakh 1917은 'wayward" ('정도에서 벗어난', '제멋대로 구는', '이랬다 저랬다 하는')라는 단어를 사용해서 번역하였다.

필자가 본절을 번역한다면 이렇게 하겠다. "에브라임은 거짓으로, 이스라엘 족속은 속임수로 나를 뼁 둘러쌌고, 유다는 하나님을 거슬러, 진실하신 거룩자를 거슬러 여전히 제멋대로 갈 길을 간다."물론 이는 의역이다. 이 번역의 의미는 북 이스라엘이나 남 유다나 타락한 것으로는 똑같은데, 북 이스라엘은 하나님께 가까이와서 그분을 뼁 둘러싸기는 했으나 진실됨으로 하나님을 가까이하여 둘러싼 것이 아니라 오히려 거짓으로 둘러쌌다는 것이고, 남 유다는 둘러싼 북이스라엘과는 반대로 하나님을 떠나 왔다 갔다 움직이기는 하나 하나님의 뜻을 받들어 무슨 선을 행하려고 정도로 간 것이 아니라 하나님을 거슬러 (거역하여) 진실하신 거룩자로부터 일탈 (逸脫)하였다는 것이다. 한글개역개정으로는 북 이스라엘이나 남 유다나 부패한 것을 잘 나타내지만 북이스라엘이 하나님 가까이 둘러싼 모습과 남유다가 하나님을 떠나 제어불가능 상태로 방황하는 모습의 대조점은 잘 드러나지 않는다는 것이다.

위와 같은 필자의 번역은 히브리 본문의 의미를 잘 드러내고 있을까. 호 11:12에 나타난 단어들만을 캐고 캐서는 위 번역의 신빙성이 잘 증명되지 않는다. 이에 호세아와 동시대 선지자 이사야의 표현을 참조하는 것이 필요하다. 이사야 1장에는 이런 표현이 나타난다. "너희가 내 앞에 보이러 오니" ("타보우 레라오트 파나이 [תָבֹאוּ לֵרָאוֹת פָּנָי]" 여기서 '내 앞에'라는 '파나이'의 원의는 '내 얼굴'이라는 뜻이다. 즉 이스라엘이 예배를 드리려고 하나님 얼굴 앞에, 심하게 말하면, 하나님 코 앞에까지 다가온다는 것이다. 진실된 마음으로, 하나님만 의지하려고, 가난한 심령으로 그분께 가까이 나아온다면 얼마나 좋으랴! 이스라엘은 속된 말로 '눈도장 찍으려고' 하나님께 가까이 온다는 것이다. 그 뒤의 절들을 보면, 이스라엘은 거룩하고 선한 행위를 가지고 오는 것이 아니라 피가 철철 흐르는 손으로 나아온다는 것이다 (15절). 월삭, 안식일, 대회 등등 (13절) 모든 예배 때마다 가까이 나아오기는 나아오나 하나님의 선과 의를 가지고 오지 않는다. 이것은 호 12:1에서 이스라엘이 하나님을 뼁 둘러싸고 가까이 서 있기는 하나 거짓된 더러운 마음과 더러운 손으로 서 있는 것과 같다.

한편, 이사야 1장은 또하나의 모습을 보여준다. 이스라엘이 하나님께 가까이오는 것이 아니라 이번에는 멀리 떠난다는 것이다. 임자를 모르고 길길이 뛰는 소처럼, 주인의 구유를 모르고 고집대로 다른 길로 달음치는 나귀처럼 (3절) "그들이 여호와를 버리며 이스라엘의 거룩하신 이를 만홀히 여겨 멀리하고 물러갔도다" (עָזְבוּ אֶת-יְהֹוָה נִאֲצוּ אֶת-קְדוֹשׁ יִשְׂרָאֵל נָזֹרוּ אָחוֹר : They have abandoned the LORD, They have despised the Holy One of Israel, They have turned away from Him. 4절하. NASB)라고 이사야는 탄식하고 있다. 이것은 호 12:1에서 유다가 하나님 분부를 받들어 무슨 좋은 일을 하려고 이리저리 다니는 것이 아니라 하나님을 업신여기고 제멋대로 여기저기 다니는 것과 같다. 따라서 11:12의 번역을, "에브라임은 거짓으로, 이스라엘 족속은 속임수로 나를 뼁 둘러쌌고, 유다는 하나님을 거슬러, 진실하신 거룩자를 거슬러 여전히 제멋대로 갈 길을 간다"라는 번역을 제안해 본다 (KJV, ESV, NLT 보다는 NASB, GNT의 번역에 동의함). 이 번역을 따라 다음과 같이 형제자매들께 권면하고 싶다: "오늘도 하나님께 참 마음으로 예배 드리려고 그분 가까이 뼁 둘러서십시다! 오늘도 하나님 뜻 받들어 전도하고 봉사하고 의와 사랑을 행하려고 여기도 가고 저기도 가고 부지런히 다닙시다!"

12:11-13:4: 야곱 단상 (斷想) 2

11:12-12:10에서 야곱과 야웨를 대조한 호세아는 12:11-13:4에서 또한번 야곱과 야웨를 대조한다. 전자에서 하나님은 남의 발뒤꿈치를 잡는 사람 야곱을 신실히 징계하셔서 바로 잡아 주셨다. 한편, 12:11-13:4의 초점은 야곱의 인간적 사랑의 동기에서 나온 행동과 야웨의 신적 사랑의 동기에서 나온 행동의 대조이다. 이 대조법을 한 마디로 줄이면 야곱은 평생 자기가 애착하는 대상 라헬에게 미쳐서 하나님이 원하시는 것을 보지 못하고 눈이 흐려져 많은 일을 그르쳤다는 것이고 여호와께서는 그런 야곱, 그런 이스라엘에게도 손을 내밀어 주셔서 영광의 자리, 구원의 자리로 올라오게 하셨다는 것이다! 야곱의 일생은 복잡다단 (複雜多端)하기 짝이 없는 일생이었다. 정열도, 욕심도, 열심도 많았고 슬픔도, 좌절도, 고생도 많았다. 도망을 다녔고, 객지에 오래 있었고, 구름 그림자처럼 떠돌았다.

야곱은 아내 얻기 위해 자신의 모든 힘을 쏟았다. 라헬이 그렇게도 아름다웠을까, 라헬이 그렇게 맘에 들었을까, 밤에도 낮에도 그녀 때문에 양을 지켰다. "낮에는 더위와 밤에는 추위를 무릅쓰고 눈 붙일 겨를도 없이" (창 31:40) 지냈다. 라헬과 레아를 위해 14년, 양 떼를 위해 6년 봉사했으나 외삼촌 라반은 야곱을 속여 그 품값을 10번이나 바꾸었다 (31:7, 41). 야곱이 가솔을 거느리고 도망을 나왔을 때 라반은 그의 형제를 거느리고 7일길을 추격하여 길르앗 산에 야곱 일행을 만났다. 도망자가 붙잡혔으니, 무슨 변명을 하겠는가 (야곱은 변명을 한다 31:31). 주는 벌을 받을 수밖에 없다. 그러나 이 절박한 순간에 하나님이 개입하신다. "라반아, 조카에게 잘잘못 따지지 마라" (31:24). 라반은 충분히 폭력이라도 휘두를 수 있었지만 하나님 때문에 참는다 (31:29). 다만, 그는 자기 가정 우상을 도둑 맞았기에 야곱 가족의 텐트를 뒤진다. 야곱은 라헬이 도둑질한 줄 몰랐고, 외삼촌이 여기저기 뒤지고도 찾지 못하자 마침내 참았던 화가 폭발하였다. 그동안 고생하면서 외삼촌에게 사기를 당하는 가운데 쌓였던 해묵은 억한 심정이 분출한다. 이것이 야곱의 고함과 원망과 분노다.

사기꾼 기질의 야곱은 고단수 사기꾼 라반을 만나 결국 이러한 심각한 충돌을 겪는다. 야곱의 일생을 보라. 분노와 멍든 가슴과 애착과 상실의 슬픔으로 엮여 있다. 사랑한 라헬은 고단수 사기꾼의 딸이었고, 우상 (드라빔)에 눈 먼 여자였고, 자기도 언니 레아처럼 아기를 낳게 해달라고 남편을 들들 볶은 여자였다. 사랑한만큼 먼저 갔고 야곱의 가슴은 멍이 들었다. 그녀가 낳은 자식 요셉을 편애함으로 가정에는 풍파가 일었고, 그 자식의 피 묻은 옷을 움켜잡고 또 깊은 상심 가운데 눈물로 밤을 지새운 사람이 야곱이었다. 살기등등한 라반에게 하나님의 개입이 없었다면, 살기등등한 에서의 마음을 하나님이 누그러뜨리지 않으셨다면, 딸의 강간 사건으로 초주검이 된 마음을 하나님이 다시 붙잡아주지 않으셨다면, 죽은 줄만 알았던 요셉을 다시 상면토록 하신 하나님의 자애를 맛보지 못했다면, 그의 일생은 그 험난과 허무에 함몰되었을 것이다.

　　호세아 선지자가 야곱의 이러한 인간적 애착을 끌어오는 것은 그가 현재 목도하는 이스라엘의 삶의 꼴이 그 모양이기 때문이었다. 우상과 그 우상이 주는 복에 온통 마음이 쏠려 있는 이스라엘, 호세아는 이스라엘 사람들이 쌓은 제단들이 밭이랑에 쌓인 돌무더기들 같다 (12:11)고 증언한다. 나라가 온통 우상들로 가득하였다. 나라가 온통 음란한 바알에게 미쳐 있었다. 이스라엘의 유일한 애착은 우상들에게 향해 있었다. 그들은 대대로 우상들에게 집착하였다. 야웨께서는 이로 인한 분노를 더이상 참기 어려우셨다. 이스라엘 삶 속에 피비린내와 멍든 가슴과 깊은 좌절들은 바로 이 분노의 반영이었다. 이 점에서 호세아 12:11-13:4은 시편 90편의 문맥을 따른다. "…주께서 그들을 홍수처럼 쓸어가시나이다…우리는 주의 노에 소멸되며 주의 분내심에 놀라나이다…우리의 모든 날이 주의 분노 중에 지나가며 우리의 평생이 순식간에 다하였나이다. 우리의 연수가 칠십이요 강건하면 팔십이라도 그 연수의 자랑은 수고와 슬픔 뿐이요 신속히 가니 우리가 날아가나이다." (시 90:5-10) 불쌍한 연기자들이 뻐기며 걷다가도 초조와 슬픔으로 안달하고 정욕과 야심에 눈이 멀어[269] 하나님을 보지 못하고 하나님의 분노에 풀처럼 하루 아침에 시들어 인생을 마감한다. 야곱의 일생이 수고와 슬픔 뿐이요, 북 이스라엘의 역사가 멸망과 포로로 끝났다. 열왕기 기자는 북이스라엘이 왜 망했는지 정확히 진단한다 (왕하 17장).

　　그러나 야곱의 일생이 그것뿐이라면, 이스라엘의 역사가 그것뿐이라면, 우리의 소망이 어디에 있겠는가. 우리가 소망할 사실은, 그런 버러지 같은 야곱도, 희망 없는 이스라엘 사람들 (사 41:14)도 야웨께서 거두셨다는 것이다. 야웨께서는 그들 속에 개입하셔서 도와주셨다 (사 41:10, 13, 14). 야곱과 대조되는 하나님의 신실함은 히브리 본문을 볼 때 확실하게 드러난다. 호세아는 이스라엘의 우상숭배와 야곱의 옛 사람의 삶을 같은 단어로 묘사한다. 이스라엘 사람들이 제난을을 쌓은 것이 밭이랑에 쌓은 놀무더기 같다고 묘사되었는데 여기서 밭은 히브리어로 '사데'이다. 그런데 야곱이 도망간 장소를 표현할 때도 아람 (곧 시리아) 들판, 즉 여기서 들판에 해당하는 단어가 '사데'이다. 호세아는 이러한 같은 단어의 사용을 통해 야곱과 이스라엘의 잘못된 삶을 서로 오버랩시킨다. 이 기법은 여기서 그치지 않는다. 12절 하반절을 히브리어 본문을 따라 직역하면, "그리고 이스라엘이 아내 얻기 위하여 봉사했고 아내 얻기 위하여 지켰다"라고 할 때 '지켰다'는 것은 '양을 지켰다'는 것인데 호세아가 사용한 단어는 '솨마르'라는 동사다. 그런데 13절 하반절에 "선지자로 저를 보호하셨거늘"이라는 개역개정의 번역은 사실은

269　참고. "인생은 걸어가는 그림자, 불쌍한 연기자에 지나지 않는다. 무대 위로 자기 시간을, 으시대며 활보하다가도 이내 안달초조. 아, 끝내는 적막 (寂寞)이요 아무 소리도 없구나! 인생은 천치바보가 지껄인 말, 고함과 분노만 가득하니 무슨 의미가 있나!" (Life's but a walking shadow, a poor player,; That struts and frets his hour upon the stage; And then is heard no more, It is a tale; Told by an idiot, full of sound and fury,; Signifying nothing.) 셰익스피어의 맥베스 5막 5장 중에서 (필자의 졸역).

수동태를 능동태로 번역한 것이다. 이를 직역하면, "그 (이스라엘)가 지켜졌다"가 된다. 여기에 사용된 동사가 또 '솨마르'이다. 즉, 야곱은 양을 '지켰고', 야웨는 이스라엘이 선지자에 의해 '지킴을 받도록' 하셨다는 것이다.

한편, 여기서의 강조점은 야곱의 인생의 포커스와 하나님의 주안점이다. 야곱의 인생 포커스를 말할 때는 '아내 얻기 위하여 (베잇솨)'가 두번 반복 (12절)되는 반면, 하나님의 주안점을 언급할 때는 '선지자로 (베나비)'가 두번 반복 (13절)된다. 물론 여기서도 똑같은 전치사 '베'를 한 편으로는 야곱과 관련하여, 그리고 다른 편으로는 하나님과 관련하여 사용한 것은 사실이다 (한글 번역으로는 드러나지 않음). 다만 한글 번역 상으로 뚜렷이 드러나는 것은 특정 단어의 두 번 반복을 통해 나타나는 야곱의 집착과 그런 야곱을 구속하시려는 하나님의 사랑의 대조라는 것이다. 야곱의 삶의 전부는 '드라빔 도적질하는 라헬'이었고 야웨의 목적은 그 야곱에게 그 삶이 전부가 아니라는 것을 알게 하시되 야곱 자신으로는 그 삶에서 나올 수 없기에 선지자를 보내셔서 그를 건져내는 것이었다. 14절의 직역은, "그러나 선지자로 야웨께서는 이스라엘을 이집트로부터 올라오게 하셨고, 선지자로 그는 지킴을 받았다." 이 문장에서 '선지자로'가 두 번 다 맨처음에 나와 강조되었다. 물론 여기서 선지자는 모세를 말하며, 물론 모세는 오실 선지자 예수 그리스도의 모형이다.

야곱은 라헬과 사랑에 빠질 수 있다. 자기가 사랑한 여자 때문에 20년도, 30년도 봉사할 수 있다. 40년도, 50년도 그 여자 때문에 양떼를 지키고 양털을 깎고 양똥을 만질 수 있다. 그러나 어떠한 사랑도, 어떠한 봉사도, 어떠한 몰두도, 어떠한 열심도, 하나님 없이는 아무런 의미가 없다. 하나님이 첫째가 아니고는 아무 소용이 없다. 야곱은, 이스라엘은, 그리고 우리는 이것을 배우는 것이 중요하다. 우리 눈이 보기에 세상 없이 귀한 것도 예수님 없이는 허무한 것이다. 그것은 우상이다. 이것을 알기 위해 야곱의 후예인 우리에게는 야웨의 신실한 징계가 필요하다. 하나님은 '그것'을 데려가시기도 하시고, '그것' 때문에 아프게도 하시고, '그것' 때문에 십수년 눈물로 지새게도 하신다. 그러나 '이것'을 알게 되고 '이것'을 얻게 되면 우리는 행복자인 것이다. "여호와께서는 사람의 생각이 허무함을 아시느니라. 여호와여, 주로부터 징벌을 받으며 주의 법으로 교훈하심을 받는 자가 복이 있나니…여호와께서는 자기 백성을 버리지 아니하시며 자기의 소유를 외면하지 아니하시리로다." (시 94:11-14)

호 13:5-16: 마지막 대조(對照)

11:12 이하의 세 단락 (11:12-12:10; 12:11-13:4; 13:5-14:8)은 모두 여호와와 이스라엘을 대조하는데 마지막 단락에서도 대조가 나타난다. 이 13:5-14:8은 13:5-16과 14:1-8 (회개 촉구 14:1-3과 14:4-8 회복 예언)으로 나눌 수 있다. 여기서는 13:5-16을 살펴본다. 아래는 필자의 사역 (私譯)이다.

"내가 그 광야에서 너를 알았고, 바짝 마른 땅에서 (너를 알았다). (풀) 먹이운 (양들)처럼 그들은 (배가) 불렀다. 배가 불러 그들은 마음이 높아졌다. 그리하여 그들은 나를 잊어버렸다. 그러므로 나는 그들에게 사자 ('솨할') 같을 것이며, 표범처럼 길가에 엎드려 노릴 것이다. 나는 (새끼) 잃은 암콤처럼 그들을 덮칠 것이며, 나는 그들의 심장 꺼풀을 찢을 것이다 ('카라'). 그리고 나는 거기서 사자 ('라비')처럼 그들을 먹어 치울 것이며, 들판의 짐승처럼 그들을 찢을 것이다 ('바카'). 아, 이스라엘이여, 너의 패망함이여! 진정 나를 대적했구나, 너를 돕는 이를 거스렸구나! 네가 '왕과 관리들을 내게 주소서!' 말하던, 네 왕이 이제 어디 있으며, 네 모든 성읍들에서 너를 구원할 자와 사사들 (판관들)은 (어디 있느냐). 나는 네게 화가 나서 왕을 주었고, 너무 화가 나서 (왕을) 거두었다. 에브라임의 불의는 찰대로 찼고, 그의 죄는 적축되었(은 즉), 아기 낳는 통증들이 그에게 임할 것이다. 그는 지혜롭지 못한 아기라, (나와야 할) 때이기 때문이다. 아기들이 나오는 입구 (자궁의 출구; 産門)에서 지체치 말라. (*하지만) 스올 (陰府)의 권능으로부터 나는 그들을 속량하겠다. 죽음으로부터 나는 그들을 구속하겠다. 죽음이여, 너의 재앙들이 어디 있느냐! 스올이여, 너의 멸망이 어디 있느냐! 내 눈앞에 후회가 숨으리라 (없으리라). 참으로 그가 형제들 중 (제일로) 과실들을 많이 맺어도 광야로부터 일어나는 여호와의 동풍이 불어 올 것이다. 그가 보물 곧 모든 귀한 그릇들을 약탈할 것이다. 그의 하나님께 반역하였으므로 사마리아가 죄를 당하여 칼을 맞아 엎드러질 것이요, 그들의 유아들은 조각날 것이며, 그의 임신한 여인들은 배가 갈리울 것이다."

이 단락에서 호세아 선지자는 또한번 대조법과 점충법을 사용하여 여호와 하나님과 이스라엘 사이에 얼마나 큰 간격이 존재하는 지 우리에게 보여준다. 그는 1장에서부터 지속하여 사용하였던 모티프들과 주제들 (특히 아내와 자식들)을 여기서도 사용하여 문학적 일관성을 유지하고 동시에 하나님의 마음을 생생하게 전달하고 있다. 호세아는 광야시대부터 땅 정착 후 사무엘 시대를 지나 본인 당대에 이르기까지 지속적으로 여호와께 죄를 범하고 거역한 이스라엘을 우리에게 여실히 보여준다. 북왕국 이스라엘에게는 그야말로 혹독한 심판이 따를 것이다. 그러나 불신실한 이스라엘과는 반대로 하나님은 이 이스라엘을 구속하시겠다고 한다. 죽음으로부터 구속하시겠다고 한다 (참고. 고전 15:54-55 "이 썩을 것이 썩지 아니함을 입고 이 죽을 것이 죽지 아니함을 입을 때에는 사망이 이김의 삼킨바 되리라고 기록된 말씀이 응하리라 사망아 너의 이기는 것이 어디 있느냐 사망아 너의 쏘는 것이 어디 있느냐").

호 14:1-8의 '에흐예'와 신학적 성찰

호세아 11:12-14:8 단락의 세 하위단락들 (11:12-12:10; 12:11-13:4; 13:5-14:8)의 세 번째 하위 단락에 속하는14:1-8 (히브리어 본문 14:2-9)은 호세아가 이스라엘에게 회개를 촉구하는 내용 (1-3절)과 미래 예언=여호와의 의지 표현 (4-8절)으로 되어 있다. 회개를 촉구하는 내용은 하나님의 언약 조항들 (계명, 법)에 비추어 이스라엘이 죄악된 상태에 있으니 그 상태에서 속히 돌이키라는 말인데, 이는 설교의 클라이막스이고, 그러나 이스라엘 자체로서는 돌이킬 힘이 없으므로 하나님이 돌아오게 하시고 하나님이 구원하시고 하나님이 회복케 하실 것이라 (하시겠다)는 것이 이 설교의 절정에 미래 예언으로 이어져 나타나 있다. 이것이 구약 선지자들의 설교의 가장 높은 봉우리라 할 것이다. 하나님의 의지는 다음과 같이 나타난다. "내가 그들의 반역을 고치고 기쁘게 그들을 사랑하리니", "내가 이스라엘에게 이슬과 같으리니" 등등. 이것들은 모두 문법적으로는 미완료인데 모두 여호와의 의지가 담겨 있는 표현들이다. 특히 여기서 눈에 띄는 것은 히브리어 '에흐예'라는 표현이다. "내가... 일 것이다" 혹은 "내가 ...가 될 것이다"라는 뜻이다. 의지로 해석하자면 "내가 ... 이겠다" 혹은 "내가 ...가 되겠다"로 된다. 14:5를 이런 이해에 따라 번역하면, "내가 이스라엘에게 이슬과 같을 것이다" 또는 "내가 이스라엘에게 이슬이 되겠다"이다.

    이 히브리어 표현은 출 3:14에 나타난다. 모세가 여호와 하나님의 이름을 묻자 하나님께서는 "에흐예 아쉐르 에흐예" (אהיה אשר אהיה)라고 대답하셨다. 영어로 번역하면, I will be that Ehye ("I will be"). 한글로 번역하면, 나는 "에흐예"일 것이다 혹은 나는 "에흐예"가 되겠다. 하나님은 이 절의 두번째 "에흐예"를 명사로 사용하신다. 문맥을 따라 정리하면, 이제 여호와께서는 모세를 통해 아브라함과 이삭과 야곱에게 언약을 맺어 약속하신 것 (예. 창 15장, 하늘의 뭇별 같은 자손, 이 땅, 네 자손이 섬기는 나라를 징벌할지며 네 자손이 큰 재물을 이끌고 나오리라)을 시행하시는 분이 될 것이다 (혹은 되겠다)는 말이다. ESV, NIV, GWT 같은 영어역본들은 "에흐예 아쉐르 에흐예"를 I AM that I AM이라고 번역하고 각주를 달아, I will be what I will be라고 첨기하였다. 나는 I AM 보다는 I will be로 보는데, 그 이유는 이 번역이 조상들에게 하신 언약을 따라 그 약속을 시행하여 이집트에서 이스라엘을 구속하실 하나님을 잘 드러내는, 곧 문맥에 가장 적합한 번역으로 보기 때문이다. 이렇게 출애굽기에서는 하나님이 '구속하실' 분, '구원이 되실' 분, '건지실' 분, '빼내실' 분 곧 능력을 표현하는 이름 '엘로힘' 보다는 언약의 약속을 시행하실 구원의 주 '야웨'의 이름으로 자신을 드러내신다. 자유주의자들은 이러한 다른 신명들을 가지고 (출 6:3) 나이브한 자료비평에 매달리지만 출 6:2-13을 읽어보면, 언약 하나님이 이제 그 언약에 기초하여 출애굽이라는 구원을 시행하실 분으로 자신을 나타내시겠다는 것이 너무나 분명히 드러난다.

    하나님의 이름은 여호와이시나 (우리가 이 이름을 부르며 나아갈 때 여호와께서는 고개를 돌리시고 '무슨 일이냐?' '왜 그러니?' '응?'하시며 보신다 왜냐하면 여호와는 그 호칭을 변함 없이 부를 '나의 이름 [출 3:15 "זה־שמי לעלם וזה זכרי לדר דר"]라고 하셨기 때문), 여호와께서는 모세에게 당신의 별명 '에흐예'를 일러주셨다. "너는 이스라엘 자손에게 갔을 때 '에흐예'께서 나를 여러분에게 보내셨습니다 라고 해라"라고 하셨다. '에흐예' 곧 '나는 ...가 될 것이다'라는 것에 '구원자', '회복자', '구출자', '약속 시행자', '종살이에서 빼내는 자', '치료자' 등 무엇을 넣어도 된다. 여기에는 다른 누구도 아닌 하나님만이 하신다는 사상과 강한 의지가 담겨 있다. 이 '에흐예'라는 이름을 가지고 우리가 호세아서를 보면 호세아서는 큰 구도에서 반전을 나타냄을 알 수 있다. 호세아서의 맨앞에서는 "아노키 로 에흐예 라켐" (나는 너희에게 '에흐예'가 되지 않겠다; 1:9 [ואנכי לא־אהיה לכם])라고 하신 하나님이 맨 뒤에서는 이제 "에흐예 카탈 레이스라엘" (내가 이스라엘에게 이슬같이 되겠다 '에흐예' Heb. 14:6 [אהיה כטל לישראל])이라고 하신다. 호세아와 동시대 선지자 이사야는 이 구원에 대한 시행 계획을 호세아보다 더 자세히, 더 풍성하게 예언한다. 다른 누구도 아닌 하나님만이, 그분의 의(義)에 의하여, 한 사람을 세우심으로 이 계획을 시행하시겠다는 것이다 (사 40:1-56:8, 특히 45:13 "아노키 하이로티후 베쩨데크 베콜 데바라

카이우 아야쉐르 후 이브네 이리 베갈루티 예샬레아프 로 빔히르 베로 베쇼하드"[270] (내가 의로 그를 일으킨지라. 그의 모든 길을 곧게 하리니 그가 나의 성읍을 건축할 것이며 나의 사로잡힌 자들을 값이나 갚음 없이 놓으리라. 한글개역, 여기서 원문의 '그'를 '고레스' [Cyrus]로 번역한 NIV는 오류). 이것이 바로 하나님의 '새 일'이다 ('הִנְנִי עֹשֶׂה חֲדָשָׁה עַתָּה תִצְמָח' 보라 내가 새 일을 행하리니 이제 그것이 나타날 것이라). '에흐예' 하나님의 포커스는 예수 그리스도다. 이 하나님 이 오늘도 말씀하신다. "내가 예수 메시아 안에서 너를 구원하겠다. 내가 너와 함께 할 것이다. 놀라지 말라, 내가 너를 도와주마, 내 의로운 오른손으로 너를 붙들어주마. 앗타 에흐예 아쉐르 에흐예 르카! (이제 내가 네게 에흐예가 되어 주마)" 이러한 구약의 하나님의 미래의 구원은 이 제 2000년전에 오신 예수님으로 실현되었다 ('에고 에이미' 참고. 요 4:26 "Ἐγώ εἰμι, ὁ λαλῶν σοι"). 요 4:26에서 이제 예수님은 1인칭을 강조하면서 '현재형'으로 말씀하신다. 그리고 이 예수님은 다시 오실 것이다 (계 22:20 "Ναί · ἔρχομαι ταχύ" 미래에 실제로 이루어질 하나님의 나라)!

호 14:9 마지막 말과 신학적 성찰

호세아서의 두드러진 특징 하나는 설교 (예언)에 '지혜 언설' (admonition)을 결합하는 점이다. 참으로 흥미로운 것은, 호세아서를 읽을 때 우리는 이따금 '내가 지금 잠언을 읽고 있 나?'라는 생각을 할 수도 있다는 것이다. 곧 호세아서에는 지혜의 책인 잠언에서나 보일 표현 들, 예를 들어, '지혜', '지식', '알다', '깨닫다', '징책', '견책' 등의 단어들이 너무나 빈번히 나타난다 는 것이다!

현창학은 다음과 같이 지적한다: 호세아서에는 "(하나님을) 안다," "(하나님을 아는) 지 식"이라는 말이 여러 번 등장한다. "안다" ('야다'), "지식" ('다아트') 모두 같은 어근 (야다)의 말 이다. "안다"가 15번 (2:8, 20; 5:3, 4; 6:3, 3; 7:9, 9; 8:2, 4; 9:7; 11:3; 13:4, 5; 14:9), "지식"이 4번 나온다 (4:1, 6, 6; 6:6). 도합 19번 나오는 이 단어는 호세아에서 가장 흔한 단어이다.[271] 여기서 우리는 이런 의문을 품을 수 있다. 선지자의 예언과 지혜는 사실 서로 동떨어진 장르들이다. 그 러면 어떻게 예언이 지혜 장르로 연결되어 혹은 호환되어 언급될 수 있단 말인가. 이 두 장르에 어떤 공통 분모가 있길래 이렇게 자렇게 넘나들 수 있는 것인가.

거개 자유주의자들은 이 두 장르를 첨예하게 분리하여 구약 종교를 역사적으로 재구성 하기를 고집하는 반면, 이 두 장르는 사실 같은 뿌리에 기초해 있음을 알아야 한다. 그 뿌리는 바로 '언약' (혹은 계약; '베리트')이다. 이스라엘은 야웨 하나님의 구원으로 애굽에서 나와 호렙 에서의 언약으로 인해 그분과 특별한 관계성 속으로 들어갔다. 그들에게 요구되었던 것은 상천 하지에 그들을 구원할 다른 신이 없고 오직 야웨께서 그들을 사랑하셔서 구원하셨다는 사실을 그들이 알고 (인정하고) 그분만을 사랑하는 것이었다. 하나님은 실제 역사 속에서 그들로 체험 을 통해 이를 알리시고 또한 이를 요구하셨다. 그리고 하나님은 그분의 선하시고, 거룩하시고, 의로우시며, 참되신 속성들이 반영된 언약 조항들 곧 토라를 순종하여 이스라엘이 복 받기를

---

270 "אָנֹכִי הַעֵירֹתִהוּ בְצֶדֶק, וְכָל-דְּרָכָיו אֲיַשֵּׁר; הוּא-יִבְנֶה עִירִי, וְגָלוּתִי יְשַׁלֵּחַ--לֹא בִמְחִיר וְלֹא בְשֹׁחַד"
271 현창학, 선지서 주해 연구 (수원: 합신대학원출판부, 2013), 125.

원하셨다. 이러한 구원주 하나님-그분과의 언약 관계성 속에 들어감- 그 언약을 순종하여 복을 받음의 도식을 '아는 것'은 곧 그분께 '정조를 지키는 일'이었던 것이다. 모세는 이런 취지에서 "너희는 지켜 행하라. 이것이 여러 민족 앞에서 너희의 지혜요 너희의 지식이라 그들이 이 모든 규례를 듣고 이르기를 이 큰 나라 사람은 과연 지혜와 지식이 있는 백성이로다 하리라. 우리 하나님 여호와께서 우리가 그에게 기도할 때마다 우리에게 가까이 하심과 같이 그 신이 가까이 함을 얻은 큰 나라가 어디 있느냐?" (신 4:6, 7)라고 한 것이다. 모세도 시내산 언약을 모압 들판에서 갱신하면서 언약이라는 큰 테두리 안에 벌써 그의 설교 (예언)에 지혜를 결합시켰던 것이다. "너는 사람이 그 아들을 징계함 같이 네 하나님 여호와께서 너를 징계하시는 줄 마음에 생각하고 네 하나님 여호와의 명령을 지켜 그의 길을 따라가며 그를 경외할지니라." (신 8:5-6) '징계'나 '경외'는 모두 지혜 장르의 상용어들이라 할 것이다. 여기에 '역사'까지를 합해 말한다면 구약은 역사와 예언과 지혜가 하나의 뿌리인 언약에 함께 자리잡고 있는 것이다.

이러한 논의를 따라 이스라엘이 '하나님을 알지 못했다'라는 호세아의 메시지를 좀더 생각해 보자. 이 말의 뜻은 무엇일까. 그것은 이스라엘이 야웨께서 자기들을 세상 나라 (애굽)에서 구원하신 분이라는 사실을 잊었다는 말이다. 그들이 특별한 언약 관계성 속에 있는 것을 망각했다는 말이다. 그 참되고 인애로우신 구주의 속성을 따라 주신 교훈 (토라)을 버렸다는 말이다. 단순한 지식으로가 아니라[272] 인격적 관계성 속에서 하나님이 주님이심을 알아야 하는데 이스라엘이 하나님과 그러한 관계를 맺고 있지 못하니 마귀 우상을 좇아 음란을 행하며 외세 (앗수르)에 손을 벌리고 십계명을 어기는 등 어리석음을 범하게 된다는 말이다. 로버트 치즈홀름은 말한다: "하나님을 안다"는 구절은 여기서 야웨께서 이스라엘과 더불어 맺으신 계약 관계의 맥락 안에서 그의 권세를 올바로 인식하는 것을 가리킨다...그러나 이스라엘은 자신이 야웨의 권세를 인정하지 않았음을 드러내 보이고 있다. 왜냐하면 그들은 그의 계약의 핵심인 십계명을 포함하는 계약법을 노골적으로 위반했기 때문이다."[273]

호세아는 이스라엘이 이 언약 관계성을 떠났기에, 그리고 이 언약의 표명인 계명을 무시했기에, 그들이 지혜도 지식도 없게 되었고 야웨의 날에 견책을 받아 망하게 될 것이라고 선포하는 것이다. 자세히 말하자면 이렇다. 먼저 이스라엘은 거짓된 바알 이야기에 속는다. 그들은 바알이 떡과 물과 양털과 삼과 기름과 술을 준다는 말에 속는다 (호 2:5). 바로 야웨께서 그들에게 곡식과 새 포도주와 기름을 주었건만 그들은 알지 못한다 ('로 야데아' 2:8). 그들에게 음란의 영 ('루아흐 제누님')이 역사하자 그들은 미혹되어 (4:12; 5:4) 산꼭대기에서 제사를 드린다 (4:13). 그들은 하나님을 아는 지식 ('다아트 엘로힘')이 없고, 또 적극적으로 그 지식 (정관사가 붙어있음)을 버린다 ('아타 하다아트 마아스타' 4:6). 깨닫지 못하고 ('로 야빈' 4:14) 남자들이 창녀들 ('하조노트', '하케데쇼트')과 함께 희생을 드린다. 뿐만 아니라 그들은 어리석은 비둘기 ('요나 포타') 같이 속 없이 (지혜 없이; '엔 렙' without heart) 애굽과 앗수르에 손을 벌린다 (7:11). 그들의 힘이 그 이방인들에게 삼키웠으나 알지 못하고 ('로 야다'), 백발이 얼룩얼룩할지라도 깨닫

---

272 김희보, 구약 호세아 주해 (서울: 총신대학교출판부, 1983), 93.

273 로버트 치즈홀름, 선지서 개론, 강성열 역 (서울: 크리스천다이제스트, 2006), 524.

지 못한다 ('로 야다' 7:9). 결국 그들이 야웨와의 언약 ('베리트')을 어기고 율법 ('토라')을 범함으로 (6:7; 8:1) 야웨께서는 견책하는 날에 ('베 욤 토케하' 5:9) 그들을 징계하신다 (바아니 무싸르 레쿨람' 5:2; '아예시렘' 7:12). 야웨께서는 그들을 버리시고 (4:6), 지혜 없는 자식 ('후 벤 로 하캄' 13:13)인 그들은 패망하게 된다 (4:14). "누가 지혜가 있어 이런 일을 깨달으며 누가 총명이 있어 이런 일을 알겠느냐? ('미 하캄 베야벤 엘레 나본 베예다엠' [מִי חָכָם וְיָבֵן אֵלֶּה, נָבוֹן וְיֵדָעֵם]) 여호와의 도는 정직하니 의인은 그 길로 다니거니와 그러나 죄인은 그 길에 걸려 넘어지리라." (14:9)

이러한 일련의 언어적 표현들의 순서를 다음의 잠언의 내용 전개와 비교해 보라. (1) 음녀가 젊은이를 거짓말로 유혹한다. "내가 집에서 화목제를 드렸는데 오늘에서야 내 서원을 이루었답니다. 그래서 당신을 맞으려고 나왔고 그토록 당신의 얼굴을 찾다가 이제야 만났네요! 내가 침대를 이집트의 무늬 넣은 천으로 씌워놓았고 또 몰약과 알로에와 계피 향을 뿌려 놓았지요. 와서 우리 아침까지 깊은 사랑을 나눠요. 우리가 서로 사랑을 즐겨요! 남편은 멀리 여행을 떠나서 집에 없고 돈지갑을 두둑히 채워 가지고 갔으니 보름이 돼야 집에 올 거예요." (우리말성경, 잠 7:14-20) (2) 젊은이가 '소가 도살장으로 가는 것 같이 바보 (미련한 자; '에빌')가 족쇄에 매이러 가는 것 같이 '단번에 그 여자를 따라간'다 (7:22) (3) 젊은이가 하는 짓은 "...새가 자기 목숨이 걸린 줄도 모르고 (로 야다) 덫으로 날아드는 것 같다 (7:23)." 4) "그 여자로 인해 죽임당한 힘센 남자들이 참으로 많다 (7:26b). 그 여자의 집은 지옥으로 가는 길이니 죽음의 방으로 내려가는 것이다 (7:27)." 5) "그러니 내 자녀들아, 내 말을 잘 듣고 내가 하는 말에 주의를 기울이라." (7:24) "지혜 ('호크마')에게 '너는 내 누이'라고 말하고 통찰력 ('비나')을 '내 친구'라고 불러라 (7:4)."

선지서들을 보면 여기 저기 지혜 언어들이 스며 들어 있다. 하나님 앞에 토라를 순종하는 것은 곧 지혜로운 삶이요 이 삶의 밑바닥에는 야웨 경외 사상이 놓여있는 것이다. 하나님의 이 구원 행위와 피로써 맺은바 된 언약으로부터 선지자의 지혜 권면도 나오고, 지혜자의 예언도 나오는 것이다. 선지자의 말 속에 있는 지혜 언설을, 혹은 지혜자의 말 속에 있는 예언 강론을 종교사학자들처럼 역사적으로 재구성하여 기가 막힌 새로운 종교를 구성하지 않아도 언약의 뿌리에서 역시, 예언, 지혜 등 다양한 줄기들을 뻗으심으로 시작하신 구원을 이루어 가시고 또 그것을 끝까지 이루어가려 하시는 야웨 하나님의 심장과 숨결을 우리는 충분히 지각할 수 있지 않은가.

오늘 우리는 호세아 예언을 읽으며 동시에 지혜자의 빛 된 충고를 듣는다. 호세아는 음행을 하는 한국 교회를 선지자의 설교로 치기도 하고 지혜자의 회초리로 견책하기도 한다. 오, 주님! 어리석은 비둘기 같은 제가 속히 무지를 벗어나게 하옵소서! "내가...네게 장가들리니 네가 여호와를 알리라" (호 2:19-20). 이 약속을 받아 "나의 하나님이여, 우리 이스라엘이 주를 아나이다" (8:2)가 우리의 고백이 되길 바란다.

본서의 마지막 권면은 의미심장하다. 14:9 (히브리어 본문은 14:10)는 "누가 지혜로와 이것들을 이해하겠는가, (누가) 사려가 있어 그것들을 알겠는가, 참으로 여호와의 길들은 정직하고 의인들은 그것들 안에 걸어갈 것이지만 죄인들은 그것들로 실족할 것이다."라고 직역이 된다. 이는 이 책 (편)저자의 앞의 내용에 대한 마감하는 말로 보인다. 14:8까지는 한 마디로 말하자면 이스라엘이 구원자가 오직 여호와뿐이심을 알고 그분께 돌아와 전심으로 섬기라는 것이다. 그리고 14:9는 이것이 지혜라고 한다. 참으로 흥미로운 것은, 신명기 마지막 부분의 모세의 노래에서도 똑같은 권면이 나온다는 것이다. "어리석고 지혜 없는 백성아 여호와께 이같이 보답하느냐 그는 네 아버지시요 너를 지으신 이가 아니시냐..." (신 32:6) 모세는 구원주이신 여호와를 앞으로 이스라엘이 버리고 다른 신들을 섬길 것을 통찰하며 지혜 없는 이스라엘에 대해 이와 같이 탄식하는 것이다.

한국교회가 여호와를 버리고 바알을 찾기 시작한 것은 어제오늘의 일이 아니다. 목회자나 여타 신자들 가릴 것 없이 많은 사람들이 육신의 정욕, 안목의 정욕, 이생의 자랑에 취해 있다. 또한 특히 한국 신학자들은 '그들이 알지 못하던 신들, 근래에 들어온 새로운 신들'을 섬기기 시작했다. '그들은 하나님께 제사하지 아니하고 귀신들에게' 제사하는 것이다. 곧 자유주의 신학이다. 종교다원주의, 거짓된 칭의론 (새관점), 신인합일 영성, 영지주의, 동성애와 동성결혼 찬성, 그리고 세상 철학이다. 사탄은 이것들을 가지고 성도들의 영을 시들어 마르게 한다. 또 하나를 들자면, 한국교회를 둘러싸고 있는 세상의 세계관 (대표적인 것은 문화)을 통한 혼합주의다. 지금은 절개 (節介)를 구할 때다. 여호와 하나님과 주 예수 그리스도께 대한 정조 (貞操)를 회복할 때다.

2. 요엘서의 주제적-신학적 구조와 메시지

페투엘의[274] 아들 요엘 ('여호와는 하나님이시다'라는 뜻)의 저작인 본서의 저작 시기에 대해서는 여러 설 (說)들이 있으나, 포로 전으로 잡을 때 기원전 7세기 말에서 6세기 초로 볼 수 있는 것은 요엘의 내용 중에 몇 가지 점이 예레미야서에서 언급한 것들과 비슷하기 때문이다. 먼저 예레미야서 1-20장을 읽어보라. 비교적 예레미야의 초기 저술로 생각되는 이 내용들은 요시야 왕 13년, 곧 기원전 627년 그의 선지 사역을 시작했을 때의 예언들이다. 이 설교들의 특징은 '여호와의 날'에 대한 강조 (이 날은 빛이 없고 어둡다고 묘사되었다), '북방에서 침입해 오는 족속'에 대한 강조다. 덧붙인다면 '애곡'이라는 말이다. 예를 들어, 예레미야 4장과 욜 1-2장의 내용을 서로 비교해 보면 양자는 너무 비슷하다. 물론, 예레미야서에서는 이 '북쪽 군대'를 20장과 그 이하에 가면 '바벨론'이라고 명시적으로 언급하는데 반해, 요엘서에서는 '바벨론'이라는 언급이 없다. 그러나 바벨론과 함께 괴롭혔던 나라들 명단에 '블레셋', '두로', '시돈' 등이 렘 47:4에 나타나는데, 이 나라들은 욜 3:4에 함께 언급되고 있다는 것이다. 이러한 사실들에 더해서, 요엘이 유다와 예루살렘의 멸망과 포로를 예견하고 있었다면 충분히 욜 2:17과 같은 설교, 곧 "당신들 제사장들은 '이방 나라들이 유다 백성을 관할하지 못하게 하옵소서'라고 하나님께 기도하십시오!"라는 설교를 할 수 있었을 것이라는 것이다. 이러한 설교는 유다가 바벨론에 멸망하

---

274 개역개정에는 '브두엘'로 음역되어 있다. 페투엘 (פְּתוּאֵל)은 페투와 엘의 결합인데 페투의 동사형 파타 (פָּתָה)는 크게 하다, 넓게 하다, 열다의 뜻이므로 페투엘은 하나님을 크게 하다라는 뜻이다.

기 직전이니 기원전 6세기 초로 충분히 볼 수 있는 것이다.

한편, 우리는 요엘서의 저작시기를 포로 후기로 볼 수도 있겠다. 예를 들어, 우리는 욜 2:17의 상황을 이미 바벨론을 비롯한 주변 나라들이 유다와 예루살렘을 유린한 이후의 일로 볼 수도 있을 것이다. 2:17은 "여호와를 섬기는 제사장들은 낭실과 제단 사이에서 울며 이르기를, '여호와여, 주의 백성을 불쌍히 여기소서! 주의 기업을 욕되게 하여 나라들로 그들을 관할하지 못하게 하옵소서! 어찌하여 이방인으로 그들의 하나님이 어디 있느냐 말하게 하겠나이까' 할지어다."라고 되어 있다. 선지자는 마치 유다가 이미 다른 나라들에 짓밟힌 이후 그들의 관할을 받고 있는 것처럼 묘사하는 것이다 (왕에 대한 언급도 요엘서에는 없다). 실제로 늦은 포로기 (late exilic) 혹은 포로 후기 (post-exilic) 시편으로 보이는 시 79:10에는 이와 비슷한 표현이 나타난다. "이방 나라들이 어찌하여 '그들의 하나님이 어디 있느냐' 말하나이까. 주의 종들이 피흘림에 대한 복수를 우리의 목전에서 이방 나라에게 보여 주소서!" 또 느헤미야 9장의 '7월 언약' 때에 행한 회개 기도에 이런 내용이 있다. "우리의 죄로 말미암아 주께서 우리 위에 세우신 이방 왕들이 이 땅의 많은 소산을 얻고 그들이 우리의 몸과 가축을 임의로 관할하오니 우리의 곤란이 심하오며..." (느 9:37) 이는 욜 2:17 및 시 79:10의 내용과 아주 유사하지 않은가. 여기에 한 가지를 덧붙이자면, '진동'에 대한 표현이 요엘 3:16에 보이는데, 이 표현이 포로 후 선지서인 학개에 몇 번 나타난다는 것이다. 즉 욜 3:16, "여호와께서 시온에서 부르짖고 예루살렘에서 목소리를 내시리니 하늘과 땅이 진동하리로다..."와 학 2:6, "만군의 여호와가 이같이 말하노라. 조금 있으면 내가 하늘과 땅과 바다와 육지를 진동시킬 것이요...", 학 2:21에, "내가 하늘과 땅을 진동시킬 것이요"를 서로 비교해 보라. 또 하나 언급하자면, 요엘 3장에 보이는 내용 곧 예루살렘이 사면 민족들의 공격을 받는 내용 및 그 민족들을 여호와께서 심판하실 내용은 포로후기의 선지자의 글인 스가랴서 12장과 14장의 내용과 유사하다는 것이다. 슥 9:13의 '헬라' (욜 3:6의 '헬라'), 슥 14:8의 '생수' (욜 3:18 샘)도 생각해 볼 표현들이다.

그러나 무게가 실리는 쪽은 아무래도 포로 전이라 할 것이다. 왜냐하면 '다른 한 민족' (욜 1:6)은 유다와 예루살렘의 성전 (1:13-14 '여호와의 성전')을 공격해 올 '바벨론'으로 보이기 때문이고, 욜 2:17은 아직 일어나지 않은 일들에 대한 선지자 요엘의 설교와 촉구로 이해되기 때문이다. 2:18 이하는 미래 일에 대한 설교 (곧 예언)로 보면 아무런 문제가 없다. 따라서 필자는 요엘서의 저작 시기를 7세기 말에서 6세기 초 곧 예레미야 선지자의 사역 시기와 유사할 것으로 본다.[275]

요엘서에 대한 역사적 설명은 이정도로 하고 이제 본장의 목적인 그 구조와 신학에 대해 알아본다.

1) 요엘서의 구조

요엘서의 구조에 대한 학자들의 논의를 여기서 다 언급할 수는 없겠다. 다만 많은 학자

---

275 포로후기로 보는 견해에 대해서는, 홍성혁, "요엘 4장의 묵시적 종말론 모티프와 그 기능: 야훼의 시온 통치를 통한 새 세상 도래 부각," *구약논단* 20 (2014): 186-216을 참고하라.

들이 동조하고 있는 대표적인 견해 하나만을 소개하자면 요엘서를 크게 두 부분으로 나누는 견해인즉, 서론 (1:1) 다음을, 전반부 (1:2-2:17)와 후반부 (2:18-3:21)로 나누는 견해다 (한글 본문 2:28-32=히브리 본문 3:1-5이고, 한글 본문 3:1-21=히브리본문 4:1-21). 이렇게 보는 이유는 전반부는 황충 재앙과 여호와의 날이 가까왔으니 회개하라는 내용 (어두운 내용)이고 후반부는 성령을 부어주심과 민족들은 심판 받고 시온은 회복되리라는 내용 (밝은 내용)이 나타나기 때문이다.[276] 이러한 이구분 (二區分)을 토대로 스튜어트는 더 자세히 다음과 같이 나눈다. 전반부를 다시 두 구분하여 1:2-20 및 2:1-17로, 후반부를 2:18-32 및 3:1-21로 본다.[277] 이러한 구분의 문제점은, 1) 종래의 역사비평학자들의 문서비평의 영향에서 벗어나지 못한 구분이라는 점,[278] 2) 히브리 성경 기자 (특히 선지서 기자들)의 내용 전개 방식을 충분히 반영하지 못한 구분이라는 점이다. 소박한 자료비평이나 양식비평, 그리고 여러 신학들의 다양한 편집층을 상정하는 편집비평은 그것들을 증명할 만한 역사적 자료도 없을 뿐 아니라, 선지서의 내용의 유기적이고 통일적인 측면에 무지를 드러내기도 한다. 결국 얼토당토 않은 역사적 재구성을 독자들에게 강요하게 되는 것이다.

요엘서의 내용을 면밀히 살펴보면, 저자가 어떤 것 (A)을 말한 다음에 다른 주제로 옮겨가서 다른 것 (B)을 말하고, 또 그 다음에 또 다른것을 말하고 (C)...하지 않는다는 것이다. 요엘은 하나를 말하고 (A), 그와 같은 내용을 약간 다른 표현으로 말하고 (A') 거기에 이어서 무엇인가를 첨언 (B)하는 방식을 사용한다. 크게 보아 요엘서는 1:1-14와 1:15-3:21로 나눌 수 있는데 첫 단락은 여호와의 날-메뚜기 재앙-이족의 침략-회개 권면으로 일단락하고 둘째 단락은 여호와의 날-가뭄과 화재 재앙-이족의 침략-회개 권면-종말의 심판과 회복으로 전개된다. 둘째 단락에서는 특히 회복의 주제들이 가미되는데 이 주제들을 가지고 병행단락들이 형성되고 있다.

보다 구체적으로 요엘서의 내용의 배열과 전개를 언급하자면,

(A) 요엘은 먼저, '여호와의 날' (1:2)과 '메뚜기 재앙 (및 가뭄)'과 '다른 한 민족' (異族)의 침략을 말하고 (1:3, 6 등), 제사장들을 비롯한 백성의 '금식-회개'를 권면한다 (1:13-14). 이것을 A라고 하자.

(A') 그런데 요엘은 이 내용들을 변화를 주어 '한번 더' 말한다. 1:15부터 보면 다시 '여호와의 날'을 말하는데 이번에는 '가뭄과 화재의 재해'를 말하면서 (1:16-20, 2:3) '많고 강한 백성'의 침략 (2:2, 4-11)을 말하고, 제사장들이 백성을 모아 '금식-회개'할 것을 권면 (2:12-17)한다는 것이다. 이것은 A를 똑같이 반복하지는 않지만 기실 같은 내용임은 누구나 알 수 있다. 그래서 우리는 이것을 A'로 놓을 수 있는 것이다. 다만 주의할 것은 A' 경우는 A'와는 그 가리키는 시간대도 다르고 A'의 심판의 내용과는 반대되는, 말하자면 하나님께서 그분의 백성을 불쌍히 여기심으로 나타나는 조치

---

276 요엘서의 장절 구분이 히브리 본문과 한글 본문은 차이가 있는데 이 글은 한글본문의 장절을 따른다.

277 Douglas K. Stuart, *Hosea-Jonah*, Word Biblical Commentary 31 (Waco: Word, 1987), 226.

278 Otto Kaiser, *Introduction to the Old Testament: A Presentation of its Results and Problems*, trans. John Sturdy (Oxford: Basil Blackwell, 1969; Eng. 1975), 280-1.

들을 이어간다는 것이다. (B) 이것을 B로 볼 수 있는데, 하나님의 회복의 조치는 1) 이른 비와 늦은 비를 내려 주심으로 농사가 잘 되어 먹을 것이 풍족함 (메뚜기 재앙에 대해 갚아주심), 2) 북쪽 군대를 격퇴시키심, 3) 성령을 부어 주심, 4) 민족들을 심판하심 (하나님이 백성이 피흘림 당한 것을 갚아주심) 등이다. 이 분석을 정리한 아래의 표를 보라.

본문	여호와의 날 →	이방나라 →	심판 (재앙) →	슬픔, 회개 촉구
A 1:2-14	1:2-3 날	1:6-7 다른 한 민족	1:4 메뚜기 1:10-13 가뭄	1:5, 8-9, 13-14 회개 촉구
A' 1:15-2:17 +(B 회복)	1:15; 2:1-2a 여호와의 날	2:1, 4-11 많고 강한 백성	1:16-20; 2:3 가뭄- 화재	2:12-17 회개 촉구 + B 2:18-3:21

여기서 주의할 것은, B에 해당하는 내용들의 시점을 적절히 이해해야 한다는 것이다. 1:15에서 시작된 A'의 내용의 반전을 가리키는 시점은 2:18에서 시작되되 그 내용이 종말에 벌어질 내용을 시사한다는 것이다. 즉, 가뭄과 불 재앙이 일어나는 여호와의 날을 많고 강한 백성의 침략으로 오버랩시키고, 이에 대해 제사장들의 회개 촉구에 이어 나타나는 것은 곡식의 풍부와 더불어 여호와의 백성의 회복이다 (18-19절). 이는 바벨론에서부터의 회복을 1차적으로 지시한다. 그런데 20절은 '북쪽 군대 격퇴'에 대한 내용인데, 가까운 미래의 일만은 아닌 듯하다. 왜냐하면, "내가 북쪽 군대를 너희에게서 멀리 떠나게 하여 메마르고 적막한 땅으로 쫓아내리니 그 앞의 부대는 동해로, 그 뒤의 부대는 서해로 들어갈 것이라. 상한 냄새가 일어나고 악취가 오르리니 이는 큰 일을 행하였음이니라 하시리라"는 내용 때문이다. 이러한 예언은 아직 이스라엘 역사에서 성취된 것 같지는 않다. 하나님께서 이스라엘을 침략한 군대를 격퇴하셔서 바다로 몰아 죽이시는 것은 '출애굽'을 연상케 하는데 이는 종말의 사건 (예수님의 재림시로 생각됨)을 시사한다는 것이다. 이 사건이 민족적 이스라엘에게 일어날 종말의 전쟁일지, 아마겟돈 전쟁 (계 19:11-21)을 가리키는지, 곡과 마곡의 전쟁 (겔 38 39장; 계 20:7 10) 을 가리키는지는 분명하지 않다. 아무튼 재림 어간을 시사하는 내용 곧 이스라엘의 온전한 회복 (2:27 "내 백성이 영원히 수치를 당하지 아니하리로다")으로 2:27이 마감된다.

그 다음에 나타나는 것은 흥미롭게도 오순절에 성취된 예언인데 이는 시점이 재림 때는 아니고 주님의 초림 (初臨) 어간으로 돌아온다는 것이다. 2:28-29는 베드로의 설교로부터 오순절 성령 강림으로 1차적으로 성취된 것을 우리는 알 수 있다 ("그 후에 내가 내 영을 만민에게 부어주리니..."). 그런데 여기에 이어지는 것 (30-31절)은 또 재림 (再臨) 어간의 사건으로 보인다. "내가 이적을 하늘과 땅에 베풀리니 곧 피와 불과 연기 기둥이라. 여호와의 크고 두려운 날이 이르기 전에 해가 어두워지고 달이 핏빛 같이 변하려니와"의 내용이 나타나기 때문이다. 이 사건은 마 24:29나 계시록의 6째인을 떼실 때의 사건 (6:12-14)이나 부분적으로는 4째 천사의 나팔로 나타나는 사건 (8:12)과 관계가 있다. 그런데 이러한 천체의 격변과 재앙은 더 진행되지 아니하고 일단은 예루살렘의 남은 자의 회복 (욜 2:32)으로 다시 임시적으로 마감되고 있다.

3장으로 오면 시점이 다시 변화되는 듯하다. 이는 여호사밧 골짜기에서 만국 사람들을 심판하시는 시점이다. 이 시점은 초림 어간은 아닌 것 같다. 이 3:1-8은 '내가 유다와 예루살렘 가운데에서 사로잡힌 자를 돌아오게 할 그 때에' (3:1)의 시간적 배경과 '두로, 시돈, 블레셋 등의 유다 족속 매매'에 대한 보복 내용 (4-8절)을 담고 있기에 요엘 당시의 시기와 그리 멀지 않은 시기로 보인다 (가까운 미래). 그러나 다른 한편으로, 이 시점은 재림 어간 (9-17절)의 시점을 예시 (豫示)하는데 왜냐하면 2절상[279]의 내용이 11-12절[280]에 거의 그대로 다시 나타나기 때문이다.

우리가 이어지는 3:9 이하의 내용을 보면서 내릴 수 있는 판단은 이 구절들은 확실히 끝날에 있을 사건들을 가리키고 있다는 것이다. 필자는 3:1-8 보다 9-17절은 훨씬 역사의 끝의 시점으로 진전해 있다고 본다. 왜냐하면 9-17절은 천체의 격변과 재앙 (욜 3:15 "해와 달이 캄캄하며 별들이 그 빛을 거두도다"), 그리고 종말적 전쟁 (9절, 11절, 14절)의 때를 가리키기 때문이다. 이러한 전쟁은 3:16에 표현된대로 "하늘과 땅이 진동"하는 때인데 (참고. 2:10), 이러한 심판에 뒤이은 이 단락의 마지막 곧 3:18-21은 3:16하-17과 병행을 이루며, 위의 1:15-2:27; 2:28-32와 마찬가지로 유다와 예루살렘의 종말론적인 회복으로 마친다. 자연의 회복과 풍요 (3:18), 성전에서 샘이 흘러 나옴 (3:18), 애굽과 에돔은 황무지가 됨 (3:19), 여호와께서 시온에 그분의 백성과 함께 하심 (곧 '언약의 완성') 등이 요엘서의 제일 마지막에 오는데 이는 계시록의 천년왕국에서 성취될 사건으로, 또한 새 하늘과 새 땅 (계 21-22장)에 대한 예언적 기능의 그림으로 볼 수 있을 것이다. 여기서 특히 3:18 "그 날에 산들이 단 포도주를 떨어뜨릴 것이며...유다 모든 시내가 물을 흘릴 것이며..."의 내용은 요엘서 맨 앞의 '가뭄'의 상황과 수미쌍관 (首尾雙關)을 이룬다고 할 것이다. 3장의 시점 전개는 다음과 같이 표로 나타낼 수 있다.

본문	요엘로부터 가까운 미래의 만국 심판	먼 미래의 만국 심판	먼 미래의 시온 구원
A 3:1-8	3:1-8	(3:2)	
A' 3:9-21		3:9-16상	a 3:16하-17
			a' 3:18-21 (19절은 심판)

이상의 본서의 구조와 주요 주제들 및 시점을 분석해 보면 우리는 요엘서가 전체적으로 정교한 디자인으로 이루어졌음을 알게 된다. 1:2-2:17과 2:18-3:21의 이질적인 두 부분이 서로 다른 시대에 작성되어 짜깁기되었고 두 개의 서로 다른 신학을 전시한다고 하는 역사비평의 결론은 너무 성급히 내린 결론이다. 요엘서는 내용의 반복과 변화를 통해 내용의 확장을 이루는 병행 구조를 두드러지게 나타낸다. 이 병행 (parallel) 구조 속에서 시점은 점차 현재에서 가

---

279 "내가 만국을 모아 데리고 여호사밧 골짜기에 내려가서 내 백성 곧 내 기업인 이스라엘을 위하여 거기에서 그들을 심문하리니…"

280 "사면의 민족들아…민족들은 일어나서 여호사밧 골짜기로 올라올지어다 내가 거기에 앉아서 사면의 민족들을 다 심판하리로다"

까운 미래로 그리고 아주 먼 미래로 중첩을 주면서 오고 가는데 이러한 시점의 변화를 적절히 이해하여야 우리는 요엘서의 종말론의 윤곽을 제대로 붙잡을 수 있다. 또한 요엘서는 현재에서 가까운 미래로 그리고 먼 미래로 이동하는 중에도 '전체적으로는' 현재에서 미래로라는 선형적 (linear) 구조를 드러낸다. 또한 주제적 측면에서 보면, '여호와의 날'에서, '심판과 재앙' 주제로, 그 다음에는 '이민족의 침입'과 '회개 촉구'로, 그 다음에는 '회복'으로 진행함으로 역시 선형적 구조를 드러낸다. 물론, 처음과 말미를 열고 닫음으로 수미쌍관적 (inclusio) 구조도 드러낸다. 요엘서는 이사야나 에스겔에 비해 현저히 짧은 책이지만 그 자체로 완결된 전체를 이룬다. 요엘서는 놀라운 문학적 솜씨로 메뚜기 재앙이나 가뭄, 화재 재앙을 이민족의 침입 및 공격의 모습과 중첩시키며 (영화에서는 이를 'dissolve'라고 함) 특히 예수 재림시의 세상 세력의 멸망과 하나님 나라의 풍요에 대한 지극히 복스러운 영상을 독자에게 제공한다.

선지자의 시점 변화를 유의해서 전체 내용을 그림으로 나타내면 다음과 같을 것이다. 특히 그림에서 색깔 처리한 것은 이방 나라와 관련된 주제이며 이는 마지막 '전쟁'과 깊이 관련이 된다. 이 전쟁 주제는 '진동' 및 '일월성신의 빛을 거둠 (천체 격변)'의 주제와도 결부되어 있다.

여호와의 날, 유다 심판, 회개 촉구	가까운 미래의 이방 심판 (이방의 죄); 이스라엘 회복	초림 어간	먼 미래의 이방 심판; 이스라엘 회복 (재림 어간)
A 1:2-14 유다의 죄를 심판			
A' 2:17 유다의 죄를 이방 나라를 통해 심판 (2:10 땅 진동, 일월성신 빛을 거둠)	2:18-27 이방 나라 심판, 이스라엘 회복		2:18-27, 특히 2:20 북쪽 군대 쫓아내심 (25 큰 군대), 23 이른 비와 늦은 비, 26-27 여호와께서 이스라엘 가운데 계심; 내 백성이 영원히 수치를 당하지 아니할 것임
		2:28-29 성령강림	2:30-32 천체 격변, 시온 산과 예루살렘의 남은 자 중에 여호와의 부름을 받을 자가 있을 것임
	3:1-8 두로, 시돈, 블레셋 (이방 나라들)이 유다 약탈 및 유다 백성 인신 매매; 이방들 심판		
			3:9-21 사면 민족들을 여호사밧 골짜기에서 심판, 천체 격변, 진동 (v. 15-16), 예루살렘 회복, 성전에서 샘이 흘러 나옴; 여호와께서 시온에 거하심

2) 요엘서의 메시지

위와 같은 분석을 통해서 본 요엘서의 신학은, 여호와의 날이 가까웠으니 회개하고 금식하라는 것이다. 나아가서, 이러한 여호와의 날은 가까운 미래에도 먼 미래에도 있을 것이니

늘 성도들은 경각심을 가질 것을 요엘서는 권면한다. 하나님의 반전(反轉)은 마지막 때에 성령을 부어주심과 모든 약속하신 풍요를 그의 백성에게 베푸시고 괴롭히는 대적들을 심판하심을 통해 이루어질 것이다. 따라서 요엘서는 그의 백성에게 이러한 미래의 반전을 소망하고 기다릴 것을 권면한다.

'여호와의 날'과 '금식'

요엘서의 메시지는 주로 두 개의 모티프들을 통해 드러난다. 첫째는 여호와의 날 ('욤 야웨'), 둘째는 금식이다. 여기서 여호와의 날은 유다의 죄 때문에 하나님이 징벌하시는 날과 징벌 후에 회복하시는 날을 모두 포함한다. 이 징벌에는 다음과 같은 내용들이 있다. 즉, '어둡고 캄캄한 날 (2:2)', '땅이 진동하며 하늘이 떨며 해와 달이 캄캄하며 별들이 빛을 거둠 (2:10)'과 '나팔 혹은 경고의 소리 (2:1)' 등이다. 또 이 여호와의 날 모티프는 '메뚜기, 가뭄, 화재 (1:4, 10, 17-20)' 등의 모티프들을 휴대하는데 이러한 모티프들 중에 특히 메뚜기 재앙은 '다른 한 민족 (1:6)' (곧 '많고 강한 백성 [2:2]')의 침략과 연결되어 있다. 메뚜기 습격과 외국 군대의 공격의 양상이 서로 비슷하다. 후반부로 넘어가면 요엘은 또 기술적으로 이러한 이미지를 다시 사용하되 이번에는 반대되는 내용을 전하고 있으니, 곧 '여호사밧 골짜기 (3:2)' (혹은 '심판의 골짜기 [3:14]')라는 지명을 사용하여, 그리고 '해와 달과 별들의 변화 (2:31, 3:15)', '땅의 진동'이라는 모티프들을 사용하여 만국에 대한 여호와의 진노의 심판을 취급한다. '유다에 대한 징벌'과 '만국에 대한 심판'과 관련해서 요엘서에 강조된 것은 유다를 공격해 올 적군이 많고 무섭다는 것인데 이 공격을 여호와께서 주도 하신다는 것이고 (2:11), 마지막 때의 만국 사람들에 대한 심판의 주체도 하나님이신데 그분은 '보복'하시는 분 (3:4)이시고 그 보복을 당할 사람들은 많다 (3:14)는 것이다. 물론 만국에 대한 심판은 그것으로 끝나지 않고 유다, 곧 하나님의 백성의 회복으로 이어진다. "마당에는 밀이 가득하고 독에는 새 포도주와 기름이 넘치리로다 (2:24)" 그리고, "산들이 단 포도주를 떨어뜨릴 것이고, 작은 산들이 젖을 흘릴 것이고, 유다 모든 시내가 물을 흘릴 것이며, 여호와의 성전에서 샘이 흘러 나와서 싯딤 골짜기에 댈 것이다 (3:18)". 무엇보다도, 하나님은 그의 백성에게 성령을 부어주실 것이고 그들은 선지적 은사를 받아 주님의 말씀 곧 복음을 전할 것이다 (2:28, 29).

'금식'은 여호와 날의 '유다에 대한 징벌'과 '유다를 괴롭힌 만국에 대한 징벌' 중 '유다에 대한 징벌'과 관련되어 있다. 여기서 금식은 '곡하고 (1:11), 슬피 울고, 굵은 베옷을 입고 밤이 새도록 눕고, 여호와께 부르짖고 (1:13-14), 애통하고, 마음을 찢고, 여호와께로 돌아가는 것 (2:12-13)'을 포함한다. 간단히 말한다면 '금식'은 '회개' 주제와 연결되었다.

이러한 모티프들을 통해 전하는 메시지를 종합, 요약한다면 '하나님께서 다른 나라의 군대로 유다 백성을 싹 쓸어버릴 징벌의 날이 이르렀으니 너희는 모두 모여 금식을 선포하고 주님 앞에 회개하라. 장차 하나님은 그분의 백성을 괴롭힌 자들은 심판 골짜기에서 싹 쓸어버리실 것이다.' 이것은, '주님이 다른 나라 군대로 한국 교회를 징벌하실 날이 이르렀으니 목사들은 모든 성도들과 함께 울며 금식하고 회개하라. 복음을 거부하고 성도를 핍박한 악한 자들에 대해서는 나의 진노를 쏟을 것이다.'로 한국교회에 적용될 것이다.

'황충'과 종말론적 재앙

흥미로운 사실은, 요엘서의 두드러진 이러한 모티프들을 사도 요한이 더 구체적이고, 더 변형-확충하여, 상징들을 더하여 영적으로 사용한다는 것이다. 황충 재앙 뿐만 아니라, 요엘의 예언 주제들인 해와 달의 변화, 많은 사람들이 전쟁으로 죽음, 곡식과 포도주 등도 사도 요한은 종말론적으로 다시 적용한다. 요엘과 요한의 예언 내용은 다음과 같은 비교점들이 있다.

첫째로, 요엘이 예언한 황충 재앙을 사도 요한도 예언하는데 더 자세하고 더 뚜렷하다. 무엇보다 요한이 말하는 황충은 하나의 변형-확장된 실체임이 분명하다. 요엘의 예언한 황충은 개역개정에는 '팥중이, 메뚜기, 느치, 황충 (1:4; 2:25)'으로 번역되었는데 히브리어로는 각각 '가잠(גָּזָם), 아르베(אַרְבֶּה), 엘레크(יֶלֶק), 하씰(חָסִיל)'이다. 영어역본들은 이것들을 다양하게 번역하였는데 KJV를 예로 들면, 각각, 'palmerworm, locust, cankerworm, caterpillar'로 나타난다. 그런데, 계 9:3, 7에 이 '황충'이 나온다. 헬라어 단수로는 '아크리스' (ἀκρίς)인데 계시록에는 복수형으로 나오며 NIV 영어성경은 locusts로 번역하였다. 계시록의 '인', '나팔', '대접' 재앙들 중에 7 나팔 중 다섯 번째 나팔 재앙이 바로 이 황충 재앙이고, 이것은 세 화(禍) 중에 첫번째 화에 해당한다 (8:13; 9:12). 계시록의 메뚜기는 요엘과는 뭔가 사뭇 다르다.

계시록에서 이 황충들은 무저갱 (9:2)에서 올라온다. '하늘에서 떨어진 별 하나' (9:1 ἀστέρα ἐκ τοῦ οὐρανοῦ πεπτωκότα εἰς τὴν γῆν')가 무저갱의 열쇠를 받아 무저갱을 여니 '그 구멍에서 큰 화덕의 연기 같은 연기'가 올라왔고, '황충들이 연기 가운데로부터 땅위에' 나왔는데 '그들은 땅에 있는 전갈의 권세와 같은 권세'를 받았다 (9:2-3). 황충들이 스스로 권세를 가진 것이 아니라 하나님이 권세를 부여하셨고 그것들은 다만 하나님의 심판 도구라는 것이 암시되었다 (이 점은 요엘서와 같음). 흥미로운 것은, 메뚜기들은 풀과 수목을 해치지만, 계시록의 황충들은 '오직 이마에 하나님의 인침을 받지 아니한 사람들만' 해친다는 것이다. 황충들의 공격을 구원론에 비추어 사용한다는 것은 벌써 이 공격이 자연적인 공격만이 아니라 하나의 영적인 현실로 이루어지는 공격임을 알 수 있다. 곧 불신자들을 해치게 되는데 황충이 불신자들을 해치는 방법은 '괴롭게 함' 즉, 죽이지는 않고 5개월 동안 괴로움만 주게 된다. 이 메뚜기들이 보통 우리가 자연에서 보는 메뚜기들과는 다른 것은 분명하다. 시골 논두렁을 걸어가면 이 메뚜기떼들은 누렇게 익은 벼에 매달려 있다. 고개 숙인 벼를 스치고 지나가면 수많은 메뚜기떼들이 툭툭 튀어 오른다. 우리나라에서 메뚜기는 쉽게 관찰할 수 있다. 그러나 계시록의 메뚜기는 분명 다른 모습이다. 이들의 왕은 '무저갱의 사자 (혹은 천사)'이고 모습은, "전쟁을 위하여 준비한 말들 같고 그 머리에 금 같은 관 비슷한 것을 썼으며 그 얼굴은 사람의 얼굴 같고 또 여자의 머리털 같은 머리털이 있고 그 이빨은 사자의 이빨 같으며 또 철 호심경 (철흉갑, breastplates) 같은 호심경이 있고 그 날개들의 소리는 병거와 많은 말들이 전쟁터로 달려 들어가는 소리 같으며 또 전갈과 같은 꼬리와 쏘는 살이 있어 그 꼬리에는 다섯 달 동안 사람들을 해하는 권세가 있더라 9:7-11".

요엘서의 메뚜기와 비슷한 면모가 없는 것은 아니로되 계시록의 메뚜기들은 요엘서의 메뚜기와는 뭔가 다른, 확실히 확대-변형된 영적인 실체라는 것이다. '옛 뱀' (창세기)이 계시록에는 '용'으로 확대-변형된 영적인 실체로 나타나는 것과 같은 이치라 할 것이다. 뱀과 용은 벌써 크기부터 다르다. '말 (馬)' 같은 계시록의 황충은 어디서 나오는가. 하늘에서 '떨어진' 별이 무저갱을 여는데 이는 악한 천사 (이 별이 마귀인지, 그저 악한 천사인지는 분명치 않음)로 보인다. 이 천사는 연기 가운데로부터 나오니 하나님의 임재의 '구름'과 '연기' (출 19:16, 18)를 흉내낸다. 이마에 인침 받지 않는 불신자를 전갈 같은 꼬리와 쏘는 것으로 괴롭히니 이 괴로움은 분명 악한 마귀 수하의 악한 천사들이 가져다 주는 육신적 질병이든지, 마음의 괴로움이든지, 영적 번민이든지 일 것이다 (렌스키는 이를 '땅위에서 맛보는 지옥의 고통 [241쪽]'으로 봄). 왜냐하면 예수 믿고 하나님과 어린 양의 이름이 이마에 있는 자들은 (성령의 인침을 받은 자들) 이러한 지옥적인 괴로움은 모두 없어졌고 그 심령에 오히려 세상이 줄 수 없는 평안으로 가득하기 때문이다. 이런 부분들에서 우리는 영적인 측면들을 발견하지 않을래야 않을 수 없다. 종합하면 계시록의 메뚜기는 요엘서의 메뚜기의 확대-변형된 영적 존재, 곧 하나님의 주권에 따라 불신자들의 심판의 도구로 사용되는, 마귀의 수하에 있는 어떤 악한 영적 세력들인 것이 분명하다. 메뚜기들은 본래 그 무리를 이끄는 왕이 없다고 잠언에 기록되어 있는데 (잠 30:27) 계시록의 메뚜기들에게는 왕이 있고 그 이름이 히브리어로 '아밧돈 (Αβαδδών)' (헬라어로는 '아폴뤼온/Απολλύων' [9:11]) 곧 '파멸(멸망)시키는자'라고 한다. 이것이 마귀 곧 사탄의 별명이 아니고 무엇인가. 마귀는 '이간질하는 자 (참소자)'이고 그 특징이 '거짓말하는 자'이며, 사탄은 '원쑤 (대적)'로 이 둘이 같은 존재인데, 이는 계시록에서 불신자들을 괴롭혀 결국 지옥에 '멸망시키는 자', '지옥 메뚜기들의 왕초'로도 불린다는 것이다.

'해와 달'의 변화와 계시록의 증거

요엘서에 나타나는 모티프들 중에 '해와 달의 변화' 모티프도 '황충' 모티프처럼 계시록에서 사도 요한이 더욱 종말론적으로 확장하여 사용한다. 앞에서 보았듯이, 요엘은 '여호와의 날'과 관련하여 이 모티프를 사용한다. 먼저 이 날은 "어둡고 캄캄한 날이요 짙은 구름이 덮인 날" (욜 2:2)로 소개되며, 유다와 예루살렘이 외국 군대의 공격을 받을 때 "땅이 진동하며 하늘이 떨며 해와 달이 캄캄하며 별들이 빛을 거두"는 날로 다시 언급된다 (2:10). 여기서 "땅이 진동하며 하늘이 떠는" 현상에 대하여 엑스포지터스 바이블 (Expositor's Bible)은 지진과 뇌우 (雷雨)일 것으로 해석한다. 우리가 알듯이, 뇌우는 천둥과 번개를 동반하는 폭풍우다. 이런 일이 성령 강림 사건이 있고 나서 얼마의 시간이 흘러 나타날지는 모르지만 말세의 '여호와의 크고 두려운 날' 전에 다시 비슷하게 나타나게 된다. "...해가 어두워지고 달이 핏빛 같이 변"할 것이다. 당연히 여호와의 진노 때문에 자연계에 이런 변화가 나타나는 것이 아닌가. 그러면 요엘은 이 때를 어떻게 언급하고 있는가. 욜 3장은 이 날을 종말에 열방의 군대들이 예루살렘으로 쳐들어올 때로 언급한다. 그 때에는 "해와 달이 캄캄하며 별들이 그 빛을 거두"게 된다 (3:15). 여호와께서 시온에서 부르짖으시는데 이 목소리로 인해 하늘과 땅이 진동하게 된다 (3:16). 즉, 진동이 이민족이 침입할 때 나타나는 지진이나 천둥 같은 자연 현상일 수도 있지만, 여호와의 분노의 목소리 때문에 천체가 실제로 흔들리게 된다는 사실을 여기서 알 수 있다. 천체가 흔들리면 별들끼리 서로 부딪치기도 하고 별들이 지구에 떨어져 큰 지진을 동반한 폭발과 화재가 나타나기도 할 것이다. 기원전 8세기의 이사야는 북쪽에서 앗수르가 이스라엘을 공격해 올 때 이런 일이 있게 될 것을 말하고 (사 8:22), 또 바벨론이 멸망할 날에도 이런 일이 있게 될 것을 말한다 (13:6 이하). 7세기의 예레미야는 바벨론이 유다를 공격해 올 때 이런 일이 있게 될 것을 말한다 (렘 4:23-24). 물론 이는 종말의 여호와의 날을 예언하는 말씀으로도 볼 수 있다.

사도 요한은 여섯째 인 (印) 재앙을 예언할 때 바로 이 모티프를 사용한다. 그런데 그는 요엘서의 이미지를 더욱 자세하고 생생하게 사용한다. "내가 보니 여섯째 인을 떼실 때에 큰 지진이 나며 해가 검은 털로 짠 상복 같이 검어지고 달은 온통 피 같이 되며 하늘의 별들이 무화과나무가 대풍에 흔들려 설익은 열매가 떨어지는 것 같이 땅에 떨어지며 하늘은 두루마리가 말리는 것 같이 떠나가고 각 산과 섬이 제자리에서 옮겨지매..." (계 6:12-14) 라고 이 현상을 보다 자세히 말한다. 요한은 이것이 '어린양의 진노' 때문이라고 하고 또 '진노의 큰 날'이라고 재차 언급한다. 필자는 이 때가 적그리스도로 인해 그리스도인들이 환난을 당한 후에 나타날 현상으로 본다. 즉, 마태복음에서 예수님이 가리키시는 때와 같은 때로 보는데, "그 날 환난 후에 즉시 해가 어두워지며 달이 빛을 내지 아니하며 별들이 하늘에서 떨어지며 하늘의 권능들이 흔들리리라. 그때에 인자의 징조가 하늘에서 보이겠고..." (마 24:29-30). 이 특별한 자연 현상은 최후 심판이 있을 최종의 여호와의 날을 예시하는 현상인 듯하다. 이 현상이 나타날 때 예수님이 공중에 임하시고 주 안에서 죽은 자들 그리고 그 때 육신적으로 살아 있는 신자들이 휴거될 것이다 (살전 4:16-17. 필자는 휴거의 때를 여섯 째 인의 때와 겹치고 일곱대접 재앙 직전으로 봄). 그리고 바로 이어서 이 어두움의 땅에 남아 있는 우상숭배자들, 이 세상의 도시 (바벨론)에서 영적, 육적 음행을 일삼으며 호화와 방탕에 젖어 지내던 자들에게 '하나님의 진노를 가득히 담은' (계 15:7) 일곱 대접을 일곱 천사가 쏟게 될 것이다 (계 16장). 이 일곱 천사의 사역 중에 여섯 번째 천사의 대접 재앙으로 아마겟돈 전쟁이 준비되고, 그 다음 일곱째 천사의 대접 재앙으로 바벨론이 망하고, 그 다음에 전에 준비되었던 아마겟돈 전쟁이 실제로 발발하게 되는데 이때가 바로 공중에 계시던 예수님이 하늘 군대들을 대동하시고 강림하셔서 적그리스도와 거짓 선지자를 불못에 던지시는 순간이다 (19:11, 14, 20). 그 다음에 재림 예수님의 천년의 통치가 지상에서 실현되며 이 기간 동안 마귀는 무저갱에 결박된다. 천년이 찬 다음 마귀가 그 옥에서 놓여 나와서 곡과 마곡을 미혹하여 싸움이 일어나고 결국 마귀도 불과 유황 못에 던져진다 (계 20장).

여기서 우리가 알 수 있는 것은, 이스라엘의 역사 선상에 여러 여호와의 날들이 일어났지만 종말에 하나의 여호와의 날이 있듯이, 예수님 부활 승천 이후에 여러 적그리스도들이 있었으나 종말에 한 적그리스도가 나타나듯이, 여러 가지 천지가 흔들리고 캄캄하게 되는 때들이 있지만 종말에 다시 우주적 격변과 해와 달이 빛을 잃는 하나의 특정한 때가 있을 것이라는 것이다.

그러면 해와 달이 빛을 잃게 된다는 사건은 어떤 의미를 시사하는가. 그것은 이 세상에 아무런 소망이 없어지는 때, 하나님의 분노가 극에 달한 때, 불법이 최고치에 이르고 악과 음란으로 세상이 온통 칠흑 같이 어두워진 때를 의미한다 할 것이다. 홍수 직전의 세상에 '죄악이 관

영한 때'와 비길 것이다. 아니, 아마도 이보다 더 극심한 어두움의 때일 것이다. 그리고 이 때는
바로 인류 역사 중 가장 큰 심판 곧 일곱 대접의 심판을 예기하는 때다. 참고로 위에서 장절만
인용한 이사야 13장 6-13절을 실제 내용을그대로 옮겨보자. 이것은 바벨론 왕국이 메대에게 멸
망하는 때에 대한 묘사인데, 만약 그 옛날의 바벨론의 멸망이 이렇게 처참하다면 앞으로 종말
에 있을 이 세상의 음녀 바벨론과 적그리스도와 그 짐승을 따르던 우상 숭배자들의 멸망은 또
얼마나 더 처참하겠는가! "슬피 울라! 여호와의 날이 가까이 왔다. 전능하신 분이 오시면 파멸
뿐이다. 그러므로 모든 손이 축 늘어지고 모든 사람의 마음이 녹아내릴 것이다. 그들은 공포와
고통과 번민에 사로잡히고 해산하는 여인이 몸을 뒤틀듯 괴로워할 것이다. 사람들이 혼비백산
해 동료들을 쳐다보는데 그 얼굴들이 모두 벌겋게 달아 올라있다. 보라, 여호와의 날이 온다.
처참한 그날, 진노와 맹렬한 분노로 얼룩진 날, 그 땅을 황폐하게 만들고 죄인들이 그 땅에서 몰
살되는 날이 온다. 하늘의 별들과 별자리들이 빛을 뿜내지 못하며 해가 떠올라도 어두컴컴하고
달도 빛을 비추지 않을 것이다. '내가 세상의 죄악을 처벌하고 악인들의 사악함을 징벌하겠다.
잘난 체하는 사람들의 거만함을 끝장내고 무자비한 사람들의 오만함을 낮추고야 말겠다. 내가
사람을 순금보다 드물고 오빌의 금보다 희귀하게 만들어 버리겠다. 그러므로 내가 하늘을 흔들
어 놓겠다. 그러면 땅도 흔들려서 그 자리에 있지 않을 것이다.' 그날은 만군의 여호와께서 노여
워하시고 진노를 불태우시는 날이다." (우리말성경, 715-6)

요엘의 전쟁 예언

　　요엘은 그가 살던 당대를 기준으로 하여 가까운 미래에 있을 전쟁 (적국의 침략)에 대하
여 예언한다 (욜 1:6; 2:1-11). 이 전쟁은 유다와 예루살렘이 유린당하는 전쟁이다. 필자는 이 전
쟁을 바벨론의 유다 침략일 것으로 추정한다 (BC 605, 597, 568/7). 뿐만 아니라 그는 종말에 있
을 전쟁에 대해서도 예언한다. 종말에 있을 전쟁은 앞의 전쟁과는 달리 하나님의 백성이 북쪽
군대를 격파하는 전쟁이다 (욜 2:18-20). 시점으로 보면 이 전쟁은 성령 강림 사건 곧 오순절을
시작으로 전 세계적으로 하나님의 은혜가 나타날 복음의 시대보다 후에 일어날 것으로 보인다.
이는 일단은 이중의 의미로 해석될 수 있을 것이다. 곧, 언약 백성 이스라엘을 나라들 가운데
흩어버린 이방 나라들의 죄 (욜 3:2, 5-6)에 대한 심판인 동시에, 하나님의 교회를 핍박한 세상
나라들에 대한 심판 (욜 3:11-23과 계 14:14-20을 비교). 이 둘은 역사적 차서는 있을 것이나 모
두 성취될 것이다. 왜냐하면, 기원전 6세기를 예로 들어 말한다면, 하나님께서는 죄악된 유다를
징벌하시기 위해 바벨론을 불러 유다를 공략케 하시지만, 바벨론이 교만 속에서 유다를 처참하
게 짓밟은 것에 대해서는 하나님이 메대-바사를 통해 보복하시기 때문이다. 또한 이사야서를
보면, 하나님께서는 이 바벨론을 종말적으로 투사하여 하나님 백성에 대해 공격하는 세상 나라
로 설정하고 있으신데, 이 종말의 바벨론과 바벨론 왕은 하나님의 심판을 받아 멸망하게 될 것
이기 때문이다. 예언과 그 성취가 이중으로 적용된다.

　　요엘서에 기록된 이 전쟁들이 어떤 전쟁들을 말하는 것인지 이해하기 어려운 이유들이
몇 가지가 있다. 첫째로, 이 전쟁들은 예언 형태로 기록되었다는 것이다. 하나님의 예언은 경고

의 의미가 강하기 때문에 그것은 일부러 모호한 표현으로 전달이 된다는 것이다. 몇 날 몇 시에 어느 나라가 쳐들어온다고 표현되지 않고 '얼마 안있어 북쪽 나라가 침입할 것이다'는 식으로 기술된다는 것이다. 이는 미래에 대한 호기심과 그 자체의 사건에 치심할 것이 아니라 하나님의 경고를 따라 회개하고 새로운 삶으로 나아가 하나님과의 바른 관계를 회복하여 오늘을 충실히 살라는 취지에서 예언이 주어지는 까닭이다.[281] 둘째로, 이 전쟁들은 '여호와의 날'이라는 주제에 맞물려 빈번하게 사용되는 공통 모티프들, 예를 들면, '해와 달의 변화'나 '하늘과 땅의 진동', '전쟁에 동원되는 많은 수의 사람들' 등의 모티프들을 휴대함으로 이 전쟁이 어느 전쟁인지, 저 전쟁이 어느 전쟁인지를 가려내기가 쉽지 않다는 것이다. 전쟁 언급에 비슷한 말들이 따라 붙는다는 것이다. 셋째로, 예언이 흔히 갖는 이중/다중의 의미 때문이다. 즉, 위에서 잠시 논하였듯이, 하나의 전쟁은 하나님의 언약 백성 이스라엘이 언약 밖에 있는 이방 나라들과의 관계에 의해 파악되도록 주어질 뿐 아니라 신약적 의미에서는 새 언약 속에 있는 하나님의 백성과 그 언약 밖에 있는 세상 나라들과의 관계에서 해석되도록 주어지기도 한다는 것이다. 또한 새 언약 백성과 세상 나라들 간의 전쟁도 하나가 아니라 둘 이상 혹은 여럿이 있을 수 있다는 것이다. 따라서 구약과 신약의 예언들에 대한 해석에 관한 한 이 점을 생각하지 않으면 세대주의자들처럼 문자주의에 빠지거나 이스라엘이 곧바로 교회로 대체되었다는 대체신학을 주장하는, 말하자면, 양쪽 중에 하나의 극단을 택하게 된다는 것이다. 필자는 구약에서 이스라엘의 먼 미래에 대한 예언들이 대체로 하나의 국가로서의 이스라엘에게서도 성취될 뿐 아니라, 그것의 신약적, 영적 성취들도 있을 것으로 본다. 넷째는, 예언의 서술하는 방법에 있어서 구약 기자들이 어떤 때는 병행 (並行)적으로 또 어떤 때는 계기 (繼起)적으로 예언을 서술한다는 것이다. 이것 때문에, 여기서 말한 전쟁이 뒤에 또 비슷하게 나타나는데 이것이 앞의 전쟁을 다시 말하기 위해 병행 (반복)하여 제시된 것인지 아니면 앞의 전쟁 다음에 계기적으로 일어나게 될 다른 전쟁을 말하는 것인지 가려내기가 쉽지 않다는 것이다.

이러한 측면들을 충분히 감안하여 보면, 우선은 요엘서 2:18-19 및 3:1-17에 나타난 예언은 병행으로 보이고 (즉 같은 예언), 둘째로 이 예언은 언제일지는 모르나 현재의 민족적 이스라엘이 수변국들의 공격을 받되 이들을 격퇴하게 되는 것으로 성취될 것으로도 보인다. 구체

---

[281] 기민석, "요엘 2:1-11에 나타난 전쟁 이미지 연구: 묵시 언어의 모호성과 그 효과," *복음과 실천* 59 (2017): 39-64. 기민석은 요엘서의 묵시가 의도적으로 모호성을 지닌채 제시되었다고 하고 그 묵시의 (사건이나 인물의) 실체를 아는 것보다는 그 묵시의 메시지에 착념하여 사는 것이 중요하다고 언급하였다. 나는 선지서의 미래 예언 내용에 이런 모호성을 지닌 것이 많다는 데에는 전적으로 그의 시각에 동의한다. 또한 굳이 알지 못하도록 의도된 어떤 것들을 억지로 알려고 하는 것 (예. 재림의 때)은 오히려 우리 신앙에 극히 위험하다고 본다. 다만, 내가 그의 언급에 첨가하고 싶은 것은 우리에게 진리 특히 종말의 사건에 대해 바른 해석의 원리를 가지고 그것을 '간절한 마음으로' 연구하는 '신사적' 태도 (행 17:11)도 필요하다는 것이다 (잠 25:2; 벧전 1:10-12). 특히 다니엘서의 종말론에 보이는 '인자 같으신 이'와 '성도' (필자는 신약과의 연관 속에서 기독론과 교회론적으로 해석) 등의 표현들에 대해서는, 그것들이 모호하지만 그 의미를 찾지 말도록 주어진 것들은 아니라고 본다. 이런 표현들은 모호성 속에 있지만 오히려 그 의미를 적극적으로 찾아야 한다고 본다. 말하자면, 그것들을 통해 주시는 하나님의 '어떤 메시지' (다니엘서에서는 '신앙을 지킴과 환난 속의 인내')를 찾는 것과 아울러 성경적 레퍼런스들과 성령의 사역을 기반으로 그 실체들을 제대로 알기 위해 온 힘을 기울여야 한다고 본다. 이러한 표현들 (다니엘서의 인자, 성도, 70이레, 짐승들 등등)이 현실적으로 모호하고, 이것들에 대한 수다한 해석들이 존재한다고 해서, 그 대부분의 것들이 알지 못하도록 의도된 것은 아니라고 본다.

적으로는 계시록의 아마겟돈 전쟁으로 보인다.

3장의 '전쟁들'은 같은 장에서 비슷하게 묘사되어 혼동될 수 있으나 1-8절은 위에서 잠간 언급하였듯이 문자적 이스라엘 나라와 주변국들과의 전쟁으로 보인다. 이는 요엘 당시 기준으로 가까운 미래에 성취된 것으로 보인다. 반면, 비슷한 표현들을 사용하기 때문에 혼동되나 이어지는 9-17절은 아마겟돈 전쟁일 가능성(물론 예수님 재림 어간에 있을 문자적 이스라엘에 대한 이방 나라들의 공격으로도 봄)이 높다. 왜냐하면 관련 표현들 때문이다. 이 표현들을 하나하나 점검해 보자. 첫째는 욜 3:13이다. "너희는 낫을 쓰라. 곡식이 익었도다. 와서 밟을지어다. 포도주 틀이 가득히 차고 포도주 독이 넘치니 그들의 악이 큼이로다." 이것은 계 14:8-20과 비슷하다. 이는 짐승과 그 우상에게 경배하는 자들이 받게 될 심판(포도주로 표상됨)과 구름 위에 앉으신 인자(人子)의 그 백성의 구원 사역(곡식으로 표상됨)으로 계시록에 표현되고 있는데, 이 심판과 구원은 사실상 계 16장의 일곱 대접 심판, 17-18장의 음녀 멸망, 19장의 예수님의 성도와 함께 강림하심 및 아마겟돈 전쟁으로 구체화된다. 둘째는 욜 2:30-32 "내가 이적을 하늘과 땅에 베풀리니 곧 피와 불과 연기 기둥이라. 여호와의 크고 두려운 날이 이르기 전에 해가 어두워지고 달이 핏빛 같이 변하려니와...시온산과 예루살렘에서 피할 자가 있을 것임이요" 및 3:15-16 "해와 달이 캄캄하며 별들이 그 빛을 거두도다. 여호와께서 시온에서 부르짖고 예루살렘에서 목소리를 내시리니 하늘과 땅이 진동하리로다. 그러나 여호와께서 그의 백성의 피난처, 이스라엘 자손의 산성이 되시리로다."이다. 이것은 마 24:29-30과 계 6:12-17; 19:1-21과 관련이 있다. 이 내용들은 간략하게 정리하면 다음과 같다. 즉, 성도들은 짐승에게 죽임을 당하고 '3년 반 적그리스도의 통치(환난) 후에' 즉시 해가 어두워지며 달이 빛을 내지 아니하며 별들이 하늘에서 떨어지며 하늘의 권능들이 흔들리게 될 것이다(마 24:29과 계시록의 여섯 째 인). 하늘에는 인자의 징조가 있을 것이다. 땅의 족속들은 통곡하고 인자는 큰 나팔 소리와 함께 택하신 자들을 하늘 이 끝에서 저 끝까지 사방에서 모으실 것이다(마 24:30-31, 휴거).

계시록의 여섯 째 인 직전에는, 황충 재앙, 유브라데에서 전쟁(사람 3분의 1이 죽고 사람들은 회개하지 않고 계속 우상 숭배), 나팔 재앙이 있을 것이다. 여기서 유브라데 전쟁이 확대된 형태가 아마도 아마겟돈 전쟁일 것이다. 무천년설자들이 두 전쟁(곡과 마곡 전쟁까지 포함시키면 세 전쟁)을 동일한 전쟁이라고 하나 필자는 그렇게 보지 않는다. 유브라데 전쟁은 성도의 부활-휴거 전에 일어나는 전쟁이고 아마겟돈 전쟁은 성도의 부활-휴거와 거의 동시적 혹은 이 사건 후에 일어나는 전쟁이다. 땅의 불신자들에게 일곱 대접들이 쏟아질 때, 아마겟돈으로 적그리스도의 군대가 모인다. 이 때 동시적으로 예수님과 성도의 군대가 공중에서 내려온다. 예수님의 심판 집행으로 적그리스도와 거짓 선지자가 산 채로 불못에 던지우며 세상 왕들과 그 군대들이 멸망한다. 요엘서의 전쟁 (3:9-17)이 슥 12, 14장의 전쟁과 유사한데, 만약 이 전쟁이 민족적 이스라엘에 대한 열국의 공격이라면, 이때 교회는 휴거되어 올라갔을 때이므로 이 전쟁을 교회와 불신 세력 간의 전쟁으로 보기는 어려울 것 같다.[282]

---

282 최영헌, *계시록과 선지서*, 239-44.

3. 아모스서의 주제적-신학적 구조와 메시지

아모스 (עָמוֹס)는 '짐' (burdensome)이란 뜻으로, 남 유다의 왕 웃시야 때, 북 이스라엘의 여로보암 2세 때, 지진이 있기 2년 전 활동한 선지자이다 (암 1:1). 이 지진에 대해서는 스가랴 선지자도 기억하고 있었던 큰 지진이었던 것 같다 (슥 14:4-5). 아모스서가 증거하는 아모스는 몇 가지 면에서 특이(特異)하다. 첫째로 그는 남쪽 유다의 드고아 출신 (1:1)이나 북쪽 이스라엘에 가서 활동한 사람이요, 둘째는 목자요 뽕나무를 재배하는 자였는데 (7:14) 선지자의 소명을 받은 사람이요, 셋째는 이스라엘 왕을 모반(謀反)한다는 역적의 누명을 쓴 사람이요 (7:1), 넷째는 구약의 선지자들 중 누구보다 돈 없고 힘 없는 자들 편에서 사치하고 방탕한 부유층에게 직격탄을 퍼부은 선지자이며, 다섯째로 신랄한 쓴소리가 너무 지나쳐 하는 말을 반대로 들어야 제대로 들은 것이 되는 사람이며 (4:4-5), 여섯째로, 보통 다른 선지자들은 이스라엘 그리고 그 다음에 열방에 대해 예언하나 그 틀을 엎어버리고 열방에 대해 먼저 예언하고 이스라엘에 대해서는 그 다음에 예언한 사람이요 (물론 열방 예언 앞에 있는 1:2[283] 서언은 언약 백성에 대한 심판을 먼저 개괄적으로 언급), 일곱째로, 자기 고향 사람들도 아닌 이스라엘 사람들을 심히 책망하되 그 마음 속에는 그들에 대한 깊은 애정을 품었던 사람이며 (4:12, 5:4, 7:1-6), 여덟째로, 빗대어 말하는 데에 있어서는 명인이요 (2:13-16, 3:3-6, 12, 4:2, 5:19, 6:12, 9:2-3), 마지막으로, 그의 활동시기를 주전 760년경으로 추정할 때, 지금부터 2780년전쯤 벌써 요즘에나 잦은 '쓰나미'에 대해 예언한 사람이다 (5:8, 9:6). 이제 본서의 구조를 살펴보자.

1) 아모스서의 구조 (주제들을 따른 3구분)

아모스만큼이나 아모스서는 특이하다. 본서가 얼마나 특이한지, 아홉 장으로 되어 있는 그다지 길지 않은 선지서이지만 아모스서의 내용이 어떻게 짜여 있는지를 확신 있게 말한 학자들이 없을 정도다. 이스라엘보다 열방에 대한 예언이 먼저 나오고, '어느 나라'의 '서너 가지 죄로 말미암아 내가 그 벌을 돌이키지 아니하리니'라는 어구가 2:16까지는 패턴으로 나타나다가 그 다음은 더이상 나타나지 않으며, 4:6-11에서는 '내가...하였으나 너희가 내게로 돌아오지 아니하였느니라'가 반복해서 나타나며, 4:1-3, 5:8-9, 9:5-6은 비슷한 후렴구들이며, 뒤에 가서는 앞에 보이지 않던 환상들이 등장한다. 필자는 아모스서로 박사학위 논문을 쓴 사람들을 몇 명 만나보았는데 그들조차 아모스서의 짜임새에 대해서 이렇다 저렇다 말을 꺼내지 못하는 것을 보고 놀랐다. 동시대 선지서 호세아서와 더불어 구조 분석이 어렵기로는 쌍벽을 이룬다.

아모스서의 구조를 이해하는 여러 시각들이 있겠으나,[284] 필자는 주제들의 배열의 일관

---

283 1:2 "그가 이르되 여호와께서 시온에서부터 부르짖으시며 예루살렘에서부터 소리를 내시리니 목자의 초장이 마르고 갈멜 산 꼭대기가 마르리로다"

284 예를 들어, 류호준은 본서의 형식에 유의하여 3개의 단락으로 나눈다. 1-2장 (열국 심판 신탁: 절정을 향해 치닫는 듯한 문학구조); 3-6장 (메시지 본문: '들으라' 단락이며 언약소송 형식의 범주 안에서 이해하는 것이 바람직); 7-9장 (5개의 환상 보고문들, 중간의 아모스와 아마샤 만남 기사는 삽입으로 봄). 류호준, 아모스: 시온에서 사자가 부르짖을 때, 성서신학적 강해 주석 시리즈 (서울: 크리스챤다이제스트, 2003), 65-7.

성을 따라 살펴보려 한다. 책은 전체로서 하나를 이루되 3부로 나눌 수 있다. 곧, 1:1 표제를 제외하고 1:2-3:15; 4:1-7:9; 7:10-9:15이 그것이다.

1:1 타이틀
A 1:2-3:15 (1:2 서언)
A' 4:1-7:9
A" 7:10-9:15

각 단락은, '가난한 자 압제', '다른 나라들과 비교되는 하나님-이스라엘의 관계', '예언 금지', '궁궐/성채 (안일함, 인간적 수단 의지)와 궁전/집 (사치)' '벧엘 등에서의 제사의 타락', '심판' 등의 주제들을 공통적으로 나타낸다. 그러면서도 첫 단락은 죄 (열방과 이스라엘)가, 둘째 단락은 회개 하지 않는 이스라엘, 회개 권면, 창조주와 만유의 주재로서의 여호와, 애곡 등이, 셋째 단락은 여호와의 날, 심판, 이스라엘에 대한 긍휼, 메시아 (다윗의 장막), 이방과 이스라엘의 회복 등의 주제들이 우세하다. 즉 세 병행 단락들에 공통 주제들이 있는 반면, 특정 주제들이 각 단락마다 다르게 강조되어 있으며 이는 선지자의 시점이 보다 미래로 진행하는 것과 맞물려 있다.

뒤에서 언급하겠지만, 우리가 주제들을 따른 구조를 분석할 때, 1:2-2:16을 하나의 완전한 단락으로 보기 쉽다. 하지만 유다 (2:4-5)와 관련하여서는 '궁궐 (성채) 혹은 궁전 (집)' 모티프가 나오지만 이스라엘 (2:6-8)과 관련하여서는 이 모티프가 2:16까지에 아직 나오지 않는다. 그리하여 필자는 이어지는 소단락인 3:1-15 (여기에는 이스라엘과 관련하여 이 모티프가 나옴. 예, 3:10, 11)를 포함한 1:2-3:15를 첫 병행단락으로 파악한다.[285] 둘째 병행단락 4:1-7:9와 셋째 병행단락 7:10-9:15를 보면 각각 성채 (6:8), 궁전 (Royal palace인 듯함. 7:13)이 나타난다.

'가난한 자나 힘 없는 자를 압제함'은 첫 단락에서는 2:6-8에, 둘째 단락에서는 4:1; 5:11, 12에, 셋째 단락에서는 8:6에 보인다.

다른 주제인 '다른 나라들과 비교되는 하나님-이스라엘의 관계'는 언약 백성이 하나님과 특별한 관계를 맺고 있음을 보여주는 주제인데, 이것이 각 세 병행단락에 보인다. 이 주제를 지닌 2:9-11; 3:1-2가 첫 단락에, 6:2가 둘째 단락에, 9:7이 셋째 단락에 보인다.

위에서 언급한 다른 주제들도 각각 세 병행 단락에 나타나기에 아모스서는 아무렇게나

---

285 배희숙은 아모스의 열방을 치는 설교의 마지막에 온 이스라엘을 치는 말씀 (2:6-16)을 3:1-8 곧 선지자의 예언 주제와 연결해서 읽기를 제안한다. 그녀는 2:16에서 끊는 것을 반대하는 것으로 보인다. 선지자의 예언 주제가 하나님이 시내산에서 이스라엘과 맺으신 언약과 깊이 관련되어 있으므로 예언자의 예언을 존중함은 하나님에 대한 이스라엘 관계의 유지에 중요하다는 그녀의 논점과 이스라엘에 대한 하나님의 선택이 열방과는 다른 하나님의 이스라엘에 대한 특별한 관계성 (그러나 그것이 이스라엘의 언약 파기로 인하여, 열방에 대한 무책임으로 인하여 끝장남)을 띠게 되었다는 그녀의 통찰, 그리하여 2장 끝부분과 3장 첫부분을 이어서 이해해야 된다는 그녀의 논지에 필자는 동의하는 바이다. 여기서 나아가 필자는 1:2에서 3:15까지를 한 단락으로 읽는 것을 제안한다. 왜냐하면 주요 주제들이 1:2-3:15; 4:1-7:9; 7:10-9:15에서 (변화를 띠면서) 반복되기 때문이다. 예언 (금지) 주제는 둘째, 셋째 병행단락에도 공히 나온다. 배희숙, "이스라엘의 삼중 관계: 이스라엘과 야훼, 열방, 예언자 (암 2:6-3:8)," *선교와신학* 59 (2023): 265-96.

쓰여진 글이 아니라 계획된 디자인임을 드러낸다.

이외에, 한 가지 더 언급할 것은 이 세 병행단락들 속에 들어있는 '더블릿' (doublet)들이다. 먼저는 1:2-3:15에 들어있는 더블릿인데 그것은 바로 2:6-16과 3:1-15이다. 왜 더블릿인가. 이 두 소단락 속에는 최소한 네 가지 공통 모티프들이 들어 있기 때문이다. 1) 2:6, 7의 '궁핍한 자', '가난한 자' 모티프인데 이는 3:10의 '포학과 겁탈', 12절의 '비단 방석'으로 나타나고, '궁핍'은 그 반대 개념인 '궁궐'의 사치와 억압과 연결된다 (3:10, 15). 2) 2:8의 '단'과 3:14의 '벧엘의 단들', '그 단의 뿔들을 보라. 3) 2:12의 '선지자' 모티프와 3:7의 '그 종 선지자들'을 비교하라. 그런데 선지자 관련 내용은 다시 두 가지로 볼 수 있다. 그 첫째는 '선지자에게 명하여 예언하지 말라' (곧 '예언 금지')요 그 둘째는 '주 여호와께서는 자기의 비밀을 그 종 선지자들에게 보이지 아니하시고는 결코 행하심이 없으시리라' (즉 '하나님이 당신의 계획을 선지자와 공유하심')이다. 4) 2:16의 '여호와의 날'과 3:14의 '날'이 두 소 단락에 모두 나타난다는 것이다.

둘째 단락 4:1-7:9은 '회개' 주제가 4:1-13과 5:1-15에 공히 나타난다는 것이다 (이 두 소단락은 더블릿). 그리고 '화 있을진저'라는 표현을 공유하며 시작하는 두 소단락 5:18-27과 6:1-14도 '여호와의 날' 모티프를 똑같이 지니면서 더블릿을 형성한다. 마지막으로는 7:1-3과 7:4-6인데 이 두 소단락은 '선지자의 중재'라는 주제를 지니며, 7:1-6과 7:7-9는 '하나님의 계획을 선지자에게 보이심'이라는 주제를 공히 지닌다. 따라서 이것들도 더블릿으로 볼 수 있다.

셋째 단락에서는 두 소단락들이 더블릿을 이루는데 A 8:1-3 선지자에게 보이심+8:4-14 이스라엘의 멸망의 확실, 그리고 A' 9:1-4 선지자에게 보이심+9:7-15 이스라엘의 멸망의 확실 및 회복 예언으로 나타난다.

이러한 더블릿 외에 4:13; 5:8; 9:5-6은 '그 이름은 여호와시니라'라는 후렴으로 끝나는 구절들인데 이것들은 '야웨 이름 선언' (proclamations of the name YHWH)으로서 아모스서 중 후반부에 넣어 분위기를 점차 고조시키는 역할을 하며 동시에 본서 전체를 하나의 통일성 있는 책으로 엮어주는 역할을 한다. 이것들은 아가서에 나타나는 후렴구 (2:7; 3:5)와도 비슷하다.

2) 아모스서의 메시지

아모스서의 강조점은 언약 백성 중 부자들의 가난한 자들에 대한 압제와 전횡이다. 이스라엘은 모든 민족들과는 달리 하나님과 특별한 관계에 있는 '하나님의 백성'이었으나 하나님이 주신 언약의 법들을 무시하였다. 호세아와 마찬가지로 이스라엘의 제사에 있어서의 타락을 아모스는 지적하고 있으나 그보다 부유층의 빈곤층에 대한 억압을 더 강조하였다 할 것이다. 아모스의 예언은 제지를 받았지만 그는 아마샤에게 주님 주신 말씀을 전한다. 환상들을 통해 미래사를 말하며 메시아를 예언하며 종말에 있을 이스라엘의 회복을 전한다.

성채 (城砦)에 안주 (安住)하고 궁전에서 사치를 부리다

먼저 첫 단락 (1:2-3:15)을 살펴보면, 여호와께서 시온에서부터 부르짖으시는데, 열방을 향하여 심판을 선고하신다. 다메섹, 블레셋, 두로, 에돔, 암몬, 모압 등 이스라엘 주변국들의 죄가 거론되고 그 다음은 유다, 이스라엘의 순으로 되어 있다. 아모스서의 열방을 치는 설교는 그들의 죄에서 시작하여 심판으로 끝맺고 있는데 일정한 패턴을 유지하고 있다. 이 본문의 내용은 한결같이 각 나라 처음에 "서너가지 죄"가 나타나고 마지막에 "궁궐을 사른다"는 내용이 나타난다 (물론 끝에 "사로잡힌다"는 내용이 나오는 것도 있으나 다 그런 것은 아니다).

여기서의 '궁궐'은 말 그대로 '궁전'을 뜻하는 '궁궐'로도 번역이 되었지만 (KJV, Jubilee Bible 2000의 번역은 palaces), 보통은 '성채' (히브리어로, 아르메노트)를 의미하는데 영어로는 citadels (Holman), fortresses (NIV, NLT), strongholds (ESV)로 나타난다. 이 단어는 보다 쉬운 말로는 '요새'가 되겠는바, 유다의 심판에도 (2:5), 이스라엘의 심판에도 (3:10, 11) 보인다. 그런데 아모스서 개역개정 번역에서 혼동을 주는 것은 성채에 해당하는 '아르메노트'를 궁궐로 번역 (예. 3:10, 11)하였을 뿐만 아니라 궁전으로 생각되는 '베트' (일반적으로는 '집'이라는 뜻)도 똑같이 궁궐로 번역하였다는 것이다 (예. 7:13). 이 '집'은 백성의 집일 수도 있고, 왕의 집일 수도 있고, 하나님의 집일 수 있는데, 여기서의 집=궁궐은 요새라기 보다는 왕과 그 가족이 거주하는 궁전으로 봄이 적절할 것 같다. 이 궁전은 성채가 인간적 의지 (依支)의 수단과 안일을 시사하는 것과는 달리 왕의 호화와 사치를 부리는 내용과 연결된 것으로 보인다. 왜냐하면 3:15의 겨울 궁, 여름 궁, 상아 궁들, 큰 궁들도 모두 이 '베트'를 사용하기 때문이다.

이스라엘 주변의 이방 나라들에 대한 심판에서 이 성채를 사르겠다는 말씀이 나온다. 열방의 죄는 무엇인가. 그들의 죄는 이스라엘과의 관계에서 범한 죄들이다. 언약 백성에 대한 홀대는 언약주 여호와에 대한 무시를 의미하는 것이 성경의 어법이다. 이스라엘의 죄가 언약주 여호와에 대한 범과, 언약주를 의지하지 않고 자기 성채를 의지한 죄라 한다면, 이방들의 죄는 언약백성 이스라엘과의 관계를 깰 뿐 아니라 적극적으로는 그 백성을 유린하였다는 것이다. 그리하여 이방 나라들의 자기 보호 수단의 대표적인 것인 그들의 '성채'는 여호와의 보내시는 '불에 살라질 것이다'.

이방과 이스라엘은 모두 자기 성채를 의지했고 그 성채에 안주하였다. 또한 그 왕들과 기득권자들에게는 궁전이 있었다. 벧엘에는 성소가 있었을 뿐 아니라 왕의 궁전=집이 있었다. 그 집은 호화와 사치의 장소였던 것 같다. 왜냐하면 아모스서에 나오는 집들 예를 들어 겨울 궁, 여름 궁, 상아 궁들, 큰 궁들 (3:15)은 모두 집을 뜻하는 히브리어로 '베트'가 쓰였기 때문이다. 여호와 아닌 성채를 의지한 사람들, 여호와 아닌 궁들을 지어 사치하고 연락한 자들은 불 살라질 것이다.

가난한 자에 대한 압제

아모스서에서 다루는 북왕국 이스라엘의 죄들 중 특히 두드러진 것이 가난한 자들, 힘 없는 자들에 대한 압제 (壓制)다. 물론 하나님과의 관계에서 언급되는 죄들, 예를 들어, 우상숭배나 율법에 대한 불순종의 죄들을 아모스 선지자가 다루지 않는 것은 아니다. 하지만, 빈부와 관련된 죄를 아모스는 강조한다. 먼저 2장 6-8 절을 보면, "그들이...신 한 켤레를 받고 가난한 자를 팔며 힘 없는 자의 머리를 티끌 먼지 속에 발로 밟고 연약한 자의 길을 굽게 하며...모든 제단 옆에서 전당 잡은 옷 위에 누우며…"라고 되어있다. 한글 본문에 '신 한 켤레'로 되어 있는 표현은 영어역본들에서는 'a pair of sandals'로 나타난다. 가난한 자들의 몸값이 그만큼 헐값이라는 말이다. 하나님의 형상으로 창조된 사람이 헐값으로 팔렸다. '전당 잡은 옷'은 말할 것도 없이 요샛말로 가난한 자들에게는 '재산목록 제1호'에 해당하는 옷이다. 반즈 (Barns)는 이 옷 (raiment, cloak, garment)은 가난한 자들이 낮에는 몸에 걸치던, 접을 수 있었던 겉옷인데 밤에는 이불로 덮었던 옷이라고 한다. 반즈는 두 구절을 인용한다. 출 22:26-27에, "네가 만일 이웃의 옷을 전당 잡거든 해가 지기 전에 그에게 돌려보내라. 그것이 유일한 옷이라. 그것이 그의 알몸을 가릴 옷인즉 그가 무엇을 입고 자겠느냐? 그가 부르짖으면 내가 들으리니 나는 자비로운 자임이니라." 또, 신 24:12-13에, "그가 가난한 자이면 너는 그의 전당물을 가지고 자지 말고 해질 때에 그 전당물을 반드시 그에게 돌려줄 것이라. 그리하면 그가 그 옷을 입고 자며 너를 위하여 축복하리니 그 일이 네 하나님 여호와 앞에서 네 공의로움이 되리라."[286] 여호와 하나님께서 모세를 통해 이러한 말씀을 주셨건만 이스라엘은 가난한 자에게서 전당 잡은 겉옷을 밤에도 돌려주지 않았다. 가난한 자가 추위에 떨면서 밤잠을 설치든 말든 아랑곳 않았다. 본문의 '모든 제단 옆에서 전당 잡은 옷 위에 누우며'는 이방신을 숭배하던 제단이 많았음을 시사한다. 이스라엘 남자들은 우상숭배를 하던 수많은 (호 8:11; 10:1; 12:11) 신전들의 제단들 옆에 침상을 만들고 그 가난한 자의 옷을 이불삼아 신전창기들과 놀아난 것이다 (사 57:5, 7 "너희가 상수리나무 사이, 모든 푸른 나무 아래에서 음욕을 피우며 골짜기 가운데 바위 틈에서 자녀를 도살하는도다. 네가 높고 높은 산 위에 네 침상을 베풀었고 네가 또 거기에 올라가서 제사를 드렸으며…").

눈에 띄는 것은 여성들도 이 죄에 가담하고 있다는 것이다. "사마리아의 산에 있는 바산의 암소들아, 이 말을 들으라. 너희는 힘 없는 자를 학대하며 가난한 자를 압제하며 가장 (남편)에게 이르기를 [술을] 가져다가 우리로 마시게 하라 하는도다 (4:1)." 아모스는 이스라엘 여성들을 '암소들'로 빗대어 표현한다. 이 여성들은 돈 꽤나 있고 어느 정도는 높은 사회적 지위에 있던 사람들로 보인다. 이 사람들도 힘없고 가난한 자들을 학대하고 업신여겼다. 술주정 (酒邪)을 부리며 남편에게 술 심부름까지 시켰다. 동시대 남왕국 유다의 선지자 이사야가 새벽부터 한밤중까지 알콜에 썰어있는 백성을 탄핵했는데, (사 5:11 "아침에 일찍이 일어나 녹수를 마시며 밤이 깊도록 포도주에 취하는 자들은 화 있을진저!"), 흥미롭게도, 그는 북쪽 왕국 '에브라임'에 대해서도 '화 있을진저!'를 선포한다 (사 28:1, 3 "에브라임의 술취한 자들의 교만한 면류관은 화 있을진저!...에브라임의 술취한 자들의 교만한 면류관이 발에 밟힐 것이라!"). 아모스와 이사야의 메시지를 종합해 보면, 기원전 8세기에는 남 유다나 북 이스라엘이나 가릴 것 없이 기득권을 가진 남녀들은 날마다 파티를 열어 알콜에 취해 비틀거렸고, 못가진 백성을 괴롭혔음을 알 수 있다. 이 사람들 중에는 물론 지도자들 (호 7:5 "우리 왕의 날에 지도자들은 술의 뜨거움으로 병이 나며")도, 선지자들 (사 56:9-12 "이스라엘의 파수꾼들은 맹인이요...이 개들은 탐욕이 심하여...오라 내가 포도주를 가져오리라. 우리가 독주를 잔뜩 마시자. 내일도 오늘 같이 크게 넘치리라 하느니라")도 포함되어 있었다.

---

286 A. Barnes, *Barnes' Notes on the Bible*, biblehub.com.

부자들은 배를 채우기 위해 가난한 자들을 쥐어짰다. 곧, 부당한 세금을 물리고, 불공정한 재판을 하였다. 아모스는 이런 이스라엘을 질책한다. "너희가 힘없는 자를 밟고 그에게서 밀의 부당한 세를 거두었은즉...너희는...성문에서 가난한 자를 억울하게 하는 자로다 (5:11, 12)." '성문'은 보통 이스라엘의 장로들이 재판을 하던 장소였다. 그곳에서 '가난한 자를 억울하게' 했으니 곧 불공정한 재판을 한 것이다. 장로들이 돈을 먹고 그릇된 판정을 내렸다. 여호와 하나님께서는 모세를 통해 "객이나 고아의 송사를 억울하게 하지 말"라고 하셨다 (신 24:17). "곤궁하고 빈한한 품꾼은 너희 형제든지 네 땅 성문 안에 우거하는 객이든지 그를 학대하지 말며 그 품값을 당일에 주고 해 진 후까지 미루지 말라 (14-15절)"고 하셨다. 급료 (wage)를 제때 제때 주라는 것이다. "네가 밭에서 곡식을 벨 때에 그 한 뭇을 밭에 잊어버렸거든 다시 가서 가져오지 말고 나그네와 고아와 과부를 위하여 남겨두라" (19절)고 하셨다. "네가 네 감람 (olive)나무를 떤 후에 그 가지를 다시 살피지 말고 그 남은 것은 객과 고아와 과부를 위하여 남겨두며, 네가 네 포도원의 포도를 딴 후에 그 남은 것을 다시 따지 말고 객과 고아와 과부를 위하여 남겨두라" (20-21절)고 하셨다. 그러나 이스라엘은 듣지 않았다. 아모스는 앞에서 했던 말 (2:6-7)을 비슷하게 반복한다. "가난한 자를 삼키며 땅의 힘없는 자를 망하게 하려는 자들아, 이 말을 들으라. 너희가 이르기를 우리가...은으로 힘없는 자를 사며 신 한 켤레로 가난한 자를 사며 찌꺼기 밀을 팔자 하는도다 (8:4-6)."

그러면 지위와 부를 누리던 사람들은 어떻게 살았는가. 전술하였듯이, 이들에게는 겨울 궁이 있었고, 여름 궁이 있었다. 상아 궁들과 큰 궁들이 있었다 (암 3:15). 여름에는 피서 (避暑)할 별장이 있었고, 겨울에는 겨울대로 피한 (避寒)할 별장이 있었다는 말이다. 상아 궁 곧 호화롭고 사치스런 (luxurious) 사저 (私邸)도 있었다는 말이다. 만약 이들이 부하면서도 그 부에 대해 하나님께 감사하고 그 부를 가난한 자들과 공유하였었더라면 얼마나 좋았을까. 상아 궁뿐 아니라 '상아 침대'도 있었다. "상아 상 (beds of ivory)에 누우며 침상에서 기지개켜며 양 떼에서 어린 양과 우리에서 송아지를 잡아서 먹고 비파 소리에 맞추어 노래를 지절거리며 다윗처럼 자기를 위하여 악기를 제조하며 대접으로 포도주를 마시며 귀한 기름을 몸에 바르면서..." (암 6:4-6) 부와 성장을 위해 애쓰면서도 가난한 자들을 생각하는 위정자들이 필요한 때다. 공정한 재판, 공평한 세금 징수, 호화와 사치의 근절, 유흥과 음란 단속—이런 일들에 힘쓰는 위정자들이 필요하다.

아모스가 '본 것들' (쓰나미 등등)

주전 8세기의 선지자 아모스는 하나님이 보여주심으로 여러 가지 특이한 것들을 보았다. 아모스는 바닷물이 지면에 쏟아지는 것 (5:8; 9:6)을 보았다. 구약 선지서의 표현을 따르자면 이는 '하존' (비전, 환상, 이상 異像: 예. 사 1:1)이고, 신약의 계시록의 표현을 따르자면 '아포칼립시스' (계시, 묵시 默示: 예. 계 1:1)다. 현재 한 신약 이스라엘어 번역본 계시록 1장 1절은 아포칼립시스를 '하존'으로 번역하고 있는데[287] 필자는 이 번역의 가능성을 인정한다. 왜냐하면

---

287 *ספרי הברית החדשה*, (Powder Springs, GA: Hope of Israel Publications, 2009), 508.

계시록의 '아포칼	시스'는 요한이 '본 saw' 것 (1:2)이라고 재차 설명되고 있기 때문이다. 구약 선지서들에 보이는 선지자들의 '비전' (예. 사 1:1 ὅρασις)을 그대로 이어받고 있는 이 아포칼 시스를 장르비평을 따라 세속의 묵시문학에서 나온 것으로 보는 것은 시대착오적 발상임이 분명하다. 아모스에는 여러 비전 혹은 묵시들이 보이는데 그 중에는 메뚜기가 땅의 풀을 다 먹은 것 (7:2), 불이 큰 바다를 삼키고 육지까지 먹으려 함 (7:4), 쌓은 담 곁에 주께서 손에 다림줄을 잡고 서심 (7:7), 여름 과일 한 광주리를 봄 (히브리어로 '여름 과일'과 '끝'의 음이 같음, 8:1) 등이 있다. 이외에도 온 땅이 강의 넘침 같이 솟아오르며 애굽 강 같이 뛰놀다가 낮아짐 (8:8; 9:5), 해가 대낮에 지며 백주에 땅이 캄캄하게 됨 (8:9) 등이 보인다. 또한 다윗의 무너진 장막이 일으켜짐 (9:11), 그들 (누구인지 명시되지 않음)이 에돔의 남은 자와 내 이름으로 일컫는 만국을 기업으로 얻게 됨 (9:12) 등도 보인다.

선지서의 내용 전개를 보면 먼저 선지자가 당시 이스라엘의 현실을 시내산 언약 조항에 비추어 설교를 한다. 이 설교는 가까운 미래의 하나님의 이스라엘에 대한 징계로 이어진다. 이는 보통 이스라엘의 포로와 그 회복으로 이어지고 내용은 시간적으로 메시아의 초·재림과 세상 끝날까지의 일들을 예언하면서 마감한다. 이때 세상 끝날의 일들은 묵시적 (비전) 표현들로 제시된다.

유의하여야 할 사실은, 구약성경의 묵시적 표현이 먼저 있었고, 이를 모방한 세속의 묵시문학은 나중에 생긴 것이라는 사실이다. 자유주의자들은 거꾸로 성경이 묵시문학을 모방한 것으로 믿는다. 그러나 이사야의 묵시가 기원전 8세기에, 에스겔과 다니엘과 (요엘)의 묵시가 기원전 6세기에 이미 있었던 것과는 대조적으로 유대 묵시문학은 주전 200년에서 주후 100년 사이에 가서야 비로소 나타난 것들이다. 여기에 포함되는 작품들로서는 에녹 1서, 에녹 2서, 바룩 2서, 바룩 3서, 에스라 4서, 아브라함 묵시록, 아브라함 유언, 레위의 유언 2-5서 등이 있다.[288] 이것들은 세속 작가들이 성경의 잘 알려진 인물을 빌어 쓴 글들이다. 쉽게 말해 정체 불명의 위서 (僞書)들인 것이다. 이 위서들의 특징은 태초의 사건, 이원론적 역사관, 영계 여행, 종말의 천체 격변, 내세의 모습들, 부활 등을 다룬다는 점이다. 요한 계시록은 이와 같이 구약의 전통에 이어신 것이나, 사유무의사들은 북시문학 식품들이 띄는 특성들이 계시록과 비슷한 섬에 작안하여 계시록이 묵시작품들을 모방 혹은 영향 받은 것으로 보는 것이다. WBC 계시록의 저자 온 (Aune)도 예언과 묵시에 대해 바른 견해를 제시하지 못한다. 요한 계시록은 남의 이름을 도용하여 작성한 문건도 아니고, 고난의 원인을 우주의 세력들에게 돌리지도 않는다. 계시록은 허황된 판타지와 거리가 멀다. 이 책은 하나님 나라의 완성에 앞서 있을 고난을 예시하며, 예수님의 재림의 확실성을 알려주어 성도들에게 믿음의 인내와 용기를 촉구한다.

아모스가 본 쓰나미는 주전 8세기에 그가 본 것이며 2700년이 지난 지금 현실로 이루어지고 있다. 그가 본 것들 중에 북이스라엘의 멸망 (8:2)이나 메시아의 초림과 이방인들의 구원 (9:11-12; 행 15:15-18)은 이미 이루어졌거나 이루어져가고 있고, 이스라엘의 회복 (9:14-15)은 이루어져가고 있는데 미래에 완성될 일로 아직 남아 있다 (롬 9-11장). 지각의 융기, 해가 어

---

288 데이비드 E. 아우내, *요한계시록* (상), 김철 역 (서울: 솔로몬, 2003), 105.

두워짐, 메뚜기 재앙, 불이 큰 바다를 먹음 등은 계시록의 재앙들과 연결시켜 이해해야 할 것이다. 이미 인도양 쓰나미 (2004)로 23만이 죽었고, 칠레 (1960, 2010, 2015)에도, 일본 (1896, 2011)에도, 태평양 연안 각지에도 '바닷물이 지면에 쏟아'지는데 사람들은 안일하여 마냥 예언과 묵시를 무시하고 있다. 2004년 기준으로 1000건이 넘는 지진해일이 일어나 약 50만명이 죽었다.[289]

아모스서의 '메뚜기', 계시록의 '황충'

사도 요한은 구약의 다른 부분들 뿐만 아니라 아모스서에서도 몇 가지 내용을 가져와서 종말의 심판 예언에 사용한다. 아모스 7장 이하에 나타나는 내용들은 특히 계시록과 연관이 깊다. 메뚜기가 땅의 풀을 다 먹은 환상 (암 7:2)은 아모스 당시로 보면 북이스라엘의 멸망과 관련된 예언이다. 이것을 종말의 예언과 관련해서 본다면 계시록의 일곱 나팔 재앙 중에 다섯 번째 황충 재앙 (계 9:1-11)과 관련되었다고 할 것이다. 우리가 잘 알듯이 계시록의 황충들은 크기부터가 다르다. "황충들의 모양은 전쟁을 위하여 준비한 말들 같"다고 했으니 (계 9:7) 아모스서의 메뚜기의 확대판이다. 이는 영적으로 악한 세력이 분명하다. 왜냐하면, 일단은 '무저갱' (無底坑)에서 올라온다는 점때문이다. 이 무저갱은 계시록에서 몇 군데 나오는데, 17:8을 보면 '적그리스도' (일곱 머리와 열 뿔 가진 짐승)가 있던 곳이다. 이 적그리스도는 13:1에 의하면 '바다'에서 올라온다고 되어 있는데, 이 '무저갱'이 '바다'에 있다면 '무저갱'으로 말하든, '바다'로 말하든 아무 상관이 없을 것이다. 결국, 분명히 어딘가에 존재하는 영적인 특성을 지닌 장소임이 분명하다. 적그리스도 (짐승)가 이곳에 갇혀 있다가 나와서 '두 증인' (복음 사역자들로 봄)을 죽여버리고 (계 11:7), 음녀를 태우고 활동하다가 "멸망으로 들어가게" 된다 (계 17:8). 사실, 이 장소는 재림하신 예수님의 1000년 통치 동안에 마귀가 결박되어 갇혀 있을 장소가 아닌가 (계 20:2-3, 헬. '아   소스', 눅 8:31). 이 무저갱은 20:7에 다시 '옥' (감옥, 헬. '퓔라케')이라고 풀어 설명했으니 영적 존재를 가두어 나오지 못하게 하는 감금의 장소가 틀림없다. 결국 무저갱은 하나님이 설정하신 영계의 감옥이요 또한 이 적그리스도와 마귀 같은 존재들은 하나님의 주권 아래서 하나님의 허락을 받아 제한된 시간 동안 활동하되 결국은 멸망한다는 사실을 알 수 있다. 계시록의 이 무저갱에서 나온 황충들의 공격 대상은 불신자들이다. "오직 이마에 하나님의 인침을 받지 아니한 사람들만" 해친다 (계 9:4). 불신자들이 5개월 동안 괴롭힘을 당하게 되는데 이 괴롭힘은 "전갈이 사람을 쏠 때에 괴롭게 함 같은" 것이며, 황충에 쏘인 불신자들은 죽고 싶어도 못 죽는 처지가 된다 (계 9:5-6).

이 황충 재앙과 관련하여 계시록의 종말 사건들을 일람해 본다면, 이 황충 재앙이 '첫째 화'이며 (9:12), 유브라데 전쟁이 '둘째 화' (계 9:12-21)임이 분명한데, '마지막' (셋째) 화 (11:14)는 일곱 대접 재앙(15:1; 16:1-21)을 가리키는 듯하다. 나팔재앙과 대접 재앙은 여러 면에서 연결점들 (우주 심판과 유브라데-아마겟돈 전쟁을 인한 사람들의 죽음)이 있으므로 적그리스도의 3년 반 통치 말기에서 그 시기 직후에 나타나는 천체의 격변 (여섯째 인 재앙 계 6:12-17; 마

289 UNESCO, 지진해일의 이해, 위정심 김세정 역 (서울: 국립기상연구소, 2009); http://itic.ioc-unesco.org

24:29) 및 휴거 사건 (인자 예수님이 곡식 추수를 하심, 계 14:14-16; 추수된 곡식들이 하늘에서 찬양을 드리고 있음15:2)과 맞물려 있는 듯하다.

아무튼, 메뚜기 재앙 외에도 아모스서의 불이 큰 바다를 삼키고 육지까지 먹으려 함 (7:4), 온 땅이 강의 넘침 같이 솟아오르며 애굽 강 같이 뛰놀다가 낮아짐 (8:8; 9:5), 해가 대낮에 지며 백주에 땅이 캄캄하게 됨 (8:9) 등이 보이는데 암 7:4는 계 8:8-9의 둘째 나팔 재앙과, 암 8:8; 9:5의 지각의 융기는 슥 14:10과, 암 8:9의 태양이 어두워짐은 계 8:12의 넷째 나팔 재앙과 연관된 것으로 보인다. 북이스라엘이 망할 때도 이런 일들은 부분적으로 있었을 것이나 또한 이 재앙들은 종말의 재앙들을 예언하는 재료로 요한에 의해 다시 사용되었다고 본다.

아모스 대 아마샤

아모스서 7:10-17에 보이는 아모스 선지자의 모습은 거짓 선지자를 말씀으로 치는 자의 모습이다. 아모스는 '여기 벧엘에서 말씀을 전하지 말고 유다 땅으로 도망가서 거기에서나 예언하라'고 지껄여대는 아마샤를 하나님 말씀의 일격으로 때려눕힌다. 선지자 나단이 다윗을, 선지자 갓이 솔로몬을, 선지자 엘리야가 아합과 이세벨을 (Expositor's Bible 참고) 말씀의 일격으로 눕힌 것처럼, '왕'을 들먹거리며 위협하는 아마샤를 선지자 아모스가 때려눕힌다. 아마샤는 어떻게 '왕'을 들먹거리는가. 그는 벧엘을 '왕의 성소요 나라의 궁궐'이라고 한다. 당시 벧엘은 이스라엘 왕 여로보암 (이는 요아스의 아들 여로보암으로 여로보암 2세를 말함, 암 1:1)이 우상에게 제사하던 성소가 있던 곳 (4:4; 5:5)이었다. 당연히 우상숭배 날이 돌아오면 왕이 고관대작들을 거느리고 와서 온갖 음란을 행하였을 것이 틀림없다 (Expositor's Bible). 아마샤 같은 어용 제사장이 여로보암에게 온갖 아첨을 떨며 우상숭배를 권장할 때 아마샤는 '목자요 뽕나무를 재배하는 자로서 양 떼를 따를 때에' 여호와의 음성을 듣고 분연히 일어서 고향 유다를 떠나 벧엘로 올라와 북이스라엘 왕과 백성을 탄핵하였던 것이다. 하나님 말씀, "가서 내 백성 이스라엘에게 예언하라!"는 말씀이 아모스의 발걸음과 입술을 재촉한 것이다. 그러자 당시 거짓 목사 아마샤가 아모스 앞에 나섰다. 그는 먼저 여로보암에게 건갈을 보낸다. 그는 '이스라엘 족속 중에 아모스가 왕을 모반하나니 그 모든 말을 이 땅이 견딜 수 없나이다. 아모스가 말하기를 여로보암은 칼에 죽겠고...'라고 왕을 빙자하여 아모스를 죽이려 한다. 마치 왕이신 예수님을 로마 황제 (왕)를 빙자하여 빌라도에게 송사하는 유대인들 같다. 빌라도가 예수를 놓으려 힘썼으나 유대인들이 소리를 질렀다. "이 사람을 놓으면 가이사의 충신이 아니니이다. 무릇 자기를 왕이라 하는 자는 가이사를 반역하는 것이니이다." (요 19:12) 대제사장들이 말하였다. "가이사 외에는 우리에게 왕이 없나이다" (요 19:15). 여기서 나는 두 가지 생각을 한다. 그 하나는 사복음서 기자 중에 이 말을 하는 사람은 요한 밖에는 없다는 것이다. 가장 예수님을 사랑하는 자 (제자)가 예수님을 미워하는 자들을 가장 미워한다는 것이다. 만약 다른 세 복음서 기자들이 (이 기자들은 다 예수님을 사랑했고 그 복음서마다 특징을 지님) 예수님을 위하여 '극렬히 질투'했다면 요한처럼 유대인들을 고소했을 것이다 (이것이 어찌 소위 반셈주의 [antisemitism]라고 할 수 있는가). 요한복음을 세속 심리학으로 해석하여 단순히 반셈주의라고 한다면 이와 같은 한심한 성경해석도 없을 것이다. 누군가를 진심으로 사랑하는 자는 그 사랑하는 자를 미워하는 자에게 적개심을 갖는다. 그 미워하는 자의 말과 행동을 하나하나 가슴에 새겼다가 그것들을 하나하나 열거하여 죄목으로 고발한다. 요한은 조용하고 침착하지만 다른 사람들보다 예수님을 위하여 극렬히 질투한다 (이는 요한이 선지자적 시각에서 하나님의 시각을 대신하기에 단순히 인간적 미움으로 보면 안된다. 이는 하나님의 질투와 심판을 대변하는 선지자의 감정과 언설로 보아야 한다). 둘째는, 제2성전시대의 유대인의 종교는 '언약적 율법주의/신율주의' (covenantal nomism)이라는 바울에 대한 새관점주의자들 (theologians who support New Perspective on Paul)의 말이 거짓말이라는 것이다. 이 시대의 사람들이 하나님의 언약 속에서 그의 구원의 은혜에 감사하는 사람들이었고 율법을 지켰으며 혹 지은 죄에 대해서는 속죄의 제사를 드리며 하나님 앞에 회개하는 사람들이었다면, 오신 하나님의 아들, 왕이신 예수 그리스도를 그렇게 천히 취급하였을까. 그랬다면, 그들이 로마의 황제를 들먹거리며, 마치 그 왕권을 빙자하여 아모스를 죽이려고 여로보암에게 고발장을 썼던 아마샤처럼, 빌라도 앞에서 메시아를 죽이라고 고래고래 소리를 질렀을까. 제2성전 시대에는 메시아를 기다리던 시므온과 안나 같은 소수의 남은 자 구약교회가 있었으나 (이들이야말로 covenantal nomism에 속한 사람들) 대부분은 비록 그들이 피와 겉모습은 유대인이었을지라도 이 언약을 파기하고 언약 밖에 있는 자들이었다. 이러한 언약 밖에 있는 자들을 언약 안에 있는 자들로 큰 선심쓰듯 인정해주고 이방 그리스도인들과 한 가족이 되게 하기 위해 사도 바울이 복음을 발명했다는 것은 애써서 유대교와 복음으로 거듭난 백성 (기독교)을 하나로 통합해 보려는 꼴인데 우습기가 한량없다. 피상적인 평화를 위해 종교들을 통합하려는 술수다.

현시대는 아모스의 뒤를 따라 말씀의 일격을 가하여 거짓 목사, 거짓 교사, 적그리스도들, 음녀들을 한방에 KO시키는 것이 필요한 시대다. 아모스 때에도 말씀 전하는 것을 금지했지만 (암 2:12) 지금도 WCC의 개종전도금지주의 (최근의 최덕성교수, '신학충돌' 등 통찰력 있는 글들을 읽어보라)를 표방하거나, 기도를 못하게 (1963년 미 공립학교에서 기도문과 십계명을 가르치지 못하도록 법으로 금지, 케네디 싸인함)하거나, 길거리 전도를 못하게 반사회 행위 규제법을 입안 (영국)하는 등 경우들이 나타나고 있다. 이러한 것들은 점점 그 도가 높아지다가 급기야는 적그리스도가 와서 '제사와 예물을 금지' (단 9:27; 12:11, 곧 예배를 못드리게 함)할 것이며, '짐승의 우상에게 경배하지 아니하는 자는 몇이든지 다 죽이게 할' 것이다 (계13:15). 이러한 '말씀을 금지'하는 종말의 시대에 필요한 것은 '아모스의 일격'이다. 플로렌스에서 사보나롤라가 그러했던 것처럼, 보름스 회의에서 루터가 그러했던 것처럼 (Expositor's Bible), 절기가 있던 예루살렘에서 우리 주님이 그러하셨던 것처럼, 왕의 우상숭배 음란잔치가 있던 벧엘에서 아모스가 그러했던 것처럼 이 시대의 전도자들은 말씀을 그대로 전해야 한다. 제2의 아모스, 제3의 아모스가 되어야 한다. "예수를 증언함과 하나님의 말씀 때문에 목 베임을 당한 자들의 영혼들과 또 짐승과 그의 우상에게 경배하지 아니하고 그들의 이마와 손에 그의 표를 받지 아니한 자들이 살아서...하나님과 그리스도의 제사장이 되어 천 년 동안 그리스도와 더불어 왕 노릇 하리라." (계 20:4-6) 우리는 이 약속을 믿고, 복음대로 살고, 영혼들을 사랑하여 복음을 전하는 자들이 되자. 주님께서 우리로 이 세상 앞에 '견고한 성읍', '쇠기둥', '놋성벽'이 되게 하시고 '그들이 너를 치나 너를 이기지 못하'게 하시도록 (렘 1:18) 해 주실 것이다. 또한 '마귀와 통치자들과 권세들과 이 어둠의 세상 주관자들과 하늘에 있는 악의 영들을 능히 대적할 하나님의 전신갑주' (엡 6:10-20)를 입혀 주실 것이다.

암 9:11-12, 다윗의 장막

이 구절을 히브리 맛소라 본문에 근거하여 직역하면 다음과 같다. "그 날에 내가 다윗의 무너진 천막 (쑤콧)을 일으킬 것이고 그 틈을 막을 것이고 그 몰락한 것을 일으킬 것이고 옛날 들처럼 그것을 건설할 것이므로 그들이 에돔의 남은 자와 내 이름으로 불리우는 모든 이방 나라들 (고임)을 소유하게 될 것이다." 70인역은 아마도 맛소라 본문과는 다른 히브리 저본을 사용하여 번역하였을 것인데, 다음과 같이 번역한다 (Brenton의 번역을 직역). "그 날에 내가 무너진 다윗의 천막을 일으킬 것이고 (아나스테쏘), 그것의 몰락한 것을 중건할 것이고, 파멸된 그것의 부분들을 세울 것이고, 옛날들처럼 그것을 건설할 것이므로, 사람들의 남은 자가, 그리고 내 이름으로 불리우는 모든 이방인들이 간절히 찾게 될 것이다. 이 모든 일들을 행하시는 주께서 말씀하신다." 야고보는 행 15:16-18에서 70인역을 약간 해석적으로 다음과 같이 인용한다. "이 모든 일들 후에, 내가 돌아올 것이고, 내가 무너진 다윗의 천막을 재건할 것이고, 그 몰락한 것을 재건할 것이고 그것을 '회복할' 것이므로, 사람들의 남은 자가, 그리고 내 이름을 부를 모든 이방인들이 '주님을' 찾게 될 것이다. 예로부터 이 일들을 알도록 하시는 주께서 말씀하신다."[290]

우선, 언급할 것은 암 9:11의 '다윗의 장막 (쑤콧)'이 무엇이냐 하는 것이다. 이는 역대상 16:1 (하오헬, 그 '장막'), 17:1 (예리오트, 예리아의 복수, '커튼들' 혹은 '휘장들')과 우선 단어가 다르다. '쑤콧'은 보통 영어역에서 booth로 옮겨지는데, 이사야 1:8에 나오는 포도원의 '망대' (원두막 같은 것), 요나가 니느웨 성읍 동쪽에 지었던 '초막' (욘 4:5)에 쓰였고, 이스라엘의 추수 때의 절기인 초막절 (하그 하쑤콧, 레 23:42, 신 31:10 등)에도 사용되었다. 즉, 이 건축물은 정식 거처가 아닌 대강대강 만들어 놓은 허름한 구조물인 것이다. 이것은 다윗이 언약궤를 오벧에돔의 집에서 (대상 25) 레위 사람으로 메어 올려 다윗성에 안치했을 때 만들었던 '오헬'이나 '예리아'와 동일한 것으로 보기 어렵다. 물론 언약궤를 안치한 장막 혹은 휘장도 임시성을 띈 것이기는 하지만, 오두막이나 원두막이나 나뭇가지들을 모아 만든 간이처소와는 아주 다른 것이라 할 것이다. 여기서 결론부터 말하자면, '다윗의 쑤콧'은 다윗의 가문 곧 한때는 하나님의 뜻을 준행하여 하나님의 평화를 누렸으나 우상 숭배와 온갖 악행으로 '포로와 수치를 당하여 남루한 누더기 상태가 된 바로 그 다윗의 가문'을 비유적으로 말한 것이다. 신실하신 하나님은 다윗에게 하신 약속을 이루시기 위하여 이 '피난살이 판자집 같은 다윗의 가문'을 흥기시키시겠다는 것이다. 이는 아모스 시대에서 보면 이스라엘의 심판 (포로) 후 많은 날들이 지나 이루어질 하나님의 종말론적 구원사적 행위였다. 구체적으로 말하면, '다윗의 자손에서 메시아를 일으키

---

290 70인역과 신약 (행 15:17)은 '에돔'을 '아담들 (사람들)'로 읽는데 이 부분에 대한 설명은 류호준, 아모스, 483, 각주 16을 참조하라.

시겠다는 것'이다. 아모스는 폐허가 다시 복구되어 어엿한 건물이 건축되듯, 멸망한 유다 왕국에서 하나님이 세우시는 다윗의 자손, 곧 만왕의 왕이신 영원한 메시아 예수 그리스도를 통해 이방인들 중 남은 자들 (암 9:12)이 구원 받고, 이스라엘의 남은 자들 (9:8, 14-15)도 구원 받게 될 것을 예언하고 있는 것이다. 야고보는 이 구절로 이방인들도 유대인들처럼 퇴락한 다윗의 가문에서 나신 하나님의 약속의 메시아, 주 예수 그리스도의 은혜 (행 15:11)로 구원 받음을 확증한다. 그는 이방인들도 모세의 법대로 할례를 받아야 구원을 받는다고 우기는 사람들의 입을 막아버린다.

근래에 어떤 사람들은 아모스서의 '다윗의 장막'이라는 용어를 잘못 사용하고 있는 듯하다. 이들은 이 용어를 다윗이 언약궤를 안치한 다윗성의 '장막'을 '다윗의 장막'이라고 부름으로 듣는 사람에게 오해를 불러일으킨다. 그 옛날 다윗이 레위인들을 세워 하나님을 찬양하고 기도했던, 그래서 하루 24시간 늘 하나님의 임재를 맛보았던 장소를 '하나님의 (임시) 장막'이 아니라 '다윗의 장막'으로 부르니 이런 오해가 생길 수밖에 없다. 다윗의 시편 27편과 84편의 여호와의 '장막'에 사용된 단어는 '쑤콧'이 아니라 '오헬' (시 27:5, 6) 혹은 '미슈칸' ('미슈케노테카' your tabernacles, 84:1)이다. 이 장막은 여호와의 집이나 그의 성전 (시 27:4)과 같은 말이고, 좀더 넓은 범위로 언급되기도 하는데, 그것이 바로 우리 하나님의 성, 거룩한 산, 큰 왕의 성, 시온 산 (시 48)이다. 시편 48편은 하나님의 임재의 장소를 '시온 산'으로 말하다가 좀더 좁혀서 '당신의 전' (히브리어 본문으로 48:10, your temple)으로 말하기도 한다. 물론, 우리가 이러한 용례들만을 가지고, 오헬은 언약궤의 안치 장소, 쑤콧은 다윗의 가문을 가리키는 것이라고 확정적으로 말할 수는 없다. 왜냐하면 오헬이라는 단어도 가문이나 나라 (혹은, 나라의 백성)를 가리키는 데 사용된 예가 있기 때문이다. 사 16:5 "다윗의 장막에 인자함으로 왕위가 굳게 설 것이요 그 위에 앉을 자는 충실함으로 판결하며…" 시 83:5-6 "그들이 한마음으로 의논하고 주를 대적하여 서로 동맹하니 곧 에돔의 장막과 이스마엘인과 모압과 하갈인이며…" 이러한 구절들에 나오는 '장막'은 히브어로는 '오헬'이기 때문이다. 그러나, 그렇다고 해서, 아모스서의 다윗 언약의 성취인 '다윗의 장막'의 회복을 언약궤를 두었던 장막으로 오해하고 그 장막이 24시간 임재를 뜻하기 때문에 24시간 기도해야 한다고 주장한다 (IHOP)면 그것은 잘못이다 (24시간 기도 자체에 대해서는 필자도 간절히 사모하는 바이다).

다른 한편으로, 어떤 사람들을 (특히 세대주의자들)은 이 '다윗의 장막이 회복될 것'이라는 행 15장의 말씀을 가지고 하나님의 구원의 경륜을 유대인과 이방인으로 '첨예하게' 나누어 설명하거나 그 구원 경륜에 '유대인 중심성'을 정당화하는 데에 사용한다. 물론 하나님이 먼저 이스라엘을 택하신 것은 누구도 부인할 수 없는 일이고, 그 이스라엘과 이방을 구원하시는 사역에는 양자에 대한 경륜이 있음도 확실하다. 그러나 이 부분을 너무 강조하는 것이 위험하다는 말이다. 그들의 그릇된 '환난 전 휴거설'은 차치하고라도, 1000년 왕국을 다윗 왕국의 재건으로 보아 이때에 회복된 다윗의 장막인 제3성전 (에스겔서의 새성전 환상의 성취로 봄)에서 구약적 제사가 재개된다는 것, 1000년 왕국 때 깨닫고 돌아온 유대인들이 전세계를 통치하게 된다는 것 등은 받아들이기 어려운 주장들이다.[291] 만약 얼마 안가서 이스라엘에 제3성전이 세워진다면 그것은 에스겔서의 비전의 성취가 아니라 기독교와는 무관한, 유대교 전통을 따른 성전이 될 것이다. 아무리 에스겔서의 식양대로 짓는다고 해도, 아무리 그곳에서 구약적 희생 제사를 재개한다고 해도, 이것은 신약이 말하는 성전이 아니다. 모퉁이돌 예수님을 기반으로, 믿는 이방인들과 믿는 유대인들이 둘이 하나가 되어 (엡 2:16) 하나님이 거하실 성전으로 서로 연결되어 지어져 가고 있는 마당에 (엡 4:20-22) 무슨 성전을 또 짓는다는 말인가! 전도를 통한 교회 (성도들)의 확장이 아닌 물리적 성전 건축으로 이스라엘의 회복을 꾀함은 이스라엘의 회복은 커녕 자칭 하나님이 될 적그리스도가 다스릴 궁 (宮)을 제공함으로 오히려 이스라엘에 대한 심한 핍박의 계기가 될 것이다!

아모스와 스데반

공회 (행 6:12, 15) 앞에 서서 말씀을 전한 스데반의 모습은 이스라엘 왕이 단골로 찾아와 우상 숭배를 하던 벧엘에서 거리낌 없이 이스라엘을 쳐서 예언하던 (암 6:13) 아모스의 모습과 너무 비슷하다. 이 두 사람의 설교의 공통된 특징은 '신랄함'이다. 아모스는 이스라엘의 죄의 지적에 있어 신랄하다. "신 한 켤레를 받고 가난한 자를 팔며 힘 없는 자의 머리를 티끌 먼지 속에 발로 밟고..." (2:6-7) 요새 하는 말로 옮긴다면, "가난한 자의 골을 빼먹는 인간들아!"가 될 것이다. "아버지와 아들이 한 젊은 여인에게 다녀서 내 거룩한 이름을 더럽히며" (2:7) "너희는 벧엘에 가서 범죄하며 길갈에 가서 죄를 더하여" (4:4) 지금 표현으로 한다면, "애비와 자식이 같은 여자를 농락하고, 서울에 가서 죄를 짓고, 부산에 가서 죄를 짓고 이 교회 저 교회 떠돌며 밥먹듯 죄를 짓는 이 더러운 인간들아!"가 될 것이다. 이러한 이스라엘의 죄악의 결과를 말할 때도 아모스는 신랄하다. 벧엘은 "비참하게 될" 것이라고 한다 (5:5). "한 집에 열 사람이 남는다 하여도 다 죽을 것이라" 한다 (6:9). "여로보암 (왕)은 칼에 죽겠고 이스라엘은 반드시 사로잡혀 그 땅에서 떠"날 것이라 한다 (7:11). 이스라엘에 대하여, " 네 아내는 성읍 가운데서 창녀가 될 것이요, 네 자녀들은 칼에 엎드러지며, 네 땅은 측량하여 나누어질 것이며, 너는 더러운 땅에서 죽을 것"이라 한다 (7:17). "그 날에... 곳곳에 시체가 많아서 사람이 잠잠히 그 시체들을 내어버리리라" (8:3)고 한다.

스데반은 어떤가. 스데반도 비슷하다. 산헤드린에 모인 사람들, 물론 이 가운데는 구레네 사람, 이집트의 알렉산드리아에서 온 사람, 길리기아와 소아시아에서 온 사람들 (이른바 자유민, 행 6:9)이 있었는데 그 중에 스데반을 송사한 어떤 사람들이 있었다. 이들이 성령 충만한 스데반의 말을 당하지 못하자 사람들을 매수하여 거짓말로 고소를 한다. 이들은 백성과 장로와 서기관들을 충동시켜 스데반을 잡아 공회에 세운다. 스데반은 이들의 송사의 내용들을 하나 하나 격파한다. '나는 하나님과 모세를 모독한 일이 없다. 성전은 모세 때의 성막에서 시작하여 다윗 때에 건축된 하나님의 처소요 솔로몬이 지었으나 하나님은 결국 손으로 지은 곳에 계시지 않는 분이다. 나는 성전과 율법을 거스르지 않았다. 하나님을 모독하고 모세를 모독한 자

---

291 한정건, *현대 종말론의 성경적 조명* (서울: 기독교문서선교회, 1991), 67.

들은 바로 너희들이다. 너희 조상이 애굽에서 구원하신 하나님 대신 송아지 우상에게 절하지 않았느냐. 너희 조상이 율법을 어기지 않았냐. 너희가 선지자들을 죽이지 않았냐. 메시아를 예언한 선지자를 죽이고 급기야는 오신 예수님을 죽이지 않았냐. 너희 조상들이 항상 성령을 거스렸고 너희도 성령을 거스른다. 내가 아니라 바로 너희가 천사의 전한 율법을 지키지 않았다' 이런 취지의 말이 스데반의 설교다. 스데반의 설교의 마지막 부분을 평범한 말로 바꾸어본다면 이렇게 될 것이다.

> "수그릴 줄 모르는 뻣뻣한 모가지를 한 인간들아, 아직도 너희는 마음과 귀가 할례가 안 되었구나! 어쩌면 그렇게도 너희 조상들과 한치도 틀리지 않으냐! 한시도 성령을 거스르지 않는 때가 없구나! 하기는...너희들 조상들도 선지자를 그토록 핍박하지 않았느냐, 그 의로우신 메시아께서 오심을 예고한 선지자들을 죄다 잡아 죽이지 않았냐, 이제 이땅에 오신 그분을 너희는 팔아 넘겼구나, 이 살인자들! 천사를 보내어 주신 율법을 받았어도 하나도 지키지 않은 인간들아!" (행 7:51-53, 필자 의역)

스데반의 설교에서 주목할 만한 점은, 바로 이 신랄한 아모스의 말씀을 그로부터 700년 후에 신랄한 스데반이 인용한다는 사실이다. 행 7:42-43은 칠십인역 아모스 5:25-27를 자유롭게 인용한다 ("freely after the LXX" Meyer's NT Commentary). 아모스의 히브리 본문은, "이스라엘 족속아 너희가 사십 년 동안 광야에서 희생과 소제물을 내게 드렸느냐 너희가 너희 왕 식굿과 기윤과 너희 우상들과 너희가 너희를 위하여 만든 신들의 별 형상을 지고 가리라 내가 너희를 다메섹 밖으로 사로잡혀 가게 하리라 그의 이름이 만군의 하나님이라 불리우는 여호와께서 말씀하셨느니라" (개역개정). 칠십인역을 직역하면, "오 이스라엘 집이여, 너희가 광야 40년 나에게 희생들과 제물들을 드렸느냐? 참으로 너희는 너희 자신을 위해 만든 형상들 (images)인, 몰렉의 장막과 신 (神) 레판 (Raephan)을 졌다 (took up). 그리하여 나는 다메섹 너머 멀리 너희를 옮겨갈 것이다. 그의 이름이 전능하신 하나님이신 주께서 말씀하신다" (Brenton, LXX). 이것을 스데반은 다음과 같이 인용한다. "이스라엘 집이여 너희가 광야에서 사십 년간 희생과 제물을 내게 드린 일이 있었느냐 몰록의 장막과 신 레판의 별을 받들었음이여 이것은 너희가 절하고자 하여 만든 형상이로다 내가 너희를 바벨론 밖으로 옮기리라" (개역개정)

아모스서 히브리본문의 '너희 왕 식굿' (개역개정)의 번역은 '너희 몰렉의 장막'이 옳을 것이다. 왕이 히브리어로 '멜렉'인데 히브리어 자음만으로 된 본문의 글자를 모음을 다르게 붙여 읽으면 '몰렉'으로 자연스럽게 읽을 수 있다. 사 57:9의 '몰렉'과 같은 '몰렉'인데 이 몰렉은 '몰록' (행 7:43에는 '몰록'이라고 되어있음)이라고도 부르는, 암몬의 우상을 말한다. 암몬은 이 몰렉에게 아이를 태워서 바쳤다 (후에 이스라엘이 본받음). '너희 형상들 키윤'에서 키윤은 이방신 (고유명사)인데 토성 (Saturn; 土星)을 가리키기도 한다 (BDB). 그리하여 그 다음에 나오는 '너희 신들 별 (코카브)'과 연관해서 생각해 볼 수 있다. 한편 히브리 본문의 '신들의 별 형상'을 사도행전에서 스데반은 '별 신 (星神) 라이판 (Rhaiphan, 헬라어 음역)'으로 언급한다. 이 라이판을 다른 역본에서는 Remphan (AV), Rephan (RV), Romphan (혹은, Rompha) 등으로 음역하기도 하는데 이는 토성을 말하며 이집트에서 신으로 숭배하였다 (Strong 참조). 결론적으로, 스데반이 말하는 것은 이스라엘은 애굽에서 나와서 송아지 숭배를 했을 뿐 아니라 이후 광야 생활에서도 장막 (tabernacle)에 안치한 몰렉 우상과 별 (토성) 우상을 등에 지고 (took up) 이동하면서 계속 우상 숭배를 하여 여호와의 노를 격발하였다는 것이다. 쉽게 말하면 구원주 여호와 하나님을 무시하고 우상 단지를 땀을 뻘뻘 흘리며 짊어지고 광야길을 걸으면서까지 귀신에게 절을 하고 별에 절하면서 신비주의에 빠져 있었다는 것이다.

성령 충만하여 진리로 꾸짖은 스데반에게 돌아온 것은 무엇인가. 고소 당하고, 돌에 맞아 죽는 것이었다. 스데반의 말씀을 들은 사람들은 "마음에 찔려 그 (스데반)를 향하여 이를 갈" 았다 (행 7:54). 그들은 "큰 소리를 지르며 귀를 막고 일제히 그에게 달려들어 성 밖으로 내치고 돌로" 쳤다 (57절). 그러면, 아모스에게 돌아온 것은 무엇인가. 역시 고소 당하고, 도망 가라고 입 닥치라고 하는 것이었다. 벧엘의 어용 제사장, 거짓 목자 아마샤가 아모스를 역모로 몰아 고소했다. "선견자야, 너는 유다 땅으로 도망하여...거기에서나 예언하고 다시는 벧엘에서 예언하지 말라" (암 7:12-13)고 하였다. 스데반 앞에서 이를 갈고 귀를 틀어 막는 사람들이나 아모스 앞에서 악담을 하며 시끄럽다고 하는 아마샤나 무엇이 다른가. 선지자가 가는 길은 같다. 핍박과 순교의 길이다. 고난의 길이다. 동시에 주의 능력이 동반되는 길이다 (딤후 1:8). 오늘 아모스서는 우리가 이 길을 가도록 사기 (士氣)를 진작시킨다.

4. 오바댜서의 주제적-신학적 구조와 메시지

오바댜 (עֹבַדְיָה)는 '여호와를 섬김'이란 뜻이다. 옵 1:1은 오바댜의 '하존' (חָזוֹן)이므로 개역개정의 '묵시'보다는 '환상' 혹은 '비전'으로 번역함이 더 합당하다고 본다. 왜냐하면 '묵시'라는 단어가 자유주의자들에 의하여 오용되었기 때문이다. 그들은 묵시를 예언과는 상관 없는 독립적 장르로 생각한다.

오바댜서를 대하면서 우선 눈에 띄는 것은 그 분량이 아주 짧다는 것이다. 실제로 구약 성경 중에 제일 짧은데 21절로 이루어져 있다. 내용은 에돔이 멸망이다. 에돔은 형제국 이스라엘이 신바벨론에게 586년에 멸망할 때 이스라엘을 도와주지는 못할 망정 오히려 동맹국들과 손을 잡고 이스라엘을 약탈하였다. 에서 때부터 육체적이요 세상적이었던 모습이 이때에도 어김없이 나타난 것이다. 하나의 나라로서 에돔도 한 인간 에서와 다를 바 없음을 보인다. 만약 에돔이 하나님과 이스라엘의 언약적 관계성을 중시하고 형제 나라 이스라엘을 사랑하고 도와주었더라면 오바댜에서 보이는 이러한 심판 예언은 없었을 것이다. 그들의 심중은 교만했고 그리하여 이스라엘을 동정하기는커녕 오히려 이스라엘의 멸망을 기뻐하였다.

오바댜는 에서의 멸망이라는 소재를 가지고 하나님에 대해 교만한 만국인의 멸망을 내다본다. 즉, 범위가 한 나라 에돔에서 온 세상의 악한 나라들로 확장되는 것인데 이러한 방식은 선지서에서 일반적으로 나타난다. 반면 그 심판의 날에 이스라엘은 하나님의 회복을 맛보게 된다. 이스라엘은 여호와의 구원을 경험하게 된다. 이제 본서의 구조에 대해 알아보자.

1) 오바댜서의 구조

오바댜서의 구조는 간단이 다음과 같이 기호로 나타낼 수 있다. 즉, 1a 표제를 제외하고 다음과 같이 표시할 수 있다.

A 1:1b-9
A' 1:10-14 + B 1:15-21

첫 단락이 에돔의 죄에서 심판으로, 둘째 단락이 에돔의 죄에서 심판으로 나아가는 것은 같으나, 둘째 단락은 에돔의 죄를 이스라엘과의 관계에서 서술함으로 하나의 내용의 변화(구체화)를 준다. 죄론은 둘째 단락에서 보다 심화되어 있으며, 심판은 첫째 단락과 둘째 단락 모두에서 '여호의 날' 주제와 관련하여 언급되고 있다. B에서는 에돔에 압박을 당하던 이스라엘이 이제 에돔을 심판하게 될 것이라는 내용이다. 이는 하나님이 주관하시는 나라가 세상 나라를 물리치고, 그 나라가 확장될 것, 그 나라의 백성이 그 확장을 통해 기업을 얻게 될 것에 대한 묘사다. 마지막 단락에서는 내용이 역전되기 때문에 B로 나타냈다.

위의 A' 1:10-14 + B 1:15-21 단락을 좀더 자세히 분석하면 아래와 같다. 10절을 서론으로 보고 11-12절과 13-14절을 a와 a'로 볼 수 있다. 즉, '재물 늑탈', '성문에 들어감', '고난을 방관함' 등의 주제들이 짝을 이룬다.

B는, 15a를 서론으로 보고 15b-21을 두 부분으로 나눌 수 있다(a 15b-18; a' 19-21).

서론: 15a 여호와의 만국을 벌할 날이 가까움
　a 15b 에돔 심판
　　b 16 만국인 심판
　　　c 17 야곱 족속 구원; 자기 기업을 누림
　　　　d 18 야곱 족속의 에서 족속 심판
　a' 19a 남방 사람은 에서의 산을 얻을 것임
　　b' 19-20 에서, 블레셋, 가나안 사람 등이 심판을 받음을 암시
　　　c' 19-20 베냐민, 이스라엘 뭇 자손, 예루살렘의 사로잡혔던 자들이 기업을 차지함
　　　　d' 21 시온산의 구원자들이 에서의 산 심판 (A 단락 마지막인 9b와 대응됨)

2) 오바댜서의 메시지

오바댜는 에돔의 거주지 (사해 남동쪽)를 '바위 틈'으로 묘사한다 (3절). 지금의 요르단의 암만에서 왕의 대로를 따라 한참 내려 가면 온통 바위로 이루어진 험한 지형이 나타난다. 이는 이스라엘의 하단 도시 에일랏에 도착하기까지 꽤 광활한 지역이다. 이 지역은 이스라엘 남부의 광야들 (신 광야, 바란 광야, 유대 광야 등)과는 또 다른 지형을 하고 있다. 에돔이 살던 세일산 (그 정확한 위치는 학자들의 고대 지도를 참조)도 그렇겠지만, 바위들로 이루어진 페트라도 얼핏 생각하면 살기 어려운 환경이었던 곳으로 보인다. 세렛 시내 남쪽에 있는 에돔의 세일

산지도, 보스라도 그런 곳이었을 것으로 생각된다. 그러나 그 지형과는 달리 에돔은 유족하게 살았다. 짐승 사냥을 좋아했던 에서의 후예답게 그들은 그 지역에서 사람들을 사냥하고 사람들을 약탈하여 보물을 바위 속에 감추고 높은 요새를 집으로 삼고 살았다. 하나님 없이도 충분히 살아갈 수 있는 사람들이었다. 칼 한 자루만 있으면, 그 칼에 피 좀 묻히면 걱정 없이 살아갈 수 있는 사람들이었다. 그래서 그들은 자기들의 거주지만큼이나 마음이 단단하였다. 자기들이 거주하는 위치만큼 마음이 높았다. 이렇게 마음이 단단하고 높으면 사람은 하나님이 되기 시작한다. 이렇게 보물을 움켜쥐다 보면 사람은 하나님이 되기 시작한다.

오바댜서는 에서의 멸망과 종말론적 이스라엘의 구원을 다룬다. 우리는 여기서 깊은 교훈을 배우는데 그것은 우리가 늘상 듣던 말씀 곧 "교만은 패망의 선봉" (잠 16:18, 18:10-12)이라는 말씀의 '이유'를 알게 된 것이다. "왜 교만은 패망의 선봉인가?" 교만과 관련해서 오바댜서는 적어도 다음의 세 가지를 우리에게 알려준다. 그것은 첫째로, 교만한 자에게서는 지혜가 사라진다는 것, 둘째는 교만한 자는 의지했던 사람에게서 배신을 당하게 된다는 것, 교만한 자의 땅과 재산을 잃게 될 것이라는 것이다.

하나님 앞에 교만한 자는 자기를 높이는 사람이다. 에서는 "독수리처럼 높은 곳에 보금자리를 꾸몄고" "별들 사이에 둥지를 틀었다" (4절). 이 사람들은 마음이 높아져서 그 마음에 하나님의 뜻대로 살아갈 마음이 없었다. 육의 정욕대로, 욕심이 이끌리는대로 살아갔다. 그것이 겉으로 나타난 것은 하나님의 언약 백성 이스라엘을 탈취하는 것이었다. 이스라엘이 외적의 침입을 받아 망하던 날에 당하는 재앙을 방관했으며 더욱이 그들이 패망하는 날에 그들의 재산에 손을 대었다. 형제국 이스라엘을 돕기는 커녕 이스라엘의 재산에 마음이 갔다 (13절). 이것의 속내를 읽으면 이렇다. 먼저 하나님을 무시했다. 그 하나님이 세우신 백성을 무시했다. 그러므로 그 백성을 유린하고도 아무런 마음의 가책을 받지 아니했다. 언약관계 속에서 하나님의 백성을 유린하는 것은 곧 하나님을 유린하는 것이다. 하나님이 정하신 뜻의 한계를 넘어 그분의 백성을 괴롭히는 것은 죄다. 11절의 내용은, 이방인들이 야곱의 재물을 늑탈할 때, 예루살렘을 세미뽑기하여 나누어 가질 때, 에돔도 그들과 한가지로 행동했다는 것을 보여준다. 즉, 교만은 욕심에 이끌리는 삶으로 그 열매가 나타난다는 것을 알 수 있다.

그러면, 사람이 욕심에 이끌리면 무슨 일이 일어나게 되는가. 하나님의 음성에 귀를 기울일 마음이 없기에, 하나님의 뜻이 그의 마음에 자리할 곳이 없고 온통 욕심으로 차 있기 때문에 하나님의 말씀, 하나님의 지혜, 하나님의 지식이 사라진다. 교만한 자의 마음에는 더이상 하나님의 지혜가 없게 된다. 또 그 사람 주위에는 그 사람과 똑같이 욕심에 이끌리는 사람들이 꼬이게 되므로 그들은 그에게 아첨은 하지만 하나님의 지혜는 제공하지 못한다. 따라서 그에게는 지혜가 사라지고 그의 주위에는 지혜자도 없게 된다. 흥미로운 것은, 8절을 히브리 본문에서 직역하면, "여호와의 말이니라, 그 날에 내가 에돔에서 지혜자들을, 에서의 산에서 명철을 멸망시키지 않겠느냐?" 여기서 하반절의 '명철'은 히브리어로 '테부나'인데 이것은 지혜서들에 빈번히 나타나는 표현이다. 히브리 평행법의 원리를 따라보면 하반절의 '명철'은 사실 상반절과 호응을 시켜 '명철한 자'로 번역하는 것이 합당할 것이다. 그래야 상하반절이 짝이 맞는다. 명철한 자 (히브리어로는 '이쉬 테부나')의 예는 잠언 10:23, 15:21, 17:27에 보이는데 BDB 사전은 오바댜의 이 구절에서 서기관의 필사 오류, 즉 '이쉬'가 누락된 것으로 보았다. 그러나 더 정확한 동의병행법을 만들자면, 두 단어 모두 복수형을 써서 '아나쉼 테부노트' 곧 '명철한 자들' (men of understanding)로 했어야 할 것이다. 다만 여기서 필자가 말하고 싶은 것은, 이렇게 생략이나 필사자의 오류가 없다고 볼 때, 이 구절은 지혜로운 사람들과 명철, 곧 교만한 자의 주위에는 '지혜로운 사람들'이 사라질 것 뿐 아니라 그 교만한 자 자신의 마음에서도 '명철'이 사라질 것을 생각해 볼 수도 있다는 말이다.

교만한 자는 이렇게 지혜가 없어지니 (어리석은 자가 되어) 인생에서 손해를 보게 된다. 그는 자기와 동맹을 맺었던 자에게 배신을 당한다. 7절을 의역하면, "너와 약조를 맺은 자들이 너를 국경으로 몰아부칠 것이며, 너와 화친하던 자들 (평화롭게 지내던 자들)이 너를 속여 너를 휘두르며, 너의 음식을 같이 먹는 자들이 네 아래에 함정을 팔 것이다". 겉으로는 이 사람을 칭찬하며 추켜주는 것 같아도 이 교만한 사람 주위에 꼬인 자들은 아첨하는 악한 자들이므로 이 사람에게 틈이 생기면 즉시로 공격하여 곤경에 빠뜨리고 심하면 죽이기도 하는 것이다. 우리와 언약 (베리트)을 맺으신 하나님은 신실하셔서 우리를 끝까지 붙드시나, 교만한 자와 동맹한 자들 ('베리트'라는 단어가 쓰임, confederates)은 근본적으로 불신실하므로 틈이 나면 교만한 자에게서 등을 돌린다. 이 동맹한 자들은 누구인가? 반즈 노트 (Barnes' notes)를 보면, 렘 27:3에 근거하여 '모압, 암몬, 두로와 시돈' 등으로 본다. 원래 모압, 암몬, 두로와 시돈은 에돔과 더불어 유다왕 시드기야를 선동하여 바벨론 왕 느부갓네살에게 반기를 들려고 했었다. 그러나 이 중에 모압, 암몬은 에돔과 합쳐서 오히려 유다를 배신한다 (참조. 습 2:8; 겔 25장, 에스겔서가 비교적 상세히 설명). 즉, 이 세 나라는 유다가 바벨론의 공격을 받을 때 바벨론 편에서 유다를 조롱하고 노략한 것이다. 그런데, 이렇게 형제국 유다를 괴롭힌 에돔에 대하여 모압, 암몬과 두로와 시돈은 속임수를 쓰고 에돔을 배신하여 결국 에돔을 변경까지 몰아부쳐 쫓아내는 것이다. 반즈의 설명은 오바댜서 외에 다른 선지서들에 나타난 역사적 기사와 예언등을 종합한 설명이므로 신빙성이 크다.[292] 간추려 말하자면 하나님은 섭리 가운데 형제국 유다를 배신한 교만한 에돔을 그가 의지했던 동맹국들에게 오히려 배신 당하게 하셨다는 말이다. 본문은 이렇게 약조를 맺은 자들을 화친한 자들 혹은 음식을 같이 먹는 자들로 병행하여 설명한다. 겸상한다는 것은 결국 뜻을 같이한다는 말인데 이 겸상을 하던 자들이 발꿈치를 들었다는 것이다 (참고. 시편 41:9). 그러니 교만한 자는 어리석음을 범하여 의지하던 자들에게 속아 패망하게 된다는 말이다. 이것을 잠언은 더 간추려 그저 '교만은 패망의 선봉이다' 라고 '마샬' (지혜 격언)로 표현하는 것이다.

19절을 보면, "남방 사람은 에서의 산을 얻을 것"이라는 예언이 나타난다. 이 예언이 문자적으로 이루어진다면 이스라엘의 남쪽에 살던 사람들 곧 유다 지파의 사람들이 에서의 땅을 차지하게 될 것이다. 잠언의 '교만한 자가 패망한다'는 것은 곧 18절의 내용 곧 "야곱 족속은 불이 될 것이요 요셉 족속은 불꽃이 될 것이며 에서 족속은 초개가 될 것이라. 그들이 그의 위에

---

292 Albert Barnes, *Barnes' Notes*; biblehub.com

불어서 그를 사를 것인즉 에서 족속에 남은 자가 없"을 것이라는 말이며 또한 그 땅을 종말적 이스라엘 곧 겸손한 자에게 빼앗길 것이라는 말이다. 여기서 우리가 교만자의 패망과 함께 알 수 있는 것은 하나님께서 겸손한 자에게는 은혜를 베푸신다는 것이요 (벧전 5:5-6), 온유한 자 는 땅을 차지하게 된다는 것이다 (시 37:11; 마 5:5).

이렇게 오바댜서의 에돔의 교만과 그로 인한 패망 (에돔은 결국 바벨론의 속국이 됨), 이스라엘의 회복의 대조는 구원론적이며 종말론적인 지반에서 다시 해석된다. 육을 따르는 에 돔의 교만 (헤롯 대왕이 이 족속에게서 나옴)이 그를 어리석음과 배신당함과 땅을 잃음으로 이 끌었다면, 멸망으로 이끌었다면, 그리스도 예수 안에서 영을 따르는 새 이스라엘의 겸손은 그 를 지혜와 하나님의 신실하신 보살핌과 하나님 나라의 기업의 상속으로, 곧 구원으로 이끌 것 이라는 말이다.

윤동녕은 그의 논문에서[293] 오바댜가 증거하는 에돔의 죄들에 대해 눈감아 준다. 그는 "에돔이 이스라엘 멸망 당시 행한 악행에 대한 직접적인 증거는 없다"고 하는데 사실인가 (필자 의 위의 논의를 보라). 그는 오히려 역사서를 인용하면서 이스라엘 (특히 다윗)을 에돔에 대한 전쟁범죄자로 지정한다. 에돔이든 가나안이든 하나님을 반역하여 우상 숭배를 하였을 때 하나 님은 이스라엘을 도구로 그들을 심판하셨다. 이스라엘이 하나님을 떠나 범과하였을 때 하나님 은 에돔이든 바벨론이든 이들을 통해 언약 백성이라도 심판하셨다. 어떤 나라가 다른 나라를 이유 없이 괴롭히는 것은 정죄를 받아야 하나, 전쟁이라는 섭리를 통해 공의를 이루시는 하나 님의 손길을 우리는 늘 기억해야 한다. 그의 결론은 이렇다.[294]

> 예언서들은…[이스라엘의] 에돔과의 형제관계를 신학적, 문학적으로 가공된 이념처럼 보이게 한다. 하 지만 오바댜서는 에돔을 형제를 배신한 적대자로만 간주하지 않는다. 오바댜서는 형제, 에서, 그리고 세 일산이라는 단어들을 사용하면서…이러한 형제관계로 인해 적대적 관계가 해소될 수 있다는 여지를 내 비치고 있다. 오바댜서 21절에 포로에서 해방된 사람들이 에서의 산을 다스리기 위해 시온산에 오르리 라고 하였는데, 이는 하나님께서 세일산을 회복하실 때, 에돔과 한 형제로서 그 나라를 통치할 것을 암시 한다. 그 때 세인산은 더 이상 이방 나라로 불리지 않을 것이다. 왜냐하면 그 나라는 하나님의 나라가 될 것이기 때문이다.

이는 그야말로 전형적인 포용주의적 해석 (Inclusivism. 불신자, 타종교까지 수용)이요 선지서의 종말적 구원론을 왜곡하는 해석으로 보인다. 오바댜서의 종말론적 언급은 야곱이 불 이 되어서 초개 (草芥. 풀과 티끌 곧 지푸라기 같은 것)인 에서를 태워버린다는 것인데 (위의 오 바댜서의 구조에 관한 필자의 분석에서 18절과 21절이 짝을 이룸), 즉 교회는 음녀를 용납하지 않는다, 교회는 결코 음녀와 섞이지 않는다는 것인데 윤동녕은 좀 심하게 말한다면 교회와 음 녀가 하나가 되어서 하나님 나라를 이룬다는 해석을 하고 있는 것이다. 물론 우리는 아모스가 증거한 것 (암 9:12)을 오바댜서의 '구원론에서 에서를 배격해야 하는 것'과 동시에 반드시 고려

---

293 윤동녕, "에돔에 대한 적의와 호의: 오바댜서를 중심으로," *선교와신학* 48 (2019): 273-302.
294 Ibid., 297.

해야 한다. 즉 그것은 '에돔의 남은 자'도 야곱의 남은 자와 마찬가지로 퇴락한 다윗의 가문에서 나신 하나님의 약속의 메시아, 주 예수 그리스도의 은혜 (행 15:11)로 구원 받는다는 것이다. 여기서 에서의 남은 자는 이방인 신자들을 말한다. 그러나 옵 1:21에서 "그리고 구원자들이 시온 산에 올라와서 에서의 산을 심판할 것이다" (עלו מושעים בהר ציון לשפט את הר עשו)라는 말은 종말론적 여호와의 구원으로 교회 (시온)가 음녀 혹은 인본주의적 교만자들 (에서)을 멸할 것이다라는 말이다. 우리가 하갈, 이스마엘, 에서, 아말렉이라도 지금은 예수 그리스도 안에서 사랑하고 복음을 전해야 하는 것은 맞지만, 음녀 바벨론을 포용하고 그 음녀를 껴안으라는 것은 아니다.

5. 요나서의 주제적-신학적 구조와 메시지

왕하 14:25에 요나 (יונה)에 대한 기록이 있다. 요나는 '여호와의 종', '가드헤벨' 출신, '아밋대의 아들', '선지자'로 소개된다. '요나'는 비둘기 (dove)라는 뜻이며, '아밋대' (אמתי)는 진실한, 참된의 뜻이 있다. 요나서 1:1에는 요나를 똑같이 '아밋대의 아들'로 밝히고 그에게 여호와의 말씀이 임한 점, 그가 큰 성 니느웨에 가서 여호와의 말씀을 전하라는 명령을 받은 점 등을 통해 그가 선지자임이 드러난다. 따라서 이러한 성경의 증언들로 우리는 여로보암 2세 때 (786-746 BC)의 요나가 바로 요나서의 요나와 동일인임을 추정한다. 요나의 사역 시기는 앗수르가 점점 강성하던 시기이며 곧 북이스라엘이 멸망하기 전의 시기다. 선지자 호세아 (호 1:1)의 사역시기와 중첩된다. 본서의 구조를 살펴보자.

1) 요나서의 구조

요나서의 구조를 이해하는 데에는 3가지가 중요하다. 먼저는 필리스 트리블 (Phyllis Trible)의 연구에 나타나듯 요나서는 1-2장과 3-4장이 서로 조응을 이루는 요소들이 많기에 요나서는 두 개의 큰 덩어리로 나눌 수 있다는 것이요,[295] 둘째는, 그러나, 첫째 덩어리 (1-2장)의 끝에는 요나의 물고기 뱃속에서의 회개-감사기도시 (요나서 2장을 회개의 요소가 없다고 보는 견해[296]에 나는 반대한다)가 있다는 것이요, 셋째는, 둘째와 연관된 것으로서, 둘째 덩어리 (3-4장)는 요나의 회개-감사기도시 (여기에는 니느웨에 하나님이 자비를 베푸심에 대한 '예'의 응답이 들어가야)가 없고 그냥 하나님의 질문으로 끝난다는 것이다.

좀더 자세히 설명하자면 이렇다. 먼저 1-2장과 3-4장에는 비슷한 내용이 보인다. 첫부분 (1-2장)에는 우리가 잘 알듯이 하나님의 명령이 나타난다. "너는 일어나 저 큰 성읍 니느웨

---

295 필리스 트리블, 수사비평: 역사, 방법론, 요나서, 유연희 역 (서울: 한국기독교연구소, 2007); Phyllis Trible, Rhetorical Criticism: Context, Method, and the Book of Jonah (Minneapolis: Augsburg Fortress, 1995).

296 우택주, "뒤집힌 현실, 가상현실, 그리고 현실: 요나서 2장 1-10절," 기독교사상 550 (2004): 190-9. 요나서 2장은 그가 '하나님의 얼굴로부터' (1장 3절에 2회, 10절에 1회) 도망간 것에 대한 회개가 들어있다. 왜냐하면 '당신의 목전으로부터" (2:4 מנגד עיניך), '다시 당신의 성전을 바라보겠다' (2:4 אך אוסיף להביט אל-היכל קדשך), '…그리고 내 기도가 당신께, 당신의 성전에 이르렀나이다' (2:7 ותבוא אליך תפלתי אל-היכל קדשך)로 미루어볼 때 그러하다. 자세한 설명은 요나서의 신학에서 후술한다.

로 가서 그것을 향하여 외치라. 그 악독이 내 앞에 상달되었으니라" (1:2) 둘째 부분 (3-4장)에
도 하나님의 명령이 나타난다. "일어나 저 큰 성읍 니느웨로 가서 내가 네게 명한 바를 그들에
게 선포하라" (3:2). 첫 부분에는 요나의 완강한 거부가 보인다. 그는 '여호와의 얼굴을 피하려
고' (1:3, 10) 니느웨가 아니라 다시스로 가는 배를 탔고, 풍랑이 일어도 나 몰라라 배 밑에서 잠
을 잤고 죽기를 자청하였다. 둘째 부분에 요나는 여호와의 명령을 따라 니느웨로 가지만 여전
히 마지못해 하는 태도를 보인다. 3일 길이 되는 니느웨 큰 성읍을 대충 하루 동안 다니면서 40
일이 지나면 니느웨가 무너지리라고 하며 심판의 메시지를 전한다. 첫 부분에는 요나가 바다에
던져진다. 풍랑의 원인이 요나에게 있음이 밝혀졌기 때문이다. 요나를 바다에 던지니 풍랑이
멎고 '이방' 선원들 (참고. 1:8)이 목숨을 건진다. 그들은 기도, 제물 드림, 서원을 통해 여호와
께 대한 그들의 신앙을 표한다. 둘째 부분에는 요나의 심판 메시지에 '이방' 니느웨가 회개를 한
다. 요나의 전한 말씀 때문에 이방 사람들이 영혼을 건짐 받게 되는 것이다. 이런 반응이 나타
나자 요나는 첫 부분에 바다에 던져 자기를 '죽이라'고 했듯이 이번에는 여호와께 화를 내며 '죽
여 달라'고 한다. "여호와여 원하건대 이제 내 생명을 거두어 가소서. 사는 것보다 죽는 것이 내
게 나음이니이다" (4:3). 니느웨 사람들을 미워하는 요나는 그 성읍에 무슨 일이 일어나는가 (자
기가 전한 말대로 니느웨가 무너지는가) 보려고 성읍 동쪽에 앉아 초막을 짓고 그 그늘 아래 앉
았다. 첫째 부분에서는 하나님께서 바다에 풍랑을 일으키셨고, 그 풍랑을 잔잔하게 하셨고, 큰
물고기를 명하여 요나를 삼키게 하심으로 자연에 대한 하나님의 주권을 드러내셨다. 이를 통해
요나를 교훈하시고 요나를 구원하신다. 둘째 부분에서도 비슷하게, 하나님은 해가 요나에게 쪼
이지 않도록 박넝쿨을 예비하셨고, 벌레를 예비하사 그 박넝쿨을 갉아먹게 하셨고, 뜨거운 동
풍을 예비하셨고 다시 해가 요나의 머리에 쪼이게 하셨다. 하나님이 식물과 동물과 자연 만물
을 주무르고 계심을 보여주신다. 이를 통해 요나를 교훈하려고 하셨다. 즉 '요나'를 아끼셔서 바
다에서 구원하신 하나님은 '그' 시대의 '그' 니느웨 사람들도 요나만큼이나 사랑하셔서 멸망에서
구원하시기를 바라신다는 메시지다. 해가 자기 머리에 내리쬐자 기절할 지경이 된 요나는 "사
는 것보다 죽는 것이 네게 나으니이다" (4:8) 하며 하나님께 화를 낸다. 하나님이, "네가 이 박넝
쿨로 말미암아 성내는 것이 어찌 옳으냐?" 하시자, "내가 성내어 죽기까지 할지라도 옳으니이
다" (4:9)고 대든다. 하나님께 화를 이렇게 자주 내며, 직설적으로 퍼부으며, '죽음'을 들먹거리
며 막장까지 가보자 하는 사람이 누가 있을까. 신구약에서는 눈을 씻고 찾아봐도 요나밖에는
없다. 하나님과 선지자의 대화 중에서 선지자의 주저함과 사양 때문에 하나님 편에서 화를 내
시는 적은 보았어도 (출 3-4장, 특히 4:14) 거꾸로, 선지자 편에서 하나님께 대놓고 성을 내는 것
은 본 적이 없다. 눈에 띄는 것은 첫째 부분에서는 징계 중의 요나의 회개-감사 기도가 있는데
둘째 부분에서는 하나님의 질문만 있고 요나의 회개-감사 기도의 응답이 없다는 것이다. 요나
서는 물음표로 남김으로 첫째와 둘째 부분이 많은 대응점들을 제시하던 안정성 있는 구조를 아
주 고의적으로 불안정하게 만든다. 여기서 요나서의 전체로 붙은 두 동의 연립주택 중에 두번
째 건물이 사탑 (斜塔)처럼 불안정하다. 요나서는 이 점에서 괴상한 불안정을 드러내고 독자에
게 긴장을 유발하며 뭔가 생각하게 하면서 맺음한다. 즉, 첫째 부분에서 요나는 막상 자기 코가

석 자인 상황에서는 하나님께 부르짖어 (2:2), 하나님의 구원을 경험 (여호와께서 그 물고기에게 말씀하시매 요나를 육지에 토하니라. 2:10)하나, 둘째 부분에서는 박넝쿨-벌레-뜨거운 동풍과 해에 혼미함을 겪다가 하나님의 설명을 듣고 회개-감사해야 하나 그렇게 하지 않는다. 물론 둘째 부분에서는 첫째 부분부터 시작되었던 니느웨에 대한 하나님의 자비 시행에 대해 여전히 선지자가 '예'로 응답해야 할 것이 남아 있다. 즉 앗수르의 남은 자들을 구원하시는 것을 반대한 그의 죄를 회개하고 그들의 구원에 대해 감사해야 할 것이 남아 있다는 것이다. 본문에는 '이 회개'가 나타나 있지 않다. 자기 아닌 남의 구원에 대해서는 인색하고 모진 마음을 품었는데 이에 대한 회개가 나타나 있지 않다. 이기적 언약백성주의, 이기적 이스라엘 민족주의에 대한 회개가 나타나 있지 않다. 요나 자신의 죄, 요나가 속한 언약 공동체의 죄의 회개도 나타나 있지 않다. 이런 면모에 대하여 롤란드 해리슨 (R. Harrison)은 그의 구약서론에서 이렇게 쓴다. "...또한 니느웨 사람들이 이 선지자의 메시지를 듣고 회개하고 믿음으로 반응한 것은 예수 그리스도께서 강한 어조로 말씀하신 바와 같이 완악하고 믿음이 없는 것으로 악명 높은 유대인들에게 유익한 교훈을 준다 (마 12:41)".[297]

2) 요나서의 메시지

그러면 요나서를 읽는 1차 독자인 여로보암 2세 시대의 북이스라엘 사람들을 생각해 보라. 그들이 요나서를 읽으며 무슨 생각을 하게 될까. 호세아와 이사야의 증거를 통해 아는 것은 그들이 심히 썩었다는 것이다. 하나님은 요나서를 통해 그 시대 이스라엘 사람들에게 이렇게 말씀하시는 것이 아닐까. '하나님의 언약 백성입네 하고 교만을 떨면서 음주와 가무와 호화와 사치와 음행에 중독된 너희 이스라엘 사람들아, 단 한번의 심판 메시지에도 왕부터 백성까지 가축까지 굵은 베옷을 입고 금식하며 철저히 회개하고 죄악의 행위를 돌이킨 니느웨 사람들을 보아라! 이들은 너희가 이방 죄인이라고 부르는 자들이다. 너희 이스라엘을 극악 (極惡)하게 괴롭히고 유린하던 자들이다. 그런데 선지자의 한 마디 말에 이들은 떨면서 회개하였다. 십계명도 없고, 제사도 없고, 선지자도, 말씀도 없이 돼지처럼 개처럼 살던 이들도 떨면서 회개하였다. 그러나 이스라엘아, 너희는 어떠냐. 내가 부지런히 선지자들을 보냈건만, 그렇게도 자주, 그렇게도 많이 보냈건만, 너희는 꿈쩍도 하지 않았다. 너희가 나의 언약 백성이기 때문에 너희는 영원히 안전하다고 하느냐. 죄를 밥 먹듯 지으면서도 나의 자비가 너희에게 영원할 것이라고 믿느냐. 내 이름에 먹칠을 하고도 교회에 분(糞)칠을 하고도 너희가 스스로 거룩한 백성이라 하느냐. 너희는 개 같은 족속들, 또는 돼지 같은 족속들로 생각되는 자들의 운명에 얼마나 치심하느냐. 날마다 귀신에게 분향하며 죽은 자들에게 축문을 읽으며 무당에게 자신의 머리를 들이미는 자들의 운명을 얼마나 슬퍼하느냐.'

그리하여, 요나서의 괴상한 불안정한 구조는 우리를 회개와 선교로 이끈다. 하나님의 마지막 말씀을 들으면서, 한편으로는, 짐승 같이 살며 우리를 괴롭히는 자들을 향하여 오히려 슬퍼하게 되며, 다른 한편으로는, 정작 많은 말씀과 궁휼 속에서도 실제로 개와 돼지에 해당되

---

297 롤란드 해리슨, *구약서론 2*, 류호준, 박철현, 노항규 공역 (서울: 크리스천다이제스트, 2007), 504-5.

는 우리 자신에 대해서는 회개할 생각은 눈꼽만큼도 하지 않는 우리, 우리의 안일 (安逸)과 자만 (自慢)을 보게 된다. 즉, 구조적으로 볼 때 요나서의 끝부분 (4장 11절 다음)은 2장에 있는 요나의 '회개-감사' 같은 '회개-감사'가 있어야 할 것이다. 이 끝부분에는 우리의 원수에 대한 사랑과 용서와 전도가 있어야 할 것이다.

사랑할 수 없는 사람들

요나서는 여러 주제들을 품고 있지만, 그 하나는, '사랑할 수 없는 사람들'에게 하나님의 사랑을 들고 찾아가야 하는 말씀 사역자의 고충을 그린다. 앗수르는 북이스라엘의 적국 (敵國) 이었다. 앗수르는 남유다까지 유린한 하나님의 언약 백성의 원수였다. 이는 어느 면에서 그 나라가 하나님 자신의 원수이기도 하다는 사실을 드러낸다.

이스라엘의 원수인 앗수르를 극도의 혐오감을 가지고 싫어한 것은 요나만이었을까. 하나님은 앗수르를 싫어하시지 않으셨나. 싫어하셨다. 앗수르는 하나님의 눈에도 한숨에 날려보내고 싶으신 자들이었다. 왜냐하면 하나님이 앗수르를 말씀하실 때, "그 악독이 내 앞에 상달되었음이니라" (1:2)고 말씀하셨고, 요나가 나중에 니느웨에 가서 전한 말씀은 '심판의 메시지'였기 때문이다. "사십 일이 지나면 니느웨가 무너지리라!" (3:4).

그러면 하나님은 요나처럼 앗수르를 미워만 하셨을까. 그렇지 않으셨다. 그들의 죄는 미워하셨지만 그들을 사랑하셨다. "...이 큰 성읍 니느웨에는 좌우를 분변하지 못하는 자가 십이만여 명이요 가축도 많이 있나니 내가 어찌 아끼지 아니하겠느냐" (4:11)라고 하셨기 때문이다. 죄를 미워하시지만 죄인은 여전히 긍휼히 여기시는 하나님을 이해할 수 없으나 하나님은 그러하시다. 반면 요나는 이 죄인인 니느웨가 단순히 죄인이기 때문이라기 보다도 자기 동족의 원수이기 때문에 더 싫어한 듯 보인다. 이 동족의 원수에게 누구도 아닌 이스라엘의 하나님의 마음이 가기에 요나는 하나님도 싫어한다. 언약 백성 이스라엘을 사랑하시는 하나님은 사랑하나 자기 원수에게 마음이 가 있으신 것을 알기에 요나는 화가 나는 것이다. 요나는 하나님께 저항하다, '어디 해 볼테면 맘대로 해 보시라' 하고 다시스 행 배에 오른다.

혹자는 이렇게 이스라엘 뿐 아니라 이방 족속 앗수르를 사랑하시는 하나님의 모습을 요나서에서 보고 요나서의 주제를 '하나님의 사랑 (혹은 긍휼)의 보편성'이라고 한다. 과연 그럴까. 적어도 필자에게 있어서는 이 말은 반 정도만 맞아보인다. 왜냐하면 하나님이 앗수르 나라가 생겨서 망하기까지 여러 선지자들을 시대마다 보내셨겠지만 (추측), 우리가 성경에서 얻는 정보는 제한적이기 때문이다. 하나님은 '그' 시대의 앗수르에게 '그' 요나를 보내셨다. 이것은 하나님의 사랑을 논할 때 아주 중요한 사항이다. 여기서 우리는 '하나님의 사랑의 특수성'을 본다. 하나님은 앗수르의 여러 왕들의 시대에 '그' 왕이 다스리던 '그' 니느웨로 요나를 보내신다는 것이다.

하나님의 사랑의 두 측면은 다음 질문에 대답해 봄으로 정리가 된다. 요한복음을 읽으면 하나님은 모든 사람을 사랑하시는 분인가, 아니면 어떤 특정한 무리를 사랑하시는 분이신가. 우리가 잘 아는 요한복음 3장 16절을 읽으면 "하나님이 세상을 이처럼 사랑하사..."라고 되어 있다. 하나님은 '세상 모든 사람들'을 사랑하사 예수님을 보내주셨고, '누구든지' 그분을 믿어 멸망치 않고 구원을 받기를 바라셨다. 여기서는 '하나님의 사랑의 보편성'이다. 한편, 같은 복음서 요한복음 17장 9절에서는 "내 (예수님)가 그들을 위하여 비옵나니 내가 비옵는 것은 세상을 위함이 아니요 내게 주신 자들을 위함이니이다 그들은 아버지의 것이로소이다". 즉, 예수님은 세상 모든 사람들을 위하시지 않고 '그들'을 위하신다는 것이다. 여기서 '그들'은 누구인가. 17:6에는 "세상 중에서 내게 주신 사람들"이라고 되어 있고 또 "아버지의 것이었는데 내게 주신" 사람들이라고 하신다. 여기서는 하나님의 사랑의 특수성이다. 바로 '아버지께서 예수 그리스도 안에서 만세 전에 구원 하시기로 택정하신 사람들'이다.

누가복음을 읽어보라. 특정한 사람들에 대한 하나님의 사랑이 아주 잘 나타나 있는 대목이 있다. 예수님이 나사렛 회당에 있는 사람들에게 이렇게 말씀하신다. "내가 참으로 너희에게 이르노니 엘리야 시대에 하늘이 삼년 육 개월간 닫히어 온 땅에 큰 흉년이 들었을 때에 이스라엘에 많은 과부가 있었으되 엘리야가 그중 한 사람에게도 보내심을 받지 않고 오직 시돈 땅에 있는 사렙다의 한 과부에게 뿐이었으며, 또 선지자 엘리사 때에 이스라엘에 많은 나병환자가 있었으되 그 중의 한 사람도 깨끗함을 얻지 못하고 오직 수리아 사람 나아만 뿐이었느니라" (눅 4:25-27) 이 말을 들은 회당에 있는 자들은 다 크게 화가 나서 예수님을 동네 밖, 동네가 건설된 산 낭떠러지에 예수님을 끌고 가서 밀쳐 떨어뜨리고자 하였다. 이 대목에서 한번 생각해 보시라. 요나가 그 시대의 니느웨 사람들에게 보냄 받은 것처럼, 엘리야는 그 과부에게, 엘리사는 그 이방인 나아만에게 보냄 받았다. 또 생각해 보라. 예수님이 당신을 해하려는 사람들을 미워하셨을까. 그들도 사랑하셨을 것이다. 그러나 세상에는 예수님의 사랑을 받아도 예수님의 사랑을 알지 못하는 사람들이 있다. 예수님의 사랑은 아버지께 속한 사람들이 받고 누린다. 이 특정한 사람들이 참 교회다. 이 특정한 사람들이 예수님이 누구신지 안다.

자유주의자들은 하나님의 사랑의 보편성을 하나님의 사랑의 특수성과 혼동을 한다. 그래서 '하나님 아버지의 구원의 보편성'을 말하고, 예수님과 관련하여서는 '보편적 그리스도' 곧 '익명의 그리스도' 같은 것을 말하고, 성령님과 관련하여서는 만물을 회복하시는 '만유구원의 성령의 사역'을 말한다. 나는 이러한 사람들이 성경에서 말씀하시는 하나님의 사랑의 두 측면을 모두 유의하였으면 한다. 하나님은 우리에게 '원수'를 사랑하라고 하시지만 다른 한편으로는 '형제'를 사랑하라고 하신 의미를 우리 모두가 알기를 바란다.

그리스도의 사람들은 성령 안에서 복음 전파와 아울러 사회 봉사에 적극 참여해야 할 것이다. 그러나 '사회 구원', '보편 구원'은 성경적이 아니다. 각각의 개인이 주님 앞에 죄를 회개하고 성령으로 거듭나야 하는 것이지 단체적으로 구원 받는 것은 없다. 니느웨 백성들이 단체적으로 회개한 것은 개인개인의 회개의 결과가 그렇게 나타난 것이다. 이스라엘의 '남은 자'만 구원을 받으며, 바알에게 무릎을 꿇지 않은 7000이 구원을 받는다. '하나님의 내재성'을 강조하고, 하나님과 우주에 대하여 편향적으로 말하는 '만유재신론'의 기초 위에 놓인 '사회 구원'이나 '만물 회복'은 받아들여서는 안된다. 몰트만의 보편구원론은 성경의 진리에 반(反)한다.[298]

---

298 이승구, "사회적 삼위일체론의 위험성과 가능성," 신학정론 (2010): 413.

요나서로 돌아와서 보자면, 니느웨의 회개에는 하나님의 보편적 사랑 뿐 아니라 특정 대상을 향한 하나님의 사랑이 오버랩되어 있다. 단순히 이스라엘 뿐 아니라 이방을 사랑하시는 것에 나아가, 모든 사람들을 사랑하시는 하나님의 심중에는 예수 그리스도 안에서 택하신 자들을 향한 불같은 긍휼이 또 있다는 것이다. 그 일을 요나가 하는데 요나는 우선 주의 종이다. 그는 기도하는 자이고 주의 속내를 아는 자로서 선지자의 영성을 가진 자 (니느웨로 가서 전도하면 그들이 회개할 것까지도 예상하였음. 욘 4:2[299])이다. 요나는 주의 사랑을 받은 히브리 사람들 중에 속해 있는 경건한 말씀의 사역자였다.[300] 그러나 그는 이해되지 않는 주님의 설득에 순응했어야 했다. '사랑할 수 없는 사람들'을 향해 나아가야 하니 마음에 착잡함과 분노가 가득했을 것이나 그는 그 일을 했어야 했다. 우리는 사랑할 수 없지만 주님이 아무개에게 가라고 하면 가야 하는 것이다. 그가 주님의 특별한 사랑을 받은 자인지 알지 못할 때에라도 그에게 보내실 때에는 가야 한다. 그가 더러워 보여도 가라시면 가야 한다. 말이 안되는 듯하여도 가야한다. "말도 안 됩니다. 주님, 저는 불결하고 더러운 음식은 먹어 본 적이 없습니다." (행 10:14. 쉬운성경) 유대인 베드로에게도 이방 죄인에게 가는 것이 어려웠기에 '세 번'에 걸친 성령의 설득이 필요하였다! (행 10:16) 새 언약의 시대가 되어 성령 충만을 받은 베드로에게도 로마 군인에게 나아가는 그 일이 쉽지 않았거든 하물며 옛 언약의 시대 속에 하나님의 사람으로 사역하던 요나에게 할례 없는 니느웨 원수들에게 나아가는 일이 쉬웠으랴!

요나의 감사의 노래: 그는 회개하였는가?

궁켈의 양식연구 (Gattungsforschung)에 의하면 요나 2:3-10은 개인 감사 노래다. 궁켈은 이 유형에 시 13; 30; 32; 34; 40:2-12; 41; 66; 92; (100); (107); 116; 118; 138; 사 38:10-20; 욥 33:26-28 등이 속한다고 하였다. '감사' 내용은 탄식시의 끝부분에 오는 경우가 많은데 감사는 히브리어로 '토다'라는 이름으로 일컬어지며 이 개인감사의 노래가 불리운 원래 삶의 자리는 하나님께 나아가 예배를 드릴 때인 것이 확실하다고 궁켈은 언급하였다. 즉, 이스라엘 사람은 감사할 일이 있으면 하나님께 나아기 감사제 (희생제사)를 드리며, '잔을 들어 올리는 행위'를 하면서 감사를 표현하고, 여호와의 이름을 불렀을 것이라 한다. 더불어, 감사의 식사, 축하 행진, 빙글빙글 돌며 추는 춤 (圓舞, 메홀라 시 30:11 [히])도 추었을 것으로 궁켈은 추정한다. 그는 이 시의 구조는 보통, 시인의 곤경, 그의 여호와께 부르짖음, 그리고 그의 곤경에서 놓여남 등 세 부분으로 이루어졌고, 요나서의 요나의 감사시가 이와 같이 3부분으로 이루어진 전형적인 예

---

299 "여호와여 내가 고국에 있을 때에 이러하겠다고 말씀하지 아니하였나이까 그러므로 내가 빨리 다시스로 도망하였사오니 주께서는 은혜로우시며 자비로우시며 노하기를 더디하시며 인애가 크시사 뜻을 돌이켜 재앙을 내리지 아니하시는 하나님이신 줄을 내가 알았음이니이다". 이 요나서의 구절을 출 34:6-7상반절과 비교하라.

300 다음과 같은 요나의 말은 진실하다. "나는 히브리 사람이요 바다와 육지를 지으신 하늘의 하나님 여호와를 경외하는 자로라" (1:10); "나를 들어 바다에 던지라 그리하면 바다가 너희를 위하여 잔잔하리라 너희가 이 큰 폭풍을 만난 것이 나 때문인 줄을 내가 아노라" (1:12); "나의 하나님 여호와여 주께서 내 생명을 구덩이에서 건지셨나이다" (2:6. 이 구절은 선지자의 삶이 메시아의 삶을 예표함); "거짓되고 헛된 것을 숭상하는 모든 자는 자기에게 베푸신 은혜를 버렸사오나 나는 감사하는 목소리로 주께 감사를 드리며 나의 서원을 주께 갚겠나이다 구원은 여호와께 속하였나이다" (2:8-9).

라 하였다. 덧붙여 궁켈은 이 시를 쓴 사람은 중병에 걸려 거의 죽음의 문턱을 넘나들던 사람이든지, 광야에서 길을 잃고 헤메던 사람이든지, 풍랑을 만나 바다에 빠져 죽게 되었던 사람이든지, 감옥에 갇혀 모진 세월을 보내던 사람이든지, 극한의 곤경을 겪던 사람이라고 하면서, 이 감사시에 서원기도가 가미된 것은 바로 시인의 극한 상황을 반영하는 것이라 하였다.[301] 궁켈의 연구를 훑어보면서, 만약 그가 우리 주 그리스도 예수께서 하나님이심을 믿고 확실한 신앙의 기반에서 신학을 하기만 하였다면 이 천재가 얼마나 하나님께 영광을 돌렸을까 아쉬움과 탄식을 발할 수밖에 없다.

한편, 필자는 궁켈의 각 시의 장르에 대한 인사이트를 수긍하면서도 시편 연구에 있어 그가 어떤 유형에 시들을 자리매김함으로 각각의 시가 가지고 있는 다양한 특성들을 일반화시킨 것에 대해서는 부정적으로 본다. 사실 1968년 이미 수사비평가인 밀렌버그도 이 점을 지적하기는 했다. 궁켈이 개인감사의 노래로 인식한 시들 중에는 감사와 찬양이 결합됨으로 이것이 감사시인지 찬양시인지 불분명한 것들도 있고, 감사시로 자리매김한 것 중에는 아주 탄식이 짙게 배어 있는 것도 있고, 감사와 탄식이 거의 반반 들어 있는 것도 있다. 원천적으로 생각되는 것은, 히브리 문학에 있어 궁켈이 말하는 이런 시의 장르들이 실제로 있었을까 하는 의구심도 든다. 나는 '기도-탄식', '징계를 통과한 감사', '찬양'과 같은 큰 카테고리는 존재했을지 모르나, 궁켈이 말하는 다른 주 장르들과 하위 장르들이 모두 존재했다고 보기는 어렵다고 생각한다.

요나의 시는 그가 당한 곤경, 여호와께 부르짖음, 곤경에서 놓여남 (혹은 놓여남에 대한 기대)의 내용들로 볼 때, 병에 걸렸던 히스기야의 기도 (사 38)나 시 22, 시 118과 아주 비슷하다. 물론 시 50이나 시 116과도 사용한 언어의 표현들이 유사한 데가 많다. 나는 개인적으로 이 시들을 징계-감사의 시들로 부르고 싶다. 왜냐하면 이 사람의 곤경과 그 곤경에서 놓여남 자체보다는 죽음의 문턱을 넘나드는 고생과 생의 처절함 속에서 하나님의 '사랑의 매'가 아주 뚜렷이 보이기 때문이다.

요나의 시를 읽으며 큰 물고기에게 먹힌 요나가 얼마나 괴로왔을까를 생각해 본다. 요나는 다량의 바닷물을 들이켰을 것이다 (2:3 큰 물이 나를 둘렀고; 2:5 물이 나를 영혼까지 둘렀사오며 깊음이 나를 에워싸고). 물고기 위장에서 분비되는 위액 냄새로 괴로왔을 것이다. 해초가 머리를 감고 (2:5 바다 풀이 내 머리를 감쌌나이다), 옷은 젖어 저체온이 되었을 것이다. 고향 땅에서는 그렇게도 흔하디 흔한 올리브도 없었다. 물고기 뱃속에서 포도가 있으랴, 무화과가 있으랴. 빵쪼가리 하나 아쉬울 그곳에서 그의 혼은 혼미하고 (2:7 내 영혼이 내 속에서 피곤할 때에) 그의 수족은 떨리고 그의 심장은 쿡쿡 찔렀을 것이다. 저승의 밑바닥에 떨어진 것 같았을 것이다 (2:6 내가 산의 뿌리까지 내려갔사오며 땅이 그 빗장으로 나를 오래도록 막았[고]...). 누구나 사람들은 살며 고생을 하지만, 그 사람이 당한 고난을 당하지 않은 이상 우리는 그 고통을 진정코 이해할 수는 없다. 마음을 만질 수는 있지만 똑같은 고민과 똑같은 상황을 당하지 않은 이상 깊은 공감은 불가능하다. 한나처럼 아기가 생기지 않아 아기를 낳은 남편의 다른 여자에게서

---

301 Hermann Gunkel, *Introduction to Psalms: The Genres of the Religious Lyric of Israel*, Mercer Library of Biblical Studies, trans. James D. Nogalski (Macon: Mercer University Press, 1998), 199ff.

시시때때로 구박을 받아보라 (삼상 1-2장), 다윗처럼 이국을 떠도는 것도 서러운데 아비멜렉에 발각되어 미친 척 침을 질질 흘리다가 쫓겨난 사람이 되어보라 (시 34), 히스기야처럼 외침 (外侵)에 시달리는 것도 모자라 중년에 병까지 걸려 스올에 들어갈 처지가 되어보라 (사 38장).

흥미로운 것은 요나의 시에는 이러한 징계 속에서 자신의 죄에 대하여 요나가 회개한다는 것이다. 우리가 요나의 징계-회개-감사시를 이해하기 위해서는 최소한 몇 가지 중요한 본문의 증거들에 유의해야 한다. 그것들은 다음과 같다.

첫째는 요나는 여호와를 사랑하는 이스라엘의 경건한 자였다는 것이요,
둘째는 그가 원치 않는 미션 곧 니느웨 선교 때문에 '여호와의 얼굴'을 피해 도망 갔다는 것이요,
셋째는 그로 인해 겪게 된 모든 일들을 그는 하나님의 섭리 속에 받게 된 징계로 이해했다는 것이요,
넷째는 그가 '여호와의 얼굴 (=여호와의 눈들, 여호와, 여호와의 성전)을 떠난 (혹은 떠나려는) 죄'를 회개했다는 것이요,
다섯째는 그가 그 응답으로 여호와의 얼굴 (=여호와의 눈들, 여호와, 여호와의 성전)을 다시 보게 되었다는 것이요,
여섯째는 다시 여호와와의 관계성 (주의 얼굴을 봄)을 회복한 요나는 감사하는 목소리로 여호와께 제사를 드리며 서원을 갚겠으며, 구원은 여호와께 속하였다고 간증한다는 것이요,
일곱째는 그럼에도 불구하고 (3-4장을 볼 때) 여호와께서 니느웨 이방 죄인들을 긍휼히 여기시려는 것에 대해서는 그가 여전히 반발-분개하고 있었고 니느웨 (앗수르) 사람들을 혐오했다는 것이다.

필자가 먼저 말하고 싶은 것은 요나가 '하나님의 사람'이었다는 것이다. 그는 바다와 육지를 지으신 하늘의 하나님 여호와를 경외하는 사람이었다 (욘 1:9). 그에게는 창조에 대한 바른 신학이 있었다. 뿐만 아니라 그는 하나님의 통치에 대해서도 바른 견해를 갖고 있었다. "너희가 이 큰 폭풍을 만난 것이 나 때문인 줄을 내가 아노라" (욘 1:12하) 이 말은 하나님이 큰 폭풍을 부리시는 분 (통치자로서의 하나님)임을 요나가 시인한 것으로 이해된다. 뿐만 아니라 요나는 섭리하시는 분으로서의 하나님에 대해서도 잘 알고 있었다. 1:12 하반절에서 선원들이 큰 폭풍을 만난 것은 '자기 때문'이라고 말하고, 또 "나를 들어 바다에 던지라" (욘 1:12상)고 함으로 요나 자신이 이 모든 일에 책임이 있는 자임을 시인할 뿐 아니라 그 원대한 계획에 있어서는 이 모든 일이 하나님에게서 난 것임을 그가 고백하기 때문이다. 즉, "주께서 나를 깊음 속 바다 가운데 던지셨으므로" (욘 2:3상)라고 자기에게 책임이 있는 일을 하나님께 넘기는 듯한 말은 요나가 하나님께 책임을 전가하거나 하나님 핑계를 대는 것이 아니라 이 모든 일이 하나님이 '큰 뜻 속에서' 이루어졌다고 그가 보고 있기 때문이라는 것이다. 이것은 그가 섭리의 하나님을 이

해하고 있었다는 것을 보여준다. 뿐만 아니라 이 큰 폭풍의 원인이 자기에게 있다는 것을 그가 '안다'는 것은 그가 하나님과 먼 관계에 있는 사람이 아님을 드러낸다 (요나는 선지자!).

요나서를 주의 깊게 읽으면 요나의 불순종은 그 자신으로서는 할 수 없고 하기 싫은 일에 대한 저항에서 시작되었으나 그것이 하나님 자신에 대한 저항으로 이어졌다는 것을 우리가 알게 된다 (요나의 신학과 그의 경건 자체를 비웃는 것은 잘못된 요나서 읽기로 생각됨). 즉 요나는 하나님의 창조, 통치, 섭리를 바르게 알고 있을 뿐 아니라 하나님을 경외하는, 그 하나님의 심중을 아는 자였으나 그 하나님이 자기가 원치 않는 일을 하라고 하시기 때문에 '하나님의 얼굴'을 피하였던 사람인 것이다. 하나님의 얼굴을 피한다는 것은 1:3에 두 번이나 나타난다 (1:10에도 나타남). 그가 다시스로 도망했고, 큰 폭풍 속에서도 배 밑층에 내려가서 깊이 잠을 잤고, 자기를 바다에 던지라고 했던 것들은 모두 하나님의 얼굴을 피하였던 그의 태도와 행위에 이어져 있다. 즉 모든 행위들이 사실은 하나인 것인데 말하자면 하나님 자신에게서 떠나는 것이었다. 이와 같이 요나의 죄는 하나님의 은총 속에 있는 하나님의 사람이 하나님을 떠난 것이었다. 하나님의 얼굴을 떠나는 것은 주의 임재를 떠나는 것이다. "내 기도가 주께, 주의 성전에 이르렀다" (욘 2:7)에서 볼 수 있는 것은 주님 (당신), 주님의 성전 (당신의 성전)이 호환 사용될 수 있다는 것이다. 즉 주님의 얼굴을 떠나는 것, 주님의 성전에서 아득히 멀어지는 것, 주님의 목전에서 쫓겨나는 것 (욘 2:4) 등은 곧 주님 자신에게서 끊어지는 것에 대한 다양한 표현들이라는 것이다. 요나의 기도에서 회개는 바로 이 주님께로부터 도망친 죄로 인하여 결국 주님의 얼굴과 반대되는 물고기 뱃속 곧 '스올의 뱃속' (욘 2:2) 또는 '산의 뿌리', '구덩이' (욘 2:6)에 처하게 된 것에 대한 회개인 것이다. 욘 2:4에서 요나는 다시 '주의 성전'을 바라볼 것을 기대하며, 2:7에서 그는 '여호와'를 생각한다. 따라서 그의 회개는 니느웨에 가지 않은 것에 대한 것이 아니라 여호와의 얼굴 곧 여호와 자신으로부터 도망한 죄에 대한 것이었고, 이 죄의 회개에 대한 기도의 응답은 여호와를 바라봄으로 그 여호와께서 다시 그분의 임재/성전/얼굴을 가까이하도록 자기를 구원-회복시켜 주시는 것에 다름 아니다. 3장에서 그가 니느웨로 간 것은 니느웨가 좋아서 간 것이 아니라 다만 하나님과 회복된 관계성 속에서 간 것이다.

우택주는 이런 이해와 달리 요나의 기도를 '회개-기도'로 보지 않고, '유창한 기도', '성전 신학 운운하면서 자기 경건을 내세우는 기도'라 한다. 또한 그는 요나의 감사의 제사 (예배)와 서원 (결단)을 비웃는다. 이러한 이해는 근본적인 재고를 필요로 하며, 그가 왜 '교리'와 '신학'을 요나의 기도 이해에 들고 나오는지 알 수 없다. 요나가 여러 탄식-기도 시편들을 알고 있었고 그것들의 어떤 부분들을 그의 기도에 인용하고 있었다면 그것이 비난할 내용인가. 요나가 성전 중심의 신학을 가지고 있었는가 (이러한 이해는 이해가 가지 않는다). 요나가 하나님께서 자기를 깊음 속 바다 가운데 던지셨고 자기를 당신의 목전에서 쫓아내셨다고 한 것이 자기 잘못을 하나님께 돌리기 위한 것으로만 볼 수 있는가 (그가 하나님의 섭리 속에서 모든 일을 바라본 것으로 볼 수 없는가), 죽음과 스올의 자리에서 구원의 주님을 바라보며 희망하는 요나의 감사 예배와 서원이 비웃음의 대상인가, 성경적으로 확립된 교리들은 우리의 구원과 신앙 생활에 참으로 중요한 것들이고 이단들을 판정하는 데에도 필수적인 표준이 아닌가 (예를 들어 요나가 우상숭배를 반대하는 것 [욘 2:8]은 제2계명에 근거한 것이며 이것은 우리의 구원에 필수적 요소들 중 하나이며 오늘날 종교다원주의가 이단임을 판단하는 표준이다. 정통교리는 성경의 요약이며 우리 구원에 필수적 토대다. 교리를 구원에 별 관계 없는 것처럼 언급하는 것이 문제다) 등등의 의문들이 생긴다.

조휘는, 한편, 이렇게 말한다. "물고기 뱃속에서 기대[되는] 기도는 감사의 기도 (קוֹל הוֹדָה)가 아니라 회개의 기도이다. 하지만 시에서 회개에 대한 내용을 발견할 수 없다."[302] 필자는 요나서 2장에 '회개'라는 말이 명시적으로 나타나지는 않지만 위에서 보듯 회개의 내용이 가득하다고 본다. 요나는 자기가 '여호와의 얼굴'을 떠나 도망한 것에 대해 거듭거듭 회개하며 자기의 망령된 행사 ('내가 주의 목전에서 쫓겨났을지라도'에서 요나의 행사가 잘못임이 암시되어 있음. 욘 2:4상)를 주님 앞에 내려놓고 있다. 물론 이 회개는 그가 하나님의 뜻을 받들어 니느웨를 사랑하고 그들의 구원을 바라게 되었다는 결과를 보이는 그런 회개는 아니다. 니느웨는 요나에게 여전히 이방 죄인들이었고 자기는 여전히 '히브리 사람' (욘 1:9)이었기 때문이다. 이에 조휘는 요나가 '편협한 선민의식'을 가졌다고 본다.[303] 나도 요나가 히브리 사람 곧 하나님의 언약 백성으로서 이방인들에 대해 배타적 태도를 지니고 있었음을 인정한다. 다만 그러면서도 나는, 요나가 언약 백성을 잔인하게 괴롭힌 우상숭배-영적 음행의 성읍 이방 니느웨 (나훔서)에 대해 얼마나 강한 반감을 가졌을까도 충분히 고려해야 한다고 본다. 이것은 하박국이 갈대아인들에게 가졌던 반감을 보면 충분히 이해된다. 이는 이방 갈라디아에 있던 게바가 이방인과 함께 식사하다가 예루살렘의 유대인 기독교인들 ('할례자들')이 그 자리에 왔을 때 그가 떠나 물러간 것을 봐도 충분히 이해된다 (갈 2:11-12).

여기서 내가 요나의 이방인들에 대해 지녔던 배타적 태도를 찬성하는 것이 아니다. 하나님의 사랑과 설득에 비해 요나의 저항과 분노가 사랑으로 변하기 쉽지 않았다는 것을 말하는 것 뿐이다. 요나는 예수님 오시기 전에 살았고, 옛 언약 속에 있지 않았는가. 고넬료에게 발걸음을 떼기 위해서, 예수님 부활 후에 살았고, 새 언약 속에 있었던 베드로에게조차 '3번의 환상 설득'이 필요하였지 않은가. 손양원 목사님을 까닭없이 존경하겠는가. 손목사님의 태도와 삶이 요나서의 메시지가 아닌가.

내가 말하고 싶은 것은, 니느웨를 끝까지 혐오한 요나는 욕을 먹어 마땅하나 그가 애초에 지닌 경건 자체가 욕을 먹어야 하는 것은 아니라는 것이다. 3번의 설득 끝에 고넬료에게 갔던 베드로가 다시 이방인 크리스천들과 밥 먹다가 유대인 크리스천들이 나타나자 그 자리에서 물러간 것에 대해 바울에게 욕을 먹은 것은 합당하나 (갈 2:14) 베드로의 예수님에 대한 신앙과 그의 경건 자체가 비난 받아야 하는 것은 아니라는 것이다.

---

302 조휘, "문학적 정황에서 읽는 요나의 기도 (욘 1:17-2:10)," *Hermeneia Today* (2005): 29. 필자의 견해는 조휘의 견해와 좀 다르지만, 조휘의 논문이 '요나 학자들'의 연구를 종합적으로 정리하여 제공하기 때문에 연구자들이 반드시 읽어야 할 것으로 추천한다.

303 Ibid., 27. 조휘는 트리블의 저작을 많이 참조하여, "요나의 시에서 요나의 편협한 선민사상은 네 가지 측면에서 논할 수 있다. (1) 상황에 대한 오해, (2) 구원에 대한 감사, (3) 이방인과의 구분, (4) 변함이 없는 요나의 태도." 라고 결론을 내린다.

...위에서 내가 강조한 것은 요나가 회개하지 않은 것이 아니라 '주의 얼굴을 떠난 죄'에 대해 (죽음의 문턱까지 내려갔던) 그가 '회개하고' 다시 '주의 얼굴, 주의 눈 (성전)을 뵙게 되었다'는 것이다. 신기한 것은 요나의 이 경험이 우리 주님께서 겪으실 경험의 예표였다는 것이다.

큰 물고기 사건의 신약 인용

요나의 큰 물고기 사건은 마태복음에서는 12:38-45의 문맥에 포함되어 있고, 누가복음에서는 11:29-32의 본문 속에 들어 있다. 마태와 누가의 기록은 거의 비슷하지만 두어 가지 다른 점들이 있다. 마태는 "그 때에 서기관과 바리새인 중 몇 사람이 말하되 선생님이여 우리에게 표적 보여주시기를 원하나이다"로 시작하고, 누가는 "무리가 모였을 때에 예수께서 말씀하시되..."로 서두를 놓는다. 마태는 "예수께서 대답하여 이르시되 악하고 음란한 세대가 표적을 구하나 선지자 요나의 표적 밖에는 보일 표적이 없느니라"고 기록한다. 누가는 "이 세대는 악한 세대라 표적을 구하되 요나의 표적 밖에는 보일 표적이 없나니"라고 전한다. 즉, 마태는 그 세대가 악할 뿐 아니라 음란하다는 것을 덧붙인다.

이러한 차이점들 외에 더 눈에 띄는 차이점이 있다. 마태는, "요나가 밤낮 사흘 동안 큰 물고기 뱃속에 있었던 것 같이 인자도 밤낮 사흘 동안 땅 속에 있으리라"고 기록한다. 반면, 누가는, "요나가 니느웨 사람들에게 표적이 됨과 같이 인자도 이 세대에 그러하리라"고 예수님의 말씀을 전한다. 같은 사건이지만 전하는 내용, 전하는 자의 시각은 아주 다르다. 필자는, 예수님이 이 두 가지 말씀들을 모두 하였으나 마태는 마태대로, 누가는 누가대로 각인이 전하고자 하는 의도가 있어 예수님의 말씀을 선택적으로 인용하였을 것으로 본다. 그러면, 마태와 누가, 각각의 의도하는 바는 무엇이었을까.

마태와 누가, 각각의 의도를 구별하는 일은 마 12장과 눅 11장의 당해 본문만을 가지고는 쉽지 않다. 마태 전체를 몇 번씩 읽고, 누가 전체를 몇 번씩 읽고 나서야 겨우 이 두 저자의 시각이 다름이 드러난다.

먼저 마태는 요나 사건을, 예수님이 구약에 예언된 메시아 곧 그리스도라는 사실을 강조하기 위해 인용하였다. 이는 많은 학자들이 이미 동의한 바로, 마태가 구약의 사건이나 인물들을 인용하는 것은 구약 예언의 예수님에게서의 성취를 제시하기 위함이라는 것이다. 요나 사건의 경우는 요나의 삶 (선지자의 행동)이 곧 하나의 예언으로 취급된 경우라 하겠다. 마 12장 본문에 나타나는 내용인즉슨, 요나의 큰 물고기 뱃속 (스올의 뱃속, 구덩이)에서의 3일간 있던 것이 사람의 아들 예수님에게도 똑같이 이루어지리라는 것이다. 예수님이 요나 보다 큰 분이라는 말은, 그 모든 구약 구원사의 인물들과 제도들을 부리신 분이 주이신 그리스도 예수 자신임을 드러내는 말이다.

마태의 증거는 또한 예수님 당시 이스라엘 종교의 부패를 강조하고, 종교 지도자들의 위선을 부각한다. 예수님께 표적을 구한 자들은 다름 아닌 '서기관과 바리새인' (마 12:38)이었다. 이렇게 표적을 구한 이야기는 16:1-4에서 또 나타나는데, 그 본문에서는 '바리새인과 사두개인들'이 표적을 구했고 예수님은 그들을 꾸짖으신다. 누가는 표적을 구한 이들이 구체적으로 누구였는지 명시하지 않는다. 다만 다른 곳들에서 누가는 이 종교지도자들이 예수님을 해치기 위해 혈안이 된 것, 그들이 분기가 가득했던 것을 강조한다.

예언-성취와 관련해서 볼 때, 누가복음에서는 마태와는 좀 다른 시각이 있음을 우리는 읽게 된다. 누가가 구약 예언이 신약의 예수님에게 성취되었다는 것을 말하지 않는 것은 아니다. 누가도 마태와 비슷하게 구약이 신약에 성취되었음을 말한다. 그러나 누가는 예수님의 죽으심과 부활 주제에 관한 한, 예언-성취 구도가 예수님 당시의 시간 범위에 나타남을 특히 강조한다. 요나가 큰 물고기에게 먹혔다가 살아난 것처럼, 예수님도 죽으시고 살아나실 것이다 (11:30). 이것을 9:22, 31; 17:25; 18:31-33 등의 구절, 곧 예수님이 '곧' 죽으시고 살아나실 것이라는 예수님 당대에 일어날 사건들에 대한 예언들과 비교해 보라. 그러면, 누가의 취지는 구약 사건이 예수님에게 일어났다는 것을 강조하는 마태와 달리, 예수님이 '곧' 죽으시고 살아나실 것이라는 사실 자체 (예수님의 말씀 혹은 예언의 성취)에 더 포커스를 맞추었다는 사실을 알게 될 것이다. 이러한 차이점은 마치 숨은 그림 찾기처럼 아주 자세히 들여다 보지 않으면 잘 눈에 들어오지 않는다.

둘째로, 누가는 요나의 큰 물고기 사건 (죽음과 부활 상징)이 하나의 표적으로서 니느웨 사람들의 회개의 동인이 된 것을 가지고 예수님 자신의 죽으심과 부활의 표적이 세상 사람들의 회개의 동인이 될 것을 강조한다. 즉 '회개' 주제의 강조인데, 이 회개는 마 12장에서도 똑같이 나타나는 단어이기에 당해 본문의 비교로서는 누가가 마태에 비해 '회개'를 강조했는지 잘 알 수 없다. 그러나, 누가복음 전체를 읽어보면 누가가 얼마나 회개를 강조했는지 알 수 있다. 그리고 본 눅 11장의 요나의 전도를 통한 니느웨의 회개도 이런 선상에서 취한 것임이 드러난다. 누가는 회개를 죄의 용서함과 연결시키고 회개를 구원론의 취지에서 자주 언급하는데, 다른 복음서 기자들은 이렇게 누가처럼 빈번히 '회개'를 죄 사함 및 구원과 관련하여 언급하지는 않는다.

예수님 '자신'의 죽으심과 부활이 하나의 표적 (세메이온. σημεῖον)이 되고 이 표적을 사도들은 전하게 될 것이다. 사도들이 이 표적을 전하면서, 회개하라고 외칠 때 사람들은 그 메시지를 듣고 회개하게 될 것이며, 회개한 자들은 죄의 용서함을 받게 될 것이다. 이 회개는 모든 족속에게 퍼질 것이다; 이 인간의 내용 들이 눅 24:46 이하에 보인다. "또 이르시되 이같이 그리스도가 고난을 받고 제삼일에 죽은 자 가운데서 살아날 것과 또 그의 이름으로 죄 사함을 받게 하는 회개가 예루살렘에서 시작하여 모든 족속에게 전파될 것이 기록되었으니 너희는 이 모든 일의 증인이라" 예수님이 사도들에게 하시는 말씀이다. 여기 보이는 일련의 주제들이 11장의 요나 언급에서도 보인다는 것이다. 눅 11:30에 따르면, 요나가 여호와의 명을 어기고 배를 타고 도망하다가 바다에 던지워 물고기에게 먹혔다가 3일만에 목숨을 건진 이야기가 그가 니느웨에 도착하기 전에 니느웨 사람들에게 소문으로 벌써 전해진 것 같다. 그 기적 사건은 하나의 표적이 되어 죄악에 빠져 있던 니느웨 왕과 신민(臣民)의 영혼에 치명타를 가했을 것이다. 요나를 그런 식으로 죽음에서 건지신 분이 하나님이고 그들이 이 하나님에 관한 소식을 (하나님의 미리 역사하심을 따라) 곧이곧대로 받아들이고 있었다면, 선지자 요나가 "40일이 지나면 니느웨가 무너지리라" (욘 3:4)고 했을 때 요나를 통해 전하신 하나님의 말씀은 그대로 이루어질 수밖에 없다고 니느웨 사람들이 생각하지 않았겠는가. 그들의 가슴이 내려앉았을 것이고 그들은 두려움과 공포로 전율하였을 것이다. 하늘에 사무칠 니느웨의 악독을 그대로 두시겠는가. 회개 외에 다른 살 길이 있겠는가.

예수님은 누가복음에서 그분 자신이, 마치 요나가 니느웨에게 하나의 '세메이온'으로 작용한 것처럼, 하나의 세메이온이라고 확정적으로 말씀하신다. 바리새인과 서기관들, 그리고 사두개인들은 일인쑈를 기대하고 예수께 표적을 구했다. 악하고 음란한 자들은 표적을 주어도 표적의 의미를 모르고 진주에 돼지똥을 바를 것이기 때문에 예수님은 인자가 줄 표적은 요나의 표적 밖에는 없다고 하셨다. 그들에게 보여줄 마술쑈는 하나도 없다고 잘라 말씀하시고, 십자가의 거치는 것을 던져주셨다. 그리하여 예수님의 십자가와 부활의 표적은, 어떤 사람들 (예를 들어 알버트 슈바이처, 루돌프 불트만 등등)에게는 걸려 넘어지는 (스칸달리조) 걸림돌이 될 것이며, 어떤 사람들에게는 건축자의 버린 돌이 모퉁이돌이 될 것이다. 이것이 우리 눈에 기이한 것인데 (시 118:22-23), 이것이 요나서의 기독론적 함의다.

6. 미가서의 주제적-신학적 구조와 메시지

미가 (מִיכָה)는 모레셋 사람으로 소개되며, 그의 사역 시기는 유다 왕들 (요담과 아하스와 히스기야) 시대로 되어 있다 (미 1:1). 1:1하반절의 "אֲשֶׁר חָזָה עַל שֹׁמְרוֹן וִירוּשָׁלָ͏ִם"는 개역개정의 "사마리아와 예루살렘에 관한 묵시라"고 번역하기 보다 "사마리아와 예루살렘에 대하여 본"이라고 번역하는 것이 합당하겠다. 왜냐하면 여기서는 '하존' (환상, 비전)이라는 명사가 사용되지 않았기 때문이고, 또 '묵시'라는 말은 그동안 자유주의자들에 의해 오용되었기 때문이다 (오바댜 서언 참조). 이제 미가서의 구조에 들어가 보자.

1) 미가서의 구조

미가서를 세 부분 (1-2장; 3-5장; 6-7장)으로 나누어보는 사람들 중에는 C. F. Keil & F. Delitzsch,[304] E. J. Young,[305] 최근의 C. Hassell Bullock,[306] Ralph L. Smith[307] 등이 있다. 필자도 이들의 견해를 따르는데 무조건 따르는 것이 아니라 그럴만한 이유가 있기 때문이다. 사실, 필자는 이들이 미가서의 단락들을 잘 구분한 반면, 그에 대한 합당한 이유는 제시하지 못하였다고 본다. 예를 들어, 영 박사는 1-2장을 이스라엘과 유다에 대한 위협, 3-5장을 심판에 따라올 회복, 6-7장을 백성에 대한 형벌과 하나님의 최종 자비로 보나,[308] 그 제목들이 정확하지 않다.

---

304 C. F. Keil and F. Delitzsch, The Minor Prophets, Commentary on the Old Testament vol. 10 (Edinburgh, UK: Clark, 1871; Peabody, MA: Hendrickson, 1996).

305 Edward J. Young, An Introduction to the Old Testament (Grand Rapids: Eerdmans, 1949; 1989), 250ff.

306 C. Hassell Bullock, An Introduction to the Old Testament Prophetic Books (Chicago: Moody, 1989; 2007), 125-50.

307 Ralph L. Smith, Micah-Malachi, WBC vol. 32 (Grand Rapids: Eerdmans, 1984), 2-61.

308 에드워드 J. 영, 구약총론, 홍반식 역 (왜관: 개혁주의신행협회, 1972), 289-91. 그의 본서 분해를 구체적으로

그러한 구분이 어떤 일관된 흐름을 가지고 있는지에 대한 설명이 다소 약한 편이다.

반면, 박동현은 미가서의 내용에서 패턴을 보는데, 심판과 구원 내용에 따라 본문을 첨예하게 이원적으로 나눈다.[309] 즉, 1:2-3:12는 심판 예언, 4-5장은 구원 예언, 6:1-7:7은 심판 예언, 7:8-20은 구원 예언 등으로 나눈다. 이 구분에서는 2:12-13이 구원을 시사하지 않는가의 질문이 남아 있다.

최근의 딜라드와 롱맨 (Raymond B. Dillard & Tremper Longman III)도 이와 비슷한 구조를 보인다.[310] A 1-5장: 심판에서 구원으로; A' 6-7장: 심판에서 구원으로. 말하자면, 그들은 본서를 크게 두 부분으로 나누고, 심판에서 구원으로 두 번 진행한다고 본 것이다. 첫 단락(1-5장)의 전반부인 1-3장은 백성들의 죄악을 서술하고 있으며, 후반부인 4-5장은 소망을 제시한다고 했고, 두 번째 단락(6-7장)은 다소 분명하지 않으나, 이스라엘과 하나님의 논쟁 (6:1-8), 이스라엘의 사회적 죄악에 대한 책망 (6:9-16), 그리고 이스라엘의 상태에 대한 선지자의 탄식들(7:1-7)로 절망을 보여주나, 마지막 부분은 소망과 찬양(7:8-20)으로 분위기는 전환된다고 주장하였다. 이러한 그들의 구조 분석은 심판에서 구원으로 두 번 진행되는 구조로 본 점에서 일관성을 드러내나, 2장 말미에 벌써 구원 내용이 보이는데 (2:12-13) 이것은 어떻게 설명할 것인가의 질문이 박동현의 구조에서처럼 남아 있다.

도씨 (D. A. Dorsey)는 교차대조로 본서를 분석하였다. 즉 A 다가올 멸망 (1:1-16); B 백성들의 타락 (2:1-13); C 지도자들의 타락 (3:1-12); D 핵심부분: 야웨 의로운 통치; 영광스런 미래의 회복 (4:1-5:15 히 4:1-5:14); C'지도자들의 타락: 과거에 좋은 지도자를 주심; 통치자로서의 하나님의 요구 (6:1-16); B' 백성들의 타락: 야웨만 의지하라 (7:1-7); A'미래의 회복 (7:8-20).[311] 도씨의 분석은 신빙성이 적어 보인다. C' 를 지도자의 타락이라고 하였는데 C'는 지도자의 타락에 대한 내용이 아닌 듯싶다. A'를 미래의 회복이라고 하였는데 정 가운데 놓인 D도 미래의 회복이니 A'는 D와 연결해야 할 것이고 A와 연결하면 아니 될 듯싶다. 카이아스무스 구조 (교차대조)에 끼워 맞추려고 무리한 듯하다.

소개하자면 다음과 같다.

A. 이스라엘기 ∩티세 데칸 위협 (1.1 2.13)
    a. 서두
    b. 사마리아와 유다에 대한 하나님의 진노 (1:2-16)
    c. 거룩한 불만의 원인 (2:1-13)
B. 심판에 뒤따라올 회복 (3:1-5:13)
    a. 예루살렘 멸망에 대한 선고 (3:1-12)
    b. 하나님의 영광스런 왕국의 확립 (4:1-5:1)
    c. 새 왕과 그 왕국의 탄생 (5:2-15)
C. 백성에 대한 형벌과 하나님의 최종 자비 (6:1-7:20)
    a. 하나님의 자기 백성에 대한 불만 (6:1-16)
    b. 책망과 약속 (7:1-20)

309 박동현, 구약성경과 구약학 (서울: 장로회신학대학교출판부, 1999), 75f.

310 Raymond B. Dillard & Tremper Longman III, *An Introduction to the Old Testament* (Grand Rapids: Zondervan Academic, 2007), 400.

311 D. A. 도씨, 구약의 문학적 구조: 창세기-말라기 주석, 류근상 옮김 (서울: 크리스찬, 2003), 474.

미가서의 통일성에 대해서는 박덕준의 연구가 있다. 그는 자신의 논문에서 미가서의 구조에 대한 기존의 견해들을 소개한 후에, '목자요 왕이신 여호와와 그분의 양인 이스라엘' 주제를 보이는 미가서의 중요한 절들을 분석하면서 이 주제가 미가서 전체를 통일시킨다고 보았다.[312]

이와 같은 미가서 학자들의 연구들을 리뷰하면서 드는 생각은 우리가 히브리 성경 기자들의 문학적 관습들에 대해 더욱 깊이 연구하고 이 문학적 구조적 요소들이 얼마나 책의 메시지와 긴밀히 연결되어 있는가를 드러낼 수 있어야 한다고 본다. 구약 본문의 유기성, 인과성 혹은 선후성, 주제들의 반복과 변이, 진전성 등에 대해 더 세밀한 연구들이 필요하다.

필자가 분석한 미가서의 구조는 다음과 같다. 미가서의 1-2장, 3-5장, 6-7장은 학자들이 말하듯이, 대체적으로 심판에서 구원으로 진행하면서도 (병행을 이룸), 각 단락에 몇 개의 중요한 모티프들을 사용하여 반복, 변이, 점진성을 드러낸다는 점이다. 각 단락은 일관되게 최소한 여섯가지 중요한 모티프들이 있으니,

> 첫째는 산당 (높은 곳 혹은 우상숭배나 제사)이요,
> 둘째는 지도자들의 죄 (학대, 뇌물, 백성의 일반 죄)요,
> 셋째는 선지자 (예언을 금함, 여호와의 신, 점침, 선지자의 권면이나 예언 등)요,
> 넷째는 여호와의 날 (혹은 다양한 심판)이요,
> 다섯째는 메시아와 여호와의 통치요,
> 여섯째는 남은 자의 회복과 승리다.[313]

이러한 주제들이 각 단락에서 일관되어 나타나타는 반면, 각 단락의 강조점은 다르다. 1-2장에서는 죄가, 3-5장에서는 메시아를 통한 회복이, 6-7장에서는 선지자의 기도와 여호와의 응답을 통한 회복이 강조되었다.

한편, 이러한 병행을 이루는 세 단락, A 1-2장, A' 3-5장, A" 6-7장은 선지자의 시점을 따라서 보면 대략적으로는 현재에서 미래로 진행하나, 미래에 일어날 일들은 정확히 그것들이 언제를 가리키는지 분명하지 않다. 특히 가운데 단락은 먼 미래로 갔다가 다시 가까운 미래로 돌아오는 등의 변화가 있기에 필자는 이것을 아래와 같이 도표화하여 보았다 (장절은 한글성경 기준).

---

312 박덕준, "여호와는 목자, 이스라엘은 그의 양이라': 미가서의 목양 은유 연구," *신학정론* 39 (2021): 81-119.
313 여기서 메시아는 이스라엘을 다스릴 자요, 이스라엘은 이상적 이스라엘 곧 남은 자를 말한다.

단락	현재	가까운 미래 (유다 멸망)	약간 먼 미래 (포로, 포로후기)	먼 미래 초림	재림
A 1-2장	1:2-2:11			2:12-13	
A' 3-5장	3:1-11	3:12	4:9-10	4:11-5:1	
		(5:5하-6)		5:2-5상	5:5하-6 5:7-9 5:10-15
A" 6-7장	6:1-16	(6:16) 7:1-4 (7:5-6 권면)			(7:7-10 기도) 7:11-13 응답 (7:14 기도) 7:15, 16-17 응답 (7:18-20 확신)

2) 미가서의 메시지

이 모티프들 (첫째로부터 셋째까지)에서 미가가 다루는 가장 중한 죄는 무엇인가. 역시 산당의 우상숭배나 이스라엘의 타락한 제사행위다. 그도 그럴 것이 이 죄가 맨 처음에 나온다. 미가는 호세아와 같이 이스라엘의 우상숭배를 성적인 타락에 견준다. 음행의 값, 기생의 값 (1:7) 같은 어구가 이것을 증시한다. 첫 단락을 지나 두번째 단락인 3-5장 사이에 위치한 3:12는 "...성전의 산은 수풀의 높은 곳과 같게 되리라"고 되어 있다. 여기서 '높은 곳'은 무엇인가. 1:3에서 이미 말한 땅의 '높은 곳'과 같은 단어이다. 곧 산당들이 위치한 곳이다. 성전의 산이 산당이 위치한 산처럼 된다...기절할 예언이다. 또한 이와는 반대로, 미가는 그가 처한 당시의 산의 높은 곳에서 미래의 회복될 산의 높은 곳으로 시선을 옮겨간다. 4:1을 보면 말일의 산의 머리 (로쉬 4:1)에는 바로 그 장소에서 우상 숭배를 하던 미가 때와는 달리 여호와의 전이 우뚝 설 것이다. 많은 나라들이 여호와의 말씀으로 가르침을 받기 위해 그 산의 정상으로 올라올 것이다. 미가는 수풀의 높은 곳 (산당 3:12)과 산 정상의 여호와의 전 (4:1)을 잇달아 배치함으로 우리에게 대조점을 보여준다. 마지막 단락에도 이 주제가 보인다. 가나안 종교의 가증함이 나타나는데, 바로 인신제사가 그것이나 6:7하반설에, " 내 허물을 위하여 내 맏아들을, 내 영혼이 지른 죄로 인하여 내 몸의 열매를 드릴까"가 인신제사를 시사한다.

현금의 한국교회의 문제는 근원적으로는 혼합주의를 가르치는 신학교육에서 나온다. 하나님에 대해 가르치되 마귀의 교훈을 섞어서 가르친다. 이 신학을 공부하고 배출된 사역자들이 교인들로 하여금 "오므리의 율례와 아합 집의 모든 예법을 지키고 그들의 전통을 따르" (미 6:16)도록 한다. 신학석사 (Master of Divinity) 3학년 학생이 1학년 때와 달리 믿음을 잃고 거짓 신학에 속아서 영이 죽은 자들이 된다. 예수님의 처녀 잉태, 물위를 걸으심을 믿지 않는다. 성경이 하나님의 말씀이라고 하지 않는다. 마귀의 존재가 없다고 한다. 예수 외에도 타종교들에도 구원이 있다고 한다. 신학대학원에서 언제부터인가 "자칭 선지자라 하는 여자 이세벨"을 용납하였다. 이 여자는 예수 그리스도의 "종들을 가르쳐 꾀어 행음하게 하고 우상의 제물을 먹게" 하였다 (계 2:20). 많은 교회들이 '버가모 교회'화 되었다.

종교적 죄 다음으로 나타나는 것은 지도자들과 백성이 죄인데 이 둘은 하나로 묶을 수 있다. 이 죄들은 모두 정직이나 공의에서 떠난 죄를 가리킨다. 탐욕(2:2; 3:11; 7:3), 뇌물수수 (3:11; 7:3), 폭력과 학대(2:9; 3:2-3, 10; 6:10-12)와 같은 죄들이 나타나는데 이들은 부정(不正) 이나 불의(不義)와 같은 단어로 각 단락에서 보이고 있다. "나의 말이 행위 정직한 자(하야쇄르)에게 유익되지 아니하냐" (2:7하); "공의(미슈파트)를 미워하고 정직한 것(하예쇄라)을 굽게 하는 자들아" (3:9중); "여호와께서 네게 구하시는 것이 오직 공의를(미슈파트) 행하며 인자를 사랑하며 겸손히 네 하나님과 함께 행하는 것이 아니냐" (6:8하); "그들의…가장 정직한 자(야쇄르)라도 찔레 울타리보다 더하도다" (7:4부분). 아모스와 이사야가 공평 혹은 공법 (미슈파트) 과 정의 혹은 의 (쩨다카)를 말하는 반면 미가는 공의와 정직 (3:9; 6:8; 7:4)을 말하며, 때로는 인자, 겸손, 선과 같은 도덕적 속성을 표현하는 단어들을 선호한다.

특이한 것은, 미가는 아모스처럼, 당시 사람들이 참 선지자의 설교를 반대했음을 보여 준다. 아모스의 북이스라엘 사람들처럼 (암 2:2; 3:7, 8; 5:1; 7:10-17) 남쪽의 유다 사람들도 똑같이 하나님 말씀 전함을 싫어한다. "너희는 예언하지 말라. 이것은 예언할 것이 아니거늘 욕하는 말을 그치지 아니한다."라고 하면서 귀를 막는다 (미 2:6). "여호와의 영이 성급하시다!" 하거나 "그의 행위가 이러하시다!" (2:7)라고 하면서 여호와의 성령, 여호와의 행위, 여호와의 종 곧 선지자가 전하는 말 모두를 거스른다. 거짓말하는 자를 오히려 선지자 취급한다 (2:11). 3:5-8와 6:4가 다 이 주제를 강조한다. 혼합주의에 빠져 있는 백성들은 순전한 여호와의 말씀을 거절한다. 당연한 현상이다.

미가서의 '울음'

선지서에서 '울음'은 주로 두 가지와 관련되어 있다. 그 첫째는 '회개'요, 그 둘째는 '멸망에 대한 슬픔'이다. 회개의 눈물은 죄와 허물에서 돌이키라는 하나님이 명령에 대한 전인적인 돌이킴의 반응이요, 멸망에 대한 슬픔의 눈물은 수치와 좌절과 허망과 절망의 표현이다. 여호와께서는 죄인들에게 말씀하신다. "너희는 이제라도 금식하고 울며 애통하고 마음을 다하여 내게로 돌아오라" (욜 2:12) 우리는 우리 각자의 얍복 나루터에서 하나님을 붙잡고 울며 그분께 간구하고 (호 12:4) 하나님은 우리가 "하나님께로 돌아와서 인애와 정의를 지키며 항상 그분을 바라기를" (호 12:6) 원하신다. 반면, 끝까지 회개 없이 우상을 향해 달려가는 자들은 하나님의 재앙을 받아 필연적으로 그 눈에 눈물이 흐르게 되어 있다.

보통 '울다'라는 히브리어 단어는 '바카' (weep, bewail)이다. 이는 미 2:10에 쓰였고, '싸파드' (wail, lament)라는 단어도 있는데 역시 미 2:8에 보인다. 같은 2:8에 '얄랄' (howl, wail)이라는 단어도 눈에 띈다. 바카는 우리말로 울다로, 싸파드는 애통하다로, 얄랄은 애곡하다로 번역하였다 (개역개정, 미가서). 이는 비슷한 단어들인데 흥미로운 것은 회개할 때도 이 단어들이 쓰이고, 멸망의 상황에서 슬퍼할 때도 이 단어들이 쓰인다는 것이다.

그렇다면 미가서에 나타난 이 단어들은 둘 중에 어느 의미로 쓰였는가. 회개가 아니라 멸망에 대한 슬픔의 울음으로 미가에는 이 단어들이 쓰인다. 그러면 이 울음의 원인은 무엇인

가. 거슬러 올라가면 '산당에서의 우상 숭배의 죄'다 (미 1:5-7). 또한, '죄악을 획책함, 강탈함, 교만, 말씀을 무시함, 거짓을 예언함'등의 죄다 (2장). 이 죄들 때문에 사마리아와 예루살렘은 망하게 될 것이고 이로 말미암아 선지자는 탄식한다. "이러므로 내가 애통하며 애곡하고 벌거 벗은 몸으로 행하여 들개 같이 애곡하고 타조 같이 애통하리니 이는 그 상처는 고칠 수 없고 그 것이 유다까지도 이르고 내 백성의 성문 곧 예루살렘에도 미쳤음이니라" (미 1:8,9). 이 '울음'이 있을 것에 대한 예언은 이 '울음'이 현실화되기 직전 예레미야 선자자의 입술에서도 똑같이 쏟 아진다. 예레미야는 곧 있을 '울음'을 과거형으로 말한다. "슬프다, 나의 근심이여. 어떻게 위로 를 받을 수 있을까. 내 마음이 병들었도다. 딸 내 백성의 심히 먼 땅에서 부르짖는 소리로다. 여 호와께서 시온에 계시지 아니한가, 그의 왕이 그 가운데 계시지 아니한가. 그들이 어찌하여 그 조각한 신상과 이방의 헛된 것들로 나를 격노하게 하였는고 하시니 추수할 때가 지나고 여름이 다하였으나 우리는 구원을 얻지 못한다 하는도다. 딸 내 백성이 상하였으므로 나도 상하여 슬 퍼하며 놀라움에 잡혔도다. 길르앗에는 유향이 있지 아니한가. 그곳에는 의사가 있지 아니한 가. 딸 내 백성이 치료를 받지 못함은 어찌 됨인고. 어찌하여 내 머리는 물이 되고 내 눈은 눈물 근원이 될꼬. 죽임을 당한 딸 내 백성을 위하여 주야로 울리로다." (렘 8:18-9:1) 미가가 하던 말 을 예레미야는 어쩌면 이렇게 똑같이 하고 있을까. 둘다 유다의 멸망을 '상함'이라는 표현을 사 용하고, '운다'는 말을 하며, '우상숭배'의 죄를 지적하고 있다. 예레미야와 동시대의 에스겔을 보라. "밖에는 칼이 있고 안에는 전염병과 기근이 있어서 밭에 있는 자는 칼에 죽을 것이요 성 읍에 있는 자는 기근과 전염병에 망할 것이며 도망하는 자는 산 위로 피하여 다 각기 자기 죄악 때문에 골짜기의 비둘기처럼 슬피 울 것이며 모든 손은 피곤하고 모든 무릎은 물과 같이 약할 것이라. 그들이 굵은 베로 허리를 묶을 것이요 두려움이 그들을 덮을 것이요 모든 얼굴에는 수 치가 있고 모든 머리는 대머리가 될 것이며..." (겔 8:15-18)

이러한 울음에 대한 예언은 미가서에만 보이는 것은 아니다. 미가와 같은 BC 8세기 선 지자 아모스에도 보인다. "그러므로 주 만군의 하나님 여호와께서 이와 같이 말씀하시기를 사 람이 모든 광장에서 울겠고 모든 거리에서 슬프도다 슬프도다 하겠으며 농부를 불러다가 애곡 하게 하며 울음을 아는 자를 불러다가 울게 할 것이며 모든 포도원에서도 울리니 이는 내가 너희 가운 데로 지나갈 것임이라. 여호와의 말씀이니라." (암 5:16, 17) 이사야에도 울음 예언이 보인다. "슬프다, 아리엘이여. 아리엘이여. 다윗이 진 친 성읍이여. 해마다 절기가 돌아오려니와 내가 아리엘을 괴롭게 하리니 그가 슬퍼하고 애곡하며 내게 아리엘과 같이 되리라." (사 29:1-2)

유다가 멸망을 당함을 '상처'라는 말로 미가가 표현하는데 아모스는 다음과 같이 표현 한다. "마치 사람이 사자를 피하다가 곰을 만나거나 혹은 집에 들어가서 손을 벽에 대었다가 뱀 에게 물림 같도다" (암 5:19) 이사야는 다음과 같이 표현한다. "너희가 어찌 매를 더 맞으려고 패 역을 거듭하느냐. 온 머리는 병들었고 온 마음은 피곤하였으며 발바닥에서 머리까지 성한 곳이 없이 상한 것과 터진 것과 새로 맞은 흔적 뿐이거늘 그것을 짜며 싸매며 기름으로 부드럽게 함 을 받지 못하였도다." (사 1:5, 6) 호세아는 다음과 같이 표현한다. "그러므로 내가 에브라임에 게는 좀 같으며 유다 족속에게는 썩이는 것 같도다. 에브라임이 자기의 병을 깨달으며 유다가 자기의 상처를 깨달았고 에브라임은 앗수르로 가서 야렙 왕에게 사람을 보내었으나 그가 능히 너희를 고치지 못하겠고 너희 상처를 낫게 하지 못하리라. 내가 에브라임에게는 사자 같고 유다 족속에게는 젊은 사자 같으니 바로 내가 움켜갈지라. 내가 탈취하여 갈지라도 건져낼 자가 없으리라." (호 5:12-14) 이들로부터 1세기 후에 예레미야는 이렇게 표현한다. "딸 내 백성이 상하였으므로 나도 상하여 슬퍼하며 놀라움에 잡혔도다. 길르앗에는 유향이 있지 아니한가. 그곳에는 의사가 있지 아니한가. 딸 내 백성이 치료를 받지 못함은 어찌 됨인고." (렘 8:21-22) 에스겔은 이렇게 표현한다. "밖에는 칼이 있고 안에는 전염병과 기근이 있어서...모든 손은 피곤하고 모든 무릎은 물과 같이 약할 것이라" (겔 8:15-17) 죄로 인한 멸망은 인간의 신체가 해를 당해 상하게 됨으로 한결같이 표현되었으되 다 똑같지는 않고 다양하게 되어 있다. 결론은, 8세기나 7세기나 선지자들은 유다의 멸망을 미리 바라보고 있고, 백성은 멸망시에 여러 가혹한 해 (害)를 당하고 극한 슬픔에 빠지게 된다는 것이다.

그렇다면 현실의 한국교회는 어떠한가. 한국교회는 '상처'를 당하지 않도록, 그래서 슬픔의 '울음'을 울지 않도록 대비해야 한다. 회개의 울음으로 치료와 회복으로 나아갈 것인가, 계속 죄에 머물러 상처를 당하고 애통할 것인가를 심각하게 생각해야 할 것이다. 회개의 '울음'은 죄에서 돌이켜 그 상처를 치료하시는 주님께 나아가는 것이다. 길르앗의 향료는, 길르앗의 의사는 기껏 우리 육신을 치료할 것이지만, 우리의 모든 영육은 주님만이 치료하시기 때문이다. 주님은 울음을 웃음이 되게 하신다. 재대신 희락을, 근심대신 찬송을 주신다. 왜냐하면 그분이 우리 상처와 울음과 재와 근심 때문에 상처를 당하셨기 때문이다. 그분이 우리의 질고를 지시고 그분이 우리의 슬픔을 당하고 그분이 우리의 허물 때문에 찔리시고, 그분이 우리의 죄악 때문에 상하셨기 때문이다. 그분이 우리가 평화를 누리도록, 그분이 우리가 나음을 받도록 징계를 받으시고 채찍에 맞으셨기 때문이다 (사 53:3-5). 이렇게 그분으로 인해 죄의 울음을 이긴 자들은 울음을 이긴 데서 끝나지 않는다. 이들은 이제는 더 나아가 사자처럼 (미 5:8) 믿음의 용맹을 발휘하게 된다. 그분의 나라를 확장하는 종들이 된다. 이 사람들이 바로 '야곱의 남은 자들' (미 5:8)이다. 이 사람들이 '이기는 자들' (계 2:11; 3:12)이다.

미가서의 정의와 샬롬

미가와 동시대 선지자인 이사야, 호세아 등이 그러하였듯 미가도 앗시리아의 침입의 상황에서, 장차 바벨론에 멸망할 유다를 바라보면서 앞날의 메시아를 강하게 기대하였다. 당시 사회의 우상숭배, 부도덕, 사회적 불의, 술취함, 사치와 낭비, 말씀에 대한 멸시의 상황에서 미가가 무엇을 기대하겠는가. 심판이 명약관화한 상황에서 선지자는 그와 함께 하시는 성령 하나님께로부터 어떤 메시지를 받고 안위와 소망을 가지겠는가. 그것은 오직 메시아의 도래 외에 아무것도 아니었다.

미가 선지자는 유다 왕국 백성의 죄를 바라보며 자기부터 회개를 한다. "내가 여호와께 범죄하였으니 그의 진노를 당하려니와 (미 6:9상)" 회개하면서 그는 이렇게 내다본다. "마침내 주께서 나를 위하여 논쟁하시고 심판하시며 (베아싸 미슈파티: 그리고 그가 나의 공평을 만드시고/이루시고) 주께서 나를 인도하사 광명에 이르게 하시리니 내가 그의 공의를 보리로다 (에르에 베찌드카토: 내가 그의 정의/의 안에서 볼 것이다)" (6:9중하) 쉽게 말해 그는 회개 중에 여호와의 공평과 정의 (미슈파트와 쩨데크)가 실현될 것을 내다보고 있다는 것이다. 이 공평과 정의는 사람들이 사회에서 행하는 바른 생활을 말하는 것인가 아니면 어떤 다른 것을 말하는 것인가. 이사야 1:21에 보면 "신실하던 성읍이 어찌하여 창기가 되었는고 정의 (미슈파트)가 거기에 충만하였고 공의 (쩨데크)가 그 가운데에 거하였더니 이제는 살인자들뿐이라다"라고 되어 있는데 여기서는 공평과 정의가 사회적 공평과 정의라고 볼 수 있다. 이는 언약 백성이 여호와를 경외하는데 그의 법을 순종하여 맺은 삶의 열매들이라 볼 수 있다. 그런데 죄된 이스라엘 백성은 이러한 사회적 공평과 정의를 살아내지 못하였다. 그들의 삶은 심판을 자초할 수 밖에 없는 모습이었다. 이에 대하여 이사야는 무엇을 바라보는가. 장차 여호와 자신에게서 나올 공평과 의를 바라보고 있다. 1:27을 보면, "시온은 정의로 (베미슈파트) 구속함을 받고 그 돌아온 자들은 공의로 (비쯔다카) 구속함을 받으리라" 여기서의 미슈파트 (공평)와 쩨다카 (의)는 사회적 정의 차원을 말하는 것이 아니라 우리를 구원/구속하시기 위해 하나님 자신에게서 나온 조치와 행동을 말한다 (참고, 미 6:5 '여호와의 의': 찌드코트 여호와; 롬 3:21 '디카이오쉬네 쎄우': 하나님의 의). 이 하나님의 구원 조치 곧 공평과 정의의 실행이 구체화된 것이 메시아를 보내심이다. 사 45:13 "내가 공의로 (베쩨데크) 그를 일으킨지라…그가 …사로잡힌 내 백성을 값이나 갚음 없이 놓으리라" 하나님의 공의로 세움 받은 메시아에 의해 세상에 참된 정의가 세워진다. 사 42:4 "그는 쇠하지 아니하며 꺼져가는 등불을 끄지 아니하고 진실로 정의 (미슈파트)를 시행할 것이며" 즉 메시아의 통치에 의해 사회 정의가 실현되는 것이다. 사람들이 사회 정의를 이루기 위해 애써서 되는 것이 아니라 하나님의 미슈파트로 보냄 받은 예수님이 미슈파트를 그의 백성 안에 부여하심으로 사회에 미슈파트가 이루어진다는 것이다. 이것이 정의와 정의로 인한 샬롬의 원리다. 인생의 노력과 군비축소와 대화로 일시적인 평화가 나타나겠지만 참된 평화는 예수 그리스도의 미슈파트가 이땅의 남은 자들에게 적용될 때에야 이루어지고 비로소 전쟁이 그치게 된다는 것이다.[314]

이러한 원리는 호세아에서도 그대로 나타난다. 먼저 하나님은 이스라엘에게 구원의 조치른 베푸신 것이라고 하신다. "내기 네게 강기 들이 영원히 실뢰 공의와 성의로 (베쩨데크 우브미슈파트)…네게 장가 들며" (호 3:19) 그러면 우리가 사는 이땅에 평화가 오게 된다. 3:18에, "이 땅에서 활과 칼을 꺾어 전쟁 (밀하마)을 없이하고 그들로 평안히 (베타: safety) 눕게 하리라" 이러한 여호와의 쩨데크와 미슈파트의 구체화는 종말에 오신 다윗의 자손 곧 예수 그리스도임이 분명히 호세아에 제시되어 있다. 이스라엘은 회개하고 예수님을 찾게 된다. 3:5에, "그후에 이스라엘 자손이 돌아와서 그들의 하나님 여호와와 그들의 왕 다윗을 찾고"라고 되어 있다.

아모스는 이 다윗 (암 9:11 그 날에 내가 다윗의 무너진 장막을 일으키고…)을 찾게 되는 자들이 이스라엘 족속 가운데도 있고 (9:9), 이방인들 가운데 있을 것 (9:12, '에돔의 남은 자')을 말씀한다. 따라서 미가서 4:2의 많은 이방 사람들은 이방인들 가운데 여호와와 다윗의 자손

---

314 나는 미슈파트와 쉐에리트 (남은 자)를 함께 언급하나 메시아에 대한 언급은 빼놓은 연구는 미가서에 대한 제대로된 신학 파악에 이르기 어렵다고 본다. 김래용, "미가서에 나타난 미쉬파트와 쉐에리트," 구약논단 21 (2015): 10-37.

예수 그리스도를 찾는 사람들을 말한다. **그저 열방의 기독교 신자와 불신자의 결합된 모습으로 해석할 수 없는 것이다.** 왜냐하면 여호와와 그의 기름부으신 자를 대적하는 자들은 여호와께서 오히려 전쟁을 수행하셔서 그들을 몰살시켜 버리시기 때문이다 (시 2). 따라서 미 4:5 "만민이 각각 자기의 신의 이름을 의지하여 행하되 오직 우리는 우리 하나님 여호와의 이름을 의지하여 영원히 행하리로다"를 신자와 불신자가 영원히 공존하는 모습이 샬롬의 궁극적 형태이겠거니 추측하면 오해다. 불신자는 신자의 사랑과 기도의 대상이지만 하나님과 예수 그리스도께서 그들을 끝까지 용납하시는 것은 아니다. (사 63:1-6; 계 19장). 결국의 다른 신 숭배자들 곧 음녀 바벨론은 주님의 진멸의 대상이지 (사 47장; 계 17-18장) 어린양의 신부와 공존하여 평화를 누릴 대상이 아닌 것이다. 따라서 우리는 구원에서뿐만 아니라 궁극적인 평화에 있어서도 보편주의를 받아들일 수 없는 것이다. 이는 아주 비성서적이다. 복술, 점쟁이, 우상, 주상을 멸절하겠다고 하신 여호와께서 (미 5:12-15) 궁극적인 평화를 말씀할 때 우상숭배자들과 유일신 여호와 섬기는 자들의 공존하는 평화를 말씀하실 리가 없다. 물론 훼불 (毁佛)은 크리스찬의 도리가 아니다. [315] 약자를 억압하는 전쟁도 여호와의 뜻이 아니다.

    미가서는 야곱의 남은 자 (곧 이스라엘 백성 중에 구원 받을 자들, 미 5:8)가 있는 것처럼 열방 가운데도 여호와와 예수님을 찾아 하나님 말씀을 믿고 순종하는 자들 (4:2; 7:12; 참고. 슥 8:22, 23)이 있을 것을 말한다. '열방의 남은 자들'은 여호와의 산으로 올라 온다. 이곳은 야곱의 하나님의 전이요, 이곳은 시온이요, 이곳은 예루살렘이다. 이곳은 유대인을 통해 전수하신 (구원이 이스라엘에게서 남, 요 4장) 하나님 말씀이 있는 곳이요, 주 예수 그리스도를 의미한다. '시온'은 다윗 언약의 종말론적 성취를 강하게 시사하는 말이다. 미 4:3-4를 보라. "그가 많은 민족들 사이에서 재판하시며 먼 곳까지 강한 이방인들을 꾸짖으실 것이다" 이것은 여호와의 책망과 회개의 촉구로 볼 수 있다. "...그들이 그들의 칼들을 두드려 보습을 만들고 그들의 창들을 쳐서 낫들을 만들 것이며 그들이 나라가 나라에게 칼을 들지 않을 것이고 다시 배우지 않을 것이다 (필자 직역)" 하나님의 다스리심으로 평화의 상태가 된 것을 말한다. 4절은 "각 사람이 자기 포도나무 아래와 자기 무화과나무 아래에 앉을 것이라. 그들을 두려워할 자가 없으리니..."라고 되어 있다. 역시 평화의 상태의 묘사다. 곧 예수 그리스도 안에서 시작되고 완성되는 하나님 나라가 곧 평화의 나라임을 우리에게 일러준다. 슥 3장을 읽어보면 예수님으로 인해 이 평화가 이루어질 것을 말한다. "내가 내 종 싹을 나게 하리라...이 땅의 죄악을 하루에 제거하리라...그 날에 너희가 각각 포도나무와 무화과나무 아래로 서로 초대하리라" (슥 3:8-10) 여기서 내 종 싹은 누구인가. "그가 이방 나라들에게 화평을 말할 것이다. 그리고 그의 다스리심은 바다에서 바다까지 그리고 강에서 땅끝들까지 (이를 것이다)" (슥 9:10) 여기서 그는 누구인가. 이 사람 때문에 화평 (샬롬)이 이루어진다. "베들레헴 에브라다야...이스라엘을 다스릴 자가 네게서 내게로 나올 것이라. 그의 근본은 상고에, 영원에 있느니라...그가 여호와의 능력과 그의 하나님 여호와의 이름의 위엄을 의지하고 서서 목축하니 그들이 거주할 것이라. 이제 그가 창대하여 땅 끝까지 미치리라 이 사람은 평강이 될 것이라" (미 5:2-5)

---

315 장세훈, *이사야서: 한 권으로 읽는* (서울: 이레서원, 2004).

슥 3장을 읽으면 미가서와 똑같은 원리가 나타난다. 포로에서 돌아온 유대인들에게는 소망이 없었다. 성전도 건축이 안되고 성벽도 없는 상태에서 늘 불안하고 전쟁의 위협은 끊이지 않았다. 그러나 하나님의 '싹' (쩨마)을 하나님이 친히 나게 하심으로 문제를 해결하신다. 만군의 여호와께서는 "내가... 이 땅의 죄악을 하루에 제거하리라"하신다. 그리고 바로 이러한 하나님의 구원 개입에 의해 평화와 번영과 안정이 있게 될 것이다. "그 날에 너희가 각각 포도나무와 무화과나무 아래로 서로 초대하리라" (3:10) 이 구절은 이스라엘만의 안녕을 말하지 않는다. 인접 본문을 보라. "많은 백성과 강대한 나라들이 예루살렘으로 와서 만군의 여호와를 찾고 여호와께 은혜를 구하리라" (9:22) 그러면, 슥 9장에서는 하나님의 싹을 누구라 하는가. "내가 에브라임의 병거와 예루살렘의 말을 끊겠고 전쟁하는 활도 끊으리니 그가 이방 사람에게 화평을 전할 것이요 그의 통치는 바다에서 바다까지 이르고 유브라데 강에서 땅 끝까지 이르리라...네 언약의 피로 말미암아 내가 네 갇힌 자들을 물 없는 구덩이에서 놓았나니..." (9:10-12) 결론은, 이 분은 하나님의 메시아요 우리를 위해 피 흘리신 예수님이시라는 것이다. 그분은 언약의 피를 흘리셨고, 이스라엘 뿐 아니라 이방에게 화평을 전하신 분이시요, 이 분의 통치는 전 우주에 미치고, 이분은 우상숭배자들을 멸하시고 전쟁 무기들을 제하시고 참 평화를 주시는 분이시다. 예수만이 소망이고 예수만이 참 평화의 열쇠이시다.

김희보 교수는 미 7:9 "주께서 나를 인도하사 광명에 이르게 하시리니 내가 그의 의를 보리로다"에서 '그의 의 (His righteousness, NASB)'를 롬 1:17에서 사도 바울이 말한 '하나님의 의' (The righteousness of God)와 같은 말이라고 한다.[316] 불의, 시기, 살인, 분쟁 등의 상황 곧 전쟁의 상황 (롬 1:29)에서 참된 안식과 평화는 어떻게 오는가. 하나님의 '의'의 시행으로 현실화된 예수 그리스도의 구속과 부활을 믿음으로 구원을 받고 하나님과 나, 하나님과 우리, 하나님과 세상의 평화가 이루어진다. 이 평화는 초림에서 시작하고 재림으로 완성된다. 미 5:4-5를 주석하며 김희보 교수는 말한다. "여기서 '그는 평강이시라'는 히브리 원문의 뜻은 '그는 곧 평강' (This is Peace)이라는 말이다. 간단히 말한다면, '메시아는 샬롬' (Messiah is Shalom)이란 말이다."[317] 김희보 교수는 이 평화가 그리스도의 초림으로 벌써 이루어졌고, 또 이루어지고 있다고 말한다. 초림 이후, "물론 이 '은혜의 왕국'에 긴장이 완전히 사라진 것은 아니다. 그러나 비유컨대 큰 강이 겨울 추위에 얼었다 하자. 그러나 그 얼음 밑에는 강물이 흐르고 있다. '은혜의 왕국'도 이와 같다고 할 수 있다. 메시아의 '은혜의 왕국' 시대임에도 불구하고 전쟁이 있고 칼과 창이 더 많아지는 것 같지만 그 밑으로는 평화의 물이 흐르고 있다. 이제 곧 그 얼음조차 녹는 때가 온다. 그러면 강물은 크게 넘쳐 흐를 것이다. 그 때는 물론 그리스도의 재림의 때다. 우리는 그 것을 '영광의 왕국' (The Kingdom of Glory)이라고 부른다." 메시아의 백성들은 이 때가 완성되기까지 칼로 원수들을 멸할 것이다 (5:6). 칼은 곧 하나님의 말씀으로 김교수는 해석한다.[318]

---

316 김희보, "미가, 그가 본 메시아는 어떤 분이신가," 목회와 신학 편집부 편, *호세아 미가 어떻게 설교할 것인가* (서울: 두란노아카데미, 2009), 187.

317 Ibid., 183.

318 Ibid., 185f.

그렇다면 이 평화를 위해 열방의 남은 자 곧 교회가 해야 할 일은 무엇인가. 송병현은 우리의 할 일을 '전도하는 일'이라 한다. "...시온에서 훈련 받은 열방은 가는 곳마다 사람들에게 하나님의 말씀과 율법을 가르친다. 그들의 사역은 하나님의 말씀이 온 세상에 충만하게 하며, 세상을 가득 채운 하나님의 말씀은 여호와께서 통치하는 여건을 조성하고 있다. 그렇다면 하나님의 말씀이 통치하는 세상은 과연 어떤 곳인가? 무엇보다 공평과 정의가 다스리는 세상이다. 하나님께서 말씀으로 많은 민족 중에 심판하시고 판결하시니 그의 판결을 받은 모든 민족이 하나님의 심판에 매우 만족해하며 스스로 전쟁 무기를 쳐서 농기구로 만든다...교회의 가장 기본적인 바탕은 공평과 정의이어야 한다. 가장 연약하고 소외되기 쉬운 자들이 결코 무시되지 않는 곳이 바로 영적으로 성숙한 교회요 하나님이 인정하시는 교회인 것이다...본문이 묘사하고 있는 메시아 시대에 세상에 임할 참 평안은 우리에게 한 가지 교훈을 주고 있다. 하나님의 말씀이 이 세상에 하수처럼 넘칠 때까지 진정한 평안은 오지 않을 것이라는 점이다. 간혹 우리는 UN, 혹은 어느 특정한 NGO가 마치 이 세상에 참 평안을 안겨줄 것이라는 착각에 빠진다. 그러나 성경은 분명히 선언하고 있다. 하나님의 말씀이 온 세상을 지배하지 않는 한 참 평안은 없다는 것을 말이다...더욱 더 열심히 전도하고 더욱 더 열심히 하나님의 말씀을 가르침으로써 온 세상에 그분의 말씀이 소용돌이치도록 해야 한다. 그때에야 비로소 진정한 평화가 이 세상에 임할 수 있다."[319] 전도를 빼놓고 사회 정의와 평화가 오기를 바라는 것은 넌센스다.

　　결론 짓자면, 하나님의 공평과 의 곧 구원의 조치로 예수님이 세움 받는다. 예수님이 그분의 의를 믿는 자에게 부여하심으로 그들이 세상 살면서 사회 정의를 실현한다. 그리하여 샬롬이 온다. 예수님 없는 샬롬은 가짜 샬롬이다. 기독론을 뺀 채로 미가서의 만국 평화를 말하는 것은 오류다. 예수님의 미슈파트를 실현한다는 것은 아직 그 의 (義) 안으로 들어오지 않은 자들을 위한 대화와 사랑의 나눔과 기도와 오래 참음을 의미한다. 그러나 그렇다고 해서 위험자들에 대하여 경계하지 말아야 하는 것은 아니다. 군비경쟁을 하라는 것이 아니라 할 수 있다면 힘을 길러 국방을 튼튼히 해야 한다. 전쟁을 위해서가 아니라 언제라도 돌변할 수 있는 자들, 언제라도 침략 전쟁을 일으켜 인명을 살상하고 인권을 유린하는 자들, 신앙의 자유를 처참히 짓밟는 자들을 위해 방비하는 것이다. 하나님은 평화를 원하시나 우상숭배자와 믿는 자가 영원히 공존하는 가운데의 평화를 말씀하는 것이 아니다. 믿는 자는 우상숭배자의 변화를 위해 기도하나 그렇다고 하나님이 언제까지나 우상숭배자들을 좌시하시는 것은 아니다. 우상숭배자들은 새예루살렘에 들어올 수 없다. 하나님은 평화를 원하시나 그들을 향해서는 오히려 진노하시고 전쟁하심을 알아야 한다. 재림하시는 예수님의 옷은 그들의 선혈로 젖어 있다. 이 진멸 후에 비로소 샬롬이 온다.[320]

---

　　319 송병현, "미가 4장: 심판의 먹구름 사이로 비추는 구원의 서광," 호세아 미가 어떻게 설교할 것인가, 목회와 신학 편집부 편 (서울: 두란노 아카데미, 2012), 232-3.

　　320 비교. 차준희, "거짓 평화와 참 평화: 미가 4장 1-5절을 중심으로," 구약논단 70 (2018): 156-78.

미 5:2 메시아 해석

5:2은 우리에게 잘 알려진대로 메시아 예언이다. 메시아는 베들레헴에서 나실 것이며 '이스라엘을 다스릴 자'로 호칭된다 (모쉘 베이스라엘). 그분은 왕이시다. 우리가 먼저 눈여겨 볼 것은 이 분은 '영원하신 분'이라는 사실이다. 편집비평가들은 이 구절을 후대의 가필로 볼 것이다. 비평학자들은 애써 이 본문의 인물을 앗시리아의 침입에서 이스라엘을 구출해 줄 어떤 사람으로 보거나 아니면 미래의 스룹바벨 같은 사람으로 볼 것이다.[321] 그러나 이 예언은 8세기 선지자서를 제대로 이해하는, 성령의 조명을 받는 사람들이라면 메시아로 볼 것이다. 우리 주 예수 그리스도에 대한 예언이다.

"그의 근본은 상고에, 영원에 있느니라"는 말씀을 살펴보자. 이는 히브리어로, "우모짜우타우 미케뎀 미메올람 (직역하면, 그의 연유함들/나오심들은 상고로부터요, 영원한 날들로부터이다)"이다. 여기서 케뎀은 옛적/오램의 뜻인데 그저 옛날을 가리킨다기 보다 아득한 옛날 곧 창세전을 가리킨다고 봄이 옳다. 왜냐하면 영원한 날들과 동격으로 사용되고 있기 때문이다. 이 케뎀이란 단어로 여호와의 영원하심을 나타낸 구절은 하박국 1:12에서 볼 수 있다. 히브리어 본문은 "하로 아타 미케뎀 아도나이 엘로하이" (여호와 나의 하나님! 당신은 상고로부터 (계신 분이) 아니십니까?)로 되어 있다. 즉 하박국에 여호와께 부착된 영원성의 속성이 이제 미가에서는 메시아께 적용되어 있는 것이다! 따라서 여기 미 5:2의 베들레헴에서 나실 분은 단순히 앗시리아의 공격에서 유다를 구출해 줄 역사상의 어떤 리더를 가리키지 않는다는 것이다. 이분은 미가 선지자가 활동하던 때로부터 700년이 지나 이땅에 오셔서 유다의 남은 자들과 열방의 남은 자들을 구원하실 예수 그리스도를 가리키는 것이다.

선지자 다니엘은 미가보다 약 160년 후에 (기원전 6세기) 이 영원하신 예수 그리스도를 비전 가운데 보게 된다. 다니엘서 7:9, 13, 22절에 아람어로 '아티크 요민' (영어번역으로는 The Ancient of Days라고 되어 있고 개역개정에는 '옛적부터 항상 계신 이'라고 번역)이라고 나오는데 이는 단순히 '늙은 사람'으로 번역할 수 있으나 역시 메시아에 대한 호칭으로 보는 것이 맞다. 단 2:4하~7장까지는 아람어로 쓰였기에 인자를 표현할 때도 히브리어 표현인 '벤 아담'이나 '벤 에노쉬'로 나타나지 않고 '(케)바르 에나쉬' (One like the Son of Man)라고 쓰인 것이고 인자는 다름 아닌 메시아의 명칭인 것이다. '옛적부터 항상 계신 이'는 '영원하신 분'이라는 의미이며 이 분을 미가 뿐 아니라 다니엘도 본 것이다.

요 8:58은 "εἶπεν αὐτοῖς Ἰησοῦς Ἀμὴν ἀμὴν λέγω ὑμῖν, πρὶν Ἀβραὰμ γενέσθαι ἐγώ εἰμί." (…참으로 참으로 내가 말한다. 아브라함 태어난 이전에 에고 에이미/내가 있느니라)로 나타난다. 예수 그리스도의 하나님이심과 그분의 선재성을 잘 보여준다. 에고 에이미는 참으로 신기한 표현이다. 시간을 초월하여 언제나 계시다는 것인데, 특히 창세전에 그리스도께서 계시고 아버지와 천지 창조를 하셨다는 것이다. 이분이 바로 우리 주님이시다!!

---

[321] "정리하면 5장 1-5a절은 이상적 군주 시대를 기대하면서도 패망의 경험을 청산하고 새로운 출발을 희망한다…다윗 계열의 통치자를 기대하고 있으므로 포로후기 귀환 공동체의 지도자 스룹바벨의 등장 (학 2:23)과 맞물려 있는 기대감으로 보인다." 우택주, "미가서 4:1-5의 평화 비전 연구," *복음과실천* 67 (2021): 23

5:4a를 보면, "יְהָיָה זֶה שָׁלוֹם" (그리고 이분이 샬롬이 될 것이라)로 되어 있다. 하나님 아버지와 동등하신, 하나님 아버지께서 보내시는 메시아, 영원하신 메시아, 다스리는 자이신 메시아께서 우리의 평화 (샬롬)가 되신다는 것이다. 자유주의자들은 미가서를 해석할 때 샬롬을 사회정의와 연결시켜 강조하고 또 강조하지만 정작 메시아에 대한 언급은 전혀 하지 않는다. 사회정의가 이루어져야 평화가 온다는 늘 똑같은 자유주의자들의 레파토리를 들을 때마다 예수님이 그들의 말을 들으시면 어떤 반응을 보이실까 자못 궁금하다. 자유주의자들은 성경해석에 고의적으로 메시아를 회피하는 것이 아닌가, 사회정의가 안되는 현실 속에서 미가는 그 해답으로 오직 여호와의 세우시는 메시아를 바라보고 있는데, 그가 오셔야 비로서 정의가 이루어진다는 것을 강조하는데 자유주의자들은 야웨, 야웨의 토라, 야웨께서 이루시는 사회정의, 사회정의를 통해 이루어지는 평화, 우상숭배자들과 사이좋게 공존하는 평화는 줄창 외쳐대나 정작 메시아는 쏙 빼놓는다. 이사야서 해석에서도 그렇다. 여호와의 종은 이스라엘을 표현할 때가 있지만, 그는 바로 예수 그리스도에 대한 예언인데도 그렇게도 그렇게도 예수님이라고 말하기를 회피한다.

예수님이 다시 오시면 1000년 통치에서 과연 그분의 정의와 샬롬이 어떠한지 신자들뿐만 아니라 잠재적 불신자들 (1000년 후 마귀에게 미혹될 자들)도 여실히 알게 될 것이다. 예수님의 고난에 참여한 자들은 부활의 영광에 참여하게 될 것이고, 이 1000년 샬롬과 의의 시대에 예수님과 함께 다스리는 특권을 누리게 될 것이다.

7. 나훔서의 주제적-신학적 구조와 메시지

나훔 ('위로'라는 뜻, 'נַחוּם')이 예언한 때는 애굽의 테베 (노아몬이라고도 함, 나 3:8)가 함락된 663년보다는 뒤고, 니느웨가 함락된 612년보다는 앞으로 생각된다. 나훔의 활동시기가 7세기로 보이는데 이때 활동한 선지자들로는 스바냐 (642-611 BC?), 하박국 (609-597 BC?), 예레미야 (627-580 BC?) 등이 있다. 나훔의 사역 시기의 유다 왕들로는 므낫세 (687-642 BC), 아몬 (641-640 BC), 요시야 (640-609 BC) 등이 있다.

우리가 잘 알듯이, 이 니느웨는 주전 8세기에 요나가 하나님 말씀을 전했을 때 왕과 백성은 회개하고 하나님의 긍휼을 맛보았다 (욘 3장). 그들은 왕에서 백성에 이르기까지, 그리고 심지어 가축들에 이르기까지 금식하면서 죄를 회개하였다 (욘 3:7이하). 그러나 1세기가 지난 상황은 다시 죄의 상황이었다. 선지자 나훔은 이때 니느웨의 멸망을 예언한다. 니느웨는 앞으로 나훔서에서 살펴보겠지만 무자비한 약탈과 거짓과 음행 (마술과 우상숭배) 등으로 썩을대로 썩은 성읍이 되었다. 이 니느웨가 하나님 앞에 그들의 죄를 회개했다는 내용은 어디서도 찾아볼 수 없다.

나훔은 다른 선지자들처럼 '맛사' (짐, 경고)를 발한다 (참고. 이사야 13장 이하; 슥 12 이하; 말 1장). 또한 그가 선포한 예언은 짧지만 '세페르 하존' (환상의 책)이라 칭하여진다. 그가 환상을 보았다는 점에서 이사야나 아모스와 비슷한 체험 (시각을 통한 계시 수납)을 하였음을 알 수 있고 이점에서 일반 명칭인 예언자 ('나비')라고 불리면서도 선견자 ('호제')라고도 불릴 수 있겠다.

이제 본장의 목적인 나훔서의 구조와 신학을 상고해 보자.

1) 나훔서의 구조

이러한 특징들을 지닌 나훔서는 그 구조에 있어서 선지서들의 말씀 배열의 면모를 그대로 보여준다.[322]

> 서론적 언설 (1:2-7)에서는 두 개의 대조되는 단락들, 즉
> a 1:2-6 (3a) "심판주 하나님의 권능",
> b 1:7 "의뢰하는 자들을 보호하시는 하나님"으로 이루어졌다.
>
> 이어서 본론적 담화1 (1:8-2:2)은 병행 단락들이 교차되어 있는데,
> a 1:8-12a "니느웨 죄와 심판", b 1:12b-13 "이스라엘 구원",
> a' 1:14 "니느웨 죄와 심판", b' 1:15 "이스라엘 구원",
> a" 2:1 "니느웨 죄와 심판", b" 2:2 "이스라엘 구원"으로 이루어졌다.
>
> 이어서 마지막으로 본론적 담화2 (2:3-3:19)는
> a 2:3-2:13 "니느웨 패망 모습",
> a' 3:1-7 "니느웨 패망 모습" (화 있을진저, 애곡),
> a" 3:8-19 "니느웨 패망 모습"으로 이루어졌다.

이러한 구조를 보면, 우리는 하나님의 속성에 대한 내용이 먼저 전시되고 그 다음 니느웨의 심판과 이스라엘의 구원이 교차되며 마지막으로 니느웨의 패망이 비교적 자세하게 기술되었음을 본다. 우리는 나훔서 전체에 관통하는 메시지는 이방 니느웨의 심판임을 알 수 있다.

니느웨의 죄와 심판과 이스라엘의 구원이 중간에서 교대적으로 기록된 것은 무엇 때문일까-우리는 질문해 볼 수 있다. 이는 하나님의 구원사의 방식이다. 이스라엘의 죄를 징치하시기 위해 하나님의 도구로 사용되었던 앗수르는 하나님이 허락하신 한계를 넘어 교만히 행하였으므로 이제는 그들이 하나님의 심판 대상이 되는 것이다. 사 10:5-19 (앗수르 죄와 심판) 및 20-27절 (이스라엘 구원)의 순서와 비교해 보면 이렇게 나훔서에 두 대조되는 내용이 교대적으로 보이는 이유를 더 잘 알 수 있다. 물론, 이사야는 '앗수르 죄와 심판-이스라엘 구원'을 한번의 싸이클로 예언하나 나훔은 3번의 짤막짤막한 언설을 가진 싸이클 (1:8-2:2)로 박진감을 더한다. 이런 점에서는 위에서 언급하였던 '바벨론 심판-이스라엘 회복' 내용을 5번 반복한 렘 50-51장과 나훔의 예언 배열 방식이 비슷하다고 할 것이다.

마지막으로, 나훔서의 전체 짜임새에서 마지막 부분의 내용을 차지하는 것이 무엇인지

---

322 최영헌, *계시록과 선지서*, 276.

를 우리는 주목할 필요가 있다. 그것은 2:3 이하인데 바로 니느웨 패망이다. 이 내용은 마지막에 집중적으로, 아주 자세하고도 생생하게 묘사되었다. 니느웨 전체 분량에서 상대적으로 많은 부분을 차지하는데 "노하기를 더디하시나 죄인을 결코 사하지 아니하시는" 하나님이 심히 죄된 니느웨를 어떻게 패망시키시는지가 상세하게 언급되었다. 하나님의 백성을 징계하는 도구로 세움을 입었으나 분수를 넘어서 심한 잔학을 행사한 앗수르가 어떻게 심한 하나님의 진노를 받아 멸망 속에 들어가는지가 이 부분이다. 즉, 나훔서가 니느웨의 멸망에 초점이 맞추어져 있지만, 그 멸망은 언약 백성과의 관계 속에서 이해될 수 있는 멸망이라는 것이다.

2) 나훔서의 메시지

나훔서의 신학적 메시지에 대하여는 아래의 특주들을 참조하라.

질투하시는 하나님

나훔 선지자의 예언의 특징은 첫째로, 하나님을 '질투하시는 하나님' (엘 카노) 및 '원수 갚으시는 여호와' ('노켐 여호와')로 소개하면서 우리에게 강하게 시내산 언약을 상기시킨다. 둘째로, 같은 어근을 가진 단어들을 반복함으로 메시지에 강세를 준다. 2절에는 '노켐' (원수 갚으시는 분)이 세 번 나온다. 3절에는 '나카'(제거하다, 비우다)가 두 번 나온다 ('베나케 로 나케'는 '그리고 죄있는 자가 사면되지 않게 하신다'의 뜻이 됨). 4절에는 '움랄' (기운이 없어지다 혹은 시들다, languish, 형용사 형태임). 8절의 '칼라 야쎄' (끝장을 내다)는 이어지는 9절에서 대명사 '그'(후)만 더 강조할 뿐, 똑같이 '칼라 후 야쎄'로 나온다. 셋째로, 시편에 나타난 것과 비슷한 표현들을 사용한다. 5절 끝에 '베테벨 베콜 요슈베 바흐' (그리고 세계와 그것 안에 거하는자들)이 보이는데 이는 맨앞의 접속사 '베'를 빼면, 시 24:1의 끝부분 '테벨 베요슈베 바흐'와 완전히 똑같다. 또, 7절 끝에, '호쎄 보' (그분 안에 피하는 자들)이 나타나는데 이는 시 2:12의 맨끝에 오는 '호쎄 보'와 그대로 일치한다. 시 24는 '다윗의 시'라고 되어 있는 반면, 시 2는 표제가 없다. 만약 시 2가 행 4장의 사도들이 언급한대로 다윗이 그 저자라면 (행 4:25-26), 나훔은 다윗의 시편들, 즉 시 2나 24편 같은 찬양들을 평소 애송하였다는 것이 된다. 다윗의 음악적 은사가 예언 은사와 맞물려 있었고 (삼하 23:2 "여호와의 영이 나를 통하여 말씀하심이여 그의 말씀이 내 혀에 있도다"), 그래서 다윗이 하나님 앞에 하나의 선지자였고 또 선견자였다면 (행 2:30, "그는 선지자라...을 알고 미리 본 고로") 선지자요 선견자인 나훔도 역시 선지자요 선견자인 다윗의 예언의 노래들을 애송하였다는 것이 된다. 시 2:3에는 '모쓰로테모' (그들의 맨 것)를 '네나트카' (우리로 조각조각 깨버리게 하라)라는 말이 나온다. 이는 땅의 왕들과 치리자들이 여호와와 그의 기름부으신 분을 대적하며 하는 말로 사용되었는데, 나 1:13은 '베앗타 에슈보르 모테후 메아라이크 우모쓰로타이크 아나테크' (너의 맨 것들 혹은 너의 묶은 것들)라는 구절로써 이번에는 여호와께서 이스라엘을 묶은 것들(이방 나라가 이스라엘을 옭아매고 있는 것들)을 부수어 버리겠다는 말로 나타난다. 5절 첫부분의 '베학게바오트 히트모가구' (언덕들이 녹았다)는 표현은 시 46:6의 '타무그 아레츠' (땅이 녹았다)와 비슷한데 시 75:3에도 비교할만한 표현이 나온다. 물론 이러한 단어들, 표현들이 다른 선지서들에도 나오지만 특히 나훔이 시편의 구절들을 거의 그대로 인용한 것들을 볼 때 그가 시편에 친숙해 있었다는 추측이 가능하다. 넷째로는, 나훔의 많은 단어와 구절들이 다른 선지서들의 심판과 구원의 말씀들 중에 비슷하게 나온다.

이러한 나훔 예언의 특징적인 면모들 속에서 맨처음 이 선지자가 선포하는 말씀은 주목할만하다. "여호와는 질투하시며 보복하시는 하나님이시니라 여호와는 보복하시며 진노하시되 자기를 거스르는 자에게 여호와는 보복하시며 자기를 대적하는 자에게 진노를 품으시며 여호와는 노하기를 더디하시며 권능이 크시며 벌 받을 자를 결코 내버려두지 아니하시느니라..."(나 1:2-3, 개역개정)이는 출애굽기 34장 6-7, 14절과 아주 유사하다. "...여호와라 여호와라 자비롭고 은혜롭고 노하기를 더디하고 인지와 진실이 많은 하나님이라 인자를 천대까지 베풀며 악과 과실과 죄를 용서하리라 그러나 벌을 면제하지는 아니하고 아버지의 악행을 자손 삼사 대까지 보응하리라...여호와는 질투라 이름하는 질투의 하나님임이니라" 둘 사이의 차이점은 나훔서에는 출애굽기에서보다 여호와 구원주의 은혜로운 속성 보다 질투하시고 보복하시고 벌하시는 심판주로서의 속성이 더 강조되었다는 것이다. 아무튼 여기서 알 수 있는 것은 나훔 선지자의 메시지가 선지자 모세가 전한 메시지와 일맥상통하며 나훔 선지자의 예언의 말씀은 시내산에서 여호와께서 이스라엘과 맺으신 언약에 기초해 있다는 것이다. 즉, 하나님과 언약 관계에 있는 이스라엘을 앗수르가 괴롭혔기 때문에 앗수르가 이스라엘을 괴롭힌 것은 하나님을 괴롭힌 것이 되는 것이다. 물론 앗수르는 하나님이 세우신 이스라엘 징계와 심판의 도구였지만 하나님이 정하신 범위를 넘어 이스라엘을 유린했고 바로 이것이 앗수르의 문제였다. 하나님이 정하신 범위를 넘어 언약 백성을 유린하는 것은 곧 언약주 하나님께 죄를 범하는 것이 된다(참고. 시 105:14). 따라서 하나님은 언약백성인 이스라엘이 언약주 하나님을 거스려 다른 신들을 숭배하는 죄를 범할 때에도 질투하시고, 진노하시고, 보복하시고, 심판하시는 분이지만, 언약백성인 이스라엘을 과도히 괴롭힌 언약 밖에 있는 이족들, 곧 언약주 하나님이 그렇게도 미워하시는 다른 신들을 숭배하면서 그분의 언약백성을 괴롭히는 이족들에게는 더욱 질투하시고, 진노하시고, 보복하시고, 심판하신다는 것이다. 나훔의 첫마디, "여호와는 질투하시며..."는 이런 맥락에서 이해하지 않으면, '왜 하나님이 까닭없이 앗수르를 질투하시고 진노하시는가 괜히 이스라엘 편만 드시는 것이 아닌가' 라는 질문을 하게 되어 우리는 오해 속에 묻혀버리게 된다.

나훔의 첫마디, "여호와는 질투하시며..."는 따라서 '언약', '언약의 주님 여호와는 거룩하심', '거룩하신 여호와는 더러운 잡신들을 향해 진노하심', '여호와는 그 잡신들을 음란히 섬기는 이스라엘을 미워하심', '그 잡신들을 음란히 섬기며 이러한 이스라엘을 정한 범위를 넘어 괴롭히는 이족들을 더 미워하심' 등 일련의 관련된 사상들을 적절히 이해하지 않으면 그저 인간적인 수준에서의 '질투' 이해에 머무르게 된다. 그래서, '하나님도 사람처럼 질투나 하시는 분인가'라는 오해를 하게 된다.

우리는 여호와께서 시내산에서 이스라엘과 언약을 맺으실 때에 자신을 질투하시는 하나님으로 나타내셨음을 잘 알고 있다. "너를 위하여 새긴 우상을 만들지 말고...그것들에게 절

하지 말며 그것들을 섬기지 말라. 네 하나님 여호와는 질투하는 하나님인즉…" (출 20:4, 5) 여호와께서는 금송아지 사건 (출 32장)이 있은 다음에 다시 말씀하셨다. 이번에는 여호와께서 장차 약속의 땅에 들어갈 이스라엘을 생각하시면서 명령하시는데, "그들의 주상을 깨뜨리고 그들의 아세라를 찍을지어다 너는 다른 신에게 절하지 말라 여호와는 질투라 이름하는 질투의 하나님('엘 카나')임이니라 너는 삼가 그 땅의 주민과 언약을 세우지 말지니 이는 그들이 모든 신을 음란하게 섬기며 …너를 청하면 네가 그 제물을 먹을까 함이며…" (출 34:13-15)라고 하셨다. 약속된 땅에서의 승리의 삶은 제1계명의 준수 여부에서 시작함을 일러주신 것이다. 다만 단순히 1계명을 지키라고 말씀하시는 것이 아니라 가나안 족속과 혼사도 맺지 말라고 하신다. 혼인은 하나님께서 정하신 귀한 것이나 마귀는 혼인이라는 친근한 관계를 통해 하나님 섬기는 것을 막도록 하기 때문이다. 오늘날 이것은 우리에게 교훈이 되는 것이니 곧 세상이나 세상의 가르침과 짝하게 되면 우리는 반드시 하나님에게서 멀어지게 되고 급기야 질투하시는 하나님의 진노를 받게 된다는 것이다.

나훔서는 이렇게 일차적으로 하나님과 언약 관계에 있는 이스라엘과 이 언약 백성에 대한 이방 족속 니느웨의 잔인한 처우, 그리고 이 니느웨에 대한 하나님의 진노와 이스라엘에 대한 하나님의 긍휼로 이해하는 것이 적절하다. 윤동녕은 비교종교학적 방법론에 의해 나훔서의 예언을 이해하고자 하는데 이는 위험천만한 시도로 보인다. 나훔의 예언 곧 하나님이 니느웨를 심판하시고 이스라엘을 회복하시리라는 예언은 그 당시에 이와 비슷하게 나타나는 예언 곧 앗시리아 (신앗시리아)의 신접자들이 그 나라의 왕이 주변국을 파하리라고 한 예언과 내용상 비슷하기에 나훔을 이해하는 데에 앗시리아의 예언을 이해하는 것이 도움이 될 수 있다고 한다. 윤동녕은, "신앗시리아의 긍정적 예언은 나훔 예언을 보다 폭 넓게 이해하는 단초를 제공한다…나훔의 구원신탁 요소를 분석하기 위해서는 먼저 신앗시리아의 구원신탁을 이해할 필요가 있다."고 한다.[323] 이것이 옳은 방법론인가. 예를 들어, 시편 1편의 여호와의 토라를 주야로 '묵상'하는 것이 불교의 선수행 (무념무상)과 비슷하기에 먼저 불교의 선수행을 이해할 필요가 있는가.

음녀 니느웨

나훔 3장 4절. "이는 마술에 능숙한 미모의 음녀가 많은 음행을 함이라 그가 그의 음행으로 여러 나라를 미혹하고 그의 마술로 여러 족속을 미혹하느니라" 니느웨의 음란 종교는 실생활의 음행과 결합된 형태였다. 니느웨는 어떤 성이었는가. 웅장하고도 튼튼한 성이었다. 그

---

323 윤동녕, "나훔서에 등장하는 구원신탁의 요소들," *구약논단* 46 (2012): 153. 나훔서의 '엘 카노' (질투하시는 하나님)는 하나님 외에 다른 신을 섬기지 말라는 취지에서 하신 것이 아니라 윤동녕의 주장처럼 "이스라엘의 대적들에 대한 분노의 표현으로 이해해야" 하는 것인가. Ibid., 158, n 2. "하나님은 바다와 강을 말리시며 (4절), 땅과 산과 언덕을 요동케 하시며 (5절), 바위를 부[쉬]실 수 (6절) 있는 분이다. 이러한 하나님의 이미지들은 가나안과 메소포타미아의 신화에서 차용한 듯하다."는 그의 판단도 받아들일 수 없다 (Ibid., 159). 어떤 신약학자들은 이러한 비교종교학적 방법론을 복음서 비평에도 사용한다. 나는 묻고 싶다. 예수님이 물위를 걸으신 사건도 주변국의 신화를 초대교회가 차용하여 각색한 것인가.

곳은 그들의 보호처였다. 그곳은 그들의 마음을 놓는 의지처였다. 그 성 안에는 두로가 그랬던 것처럼 (참고. 겔 28:16) 상인이 많았다 (나 3:16). 그 상인들은 사치품목들을 구비하고 사람들에게 장사하여 사람들이 그것들로 꾸미게 하여 어떻게든 상대방들을 사로잡도록, 성적인 충동들을 일으키게 하였다.[324] 음란 마귀를 음란히 섬기다 보면 그들은 남자든 여자든 음녀의 행색을 하고 음녀의 충동을 따라 살아가게 된다 (참고. 계 17-18장의 음녀 바벨론). 예수님은 "우리가 음란한 데서 나지 아니하였"다고 말하는 거죽이 말끔한 유대인들을 향하여 "너희는 너희 아비 마귀에게서 났"다고 하셨다(요 8:44). 음란 마귀에게서 난 자들은 "하나님께 들은 진리를 말하는 사람인" 예수님을 "죽이려"하였다(요 8:40). 음란 마귀의 자녀들은 음란에 사로잡혀 예수님과 성도를 죽이려 하고 또 죽인다. 니느웨는 살인의 성읍이었다(나 3:1 "화 있을진저 피의 성이여"). 진리를 떠난 마귀는 거짓에 사로잡혀 거짓을 말한다. 니느웨는 거짓의 성읍이었다(나 3:1 그 안에는 거짓이 가득하고). 아무리 거죽이 경건한 듯, 겸손한 듯, 품위 있는 듯 하여도 속사람이 여호와를 떠난 자들은 예수님의 질투를 받는다. 왜냐하면 그분은 거룩하시고 거룩하신 분은 죄악을, 음란을 미워하시기 때문이다. 니느웨는 여호와의 질투를 받고 보복을 당할 성읍이었다(나 1:2 "여호와는 질투하시며 보복하시는 하나님이시라").

음녀의 멸망

나 1:9-10은 개역개정에, "너희는 여호와께 대하여 무엇을 꾀하느냐 그가 온전히 멸하시리니 재난이 다시 일어나지 아니하리라. 가시덤불 같이 엉크러졌고 술을 마신 것 같이 취한 그들은 마른 지푸라기 같이 모두 탈 것이거늘"라고 번역되었다. 먼저 9절을 직역하면, "너희가 여호와를 거스려 무엇을 획책하느냐? 그가 끝장 내실 것이니 우환이 재차 일어나지 않을 것이다" 의역하면 "너희가 여호와를 맞서 무슨 계획을 꾸미느냐? 여호와께서 너희를 단번에 없애 버리실 것이니 너희가 두번 괴로움을 받을 것도 없으리라" 이렇게 볼 때 개역개정은 의미가 시원스럽게 전달되지 않는다.

10절을 직역하면, "왜냐하면 가시들에 얽히는 것처럼 그리고 자기들의 술에 취하게 되는 깃저럼 그들은 마싹 마는 시우라시저럼 불태워질 것이기 때문이다". 여기서 "왜냐하면"은 "참으로"라고도 번역될 수 있다. 의역하면, "가시들에 찔려 헤어나올 수 없는 것처럼 술에 취해 취기에서 헤어나올 수 없는 것처럼 참으로 그들은 바싹 마른 지푸라기처럼 불에서 벗어나지 못하고 태워지게 될 것이다." 이런 의미로 본다면 9절과 10절이 서로 의미가 잘 통하게 된다. 즉,

---

324 니느웨의 이러한 인간의 색욕을 부추기는 금은, 보석, 진주, 향품, 술 등 사치품목이 이미 교회 내부에 깊숙히 들어와 있지 않는가. 참고. O. Palmer Robertson, *The Books of Nahum, Habakkuk, and Zephaniah*, NICOT (Grand Rapids: Eerdmans, 1990), 103. "It is these things that people worship in the place of God. They glorify the sensual pleasures of the moment, and will sell their soul for the titillation of an instant's sensation. Nineveh knows this weakness of the human flesh, and organizes a massive machine to capitalize on man's proneness to fall." ("바로 이러한 것들 [계 18:11-13에 제시된 것들]이 사람들이 하나님의 장소에서 섬기는 것들이다. 그들은 찰나의 색욕적 쾌락을 숭상하고, 순간적 감각을 자극·만족시키려고 자신들의 영혼을 팔아먹을 것이다. 니느웨는 육을 가진 인간의 이러한 취약점을 알고 타락하기 쉬운 인간의 심성을 [교묘히] 이용하기 위해 하나의 거대한 체제를 조직한다." 필자의 의역)

앗시리아 니느웨에 거하는 포악하고 잔인한 인생들은 여호와를 거스려서 악한 일들을 꾸미지만 여호와께서는 단숨에 그 성읍을 멸망시키실 것이기 때문에 그들은 재차 괴로움을 겪을 필요도 없게 될 것이라는 것이다. 즉 그들은 가시들에 찔려서 그 가시들에 살이 박힌 자들이 벗어나려고 아무리 발버둥쳐도 벗어날 수 없는 것처럼, 술을 치사량에 되도록 마시고 그 취기에서 벗어나려고 안간힘을 써도 끊임없이 몸을 제대로 가누지 못하고 비틀거리며 쓰러지는 주정뱅이처럼, 그들은 완전히 건조한 상태에서 불이 붙은 지푸라기가 한번 불이 붙으면 그 화마(火魔)에 삼키워지는 것처럼 멸망을 피할 수 없게 된다는 것이다. 오늘날로 따지면 니느웨는 불이 붙어서 그 불을 더이상 끄지 못하고 단번에 그 불에 전소될 처지에 있는 휘발유에 적셔진 나일론 옷에 비교될 수 있을 것이다.

이 티그리스 강가의 음녀의 결국은 어떻게 되는가. 어린양의 신부인 새예루살렘과 대치되는 계시록의 음녀 곧 불신자 (不信者)들의 집합인 음녀가 열 뿔 (열 왕) 곧 세속 정치세력들과 짐승 곧 적그리스도에게 미움을 받아 벌거벗기워 살이 먹이고 불사름을 당하는 것처럼, 이세벨의 시신을 개들이 먹어버리는 것처럼, 이 여자도 치마가 걷어 올려져 얼굴에 이르게 되고 이 여자의 벌거벗은 것을 나라들이 보게 되며, 이 여자의 부끄러운 곳을 뭇 민족에게 보이게 된다 (3:5). 사람들은 "니느웨가 황폐하였도다"라고 말할 것이다 (3:7).

8. 하박국서의 주제적-신학적 구조와 메시지

하박국 ('안다, 포옹하다/embrace'의 뜻. 'חֲבַקּוּק') 예언의 시대적 배경은 여호야김 왕 때로 보인다. 여호야김은 여호와 보시기에 악을 행했던 사람이었고 (왕하 23:37; 대하 36:5), 그의 시대에 갈대아 (합 1:6, 원문에는 '카스딤') 즉 바벨론의 왕 느부갓네살이 유다로 올라왔다 (왕하 24:1). 여호야김은 3년간 섬기다가 느부갓네살을 배반하였다. 여호와께서는 "그의 종 선지자들을 통하여 하신 말씀과 같이 갈대아의 부대와 아람의 부대와 모압의 부대와 암몬 자손의 부대를 여호야김에게로 보내 유다를 쳐 멸하려 하셨는데" (왕하 24:2) 이는 사실 므낫세의 죄 때문이었다 (왕하 24:3). 느부갓네살은 여호야김을 치고 "그를 쇠사슬로 결박하여 바벨론으로 잡아"갔다 (대하 36:6).

의로운 개혁자 요시야가 죽고 (609 BC), 3개월 여호아하스가 유다를 다스리고 애굽으로 끌려간 뒤 왕이 된 사람이 그의 형제 여호야김이었다 (대하 36:4). 그가 다스린 기간은 기원전 609-597년, 곧 11년간이었다. 이때는 "율법이 해이하고 공의가 아주 시행되지 못하는" 시기 (합 1:4)였던 것으로 보인다. 갈대아 사람들이 유다를 공격한 것은 605년인데 이 해가 여호야김이 다스린지 3년째 되던 해였다. 여호야김이 행한 가증한 일들로 (대하 36:8) 인해 하박국은 괴로왔을 것이며 이로 인해 여호와께 그의 질문이 시작되었을 것이다.

성전에 관한 언급, 즉 '그의 거룩한 전에' (합 2:20 'בְּהֵיכַל קָדְשׁוֹ')와 3장의 하박국의 '기도' (3:1 'תְּפִלָּה לַחֲבַקּוּק'), '쉬그요노트'에 맞추어 (3:1 'עַל שִׁגְיֹנוֹת'), '셀라' (3:3, 9, 13 'סֶלָה'), '지휘하는 사람'을 위하여 (3:19 'לַמְנַצֵּחַ'), 나의 '네기노트'로 (3:19 'בִּנְגִינוֹתָי') 등을 볼 때 선지자 하박국은 헤

만과 같은 성전 음악가 (레위지파)이면서 동시에 선견자 (대상 25:5)였을 수 있다. 하박국 3장은 내용과 분위기상 '기도' (1-2절), '심판감사' (3-15절)와 '확신' (16-19절)이 결합된 시로 보이며 여기서 3-15절은 시편에서는 68:7-8, 14, 15-18, 21와 그 분위기가 비슷하고, 3절[325]은 신명기 33:2[326]와 비슷하다.

이제 본장의 목적인 하박국서의 구조와 신학에 대해 알아보자.

1) 하박국서의 구조

하박국서는 쟝르보다 내용을 따라서 보면 구조 파악이 쉽다. 왜냐하면 형식으로 볼 때는 1-2장(문답 쟝르)과 3장 (시 쟝르) 사이에 차이가 심하므로 형식을 따라 나누다보면,[327] 주제적-신학적 일관성을 놓치기가 쉽고 선지자의 시공에 대한 시점을 간과하기 쉽기 때문이다. 크게 보면 다음과 같은 구분이 가능하다. 1:2-11은 유다의 죄와 그에 대한 심판 (바벨론을 통해); 1:12-2:20은 바벨론의 죄와 그에 대한 심판 (열국 통해; 참고 2:8); 3:1-19는 열국에 대한 심판과 주의 백성 구원+선지자의 확신의 시. 이런 내용을 통해 구조적 결론을 내리자면, 첫째로, 하나님의 구원사의 경륜으로 볼 때 이 세 단락은 차례로 이어져 있다는 것이다. 둘째로, 시간적으로 볼 때 가까운 미래- 먼 미래- 아주 먼 미래의 단계로 진행된다. 따라서 먼저 생각해야 할 것은 이 내용이 '하나의 통일적이고 유기적인 전체'를 이루고 있다는 것이다.

하박국서의 세부적인 내용의 흐름을 따지면 다음과 같다.

(1) 먼저 첫째 단락은, 1:2-11. 1:2-4 유다가 타락해도 너무 타락했습니다! 어찌시렵니까, 주여! (첫째 선지자 탄원-질문); 1:5-11 잔인하고 사나운 갈대아를 일으켜 유다를 심판할 것이다. (주님의 대답), 그런데 갈대아는 지나치게 행하여 득죄할 것이다. (11절. 주님은 갈대아의 교만 예시)로 진행된다.

(2) 둘째 단락은, 1:12-2:20. 1:12 유다 심판을 위해 갈대아를 도구로 세우셨군요. (선지자가 주님의 뜻을 이해함); 1:13-17 유다 보다 더 악한 갈대아를 왜 두고 보십니까? (두번째 선지자의 항의-질문); 2:1 나의 질문에 어떻게 대답하실까... (선지자의 기다림); 2:2-8 야웨께서 내게 내납아너... (주님의 대답: 갈대아 멸망에 대한 서론적 언급), "화 있을진저! 갈대아, 네가 여러 나라를 노략했으니 그 모든 민족의 남은 자가 너 갈대아를 노략할 것이다." 라고 사람들이 속담을 지을 것이다, 2:9-20 '화 있을진저!'를 4번 더 추가 (선지자가 갈대아 멸망을 확대하여 언급. 참조 20절 야웨를 3인칭으로)하며 진행된다.

---

325 "하나님이 데만에서부터 오시며 거룩한 자가 바란산에서부터 오시도다 (셀라) 그 영광이 하늘을 덮었고 그 찬송이 세계에 가득하도다"

326 "일렀으되 여호와께서 시내에서 오시고 세일산에서 일어나시고 바란산에서 비취시고 일만 성도 가운데서 강림하셨고 그 오른손에는 불 같은 율법이 있도다"

327 예. 김희보, *구약 하박국·스바냐 주해* (서울: 총신대학출판부, 1987), 21-4 "하박국서는 크게 두 부분으로 갈린다. 첫 부분 (1, 2장)은 선지자의 신앙적인 고민을 하나님께 대질하는 것으로 시작한다…다음 둘째 부분 (3장)은 '하박국의 기도' (3:1)라고도 하고, 또'하박국의 노래' (3:19)라고도 하는 것으로서, 선지자의 예언적인 기도요 예언인인 노래이기도 한 부분이다."

(3) 마지막으로 셋째 단락은, 3:1-19. 3:1-2 (바벨론을 통한 유다 심판과 열국을 통한 바벨론 심판은) 놀랍습니다. 주님 진노 중에도 (주의 백성을) 긍휼히 여겨 주시옵소서(선지자가 주님의 뜻을 이해하고 주의 백성을 위해 기도함); 3:3-15 열국이 전율함 즉, 야웨가 열국을 심판하심과 주의 백성을 구원하심 (특히, 13절), (선지자의 기도에 대한 응답이 선지자의 예언을 통해 제시됨); 맺는말 3:16-19이 이어서 나타난다. 갈대아가 유다를 침략할 환난 날을 기다리며 선지자가 몸을 떪, 그러나 구원과 힘이 되시는 하나님을 인하여 기뻐함 (첫째 질문에 대한 주님의 답변에 선지자가 두 가지로 반응함으로 서두와 조응을 이루며 마무리됨)과 같은 내용으로 종료된다. 3:16-19의 선지자의 모습은 여호와를 의지하는 메시아를 시사한다.

이러한 분석을 다시 요약, 정리하여 제시한다면,

첫 단락은, 1:2-11 "유다의 죄와 갈대아를 통한 유다 심판": 1:2-4 첫번째 선지자 질문과 1:5-11 주님의 대답이고,

둘째 단락은, 1:12-2:20 "갈대아의 죄와 열국을 통한 갈대아 심판": 1:12 주님의 대답에 대한 선지자의 깨달음, 1:13-17 두번째 선지자의 질문, 2:1 선지자가 대답 기다림, 2:2-8 주님의 대답 (개략적) +대답 확대 (선지자의 예언을 통해; '화')이고,

셋째 단락은, 3:1-19 "열국에 대한 하나님의 심판과 주의 백성에 대한 구원": 3:1-2 주님의 대답에 대한 선지자의 반응 및 기도, 3:3-15 기도 응답 (선지자의 예언 통해 응답), 3:16-19 첫 번째 주님의 대답 즉 갈대아 침략에 대한 선지자의 두 반응: 떪과 확신.

이와 같은 구조가 눈에 들어오게 된다. 여기서 주의할 것은 무엇인가? 뒤에 오는 단락들이 앞에 오는 단락 보다 내용과 시간이 더 진전되었다는 사실이다. 이것은 점진성을 나타낸다고 하겠다.

하박국서의 이러한 구조적 특성들을 무시하고 근래에는 본서의 내용을 교차대조적 구조로 보는 학자들이 꽤 많이 나타났다. 구약의 어떤 본문들에 교차대조적 구조를 띤 것들이 없는 것은 아니나 이러한 학자들의 결론은 이 구조에 하박국서의 내용들을 이렇게 저렇게 우격다짐으로 끼워맞추어 놓은 것이 흠이다.[328]

---

328 도씨 (D. A. Dorsey)의 본서에 대한 구조 분석은 다음과 같은 교차대조에 의한 분석이다.

A 합 (하박국)의 첫 불평: 야웨의 공의를 어느 때까지 기다리이까 (1:2-4)
  B 야웨의 첫 대답: 바벨론의 강력한 군대가 다가옴 (1:5-11)
    C 합의 둘째 불평: 왜 악한 바벨론이 자기보다 의로운 이스라엘을 삼키려는 것을 용납? (1:12-17)
      D 핵심부: 악인을 멸할 때까지 기다려라/ 의인은 믿음으로 살아야 한다(2:1-5)
    C' 합의 둘째 불평에 대한 하나님의 대답: 악인들이 심판을 받을 것이다 (2:6-20)
  B' 야웨의 마지막 대답: 바벨론 보다 강력한 하나님의 군대가 다가옴 (3:1-15)
A' 합이 첫 불평에 대한 답을 깨닫고 결심: 아무리 오래 걸려도 하나님의 도움을 기다릴 것임 (3:16-19)

도씨는 하박국서에 나타나는 불평과 대답을 각각 개별 단락으로 분석한다. 문제는, 첫째로, B는 바벨론을 통한 유다의 심판을 말하고 B'는 하나님의 우주적 심판을 논하는데 이 둘이 짝을 이룰 수 있는가? 둘째로, 하박국의 첫 불평과 그에 대한 대답을 A와 B로 놓은 Dorsey가 하박국의 둘째 불평과 그에 대한 하나님의 대답을 C와 C'로 놓았는데 비논리적

2) 하박국서의 메시지

하박국의 첫째 신학적 메시지는 폭력과 강포함(violence, 히브리어, "하마쓰")을 선지자가 탄핵한다는 것이다. 유다는 하나님의 율법 곧 토라에 반대하는 삶을 살았다. 이것은 이웃에게 강포를 행하는 것으로 나타났고 결국 하나님의 공의가 아주 시행되지 못하였다. 강포는 폭력을 말하는데 십계명 중에서 살인, 도적질, 거짓증거, 탐욕 등의 계명을 어기는 것이다. 하박국서는 강포 곧 이웃에게 악행하는 것은 곧 공의에 반대하는 삶이요 하나님을 대적하는 것으로 여긴다.

그런데, 이 강포는 바벨론에게도 적용된다. 바벨론은 강포한 자로서 땅과 성읍과 모든 거민에게 강포를 행하는 자로 묘사된다. 또한 물론 레바논에도 강포를 행하였다. 하나님의 심판 원리는 같은 방식과 원리로서 심판하신다. 즉, 강포한 유다에게 강포한 자를 불러 보복하시는 것이다. 이것은 마치 거짓말쟁이 야곱에게 사취하는 외삼촌 라반을 붙이시어 야곱을 징계하시는 것과 같다. 바벨론 뿐만 아니라 세상 나라들은 또한 강포함으로 묘사되었다. 3장의 열국 심판에 있어 그 열국이 다 강포하였다고 구체적으로 언급되지는 않으나 그들이 "가만히 가난한 자 삼키기를 즐겨워한다"고 언급된다. 즉, 열국도 이웃에 대한 의를 실행하지 않는 것 때문에 결국 하나님의 심판을 받는 것이다. 이러한 강포 탄핵의 신학이 하박국서의 하나의 중요한 특징이다.

하박국의 메시지의 두번째 특징은 의와 악, 혹은 의인과 악인을 강조한다는 것이다. 그는 이 개념을 가지고 죄와 심판과 구원 주제들을 아우른다. 주목할 만한 것은 선지자는 세상 나라들도 의인과 악인 개념으로 치환하여 그들에 대한 심판과 구원을 언급한다는 것이다. 이스라엘은 종교와 사법이 연결되어 있는 나라다. 하나님과의 언약 관계에 있는 나라이기 때문에 이스라엘은 의로우신 하나님 앞에 의의 제사를 드릴 뿐만 아니라 사회생활에서 재판에서의 공의를 시행하여야 할 의무를 지닌다. 그들이 실제 삶에 있어 정의를 실행하지 못하고 있다면 벌써 하나님께 대한 경배와 제사도 더럽혀져 있을 가능성이 많다. 하박국은 유다에 공의가 전혀 시행되지 못하고 있다고 하나님 앞에 하소연한다. 이는 곧 사법과 종교가 함께 타락하였기 때문에 백성들이 더 이상 의에 내한 삶을 추구하시 않는 상황을 반영하는 것이라고 볼 수 있다는 것이다. 이는 1장 4절에서 선명하게 나타난다. 4절 처음에 보면 "율법이 해이하다"는 표현이 보인다. 여기서 '해이하다'라는 것은 우리가 추울 때 손이 얼어서 '곱아진다'고 할 때나 몸이 '마비된다'라고 할 때 쓰는 표현과 통하는 단어다. 히브리어로는 "푸그"라는 동사인데 "to grow numb", "slacked", "paralysed"라고 번역될 수 있다. 결국 하나님의 토라가 언약 백성의 실생활의 삶에

이다. 둘째 불평과 대답을 C와 C'로 짝을 맞추었다면 첫 불평과 그에 대한 대답도 A와 A'로 해야 짝이 맞는 것이 아닌가? 셋째로, D를 핵심부로 놓고 있는데 사실 D도 알고 보면 하박국의 둘째 불평에 대한 하나님의 대답이 아닌가. 핵심부로 놓기 위해 고의적으로 2:1-20으로부터 2:1-5를 분리한 것이 아닌가. 이는 억지로 끼워 마추려는 시도로 보인다. "의인은 믿음으로 말미암아 살리라"가 핵심이라는 선입견적 이해에 따라 이렇게 배열한 것으로 보이기도 한다. 그러나 따지고 보면 마지막에 오는 3:16-19도 이 책의 핵심부가 아닌가. 여기에는 선지자의 위대한 신앙고백이 나타난다! 이와 같이 도씨의 분석은 교차대조 구조에 강제로 내용들을 이렇게 저렇게 끼워넣었다는 인상을 주기에 얼른 보아서는 그럴 듯하나 우리가 받아들이기 쉽지 않다. D. A. 도씨, *구약의 문학적 구조: 창세기-말라기 주석*, 류근상 옮김, (서울: 크리스찬, 2003), 493.

더 이상 기준이 되지 못하고 좌표가 되지 못하게 되었다, 토라의 권위가 떨어져서 더 이상 힘을 쓰지 못하게 되었다는 뜻이다. 이것은 무슨 의미인가? 추리하면, 토라가 힘을 잃었다는 것은 유다가 토라를 주신 하나님의 뜻을 무시하였다는 것이고, 하나님의 뜻을 무시했다는 것은 곧 하나님 자신을 무시하였다는 것이 된다. 그러니 실제 사회생활에서 정의가 시행되지 못하는 것은 당연한 것이다. 이어지는 "베로 예쩨 라네짜 미슈파트"는 개역개정이 "정의가 전혀 시행되지 못하오니" (1:4하)라고 번역하였는데, KJV에서는 "and justice never goes forth" 직역하면 "그리고 정의가 결코 나가지 않는다"이다. 선지자는 "악인이 의인을 에워쌌다(카타르, 둘러싸다)"고 이어서 말하며, 다시 "재판이 구부러졌다"고 하였다(개역개정은 "정의가 굽게 행하여짐이니이다). 마지막 문구는 '정의'라고 번역하기 보다는 '재판'이 더 적절해 보인다. 왜냐하면 쓰인 단어가 '미슈파트'인데 이는 정의, 공의로 이해할 수도 있지만 보다 구체적으로는 왕, 판관, 유사, 장로, 제사장 등 백성에 대한 재판을 맡은 자들이 토라를 기준으로 재판하지 않기 때문에 악인의 얼굴을 봐주고 실권을 잡은 자들을 두둔함으로 의인들이 죽음과 고통과 피해를 당했기 때문이다.

하박국은 이와 같이 유다의 죄상을 고발할 때 의인과 악인 개념을 사용하는데 바벨론의 유다 침략에 대해 하나님께 항의할 때도 그는 이 개념을 다시 사용한다. '바벨론 같은 악한 나라가 유다 같은 보다 의로운 나라를 치는 것을 그대로 두시는 것이 합당합니까?' 라고 하지 않고 하박국은 "악인이 자기보다 의로운 사람을 삼킴"이 가하냐고 질문한다. "주께서는 눈이 정결하시므로 악을 차마 보지 못하시며 패역을 차마 보지 못하시거늘 어찌하여…악인이 자기보다 의로운 사람을 삼키는데도 잠잠하시나이까?"(합 1:13). 즉 의와 악, 혹은 악인과 의인 개념을 아무런 배경적 설명 없이 국가들에 적용시키고 있는 것이다.

하박국이 가진 의인과 악인 혹은 의와 악의 개념은 단순한 윤리적인 개념을 넘어서고 있는데 이는 그가 의와 악을 말할 때 벌써 그 저변에는 유다 나라를 언약의 나라로, 하나님의 의의 율법에 의해 다스림 받는 나라로 여기는 사상이 깔려 있기 때문이다. 바벨론은 하나님의 의의 율법을 모르는 나라이기에 하박국은 바벨론이 유다를 징계할 목적으로 하나님에 의해 세움 받았다는 것을 인정하면서도 율법을 아는 유다가 아예 율법을 모르는 그 바벨론에게 침략당해야 하는 것을 이해할 수 없는 것이다. 이런 의미에서 "악인이 자기 보다 의로운 사람을 삼킴"을 말하는 하박국은 바벨론과 유다를 단순히 의의 차등으로 구별하고 있었다기 보다는 벌써 하나님과의 관계 속에서 이방 나라인 바벨론과 하나님의 백성인 유다를 구분하고 있었던 듯하다.

한편, 우리는 악인인 바벨론이 유다를 포함해서 열국을 공략하는 동안에도 의인은 살 것이라는 언급(합 2:4, "의인은 그의 믿음으로 말미암아 살리라")을 바벨론에 대한 심판의 컨텍스트에서 발견한다. 여기서 '의인'은 누구인가? 그는 언약주 하나님에 대한 신실성을 지속적으로 유지하는 가운데 그 하나님의 의의 시행을 바라보는 사람 혹은 사람들을 의미할 것이다. 이 사람들은 참된 '주님의 백성' (3:13)들인데 여기에는 선지자 자신 (참고. 합 3:14, 18-19)도 포함되어 있다. 즉, 선지자가 말하는 의인은 단순한 윤리적 의인을 상회하는 개념이다. 그것은 언약주 하나님이 곧 구원의 하나님이심을 인정하는 믿음 속에서 사는 사람을 말한다. 왜냐하면 하박국을 포함해서 '의인들'은 오직 하나님이 구원주이심을 고백하며 그분을 의지하며 우상들이 아니라(합 2:18, 19) 그분만을 찬양하기 때문이다. "나는 여호와로 말미암아 즐거워하며 나의 구원의 하나님으로 말미암아 기뻐하리로다 주 여호와는 나의 힘이시라 나의 발을 사슴과 같게 하사 나를 나의 높은 곳으로 다니게 하시리로다"(합 3:18, 19).

반면 하나님을 대적하는 열국의 사람들은 당연히 '악인들'이 될 것이다. 3장의 열국 심판은 종말론적으로 확대되어 있는데 여기서 열국은 하나님을 대적하는 세력들이고 하박국은 이들에 대한 심판을 "악인의 집머리를 치신다"는 표현으로 나타내고 있다. 즉, 열국들을 다시 의와 악이라는 개념 속에서 '악인'이라고 지칭하는 것이다.

따라서 하박국은 의와 악 혹은 의인과 악인 개념을 국가 공동체에까지 확대하여 적용하고 그것을 통해 심판과 구원을 말하는 독특성을 드러낸다. 물론 이것은 다른 선지서들에 없는 개념은 아니지만 하박국 선지자는 이것을 보다 기술적으로 그리고 함축적으로 사용하고 있는 것이 사실이다.

합 3장 이해

하박국 1, 2장이 질문과 대답으로 이루어졌다는 것은 학자들이 만장일치로 인정하는 바다. 그러나 찬양과 확신의 시 형식으로 되어 있는 3장까지 문답으로 보는 학자들은 거의 없어 보인다. 3:1은 "시기오놋에 맞춘 바 선지자 하박국의 기도라"고 되어 있고 19절은 "이 노래는 영장을 위하여 내 수금에 맞춘 것이니라"고 되어 있다. 즉, 3장은 예배 시 성가대장('메나쩨아흐'= 지휘자?)을 위한, '네기나' (현악기? 복수는 '네기노트'³²⁹)를 가지고 (혹은 네기나에 맞추어) 부르는 노래로 보인다.

이러한 분명한 형식적 차이가 처음 두 장과 마지막 장 사이에 존재함에도 불구하고 3장은 2절의 기도, 8절의 수사적 의문문들 속에 하나님의 답변을 바라는 선지자의 의사가 강하게 내재되어 있다. 사실, 하나님은 선지자 자신의 입에 "열국을 심판하고 그러나 그 중에서도 주의 백성은 긍휼히 여기시겠다"는 당신의 답변을 심어주심으로 이 책의 마지막을 장식하신다. 선지자는 이러한 일련의 솔류션(solutions)들, 즉 악한 유다에 대한 심판, 더 악한 바벨론에 대한 심판, 그리고 세상의 악한 나라들에 대한 심판의 답변들을 하나님께로부터 받고 비로소 세상의 환난 가운데에서도 확신과 담대함으로 살아가겠다는 믿음을 나타낸다.

그리하여 1, 2장뿐만 아니라 3장도 문답적 취지에서 바라볼 수 있는 여지가 생기는 것이고, 한편으로는 3장뿐 아니라 1, 2장도 심판-감사(찬양)시의 시각에서 볼 수 있는 근거가 생기는 것이다. 사실, 시편의 심판-감사시들은 하박국처럼 하나님께 질문을 드리는 가운데 시작한다. 어찌하여 악인을 방관하시나이까, 혹은 어찌하여 이스라엘을 대적하는 열국을 참으심니까에서 시작한다. 그 다음에 심판주 하나님을 소개하고 하나님이 악인 및 열국을 심판하심의 답변을 제시한 다음, 비로소 시인이 그러한 하나님의 공의를 간증하고 찬양하고 감사함으로 마무리한다. 이러한 일련의 사상들이 '심판-감사시'의 일반적 흐름으로 나타난다.

---

329 개역개정 하박국 3:19의 '내 수금에' (히. '메기노티'בנגינותי)를 NASB는 'on my stringed instruments'로, NRSV는 'with stringed instruments'로 번역하였다. '네기노트'는 시편 4편, 6편, 54편, 55편, 61편, 76편 등의 표제에 나타난다.

이렇게 하박국은 선지서들 가운데서도 독특하게 문답법과 시형식을 도입함으로 우리는 하박국서를 대할 때, 이 텍스트를 시편에서의 '심판-감사시들' 속에 넣어야 할지 선지서의 장르로 분류해야 할지 망설이게 된다. 아무튼 하박국서는 이러한 독특한 장르를 전체에 도입함으로 질문과 그 솔루션을 추구하는 가운데 메시지를 진행시키고 있다. 의로우신 하나님은 불의한 유다를 심판하실 것이다. 언약 밖에 있는 강포한 갈대아 악인들 (민족적 바벨론)도 하나님은 심판하실 것이다. 또한 세상 악인들의 나라들 (=계시록이 말하는 '음녀 바벨론')도 하나님은 심판하실 것이다. 그러나 진노 중에라도 하나님은 유다의 남은 자들, 세상의 남은 자들 곧 의인들을 붙들어 주실 것이다 (하박국의 확신 속에 이 사상이 함유됨). 이 '주의 백성'은 신기하게도 '기름 부음 받은 자'로 13절에서 병행을 이룬다 (참고. 시 105:15). 여기서 주의 백성=기름 부음 받은 자는 구원론과 관련하여 언급되고 있다. 새언약의 지평에서 말한다면 이 '기름 부음 받는 자'는 주 예수를 믿어 성령으로 인침 받은 자들 곧 주 예수를 믿어 구원 받은 백성을 지시한다. 이러한 심판과 구원의 명제들이 하나님의 답 곧 선지자의 메시지로 주어져 있는 것이 하박국이다.

9. 스바냐서의 주제적-신학적 구조와 메시지

스바냐 선지자의 이름 '쩨판야' (צְפַנְיָה)는 '짜판'(צָפַן)과 여호와의 약칭 '야'(יָה)로 되어 있다. 여기서 '짜판'이란 동사는 숨기다 (to hide) 혹은 간직하다 (to treasure up)의 뜻이니 (BDB), 그의 이름은 여호와께서 숨기신다 혹은 여호와께서 지키신다의 뜻을 지닌다. 스바냐 1장 1절에는 스바냐에 대하여 "בֶּן כּוּשִׁי בֶן גְּדַלְיָה בֶן אֲמַרְיָה בֶן חִזְקִיָּה"라고 기술한다. 본절에서 그가 히스기야의 현손 (玄孫=四世孫)으로 나타나는데 많은 학자들은 이 히스기야를 8세기 유다왕 히스기야로 보지 않는다. 본절에서 그는 요시야 왕 치세 때 예언한 것으로 나타나는데 이때는 대략 642-611 BC로 본다 (Jamieson-Fausset-Brown). 이제 본서의 구조를 탐구해 보자.

1) 스바냐서의 구조

스바냐서는 크게 1:1-2:15와 3:1-20이 병행을 이루고 있는데 첫 단락에 여호와의 날과 심판이라는 내용이 두 개의 소병행 하위단락들로 나타남으로 이스라엘의 죄와 심판이 '여호와의 날'이라는 모티프를 통해 강조되고 있는 모습을 보여준다. 두번째 큰 병행 단락을 3장으로 보는 것은 3장의 처음이 다시 이스라엘의 죄와 심판으로 시작하기 때문이다. 그러나 이번에는 여호와의 날에 대한 강조 보다는 열방의 심판과 열방의 회복이라는 주제가 이스라엘과 관련하여 나타나고 있기 때문에 첫단락과는 다른 양상 곧 첫단락에 비하여 다소 변화된 꼴이 나타남을 보여준다는 것이다. 단락별로 보면 다음과 같이 된다.

A 1:1-2:15 (a 1:2-2:6 이스라엘의 죄와 심판, b 1:7-13 여호와의 날과 심판, b' 1:14-18 여호와의 날과 심판,
c 2:1-3 회개 권면, d 2:4-15 이방의 심판과 구원);
A' 3:1-20 (a 3:1-10 이스라엘의 죄와 심판, 열방회복, b 3:11-20 열방심판, 이스라엘 회복).

이 구조에서 우리가 볼 수 있는 것은 구조 이해의 신학적 준거에 의해서 편집자의 자료 배열이 아주 논리적 순서를 가진다는 것이다. 거시적으로 보면 이스라엘의 죄와 그 죄에 대한 심판과 구원에서 이방에 대한 심판과 구원으로 이어지며, 다시 이스라엘의 죄에서 시작하여 이번에는 열방의 심판을 말한 후에 열방의 심판과 이스라엘의 회복을 배열하고 있음으로 결국 '이스라엘-이방', 그리고 '죄-심판, 심판에서 구원' 등의 질서를 우리에게 보여준다는 것이다.[330] 만약 이러한 신학적 구조 이해의 준거가 없다면 낱낱의 서로 다른 주제를 가진 양식들로 이 본문을 파편화시켜 버릴 것이다. 즉, 선지자의 죄에 대한 신탁, 심판에 대한 신탁, 회개에 대한 신탁, 구원에 대한 신탁, 이스라엘에 대한 신탁, 열방에 대한 신탁으로 조각조각내고 각각의 자료에 서로 다른 역사적 설명을 가하고 이 모든 자료가 초기의 아주 작은 원자료에서 점점 눈덩이처럼 불어난 것으로 이해하게 된다는 것이다. 이렇게 되면 무엇이 잘못되는가. 이 선지서에 전달하는 메시지가 여러 이질적인 다른 신학들의 결합으로 이해되어 오도된다는 것이다.

2) 스바냐서의 메시지

따라서 우리는 과연 스바냐의 최종 편저자가 하나님께 받은 말씀들을 어떻게 전체적인 하나로 제시하고 있는가에 따라 메시지를 이해해야 한다는 것이다. 왜냐하면 그러한 배열을 통해서 어떤 특정한 사상을 전달하기 때문이다. 물론 그 배열 속에는 자주 등장하는 모티프들과 주제들이 있음으로 우리는 그것들을 눈여겨 보면서 동시에 전체 디자인을 생각해야 할 것은 두말할 나위도 없다. 스바냐서의 메시지를 한 마디로 말한다면 그것은 여호와의 날이라는 심판 후에 올 하나님의 회복의 역사다. 이 회복은 열방과 이스라엘 모두를 포함하는데 이들이 바로 하나님의 구원을 받을 '남은 자들'이다. 이러한 전체적인 구조와 관련된 맥락 속에서 하나하나의 계기성을 띈 신학적인 주제들을 사용된 특정한 모티프들을 따라서 살펴보면 다음과 같다.

먼저 스바냐서의 죄론이다. 스바냐의 죄론도 다른 선지서들과 크게 다름이 없이 여호와 하나님에 대한 그들의 패역 곧 우상숭배의 죄들을 지적한다. 바알숭배와 일월성신숭배, 말감(혹은 밀곰, 몰렉) 숭배 등은 그 자체 우상숭배로 끝난 것이 아니었다. 1:5을 보면 이스라엘의 우상숭배는 여호와에 대한 예배에 서어 있었던 짓이 너 눈째였다. "여호와께 맹세하면서 말감을 가리켜 맹세하는 자와..." 즉, 이것은 호세아가 음행이라고 표현한 것 같은 '혼합주의'의 문제였다.

여호와 하나님에 대한 예배 뿐 아니라 1:8을 보면 지도자들과 백성의 죄도 탄핵되고 있다. '이방의 의복을 입은 자들'이란 표현이 나타나는데 이는 이스라엘이 언약 백성으로서의 순수성을 잃어버리고 이방의 부도덕한 행습에 젖어 있었음을 시사한다. 그들은 강포(폭력. 히브리어로 하마스)와 궤휼을 일삼고 있었다.

이러한 본문 이해와 결부하여 우리는 스바냐 해석에 역사적 배경을 충분히 참고해야 할 것이다. 스바냐서에 나타난 유다의 죄는 스바냐가 요시야시대에 사역하고 있었으므로 요시야

---

330 스가랴서를 유다에 대한 심판 위협(1:2-2:3), 이방 나라에 대한 위협(2:4-3:8), 구원 약속(3:9-20) 등 3단락으로 나누는 견해에 대해서는, 유윤종, "12 예언서 내 스바냐의 정경적 위치와 그 함의," 『성경원문연구』 51 (2022): 103을 보라.

시대의 개혁 (BC 621)과 연관해서 이해해 봄이 바람직할 것이다. 스바냐가 요시야 시대에 백성의 죄를 지적했고 때마침 성소에서 언약서도 발견되어 요시야왕이 회개하고 개혁을 결심했다고 한다면 요시야 개혁이 이루어지기 전에 스바냐의 이러한 유다에 대한 죄의 지적이 있었다고 볼 수 있는 것이고 반면 요시야의 개혁이 있었지만 그 후에 또 백성이 타락했다고 한다면 요시야의 개혁이 있은 이후에 얼마 지나서 스바냐가 이러한 메시지를 전한 것이라고 생각할 수도 있다. 아무튼 스바냐는 이러한 혼합주의적 신앙형태를 신랄하게 꾸짖으면서 하나님의 심판을 외친다. 스바냐서에서 하나님의 심판은 '애곡'과 '여호와의 날', 이 두 개념과 어우러져 나타나는데 특히 '여호와의 날'의 개념이 다른 선지서들에 비해 강조되고 있다. 1:7, 8절은 여호와의 날을 '희생의 날'이라고 지칭한다. 1:14-16을 보면 여호와의 날은 '심히 애곡하는 날'이며 '분노의 날' (2:2, 3)이며, '환난과 고통의 날'이요, '황무와 패괴의 날'이요, '캄캄하고 어두운 날'이요,'구름과 흑암의 날'이요, '나팔을 불어 경고하며 견고한 성읍을 치며 높은 망대를 치는 날'로 묘사된다. 요엘서에 나타난 '여호와의 날'과 비슷하다. 여호와의 날이 이렇게 혹독하므로 선지자는 이스라엘에게 회개를 권면한다 (2:1-3). 이러한 문학적 소재를 통해서, 그리고 그 구조를 통해서 메시지가 확연히 드러나는데 이는 역사적 배경을 참고함으로 더욱 확실히 드러나고 또 요엘서 등 다른 선지서들과 비교에 의해서 곧 정경적 해석을 통해서 더욱 확실히 드러남을 알 수 있다는 것이다. 이러한 해석 원리는 곁길로 벗어나거나 본문을 왜곡하거나 독단적으로 해석자가 외부적으로 준비한 해석방법을 가지고 본문을 재단하는 위험을 피할 수 있다.

　　스바냐서는 여호와의 날에 이스라엘만 심판을 받는 것이 아니라 이 심판의 범위는 이방족속들에까지 미치는 것을 보여준다. 그렛 족속, 블레셋, 모압, 암몬, 구스, 앗수르 등 주변국들에까지 심판이 뻗칠 것임을 2:4-15에서 예견한다.

　　3:1-5에서는 다시 이스라엘의 죄를 언급한다. 여호와 하나님에 대한 배도에서 시작해서 지도자들과 백성의 죄를 다룬다. 방백들, 재판장들, 선지자들, 제사장들의 죄들을 지적한다. 죄가 더 구체화된다. 편집자는 보다 광범위한 죄론에서 보다 구체적인 죄론으로 들어가기 위해서 새로운 단락을 병행시키는데 여기서 우리는 편집자가 유다의 죄를 또한 강조하고 있음을 보게 되는 것이다. 쉽게 말하자면, 숲에서 나무로 진행하는 방법을 쓰고 있는 것이다. "방백들은 부르짖는 사자요, 그 재판장들은 이튿날까지 남겨 두는 것이 없는 저녁 이리요, 그 선지자들은 위인이 경솔하고 간사한 자요, 그 제사장들은 성소를 더럽히고 율법을 범하였도다" (3:3-4) 유다의 죄에 대한 심판에 이어 열국 (이번에는 나라들을 하나하나 열거하지는 않음)에 대한 심판을 선지자가 전한다. 열국 심판 후에 회복이 있고, 이스라엘의 회복이 나타난다. 여기 유다의 회복은 '남은 자' 사상을 통해 표현된다 (습3:12. "내가 곤고하고 가난한 백성[331]을 네 가운데에 남겨 두리니⋯"). 3:13 "이스라엘의 남은 자는 악을 행치 아니하며 거짓을 말하지 아니하며 입에 궤휼한 허가 없으며 먹으며 누우나 놀라게 할 자가 없으리라" 이러한 스바냐서의 남의 자 사상을 미가서에서도 볼 수 있고 이사야서에서도 볼 수 있다. 미 5:7-8, "야곱의 남은 자는 많은 백성 가

---

331 스바냐서에서는 이 가난한 자가 남은 자와 연결되어 있다. Jiseung, Choi, "The Poor (עָנִי) and the Remnant (שְׁאֵרִית): A Canonical Consideration of the Theology of the Poor in Amos and Zephaniah," *Canon&Culture* 16 (2022): 39-67.

운데 있으리니 그들은 여호와께로부터 내리는 이슬 같고 풀 위에 내리는 단비 같아서 사람을 기다리지 아니하며 인생을 기다리지 아니할 것이며 야곱의 남은 자는 많은 백성 가운데 있으리니 그들은 수풀의 짐승들 중의 사자 같고 양떼 중의 젊은 사자 같아서 만일 그가 지나간즉 밟고 찢으리니 능히 구원할 자가 없을 것이라" 사 4:3, "시온에 남아 있는 자, 예루살렘 안에 생존한 자 중 기록된 모든 사람은 거룩하다 칭함을 얻으리니 이는 주께서 심판하는 영과 소멸하는 영으로 시온의 딸들의 더러움을 씻기시며 예루살렘의 피를 그중에서 청결하게 하실 때가 됨이라". 하나님의 회복은 하나님이 이스라엘 가운데 계심으로, 근심과 수치를 제하시고 이스라엘로 칭찬과 명성을 얻게 하심으로 나타날 것이다. 하나님이 이스라엘 가운데 계심 (습 3:15, 17)은 임마누엘 사상을 표현하며 하나님이 이스라엘과 맺으신 언약의 최고 정점이다.[332] 수치를 제한다는 것은 죄 문제의 해결을 의미하고 칭찬과 명성을 얻게 하신다는 것은 그보다 한걸음 나아가 시온이 하나님의 영광을 대표하는 위치로 나타나게 됨을 의미한다. 결국 이러한 '남은 자' 사상을 통해서 실패하였고 부끄러운 상태에 있는 유다가 하나님의 구원 행위에 의해 회복되고 또 열방도 회복될 것을 결론으로 가져오기 위해 스바냐서의 편집자가 여러 가지 의도적인 자료 배열을 했음이 드러난다는 것이다.

스바냐에는 이러한 '남은 자' 사상이 분명한 반면, 이 남은 자를 구원하실 메시아 예언이 보이지 않는다.[333] 다른 선지서들, 예를 들어 이사야서는 이 남은 자의 구원이 메시아를 통해 이루어질 것을 보여준다. 그러나 스바냐서는 그렇지 않은 것이다. 우리는 스바냐서의 메시아 예언 부재를 어떻게 바라보아야 할까. 이에 대한 대답은 정경적 해석이다. 우리는 스바냐서가 구약 선지서라는 보다 넓은 정경적 문맥 속에 위치해 있음을 염두에 두어야 한다. 그 넓은 문맥 속에서 여호와의 심판과 구원 행위는 메시아를 통해 이뤄짐을 우리에게 전달한다. 따라서 우리는 그 정경적 문맥 속에서 스바냐의 남은 자의 구원을 바라보아야 한다는 것이다. 이렇게 하지 않으면 많은 자유주의자들, 심지어 어떤 복음주의자들처럼 여호와의 구원행위를 기독론이 빠진 상태에서 이해하는 우를 범하게 된다. 사실, 오늘의 구약신학이 메시아가 빠진 상태에서 진행됨은 통탄할 일이다. 그들은 구약의 그리스도에 대해서는 늘 유구무언이다.

오늘날 우리는 구약 선지서들이피는 깅갱괴 문맥을 농해 오직 예수 그리스도를 통한 하나님의 구원으로 말미암아 열방의 남은 자들이 됨을 알아야 한다. 스바냐서는 이렇게 읽을 때 바르게 읽는 것이다. 스바냐의 전망을 따라 우리 새언약의 '가난한 자들' 즉 '남은 자들'은 주님 앞에 악과 거짓과 궤휼이 없는 자로 서야 할 것이다. 주님의 임마누엘로 열방에 주님의 형상을 드러냄으로 칭찬과 명성을 얻게 하시는 하나님의 은총을 경험하는 자들이 되어야 한다. 이러한 스바냐의 전망이 우리에게 이루어져 있는가.

---

332 비교. 요 1:14 "말씀이 육신이 되어 우리 가운데 거하시매" (Καὶ ὁ λόγος σὰρξ ἐγένετο καὶ ἐσκήνωσεν ἐν ἡμῖν)

333 O. Palmer Robertson, *The Christ of the Prophets* (Phillipsburg, NJ: Presbyterian & Reformed, 2004), 267.

10. 학개서의 주제적-신학적 구조와 메시지

바사 왕 고레스는 "유다 예루살렘에 성전을 건축하라" (스 1:2-3, 538 BC)고 조서를 내렸다. 그리하여 스룹바벨과 예수아를 비롯한 사로잡혔던 사람들이 돌아와 성전 건축을 시작하였다 (스 3:8, 536 BC). 그러나 유다와 베냐민 대적 등등이 성전 건축을 방해하였다 (스 4:1-5 및 4장 전체). 성전 공사는 그리하여 바사 왕 다리오 제2년까지 중단된다 (스 4:24). 성전 공사의 재개는 다리오 왕 제2년 여섯째 달 곧 그달 초하루에 (학 1:1) 학개와 그리고 다리오 왕 제2년 여덟째 달 잇도의 손자 스가랴의 예언 및 권면 (슥 1:1)을 따라 이루어진다 (스 5:1; 6:14). 성전은 다리오 왕 제6년 아달월 삼일에 필역된다 (스 6:15, 이때가 516 BC). 이에 하나님의 성전 봉헌식이 이루어졌고 (스 6:16), 유월절과 무교절이 지켜졌다 (스 6:19-22). '학개' (חַגַּי)는 '나의 절기, 나의 명절'이라는 뜻. 이제 학개서의 구조와 신학에 들어가 보자.

1) 학개서의 구조

학개서의 구조를 논할 때 본문 중에 나타나는 연대기가 하나의 걸림돌이다. 단순히 연대기를 따라 구조를 이해할 경우 주제적인 흐름이 차단된다. 연대기들을 보면 1:1 다리오 왕 제2년 6째달 1일, 1:15다리오 왕 제2년 6째달 24일, 2:1 다리오 왕 제2년 7째달 21일, 2:10 다리오 왕 제2년 9째달 24일, 2:20 그 달(9째달) 24일 등이다. 주제적인 흐름을 따르자면 1:1-2:9까지를 하나의 단락으로 보고, 그 나머지인 2:10-23을 이어지는 병행 단락으로 보는 것이 합당하다. 왜냐하면 큰 그림으로 보아 각 단락은 죄론에서 시작하여 종말의 회복으로 끝나고 있기 때문이다. 만약 현재의 장구분대로 1장을 한 단락으로, 2장을 한 단락으로 보면 이러한 큰 그림은 망가지고 만다. 다음의 도표를 보라.

첫단락 1:1-2:9		둘째단락 2:10-23
A	A'	A
1:2 전을 건축할 시기가 이르지 아니하였다...	8절 전을 건축하라... 내가 영광을 얻으리라	2:12 옷자락에 거룩한 고기...다른 식물에 닿았으면 그것이 성물이 되겠느냐 제사장들이 대답하여 이르되 아니라
4절 이 전이 황무하였거늘... 판벽한 집에 거하는 것이 가하냐	9절 내 집은 황무하였으되.. 각각 자기의 집에 빨랐음이니라	A' 13절 시체를 만져서 부정하여진 자가 만일 그것들 가운데 하나를 만지면 그것이 부정하겠느냐 제사장들이 대답하여 이르되 부정하리라
5절 자기의 소위를 살펴볼지니라	7절 자기의 소위를 살펴볼지니라	14절 내 앞에서 이 백성이 그러하고...그들이 거기에서 드리는 것도 부정하니라

첫단락 6절	첫단락 9-11절	둘째단락 B 15절	둘째단락 B' 18절
6절 많이 뿌릴지라도 수입이 적으며 먹을지라도 배부르지 못하며 마실지라도 흡족하지 못하며 입어도 따뜻하지 못하며 일꾼이 삯을 받아도 그것을 구멍 뚫어진 전대에 넣음이 되느니라	9-11절 많은 것을 바랐으나 도리어 적었고 그것을 집으로 가져갔으나 내가 불어버렸느니라 하늘은 이슬을 그쳤고 땅은 산물을 그쳤으며 한재를 불러 땅에.. 사람에게... 모든 일에 임하게 하였느니라	B 15절 너희는 오늘부터... 여호와의 전에 돌이 돌 위에 첩 놓이지 않았던 때를 추억하라

그때에는 이십 석곡식 더미...십 석뿐이었고 포도즙틀에 오십 그릇...이십 그릇 뿐이었느니라

너희 손으로 지은 모든 일에...우박으로 쳤으나 너희가 내게로 돌이키지 아니하였느니라 | B' 18절 너희는 오늘부터 이 전을 추억하라...여호와의 전 지대를 쌓던 날부터 추억하여 보라

곡식 종자가 오히려 창고에 있었느냐 포도나무...감람나무에 열매가 맺지 못하였었느니라

그러나 오늘부터는 내가 너희에게 복을 주리라 |

첫단락	둘째단락
a 12절 스룹바벨, 여호수아, 남은 바 모든 백성...여호와, 학개 청종/ 백성이 다 여호와를 경외하매 (인간편) 13절 학개가...가로되...^내가 너희와 함께 하노라 a' 14절 여호와께서...스룹바벨, 여호수아, 남은 바 모든 백성... 흥분시키시매...전 역사를 하였으니 (하나님편) (3중직)	
C 2:3 이 전의 이전 영광을 본 자...이것이...보잘 것 없지 아니하냐 4절 그러나...•스룹바벨아 스스로 굳세게 할지어다 여호수아야 스스로 굳세게 할지어다 이 땅 모든 백성아 스스로 굳세게 하며 일할지어다 ^내가 너희와 함께 하노라 5절 (확증) 언약한 말과 나의 신이 오히려 너희 중에 머물러 있나니 너희는 두려워하지 말지어다	C' (2:18 너희는 오늘부터 이 전을 추억하라...여호와의 전 지대를 쌓던 날부터 추억하여 보라...그러나 오늘부터는 내가 너희에게복을 주리라)
D 6절 내가 하늘과 땅과 바다와 육지를 진동시킬 것이요 7절 또한 만국을 진동시킬 것이며 만국의 보배가 이르리니 내가 영광으로 이 전에 충만케 하리라 9절 이 전의 나중 영광이 이전 영광보다 크리라 내가 이곳에 평강을 주리라	D' 21절 ...내가 하늘과 땅을 진동시킬 것이요 22절 열국의 보좌... 열방의 세력을 멸할 것이요 23절 •스룹바벨아...그 날에 내가 너를 취하고 너로 인을 삼으리니 이는 내가 너를 택하였음이니라

우리가 보다 학개서의 문학적, 신학적 주제들에 주의를 기울인다면 위의 도표에서 보듯 뚜렷한 두 단락의 병행이 파악된다. 그런데 기존의 학자들의 본서에 대한 구조 이해는 이러한 면모가 무시된다. 예를 들어, NICOT 주석시리즈의 학개와 스가랴서 주석을 쓴 Verhoef의 구조 이해를 보자. 그는 1:1-15와 1:15b-2:23 두 단락으로 구분한다.[334] 이렇게 하면 문제가 발생한다. 예를 들면 1:2-11과 2:12-14가 공통적으로 죄론을 언급하고 있는데 이 병행이 Verhoef의 구조에서 무시되어 버린다는 것이다.

2) 학개서의 메시지

따라서, 학개 선지자가 연대 순으로 어떤 메시지들을 받은 것을 인정하면서도 우리는 그 주제의 흐름을 놓치지 말아야 할 것이다. 첫 단락은 성전 건축을 소홀히 했던 이스라엘 백성이 삶의 전영역에 하나님의 풍성한 복을 누리지 못했음을 적시한다. 즉, 첫째단락은 아무리 자기 자신만 좋은 집에서 지낸다고 해도 하나님 성전 중심 (하나님께 예배 드리기 위한 모든 조치를 먼저 취해야 함)적 생각을 잃어버림은 언약 백성의 본분에서 떠났음을 시사한다. 둘째단락도 백성은 부정한 백성이라는 하나님의 판정으로 시작한다. 하나님은 백성 뿐만 아니라 백성이 드리는 제물도 부정하다고 하신다. 백성이 언약 백성으로서의 거룩성을 상실했음을 둘째단락도 시사하는 것이다. 그러므로 이 두 단락의 시작은 꼭 같은 내용은 아니지만 다같이 죄론으로 시작한다는 것이다. 둘다 성전과 예배 관련 죄들을 언급하며 시작하고 있는 것이다.

한편 첫째 단락은 여호와 하나님께서 이러한 선지자의 메시지를 수단으로 백성을 흥분시키시는 내용이 이어진다. 여호와를 경외하고 학개 선지자의 전한 말씀을 백성이 청종한다. 그리고 그들은 성전 공사를 하게 된다. 이는 이야기 진행 순서에 일치하는 내용이다. 여기에 선지자의 권면이 이어진다. 스룹바벨과 백성에게 여호와께서 함께 하시니 스스로 굳세게 하라고 선지자가 권면한다. 그리고 여기에 여호와께서 천지만물과 만국을 진동시키실 것, 성전의 나중 영광을 크게 하실 것, 성전에 평강을 주실 것을 종말론적인 견지에서 말씀하신다.

둘째 단락은 성전 공사는 첫단락에서 이미 이루어졌으므로 죄론 다음에는 백성이 전에 하나님이 말씀하셨고 응분의 징계를 받았어도 회개하지 않은 것에 대한 회상이 나온다. 첫째 단락은 스스로 굳세게 하라, 내가 너희와 함께 한다는 권면을 주셨는데 둘째 단락은 이제 성전 지대를 쌓았고 성전 공사가 진행되었으므로 복을 주시겠다는 확언이 나타난다. 첫째 단락에서 함께 하시마 백성에게 확신을 주시는 것과 상응하는 언급이라고 하겠다. 이어서 둘째 단락도 첫째단락의 끝부분처럼 천지를 진동시키시고 열방을 멸할 것을 말씀한다. 스룹바벨의 선택 내용도 여기에 가미된다.

여기서 짚고 넘어가야 할 중요한 주제들이 있다. 그것은 '하나님의 전'-'평강' 주제와 다윗 계통의 총독(왕통)인 '스룹바벨' 등인데 이들이 종말론적으로 투사되고 있음을 주목하라. 먼저 하나님의 전과 평강 주제를 생각해 보자. 이 주제들은 솔로몬과 특히 관련된 주제들이다. 솔로몬은 하나님의 은혜로 그 생애에 극한 영광과 평화를 누린 사람이었고 하나님은 바로 이 솔

---

334 Pieter A. Verhoef, *The Books of Haggai and Malachi*, NICOT (Grand Rapids: Eerdmans, 1987), 20-5.

로몬에게 성전 건축을 허락하셨다. 성전은 평화의 집이요 또한 하나님의 영광의 임재의 장소였기 때문에 하나님의 계획 가운데 솔로몬이 그 인물의 특성상 이 성전 건축에 가장 적합한 사람이었다. 그리하여 다윗이 성전 건축을 할 마음이 간절하였으나 하나님은 수많은 전쟁을 통해 많은 피를 흘린 다윗, 전쟁의 사람 다윗이 아니라 평화의 사람인 그의 아들 솔로몬이 성전 건축을 하도록 허락하셨다. 위에서 보듯 학개서는 첫 단락의 맨마지막 부분에 종말론적 성전의 영광에 대한 예언을 보여준다. 그리고 그 미래의 영광의 성전에 평강을 주실 것을 하나님이 선언하신다. 종말론적 성전-영광-평화의 개념들이 서로 긴밀히 연결되어 있다. 학개서의 종말론적 성전의 모습은 어디서 다시 잘 나타나고 있을까. 그것은 신약의 요한복음이라고 생각된다. 성육하신 예수 그리스도는 영광의 사람이었고 평강의 사람이었고 그 자신이 성전이셨던 분이셨다.

바로 이러한 영광-평강-성전 개념이 학개서의 두 번째 단락에는 다만 암시적으로 나타나고 있는데 (여러 왕국들의 보좌를 엎으실 하나님은 왕이시라는 사실을 시사함) 두번째 단락은 첫단락과 달리 맨마지막에 '스룹바벨'이 등장한다. "스알디엘의 아들 내 종 스룹바벨아 여호와가 말하노라 그 날에 내가 너를 세우고 너를 인장으로 삼으리니 이는 내가 너를 택하였음이라 만군의 여호와의 말이니라 하시니라" 곧 다윗 계통의 왕 개념과 연결된다. 위에서 보았듯이, 첫 단락의 마지막과 둘째 단락의 마지막은 모두 열국이 진동될 것에 대한 예언을 담고 서로 병행을 이루고 있다. 이 병행 단락에 등장하는 것이 하나는 영광-평강-성전이요 다른 하나는 왕이다.

이 두 부분의 깊은 관련성은 다윗 계약에서 연원한다. 삼하 7:13-14a을 보면 "그는 나의 이름을 위하여 집을 건축할 자요 나는 그의 나라의 보좌를 영원히 세울 것이다. 나는 그의 아버지가 될 것이요 그는 나의 아들이 될 것이다"(직역)라고 하여 솔로몬의 성전 건축과 영원한 왕의 보좌가 함께 약속되어 있다 (물론 여기서 아버지-아들의 관계성도 적시되어 있음).

정리하면 '영광-평강-성전-왕'이 연결되어 있다. 이러한 네 개념 중에서 평강과 왕 개념은 창 14장의 인물 살렘 왕 (평강의 왕) 멜기세덱에게서 먼저 선보이고 메시아 시편인 시 110편에서 더욱 진전되었고 이사야 9장 6절의 '평강의 왕'에서 다시 예언되었다. 영광과 성전 두 개념은 출애굽기와 레위기의 성막의 영광 외에도 열왕기 기자의 글(왕상 8:11)에 보이는 데, 즉 법궤가 성전에 안치되었을 때 여호와의 영광이 성전을 채웠다는 내용이나. 여기서 요한복음의 예수 그리스도를 다시 한번 언급한다면 하나님의 성전(2:19)이신 예수께서는 영광(1:14)과 평강(14:27)의 사람이셨고 또 이러한 솔로몬(평강과 영광의 사람)-성전 건축의 연결된 세 개념은 예수 그리스도 자신에게서 하나로 연합된다. 요한복음에 보면 예수님은 성전이셨고 동시에 그 안에 평강이 있으셨던 분인데 이 평강은 세상이 줄 수 없는 평강이었다.

학개서에 대한 역사비평

학개서는 유기적 전체를 이루고 있고 그에 따른 신학적 메시지도 또한 정교하고 치밀하게 통일성을 제시한다. 학개서는 구약 선지서들의 문학적, 신학적 '문법'을 따르고 있다. 반면, 학개서의 주제의 흐름에 따른 이러한 단락 구분 (각 단락 속에 doublet이 많음을 유의하라)을 놓치게 되면, 학개서를 자기 생각에 맞게 재구성하려는 유혹에 빠져들게 된다. 왜냐하면 현재의 내용 전개가 뒤죽박죽인 것처럼 보이기 때문이다. 특히 역사비평학자들은 논리적으로 본문을 재구성해야 한다고 주장하는 사람들이 대부분이다. 예를 들어, 게오르그 포오러의 주장을 살펴보라. 그는 본인의 구약성서개론에서 말하기를, "신탁에서 [1장] 7절 이하는 11절 뒤로 가게 된다; 그런 자리바꿈은 뒤에 나온 문장들과의 연결을 보존하기 위해서 6절이 9a절 안으로 다시 받아들여져야 한다는 결론을 갖는다. 그에 연결된 보도/통보문인 1:12-14은 학개의 명령이 성취된 것과 건축공사의 착공을 이야기한다-로트슈타인(Rothstein)이 지적했던 것처럼, 2:15-19(17, 18b는 부연된 것임)은 두 번째 신탁으로서 단편적인 연대인 1:15a에 속한다."라고 하였다.[335] 이어서 그는 부연하기를, "전체의 구조는 연대기적인 원칙에 따라 이루어졌으며, 동시에 신탁들이 차례로 그 공포에 서로 연결되었다. 그런 순번(Reihenfolge)은 그의 올바른 제자리가 되는 1:15a 뒤에 정초석을 놓았을 때의 신탁이 뒤바뀜으로써 그의 지금의 위치인 2:15-19로 떨어져 뒤죽박죽이 되었다. 이것이 연대가 뒤바뀐 것에 기인하는 것인지, 셰스밧자르(세스바살; 스룹바벨)가 이미 537년경에 한번 계획하였었던 정초석을 깔았던 일이 은폐되어야 했던 것인지 더 이상 설명할 수 없게 되었다." 라고 말한다.[336] 이렇게 자유주의자들은 선지자의 문학적 습관을 이해하지 못한다. 필자의 분석을 참조하면 이들의 본문에 대한 재구성은 불필요한 것이 드러난다.

이렇게 본서의 문학적 특징을 간과한 비평학자들은 학개서의 신학에 대해서도 오해를 한다. 성전을 지으면 복 받고, 성전을 짓지 않으면 저주를 받는다─ 이런 단순한 인과응보적 도식으로 학개의 신학을 오해하는 것이다. 필자는 두 가지를 가지고 이에 대해 반박하려 한다.

첫째는 1장 12절 내용을 통한 반박이다. 학개의 설교를 들은 스룹바벨, 여호수아, 남은 바 모든 백성은 어떠한 반응을 보였는가. 그들은 여호와와 학개를 청종하였고 여호와를 경외하였다. 여호와를 청종하고 경외하는 것이 성전 건축의 순종과 연결되어 있다. 우리가 눈여겨 볼 것은 성전 건축-복, 성전 건축 거절-불순종의 밑바탕에 있는 요소가 '여호와에 대한 이스라엘의 인격적 관계 회복'이라는 것이다. 여호와 경외는 모압 들판 언약 (the Plains of Moab, 신명기)의 기초가 무엇인가를 우리에게 제시해 준다. 즉, 순종-복, 불순종-저주는 기계적인 도식이 아니라 먼저 인격적 관계. 순종은 기계적 복종이 아니라 인격적 신뢰며, 불순종은 기호에 따른 불이행(不履行)이 아니라 파괴된 관계성이라는 것이다. 만약 스룹바벨, 여호수아, 남은 바 모든 백성이 시내산 계약 (혹, 모압 들판 계약)에 따라 성전을 건축하였으되 여호와에 대한 경외함이 없이 기계적으로 복종하여 그렇게 했다고 하자. 여호와께서 그들에게 복을 내리시겠는가. 기계적인 복종으로 이루어진 율법 준수는 타락한 본성을 따른 범죄보다 더 심각한 결과를 야기한다. 애굽에서 나옴으로 여호와의 구원을 경험한 이스라엘에게 요구된 것은 그 구원의 은혜를 주신 여호와에 대한 인격적 신뢰 위에서 그분의 뜻의 계시인 계명을 순종하는 것이었다. 이것이 시내 계약의 1차적 의의였다. 마찬가지로, 약속의 땅을 선물로 받을 이스라엘에게 요구된 것은 은혜로 그 기업을 주실 여호와에 대한 인격적 신뢰 위에서 그 명령을 순종하는 것이었다. 이

---

335 게오르그 포오러, 구약성서개론 하, 방석종 역 (서울: 성광문화사, 1991), 368.

336 Ibid., 369.

것이 모압 들판 계약의 우선적 의도였다. 계약의 주에 대한 신뢰의 바탕에서 순종해야 하는 것이 시내 계약과 그것의 갱신인 모압 들판 계약의 근본 의도였으므로 이것을 인과론적 신학으로 부르는 것은 많은 혼돈을 초래한다. 정확히 말해서 출애굽기와 신명기의 신학은 인과론적 신학이 아니다.

둘째는 2장 17절을 통한 반박이다. 만약 모압들판 계약이 인과론적 신학이라고 한다면 회개의 요소는 없어야 한다. 불순종에 따라 저주가 나타날 것이나 이미 죄를 범하였을지라도 돌이키면 하나님의 긍휼을 입어 복의 길로 나아가게 되리라는 것은 인과론으로 설명될 수 없다. 이스라엘을 인격적으로 대우하시는 하나님은 기계적 순종으로 복을 주시지 않을 뿐 아니라 불순종한 자라고 해서 기계적으로 저주를 내리시지도 않는다. 하나님은 이미 불순종한 자를 곧바로 저주의 자리로 내모시는 것이 아니라 회개의 기회들을 주시고 이미 저주의 자리에 가 있는 자라도 회개하면 다시 긍휼을 베푸신다. 순종과 불순종에 있어 하나님을 경외하는가 그렇지 않은가 하는 인격적인 요소를 중시하시는 하나님은 복과 저주에 있어서도 회개를 통해 그 결과를 유동적이게 하심으로 그 인격적인 요소를 충분히 드러내신다.

이러한 인과론적 신학적 이해와 더불어 비평학자들이 주장하는 또하나의 이해는 결정론(결의론)적 신학적 이해다. 예를 들어, 학개서에서 하나님이 나중의 성전의 영광을 더 크게 하시겠다는 내용이 있다. 자유주의자들은 이것은 하나님이 정하셨기 때문에 결정론적 신학을 반영하는 구절이라는 것이다. 즉, 학개서는 인과론적 신학으로 끝나기 보다는 나중에 결정론적 신학을 가진 편집자가 학개서를 손질했다고 자유주의학자들은 생각하는 것이다 (두 가지 상이한 신학이 학개서에 존재하게 된다). 여기서 결정론이란 숙명론과 별 다를 것이 없는 사고다. 이미 정해졌기 때문에 옴짝달싹 할 수 없는 것이 결정론이다.

이러한 논의에 대해 우리는 어떻게 반응할 것인가. 한마디로 비평학자들이 성경신학을 오해했다고 밖에는 볼 수 없다고 하겠다. 첫째로는 성경의 신학은 인과론와 숙명론으로 정의될 수 없다는 것이고, 둘째로는 성경의 신학은 하나님의 주권과 인간의 자유의지가 서로 모순을 일으키지 않으면서 언제나 인격성을 전제로 한다는 것이다. 하나님의 정하신 뜻은 그 뜻대로 된다. 그 주권적 작정에 만물과 천사들이 포함되어 있고 (믿른 미귀도 힉뎅른노 하나님의 주권적 작정 속에 있음) 인간의 인격의 요소의 하나인 의지는 그 작정에 수종드는 것이다. 달리 말하자면, "인간 의지는 하나님의 절대 주권 속에서 자유로운 것"이다.

학개는 포로에서 돌아온 이스라엘 백성을 향해 먼저 너희 자신의 안위보다는 하나님 경배를 우선으로 생각하라고 외친다. 무엇보다도 학개서는 주님의 제1계명이 생각나는 선지서다. 하나님은 당신의 백성이 당신을 경배할 수 있도록 선지자의 입의 말과 하나님의 영으로 지도자들과 백성을 감동시키셔서 성전 역사를 진행하게 하신다. 하나님은 백성에게 용기를 주신다. 그리고 포로상태에서 움츠러들어 자신의 안위를 유지하기에 급급한 백성에게 다시금 야웨 하나님의 신앙의 중요성을 일깨우신다. 그리고 하나님은 솔로몬의 성전에 비하면 초라하기 그지 없는 스룹바벨 성전이 이제 완공되었지만, 이 스룹바벨 성전을 수단으로 더 큰 영광의 성전을 예언하신다. 앞으로 하나님이 친히 세우실 성전 곧 영광의 왕이시요, 평강의 왕이시요, 스룹바벨의 후손으로 오실 왕을 하나님은 예견하신다. 이는 예수 그리스도의 초림과 재림, 그리고 그분께 속한 남은 자들로 성취되었고, 성취되어 가고 있고, 또 완전히 성취될 것이다.[337]

11. 스가랴서의 주제적-신학적 구조와 메시지

스가랴 (זְכַרְיָה) 선지자는 베레크야의 아들이요 잇도의 손자였다 (슥 1:1. "בֶּרֶכְיָה בֶן־עִדּוֹ"). 그의 이름은 "여호와께서 기억하셨다"라는 뜻이다. 다리오 왕 2년에 2달 간격을 두고 하나님의 말씀이 학개와 스가랴에게 각각 임하였다. 예수아 (여호수아)와 스룹바벨 (스 3:2)이 성전 지대를 놓은 뒤 (스 3:10) 대적들의 방해로 중단된 성전은 성령께서 이 선지자들을 감동하시고 이 선지자들이 설교함으로 포로 귀환자들의 마음이 촉발됨으로 재개되었다. 교회는 왕이요 제사장이신 예수님 (스룹바벨과 예수아는 예수님의 예표)에 의해 성령의 역사를 따라 하나님 말씀으로 세워지는 것이다. 기독론적 언급의 수에 있어 스가랴서는 이사야서에 버금간다고 할 수 있을 것이다. 이제 본서의 구조를 상고해 보자.

1) 스가랴서의 구조

먼저 스가랴서의 구조에 대해서 필자가 말하고 싶은 것은, 스가랴서의 구조가 지난 세월동안 크게 오해되었다는 것이다. 학자들이 왜 스가랴서의 구조를 오해하게 되었는지 몇 가지로 설명하면 다음과 같다.

첫째는 본서의 다양한 장르들 때문에 구조에 대한 오해가 있었다. 사람들이 스가랴서를 읽고 대체로 인식하는 것은, 1-6장은 '(밤의) 환상', 7-8장은 '금식에 관한 설교', 9-14장은 '미래에 대한 예언'[338] 등 책이 장르에 따라 3부분으로 나누어질 수 있다는 것이다. 장르에 따라 이렇게 나눌 수는 있으나 본서가 우리에게 보여주는 주제적 패턴이나 규칙성은 이 구분에서는 붙잡을 수 없다.

둘째는 9-14장이 원래의 스가랴 선지자의 말씀이 아닌 후대의 것이라는 역사비평 학자들의 오해가 있었다. 이 자유주의자들은 9-14장을 '제2 스가랴'라고 부른다.[339] 이런 판정을 내리

---

337 학개서 연구를 위해서는, 윤영탁, 『알기 쉬운 구약 학개서 해설』 (수원: 합신대학원출판부, 2016); 임요한, "학개 2:10-14 해석에 대한 제안: 텍스트 언어학적 구조 분석," 『개혁논총』 27 (2013): 9-37을 보라.

338 물론 9-14장에는 선지자의 상징 행동도 나타난다. 3부로 내용 분해를 하는 대표적 학자는 김희보, 『구약 스가랴 주해 (상)』 (서울: 총신대학출판부, 1985), 18-9이다. 그는 제1부 스가랴의 8개의 이상 (1-6장); 제2부 금식 문제에 대하여 (7-8장); 제3부 예언 (9-14장)으로 분석하였다. 차일즈의 정경비평적 설명도 참조하라. B. S. Childs, *Introduction to the Old Testament as Scripture* (Philadelphia: Fortress, 1979), 480; Cited in Ralph L. Smith, *Micah-Malachi*, WBC 32 (Waco: Word Books, 1984), 172f. 스미스의 구조 (1-8장; 9-14장)도 참조 바란다. Smith, *Micah-Malachi*, 181.

339 Otto Kaiser, *Introduction to the Old Testament: A Presentation of its Results and Problems*, tr. John Sturdy (Oxford: Basil Blackwell, 1975), 287. "It was Stade who made possible a breakthrough for the late date in 1881 by assigning 9-14 to an eschatological writer, Deutero-Zechariah, active between 306 and 278···Duhm distinguished between Deutero-Zechariah in 9-11 + 13.7-9, and Trito-Zechariah in 12, 1-13.6 + 14, whom he assigned to about 135 B.C." (1881년, 늦은 연대 주장을 위해 하나의 돌파구를 가능케 했던 자는 스타데였는데, 그는 슥 9-14장을 기원전 306년에서 278년 사이에 활동한 종말론적 저자인 제2스가랴에게 돌렸다···둠은 슥 9-11장+13:7-9를 쓴 제2스가랴와 주전 약 135년 경

는 첫번째 이유는 9:13의 내용 때문이다. "내가 유다를 활로 삼고 에브라임을 끼운 화살로 삼았으나 시온아 내가 네 자식들을 일으켜 헬라 자식들을 치게 하며 너를 용사의 칼과 같게 하리라" 여기서 헬라 자식들이 나온다. 이에 그들은 헬라 사람들이 패권을 차지한 시대 (셀류시드 왕조가 유다를 위협하던 BC 300년경)가 9-14장의 역사적 배경이라고 주장하게 되었다. 역사비평가들은 대개 자연주의적 세계관에 기초해 있기 때문에 선지자가 초자연적인 하나님의 능력으로 미래 일을 예언할 수 있음을 받아들이지 않는다 (그리고 받아들이지도 못한다). 그들의 '사전에' 예언의 진정성 (authenticity of prophecy)이라는 단어는 없다. 그리하여 그들은 미래 예언에 있는 어떤 정보들을 실제 역사적 사건들과 대응시켜 그 역사적 사건들의 연대를 그 문서가 작성된 연대로 결정을 내린다. 이러한 그들의 시각은 이미 이사야서에 대한 역사비평에서 보인 것인데, 본서 스가랴서에서도 나타난 것이다. 사실 우리가 9:13을 자세히 살피면, 그 내용은 유다 자손이 헬라 자손을 칠 것이라는 예언이다. 따라서 헬라가 패권을 잡은 시기로 봄은 바람직하지 않다. 또한 우리는 선지자가 그 당시 백성을 향하여 하나님의 말씀을 예언 (預言)했지만, 동시에 미래 일을 예언 (豫言)할 수 있었던 사람임을 인정해야 할 것이다. 그리고 이 미래 일에 대한 말씀은 아주 먼 미래의 말씀도 포함함을 인정해야 할 것이다. 선지서들에 있는 아주 먼 미래의 말씀 (우주적 격변, 천상의 존재들과 사건들에 대한 비전, 상징적인 숫자들 등)은 어떤 학자들처럼 '묵시 (默示)'라고 해서 예언과는 아주 이질적인 장르의 문학이라고 쉽게 단정할 것이 아니다. 구약 예언들은 거의 모두 현재, 가까운 미래, 먼 미래로 그 예언 내용들이 시점에 따라 진전하고 있는데 그 시점은 아주 먼 미래로도 진전하고 있음을 알아야 한다. 구약 정경은 자체로 하나님 말씀으로서 절대적이고도 고유한 지위와 가치를 지닌다. 구약 정경 선지서들의 아주 먼 미래에 대한 계시가 세속 묵시 (및 쿰란 묵시를 포함한 유대교 묵시 사상)와 비슷하다고 해서 동일한 문학-종교적 차원에서 접근하는 것은 하나님의 계시에 대한 이해를 처음부터 포기하는 것과 같다. 이것은 요한계시록 이해에도 그대로 적용된다. 자연주의 세계관에 기초한 종교학자들은 1세기 상황 속에서 교회들에 대한 메시지 뿐 아니라 선지자 요한이 예수님 재림 전후의 일들도 전달하고 있다는 것을 받아들이지 않고, 또 받아들이지도 못한다. 많은 구약의 예언들이 신약에서 실제로 성취되었듯이, 계시록의 예언 (豫言)들이 곧 이루어지는 것을 보게 될 때에야 그들은 그것들이 세속 묵시와 같은 픽션이 아니라 진실된 하나님의 미래사에 대한 계시였음을 깨닫고 후회할 것이다.

　　말하자면, 스가랴는 학개와 함께 BC 520년 (다리오1세=다리오 휘스타페스) 포로에서 돌아온 자들이 안일하여 하나님 성전을 건축하지 않는 것을 꾸짖고 그들을 재촉하여 성전을 준공 (516 BC)케 했던 선지자다. 그러나 그는 여기에서 그치지 않는다. 성령으로 충만한, 하나님의 사람인 그가 하나님의 계시를 따라 6세기의 시점에서 미래에 유다 족속이 헬라 족속 (셀류시드)에게 승리를 거두는 모습을 또한 바라본 것이다. 이렇게 미리 보았던 선지자의 비전이 마카비 시대에 이루어지게 된다. 실제 역사에서 유다 족속들이 용맹을 발휘하여 헬라인들을 물리

에 슥 12:1-13:6+14장을 쓴 제3스가랴로 나누었다. 필자의 졸역/의역). 또한 김래용, "스가랴서에 나타난 윤리적 교훈에 대한 연구: 스가랴 1-8장을 중심으로," 『장신논단』 45 (2013): 15-8, n. 1을 보라.

치는 것이다.

　9-14장을 따로 떼어서 스가랴 선지자와는 다른 시대의 작품으로 볼 것이 아니라, 다른 선지서들이 그러하듯 먼저 현실적 죄를 고발하는 7-8장과 일차적으로 연결해서 보는 것이 필요하다. 7-8장의 죄에 대한 말씀에 이어 9-14장의 미래에 대한 심판과 구원의 말씀을 생각해 보는 것이 필요하다.

　셋째는 9-14장 속에 들어 있는 표현 '맛싸'(슥 9:1, 12:1. 경고라는 뜻)가 말라기 1:1에도 나타나기에 스가랴서의 후반부는 말라기서와 이어진 것이라고 주장할 소지가 있다.[340] 이 '맛싸' 가 스가랴서와 말라기서에 나타나는 것은 사실이나, 말라기서는 그 자체로 완결성을 나타내는 하나의 책이다. 말라기서는 말라기서 자체의 구조와 모티프들이 있다. 단지 말라기서의 서두에 '맛싸'가 나타난다고 해서 스가랴 후반부와 엮으려는 것은 나이브한 시도이다.

　필자의 주제적, 신학적, 선지자의 시점 이동을 따른 분석으로는, 본 선지서는 크게 두 병행단락으로 나누어진다. 1-6장과 7-14장이 그것이다. 더 연구가 필요하겠지만, 본 분석은 최소한 위에서 언급한 오해들은 어느 정도 해소할 수 있을 것이다.

본문	시작하는 주제들과 마치는 주제들	신학적 요소들 (죄→심판/구원; 유대→이방)	선지자의 시점 이동 (시공간 이동)
A (1-6장)	1:4의 옛적 선지자들(הנביאים הראשנים)이 이스라엘에게 악한 행실을 버리고 돌아오라고 했으나 이스라엘이 듣지 아니함; 6:15의 여호와의 전(היכל יהוה)의 건축으로 끝남	이스라엘의 죄(악한 행실)-이스라엘 심판-이스라엘을 괴롭힌 열국 심판-이스라엘 회복	다리오 2년 8월, 2년 11월 24일-가까운 미래-메시아-종말의 열국 심판
A' (7-14장)	7:12의 이전 선지자들(הנביאים הראשנים)이 전한 말씀 곧 참된 금식에 대한 말씀을 이스라엘이 청종하지 않음; 14:21에서 여호와의 전(בית־יהוה)이 거룩하게 될 것으로 끝남	7-9장(a): 이스라엘의 죄(금식)와 심판-이스라엘 회복-열국 회복-열국 심판-이스라엘 회복// 10-14장(a'): 이스라엘의 죄(목자들의 죄)와 심판-이스라엘 회복-열국 심판-열국의 남은 자 회복-예루살렘과 유다 회복	다리오 4년 9월 4일-가까운 미래-종말의 열국 심판, 메시아, 열국 및 유다 회복

　이러한 거시적 이해 속에서 먼저 첫 병행단락인 1-6장에 대해서 알아보자.[341]

---

340 참고. 김영혜, "편집비평적 시각에서 본 스가랴의 환상," 한국기독교신학논총 80 (2012), 36.
341　Yung Hun Choi, "The Movement Pattern of the Hebrew Psalter: A Holistic Thematic Approach with an Exemplar, Psalms 69-87." Ph. D. Diss., Sydney: Charles Sturt University, 2019, 192-4.

(1)   1:2-6은 선지자들이 수없이 회개를 종용하였으나 유다와 예루살렘은 그들의 예언에 대해 콧등도 꿰지 않
        았음을 보여준다. 그리하여 여호와께서는 그들의 행위대로 갚으실 것이다.

(2)   1:7-17에서는 '70년 동안 없었던 여호와의 자비'에 대한 여호와의 사자의 질문과 탄식에 대해서 여호와께
        서는 시온을 위해서는 질투하실 것인 반면, 열방에 대해서는 심히 진노하실 것이라는 내용을 보여준다.
        여호와의 집은 예루살렘에 건축될 것이고, 측량줄이 예루살렘에 쳐질 것이다.

(3)   1:7-17과 병행을 이루는 2:1-9에서 여호와께서는 네 공장 (공장; craftsmen)을 통해 유다를 대적한 열국을
        멸할 것인 반면, 예루살렘은 축복하심으로 회복시키실 것이다 (5-9절의 측량줄을 가진 한 사람). 2:1-9에
        뒤따라 오는 것은 2:10-17인데, 이는 유다에 대한 권면 (특히 10절, "북방 땅에서 도망쳐라!"), 시온에 대한
        호령하심 (특히 14절, "노래하고 기뻐하라!"), 그리고 추가적인 미래 열국의 (남은 자들에 대한) 회복의 예
        언 말씀 (특히 15절)을 지닌다. 그리하여 탄식에서 기쁨으로의 운동성이 1-2장에서 인지된다. 2:10-17는
        영(성령)으로 말씀을 전하는 '예언자' 주제를 강조한다 (특히 12-13절과 15절 'כִּי־יְהוָה צְבָאוֹת שְׁלָחָנִי'). 스
        가랴 선지자 (슥 1:1, 7)와 달리, 12-13절과 15절의 '나'를'에서 '나'는 종말 사건들과 관계되어 있다. 예를 들
        어, 15절의 나(וְיָדַעַתְּ כִּי־יְהוָה צְבָאוֹת שְׁלָחָנִי אֵלָיִךְ)는 분명히 먼 미래의 열방과 관련되어 있다. 그러므로, 이
        '나'가 현재의 스가랴가 아니라면, 나는 두 가지 가능한 분석들을 제시하는 바이다. 즉, 그는 마치 미래의
        시간대에 가 있는 사람인양 열방을 향해 설교하는 메시아, 곧 현재 스가랴의 입을 통해 영으로 예언하는
        메시아이거나 미래에 당신 자신의 입으로 (혹은 스가랴와 같은 대언자들의 입을 통해) 예언(설교)하시는
        메시아 자신이다. 이렇게 추리하는 이유는 그 '나'는 많은 민족들을 소유하시며 시온의 복판에 거하실 분
        이기 때문이다.

(4)   여호와의 자비와 성전 건축 (1:7-17)은 어떻게 실현될 것인가? 첫째로, 3:1-5에서 대제사장 여호수아에게
        서 더러운 두루마기를 벗기심 (다시 말해 죄를 제거하심)으로, 그리고 아름다운 옷 (표준새번역. '거룩한
        예식에 입는 옷')을 그에게 입히심으로 (다시 말해 [의의] 깨끗함을 부여하심으로) 여호와의 자비가 시행
        된다. 여기서 여호수아는 유다 백성을 대표한다. 4:1-10에서는 여호와의 영의 능력을 입은 스룹바벨의
        사역으로 여호와의 집이 건축된다. 여기서 스룹바벨의 사역은 기름부음 받은 둘의 도움으로 이루어진다
        (שְׁנֵי בְנֵי־הַיִּצְהָר).

(5)   3장의 후반부 (6-10절)에 대제사장 여호수아와 그의 동료들과 관련된 종말론적 예언들이 있다. 여호수아
        는 메시아 (8절. עַבְדִּי צֶמַח')의 예표로 사용된 바, 이 메시아를 통해 여호와께서 그 날에 그 땅의 죄악을
        제하실 것이다 (9절). 메시아의 시대에는 모든 사람들이 행복하고 평화로운 삶을 살 것이다 (10절. 비교.
        왕상 4:25).

(6)   메시아의 사역을 통해 여호와께서는 사람들에게 복을 주실 뿐만 아니라 저주들에 따라 죄인들을 벌하실
        것이다 (5:1-4). '에바' (הָאֵיפָה), 다시 말해, '악' (הָרִשְׁעָה)은 옮기어 시날에 두실 것이다 (5-11절).

(7)   6장은 앞에 나온 내용들에 대한 '요약적인 (summary-like)' 비전들과 말씀들이다. 6장의 이러한 요약적
        기능을 이해하는 것은 1-6장 이해에 너무나 중요하다.[342] (6장에서) 스가랴서의 편-저자는 종말론적 차원
        에서 네 가지 주제들을 강조한다. 그 네 가지는, 첫째로 네 병거(6:1-8)를 통한 여호와의 땅에 대한 심판,
        둘째로 여호와의 성전을 '순' (צֶמַח)이 건축하고, 보좌에서 왕-제사장으로서 다스릴 것 (9-14절), 셋째로
        (먼 데) 사람들이 여호와의 성전을 건축할 것 (15절 상), 그리고 마지막으로 그리스도의 사역을 예표하는
        스가랴 선지자의 예언적 사역 (15절 하)이다.

---

[342] 이는 잠언 1-9장 단락에서, 1-3장과 4-8장의 두 병행 단락들의 주제들 중에 주요 주제들을 가지고 9장에 요
약하는 수법과 비슷하다.

이제는 1-6장과 병행을 이루는 7-14장을 좀더 자세히 살펴보려 한다. 이 단락은 다시 병행을 이루는 두 개의 하위단락으로 나누어진다는 사실을 주목할 필요가 있다. 7-9장과 10-14장이 병행을 이룬다. "내용과 중요 주제들을 따라 구조 분석을 할 때 필자는 7-9장이 다음과 같은 신학적 스토리라인을 이룬다고 결론을 내린다."[343]

(1)   7:2-8:8과 8:9-23은 병행을 이룬다. 두 단락은 죄의 고발에서 심판/징계로 나아가며 그 다음에는 미래의 회복으로 나아간다. 7:2-14에서 언약 관련 죄들을 전달하기 위해 저자는 두 가지 뚜렷이 구분되는 모티프들 곧 '금식'과 '애곡' (mourning)을 사용한다. 이러한 표현들 즉 전반부의 시작 부분에 나타난 표현들보다 더 구체적이고 실질적인 표현들을 사용함으로 저자는 이미 지난 70년 동안 더욱 깊은 괴로움을 겪은 포로 후기의 공동체가 아직도 슬픈 상황 가운데 있음을 묘사한다. 그러나 7:5-6에서 여호와께서는 땅의 백성과 제사장들의 가장 힘들던 포로기 동안의 이기적 신앙 행습을 꾸짖으신다. 7:2-14의 단락은 시내산-모압 들판의 언약을 깨뜨린 유다의 죄 때문에 (9-11절) 낙토가 황무하게 되었고 유다 백성은 열방 중에 흩어지게 되었다 (14절)고 서술한다.

(2)   그러나 여호와의 큰 열심과 그분께서 시온으로 돌아오심으로 소망 없던 현실은 완전히 반전된다 (8:1-8). 8:9-10은 1장의 것 보다 더 진전된 시간대에서 공동체가 직면한 문제들을 다루기 시작한다. 사람과 짐승에게는 임금이 주어지지 않았고 적군에 대한 안전 보장도 없었다. 상황이 어쨌든 간에 (8:10), 여호와의 결심 때문에 예루살렘은 회복될 것이다 (11-15절). 1-6장과 7-14장의 두 병행 단락에서 주목할 만한 점은 언약 공식 (covenant formula. 8:8)이 성취된다는 것 그리고 3:10과 8:12의 풍성 주제의 변주곡이다. 결국에는 "많은 민족들과 강한 나라들이 예루살렘에 계신 만군의 여호와를 찾고 여호와의 은총을 구하려고 올 것이다" (8:20-23, 특히 22절).

(3)   이러한 유다와 열국의 종말적 회복 다음에 가까운 미래의 여호와의 심판이 있을 것이다 (9:1-6). 가까운 미래의 심판 다음에 '시온의 왕의 오심'과 [왕의] 언약의 피'가 있을 것이다 (9:9-12).

(4)   이 메시아의 오심 다음에 유다와 에브라임의 헬라 자손들에 대한 승리가 있을 것인데 (9:13-15), 이것은 종말적 전쟁에 대해 예언적 기능을 한다. [...]

7-14장의 두 번째 부분인 10-14장은 '목자 (선지자들)와 양'의 모티프를 가지고 언약을 깬 지도자들에 포커스를 맞추고 있다. 이 부분도 다음과 같은 스토리라인을 보인다.[344]

---

343 Yung Hun Choi, "The Movement Pattern of the Hebrew Psalter," 195-7 (필자의 졸역).
344 Ibid., 197-9 (필자의 졸역).

(1) 10장과 11-14장은 크게 보아 병행을 이루는데 왜냐하면 '거짓 교사/거짓 예언'의 주제로 두 부분의 시작이 이루어지기 때문이다. 10:1의 선지자의 권면과 별도로, 2-3절에는 양들처럼 사람들을 방황하도록 하는 '드라빔', '신접자들', '거짓된 꿈들'과 같은 것들이 나타난다. 여호와의 백성에 무관심한 '목자들'과 '숫염소들'만이 포로후기 유대 공동체에 있었던 듯하다. '세 목자' (11:8), '어리석은 목자' (15절), '양떼를 떠난 무익한 목자' (17절) 등 다양한 표현들로 소개되는 거짓 교사들이 10-11장에 등장하는 것 같다.

(2) 이 사람들은 이 문맥에서 그리스도 (11:4, 12)를 예표하는 스가랴와는 정반대편에 서 있다. '스가랴 선지자' 주제는 스가랴서의 첫부분 [1-6장]에서 관찰되나 (2:13; 4:9; 6:15), 미래의 메시아를 암시하는 데에 사용되면서 두 번째 부분 [7-14장]에서는 더욱 구체적으로 나타난다. [...]

(3) 선행하는 단락에서 한번 나타났던 메시아 (7-9장의 9:9-12)의 출현 (11:4, 12; 13:7) 얼마 후에 유다-에브라임의 회복 및 연합과 유다의 승리와 열방을 선도함이 있을 것이다 (10:3-7; 12:1-9; 14:1-2, 12-15). 유다는 열방에서 자기 땅으로 돌아올 것이고 (10:8-12) 자기가 찌른 '나'를 보면서 '그'를 위해 울고 (12:10-14), 거짓 우상들과 선지자들 및 더러운 영들을 제거할 것이다 (13:1-6). 특히, 13:1-6은 '거짓 교사/예언' 주제가 역전됨을 보여준다. 여기서 '거짓 선지자'는 10-13장의 앞과 뒤를 감싸며 (10:2-3 및 13:2-6), '애곡' 주제는 7-12장의 인클루시오를 이룬다 (동사 בָּכָה와 סָפַד를 사용하여 7:3, 5; 12:10, 11, 12에 보임). 12장의 애곡은 여호와께 대한 진실된 회개이며 13장은 '거짓 선지자'에 대한 미움을 다룬다. 결국 이 주제들은 먼저 제기된 것들 [문제들]에 대한 대답의 기능을 한다.

(4) 11-14장은 11:1-13:6과 13:7-14:21로 나누어질 수 있는데 왜냐하면 두 부분이 모두 앞쪽에 (11:12-13; 13:7) 목자 주제를 나타내기 때문이다. 시점으로 보면, 11:1-13:6은 스가랴 선지자 당시부터 끝날까지를 커버하는 반면 13:7-14:21은, 13:7이 마 26:31 혹은 막 14:27에 성취된 것이라면, 메시아 시대로부터 끝날까지를 커버하는 듯하다. 스가랴 선지자는 30세겔의 임금과 함께 나타나는데 이는 노예 한 사람 값이요 (출 21:32) 그렇게 사람들에게 멸시를 받았다는 것이고 (11:12-13; 마 26:15; 27:3-10; 비교. 행 1:18) 이는 고난 받으시는 그리스도의 예표를 보인다. 그리스도의 죽으심과 그 다음의 남은 자의 고난 (13:9) 후에, 언약은 성취된다 (13:9; 비교. 8:8).

(5) 14:3-11에서 '야웨의 왕권' 주제가 강조된다. "그날에는 그의 발이 올리브 산 위에 설 것이다" (4절. וְעָמְדוּ רַגְלָיו בַּיּוֹם־הַהוּא עַל־הַר הַזֵּתִים). 이것은 단지 신인동형동성론적 (anthropomorphic) 표현은 아닐 것이다. 오히려 하나님은 그 날에 당신을 하나로 나타내실 것인즉, 야웨-그리스도의 완전히 연합된 모습으로 나타내실 것이다 (비교. 13:7[345] עַל־רֵעִי וְעַל־גֶּבֶר עֲמִיתִי과 14:9[346] בַּיּוֹם הַהוּא יִהְיֶה יְהוָה אֶחָד וּשְׁמוֹ אֶחָד). 마지막으로, 이 이야기는 잔치 분위기로 그 절정에 이른다: "초막절 (חַג הַסֻּכּוֹת)을 지키기 위해서, 예루살렘을 치러 올라왔던 모든 나라들이 남은 자들이 내린 왕이신 만군의 여호와께 예배드리려고 올라올 것이다" (12:16). '이 사람들의 남은 자들' (즉, 유다. 8:12: אֶת־שְׁאֵרִית הָעָם הַזֶּה)과 '모든 나라들의 남은 자들' (כָּל־הַנּוֹתָר מִכָּל־הַגּוֹיִם)이 있을 것이다 [...][347]

여기서 10-14장의 하위의 두 병행 단락으로 생각되는 11:1-13:6과 13:7-14:21을 주제와 시점에 따라 표로 정리하면 다음과 같다.

---

345 "내 목자, 내 짝 된 자를 치라; against My Shepherd, against the Man who in My Companion"

346 "그 날에는 여호와께서 홀로 한 분이실 것이요 그의 이름이 홀로 하나이실 것이라; In that day Yahweh will be *the only* one, and His name one. Legacy Standard Bible"

347 Ibid., 195-6.

본문	당시의 죄	메시아 시대	종말적 전쟁과 회복/갱신
A 11:1-13:6	11:1-17	11:12-13 (메시아 예표)	12:1-9 전쟁; 12:10-14 예루살렘 회심; 13:1-6 회복; 거짓 예언 없음
A' 13:7-14:21		13:7 메시아의 고난	a 14:1-11; a' 14:12-21 전쟁과 회복/갱신

2) 스가랴서의 메시지

스가랴서 전후반부에 공통적으로 나타나는 대표적인 죄는 이스라엘이 여호와께서 그의 영으로 옛 선지자들을 통하여 전한 말을 듣지 않았다는 것이다 (1:6, 7:12). 악행을 하지 말라, 여호와께로 돌이키라, (금식을 하려면) 여호와를 위한 금식을 하라, 진실한 재판을 하라, 서로 인애와 긍휼을 베풀어라, 과부와 고아와 나그네와 궁핍한 자를 압제하지 말라, 서로 해하려고 마음에 도모하지 말라고 만군의 여호와께서 말씀하셨으나 이스라엘은 듣지 않았다는 것이다. 하나님과 언약관계 속에 있는 이스라엘이 그 친밀한 인격적인 언약 관계성을 파괴하고 하나님을 떠났다는 것이다. 그들이 언약 하나님의 사랑의 명령을 이웃에게 행치 않았다는 것이다. 스가랴서는 이 모든 것들을 그들이 선지자의 전한 말을 듣지 않았다는 것으로 요약한다.

그리하여 그들은 포로로 잡혀 갔으며 바벨론의 핍박을 받았다. 그들은 고생과 좌절 속에 포로생활을 겪었다. 그러나 이제 학개와 스가랴의 사역으로 포로에서 돌아온 자들은 제2성전을 건축하며[348] 다시 하나님의 긍휼을 경험한다. 이제 이스라엘은 긍휼이 여김을 받고 과도하게 이스라엘을 괴롭힌 바벨론을 비롯한 이방 나라들은 하나님의 심판을 받게 될 것이다.

스가랴서의 스룹바벨(정치적 지도자)과 여호수아(종교적 지도자)는 종말론적으로 여호와께서 세우시는 정치-종교 지도자인 '싹'을 지시하는데, 이는 학개서의 종말론에도 동일하게 나타나는 내용이다. 학개서에서 '성전-영광-평강' 등의 개념이 스룹바벨과 여호수아 (2:4, 23)와 연결되어 나타났는데 이제 스가랴서에서도 스룹바벨 (4:9)과 여호수아(6:11)가 '싹'을 예시하는데 곧 이 '싹'이 여호와의 전을 건축하게 될 것이다 (6:12). 이 '싹'은 9:9-11에 의하면 곧 여호와께서 세우시는 왕이신데, 그는 공의로우시며, 구원을 베푸시며, 겸손하여서 새끼 나귀를 타신 분이다. 그는 이방 사람에게 화평을 전할 것이며, 하나님은 그의 언약의 피로 갇힌 자들을 물없는 구덩이에서 놓으실 것이다.

스가랴서는 묵시적인 비전을 통해서, 예언적 강화를 통해서 이러한 사상들을 전달한다. 특히 전반부에 나타나는 비전들은 얼른 이해하기가 어렵다. 그러나 암시적인 표상들 간간이 섞여 있는 명시적인 언설들을 통해 그 비전들이 대개 이스라엘의 회복과 이방들의 죄에 대한 심판임을 알 수 있고 하나님의 종말론적인 회복은 그가 세우시는 '싹'='왕'에 의해 이루어질

---

348 성전 재건은 언약 백성의 주시요 언약백성의 왕이신 여호와에 대한 예배의 회복을 의미하며 또 동시에 언약 조항들에 대한 그들의 범과로 인해 깨어진 언약 관계성을 속죄 제사에 의해 회복함을 의미한다. 스룹바벨은 이러한 왕이신 여호와의 왕권을 언약 백성에게 시행할 인간 대리자-왕 (비록 총독의 지위에 있지만)이며 하나님이 다윗과 맺으신 언약의 계승자이다. 이 다윗-스룹바벨 라인을 통해 메시아를 보내심으로 죄 문제를 해결하시는 것이 하나님의 원대한 구속의 청사진이다. 이러한 구약 특히 스가랴의 증언을 무시, 오해하고 성전 재건은 다윗 왕권을 합법화하기 위한 것이라는 김지은의 주장은 신빙성이 없다. 김지은, "스가랴서(1-8장)에 나타난 야웨의 왕권 개념," 한국기독교신학논총 40 (2005): 53-70.

것이라는 사실이 눈에 들어온다. 여호와의 싹에 의해 성전이 건립된다. 학개, 스가랴의 사역은 성전 재건축의 과제와 맞물려 있었는데 그들의 메시지도 성전과 깊은 관련 속에 주어진다. 제2 성전의 건축이라는 주제적 매재를 가지고 하나님은 메시아를 통한 참되고 영원한 성전의 건축을 계시하신다.

여기서 부가할 것은 이러한 메시아의 사역은 '두 감람나무' 곧 주님의 사역자들의 사역으로 확대될 것이라는 점이다. 본문에는 이 두 감람나무를 기름부음 받은 자들로, 온 세상의 주 앞에 서 있는 자로 서술한다. 이러한 두 감람나무 주제는 '선지자' 주제와 함께 결합되어 하나님의 종들의 사역을 상징한다. 우리는 이것을 종말론적으로 적용하여 마지막 때에 성령 충만한 사역자들이 주님을 증거할 것으로 예언한 것을 요한계시록에서 볼 수 있다. 계 10-11장은 선지자 주제에서 두 증인 (두 감람나무) 주제로 연결되어 복음 증거 사역을 우리에게 전달하고 있다.

12. 말라기서의 주제적-신학적 구조와 메시지

말라기 선지자의 사역 연대는 불분명하다. 말 1:8의 '너의 총독'이란 말을 통해 포로에서 돌아온 시대임을 짐작한다. 왜냐하면 이 '총독' (פֶּחָה)은 페르시아 시대를 가리키기 때문이다. 느 5:14에 이 단어가 나온다. 즉, "또한 유다 땅 총독으로 세움을 받은 때 곧 아닥사스다 왕 (King Artaxerxes) 제이십년 (444 BC)부터 제삼십이년 (433)까지 십이 년 동안은 나와 내 형제들이 총독의 녹 (פֶחָה)을 먹지 아니하였느니라." 느 13장에는 십일조 (10-14절)와 안식일 (15-22절)에 대한 백성의 범과가 나오는데 이는 말라기 선지자가 지적하는 이스라엘의 죄와 일맥상통한다 (말 3:7-12). 말하자면, 느헤미야가 하나님을 의지하여 성벽 공사를 끝내고 에스라와 협력을 통해 이스라엘에 종교개혁을 단행할 때 (참고. 느 8-9장) 그가 이스라엘의 신앙이 어그러졌음을 발견하고 그들을 책망할 때 말라기 선지자의 설교도 같은 시기에 이루어지지 않았을까, 우리는 추측하는 것이다. 나는 이 시기 (BC 5세기 후반)에 구약 정경이 아마도 에스라와 그에 협력한 레위인들에 의해 완성되지 않았을까 생각한다 (구약 정경이 얌니아 회의 때에 확정되었다는 가설에 반대). 이제 말라기서의 구조를 분석하여 본다.

1) 말라기서의 구조

말라기서의 구조에 대해서는 앤드류 힐의 책을 참조할 만하기에 여기서 자세히 소개한다. 그의 책을 보면 말라기 구조에 대한 몇 가지 언급이 있고 평가가 있은 다음 자기 자신의 분석이 있다.[349] 힐은 먼저 파이퍼 (E. Pfeiffer)의 구조를 평가한다. 파이퍼는 그의 책 Die Disputationsworte im Buche Maleachi: Ein Beitrag zur formgeschichtlichen Struktur, EvT 19:546-68, 554에서 말라기서를 1:2-5; 1:6-2:9; 2:10-16; 2:17-3:5; 3:6-12; 3:13-21 [4:3]로 나누었다. 또 힐은 히브리 맛소라 본문의 단락 구분도 소개한다. 맛소라 본문의 경우 작은 단락은 세

---

349 Andrew E. Hill, *Malachi: A New Translation with Introduction and Commentary*, AB vol. 25D (New York: Doubleday, 1998), 26-34.

투마 표시가 있고, 큰 단락은 페투하 표시가 있는데 이것들을 따라서 단락을 구분지으면, I 1:1-
2:9 (1:1-13/ 1:14-2:9), II 2:10-12, III 2:13-3:21 (2:13-16/ 2:17-3:12/ 3:13-18/ 3:19-21 [4:1-3]),
IV 3:22-24 [4:4-6]와 같이 된다. 이것은 히브리 본문의 장절기준이며 꺾쇠 안에 있는 장절은 한
글본문 (혹은 영어본문)이다. 힐은 이러한 구분이 말라기서의 소송형식을 대체적으로 무시하
고 있다고 하였다 ("The form of the disputation is largely ignored in the MT paragraphing,"
27쪽). 힐은 또한 맥켄지와 월레이스의 구조도 소개한다. S. L. McKenzie & H. H. Wallace의
논문 "Covenant Themes in Malachi," CBQ 45:549-63, 1983에는 그들의 구조가 나오는데, 그
들은 1:2-5에 언약 주제가 암시되어 있다고 하였고, 이 주제가 1:6-3:12를 묶어준다고 하였다
("Covenant terminology, which connects the oracles of 1:6-3:12 with the idea of covenant
relationship presumed in 1:2-5."). 특정 주제를 주목한 것은 장점이나 전체의 모티프와 주제들
및 신학적 사상의 연결고리와 반복을 눈여겨 보지는 못한 것 같다. 마지막으로 힐은 클렌데넨
(Clendenen, 1987)의 구조를 소개한다. 클렌데넨은 말라기서에 정연한 질서가 없으며 반복적
이고 순환적인 (repetitive and recursive) 특징이 있다고 하였다. 그는 말라기서 전체를 3단락으
로 나누고 각각 Motivation, Problem, Command (동기부여, 문제, 명령)의 요소로 분해하였다.

I 단락   1:2-29 Priests Exhorted to Honor Yahweh (제사장들에게 야웨를 높이라고 권면). Motivation (동기
부여): Yahweh's Love (야웨의 사랑) 1:2-5, Problem (문제): Failure to Honor Yahweh (야웨를 높이
는 데에 실패함) 1:6-9, Command (명령): Stop Vain Offering (헛된 제물을 중단하라) 1:10, Problem
(문제): Profaning Yahweh's Name (야웨의 이름을 훼방함)1:11-14, Motivation (동기부여): Results of
Disobedience (불순종의 결과) 2:1-9.

II단락   2:10-3:6 Judah Exhorted to Faithfulness (신실할 것을 유다에게 권면). Motivation (동기 부여): Spiritual
Unity (영적으로 일체됨) 2:10ab, Problem (문제): Faithfulness (신실함) 2:10c-14, Command (명령):
Stop Acting Faithlessly (불신실한 행동을 중단하라) 2:15-16, Problem (문제): Complaints of Yahweh's
Injustice (야웨의 부정의에 대한 불평) 2:17, Motivation (동기부여): Coming Judgment (다가오는 심판)
3:1-6.

III단락 3:7-4:6 Judah Exhorted to Return to Yahweh (유다에게 여호와께 돌아오라고 권면). Command (명
령): Return to Yahweh with Tithes (십일조를 가지고 야웨께 돌아오라) 3:7-10a, Motivation (동기 부
여): Future Blessing (미래의 복) 3:10b-12, Problem (문제): Complacency in Serving God (하나님을 섬
기는 데에 있어서의 자만) 3:13-15, Motivation (동기 부여): The Coming Day (다가오는 그 날) 3:16-4:3,
Command (명령): Remember the Law (율법을 기억하라) 4:4-6.

이러한 구조적 분석들을 소개하면서 힐은 다음과 같이 말한다.[350] 첫째로, 하비,   테
마이어, 오브라이언 등은 말라기서의 언약을 강조하는데 이것은 옳지만 이 언약 주제가 어떻
게 예언 안에서 조인식과 언약소송 같은 형식이 문학적 구조를 윤곽짓는지를 아웃라인을 만들
기가 어렵고 이것을 하나의 전형으로 제시하여 이용하기는 너무 모호하다는 것이다. "Harvey,
Achtemeier, O'Brien, and others are correct to accentuate the covenant context and legal

---

350 Ibid., 33.

tone and setting of Malachi's oracles. However important this covenant theme may be to the interpretation of the book, specific treaty and lawsuit forms within the prophecy are too ambiguous and ill-defined to be utilized as a paradigm form outlining literary structure." 둘째로, 논쟁이라는 잘 알려진 대화형식의 통합성은 말라기의 선포, 반박, 논박과 같은 신탁들의 미시 구조 속에 보존되어야만 한다는 것이다. "The integrity of the recognized speech form of the disputation must be preserved in the micro-structure of Malachi's oracles (declaration, rebuttal and refutation). 셋째로, 예언적 단언의 의문형적 특성과 가정된 독자에 대한 반박을 강조함은 말라기의 메시지의 순환적인 진행과 학개-스가랴-말라기의 더 큰 구조 안에서의 말라기서의 위치를 보여준다는 것이다. "Stressing the interrogative nature of the prophetic assertion and hypothetical audience rebuttal demonstrates the recursive progression of Malachi's message and the book's place in the larger structure of the H-Z-M corpus." (필자는 이 논점을 거절한다) 넷째로, 힐은 말라기를 여섯번의 문답 논쟁들로 나누는 전통적인 구분을 확언한다는 것이다. 특히 1:2-5는 서론으로서 말라기의 언약적 배경, 심판적인 어조, 권고 강화적 문체를 보인다는 것이고, 끝의 4:4-6은 신탁에 대한 이차적 첨언이라는 것이다 (필자는 이 마지막 논점도 거절한다). "I affirm the traditional division of Malachi into six catechetical disputations. I view the initial disputation (1:2-5) as a prefatory speech establishing the context (covenant relationship with Yahweh), tone (judgment), and style (hortatory discourse) of the oracle. I regard the appendixes of Mal 3:22-24 [4:4-6] as secondary additions to the oracles." 다섯째로, 클렌데넨이 설득의 교훈 강화 유형으로 말라기를 여러 병행들로 바라본다면, 말라기 구조 개요에 대한 시도에 있어서 논쟁이 어디서 시작하고 끝나는 가를 결정하기 위해 의도적인 도치나 소재의 교차대조적인 배열 (즉, 만군의 여호와께서 말씀하시니라와 같은 반복어구들)을 감안해야 된다는 것이다. "Given the parallels observed by Clendenen in Malachi with the hortatory discourse type of persuasive speech, any attempt to outline the structure of Malachi must acknowledge the deliberate inversion or chiastic arrangement of subject matter and importance of the speaker's authority for determining the boundaries of the disputations (i.e., especially the repetition of "Thus saith Yahweh of the hosts")."

　　요컨대, 힐의 말라기서의 구조에 대한 결론은 이 책의 구조적 이해가 어렵다는 것이다. 다만 그럼에도 불구하고 필자는 다른 선지서들의 구조 이해에도 사용했던 문학적 신학적 준거들을 가지고 말라기서의 구조에 대한 다음과 같은 제안들을 하고 싶다. 첫째로, 한글장절을 기준으로 말라기서는 그 표제를 제외하고, 1:2-2:9와 2:10-4:6으로 나눌 수 있다는 것이다. 이 두 대병행 단락들 속에 소병행단락들이 들어 있는데, 이 두 단락으로 먼저 나눌 수 있는 것은 이 두 단락의 첫머리가 당시 유대인들의 언약주 여호와에 대한 일반적 모독적 언사로 시작한다는 것이다. 이러한 일반적 모독적 언사는 특별한 (particular) 모독적 언사로 진전하는데 두 단락 모두 제사와 관련된 범과들을 다루고 있다. 둘째로, 1:6-14과 2:1-9이 병행을 이루고 있는데 모두 "제사장들아!"로 시작한다. 그리고 1:6-14는 다시 두 하위 병행 단락으로 구성되었다 (1:6-11과

1:12-14). 이 병행단락들은 공히 '저는 것', '병든 것'이 나오고 마지막에 내 이름이 이방 민족 중에 크게 될 것이라는 내용이 보인다. 셋째로, 2:10 이하는 2:10-3:6; 3:7-12; 3:13-4:6의 세 단락으로 구성되었는데 이 각 단락의 처음은 유다의 죄, 죄 범한 유다에 대한 회개 권면, 결론적 유다의 죄 지적으로 이루어졌고 각 단락의 마지막은 언약의 사자 (메시아)의 초림, 언약 백성의 회복, (여호와의 크고 두려운 날 곧 재림시의) 여호와의 심판과 엘리야 등장을 차례로 예언한다. 즉 이 세 단락의 마지막에 있는 사건들을 볼 때는 다분히 시간적 차서를 인식케 하며, 그러나 세 단락의 처음에 있는 내용은 병행으로 볼 수 있는 여지가 있다. 다만, 언약 백성의 죄 지적 다음에 회개 권면이 나타나기 때문에 첫 단락과 두 단락은 계기적이라 할 수 있고, 마지막 단락은 언약 백성의 죄를 결론적으로 지적하기 때문에 (3:13 이하) 전체 책의 결론으로 이끈다고 말할 수 있다는 것이다.

> A 1:2-2:9 (1:6-14 [1:6-11과 1:12-14이 병행]과 2:1-9의 두 병행 단락)
>   A' 2:10-4:6 (2:10-3:6; 3:7-12; 3:13-4:6)

2) 말라기서의 메시지

그러면, 우리는 이러한 구조로부터 어떤 메시지를 도출할 수 있는가? 말라기서는 두 큰 병행단락을 통해서 언약 백성의 험한 말/거짓말: 입술의 범죄를 다룬다. 여기서 입술에 나타나는 여호와에 대한 참람한 말은 벌써 그 마음이 썩었음을 증명한다. 더럽고 음란한 마음에서 더러운 말이 나옴으로 언약의 하나님을 배반하고 있다. 즉, 언약 백성의 불신실함이 언약의 주와 그분이 수여하신 율법을 말로 범과함에 따라서 나타난다. 말라기서는 특징적으로 언약 백성의 입술로 발한 원망, 불평, 자의적인 판단들을 그대로 인용하여 다룬다. 예를 들어, 1:2-5의 서론적 언급 속에서 벌써 이러한 면모가 드러난다. "여호와께서 가라사대 내가 너희를 사랑하였노라 하나 너희는 이르기를 주께서 어떻게 우리를 사랑하셨나이까 하는도다 (1:2a)" 말은 그 마음의 표현이며 마음에 이미 언약주에 대한 거부가 일어남으로 이와 같은 하나님에 대한 언어의 대항이 일어나는 것이다. 입술의 범죄는 단지 하나님에 대한 궤사에 국한되지 아니한다. 제사장들이 입술을 지키지 않음, 젊어서 결혼한 아내에 대해서 남편이 발하는 궤사, 백성들 사이에서 나타나는 언어적 범과 등 이러한 마음의 부패는 언약 백성의 삶의 전영역에 이르기까지 확대된다 (예. 2:17). 따라서 말라기는 죄론에서 언약 백성의 언어가 하나님의 영광을 촉범하였음을 강조한다. (히브리어 '바가드'라는 동사의 사용이 빈번)

이러한 마음의 썩음과 입술의 참람한 말은 구체적으로 그들의 제의에서 드러난다. 먼저 제사장의 타락이 지적되는데, 말라기는 이를 레위 계약이 무너졌다고 표현한다. 말라기서는 제사에 있어서 제사장, 헌물, 십일조 등의 타락을 강하게 지적하고 있다. 1:6이하, 2:1-9, 3:8-12.

그러면 이러한 계약 백성의 부패는 어떻게 치유되는가? 그것은 계약을 회복시킬 하나님의 계획 곧 '계약의 사자'[351] (3:1 하반절에 '주' [הָאָדוֹן]라고 표현됨)가 오심으로 이루어진다. 물

---

351 '계약의 사자' (מַלְאַךְ הַבְּרִית)는 KJV 에 "the messenger of the covenant"로 번역되었다.

론 3:1 상반절에는 이 계약의 사자 바로 전에 "내 사자"가 파송될 것을 먼저 말씀하신다. 이는 예수님의 초림에서도 엘리야의 심령으로 온 세례자/침례자 요한을, 4:5, 예수님의 재림에서도 '엘리야'의 심령으로 일하는 그리고 앞으로 또 와서 일할 '복음전도자들'을 지칭하는 것 같다. 계시록의 두 증인의 사역은 모세와 '엘리야'의 그것과 많이 닮았다 (11:3-6). 이것은 오늘날 우리에게 이렇게 적용할 수 있다. "우리 모두 주님의 '두 증인'이 되어서 주님의 재림을 예비하자. 적그리스도가 우리를 죽일지라도."

말라기는 이와 같은 구조를 통해서 우리에게 하나의 중요한 결론을 제시한다. 그것은 '이르아트 야웨' (יְרְאַת יְהוָה' 여호와를 경외함)이다. 구원주 여호와께서 언약의 사자를 통해 우리를 회복하시고 예배를 비롯한 우리의 전 삶을 회복시키실 것이기 때문에 우리는 전심을 다해 그분을 경외함이 마땅하다. 여호와 그분의 언약의 사자인 예수님 외에는 우리가 바랄 분이 아무도 없다. 그분이 주권적으로 우리를 사랑하셨고 (에서가 아니라 야곱을 사랑하셨고) 우리를 그분의 언약의 사자를 통해 죄에서 구속하셨다. 그래서 우리는 여호와의 이름을 존중히 여기며, 교만과 악을 버린다. 우리는 다른 신을 버리고 우상을 버리며 혼인을 귀히 여기고 (여호와께서는 이혼을 미워하심) 거짓말을 버리며 거짓말을 하는 것을 괴로워한다. 십일조를 드리고, 최고의 헌물, 흠도 점도 없는 봉헌물, 공의로운 제물을 드리고자 한다. 여호와께서는 이런 사람들을 특별한 소유로 삼으시고 (3:17), 아들처럼 아긴다고 하셨고 (3:17), 이들을 위해 여호와 앞에 있는 기념책에 기록하셨다고 하였다 (3:16).

말라기서를 적용하여 오늘날 주님께서 받으실 '최고의 헌물'은 무엇일까 생각해 본다. 우리의 부족함에도 불구하고, 최고의 헌물이라 한다면, "너희 몸을 하나님이 기뻐하시는 거룩한 산 제물로 드리"는 것이 될 것이다 (롬 12:1). 주님께서 우리에게 은혜를 베푸사 우리 '몸'을 거룩한 산 제사로 주님께 드리게 하여 주시기를, 특히 모든 궤사를 버리고 우리 '입술'로 예수님으로 말미암아 하나님께 찬양의 제사를 날마다 순간마다 드리게 하여 주시기를 간구한다 (히 13:15 "Through Him then, let's continually offer up a sacrifice of praise to God, that is, the fruit of lips praising His name." NASB). 이미 저지른 죄악들은 마음 쏟아 회개케 하시고, 주께서 우리로 "빛나고 깨끗한 세마포 옷 (−성도들의 옳은 행실)"을 입혀주셔서 그 옷을 입고 백마를 타고 주님을 따르도록 하여 주시기를 기도한다 (계 19:8, 14). 목 베임을 당할지라도 '언약의 사자' 주 예수님만 증거하기를 소망한다. 적그리스도와 그의 우상과 싸우고 오직 주님만 경외하고 전심으로 주님만 경배하기를 소망한다! (계 20:4) 주께서 제2의 종교개혁을 일으켜주시기를 간절히 기도한다!

참고문헌

기민석. "요엘 2:1-11에 나타난 전쟁 이미지 연구: 묵시 언어의 모호성과 그 효과." *복음과 실천* 59 (2017): 39-64.

김래용. "미가서에 나타난 미쉬파트와 쉐에리트." *구약논단* 21 (2015): 10-37.

_____. "스가랴서에 나타난 윤리적 교훈에 대한 연구: 스가랴 1-8장을 중심으로." *장신논단* 45

(2013): 13-39.

김영혜. "편집비평적 시각에서 본 스가랴의 환상." *한국기독교신학논총* 80 (2012): 35-57.

김지은. "스가랴서(1-8장)에 나타난 야웨의 왕권 개념." *한국기독교신학논총* 40 (2005): 53-70.

김희보. *구약 이스라엘사.* 서울: 총신대학출판부, 1981.

_____. *구약 호세아 주해.* 서울: 총신대학출판부, 1983.

_____. *구약 하박국 · 스바냐 주해.* 서울: 총신대학출판부, 1987.

_____. "미가, 그가 본 메시아는 어떤 분이신가." 목회와 신학 편집부 편. *호세아 미가 어떻게 설교할 것인가.* 서울: 두란노아카데미, 2009.

도씨, D. A. *구약의 문학적 구조: 창세기-말라기 주석.* 류근상 옮김. 서울: 크리스챤, 2003.

류호준. *아모스: 시온에서 사자가 부르짖을 때.* 성서신학적 강해 주석 시리즈. 서울: 크리스챤 다이제스트, 2003.

박동현. *구약성경과 구약학.* 서울: 장로회신학대학교출판부, 1999.

박덕준. "'여호와는 목자, 이스라엘은 그의 양이라': 미가서의 목양 은유 연구." *신학정론* 39 (2021): 81-119.

배희숙. "이스라엘의 삼중 관계: 이스라엘과 야웨, 열방, 예언자 (암 2:6-3:8)." *선교와신학* 59 (2023): 265-96.

스토트, 존., 데이비드 에드워즈. *복음주의가 자유주의에 답하다.* 김일우 역. 서울: 포이에마, 2010.

아우내, 데이비드 E. *요한계시록 (상).* 김철 역. 서울: 솔로몬, 2003.

이동수. *심판에서 구원으로: 호세아 12-14장.* 서울: 장로회신학대학교출판부, 1998.

이승구. "사회적 삼위일체론의 위험성과 가능성." *신학정론* (2010): 408-30.

우택주. "뒤집힌 현실, 가상현실, 그리고 현실: 요나서 2장 1-10절." *기독교사상* 550 (2004): 190-9.

_____. "미가서 4:1-5의 평화 비전 연구." *복음과실천* 67 (2021): 7-32.

유윤종. "12 예언서 내 스바냐의 정경적 위치와 그 함의." *성경원문연구* 51 (2022): 99-124.

윤동녕. "에돔에 대한 적의와 호의: 오바댜서를 중심으로." *선교와신학* 48 (2019): 273-302.

_____. "나훔서에 등장하는 구원신탁의 요소들." *구약논단* 46 (2012): 151-76.

윤영탁. *알기 쉬운 구약 학개서 해설.* 수원: 합신대학원출판부, 2016.

임상국. "음행의 영 (rûah Zenûnîm)'과 북왕국의 지배체제: 호세아 메타포의 비판 사회학적 해석." *신학과세계* 51 (2004): 94-122

_____. "주전 8세기 예언자 호세아의 왕정제도 비판." *신학과세계* 44 (2002): 22-47.

임요한. "학개 2:10-14 해석에 대한 제안: 텍스트 언어학적 구조 분석." *개혁논총* 27 (2013): 9-37.

장세훈. *이사야서: 한 권으로 읽는.* 서울: 이레서원, 2004.

조휘. "문학적 정황에서 읽는 요나의 기도 (욘 1:17-2:10)." *Hermeneia Today* (2005): 18-38.

차준희. "거짓 평화와 참 평화: 미가 4장 1-5절을 중심으로." 구약논단 70 (2018): 156-78.

최기수. "구조주의 비평을 통한 호세아 1장 연구." 구약논단 21 (2006): 108-24.

최영헌. 계시록과 선지서: 주제적 구조, 선지서의 시점 이동 그리고 종말 사건들. 서울: CLC, 2023.

치즈홀름, 로버트. 선지서 개론. 강성열 역. 서울: 크리스천다이제스트, 2006; Chisholm Jr., Robert B. Handbook on the Prophets. Grand Rapids: Baker Academic, 2002.

트리블, 필리스. 수사비평: 역사, 방법론, 요나서. 유연희 역. 서울: 한국기독교연구소, 2007; Trible, Phyllis. Rhetorical Criticism: Context, Method, and the Book of Jonah. Minneapolis: Augsburg Fortress, 1995.

한정건. 현대 종말론의 성경적 조명. 서울: 기독교문서선교회, 1991.

해리슨, 롤란드. 구약서론 2. 류호준, 박철현, 노항규 공역. 서울: 크리스천다이제스트, 2007; Harrison, R. K. Introduction to the Old Testament: Including a Comprehensive Review of Old Testament Studies and a Special Supplement on the Apocrypha. Carol Stream, IL: Hendrickson, 2016; first pub. 1969.

현창학. 선지서 주해 연구. 수원: 합신대학원출판부, 2013.

Andersen, F. I. and D. N. Freedman. Hosea: A New Translation with Introduction and Commentary. AB. Yale University Press, 2004.

Archer, Gleason. A Survey of Old Testament Introduction. Chicago: Moody, 2007.

Barnes, A. Barnes' Notes on the Bible. biblehub.com.

Bullock, C. Hassell. An Introduction to the Old Testament Prophetic Books. Chicago: Moody, 1989; 2007.

Choi, Jiseung. "The Poor (עָנִי) and the Remnant (שְׁאֵרִית): A Canonical Consideration of the Theology of the Poor in Amos and Zephaniah." Canon&Culture 16 (2022): 39-67.

Choi, Yung Hun "The Movement Pattern of the Hebrew Psalter: A Holistic Thematic Approach with an Exemplar, Psalms 69-87" Ph. D. Diss., Sydney: Charles Sturt University, 2019.

Dearman, J. Andrew. The Book of Hosea. NICOT. Grand Rapids: Eerdmans, 2010.

Dillard, Raymond B. and Tremper Longman III. An Introduction to the Old Testament. Grand Rapids: Zondervan Academic, 2007.

Fohrer, Georg and Ernst Sellin. Introduction to the Old Testament. Translated by David E. Green. Nashville, Abingdon, 1968; 포오러, 게오르그. 구약성서개론 하. 방석종 역. 서울: 성광문화사, 1991.

Fuhr, Jr., Richard A. and Gary E. Yates. The Message of the Twelve. Hearing the Voice of the Minor Prophets. Nashville: B & H Academic, 2016.

Garrett, Duane A. Hosea, Joel: An Exegetical and Theological Exposition of Holy Scripture. NAC Nashville: Broadman & Holman, 1997.

Gunkel, Hermann. *Introduction to Psalms: The Genres of the Religious Lyric of Israel.* Mercer Library of Biblical Studies. Translated by James D. Nogalski. Macon: Mercer University Press, 1998.

Henderson, Ebenezer. *The Twelve Minor Prophets: Translated from the Original Hebrew with a Critical and Exegetical Commentary.* Thornapple Commentaries. Grand Rapids: Baker Book House, 1980.

Hill, Andrew E. *Malachi: A New Translation with Introduction and Commentary.* AB vol. 25D. New York: Doubleday, 1998.

Kaiser, Otto. *Introduction to the Old Testament: A Presentation of its Results and Problems.* Translated by John Sturdy. Oxford: Basil Blackwell, 1975.

Keil, C. F. *Minor Prophets.* Commentary on the Old Testament vol. 10. Grand Rapids: Eerdmans, 1971.

Mays, James L. *Hosea: A Commentary.* Old Testament Library. Louisville: Westminster John Knox Press, 1999.

Robertson, O. Palmer. *The Books of Nahum, Habakkuk, and Zephaniah.* NICOT. Grand Rapids: Eerdmans, 1990.

_____. *The Christ of the Prophets.* Phillipsburg, NJ: Presbyterian & Reformed, 2004.

Smith, Ralph L. *Micah-Malachi.* WBC vol. 32. Grand Rapids: Eerdmans, 1984.

Stuart, Douglas. *Hosea-Jonah.* WBC vol. 31. Waco: Word Books, 1987.

Sweeney, M. A. *Berit Olam: Hosea, Joel, Amos, Obadiah, Jonah.* The Twelve Prophets vol. 1. Collegeville, MN: Liturgical Press, 2000.

UNESCO. *지진해일의 이해.* 위정심 김세정 역. 서울: 국립기상연구소, 2009.; http://itic.ioc-unesco.org

Verhoef, Pieter A. *The Books of Haggai and Malachi.* NICOT. Grand Rapids: Eerdmans, 1987.

Wolff, Hans W. *Hosea.* Hermeneia. Philadelphia: 1974.

Young, Edward J. *An Introduction to the Old Testament.* Grand Rapids: Eerdmans, 1949; 영, 에드워드 J. *구약총론.* 홍반식 역. 왜관: 개혁주의신행협회, 1972.

http://www.christiantoday.co.kr/view.htm?id=267952

ספרי הברית החדשה. Powder Springs, GA: Hope of Israel Publications, 2009.